Projektmanagement
Fachmann

Band 1

9. Auflage

Verlag Wissenschaft & Praxis

Bibliografische Information der Deutschen Bibliothek

Die Deutsche Bibliothek verzeichnet diese Publikation in der Deutschen Nationalbibliografie; detaillierte bibliografische Daten sind im Internet über http://dnb.ddb.de abrufbar.

ISBN 978-3-89673-461-7

© Verlag Wissenschaft & Praxis
Dr. Brauner GmbH 2008
D-75447 Sternenfels, Nußbaumweg 6
Tel. 07045/930093 Fax 07045/930094

Alle Rechte vorbehalten

Das Werk einschließlich aller seiner Teile ist urheberrechtlich geschützt. Jede Verwertung außerhalb der engen Grenzen des Urheberrechtsgesetzes ist ohne Zustimmung des Verlages unzulässig und strafbar. Das gilt insbesondere für Vervielfältigungen, Übersetzungen, Mikroverfilmungen und die Einspeicherung und Verarbeitung in elektronischen Systemen.

Printed in Germany

Inhaltsverzeichnis

Vorwort zur vierten Auflage	XXIII
Projektorganisation	XXV
Autoren	XXIX
Hinweise für den Leser	XXXI
PM-Themenlandkarte	XXXV
Vorwort zur siebten Auflage	XLII

Band 1

1 Grundlagenkompetenz	1
1.1 Management	5
1.1.1 Management als Funktion und als Institution	7
1.1.1.1 Management und Führung	7
1.1.1.2 Management als Funktion	8
1.1.1.3 Management als Institution	8
1.1.1.4 Pragmatische Fragen zur Führung	9
1.1.2 Regelkreismodell der Führungsfunktionen	12
1.1.2.1 Regelkreis und Kybernetik	12
1.1.2.2 Führungsfunktionen im Regelkreis	13
1.1.3 Management-Ansätze und Führungskonzepte	17
1.1.4 Anforderungen an Manager	19
1.2 Projekte und Projektmanagement	25
1.2.1 Die Begriffe „Projekt" und „Projektmanagement"	27
1.2.1.1 Was ist ein „Projekt"?	27
1.2.1.2 Der Begriff „Projektmanagement"	30
1.2.2 Projektarten	31
1.2.3 Aufgaben des Projektmanagements, Mechanismen der Koordination und Organisationsgrad	32
1.2.4 Kurzer Abriß der Entwicklung von Projektmanagement	35
1.2.5 Projektmanagement: Beziehungen zwischen Betriebswirtschaftslehre und anderen wissenschaftlichen Disziplinen	36
1.2.5.1 Betriebswirtschaftslehre und Lehre vom Projektmanagement	36
1.2.5.2 Zum Standort einer allgemeinen Projektmanagementlehre	38
1.2.5.3 Spezielle Projektmanagementlehren	38
1.2.5.4 Beziehungen zu anderen Disziplinen	39
1.2.6 Neuere Entwicklungen	42
1.2.7 Nutzen und Kosten des Projektmanagements	46

1.3 Projektumfeld und Stakeholder — 59

1.3.1 Projekte und ihr Umfeld — 61
- 1.3.1.1 Wachsende Bedeutung des Projektumfelds — 62
- 1.3.1.2 Umfeldfaktoren — 64

1.3.2 Analyse des Projektumfeldes: Stakeholder-Analyse — 66
- 1.3.2.1 Identifikation von Stakeholdern (1) — 67
- 1.3.2.2 Informationssammlung zu potentiellen Stakeholdern (2) — 71
- 1.3.2.3 Identifikation der Stakeholderziele (2.1) — 71
- 1.3.2.4 Strategische Einordnung der Stakeholder (2.2) — 72
- 1.3.2.5 Identifikation der erwarteten Stakeholder-Strategie (3): — 73

1.3.3 Projektmarketing — 75

1.3.4 Steuerung des Projektumfeldes — 76
- 1.3.4.1 Partizipative Strategien — 76
- 1.3.4.2 Diskursive Strategien — 78
- 1.3.4.3 Repressive Strategien — 78

1.3.5 Projekte und ihr direktes Projektumfeld in der Trägerorganisation — 79
- 1.3.5.1 Anforderungen von Projekten an das Unternehmen — 80
- 1.3.5.2 Anforderungen des Unternehmens an Projekte — 81
- 1.3.5.3 Reaktionsmöglichkeiten des Projektmanagements — 81

1.4 Systemdenken und Projektmanagement — 87

1.4.1 Der Systembegriff, Systemkomponenten und ihre Darstellung — 89
- 1.4.1.1 Grundbegriffe und Systemmodell — 89
- 1.4.1.2 Charakteristika von Systemen — 90
- 1.4.1.3 Regelkreis und Rückkopplung — 94

1.4.2 Geschlossene und offene Systeme — 95

1.4.3 „Harte" und „weiche" Systemsichtweisen — 98
- 1.4.3.1 „Harte" Systemsicht — 99
- 1.4.3.2 „Weiche" Systemsicht — 100
- 1.4.3.3 „Gemischte" Systemsichten — 101
- 1.4.3.4 Mensch-Maschine-Systeme — 102

1.4.4 Systemische Projektsicht — 103
- 1.4.4.1 Projektgestaltung als „interne" Systemgestaltung — 104
- 1.4.4.2 Projektergebnisse als gewollte und ungewollte Systemgestaltung — 108

1.4.5 Projektsystem und Umfeldsysteme — 110

1.5 Projektmanagement-Einführung — 119

1.5.1 Beherrschung von Innovationsprozessen in Unternehmen durch Projektmanagement — 121
- 1.5.1.1 Wandel bedingt Innovation — 121
- 1.5.1.2 Mängelanalyse für unprofessionelle Projektarbeit — 121
- 1.5.1.3 Innovation erfordert Flexibilität — 124
- 1.5.1.4 PM unterstützt Innovation — 125

1.5.2 Unternehmensphilosophie und Projektmanagement — 126
- 1.5.2.1 Von der Unternehmensphilosophie zum Unternehmensleitbild — 126
- 1.5.2.2 Projektmanagement zur Umsetzung der Unternehmensphilosophie — 128

1.5.3 Möglichkeiten des Projektmanagement-Einsatzes — 131
- 1.5.3.1 Basisanforderungen — 131
- 1.5.3.2 Potentiale des PM-Einsatzes — 132
- 1.5.3.3 Grenzen des Projektmanagement-Einsatzes — 134

1.5.4 Einführungsprozeß — 134
1.5.4.1 Grundlagen zur Einführung von Projektmanagement — 135
1.5.4.2 Unterstützung durch interne und externe Fachkompetenz — 136
1.5.4.3 Faktoren für die Entscheidung zur Projektmanagement-Einführung — 136
1.5.4.4 Schulung zur PM-Einführung — 138
1.5.4.5 Vorgehensweise bei der PM-Einführung — 140

1.5.5 Projektmanagement-Handbuch und Projekt-Handbuch — 141
1.5.5.1 Projektmanagement-Handbuch — 141
1.5.5.2 Projekt-Handbuch — 144

1.6 Projektziele — 151

1.6.1 Einzelziele — 153
1.6.1.1 Definition des Begriffs „Ziel" — 153
1.6.1.2 Zielgrößen — 153
1.6.1.3 Zielfunktionen — 154
1.6.1.4 Zieleigenschaften - Anforderungen an gute Ziele — 155
1.6.1.5 Ergebnis- und Vorgehensziele — 157

1.6.2 Mehrfachziele — 158
1.6.2.1 Zielhierarchie und Bildung von Unterzielen — 158
1.6.2.2 Zielbeziehungen — 161

1.6.3 Zielfindung — 164
1.6.3.1 Projektanstoß — 164
1.6.3.2 Kreativität im Zielfindungsprozeß — 164
1.6.3.3 Zieldokumentation — 168

1.6.4 Bewertungsmethoden für Ziele — 169
1.6.4.1 Nutzwertanalyse — 169
1.6.4.2 Techniken zur Analyse singulärer Urteile — 173

1.6.5 Zusammenarbeit im Projekt — 175
1.6.5.1 Individuelle Ziele — 175
1.6.5.2 Gruppenziele im Projektteam — 177
1.6.5.3 Ziele aus dem Projektumfeld — 178

1.7 Projekterfolgs- und mißerfolgskriterien — 185

1.7.1 Projekterfolg und Projektzielerfüllung — 187
1.7.1.1 Begriffliche Abgrenzung — 187
1.7.1.2 Projekterfolg — 189
1.7.1.3 Projektzielerfüllung — 190

1.7.2 Generelle Erfolgskriterien des Projektes hinsichtlich der Projektziele — 191
1.7.2.1 ... in der Literatur — 192
1.7.2.2 ... in der Studie von Gemünden — 195
1.7.2.3 ... in der Studie von Selin/Selin — 198
1.7.2.4 Vergleich der Anteile der Kriterien — 199

1.7.3 Erfolgskriterien der Stakeholder — 200

1.7.4 Ansätze für Projekterfolgsmanagement — 201
1.7.4.1 Schätzung — 201
1.7.4.2 Erfolgsorientierte Planungsaspekte — 202
1.7.4.3 Controlling — 205
1.7.4.4 Projekt-Wissensmanagement — 206

1.8 Projektphasen und –lebenszyklus — 217

1.8.1 Das Prinzip der Phasenmodelle bei verschiedenen Projektarten — 219
- 1.8.1.1 Definition und wichtige Merkmale der Projektphase — 219
- 1.8.1.2 Phasenverläufe — 220

1.8.2 Phasenmodelle und ihre Beziehungen zu den Projektarten — 221
- 1.8.2.1 Typisches Phasenmodell für Investitionsprojekte — 222
- 1.8.2.2 Typisches Phasenmodell für Forschungs- und Entwicklungsprojekte — 223
- 1.8.2.3 Typisches Phasenmodell für Organisationsprojekte — 227

1.8.3 Beispiele von Phasenmodellen in unterschiedlichen Branchen — 228
- 1.8.3.1 Beispiel Baubranche — 228
- 1.8.3.2 Beispiel Wehrtechnik — 232
- 1.8.3.3 Beispiel Softwareentwicklung — 234

1.8.4 Kostenverteilung und Arbeitsaufwand von Phasenmodellen — 235

1.8.5 Phasenmodell und Meilensteinplanung — 236

1.8.6 Stellung des Phasenmodells in der Projektplanung — 238
- 1.8.6.1 Zusammenhang von Phasenmodell, Projektstruktur- und Ablaufplanung — 238
- 1.8.6.2 Entwicklung der Projektorganisation während der Projektphasen — 239
- 1.8.6.3 Projektstruktur- und Ablaufplanung in Abhängigkeit von den Projektphasen — 240

1.8.7 Problematik der Phasenmodelle — 241

1.9 Normen und Richtlinien — 249

1.9.1 Normen zu Projektmanagement — 251
- 1.9.1.1 Organisation der Normung — 251
- 1.9.1.2 Arbeitsweise eines Normenausschusses — 251
- 1.9.1.3 Historische Entwicklung der Projektmanagement-Normen — 252
- 1.9.1.4 Sammelausgaben — 259
- 1.9.1.5 Zukünftige Entwicklung — 259

1.9.2 Zusätzliche übergreifende Regelungen — 259
- 1.9.2.1 Project Management Body of Knowledge (PMBOK) — 259
- 1.9.2.2 Wissensspeicher Projektmanagement-Fachmann — 259

1.9.3 Verbandsspezifische Richtlinien und Regelungen — 260
- 1.9.3.1 Verdingungsordnung für Leistungen (VOL) und Verdingungsordnung für Bauleistungen (VOB) — 260
- 1.9.3.2 Honorarordnung für Architekten und Ingenieure (HOAI) — 261
- 1.9.3.3 Vorgehensmodell — 262

1.9.4 Unternehmensspezifische Regelungen — 262
- 1.9.4.1 Projektmanagement-Regelungen des Bundesamtes für Wehrtechnik und Beschaffung, Koblenz — 262
- 1.9.4.2 Projektmanagement-Regelungen der Deltalloyd Gruppe — 263
- 1.9.4.3 Projektmanagement-Regelungen der Siemens VDO Automotive AG — 263

1.9.5 Akzeptanz und Grenzen der Normenanwendung — 263

2 Soziale Kompetenz 269

2.1 Soziale Wahrnehmung 273
2.1.1 Wahrnehmen: Grundlegende Merkmale 275
2.1.2 Wahrnehmung und Problemlösen 280
2.1.3 Soziale Aspekte des Wahrnehmens 281
2.1.3.1 Annahmen zur Erklärung des Verhaltens anderer (Kausalattribution) 281
2.1.3.2 Stereotype und Vorurteile 283
2.1.3.3 Einstellungen 284
2.1.3.4 Umgang mit kognitiver Dissonanz 285
2.1.3.5 Konformität und soziale Beeinflussung 286
2.1.3.6 Perspektivenwechsel und soziale Rollen 288

2.2 Kommunikation 295
2.2.1 Das klassische „Sender-Nachricht-Empfänger"- Modell der Kommunikation 297
2.2.2 Interpretationsbedürftigkeit von Information 298
2.2.3 Mitteilungsebenen der Kommunikation 299
2.2.4 Kommunikationsspielregeln im Innen- und Außenverhältnis 300
2.2.5 Nonverbale Kommunikation 301
2.2.6 Verbale Kommunikation 304
2.2.7 Medial vermittelte Kommunikation 306
2.2.8 Lösungen von Kommunikationsproblemen 308
2.2.9 „Kommunikationstypen" und der Umgang mit ihnen 310

2.3 Motivation 317
2.3.1 Was ist Motivation? 319
2.3.2 Das Motivieren von Menschen 319
2.3.3 Menschenbilder 321
2.3.3.1 economic man / Taylorismus 321
2.3.3.2 social man / Human Relations 322
2.3.3.3 selfactualizing man / intrinsische Motivation 322
2.3.3.4 complex man 322
2.3.3.5 Auswirkungen unterschiedlicher Menschenbilder 322
2.3.4 Bedeutung monetärer Anreize für die Motivation 323
2.3.5 Motivation und Aufgabenorientierung 326
2.3.5.1 Leistungsmotivation 327
2.3.5.2 Anschlußmotivation 327
2.3.5.3 Machtmotivation 328
2.3.5.4 Motivationsförderung durch Aufgabenstellung 328
2.3.6 Motivationsförderliche Ansätze zur Arbeitsgestaltung 329
2.3.7 Differentiell-dynamische Arbeitsgestaltung 330
2.3.8 Motivation durch Bedürfnisbefriedigung 331
2.3.8.1 Die Bedürfnispyramide 331
2.3.8.2 Die Zwei-Faktoren-Theorie der Motivation 333
2.3.9 Enttäuschungen als Demotivatoren 334

2.4 Soziale Strukturen, Gruppen und Team — 339

2.4.1 Entwicklung von Gruppen — 341
- 2.4.1.1 Charakteristik einer Gruppe — 341
- 2.4.1.2 Typische Phasen der Gruppenentwicklung — 344

2.4.2 Gruppendynamik — 348
- 2.4.2.1 Leistungsfördernde Mechanismen der Gruppendynamik — 348
- 2.4.2.2 Leistungsgefährdende Mechanismen der Gruppendynamik — 352

2.4.3 Soziale Strukturen innerhalb der Gruppe — 354
- 2.4.3.1 Rollen in Gruppen — 354
- 2.4.3.2 Status in Gruppen — 357
- 2.4.3.3 Stereotype — 359

2.4.4 Regeln in Gruppen — 359
- 2.4.4.1 Aufstellen von eigenen Regeln — 359
- 2.4.4.2 Hinweise zur Regelbildung — 360
- 2.4.4.3 Ausgrenzung und Mobbing — 362

2.5 Lernende Organisation — 367

2.5.1 Lernsubjekte und Lerntypen — 369
- 2.5.1.1 Merkmale lernfähiger und lernender Organisationen — 369
- 2.5.1.2 Lernen im Entscheidungszyklus — 372
- 2.5.1.3 Lerntypen — 374

2.5.2 Analyse des Veränderungsbedarfs — 376

2.5.3 Suche nach Handlungsfeldern — 378
- 2.5.3.1 Aufbau von Lernfähigkeiten — 379
- 2.5.3.2 Initiieren von organisationalem Lernen — 380

2.5.4 „Change Agents" - und wie man sie erkennt — 381

2.5.5 Umgang mit Widerständen — 384

2.5.6 Möglichkeiten des Einbezugs der Mitarbeiter — 386

2.6 Selbstmanagement — 391

2.6.1 Was alles sind unsere eigenen Ressourcen? — 393

2.6.2 Veränderbarkeit eigener Ressourcen — 394

2.6.3 Zielbestimmung als wesentliches Moment des Selbstmanagements — 395

2.6.4 Selbstverständnis als Voraussetzung für ein wirksames Selbstmanagement — 396
- 2.6.4.1 Stärken- und Schwächenanalyse — 398
- 2.6.4.2 Umgang mit der Zeit — 399
- 2.6.4.3 Zeitinventur — 399

2.6.5 Angebote und Techniken der Selbstqualifizierung — 404
- 2.6.5.1 Mind Map — 406
- 2.6.5.2 Schnell lesen — 407
- 2.6.5.3 Gedächtnis trainieren — 407

2.7 Führung — 415

2.7.1 Führungsrolle, Führungstechniken und Führungsstile — 417
- 2.7.1.1 Führungstechniken — 419
- 2.7.1.2 Management by-Ansätze — 420
- 2.7.1.3 Führungsstile — 422
- 2.7.1.4 Führung und Persönlichkeit — 423

2.7.2 Umgang mit Widerständen — 429
- 2.7.2.1 Warum rufen Veränderungen Widerstände hervor? — 429
- 2.7.2.2 Positives am Widerstand — 432
- 2.7.2.3 Umgang mit Widerständen — 435

2.8 Konfliktmanagement — 441

2.8.1 Konfliktmanagement — 443
- 2.8.1.1 Symptomatische Anzeichen für einen sich ankündigenden Konflikt — 443
- 2.8.1.2 Verschiedene Konfliktarten — 444
- 2.8.1.3 Struktur und Dynamik von Konflikten — 445
- 2.8.1.4 Formale Beschreibungshilfen für Konflikte — 448
- 2.8.1.5 Organisationale Aspekte des Konfliktpotentials — 450
- 2.8.1.6 Psychologische Vielfalt des Konfliktgeschehens — 451
- 2.8.1.7 Prozeßmodell einer kooperativen Konfliktregelung — 453
- 2.8.1.8 Regeln der Themenzentrierten Interaktion — 457

2.8.2 Umgang mit Krisen — 459
- 2.8.2.1 Krisenform 1: Die sich selbst blockierende Gruppe — 459
- 2.8.2.2 Krisenform 2: Die von außen blockierte Gruppe — 460
- 2.8.2.3 Ansatzpunkte für eine Krisenbewältigung — 461
- 2.8.2.4 Wichtige Regeln für konstruktives Streiten — 462

2.9 Spezielle Kommunikationssituationen — 467

2.9.1 Moderation von Besprechungen — 469

2.9.2 Moderation und Strukturierung einer Projektgruppensitzung — 470

2.9.3 Moderation eines Workshops — 476

2.9.4 Verhandlungsführung — 478

2.9.5 Präsentation im Projekt — 479

2.9.6 Organisation und Moderation eines Brainstormings — 484

Band 2 — 491

3 Methodenkompetenz — 491

3.1 Projektstrukturierung — 493

3.1.1 Zweck und Nutzen des Projektstrukturplanes — 495
3.1.2 Begriffserklärung — 496
3.1.3 Aufbau von Projektstrukturplänen — 498
- 3.1.3.1 Grundaufbau — 498
- 3.1.3.2 Grundsätze und Prinzipien der Strukturierung — 500
- 3.1.3.3 Codierung — 505
- 3.1.3.4 Zweck und Beschreibung von Arbeitspaketen — 507

3.1.4 Vorgehensweise zum Aufbau eines Projektstrukturplans — 509
3.1.5 Verwendung von Standardstrukturplänen — 514

3.2 Ablauf- und Terminmanagement — 519

3.2.1 Grundlagen des Ablauf- und Terminmanagements — 521
- 3.2.1.1 Aufgaben und Ziele des Ablauf- und Terminmanagements — 521
- 3.2.1.2 Überführung des Projektstrukturplans in den Ablaufplan — 524
- 3.2.1.3 Methoden und Werkzeuge des Ablauf- und Terminmanagements — 526

3.2.2 Netzplantechnik als Werkzeug des Ablauf- und Termin- managements — 527
- 3.2.2.1 Grundbegriffe der Netzplantechnik — 527
- 3.2.2.2 Netzplanverfahren und Netzplanmethoden — 528
- 3.2.2.3 Ablauf- und Terminplanung mittels Netzplantechnik (MPM) — 533

3.2.3 Techniken zum Aufbau und zur Bearbeitung von Netzplänen — 557
- 3.2.3.1 Grundlegende Schritte bei der Netzplanerstellung — 557
- 3.2.3.2 Teilnetztechnik — 560
- 3.2.3.3 Standardnetzplantechnik — 561
- 3.2.3.4 Netzplanverfeinerung und Netzplanverdichtung — 562
- 3.2.3.5 Meilenstein-Netzplantechnik — 564

3.2.4 Darstellungsformen der Ablauf- und Terminplanung (Auswahl) — 565
- 3.2.4.1 Netzplan — 565
- 3.2.4.2 Balkendiagramm (Balkenplan) — 565
- 3.2.4.3 Zeit-Wege-Diagramm — 566

3.3 Einsatzmittelmanagement — 573

3.3.1 Einführung in die Thematik — 575
3.3.2 Notwendigkeit einer ressourcenoptimierten Zeitplanung — 575
3.3.3 Ermitteln des Einsatzmittelbedarfs — 576
- 3.3.3.1 Verfahren zur Aufwandsschätzung — 577
- 3.3.3.2 Analytische Aufwandsschätzmethoden — 579
- 3.3.3.3 Expertenbefragung — 582
- 3.3.3.4 Kalkulationsschemata als Hilfsmittel für die Aufwandsermittlung — 582

3.3.4 Ermitteln des verfügbaren Einsatzmittelbestands — 584
- 3.3.4.1 Zeitorientierte Bestandsbestimmung — 584
- 3.3.4.2 Qualifikationsorientierte Bestandsbestimmung — 585

3.3.5 Einsatzmittelplanung — 586

- 3.3.5.1 Einplanen des Einsatzmittelbedarfs und Ermittlung der Einsatzmittelauslastung — 586
- 3.3.5.2 Einplanen des Einsatzmittelbedarfs bei begrenzt verfügbarem Bestand — 589
- 3.3.5.3 Bedarfsnivellierung bei unveränderter Projektdauer durch zeitliches Verschieben von Vorgängen mit gesamter Pufferzeit — 590
- 3.3.5.4 Kapazitätsabgleich bei unveränderlicher Projektdauer, aber veränderlichen Vorgangsdauern — 591
- 3.3.5.5 Einsatzmittelplanung für mehrere Projekte (Mehrprojektplanung) — 591

3.3.6 Aufwandskontrolle – ein Mittel zur effektiven Projektsteuerung — 593

- 3.3.6.1 Erfassen der tatsächlichen Aufwendungen (Ist-Aufwand) — 593
- 3.3.6.2 Plan-Ist-Vergleich für Aufwendungen — 595
- 3.3.6.3 Aufwandstrendanalyse — 596

3.3.7 Berichtswesen im Rahmen der Einsatzmittelplanung — 597

3.3.8 Hinweise für eine praxisorientierte Anwendung — 598

3.3.9 Begriffe (Auszug aus DIN 69902) — 599

3.4 Kostenmanagement — 607

3.4.1 Einführung — 609

- 3.4.1.1 Was ist „Kostenmanagement"? — 609
- 3.4.1.2 Grundbegriffe der Kostenrechnung — 611
- 3.4.1.3 Ausgangssituation für ein Projekt — 612

3.4.2 Projektvorfeld — 612

- 3.4.2.1 Projektbewertung — 612
- 3.4.2.2 Kosten-Nutzen-Vergleich — 613
- 3.4.2.3 Kostenschätzungen — 619

3.4.3 Projektplanung — 624

- 3.4.3.1 Voraussetzungen und Einflußfaktoren — 624
- 3.4.3.2 Ergebnisse der Kostenplanung — 628
- 3.4.3.3 Kostenplanungstechniken in ausgewählten Projektarten — 630

3.4.4 Projektcontrolling — 633

- 3.4.4.1 Ist-Kostenerfassung — 635
- 3.4.4.2 Ursachenermittlung bei Projektkostenabweichungen — 639

3.5 Finanzmittelmanagement — 651

3.5.1. Einleitung — 653

3.5.2. Kapitalbedarf in Projekten — 654

- 3.5.2.1 Entstehung des Kapitalbedarfs — 654
- 3.5.2.2 Bestimmung des Kapitalbegriffs — 654
- 3.5.2.3 Lebenszyklus von Projekten — 656
- 3.5.2.4 Projektlebenszyklus und der Bedarf an Kapital — 656

3.5.3. Bewertung von Projekten — 657

- 3.5.3.1 Einführung — 657
- 3.5.3.2 Ablauf der Bewertung und Datenbereitstellung — 658
- 3.5.3.3 Bewertungsverfahren — 660
- 3.5.3.4 Besonderheiten der Bewertung von Innovationsprojekten — 664

3.5.4. Finanzwirtschaftliche Ziele im Projekt — 664

- 3.5.4.1 Rentabilität des Projektes — 664
- 3.5.4.2 Liquidität im Projekt — 666
- 3.5.4.3 Cash-flow — 670
- 3.5.4.4 Qualitative Finanzziele — 670

3.5.5. Finanzierung von Projekten	**671**
3.5.5.1 Anforderungen an das Projektteam	671
3.5.5.2 Systematisierung der Finanzierungsalternativen	671
3.5.5.3 Finanzierungsarten	672
3.5.5.4 Finanzierungsbeispiel Investitionsprojekt	678
3.5.5.5 Finanzierungsbeispiel Innovationsprojekt	679
3.5.5.6 Ablauf der Finanzierung	680
3.5.5.7 Exkurs: Kreditsicherheiten	681
3.5.5.8 Finanzierungsaspekte nach Projektgröße	682
3.5.6. Projektrechnungswesen und –controlling	**683**
3.6 Leistungsbewertung und Projektfortschritt	**691**
3.6.1 Grundsätzliches und Begriffsdefinitionen	**693**
3.6.2 Projektgliederung und Leistungsbeschreibung	**697**
3.6.3 Projektablauf und Leistungsplanung	**699**
3.6.3.1 „Klassische" Methode	700
3.6.3.2 „Fortschrittsorientierte" Methode	700
3.6.4 Fortschrittsmessung	**703**
3.6.4.1 Statusschritt-Technik	706
3.6.4.2 50-50-Technik	707
3.6.4.3 0-100-Technik	708
3.6.4.4 Mengen-Proportionalität	708
3.6.4.5 Sekundär-Proportionalität	710
3.6.4.6 Schätzung	710
3.6.4.7 Zeit-Proportionalität	711
3.6.5 Berechnung des Gesamt-Fortschritts	**711**
3.6.5.1 Berechnung von Gesamt-Fortschrittsgraden	711
3.6.5.2 Berechnung von Gesamt-Fertigstellungswerten	714
3.6.5.3 Soll-Ist-Vergleich und Prognose	714
3.7 Integrierte Projektsteuerung	**723**
3.7.1 Grundlagen der integrierten Projektsteuerung	**725**
3.7.1.1 Projektprozesse und Projektzielgrößen	725
3.7.1.2 Schnittstellen	728
3.7.1.3 Integrierte Projektsteuerung im PM-Regelkreis	729
3.7.1.4 Der Projektüberwachungs-Zyklus	730
3.7.1.5 Rollenverteilung bei der Projektsteuerung	732
3.7.1.6 Unterschied Integrierte Projektsteuerung und Projektcontrolling	734
3.7.2 Aufgaben der integrierten Projektsteuerung	**735**
3.7.3 Organisation der Rückmeldungen	**736**
3.7.4 Ermittlung und Darstellung des Ist-Zustandes	**739**
3.7.4.1 Termine	740
3.7.4.2 Aufwand	742
3.7.4.3 Ist-Leistung	745
3.7.5 Methodik des Plan-Ist-Vergleiches	**747**
3.7.5.1 Plan-Ist-Vergleich Leistungsergebnis	748
3.7.5.2 Plan-Ist-Vergleich Termine	748
3.7.5.3 Plan-Ist-Vergleich Aufwand (Stunden)	752
3.7.5.4 Plan-Ist-Vergleich Kosten	753
3.7.6 Abweichungsanalyse	**754**

3.7.7	**Trendanalysen**	**757**
	3.7.7.1 Meilensteine (Meilenstein-Trendanalyse)	757
	3.7.7.2 Kosten (Kosten-Trendanalyse)	761
	3.7.7.3 Fertigstellungswert (EVA Earned-Value-Analyse)	763
3.7.8	**Maßnahmen zur Steuerung von Projekten**	**768**
	3.7.8.1 Abweichungsanalyse und Steuerungsprozeß	768
	3.7.8.2 Steuerungsmaßnahmen	769

3.8 Mehrprojektmanagement — 779

3.8.1	**Unternehmensinternes Mehrprojektmanagement**	**781**
	3.8.1.1 Projektübergreifende operative Aufgaben	782
	3.8.1.2 Projektübergreifende strategische Aufgaben	783
3.8.2	**Projektübergreifende Aufbauorganisation**	**784**
	3.8.2.1 Zentraler Lenkungsausschuß	784
	3.8.2.2 Zentraler Projekt-Controller	785
	3.8.2.3 Projektmanager-Kreis	786
3.8.3	**Projektübergreifende Ablauforganisation**	**787**
	3.8.3.1 Projektmanager-Ausbildung	787
	3.8.3.2 Projektauswahl	788
	3.8.3.3 Termin- und Kapazitätsplanung	789
	3.8.3.4 Berichtswesen	790
	3.8.3.5 Projektsteuerung	790
3.8.4	**Instrumente**	**794**
	3.8.4.1 Projekt-Profile	794
	3.8.4.2 Projekt-Portfolios	794
	3.8.4.3 Projekt-Netzwerke und Programme	796
	3.8.4.4 Erfahrungsdatenbanken	797
	3.8.4.5 PM-Handbuch	798
3.8.5	**Unternehmensübergreifendes Mehrprojektmanagement**	**799**
	3.8.5.1 Wirtschaftliche Bedeutung des Mehrprojektmanagements	799
	3.8.5.2 Rechtliche Vertragsformen für das Mehrprojektmanagement	800
	3.8.5.3 Projektorganisation für das Mehrprojektmanagement	801
	3.8.5.4 Projektplanung und Projektsteuerung	802

3.9 Kreativitätstechniken — 807

3.9.1	**Der Einsatz von Kreativitätstechniken**	**809**
	3.9.1.1 Weshalb Kreativitätstechniken?	809
	3.9.1.2 Voraussetzungen für den Einsatz von Kreativitätstechniken	809
	3.9.1.3 Problemerkennung und generelles Vorgehen	811
	3.9.1.4 Problemanalyse in der Gruppe	813
3.9.2	**Intuitive Techniken**	**814**
	3.9.2.1 Brainstorming	814
	3.9.2.2 Varianten der Brainstormingmethode	817
	3.9.2.3 Brainwriting	819
	3.9.2.4 Varianten des Brainwriting	821
	3.9.2.5 Pro- und Contra-Analyse	822
	3.9.2.6 Synektik	822
	3.9.2.7 Delphi-Methode	825
3.9.3	**Analytisch (diskursive) Methoden**	**827**
	3.9.3.1 Attribute Listing	827
	3.9.3.2 Morphologische Analysen	828
	3.9.3.3 Problemlösungsbaum	830

3.9.4	Szenarien	**832**
3.9.5	Organisation und Durchführung einer Konferenz mit Einsatz von Kreativitätstechniken	**833**
3.9.6	Osborn-Checkliste	**834**

3.10 Problemlösetechniken **839**

3.10.1 Probleme in der Projektarbeit **841**
3.10.2 Der Problemlösungsprozeß **844**
    3.10.2.1 Sequentielle Phasenmodelle — 844
    3.10.2.2 Problemlösungskreis — 847
    3.10.2.3 Formularbasierte Systeme — 847

3.10.3 Ausgewählte Methoden und Techniken zur Unterstützung des Problemlösungsprozesses **851**
    3.10.3.1 Übersicht über Methoden und Techniken — 851
    3.10.3.2 Methoden und Techniken zur Informationsgewinnung — 853
    3.10.3.3 Methoden und Techniken zur Zielformulierung — 866
    3.10.3.4 Methoden und Techniken zur Lösungssynthese — 866
    3.10.3.5 Methoden und Techniken zur Auswahl, Bewertung und Entscheidung — 867

4 Organisationskompetenz **877**

4.1 Unternehmens- und Projektorganisation **881**

4.1.1 Grundlagen der Organisation **883**
    4.1.1.1 Der Organisationsbegriff — 883
    4.1.1.2 Arbeitsteilung und Organisation — 885
    4.1.1.3 Organisationen als soziale Systeme — 885

4.1.2 Aufbau- und Ablauforganisation **887**
    4.1.2.1 Grundsätze zur Gestaltung der Organisation — 887
    4.1.2.2 Grundsätze zur Gestaltung der Aufbauorganisation — 888
    4.1.2.3 Gestaltung der Aufbauorganisation - Aufgabensynthese — 889
    4.1.2.4 Stellenbildung — 890
    4.1.2.5 Abteilungsbildung und Linienorganisation — 891
    4.1.2.6 Organisationsmodelle — 892
    4.1.2.7 Organisationsformen — 893
    4.1.2.8 Prozesse — 894

4.1.3 Zusammenspiel von Projekt- und Unternehmensorganisation **897**
    4.1.3.1 Projektbeteiligte — 898
    4.1.3.2 Mögliche Projektorganisationsformen — 899
    4.1.3.3 Vorgehensmodell für Organisationsprojekte — 902

4.1.4 Organisationshandbuch zur Unterstützung der Projektarbeit **910**
    4.1.4.1 Ziele und Inhalt — 910
    4.1.4.2 Vorgehensweise zur Erstellung eines Organisationshandbuches — 912

4.2 Qualitätsmanagement — 921

4.2.1 Qualitätsmanagement im Projektmanagement — 923
- 4.2.1.1 Historischer Hintergrund: Q-Kontrolle - Q-Sicherung - Q-Management — 923
- 4.2.1.2 Qualitätsmanagement im Unternehmen — 924
- 4.2.1.3 Projektmanagement im Unternehmen — 928
- 4.2.1.4 Umfassendes (Totales) Qualitätsmanagement TQM — 929

4.2.2 Aufbau eines Qualitätsmanagement-Systems im Projektmanagement — 934
- 4.2.2.1 Anforderung an ein QM-System im Projektmanagement — 934
- 4.2.2.2 PM-Dokumentation im PM-Handbuch — 935
- 4.2.2.3 Auswahl und Einsatz von Projektpersonal — 937
- 4.2.2.4 Projektdokumente und Projektdokumentation in der Projektakte — 938
- 4.2.2.5 Nachweis der Qualität im Projektmanagement — 940

4.2.3 Qualität im Projekt — 944
- 4.2.3.1 Regelungen und Arbeitsmittel: PM-Handbuch und Projektakte — 944
- 4.2.3.2 Durchführung von Projekt-Reviews — 944
- 4.2.3.3 Die Bewertung der Projektqualität mit dem GPM-Modell Project Excellence — 945
- 4.2.3.4 QM-Methoden in der Projektarbeit — 947

4.2.4 Begriffsklärung — 953
- 4.2.4.1 Allgemeine Begriffe — 953
- 4.2.4.2 Qualitätsbezogene Begriffe — 954
- 4.2.4.3 Begriffe zum Qualitätsmanagement-System — 955
- 4.2.4.4 Begriffe zu Werkzeugen und Techniken des Qualitätsmanagements — 956

4.3 Vertragsinhalte und Vertragsmanagement — 963

4.3.1 Vertragsinhalte — 965
- 4.3.1.1 Einführung — 965
- 4.3.1.2 Juristische Grundlagen — 965
- 4.3.1.3 Verschiedene Vertragstypen — 967
- 4.3.1.4 Projektmanagement-Vertrag — 968
- 4.3.1.5 Vertraglich relevante Zusammenhänge — 972
- 4.3.1.6 Vertragsbeziehungen im Projekt — 978

4.3.2 Fallstricke aus Projektverträgen — 982

4.3.3 Vertragsmanagement — 984
- 4.3.3.1 Was ist Vertragsmanagement? — 984
- 4.3.3.2 Instrumente des Vertragsmanagements — 985
- 4.3.3.3 Vertragsmanagement in einzelnen Projektphasen — 985

4.3.4 Nachforderungsmanagement (Claim Management) — 991
- 4.3.4.1 Grundlagen — 991
- 4.3.4.2 Instrumente — 992
- 4.3.4.3 Nachforderungsmanagement in verschiedenen Projektphasen — 992
- 4.3.4.4 Subjektive Einstellung zum Nachforderungsmanagement — 993
- 4.3.4.5 Arbeitssystematik im Nachforderungsmanagement — 994
- 4.3.4.6 Praktische Ausführung — 996
- 4.3.4.7 Kosten des Nachforderungsmanagements — 998
- 4.3.4.8 Fehler beim Nachforderungsmanagement — 998

4.3.5 Zusammenhang mit anderen Funktionen des Projektmanagements — 999
- 4.3.5.1 Konfigurations- und Änderungsmanagement — 999
- 4.3.5.2 Risikomanagement — 1000
- 4.3.5.3 Qualitätsmanagement — 1001

4.4 Konfigurations- und Änderungsmanagement — 1007

4.4.1 Bedeutung, Anlaß und Nutzen des Konfigurationsmanagements — 1009
4.4.2 Methodisches Konzept des Konfigurationsmanagements — 1010
    4.4.2.1 Generelles Konzept - einige Definitionen — 1010
    4.4.2.2 Konfigurationsmanagement: Ziele und Teilgebiete — 1011
4.4.3 Teilgebiete und Methoden des Konfigurationsmanagements — 1013
    4.4.3.1 Konfigurationsidentifizierung (Konfigurationsbestimmung) — 1013
    4.4.3.2 Konfigurationsüberwachung/-steuerung - Änderungsmanagement — 1017
    4.4.3.3 Die Konfigurationsbuchführung (Konfigurationsverfolgung - Konfigurationsnachweis) — 1022
    4.4.3.4 Die Konfigurationsauditierung (Produktauditierung) — 1023
    4.4.3.5 Auditierung des Konfigurationsmanagement-Systems (Managementsystem-Auditierung) — 1024
    4.4.3.6 Aufbau- und ablauforganisatorische Regelungen — 1024
4.4.4 Konfigurationsmanagement im Zusammenhang mit anderen Methoden, Funktionen und Situationen — 1026
4.4.5 Mittlerfunktion des Konfigurationsmanagements — 1028
4.4.6 Die Besonderheiten beim Software-Konfigurationsmanagement — 1028

4.5 Dokumentationsmanagement — 1035

4.5.1 Begriffe und Strukturen des Dokumentationsmanagement — 1037
4.5.2 Identifikation von Unterlagen — 1042
    4.5.2.1 Kennzeichnung von Unterlagen — 1043
    4.5.2.2 Registrierung von Unterlagen — 1045
    4.5.2.3 Verwaltung von Unterlagen — 1046
4.5.3 Primärdaten und Sekundärdaten — 1048
4.5.4 Projektsteuerung durch Dokumentationsmanagement — 1050
    4.5.4.1 Unterlagen-Bedarfsmatrix — 1051
    4.5.4.2 Unterlagenverknüpfung und Projektcontrolling — 1052
    4.5.4.3 Dokumentationsstelle — 1053
    4.5.4.4 Trends im Dokumentationsmanagement — 1054

4.6 Projektstart — 1059

4.6.1 Der erfolgreiche Projektstart — 1061
4.6.2 Der Prozeß des Projektstarts — 1062
    4.6.2.1 Die Auswahl der Projekte — 1062
    4.6.2.2 Wann beginnt und endet der Projektstart? — 1063
    4.6.2.3 Typische Probleme, wenn der Projektstart nicht gut war — 1063
    4.6.2.4 Ziele des Projektstarts — 1064
    4.6.2.5 Typische Schwierigkeiten beim Projektstart — 1065
    4.6.2.6 Voraussetzungen für eine gute Projektabwicklung — 1065
4.6.3 Die Inhalte des Prozesses Projektstart — 1067
    4.6.3.1 Die Projektziele und der Projektauftrag — 1067
    4.6.3.2 Die Wirtschaftlichkeit des Projektes — 1068
    4.6.3.3 Die inhaltliche Klärung des Projektes — 1070
    4.6.3.4 Die Budgetierung und Finanzierung des Projektes — 1072
    4.6.3.5 Die Organisation des Projektes — 1073
    4.6.3.6 Das Projektteam — 1074
    4.6.3.7 Die Planung des Projektes — 1075
    4.6.3.8 Die Risiken des Projektes — 1076

4.6.3.9 Die Abwicklung des Projektes	1077
4.6.3.10 Die Methodik der Projektsteuerung	1077
4.6.4 Der Projektstart-Workshop (PSW)	**1078**
4.6.4.1 Ziele und Vorgehen	1078
4.6.4.2 Vorbereitung	1079
4.6.4.3 Durchführung	1080

4.7 Risikomanagement — 1087

4.7.1 Risiken und Chancen	**1089**
4.7.2 Risikomanagement-Systeme	**1089**
4.7.3 Begriff des Risikos	**1090**
4.7.3.1 Definition von Projektrisiken	1090
4.7.3.2 Abgrenzung von der Schätzungenauigkeit	1090
4.7.3.3 Weitere Begriffe	1091
4.7.3.4 Risiken und Chancen	1091
4.7.4 Risikomanagement im Projektverlauf	**1092**
4.7.4.1 Vorbereitungs-Phase des Projektes (Vor-Auftragszeit)	1094
4.7.4.2 Entscheidungs-(Angebots-) Phase	1094
4.7.4.3 Phasen der Projektabwicklung	1094
4.7.4.4 Abschlußphase	1095
4.7.4.5 Weiterführende Risikobetrachtung	1095
4.7.5 Risikoanalyse	**1096**
4.7.5.1 Risiko-Checkliste	1097
4.7.5.2 Suchfelder für individuelle Projektrisiken	1097
4.7.5.3 Risikoanalyse, Dokumentation und Auswertung	1101
4.7.5.4 Risiko und Netzplantechnik	1102
4.7.5.5 Weitere Ansätze zur Risikoanalyse	1103
4.7.6 Vertraglicher Risikoausschluß	**1103**
4.7.7 Risikobewertung	**1105**
4.7.7.1 Charakteristik von Risiken	1105
4.7.7.2 Bewertungsmaßstäbe für Risiken	1106
4.7.7.3 Vorgehen bei der Risikobewertung	1106
4.7.8 Risikovorsorge	**1111**
4.7.8.1 Maßnahmenplanung und -bewertung	1111
4.7.8.2 Aufwand-Nutzen-Analyse	1112
4.7.8.3 ABC-Analyse in der Maßnahmenplanung	1114
4.7.8.4 Maßnahmenzuordnung und -überwachung	1116
4.7.9 DV-Unterstützung für Projekt-Risikomanagement	**1116**
4.7.10 Psychologische Aspekte des Risikomanagements	**1118**

4.8 Informations- und Berichtswesen — 1123

4.8.1 Grundlagen des Informationswesens	**1125**
4.8.1.1 Information und Informationsbedarf	1125
4.8.1.2 „Harte" und „weiche" Daten	1130
4.8.1.3 Verbreitung von Informationen	1131
4.8.2 Gestaltung des Berichtswesens	**1131**
4.8.2.1 Ziele und Merkmale	1131
4.8.2.2 Zielgruppenorientierte Informationsverdichtung	1132
4.8.2.3 Gegenstand des Berichtswesens	1136
4.8.2.4 Berichtsplan	1137

4.8.3 Projektberichte im Überblick — 1140
- 4.8.3.1 Zeitorientierte Projektberichte — 1140
- 4.8.3.2 Ereignisorientierte Projektberichte — 1145

4.8.4 Projektbesprechungen und Protokollierung — 1148
- 4.8.4.1 Projektbesprechungen — 1149
- 4.8.4.2 Protokollführer und Protokollierung — 1149
- 4.8.4.3 Kennzeichen guter Protokollierung — 1150
- 4.8.4.4 EDV-Unterstützung der Protokollverwaltung — 1152

4.9 EDV-Einsatz im Projektmanagement — 1159

4.9.1 Einsatzmöglichkeiten und Tendenzen der EDV im Projektmanagement — 1161

4.9.2 Softwaretypen für die Projektarbeit — 1162
- 4.9.2.1 Teachware — 1162
- 4.9.2.2 Arbeitsplatzsoftware — 1163
- 4.9.2.3 Spezifische funktionale Software — 1164
- 4.9.2.4 Projektmanagement-Software — 1164
- 4.9.2.5 Kommunikationssoftware — 1165

4.9.3 Die Bearbeitung konkreter Projektfunktionen mit EDV — 1166
- 4.9.3.1 Projektstrukturierung — 1166
- 4.9.3.2 Ablauf- und Terminplanung — 1167
- 4.9.3.3 Einsatzmittelmanagement — 1168
- 4.9.3.4 Kostenplanung und -kontrolle — 1169
- 4.9.3.5 Projektsteuerung — 1169
- 4.9.3.6 Berichte und Präsentationen — 1171
- 4.9.3.7 Information und Kommunikation — 1172
- 4.9.3.8 Work-flow — 1173
- 4.9.3.9 Projektrechnungswesen — 1174
- 4.9.3.10 Gruppenarbeit — 1174

4.9.4 PM-Softwareauswahl und Nutzungsorganisation — 1176
- 4.9.4.1 Kriterien zur Softwarebeurteilung — 1178
- 4.9.4.2 Auswahlprozeß — 1180
- 4.9.4.3 Hindernisse, Akzeptanz, Qualifikation — 1183
- 4.9.4.4 Organisation der EDV-Unterstützung im Projektmanagement — 1183

4.10 Projektabschluß und –auswertung — 1191

4.10.1 Einleitung — 1193

4.10.2 Warum sind ein systematischer Projektabschluß und eine Auswertung der Projekterfahrungen erforderlich? — 1194

4.10.3 Welche Aufgaben ergeben sich am Ende eines Projekts, welche Probleme können auftreten und was läßt sich dagegen tun? — 1195
- 4.10.3.1 Aufgaben und Probleme auf der Sachebene — 1195
- 4.10.3.2 Aufgaben und Probleme auf der Beziehungsebene — 1197

4.10.4 Projektauswertung: „Projekte lernen schlecht" — 1198
- 4.10.4.1 Sachebene — 1198
- 4.10.4.2 Beziehungsebene — 1204

4.10.5 Die Projektabschlußsitzung als organisatorisches Instrument des Projektabschlusses — 1207

4.11 Personalwesen und Projektmanagement — **1213**

4.11.1 Besondere Rahmenbedingungen für die Arbeit im Projekt — **1215**
    4.11.1.1 Zeitliche Befristung — 1215
    4.11.1.2 Hoher Ergebnisdruck — 1216
    4.11.1.3 Vielfältige Erwartungshaltungen — 1216

4.11.2 Personalauswahl und Personalbeurteilung im Projekt — **1216**
    4.11.2.1 Projektmitglieder — 1217
    4.11.2.2 Personalbedarfsplanung und Personalbeschaffung für die Projektarbeit — 1220
    4.11.2.3 Anforderungen an Projektmitglieder — 1223
    4.11.2.4 Personalbeurteilung und Projektarbeit — 1226

4.11.3 Personalentwicklung für Projektmitglieder — **1231**
    4.11.3.1 Ziele und Funktionen betrieblicher und projektorientierter Personalentwicklung — 1231
    4.11.3.2 Aufgabenträger der Personalentwicklung — 1233
    4.11.3.3 Laufbahnmodelle und Zertifizierung für Projektpersonal — 1233
    4.11.3.4 Zusammenspiel betrieblicher Personalentwicklung und Projektarbeit — 1239

4.11.4 Möglichkeiten zur Sicherung des Leistungspotentials von Projektmitgliedern — **1240**

4.11.5 Rechtlicher Handlungsrahmen für die Personalarbeit im Projekt — **1242**

Gesamtstichwortverzeichnis — i-x

Vorwort zur vierten Auflage

Vor genau sieben Jahren erschien die erste Auflage des „Projektmanagement-Fachmann". Damals hieß es: „Doch mehr und mehr beginnt auch der Mittelstand, Projekte systematischer zu definieren, zu planen, zu steuern und zu kontrollieren." Dieser Anfang ist zwischenzeitlich zu einem starken Trend geworden. Nicht nur die Anzahl der Projekte wächst, sondern auch die unternehmerische Bedeutung einzelner Projekte.

Erfolgreiche Projekte erreichen anspruchsvolle Ziele mit minimalem Aufwand pünktlich in kurzer Zeit.

In der Regel sind sie eine gemeinschaftliche Aufgabe, mit der sich alle Experten eines Projektteams identifizieren.

Sehr häufig sind die Ziele Innovationen, seien es: neue Produkte, neue Verfahren, Veränderungen in Organisation und Führung, Entwicklung neuer Strategien oder auch Kundenaufträge im Sinne von ganzheitlichen Problemlösungen.

Projekte erzeugen nicht nur Gegenstände, sondern auch Dienstleistungen und die Kombination von beiden.

Projekte leben nicht nur von der Professionalität im Hinblick auf Naturwissenschaft, Technik, Betriebswirtschaft und Informatik, sondern ebenso von der Fähigkeit, ein Projekt als zielorientierten Prozeß gestalten zu können. Dazu gibt es eine Vielzahl von Gesichtspunkten, Regeln und Methoden, die in dem vorliegenden Fachbuch und Nachschlagewerk umfassend und systematisch dargestellt werden.

Als Grundlagenwerk ist es relevant für alle Branchen und Unternehmensgrößen. Es ist gegenüber den früheren Auflagen völlig neu gestaltet und zeichnet sich aus durch:

- die Berücksichtigung von Erfahrungen aus ca. 50 Lehrgängen mit ca. 800 Teilnehmern,
- die didaktisch hochwertige Darstellung der soliden Werkzeuge des Projektmanagements,
- den hohen Stellenwert von sozialer Kompetenz und persönlicher Qualität für die Zusammenarbeit im Projektteam,
- die zeitgemäße Würdigung „weicher" Erfolgsfaktoren, gerade auch in den Bereichen Projektumfeld, Risiko-, Vertrags- und Änderungsmanagement sowie in der Personalwirtschaft,
- die Darstellung neuartiger projektorientierter Führungskonzepte, die die Umstrukturierung und die Einführung von Projektmanagement betreffen,
- seine Kompatibilität mit den internationalen „PM Body of Knowledge". Dies trägt dem vorherrschenden Trend zur Globalisierung Rechnung.

Die GPM hat das Werk im Auftrag und mit fachlicher Unterstützung des RKW entwickelt. Dabei waren 41 Experten als Autoren für die einzelnen Kapitel und ein Kernteam der GPM für die Integration und Entwicklung des Gesamtwerkes beteiligt. Ein ehrenamtlicher Beirat hat das Projekt beratend begleitet.

Die Arbeiten wurden im Rahmen des RKW-Projektes 9.2.1.07 überwiegend durch das Bundeswirtschaftsministerium finanziert. Darüber hinaus haben die GPM und Einzelpersonen durch zusätzliche Mittel und insbesondere die Kernteammitglieder durch einen überdurchschnittlich hohen Zeiteinsatz zum Gelingen des Werkes beigetragen.

Allen Beteiligten danken wir an dieser Stelle herzlich.

Der Inhalt des vorliegenden Werkes ist gleichzeitig Wissensspeicher für einen handlungsintensiven Lehrgang, der von RKW und GPM in unterschiedlichen Durchführungsformen angeboten wird. Der Lehrgang ist seit Markteintritt von der staatlichen Zentralstelle für Fernunterricht als Fernstudienlehrgang (Nr. 639793) zugelassen.

Wir sind überzeugt davon, daß auch dieses neue Werk und der darauf aufbauende Lehrgang einen wichtigen Beitrag dazu leisten werden, daß Wirtschaft und Verwaltung künftig noch mehr und besser befähigte Projektleiter und Projektbeteiligte zur Verfügung stehen werden.

Im Juli 1998

Dipl.-Ing. Gerd Freund	Doz. Dr.-Ing. Ulrich Wolff
Abteilung Technik	Projektleiter
Rationalisierungs-Kuratorium	Vorstand Aus- und Weiterbildung der
der Deutschen Wirtschaft e.V. (RKW)	GPM Deutsche Gesellschaft für Projektmanagement e.V.

Projektorganisation

Projektträger im Auftrag des Bundeswirtschaftsministeriums

Rationalisierungs-Kuratorium der Deutschen Wirtschaft e.V.
Dipl.-Ing. Gerd Freund
Leiter Abteilung Technik
Düsseldorfer Straße 40
65733 Eschborn
Telefon: 06196-495-281
Telefax: 06196-495-394
Email: technik@rkw.de

Arbeitsträger im Auftrag des RKW

GPM Deutsche Gesellschaft für Projektmanagement e.V.
Roritzerstraße 27
D 90419 Nürnberg
Telefon: 09 11 - 3 93 14 99
Telefax: 09 11 - 3 93 14 98
Email: gpm-ipma@t-online.de
internet: www.gpm-ipma.de

Projektleitung

Doz. Dr.-Ing. Ulrich Wolff
GPM Vorstand für Aus- und Weiterbildung
Bauhaus-Universität Weimar
Bereich Betriebswirtschaftsinformatik/Projektmanagement, Fakultät Bauingenieurwesen
Coudraystraße 7, 99421 Weimar
Telefon: 03643-58-4224
Telefax: 03643-58-4234
Email: ulrich.wolff@bauing.uni-weimar.de

Projektteam

Projektbüro Bremen

Dipl.-Ing. Olaf Pannenbäcker   Email: pannenba@uni-bremen.de
Dipl.-Wirtsch.Ing. (FH) Florian Dörrenberg   Email: doerrenberg@ipmi.uni-bremen.de
Universität Bremen
Institut für Projektmanagement und Wirtschaftsinformatik (IPMI)
Bibliothekstraße
28259 Bremen
Telefon: 0421-218-2710, Telefax: 0421-218-2755

Projektbüro Weimar

Dipl.-Inf. Annett Zobel   Tel.: 03643-58-4225   Email: annett.zobel@bauing.uni-weimar.de
Dipl.-Ing. Birgit Bode   Tel.: 03643-58-4226   Email: birgit.bode@bauing.uni-weimar.de
Bauhaus-Universität Weimar
Bereich Betriebswirtschaftsinformatik/Projektmanagement, Fakultät Bauingenieurwesen
Coudraystraße 7
99421 Weimar
Telefax: 03643-58-4234

Temporäres Projektteam

cand.-Ing. Tran Dinh Hung, Bauhaus-Universität Weimar

Prof. Dr. Helga Meyer, Hochschule Bremen

Techn. Dipl.-Betrw. Roland Ottmann, Ottmann & Partner GmbH, Röthenbach a.d.Peg.

Dipl.-Oec. Gülnur Özmen, IPMI, Universität Bremen

Dipl.-Ing. Klaus Pannenbäcker, GABO Anlagentechnik und Prozeßmanagement GmbH, Erlangen

Dipl.-Ing. Peter Wagner, Bauhaus-Universität Weimar

Dipl.-Inf. Volker Zörner, Bauhaus-Universität Weimar

Koordination und Integration des Bereiches „Soziale Kompetenz"

Dipl.-Psych. Werner Duell
AOC GmbH
Gierkezeile 36
10585 Berlin
Telefon: 030-34702447
Telefax: 030-34702448
Email: aocduell@compuserve.com

Abschlußlektoren

Prof. Dr. Dr.h.c. Sebastian Dworatschek
Institut für Projektmanagement und
Wirtschaftsinformatik (IPMI)
Universität Bremen
Bibliotheksstraße
28259 Bremen
Telefon: 0421-218-3010
Telefax: 0421-218-2755
Email: ipmi@ipmi.uni-bremen.de

Prof. Dr. Helga Meyer
Fachbereich Wirtschaft II
Hochschule Bremen
Werderstraße 73
28119 Bremen
Telefon: 0421-5905-600
Telefax: 0421-5905-140
Email: meyer@fbn.hs-bremen.de

Überarbeitung der 5. Auflage

Dipl.-Ing. Anne Körbs, Bauhaus-Universität Weimar

cand.-Ing. Michael Wachs, Bauhaus-Universität Weimar

Doz. Dr.-Ing. Ulrich Wolff, GPM Vorstand für Aus- und Weiterbildung
                Bauhaus-Universität Weimar

Dipl.-Inf. Annett Zobel, Bauhaus-Universität Weimar

Wir danken der **Firma GABO Anlagentechnik und Prozeßmanagement GmbH**, Erlangen für die finanzielle Unterstützung bei der Fertigstellung des Projektes.

Revisionsprojekt 7. Auflage

Doz. Dr.-Ing. Ulrich Wolff, Bauhaus-Universität Weimar

Autoren der Kapitel

    1.9 Herr Gernot Waschek,

    3.5 Frau Bettina Raabe,

    4.2 Herr Roland Ottmann, Röthenbach

    4.3 Herr Weber, München

Dr. Olaf Pannenbäcker, Bad Soden

Herr Volker Zörner, Erfurt

Frau Birgit Bode, Weimar

Herr Andreas Weschke, Weimar

Projektbeirat

Dipl.-Oek. Barbara Ammeling	RKW-Landesgruppe Baden-Württemberg, Stuttgart
Dipl.-Ing. Karl Bech	RKW-Bundesgeschäftsstelle Abteilung Technik, Eschborn
Dipl.-Oek. H.-J. Dorr	RKW-Landesgruppe Nordrhein-Westfalen, Düsseldorf
Dipl.-Psych. Werner Duell	AOC GmbH, Berlin
Prof. Dr. Dr.h.c. Sebastian Dworatschek	Institut für Projektmanagement und Wirtschaftsinformatik, Universität Bremen
Dipl.-Ing. Gerd Freund	RKW-Bundesgeschäftsstelle Abteilung Technik, Eschborn
Dipl.-Kfm. Christian Herlan	STABILA-Meßgeräte Gustav Ullrich GmbH&Co. KG, Annweiler
Bw.-(VWA) Harald Krämer	Firma Witt, Weiden
Wirt.-Inf. Walter Kreß	Firma INA-Werk Schaeffler KG, Herzogenaurach
Dipl.-Ing. Klaus Pannenbäcker	GABO Anlagentechnik und Prozeßmanagement GmbH, Erlangen
Prof. Dr. Hasso Reschke	GPM Deutsche Gesellschaft für Projektmanagement e.V., München
Dipl.-Ing. Günter Schäfer	Mannesmann Demag AG, Duisburg
Ltd.Reg.Dir. Michael Vennemann	Staatliche Zentralstelle für Fernunterricht, Köln
Dr. Klaus Wenke	Porphyr-Werke GmbH, Freihung
Doz. Dr.-Ing. Ulrich Wolff	Bauhaus-Universität, Weimar
Dipl.-Päd.-Bw. Alexander Zipperle	RKW-Landesgruppe Baden-Württemberg, Stuttgart

Autoren

1 Grundlagen-Kompetenz

1.1 Management	Prof. Dr. Dr.h.c. Sebastian Dworatschek
1.2 Projekte und Projektmanagement	Prof. Dr. Heinz Schelle
1.3 Projektumfeld und Stakeholder	Dipl.-Ing. Jens-Peter Abresch
1.4 Systemdenken und Projektmanagement	Dipl.-Volksw. Rolf Kaestner
1.5 Projektmanagement-Einführung	Dr. Steffen Rößler
	Doz. Dr.-Ing. habil. Wolfram Risch
1.6 Projektziele	Prof. Dr. Nino Grau
1.7 Projekterfolgs- und -mißerfolgskriterien	Dipl.-Math. Manfred Bundschuh
1.8 Projektphasen und -lebenszyklus	Dipl.-Ing. Joachim Hoehne
1.9 Normen und Richtlinien	Dipl.-Ing. Gernot Waschek

2 Soziale Kompetenz

2.1 Soziale Wahrnehmung	Dipl.-Psych. Marion Wittstock
	Dr. Johannes Triebe
2.2 Kommunikation	Dr. Annegret Rowedder
	Dipl.-Psych. Wolfgang Milszus
2.3 Motivation	Dipl.-Psych. Frank Glowitz
2.4 Soziale Strukturen, Gruppen und Teams	Dr. Karin Denisow
2.5 Lernende Organisation	Dipl.-Soz. Uwe Hasenbein
2.6 Selbstmanagement	Dr. Annegret Rowedder
	Dipl.-Psych. Wolfgang Milszus
2.7 Führung	Dr. Evelyne Fischer
2.8 Konfliktmanagement	Dipl.-Psych. Marion Wittstock
	Dr. Johannes Triebe
2.9 Spezielle Kommunikationssituationen	Dipl.-Soz. Erika Grimm

3 Methoden-Kompetenz

3.1 Projektstrukturierung	Prof. Dr. Franz Josef Heeg
	Dr.-Ing. Peter Michael Frieß
3.2 Ablauf- und Terminmanagement	Dipl.-Kfm. Günter Rackelmann
3.3 Einsatzmittelmanagement	Dipl.-Volksw. Roswitha Müller-Ettrich
3.4 Kostenmanagement	Dipl.-Ing. Jürgen Blume
3.5 Finanzmittelmanagement	Dipl.-Ing. oec. Karin Rabe
3.6 Leistungsbewertung und Projektfortschritt	Dr.-Ing. Erhard Motzel
3.7 Integrierte Projektsteuerung	Herr Peter Felske
3.8 Mehrprojektmanagement	Dr. Dietmar Lange
3.9 Kreativitätstechniken	Dipl.-Ing. Dipl.-Kfm. Heinz Bergfeld
3.10 Methoden zur Problemlösung	Dipl.-Ing. Olaf Pannenbäcker

4 Organisations-Kompetenz

4.1 Unternehmens- und Projektorganisation	Dr. Reiner Chrobok
4.2 Qualitätsmanagement	Techn. Dipl.-Betrw. Roland Ottmann
4.3 Vertragsinhalte und -management	Dipl.-Ing. RA Kurt E. Weber
4.4 Konfigurations- und Änderungsmanagement	Dipl.-Ing. Manfred Saynisch
	Dipl.-Ing. Hermann Bürgers
4.5 Dokumentationsmanagement	Dipl.-Ing. Klaus Pannenbäcker
4.6 Projektstart	Dipl.-Ing. Jochen Platz
4.7 Risikomanagement	Dipl.-Kfm. Uwe Rohrschneider
4.8 Informations- und Berichtswesen	Dipl.-Wirtsch.Ing. (FH) Florian Dörrenberg
4.9 EDV-Unterstützung im Projekt	Herr Peter Felske
	Dipl.-Ing. Axel Neuwinger
4.10 Projektabschluß und -auswertung	Prof. Dr. Heinz Schelle
4.11 Personalwirtschaft und Projektmanagement	Prof. Dr. Helga Meyer

Hinweise für den Leser

Die folgenden Hinweise sollen Ihnen den Umgang mit dem Wissensspeicher erleichtern und dienen dem besseren Verständnis seiner Projektmanagement-Inhalte, seines Aufbaus und seiner Nutzungsmöglichkeiten.

Projektmanagement-Inhalte

Die Vielfalt der behandelten Projektmanagement-Themen zeigt Ihnen die nachfolgende Übersicht, geordnet nach vier Kompetenzbereichen.

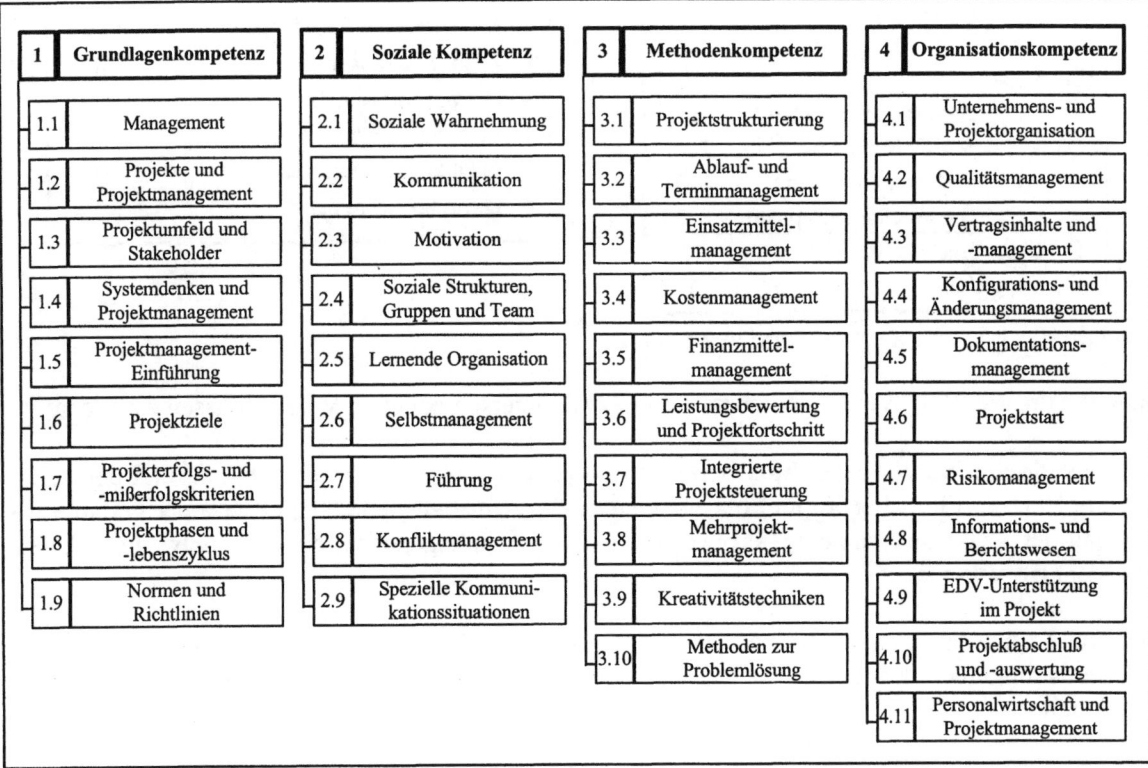

Übersicht über die Kapitel des Wissensspeichers

Die in den insgesamt 39 Kapiteln des Wissensspeichers dargelegten Inhalte bilden das gesamte Grundlagenwissen im Projektmanagement ab, das ein Projektmanagement-Fachmann/-frau für ein handlungskompetentes Verhalten und Arbeiten benötigt:

Das Führungskonzept „Projektmanagement"

1. vermittelt die Ursprünge, die Prinzipien, die Systematik, die Ansätze und grundlegenden Vorgehensweisen,

2. gibt Hilfestellungen zur Entwicklung eines sozialen Verhaltens,

3. bietet erprobte Methoden zur Planung, Steuerung und Überwachung der Projekte und

4. liefert Unterstützung bei der Erfüllung von übergreifenden Querschnittfunktionen.

Eine weitergehende Einführungen in die vier Wissensgebiete des Projektmanagements geben die Kapitel 1.0, 2.0, 3.0 und 4.0 für den jeweiligen Kompetenzbereich.

Genereller Aufbau

Der Aufbau des PMF-Wissensspeichers ist in folgender Übersicht grafisch dargestellt.

Aufbau des Wissensspeichers

	Seiten
Gesamtinhaltsverzeichnis	18
Vorwort zur 4. Auflage	2
Projektorganisation	4
Autoren	2
Hinweise für den Leser	4
PM-Themenlandkarte	7
Vorwort zur 7. Auflage	1
Kapitel	
Grundlagenkompetenz	268
Soziale Kompetenz	222
Methodenkompetenz	386
Organisationskompetenz	372
Gesamtstichwortverzeichnis	10
Klapptafel	1

prinzipieller Aufbau eines Kapitels

	Seiten
Deckblatt mit Relevanznachweis	1
Inhaltsverzeichnis	1
Kapiteltext mit Abbildungen	15-60
Zusammenfassung	1
Literaturverzeichnis	1-4
Autorenportrait	1
Abbildungsverzeichnis	1
Lernzielbeschreibung	1

Aufbau des Wissensspeichers und seine Kapitel

Inhaltsverzeichnis
Die Inhalte des PMF-Wissensspeichers sind in zwei unterschiedlichen Verzeichnissen zu finden:

- Das **Gesamtinhaltsverzeichnis** befindet sich jeweils am Anfang beider Bände und beinhaltet die Überschriften aller Kapitel bis zur vierten Überschriftenebene. Damit wird der gesamte Inhalt der Wissenselemente des Projektmanagements wiedergegeben, ohne die notwendige Übersicht zu verlieren.

- Die **Einzelinhaltsverzeichnisse** zeigen kapitelweise alle Überschriften und befinden sich jeweils hinter dem Kapiteldeckblatt. Diese dienen dem punktgenauen Auffinden bestimmter PM-Inhalte.

Relevanznachweis
Die **Relevanznachweise** stellen die spezielle Bedeutung des jeweiligen Kapitels für den Arbeitszusammenhang eines Projektmanagers heraus und führen auf diese Weise zu der behandelten Thematik hin.

Hervorhebungen
Zur besseren Orientierung werden Ihnen folgende Formen der Hervorhebung an die Hand gegeben:

- **Absatzüberschriften** strukturieren zusätzlich den Text und bilden für den nachfolgenden Text eine inhaltliche Einheit.

- **Marginalien** am Seitenrand fassen Ausführungen schlagwortartig zusammen und erleichtern das Querlesen.

- Die in **Kästen** eingerahmten Aussagen sind meist Definitionen oder andere Konventionen.

- Mittels **Fettdruck** sind Begriffe oder Aussagen mit besonderer Bedeutung hervorgehoben.

Zusammenfassungen
In den **Zusammenfassungen** werden die wesentlichen Aussagen und Zusammenhänge der einzelnen Kapitel resümiert. Sie dienen Ihnen dazu, einen schnellen Überblick über das Gelesene zu erhalten und es nochmals zu reflektieren.

Jedes Kapitel hat ein eigenes **Literaturverzeichnis**. Es beinhaltet sowohl die im Text durch Verweise (z.B. KAESTNER 1991, S. 99) gekennzeichneten Literaturstellen als auch in einigen Fällen weiterführende Literatur. Es stellt damit den Ausgangspunkt vertiefender Literaturecherchen dar.

Literaturverzeichnisse

Die am Ende eines jeden Kapitels beschriebenen **Lernziele** fassen die PM-Inhalte aus didaktischer Sicht zusammen. Dadurch werden die Fähigkeiten ausgewiesen, die ein Projektmanager aus Autorenperspektive durch Umsetzung der erworbenen Kenntnisse haben sollte.

Lernzielbeschreibung

Der Prozeßorientierung in der täglichen Projektarbeit wird neben den zahlreichen Querverweisen im Kapiteltext durch die **PM-Themenlandkarte** Rechnung getragen. Sie weist die Beziehungen der jeweiligen Wissenselemente des Projektmanagements aus und vermittelt einen Überblick über die gesamte Themenvielfalt. Als Klapptafel in der hinteren Umschlagseite des ersten Bandes kann sie als Orientierungshilfe während der Arbeit mit dem Wissensspeicher herausgenommen werden. Eine vertiefende Beschreibung der PM-Themenlandkarte ist im folgenden Abschnitt ausgeführt.

PM-Themenlandkarte

Das **Gesamtstichwortverzeichnis** befindet sich am Ende beider Bände und weist kapitelübergreifend auf die Fundstelle(n) ausgesuchter Fachbegriffe hin.

Stichwortverzeichnis

Nutzungsmöglichkeiten des Wissensspeichers

Die Kapiteleinteilung des PMF-Wissensspeichers begünstigt das gezielte **Nachschlagen** bestimmter Themenkomplexe. Die inhaltliche Abgrenzung der Kapitel untereinander ermöglicht dem Leser, die nachgefragten Themen im notwendigen Zusammenhang zu erlernen und diese darin zu verstehen. Er wird dabei zum einen durch das Gesamtinhalts- und -stichwortverzeichnis unterstützt als auch durch die zahlreichen Querverweise auf andere Kapitel geleitet.

Nutzung als Nachschlagewerk

Ein besonderes Augenmerk wurde - ausgehend von den vorherigen Auflagen des Projektmanagement-Fachmanns sowie der einschlägigen Normen zu Projektmanagement - auf die einheitliche Verwendung der **Fachbegriffe** gelegt. Diese terminologische Integration wurde bei diesem Mehrautorenwerk sowohl innerhalb als auch zwischen den einzelnen Kapiteln angestrebt. Die Quellen der jeweiligen Begriffe sind meistens zitiert oder angegeben. Darüber hinaus ist in Fällen, in denen keine eindeutige Begriffsbestimmung möglich ist (z.B. abweichende Begriffsverwendung in Wissenschaft, Normen und Praxis), die aktuelle Diskussion kurz und zusammengefaßt wiedergegeben.

Der Wissensspeicher ist auch als **lehrgangsbegleitende Unterlage** konzipiert. Sowohl das Rationalisierungs- und Innovationszentrum der Deutschen Wirtschaft e.V. mit seinen Landesgruppen als auch die GPM Deutsche Gesellschaft für Projektmanagement e.V. mit ihren, eigens dafür qualifizierten und zertifizierten, lizenzierten PMF-Trainern bieten bundesweit diese Lehrgänge mit dem Abschluß als „Projektmanagement-Fachmann/-frau (RKW/GPM)" in verschiedenen Formen an.

Nutzung als Lehrbuch

Zum Praxistransfer sowie zur Vorbereitung der im Lehrgang fakultativen Abschlußprüfung dienen die umfangreichen und auf den Wissensspeicher abgestimmten weiteren Lehrgangsunterlagen. Diese umfassen u.a.

- das komplette Lernaufgabensystem,
- ein modulares Lehrgangscurriculum,
- detaillierte Anleitungen zur Bearbeitung eines Übungs- und Arbeitsprojekts,
- Orientierungshilfen für die Lernarbeit und Prüfungsvorbereitung,
- praxisnahe Übungsaufgaben mit Beispiellösungen sowie
- Verständnisfragen zur Lernerfolgskontrolle.

Informationen und nähere Einzelheiten zu den Lehrgängen sind an folgenden Stellen erhältlich:

Rationalisierungs- und Innovationszentrum der
Deutschen Wirtschaft e.V.
Bundesgeschäftsstelle
Düsseldorfer Straße 40
65733 Eschborn
Telefon: 06196-495-281
Telefax: 06196-495-394
Email: technik@rkw.de

GPM Deutsche
Gesellschaft für Projektmanagement e.V.
Roritzerstraße 27
D 90419 Nürnberg
Telefon: 09 11 - 3 93 14 99
Telefax: 09 11 - 3 93 14 98
Email: info@gpm-ipma.de
Internet: www.gpm-ipma.de

Nutzung als Grundlage des Zertifizierungsprogramms

Mit dieser Neuauflage des Projektmanagement-Fachmanns ist noch ein weiterer Grundstein gelegt worden. Der Wissensspeicher stellt sowohl mit seiner Struktur als auch mit seinen Inhalten die Wissens-Komponente der **Zertifizierung von Projektpersonal** dar. Weiterführende Anforderungen bezüglich Anwendungserfahrung, persönlichen Verhaltens und sozialer Kompetenz sind gesondert nachzuweisen. Dazu dient auch der Projektmanagement-Kanon als deutscher Zugang zum Project-Management-Body of Knowledge.*)

Die dazu erforderlichen Wissenselemente des Projektmanagements sind mit den internationalen Ansätzen des „PM Body of Knowledge" abgestimmt. Dem Wissensspeicher kommt daher als Grundlage des international vereinheitlichten Zertifizierungsprogramms eine entscheidende Bedeutung zu.

Informationen dazu sind verfügbar bei

PM-ZERT Zertifizierungsstelle für Projektmanagement
Geschäftsstelle
Roritzer Straße 27
90419 Nürnberg
Telefon: 0911-3931-488
Telefax: 0911/3931-487
Email: pm-zert@gpm-ipma.de

Wir wünschen Ihnen an dieser Stelle viel Erfolg und zahlreiche neue Erkenntnisse beim Durcharbeiten Ihres PMF-Wissensspeichers.

Das PMF III - Projektteam

*) Vgl. auch E. Motzel; O. Pannenbäcker; Projektmanagement-Kanon Roderer-Verlag, Regensburg 2002

Projektmanagement-Themenlandkarte

Ein beinahe alltäglicher Vorgang: Man fährt mit dem Auto auf unbekannten Straßen und weiß nicht mehr wo man ist. Wenn man sich also verfahren hat, greift man zu einer Landkarte, sucht seinen aktuellen Standort und den (neuen) Weg zum Ziel.

Aus dem Bedürfnis heraus, sich orientieren und Zusammenhänge erkennen zu können, entstand mit der Trainingserfahrung aus zahlreichen Lehrgängen zum „Projektmanagement-Fachmann/ -frau (RKW/GPM)" und aus anderen Projektmanagement-Seminaren die **Projektmanagement-Themenlandkarte**[1]. Diese bildliche Übersicht veranschaulicht die Beziehungen im System der einzelnen Lehreinheiten. So eröffnet sich vor den Augen der Teilnehmer die „ganze Welt des Projektmanagements", die auf einem Flip-Chart Stück für Stück im Dialog aufgebaut, vervollständigt und schematisch festgehalten wurde. Jedes Mosaiksteinchen wurde dabei aufgenommen (inhaltliche Vermittlung eines Kapitels) und in das gesamt Bild eingefügt.

Die Projektmanagement-Themenlandkarte stellt die Schritte der Projektbearbeitung in grafischer Form dar. Im Gegensatz zur inhaltlichen bzw. kompetenz-orientierten Gliederung des Wissensspeichers wird hier die **Prozeßorientierung** der Projektarbeit erkennbar. Die wesentlichen Verweise zu den Kapiteltexten sind durch Pfeile gegeben, die auch die thematische Nähe der behandelten PM-Inhalte ausweisen.

Dabei werden Wissensinhalte der einzelnen Elemente vorausgesetzt. Die PM-Themenlandkarte ist demnach kein Ersatz für die Begriffsdefinitionen und Zusammenhänge im Projektmanagement, wie sie beispielsweise in den Normen DIN 69000 ff, ISO 10006/7 oder den unterschiedlichen PM Body of Knowledge festgelegt sind.

Dem Leser können damit folgende Fragen anschaulich auf einer Seite beantwortet werden:

- Aus welchen wesentlichen Elementen besteht Projektmanagement?
- Wie hängen diese zusammen?
- Welche Rolle spielen Einzelaspekte im Gesamtzusammenhang?
- Mit welchen PM-Anteilen habe ich mich bereits auseinander gesetzt, mit welchen noch nicht?

Bei der Lektüre des Wissensspeichers sei dem Leser empfohlen, die PM-Themenlandkarte, die als Klapptafel in der hinteren Umschlagseite eingesteckt ist, neben sich auszubreiten. So weiß er immer, an welcher Stelle er sich gerade gedanklich befindet. Zudem kann er sich direkt in die Themenlandkarte Notizen und Anmerkungen machen, an die er sich in dieser Form sicherlich schnell wieder erinnern wird.

Der folgende kurze Überblick vermittelt einen Einstieg in die Themenlandkarte. Kartenausschnitte verdeutlichen einzelne Zusammenhänge, die in den mit **Fettdruck** gekennzeichneten Kapiteln zu vertiefen sind.

---

[1] Grundidee von Klaus Pannenbäcker; Ergänzungen, Layout und Anpassungen an PMF-Kapitel durch Birgit Bode, Annett Martina Müller, Olaf Pannenbäcker, Ulrich Wolff.

Ein Projekt entsteht

Ein Veränderungsbedarf konkretisiert sich aus einer bestehenden Situation, z.B. durch Studien, über Innovation oder aus Problemen. Projektideen und Problemlösungen können aber auch, ausgehend von diesem Bedarf, mit **Problemlösungsmethoden** oder **Kreativitätstechniken** gewonnen werden. Aus dem definierten Bedarf leiten sich die **Projektziele** ab. Schon jetzt beeinflußt das **Projektumfeld** mit seinen unterschiedlichen Interessengruppen in vielschichtiger Weise das Projektgeschehen.

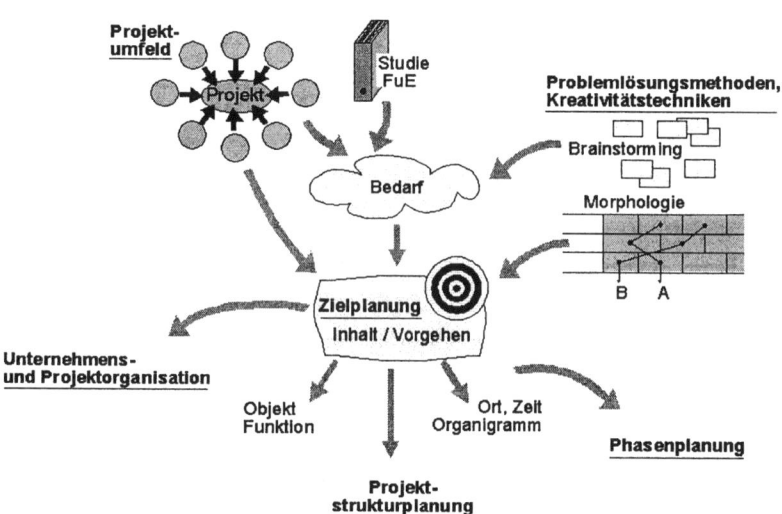

Die Träger des Projekts

Nach Festlegung der Ziele findet sich das **Projektteam** nach den entsprechenden Regeln der **Teambildung** und deren begleitenden sozio-dynamischen Effekten. Das Ziel ist, die zur Projektzielerfüllung geeigneten Mitarbeiter auszuwählen und sie für die Erfüllung der Projektaufgaben zu gewinnen. Fragen der **Motivation, Kommunikation, Führung**, aber auch Aspekte der **sozialen Wahrnehmung**, des Streitverhaltens (**Konfliktmanagement**) und Einschätzung der eigenen Leistungsfähigkeit (**Selbstmanagement**) spielen im arbeitsteiligen Prozeß der Projektrealisierung eine besondere Rolle. In für die Projektarbeit charakteristischen, **speziellen Kommunikationssituationen** wird die erfolgsentscheidende Bedeutung der Teammitglieder und deren praktisches Zusammenwirken als Träger des Projekts deutlich. Durch ihr Verhalten stehen sie als Garant einer sich weiterentwickelnden **lernenden Organisation**.

Das Projektteam setzt sich in den meisten Fällen aus Mitarbeitern unterschiedlicher Bereiche und Ebenen der **Unternehmensorganisation** zusammen, die auf (Projekt-) Zeit für die Realisierung des Projekts zusammenarbeiten. Dies kann auf Vollzeit- oder Teilzeitbasis erfolgen, mit oder ohne Unterstützung von außen. Innerhalb der **Projektorganisation** untersteht der Projektleiter mit seinem Team häufig einem Lenkungs- bzw. Beratungsausschuß, der sich aus Vertretern der Geschäftsleitung, der Fachabteilungen und anderen Stakeholdern ableiten kann. Im Rahmen des projektspezifischen **Informations- und Berichtswesens** wird dieser über das Projektgeschehen informiert und kann auf Basis der Projektberichte Entscheidungen treffen. Insbesondere in der realen Mehrprojektsituation, in der mehrere Projekte gleichzeitig abgewickelt werden, ist deren Koordination durch diese Ausschüsse wichtig.

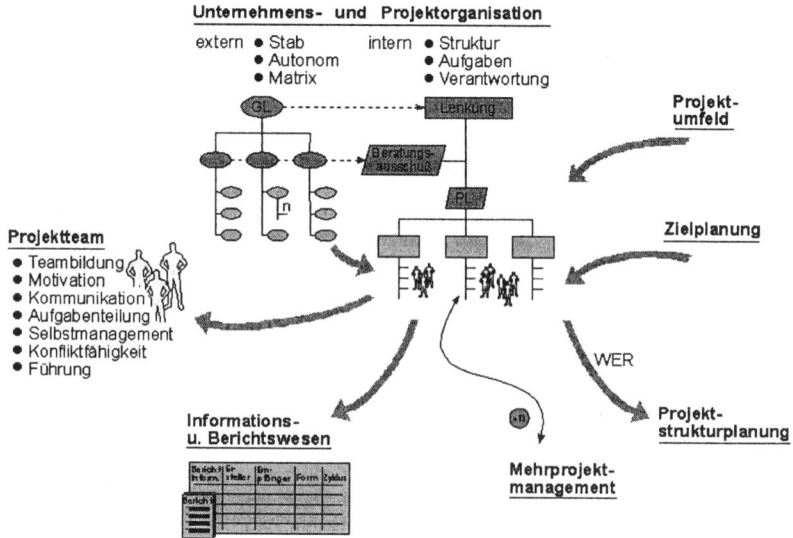

Die Planung des Projekts

Der **Projektlebenszyklus** läßt sich in **Projektphasen** gliedern, die voneinander getrennte, zeitliche Abschnitte darstellen. Durch die Phaseneinteilung wird der Projektablauf grob in überschaubare Einheiten strukturiert. Die Unterteilung in Projektphasen ist beispielsweise auch dann wichtig, wenn der Auftraggeber die nächste Phase erst nach Abnahme der vorausgegangenen freigibt.

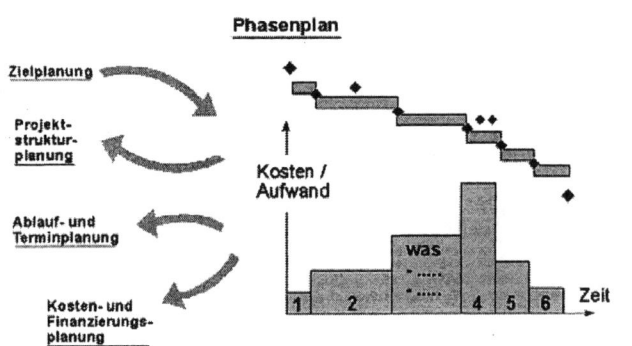

Projekte sind komplexe Vorhaben, sie lassen sich nicht „einfach so" als Ganzes bearbeiten. Die Projektaufgaben werden daher in Teilprojekte und Arbeitspakete unterteilt, die hierarchisch in der **Projektstruktur** zusammengefaßt und im Projektstrukturplan (PSP) dargestellt werden. Die oberste Ebene des PSP entspricht häufig den Phasen oder den Teilprojekten. Eindimensionale Projektstrukturen genügen kleineren Projekten; größere Vorhaben können mehrdimensionales Strukturieren nach mehreren Kriterien (wie Objekte, Aktivitäten bzw. Funktionen, Verantwortlichkeiten, Kostenstellen und Orte) verlangen.

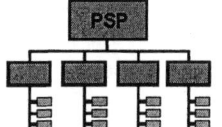

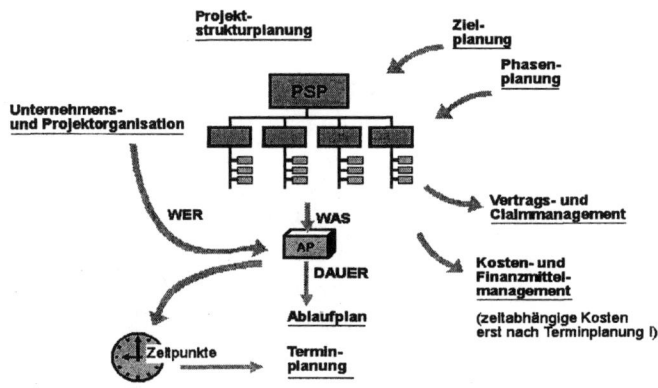

Ein **Arbeitspaket** sollte stets mit seinem Ergebnis bzw. Leistung definiert werden. Außerdem ist seine Fertigstellung nur am Ergebnis meßbar. Jedes Arbeitspaket kennt eine Zuständigkeit für die Bearbeitung, manchmal auch eine getrennte für die Prüfung und Freigabe. Seine Arbeitsinhalte bestimmen den Aufwand und die Dauer. Die Arbeitspakete stellen die kleinste Einheit im PSP dar und können zur anschließenden Bestimmung der Bearbeitungsreihenfolge nach verschiedenen Gesichtspunkten im Zuge der Ablaufplanung in Vorgänge weiter unterteilt werden.

Bei der **Ablaufplanung** sind diese Vorgänge in eine sach-logische Reihenfolge zu bringen, den Ablaufplan. In der Praxis haben sich verschiedene Darstellungsformen durchgesetzt: einfache oder vernetzte Balkenpläne, verschiedene Arten von Listen oder Netzpläne. Durch die Verknüpfung mit konkreten Zeitpunkten (Terminen) entsteht der **Terminplan**, der schließlich die Anfangs- und Endtermine aller Vorgänge, zeitliche Reserven sowie Ecktermine (Meilensteine) ausweist.

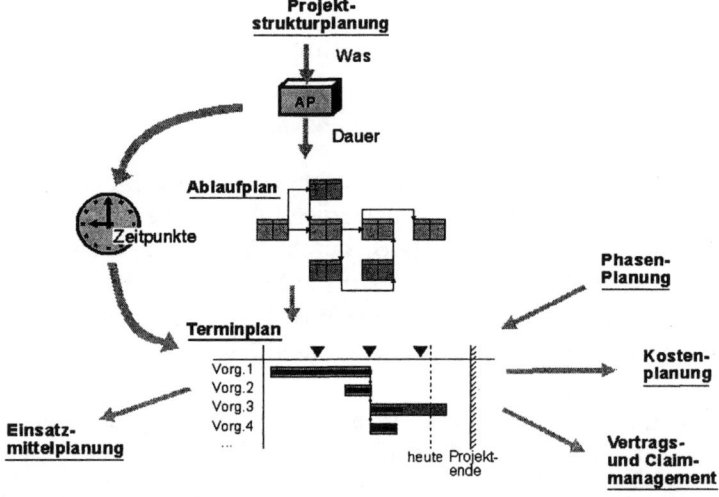

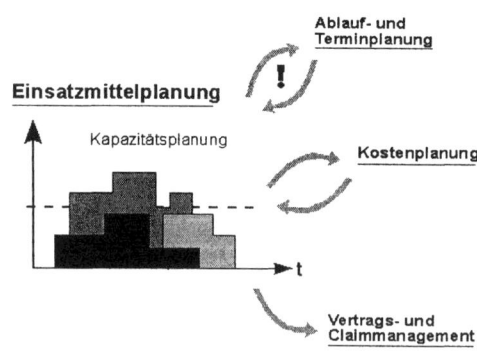

Die Zeitplanung ist in der Regel mit der **Einsatzmittelplanung** eng verbunden, z.B. durch Maschinenbelegung oder Personaleinsatz. In der Projektwirtschaft umfaßt der Begriff Einsatzmittel alle Personal- und Sachmittel (Betriebs- und Hilfsmittel), kurz gesagt: solche Einheiten, deren Verfügbarkeit begrenzt ist, die Kosten verursachen oder die Projektarbeit verrichten. Grafische Darstellungen unterstützen die Aufgabe, kapazitative Über- bzw. Unterdeckungen auszugleichen, um damit ein bestimmtes Einsatzmittel in seiner verfügbaren Menge möglichst optimal einzusetzen und nicht zu überschreiten. Dieser Einsatzmittelabgleich kann zur Überarbeitung der vorher festgelegten Ablauf- und Terminplanung zwingen. Ein Annäherungsprozeß beginnt, an dessen Ende alle Einsatzmittel optimal terminiert sind.

Spätestens bei diesem Planungsschritt leistet die elektronische Datenverarbeitung wertvolle Dienste. In der Flut von Berechnungen, Optimierungsverfahren, Leistungszahlen, Terminbegrenzungen und anderen Einschränkungen können die Projektplaner zu leicht die Übersicht verlieren. Projektmanagement-Software kann die komplette Projektplanung abbilden, den Projektfortschritt verwalten und Prognosewerte aus Simulationen ermitteln. Moderne **EDV-Unterstützung** übernimmt darüber hinaus weitere Funktionen der Kommunikation, des Informations- und Berichtswesens, der Dokumentation, der herkömmlichen Bürotechnik sowie der Aus- und Weiterbildung.

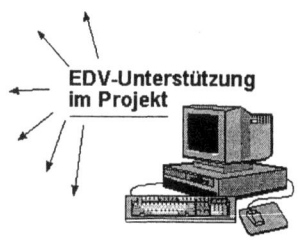

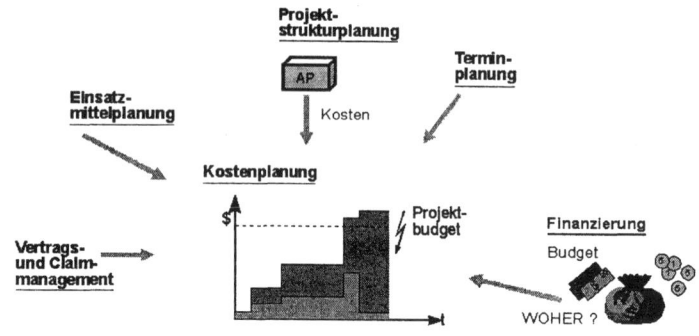

Die qualitativen (Spezifikationen) und quantitativen (Mengengerüst) Angaben bilden eine Grundlage für die **Kostenplanung**. Eine zweite ergibt sich durch die Kostensätze, die an die meisten Einsatzmittel gebunden sind. Die Kostenverteilung über die Projektlaufzeit ergibt sich aus der zeitlichen Lage der Vorgänge. Aus dieser Kostenverlaufskurve (Kostenganglinie) oder deren kumulierter Darstellung (Kostensummenlinie) leitet sich die **Finanzmittelplanung** ab. Hier kann beispielsweise durch eine Cash-flow-Rechnung die stetige Kostendeckung abgesichert werden.

Die Realisierung des Projekts

Die Kosten-Zeit-Kurven erhalten erhöhte Aussagekraft, wenn die Ist-Kosten über die Zeit mitgeschrieben werden. Wird neben den Ist-Kosten auch die Projektleistung gemessen (z.B. durch Zählen, Schätzen oder mit speziellen Techniken), dann können daraus im Rahmen der **Leistungsbewertung** und **Fortschrittsermittlung** explizite Projektfortschrittswerte ermittelt und Plan-Abweichungen (Kosten, Termine) identifiziert werden.

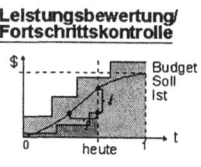

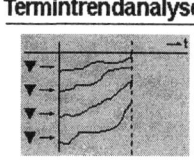

Die Aufbereitung dieser Ermittlungen läßt darüber hinaus Aussagen über die künftige Projektentwicklung zu. Termin- und Kostentrendanalysen stellen die künftige Projektsituation übersichtlich dar und liefern ggf. eine Entscheidungsgrundlage für Steuerungsmaßnahmen, um beispielsweise Meilensteintermine zu halten oder zahlungsauslösende Zwischenergebnisse zu erreichen.

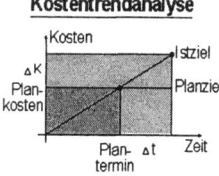

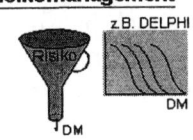

PM-Themenlandkarte

Risikomanagement

Bereits bei den ersten Kalkulationen für Termine und Einsatzmittel, jedoch spätestens mit der Kosten- und Finanzmittelplanung ist eine Risikobetrachtung durchzuführen. Für Risiken, die sich nicht ausschließen lassen und für die keine Versicherung möglich oder wirtschaftlich ist, wird eine „Vorsorge" als getrennt zu verwaltendes „Kapital" kalkuliert. Diese zusätzlichen Mittel stehen nur dann zur Verfügung, wenn das vorkalkulierte Risiko eintritt. Konsequent angewendet bedeutet dies, daß **Risikomanagement** mehr als einmal im Projektablauf durchgeführt werden sollte und daß ein Projekt, das seine Risikorücklage nicht verbraucht, mit zusätzlichem Gewinn abschließt.

Die Projektplanung umfaßt, wie bisher beschrieben, alle Aktivitäten mit Ergebnissen für die Vorgaben und die Durchführung. Die Projektplanung konzentriert sich auf die drei Zielgrößen

- Ergebnis,
- Zeit und
- Aufwand.

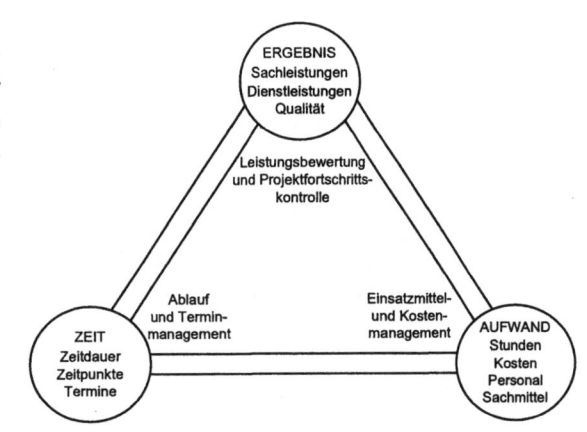

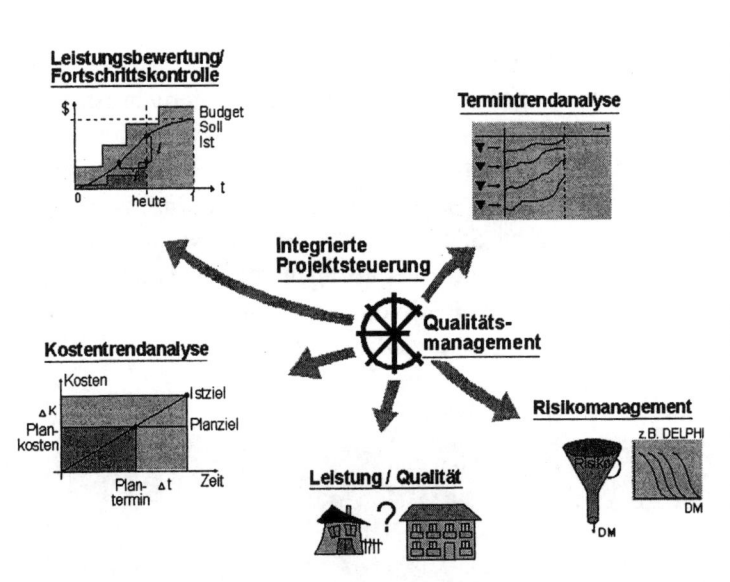

Die **integrierte Projektsteuerung** hat die Aufgabe, stets einen Überblick über den Projektablauf zu behalten. Das Projekt-Controlling beschreibt den Projektstatus dazu mit den drei Parametern Soll, Ist und Maßnahmen bei Abweichungen, jeweils für jede der drei Projektzielgrößen. Es werden Steuerungsmaßnahmen ergriffen, die entweder durch Soll-Vorgaben die Ist-Situation an die Planwerte annähert, oder die Planwerte im Spielraum der Projektzielerfüllung ändert.

Nicht alle Lieferungen und Leistungen erbringt ein Unternehmen für sich selbst. Die Definition der Arbeitspakete enthält sowohl Spezifikationen für die Ausführung und ggf. Prüfung (Qualitäten) als auch Bestimmungen für die Mengen (Quantitäten) für den Zukauf. Der Terminplan gibt an, wann Bestellungen und/oder Verträge vorliegen und wann Produkte und/oder Dienstleistungen bereitgestellt sein müssen. Die Projekt-Kostenplanung gibt den Kostenrahmen vor, innerhalb dessen einzukaufen ist. Einkaufs- und Garantiebedingungen bestimmen die Mindestqualität. Alle diese Punkte laufen zusammen im **Vertragsmanagement**, das z.B. die Leistungen, die verbraucht werden müssen, die Rechnungslegung, die zahlungsauslösenden Ereignisse sowie die Sanktionen bei Leistungsmängel regelt. Da nicht „alles und im Detail" vertraglich festgelegt werden kann, sind zumindest Regeln für das Nachforderungs- (Claim-Management) und für das **Konfigurations- und Änderungsmanagement** aufzustellen.

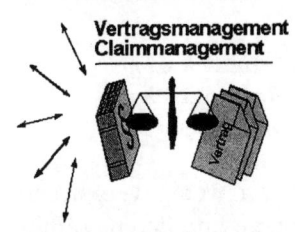

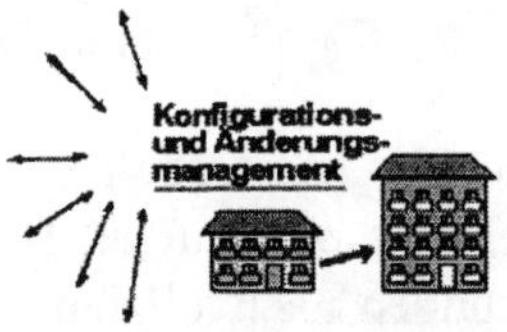

Mehrere parallele Projekte

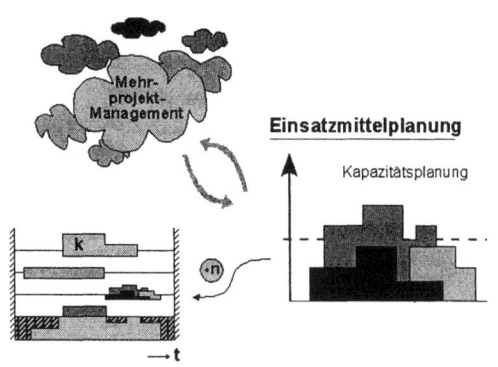

Das bisher Beschriebene bezieht sich vornehmlich auf Einzelprojekte. Die Praxis verlangt jedoch häufig das **Mehrprojektmanagement**. Beim parallelen Bearbeiten von mehreren Projekten können bestimmte Einsatzmittel wegen deren beschränkter Verfügbarkeit zu Bereitstellungs-Rivalitäten führen. Dies ist besonders relevant bei Unternehmen, die ihre Projekte in einer Matrix-Organisation abwickeln. Durch Verdichtung der Einzelprojekte gemäß Projektstrukturplan auf eine der obersten Ebenen und durch „Einspannen" in einen Planungshorizont können die Einsatzmittel über die gemeinsame Zeitachse addiert werden. Voraussetzung ist jedoch, daß in allen Einzelprojekten dieselben Einsatzmittelarten festgelegt sind.

Die **Projektdokumentation** beinhaltet den Nachweis dafür, daß die Vorgabe erfüllt, also die Ergebnisse zielgerecht erreicht wurden. Für den Auftragnehmer und als Service für den Auftraggeber ist die Übergabe-Dokumentation notwendig für die Instandhaltung, die Pflege und das Nachrüsten.

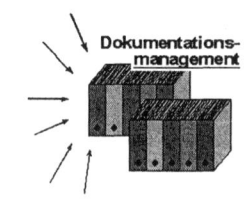

Als Voraussetzungen (Fundament) zum erfolgreichen Handeln müssen Projektmanager auch Kenntnisse über die Grundsätze der allgemeinen **Management**lehre sowie ein weitreichendes Verständnis über **Projekt und Projektmanagement** und das **Systemdenken** besitzen. Die grundlegende Vorgehensweise bei der Abwicklung von Projekten und bei **Projektmanagement-Einführung** im Unternehmen wird vorher festlegt. Die Belange der **sozialen Kompetenz** werden dabei in vielen Fällen unterschätzt und stellen stärker als je zuvor kritische **Projekterfolgs- und Mißerfolgsfaktoren** dar. Die Schnittstellen zur **Personalwirtschaft im Projektmanagement** werden deutlich. Jedes Projekt ist dabei sowohl in die geltenden **Normen und Richtlinien** als auch zeitlich zwischen dem **Projektstart** und dem **Projektabschluß** eingebettet.

Resümee

Nach der anfänglichen Verwirrung beim Aufschlagen einer Landkarte hat man sich schnell einen klaren Überblick über den eigenen Standort, den Zielort und die Route verschafft. Man kann die Orte auf dem Wege einordnen und sich sicher zwischen ihnen fortbewegen.

Sicher wirkt auch die Projektmanagement-Themenlandkarte am Anfang ein wenig verwirrend. Nach dieser kurzen Beschreibung soll es dennoch möglich sein, die Elemente und deren Verbindungen nachvollziehen zu können. In der PM-Themenlandkarte sind die wichtigen Elemente des Projektmanagements abgebildet und die wichtigsten Arbeitsschritte für die erfolgreiche Projektabwicklung beschrieben.

Finden Sie den Weg durch Ihr Projekt !?

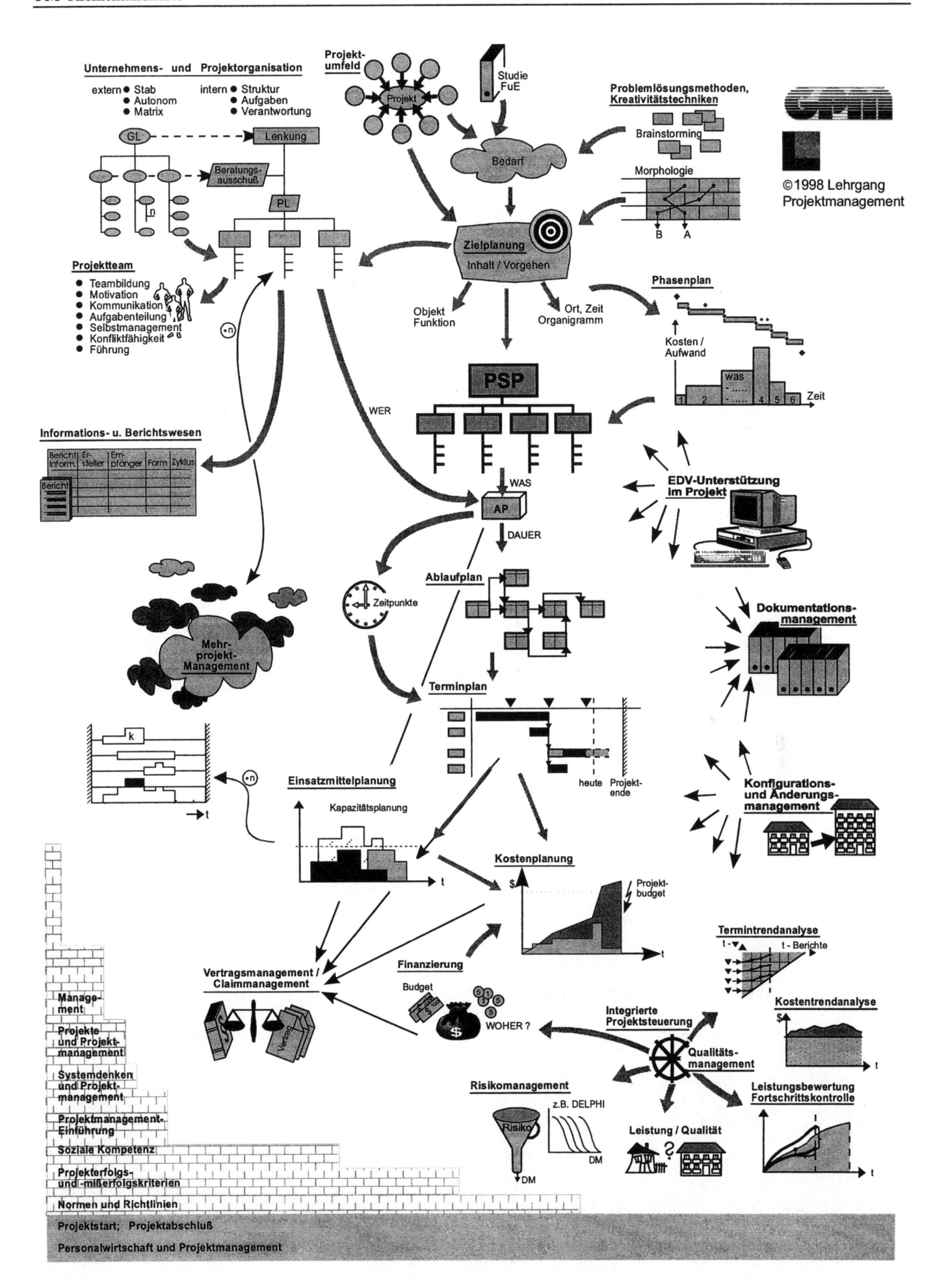

PM-Themenlandkarte

Unternehmens- und Projektorganisation
extern
- Stab
- Autonom
- Matrix

intern
- Struktur
- Aufgaben
- Verantwortung

Projektteam
- Teambildung
- Motivation
- Kommunikation
- Aufgabenteilung
- Selbstmanagement
- Konfliktfähigkeit
- Führung

Projektumfeld

Studie FuE

Bedarf

Zielplanung Inhalt / Vorgehen

Objekt / Funktion — Ort, Zeit / Organigramm

Problemlösungsmethoden, Kreativitätstechniken
- Brainstorming
- Morphologie

© 1998 Lehrgang Projektmanagement

Phasenplan — Kosten / Aufwand — was — Zeit

GL — Lenkung — Beratungsausschuß — PL

WER

PSP

WAS — AP — DAUER

Zeitpunkte

Ablaufplan

Terminplan — heute — Projektende

Informations- u. Berichtswesen
Bericht Inform.	Ersteller	Empfänger	Form	Zyklus
Bericht				

Mehrprojekt-Management

EDV-Unterstützung im Projekt

Dokumentationsmanagement

Konfigurations- und Änderungsmanagement

Einsatzmittelplanung — Kapazitätsplanung

Kostenplanung — Projektbudget

Vertragsmanagement / Claimmanagement

Finanzierung — Budget — WOHER?

Integrierte Projektsteuerung — Qualitätsmanagement

Risikomanagement — z.B. DELPHI — Risiko — DM

Leistung / Qualität

Termintrendanalyse — t - Berichte

Kostentrendanalyse

Leistungsbewertung Fortschrittskontrolle

- Management
- Projekte und Projektmanagement
- Systemdenken und Projektmanagement
- Projektmanagement-Einführung
- Soziale Kompetenz
- Projekterfolgs- und -mißerfolgskriterien
- Normen und Richtlinien
- Projektstart; Projektabschluß
- Personalwirtschaft und Projektmanagement

Vorwort zur 7. Auflage

Vor 11 Jahren erschien die erste Auflage des „Projektmanagement–Fachmann", seit 1998 wurde die 4. Auflage völlig überarbeitet, neu strukturiert, erweitert und aktualisiert.

Seitdem sind 4 Jahre vergangen, die 5. und 6. Auflage sind vergriffen, so daß im Rahmen eines Revisionsprojektes sowohl der Wissensspeicher – das zweibändige Lehrbuch - als auch das übrige Material des Lehrganges „Projektmanagement" neuen Entwicklungen und Anforderungen angepaßt werden konnten.

Nunmehr liegt das Werk als 7. Auflage vor, einige Kapitel wurden aktualisiert, neu gestaltet, Fehler berichtigt und kleine Korrekturen vorgenommen. Damit bleibt der „Projektmanagement–Fachmann" weiter das Standardwerk für die Aus- und Weiterbildung im Projektmanagement.

Inzwischen sind mehr als 3500 Teilnehmer in den Lehrgängen der GPM Deutsche Gesellschaft für Projektmanagement e.V. und des RKW Rationalisierungs- und Innovationszentrum der Deutschen Wirtschaft e.V. mit dem Lehrbuch ausgebildet worden, mehrere 4000 Exemplare des Buches wurden verkauft.

Der "Projektmanagement–Fachmann" stellt in seiner Konzeption und Struktur der 39 Kapitel gleichzeitig die anerkannte Wissensbasis für die Zertifizierung von Projektpersonal dar. Die Wissenselemente sind im internationalen Rahmen abgestimmt. Es ist gesichert, daß für den im Rahmen einer Zertifizierung ablaufenden Prozeß des Selbst-Assessments mit dem „Projektmanagement–Kanon" die gleiche Strukturierung und Gliederung der Elemente wie bei „Projektmanagement–Fachmann" garantiert wird.

Das Revisionsprojekt wurde sowohl durch die RKW-Bundesgeschäftsstelle mit Mitteln des Bundesministeriums für Wirtschaft und Arbeit als auch durch finanzielle und Sachleistungen der GPM finanziert und von einem Projektteam realisiert. Allen Beteiligten sei an dieser Stelle herzlich gedankt.

Möge auch die 7. Auflage die gleiche Verbreitung, Nutzung und Anerkennung finden, wie die vorangegangen Auflagen, um der zunehmenden Aus- und Weiterbildung und Zertifizierung von Projektpersonal eine solide Basis zu garantieren.

Im Dezember 2002

Dipl.-Ing. Karl Bech

Abt. Betriebswirtschaft und Technik im

RKW Rationalisierungs- und

Innovationszentrum der Deutschen

Wirtschaft e.V.

Eschborn / Ts.

Doz. Dr. – Ing. Ulrich Wolff

Projektleiter

GPM Deutsche Gesellschaft für

Projektmanagement

Nürnberg

1.0 Grundlagenkompetenz

Dem Führungskonzept „Projektmanagement" kommt besondere Bedeutung zu in **Zeiten des großen Wandels**:

- auf dynamischen Märkten mit verkürzenden Produktlebens-, Produktentwicklungs- oder Innovationszyklen,
- technologischen Innovationen und Entwicklungen,
- Dezentralisierung von Verantwortung (Autonomisierung),
- extremer Kundenorientierung und gewachsener Nachfrage nach spezialisierten Diensten und Systemlösungen,
- ergebnisorientierter und zielgeleiteter Arbeitsformen,
- fortschreitender Globalisierung sowie
- rasant entwickelnder Informationsbereitstellung und vereinfachter Kommunikationsmedien.

Projekte sind Träger dieses Wandels; und das effektive und effiziente Management dieser Projekte garantiert den Projekterfolg.

Dem Projektleiter kommt mit seinem Projektteam dabei eine Schlüsselfunktion zu: er wird mit der Projektrealisierung beauftragt und trägt die Verantwortung für das erfolgreiche Erreichen der Projektziele. Das Führungskonzept „Projektmanagement" gibt ihm Hilfestellungen zur Entwicklung seines sozialen Verhaltens, bietet ihm erprobte Methoden zur Planung, Steuerung und Überwachung der Projekte und liefert ihm Unterstützung bei der Erfüllung von übergreifenden Querschnittsfunktionen. In der ersten der vier Kernkompetenzen des Projektmanagers werden mit den Kapiteln der **Grundlagenkompetenz** die Ursprünge, die Prinzipien, die Systematik, die Ansätze und grundlegenden Vorgehensweisen dieses Führungskonzepts vermittelt. Sie ist damit der Grundstein für die weitreichende Handlungskompetenz, die von Projektpersonal heutzutage gefordert wird.

Grundlagenkompetenz im Projektmanagement

Die aufgezeigten, veränderten Herausforderungen für internationale Großunternehmen, für Mittelbetriebe und öffentliche Verwaltungen zwingen zu neuartigen Lösungswegen: Innovation, Integration und Zusammenarbeit, also **Management**-Leistungen, sind erforderlich. Die Praxis stellt dem Manager die Aufgaben, eine Gesamtleistung zu schaffen, die mehr ist als die Summe der zu integrierenden Teilleistungen und bei all seinen Entscheidungen und Aktionen die Kurzzeit-Anforderungen und die Langzeit-Anliegen der Organisation zu harmonisieren. Dabei umfaßt das Verständnis von Management zum einen die Institution (alle Stellen, Instanzen und Organe einer

Kapitel der Grundlagenkompetenz

Organisation mit Führungsfunktionen) und zum anderen die planerischen, steuernden und überwachenden Funktionen im gesamten Wirkungszusammenhang.

Um in der allgemeinen Managementlehre die Leistungserstellung mit Projektcharakter klar eingrenzen und die Besonderheiten des Führungsaspekts im Projekt verdeutlichen zu können, werden die Begriffe **Projekte und Projektmanagement** eingeführt, umfangreich erläutert und zu anderen Wissensgebieten in Beziehung gesetzt. Im Zuge der Diskussionen über neuere Tendenzen und Konzepte wird deren Relevanz für den Projektalltag detailliert dargestellt und Argumentationshilfen für die Nutzung von Projektmanagement geliefert. Neben einem kurzen Abriß der Entstehungsgeschichte werden auch Kosten- und Nutzenbetrachtungen des Projektmanagements angesprochen.

Projekte stehen zunehmend in der öffentlichen und kritischen Beobachtung, umwelt- oder sozialpolitische Konflikte werden immer häufiger auch in Projekten deutlich und dort ausgetragen. Das **Projektumfeld und Stakeholder** üben vermehrt vielfältigen Einfluß auf die Projektarbeit aus, was sich im unvorhergesehenen Falle als erfolgskritische Störgröße und Risiko mit hohem Schaden herausstellen kann. Projektmanager sind daher gezwungen, sich vorausschauend mit den zu erwartenden Interessenkonflikten und -vertretern aus dem direkten und indirekten Projektumfeld auseinander zu setzen. Ein erfolgsorientiertes Projektmanagement schließt immer auch eine aktive Untersuchung und professionelle Steuerung des Projektumfeldes über den gesamten Projektverlauf ein.

Mit der Einführung des kybernetischen Systemverständnisses in das Projektmanagement vervielfacht sich dessen Handlungspotential durch die Möglichkeit, komplexe und versteckte Abhängigkeiten leichter zu erkennen und besser zu beeinflussen. Das **Systemdenken und Projektmanagement** unter Systemaspekten identifizieren dabei eine Vielzahl von Systemen, z.B. das Zielsystem, das Projektteam als formelles organisatorisches System und informelles soziales System sowie die Integration der Projektsysteme in die darüberstehende Organisation. Die prozeßhaften systemischen Entwicklungen bei der Projektdurchführung sind dabei von gleicher Bedeutung wie die Projektergebnisse als gestaltete Systeme. Aus systemischer Sicht bedeutet Projektmanagement in der Praxis das Management von Systementwicklungen in offenen Systemzusammenhängen. Systemdenken erweitert die Angebote im Handlungsrepertoire des Projektmanagements.

Die Erfüllung der eingangs erwähnten Anforderungen an Flexibilität und Innovationsfähigkeit von wettbewerbsfähigen Unternehmen erfordert einen ganzheitlichen und prozeßorientierten Organisationsansatz. Der Übergang zum projektorientierten Unternehmen erfolgt durch eine systematische **Projektmanagement-Einführung**, idealerweise in Form eines eigenständigen Projekts. Die Einführung beinhaltet gleichermaßen die Information und Schulung von Führungskräften und Projektmitarbeitern, um eigene PM-Kompetenzen und eigenständiges Projektverständnis aufzubauen, das Verankern der projektorientierten Arbeitsweisen im Unternehmensleitbild, um diese nachhaltig und weitreichend zu implementieren und ein hohes Maß an Motivation und Akzeptanz zu erreichen.

Bei der, auf diese Weise eingeführten Projektarbeit ist es wichtig, daß der Projektleiter eines jeden Projekts - nach einem anfänglichen Prozeß der Zielfindung - sich und anderen eingehend Klarheit über die **Projektziele** verschafft, da im Gegensatz zu Routinetätigkeiten diese „beim ersten Anlauf" erreicht werden müssen. Neben der sorgfältigen Definition und Formulierung der Projektziele müssen innerhalb des Zielsystems Priorisierung und Hierarchisierung vorgenommen werden, damit trotz Zielkonflikt oder -konkurrenz Zielharmonie hergestellt werden kann. Die Operationalisierung und Dokumentation dieser Ziele sind für den anschließenden Projektplanungsprozeß im Rahmen der vertraglichen Verpflichtungen zu Lieferanten und Auftraggeber und für die begleitende Projektsteuerung von großer Bedeutung. Die Vereinbarkeit dieser Projektziele mit den individuellen Zielen der einzelnen Mitglieder des Projektteams und anderer Stakeholdergruppen ist die besondere Herausforderung für den Projektleiter.

1.0 Grundlagenkompetenz

Projekterfolg ist das genaue Bestimmen von Projektzielen und das Erreichen dieser Ziele. Mit der zunehmenden Anzahl von Projekten treten allerdings neben erfolgreich abgeschlossenen Projekten auch Fehlschläge auf, die ggf. einen immensen betriebswirtschaftlichen, volkswirtschaftlichen und ökologischen Schaden nach sich ziehen können. Das Lernen aus den Erfahrungen solcher Mißerfolge und das Nutzbarmachen der daraus resultierenden Verbesserungspotentiale für die eigene Projektarbeit ist durch die Beschäftigung mit den **Projekterfolgs- und -Mißerfolgskriterien** möglich. Dabei stehen nicht nur (kurzfristige) Kostenüberlegungen im Vordergrund, sondern auch strategische Nutzenüberlegungen, wie Zufriedenheit der wichtigsten Stakeholder, Kontrollmechanismen (Frühwarnsystem) während des Projektablaufs, Beherrschbarkeit der Komplexität und Vernetzung oder Ansätze zum Projekterfolgsmanagement.

Eines der grundlegenden Prinzipien des Projektmanagements ist die grobe zeitliche Gliederung des Projektablaufs in zeitliche Abschnitte, die Projektphasen. Dieses schrittweise Vorgehen kommt der menschlichen Denkweise eines Lebenszyklus entgegen, zuerst das zeitlich Naheliegende zu untersuchen und zu detaillieren und anschließend die in weiterer Ferne liegenden Prozesse grob zu planen. **Projektphasen und -lebenszyklus** sind nach der Zieldefinition auszuwählen und zu beschreiben. Die Phasenübergänge werden in dem jeweiligen, projektartspezifischen Phasenmodell festgelegt. Sie ermöglichen einen Rückblick auf die Ergebnisse und deren Kontrolle mit den gesteckten Zielen sowie einen Ausblick auf die nächste Phase im Zusammenhang mit einer Risikoabschätzung hinsichtlich Erfolg oder Mißerfolg für das Projekt. Man setzt sog. Meilensteine, an denen Entscheidungen über die Projektfortführung bzw. den Projektabbruch getroffen werden.

Die Verwendung einheitlicher Begriffe unter den Projektbeteiligten sowie standardisierte Regelungen und Abläufe erleichtern die Projektarbeit und vermeiden Zeitverluste und Fehler durch Mißverständnisse. Die beim Deutschen Institut für Normung (DIN) sowie in vielen verbands- oder unternehmensinternen Arbeitsgruppen erarbeiteten **Normen und Richtlinien** im Projektmanagement werden heute in Wissenschaft und Praxis weitgehend akzeptiert. Sie sind die Grundlagen für die Entwicklung und Durchführung von Aus- und Weiterbildungsmaßnahmen im Projektmanagement, für die Implementation von Projektmanagementsystemen und ihre laufende Anwendung, für das Aufstellen innerbetrieblicher PM-Regelungen, für die Projektmanagement-Zertifizierung, für eindeutige Vertragstexte und für die Zusammenarbeit in internationalen Projekten.

Fazit

Der Projektmanager erhält mit den Inhalten der Grundlagenkompetenz im Projektmanagement das notwendige Rüstzeug für das Verständnis weiterführender Wissenselemente der Kernkompetenzen des Projektmanagements und deren erfolgreiche Anwendung bei betrieblichen Aufgabenstellungen.

1.1 Management

von

Sebastian Dworatschek

Relevanznachweis

Nach P.F. Drucker, dem „Gründervater der Managementlehre", stellt die Praxis dem Manager zwei wichtige Aufgaben (DRUCKER 1985, S. 398f):

- ☐ Eine Gesamtleistung schaffen, die mehr ist als die Summe der zu integrierenden Teilleistungen im Betrieb.
- ☐ Bei all seinen Entscheidungen und Aktionen die Kurzzeit-Anforderungen und die Langzeit-Anliegen der Organisation zu harmonisieren.

Dabei treten in den betrieblichen Arbeitssituationen unterschiedliche Rollenverständnisse auf. Sie werden illustriert mit der bekannten Geschichte (DRUCKER 1985, S.431):

Drei Steinmetzen wird die Frage gestellt, was sie eigentlich tun. Der Erste antwortet: „Ich verdiene meinen Lebensunterhalt". Der Zweite meint: „Ich mache die beste Steinmetzarbeit im ganzen Land". Der Dritte aber erklärt visionär: „Wir bauen eine Kathedrale."

Der erste Arbeiter kennt den Gegenwert für seine Leistung. Der Zweite beweist Expertentum und Qualitätsdenken, wenngleich diese Professionalität in die Gesamtleistung integrierbar bleiben muß. Der Dritte ist der eigentliche Manager.

Die Nutzungszeiten von Produkten werden kürzer, die zulässige Herstelldauer wird enger, das Fachwissen vielschichtiger. Die Nachfrage nach Diensten wächst, länderübergreifende Vorhaben häufen sich. Veränderte Aufgaben und neue Herausforderungen für kleine wie große Organisationen zwingen zu neuartigen Lösungswegen. Innovation, Integration und Zusammenarbeit, also **Management**-Leistungen, sind erforderlich.

Kurzlebigkeit und Wandel kennzeichnen dabei die Wirtschaft, die öffentliche Verwaltung und andere Lebensbereiche. Management im Wandel und Management des Wandels werden gesucht, d.h. **Projektmanagement** ist zunehmend gefragt.

Inhaltsverzeichnis

1.1.1 Management als Funktion und als Institution — 7
    1.1.1.1 Management und Führung — 7
    1.1.1.2 Management als Funktion — 8
    1.1.1.3 Management als Institution — 8
    1.1.1.4 Pragmatische Fragen zur Führung — 9

1.1.2 Regelkreismodell der Führungsfunktionen — 12
    1.1.2.1 Regelkreis und Kybernetik — 12
    1.1.2.2 Führungsfunktionen im Regelkreis — 13

1.1.3 Management-Ansätze und Führungskonzepte — 17

1.1.4 Anforderungen an Manager — 19

1.1.1 Management als Funktion und als Institution

Jeder Mensch kennt Situationen im Berufsleben und im privaten Bereich, in denen er andere Personen oder sich selbst als „Führung ausübend" erlebte. Dies trifft zu für Industriebetriebe und Dienstleistungsunternehmen, für öffentliche Betriebe und Verwaltungen, für Sportvereine und Schulen und für andere Organisationen, in denen Menschen zusammenarbeiten und Ziele gemeinsam verfolgen. Eine Reihe von Stellenbezeichnungen für leitende Personen in einer Organisation ist bekannt, wie Geschäftsführer oder Personalleiterin, Filialleiterin oder Abteilungsleiter, Vereinsvorstand oder Schulrektorin. Die meisten Menschen können deshalb auch gewisse Eindrücke und Merkmale schildern, mit denen sie „Führungspersonen" oder „Leitungsaufgaben" beschreiben möchten.

1.1.1.1 Management und Führung

Weniger leicht fällt es jedoch, den „Führungsprozeß" mit wissenschaftlichen Methoden genauer zu definieren. Vereinfacht wird diese Aufgabe auch dann nicht, wenn man beachtet, daß aus dem anglo-amerikanischen Sprachraum der Ausdruck „Management" übernommen wurde - mit den dazugehörigen Methoden aus der Betriebspraxis und den Fachdisziplinen „management science" und „business administration".

Der deutsche Ausdruck **Führung** weist ein erhebliches Spektrum an Deutungen sowohl in der betrieblichen Praxis als auch in der Betriebswirtschaftslehre auf. Ein Führungsprozeß kann ablaufen, wenn eine Gruppe, d.h. mindestens zwei Personen, gemeinsame Ziele arbeitsteilig anstrebt bzw. Aufgaben bearbeitet. Untersuchungen haben immer wieder Merkmale gesammelt, um mit ihnen die vielfältigen Führungssituationen und -prozesse zu charakterisieren. Eine solche Liste (WUNDERER S. 87f) kann stellvertretend für andere stehen; demnach wäre „Führung" nach folgenden elf Merkmalen zu beschreiben:

1. Ziel-, Ergebnis- und Aufgabenorientierung
2. Gruppenprozesse (bei zwei oder mehr Personen)
3. Rollendifferenzierung (Erwartungen an Positionsinhaber)
4. Einflußprozesse (Macht)
5. Soziale Interaktion (wechselseitige Verhaltensbeeinflussung)
6. Wert- und Normenbildung
7. Persönlichkeitseigenschaften, Fähigkeiten und Fertigkeiten
8. Konfliktprozesse (Interessengegensätze)
9. Informations- und Kommunikationsprozesse
10. Entscheidungsprozesse (Macht)
11. Entwicklungsprozesse (Zeitdimension).

Die Definitionen in Literatur und Praxis unterscheiden sich darin, daß sie einzelne dieser Merkmale besonders hervorheben. Jede der beteiligten Wissenschaften legt verständlicherweise den Schwerpunkt ihrer Fragestellung auf andere dieser Aspekte, z.B. auf die Entscheidungseffizienz der Führenden (Betriebswirtschaftslehre), auf die Aufgabenstrukturierung (Ingenieurwissenschaften), auf die Vorgänge in den Gruppen (Soziologie) oder auf die Persönlichkeitseigenschaften (Psychologie) der Personen mit Führungsrollen.

1.1.1.2 Management als Funktion

Die funktionale Interpretation von Management oder Führung betont die Phasen des betrieblichen Handelns und Koordinierens. In der deutschsprachigen Betriebswirtschaftslehre und Praxis findet sich die Unterscheidung in eher **sachbezogene** und **personenbezogene** Aufgaben. Erstere Funktionen, wie Planen, Organisieren und Kontrollieren, behandeln Sachfragen bzw. Objekte im Betrieb. Die personenbezogenen Funktionen betreffen das unmittelbare, kommunikative Einwirken auf Mitarbeiter, auch oft „Menschenführung" genannt.

Eine derartige Unterscheidung läßt sich in der konkreten Führungssituation kaum durchhalten, vielmehr sind beide Funktionsarten gleichzeitig und integriert auszuüben. Wie jeder Betriebsangehörige selbst erfährt, werden Sachaufgaben gerade durch Kommunikation mit Mitarbeitern gelöst. Die duale Betrachtung dient eher der Betriebsanalyse oder der Gruppierung von Management-Techniken. Jede der vielen Führungstechniken unterstützt nur eine oder mehrere der Führungsfunktionen, nicht aber den gesamten Führungsprozeß (vgl. Abschnitt 1.1.3).

1.1.1.3 Management als Institution

Das Verständnis von **Management als Institution** umfaßt alle Stellen (z.B. Personalleiter), Instanzen (z.B. Lenkungsausschuß) und Organe (z.B. Vorstand) in einer Organisation, denen die Befugnis übertragen wurde, die genannten Führungsfunktionen auszuüben. Dazu zählt insbesondere auch das Recht, anderen Mitgliedern der Organisation Aufträge und Weisungen zu erteilen oder gar die Organisation nach außen zu vertreten (z.B. Lieferanten, Öffentlichkeitsarbeit).

Führung auf drei Ebenen

Die Inhaber dieser organisatorischen Positionen, denen somit in der Unternehmung die leitenden, anleitenden und disponierenden Funktionen obliegen, nennt man **Führungskräfte** oder **Manager**. Die **oberen Führungskräfte** (Vorstand, Geschäftsleitung, Leitende Angestellte; Top/Upper Management) vertreten die Interessen des Unternehmenseigners als Arbeitgeber gegenüber der Arbeitnehmerschaft. Bedeutsame Funktionen sind auch die Behandlung industrieller Konflikte und die Pflege der industriellen Beziehungen (industrial relations) in bezug auf Betriebsräte, Gewerkschaften, Tarifparteien, Industrie- und Handelskammern. Arbeitnehmervertreter in Aufsichtsräten und Arbeitsdirektoren in mitbestimmten Unternehmen sowie Betriebsräte wirken an Unternehmensplanungen und -entscheidungen mit, üben insoweit auch indirekt Führungsfunktionen aus.

Durch die Arbeitsteilung zwischen oberem und mittlerem Management verspricht man sich eine Steigerung der Produktivität und eine Entlastung der obersten Führungskräfte. Die **mittleren Führungskräfte** (z.B. Abteilungsleiter) übernehmen die wichtige Rolle, Ziele und Verbesserungsvorschläge zwischen der oberen Führungsebene und der unteren sowie der ausführenden Ebene zu vermitteln.

Die **unteren Führungskräfte** (u.a. Meister, Gruppenleiter; Lower Management) organisieren und verteilen unmittelbar die anstehenden Arbeiten auf die ausführenden Arbeitskräfte. Die Rolle der unteren Führungskräfte (Lower Management) hat sich bereits in früheren Jahrzehnten verändert. So waren etwa die Aufgaben der Meister als untere Führungskräfte abzuwandeln, nachdem in vielen Produktionsbetrieben die untere Führungsebene der Vorarbeiter(stellen) abgeschafft worden war.

Änderungen und Neuerungen ergeben sich in den letzten zehn Jahren aber auch für die Ebene der **mittleren Führungskräfte** (Middle Management). Einerseits zeichnen sich die neuen mittleren Führungskräfte durch höhere Ausbildungsgrade bis hin zum akademischen Studium aus. Häufig verfügen sie über Spezialkenntnisse, wie Computerexperten, Qualitätsfachleute und Controller. Zunehmend übernehmen sie indirekte Führungsfunktionen, wie Product Manager oder Project Ma-

1.1 Management

nager. Diese neuen Mittel-Manager nehmen auch auf die Unternehmensentscheidungen der oberen Führungsebenen (Upper and Top Management) faktischen Einfluß, indem sie Informationen aufbereiten und Entscheidungsvorlagen erarbeiten.

Anderseits zielten die Maßnahmen des „Lean Management" in den letzten Jahren gerade auf die mittlere Führungsebene. Diese Ausdünnung und Verschlankung von Management-Hierarchien ereignete sich in vielen Unternehmen, gilt heute aber auch in öffentlichen Verwaltungen.

1.1.1.4 Pragmatische Fragen zur Führung

Im Sinne der Praxisorientierung werden diese vielfältigen Ansätze aus der Literatur, die Begriffe „Management" und „Führung" zu definieren und abzugrenzen, nicht weiter verfolgt. Es interessieren hier vielmehr einige Fragen, mit denen Führungskräfte konfrontiert werden, wenn sie Analysen in ihrem Wirkungsbereich anstellen wollen. Die Abbildung 1.1-1 visualisiert diese Fragen in vereinfachter Form. Die folgenden Anmerkungen deuten diese Fragen zur „Führung".

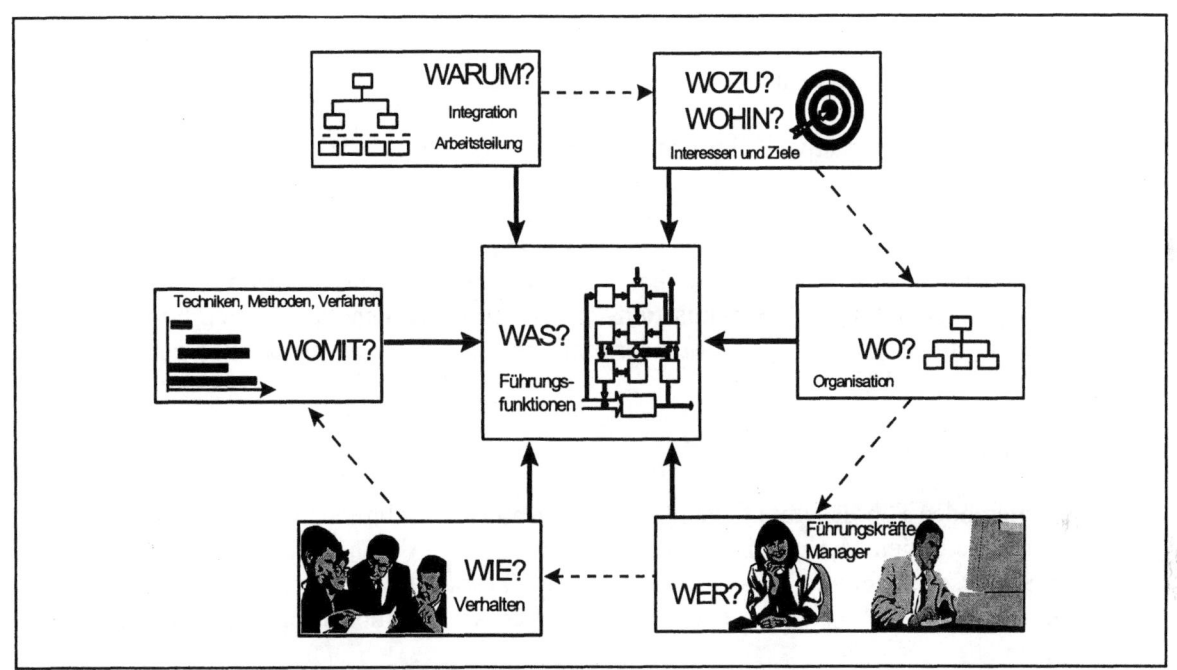

Abbildung 1.1-1: Praktische Aspekte der Führung

Wieso, warum entsteht ein Bedarf an „Führung"?

Die betriebliche Arbeitsteilung ermöglicht den Betriebsangehörigen, sich zu spezialisieren. Sie analysiert und trennt die Arbeitsschritte der Aufgabe. „Führung" koordiniert und integriert diese Schritte zur erwünschten Gesamtleistung.

Wozu und wohin wird geführt?

Gelegentlich gilt es zu unterscheiden, wer in welcher Rolle die Führungsfunktionen ausübt: der Eigentümer-Unternehmer oder der angestellte Geschäftsführer als Manager. Damit eng verbunden ist die Frage nach dem Unternehmenszweck und den Zielen, zu denen die Führung hinführen soll. Die Gewichtung und Operationalisierung des Zielbündels für die Führung werden durch viele **Interessengruppen** (siehe Kapitel 1.3) formell und informell beeinflußt, wie: *Interessen und Ziele*

- Kapitaleigner und Banken,
- Arbeitnehmer und Gewerkschaften,
- Eigeninteressen und Firmenbindung der Führungskräfte,

- Erwartungen der Kunden und der Lieferanten,
- Forderungen der lokalen Umwelt und der Gesellschaft,
- Gesetze und Standards (z.B. EU-Qualitätsnormen).

Wo findet Führung statt?

Organisations-modelle

In der Praxis erfolgt der Führungsprozeß im Rahmen einer gewissen Stellen- und Instanzenstruktur. Die möglichen Formen der Zuordnung von Stellen zueinander in einer Hierarchie oder auch anders nennt man **Organisationsmodelle**. Ihre grafische Wiedergabe bezeichnet man als **Organigramme** oder auch Organisations(struktur)pläne.

„Managementfunktionen werden auf allen Ebenen der Unternehmung ausgeübt. Die allseits übliche hierarchische Einteilung in

- Top Management
- Mittleres Management
- Unteres Management

verstellt den Blick für alternative Koordinationsformen." (STAEHLE S.55)

Marktverschärfung, Wirtschaftlichkeitsdruck und Wandel in den Belegschaftserwartungen veranlaßten in den letzten Jahren viele Unternehmen und Kommunalverwaltungen, alternative Organisationsmodelle zu erproben. Eine Studie bei 450 Großunternehmen in mehreren europäischen Ländern hat gezeigt, daß flexible Organisationsformen mit weitgehend autonomen Projektgruppen als besonders effektiv gelten - auch in Ländern mit bis dato noch eher hierarchischen Linienorganisationen (KNÖPFEL 1992).

Wer führt bzw. leitet?

Führungskräfte, Manager

Diese integrierenden Führungsfunktionen übernehmen außer der Unternehmensleitung (Top Management) auch die Linien-Manager in den mittleren und unteren Führungsebenen der Fachbereiche. Ähnliche Syntheseaufgaben (z.T. beratend) üben auch besondere Stellen bzw. Personen aus, wie qualifizierte Fachleute, Projektkoordinatoren oder sogar Arbeitsgruppensprecher (z.B. von Werkstattgruppen).

Wie führen?

Führungs-verhalten

Als **Führungsverhalten** einer Person kann man die spezifische Ausprägung der Führungsfunktionen bezeichnen, die in einer Führungssituation beobachtbar ist. Die Verhaltensausprägung kann in der Person selbst angelegt sein, wie: Kenntnisse, Fähigkeiten, Einstellungen und Motivationsstruktur. Sie wird aber auch durch das organisatorische und soziale Umfeld verursacht.

Zeigt ein Manager immer wieder ein Verhaltensmuster im Umgang mit „Geführten", so kann man auf seinen **Führungsstil** schließen. Das Merkmal „Entscheidungsspielraum" kann von „zentralisiert auf den Manager" bis „weitgehend delegiert an die Mitarbeiter" skaliert und mit der sog. Führungsstil-Reihe (vgl. Kapitel 2.7) dargestellt werden:

autoritär - patriarchalisch - beratend - kooperativ - partizipativ - demokratisch

1.1 Management

Womit führen und leiten?

Unter Management- bzw. **Führungstechniken** faßt man üblicherweise Methoden, Verfahren, Techniken und Instrumente (bis hin zu Software-Hilfen) zusammen, die die Führungsfunktionen und damit den Führungsprozeß erleichtern können. Erwünschte Techniken können mit Beispielen in Handbüchern beschrieben oder gar in Kooperationsverträgen verbindlich vorgeschrieben werden.

Führungstechniken

Ein bekanntes Beispiel ist die Personalbeurteilung, die anhand vorgegebener Beurteilungskriterien vom Vorgesetzten jährlich durchgeführt wird. Ein anderes Beispiel sind Balkenpläne für die Personaleinsatzplanung.

Was tun?

Jede betriebliche Führungssituation erfordert eine Reihe von konkreten Tätigkeiten der Führungskräfte. Je nach Führungsposition, Fachbereich und Branche werden sie unterschiedlich ausgestaltet sein. Der funktionale Führungsbegriff konzentriert sich auf die Kette von (Teil-) Tätigkeiten, die zu einem Führungsprozeß gekoppelt werden. Diese Teiltätigkeiten können gruppiert und klassifiziert werden. Jede Klasse sei als **Führungsfunktion** bezeichnet, z.B. Ziele setzen, Planen, Organisieren, Kontrollieren.

Welche Führungsfunktionen?

Drucker sieht aufgrund seiner wissenschaftlichen und praktischen Studien in der Arbeit eines Managers fünf Grundfunktionen („basic operations") (DRUCKER 1985, S. 400f):

- „to set objectives (Ziele setzen)
- to organize the work (Arbeit organisieren)
- to motivate and communicate (motivieren und kommunizieren)
- to measure and interpret performance
  (Leistung/Abläufe messen und interpretieren)
- to develop people, including himself"
  (Personen weiterentwickeln, einschließlich sich selbst)

Diese Management-Funktionen sind formale, klassifizierende Begriffe. Sie müssen aus den Erfahrungen der Führungskräfte heraus konkretisiert und zu Leben erweckt werden. Aber gerade diese verallgemeinerten Funktionen lassen sich auf alle Tätigkeiten von Führungskräften in unterschiedlichen Positionen anwenden.

1.1.2 Regelkreismodell der Führungsfunktionen

Stellt man die Sichtweise „Management als Funktion" in den Vordergrund, so lassen sich Führungsfunktionen definieren und in einem Regelkreis verknüpfen. Daraus entstand vor Jahren ein „kybernetisches Managementmodell" (DWORATSCHEK 1977), das für vielfältige Anwendungen in der Betriebspraxis den einheitlichen Rahmen liefert.

1.1.2.1 Regelkreis und Kybernetik

Die Funktionen Planen, Realisieren, Kontrollieren, (erneut) Planen, usw. können vereinfacht als Kreislauf verstanden werden. Gelegentlich spricht man auch vom „Management-Kreis". Das einfache Kreismodell gibt jedoch die Wirklichkeit der Problemlösung im Führungsprozeß nicht hinreichend realistisch wieder.

Regelkreismodell
Es gilt deshalb, nach einem verfeinerten Modell zu suchen, mit dem die Management-Funktionen in ihrem Zusammenhang wirklichkeitsnah abgebildet werden können. Als besonders leistungsfähig erweist sich dabei das **Regelkreismodell** oder Regelsystem. Es besteht aus den beiden Elementen **Regler** (hier: Führungskraft) und **Regelstrecke** (hier: leistungserbringende Personen).

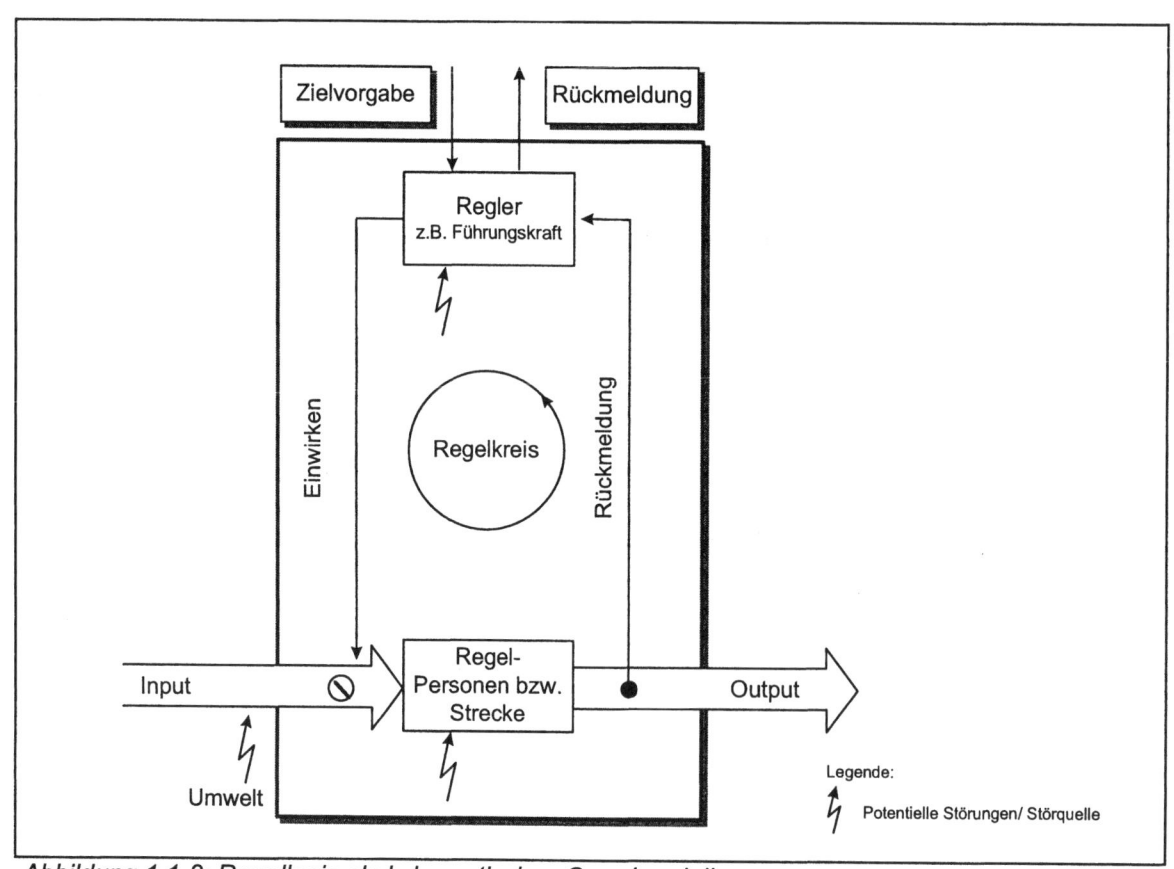

Abbildung 1.1-2: Regelkreis als kybernetisches Grundmodell

Die beobachtete Leistung informiert als Rückmeldung den Regler. Tritt dieser Rückkopplungseffekt (feedback) auf, so spricht man von einer **Regelung**. Wird die Soll-Ist-Abweichung der Leistungsergebnisse nicht ermittelt oder nicht für eine korrigierende Rückkopplung eingesetzt, so verwendet man im deutschen Sprachraum den Begriff **Steuerung**[1] (vgl. DIN 19226).

---

[1] Der amerikanisch-englische Ausdruck control umfaßt beide Bedeutungen: Regelung (closed loop control) und Steuerung (open loop control); bei Übersetzungen führt dies zu Mißverständnissen.

1.1 Management

Die Führungsbeziehungen im Regelkreis der Abbildung 1.1-2 spiegeln nur eine einfache Führungssituation wider. Die betriebliche Wirklichkeit entspricht eher einem Netzwerk von Kommunikationsbeziehungen. Die Abbildung 1.1-3 deutet an, welch vielfältige Regelungsbeziehungen am Arbeitsplatz täglich auftreten können. Jeder Stelleninhaber in einer Organisation wird einerseits von anderen Personen zu Leistungen veranlaßt. Andererseits wirkt er aber umgekehrt auch zielbewußt auf andere Organisationsangehörige ein. Jeder Stelleninhaber übernimmt sowohl die Rolle der leistungserbringenden Regelperson als auch die des zielorientiert einflußnehmenden Reglers.

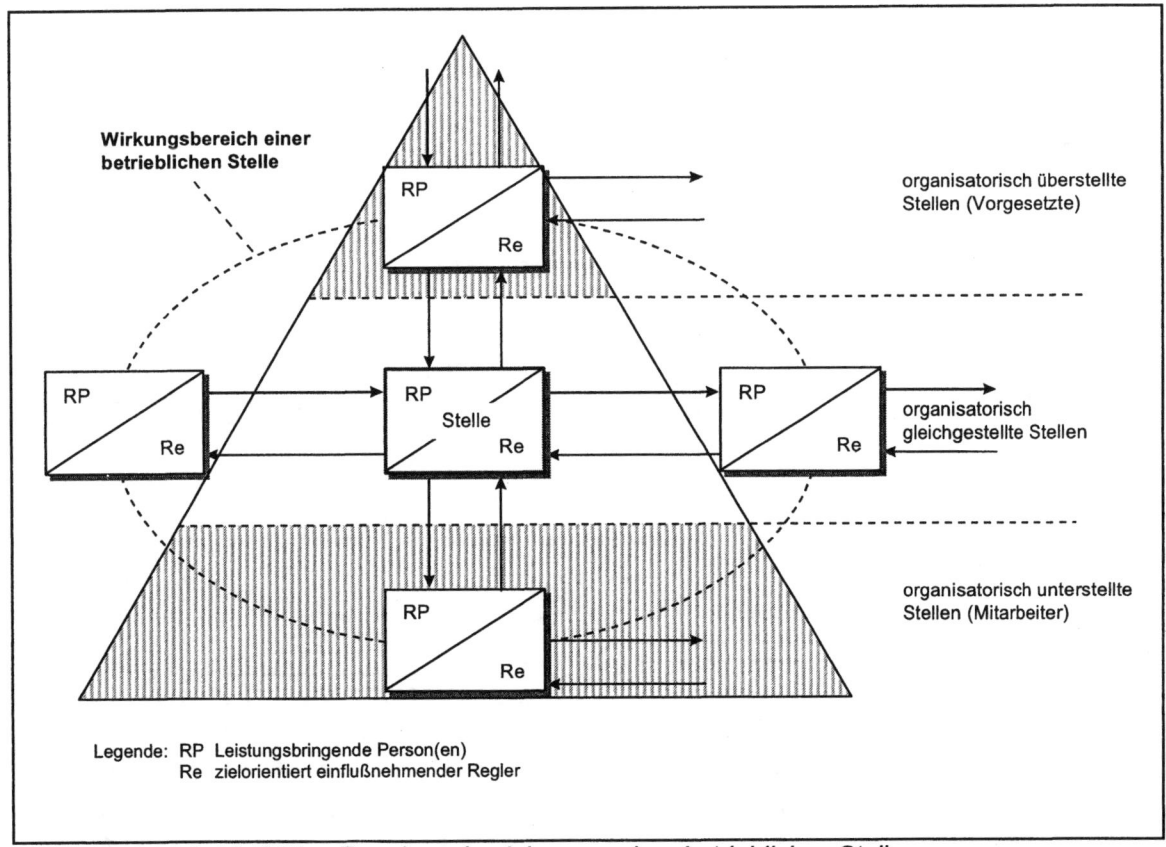

Abbildung 1.1-3: Vielfältige Regelungsbeziehungen einer betrieblichen Stelle

Diese wechselseitigen Einflußnahmen entstehen nicht nur in der Linien-Hierarchie abwärts (zu den Mitarbeitern) und aufwärts (zum Vorgesetzten). Sie erfolgen auch zu gleichgestellten Abteilungen und zu betriebsexternen Instanzen, wie Lieferanten, Kunden, Behörden, Gewerkschaften, Verbänden, Medien oder staatlichen Stellen/Behörden. Dieses Regelungsnetzwerk gilt gerade auch für nicht-hierarchische Kooperationen und flexible Organisationsformen, wie Ausschüsse, Ad-hoc-Gruppen, Kommissionen und vor allem für **Projektgruppen**.

1.1.2.2 Führungsfunktionen im Regelkreis

Die betriebliche Praxis und die wissenschaftliche Literatur verwenden mit geringfügigen Variationen drei Gruppen von Führungsfunktionen, auch genannt:

- **planerische Funktionen:**
  Vorgaben umsetzen, Vorkoppeln, Ziele setzen, Planen, Entscheiden
- **lenkende bzw. realisierende Funktionen:**
  Organisieren, Einwirken, ggf. auch selbst Ausführen
- **kontrollierende bzw. überwachende Funktionen:**
  Ist-Ermitteln, Soll-Ist-Vergleichen, Abweichungen analysieren, Berichten

Trägt man diese Führungsfunktionen in die „Black Box" des Reglers (leeres Rechtecksymbol in Abbildung 1.1-2) ein, so entsteht die Abbildung 1.1-4. Die Pfeile symbolisieren sachlogische Informationsflüsse. Dies bedeutet, daß „Kommunikation" wie ein Katalysator erforderlich ist, innerhalb der Führungsfunktionen und um diese miteinander zu verbinden. Kommunikation zwischen kooperierenden Organisationsangehörigen ist die integrierende „Schlüsselfunktionen" im Management (siehe Kapitel 2.2).

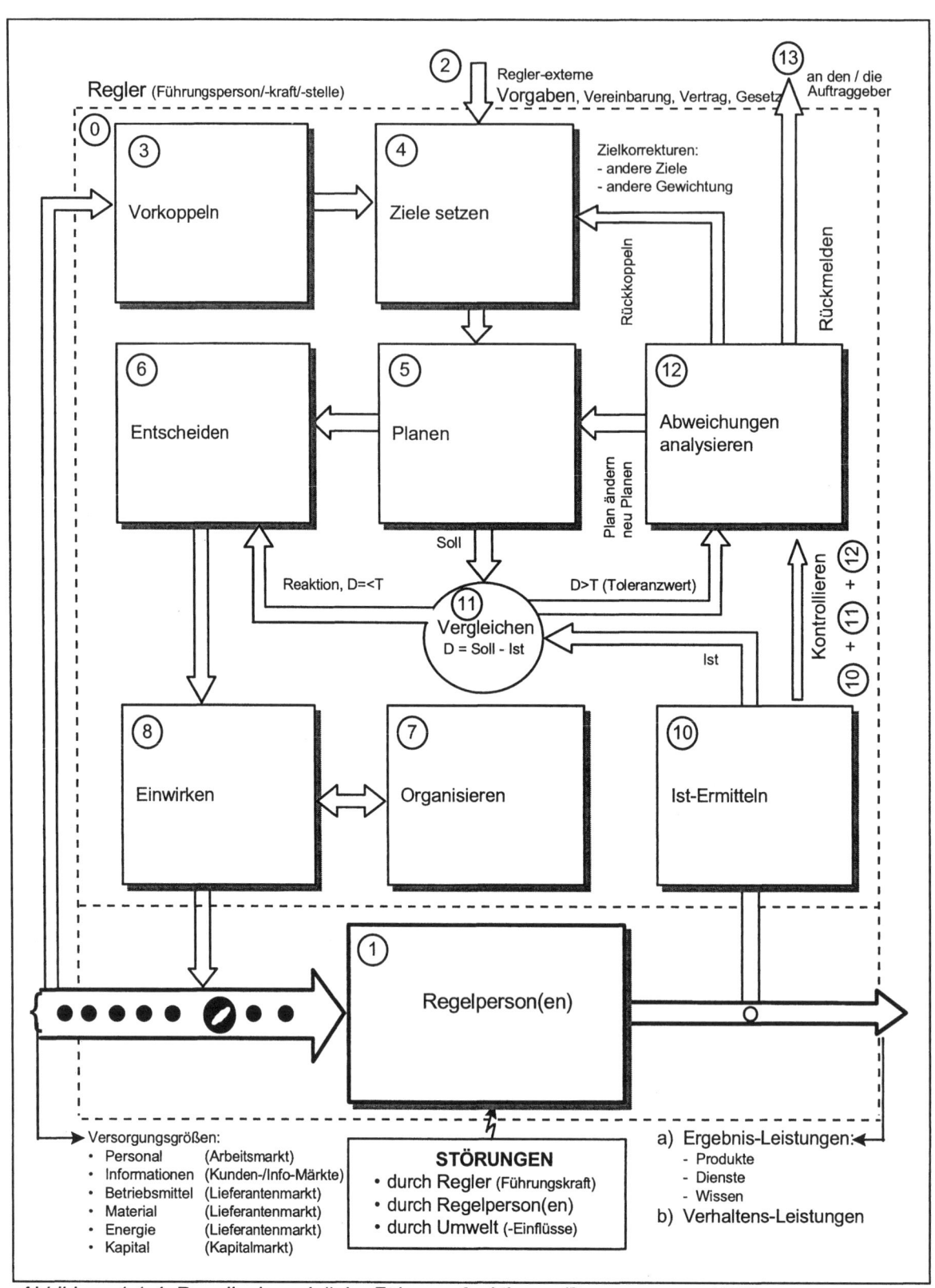

Abbildung 1.1-4: Regelkreismodell der Führungsfunktionen (DWORATSCHEK 1977)

(4) Ziele setzen

Die Führungsfunktion **Ziele setzen** fällt Führungskräften nicht leicht. Sie findet in der betrieblichen Wirklichkeit seltener und weniger präzise statt als vielleicht angenommen wird. Als Ziel gilt ein definierter, für die Zukunft angestrebter Zustand (vgl. Kapitel 1.6). Ein Ziel sollte definiert und operationalisiert, d.h. überprüfbar bis hin zu meßbar gemacht werden nach:

- Objekt (Art),
- Maßstab (Skala),
- Umfang (Größe)
- Zeit (Dauer/Periode/Termin).

(5) Planen

Planen bedeutet die gedankliche Vorbereitung zielgerichteter, zukünftiger Handlungen. Planen besagt demnach: Informationen systematisch beschaffen und ordnen. Zwei Arten des Planens lassen sich unterscheiden:

- Die *Alternativplanung* simuliert gedanklich mögliche Handlungswege. Sie zeigt deren mögliche Konsequenzen (Chancen, Risiken) auf (z.B. Investitionsprogramm, Projekt-Portfolio).
- Die *Ablaufplanung* (siehe Kapitel 3.2) durchdenkt mögliche Arbeitsschrittfolgen in der ausgewählten Handlungsalternative (z.B. Balken-/Netzplan für ausgewähltes Investitionsprojekt).

(6) Entscheiden

Die Führungsfunktion **Entscheiden** baut auf den Zielen und Plänen auf, sie bedeutet

- das Auswählen aus den planerisch aufgezeigten Handlungsalternativen und
- das Festlegen der Ablaufplanung für die so gewählte Alternative.

Darüber hinaus fallen weitere Entscheidungsformen im Führungsprozeß (Abbildung 1.1-4) an:

- Entscheiden über Planrevisionen aufgrund von Abweichungsanalysen
- Spontan-Entscheidung bei geringfügigen Soll-Ist-Abweichungen.

Die Führungskraft realisiert eine ausgewählte Handlungsalternative nur selten durch direktes eigenes Ausführen der Maßnahme. Vielmehr veranlaßt sie das 'Ausführen', indem sie auf andere Personen im Arbeitsprozeß Einfluß nimmt. Diese delegierende Weitergabe von Aufgaben erfolgt einerseits durch **Organisieren** (dauerhafte Aufgabenzuteilung) und andererseits durch **Einwirken** (spontane Aufgabenerteilung).

(7) Organisieren

Die Führungsfunktion **Organisieren** bedeutet generelle und (relativ) dauerhafte Regelungen suchen oder entwickeln für

- die zielorientierte Zusammenarbeit der am Arbeitsprozeß Beteiligten und
- den dazu erforderlichen rationellen Mitteleinsatz.

Objekte und Ergebnisse des Organisierens sind dabei

- die Struktur der Zusammenarbeit (Aufbauorganisation) und
- der Ablauf des Arbeitsprozesses (Ablauforganisation).

(8) Einwirken

Die Organisationsergebnisse bilden den Rahmen für die beschlossene Aktion. Die Führungskraft wirkt auf die am Arbeitsprozeß beteiligten Menschen ein, um die Aktion ausführen zu lassen.

Diese Führungsfunktion **Einwirken** tritt praktisch auf als:

> Einweisen und Unterweisen, Veranlassen und Informieren, Koordinieren und Motivieren, Korrigieren und Kritisieren, vor allem aber als Anfragen, Bestätigen und Anerkennen.

(1) Regelpersonen

Die beeinflußten **Regelpersonen** sollen Leistungen erbringen; diese können sein:

- Ergebnisleistungen: Produkte, Dienste, Wissen
- Verhaltensleistungen: erwartetes Verhalten
  (z.B. gemäß den betrieblich vereinbarten Führungsgrundsätzen).

Voraussetzungen für diese Leistungen sind u.a. die Versorgungsgrößen Personal, Informationen, Betriebsmittel, Material, Energie und Kapital.

Kontrollieren **Kontrollieren** bedeutet ein informationelles Rückkoppeln von den am Arbeitsprozeß Beteiligten hin zur Führungskraft. Dabei fließen Informationen über Arbeitsergebnisse oder/und Arbeitsverhalten.

(10) Ist-Ermitteln

Den ersten Kontrollschritt bildet die Führungsfunktion **Ist-Ermitteln**. Die Ist-Leistung kann mit unterschiedlichem Operationalisierungsgrad ermittelt werden (vgl. Kapitel 3.6), z.B. durch Zählen, Messen, Wiegen, Errechnen, Schätzen, Bewerten und Beurteilen.

(11) Vergleichen

Die so ermittelten Ist-Daten sind im zweiten Kontrollschritt mit den Soll-Daten zu vergleichen. Die Soll-Daten und möglichst auch zugehörige Toleranzdaten stammen aus dem Planungsprozeß (Ziele setzen, Planen, Entscheiden). Soll-Ist-Abweichungen innerhalb der Toleranzen werden ignoriert oder führen zu einfachen Reaktionen bzw. Routineentscheidungen (vgl. Kapitel 3.7).

(12) Abweichungen analysieren

Überschreiten die Soll-Ist-Abweichungen erheblich oder/und häufig die Toleranzen und sind keine direkten plausiblen Erklärungen bekannt, so führt die Führungskraft den dritten Kontrollschritt aus. Diese Führungsfunktion **Abweichungen analysieren** sucht Ursachen für die Soll-Ist-Abweichungen. Sie bedient sich qualitativer Verfahren (z.B. Interviews) und quantitativer Methoden (Korrelationsrechnung, Faktoranalyse). Die Ergebnisse der Abweichungsanalyse führen zu:

- (5) **Planrevisionen** (Planänderung oder gar neue Pläne)
- (4) **Zielkorrekturen** (Prioritätenänderung oder gar andere Ziele)
- (13) **Rückmelden** (Berichten an den Auftraggeber).

1.1 Management

(13) Rückmelden und Rückkoppeln

Jede Führungskraft gibt **Rückmeldungen** (Reporting) an andere betriebliche Führungsstellen und außerbetriebliche Auftraggeber. Diese Rückmeldungen erfolgen in Form von periodischen Berichten, von verdichteten Analysedaten und von Sonderinformationen.

(3) Vorkoppeln

Die Funktionen des Kontrollierens und des Rückmeldens arbeiten viel mit Vergangenheitsdaten. Aber jedes Unternehmen gefährdet seine Stabilität, verliert seine Dynamik und seine Innovation, wenn es nur vergangenheitsorientierte Informationen verarbeitet. Das Rückkoppeln muß deshalb ergänzt werden um die Führungsfunktion **Vorkoppeln**. Die Führungskraft versucht dabei vorausschauende Überlegungen anzustellen, potentielle Störungen, Trends, Tendenzen und Erwartungsänderungen vorweg zu denken. Intuition, ganzheitliches und kreatives Denken sind dabei von großem Nutzen.

1.1.3 Management-Ansätze und Führungskonzepte

Literatur und Führungsseminare vermitteln den Führungskräften unterschiedliche Management-Ansätze (WUNDERER 1980, S. 285) - in verkürzter Form (bis zu einzelnen Führungstechniken reduziert) oder umfangreicher (bis zu Führungskonzepten).

Diese Empfehlungen, den Führungsprozeß zu gestalten, werden auch „Management by ... -Ansätze" (Mby) genannt (siehe Kapitel 2.7). Sie betonen jeweils eine oder zwei Führungsfunktionen. Dabei werden in der Praxis zum Teil auch organisatorische Musterregelungen und Formulare vorgegeben. Einige Mby-Empfehlungen haben zum Teil eher kritischen Inhalt (Management by Machiavelli) oder gar humoristischen (Management by Fehlentscheidungen, by Jeans[2], by Robinson[3]). *Führung durch ...*

Management by Objectives

Der MbO-Ansatz, auch Führung durch Zielvereinbarung genannt, betont die Funktion **Ziele setzen**. Sowohl der Vorgesetzte bzw. Projektleiter als auch die Mitarbeiter entwickeln ihre Periodenziele bzw. Projektziele getrennt. Danach stimmen sie diese gemeinsam ab und vereinbaren sie als gültig für die Mitarbeiter. Insbesondere die Leistungsbeurteilung und -evaluation sowie die Revision irrealer Ziele erfolgen gemeinsam anhand dieser ursprünglichen Zielvereinbarungen. *Ziele*

Management by Exception

MbE, also Führung nach dem Ausnahmeprinzip, bezieht sich auf die Führungsfunktion **Entscheiden** und **Vergleichen**. Die Mitarbeiter sollen den Vorgesetzten nur über Ausnahmefälle im Arbeitsprozeß informieren. Für die Aufgaben des Mitarbeiters werden nicht nur Normalfälle bzw. -ziele definiert, sondern auch Toleranzbereiche. Werden sie überschritten, berechtigt ihn der Ausnahmefall, den Vorgesetzten wieder einzubeziehen. Hier zeigt sich die Nähe zu MbO, aber in der Formalisierung auch zu Management by Delegation. Mit MbE können Schwierigkeiten auftreten, wenn die Aufgabengebiete weniger statisch und mehr innovativ sind und wenn informelle Kommunikation gefragt ist. *Ausnahmen*

---

[2] „An jeder wichtigen Stelle eine Niete"
[3] „Warten auf Freitag"

Management by Delegation

*Aufgaben-
übertragung*

Der MbD-Ansatz wird auch Führung nach dem Delegationsprinzip genannt. Er betont, wie sehr Führungskräfte von der zeitaufwendigen täglichen Funktion des persönlichen Einwirkens durch die Funktion **Organisieren** entlastet werden können. Dazu sollen Aufgaben tendenziell auf Dauer (u.a. mit Stellenbeschreibungen) auf hierarchisch niedere Stellen bzw. auf Mitarbeiter verlagert werden. Gleichzeitig müssen auch die zugehörigen Kompetenzen (z.B. Entscheidungsbefugnisse) und die Verantwortung delegiert werden.

In Deutschland wurde der MbD-Ansatz vor allem durch das **Harzburger Modell** der „Führung im Mitarbeiterverhältnis" propagiert. Die Mitarbeiter sollen nicht mehr durch Einzelaufträge der Vorgesetzten in ihrer Wirksamkeit gehemmt und demotiviert werden. An diesem Modell wurden u.a. die ausufernden formalen Regelungen, z.B. wie Stellenbeschreibungen, kritisiert. Ferner wurde ein Defizit an individualpsychologischen und gruppendynamischen Aspekten beklagt.

Management by Motivation

Motivieren

Dieser Ausdruck steht nicht für ein Führungskonzept mit ausformulierten Regeln, Handlungsempfehlungen und Techniken. Vielmehr soll darauf hingewiesen werden, wie bedeutsam es für den Leistungserfolg ist, daß Führungskräfte die Bedürfnisse der am Arbeitsprozeß Beteiligten beachten. Arbeitszufriedenheit und damit Leistungsbereitschaft soll durch Motivation (oder genauer: Motivierung; siehe Kapitel 2.3) gefördert werden. Insoweit spielt die bedürfnis-sensitive Ausgestaltung der Funktionen **Einwirken** und **Ist-Ermitteln** eine wichtige Rolle in MbM.

Management by Results

Ergebnisse

Die Führung durch Ergebnisorientierung kann ebenfalls als eine Richtschnur für Führungskräfte verstanden werden. Wie MbO konzentriert auch das MbR das Handeln der Führungskraft zunächst auf die Führungsfunktion **Ziele setzen**. Allerdings sollen „Ergebniserwartungen" bzw. „Ergebnisvereinbarungen" definiert werden. Der Ausdruck „Results" soll die Beteiligten zu **konkreten Leistungsspezifikationen** für das erwartete Ergebnis bewegen. Sie sollen davor bewahrt werden, hehre und abstrakte Ziele zu formulieren, um schnell eine Scheinübereinkunft zu verabreden.

Management by Systems

*System-
orientierung*

Die Führung durch Systemorientierung (MbS) orientiert sich am **Systemdenken** und an kybernetischen Modellen. Dadurch sollen Führungssituationen (Subsysteme und Umweltbeziehungen), Führungsfunktionen und -prozeß (interne Relationen) transparent und damit steuerbar gemacht werden. Die Offenheit des MbS-Ansatzes erlaubt und fördert, daß andere Mby-Ansätze integriert werden können. Beispiele für MbS-Konzepte sind das Management-Modell von St. Gallen und das „Regelkreismodell der Führungsfunktionen" (Abschnitt 1.1.2), das für zwei Fortbildungs-Fernsehserien entstand und in der Praxis weiter entwickelt wurde (DWORATSCHEK 1977).

Management by Projects

*Projekt-
orientierung*

„Management by Projects" ist die zentrale Managementstrategie des „neuen" projektorientierten Unternehmens. **Projektorientierte Unternehmen** führen kleine und große, interne und externe, einmalige und repetitive Projekte durch, um neue Chancen und Herausforderungen einer dynamischen Unternehmensumwelt wahrnehmen zu können.

Für die Durchführung der unterschiedlichen Projektarten sind differenzierte Projektmanagementansätze notwendig. Eine systemische Sichtweise (ganzheitlich, alle Systeme einbeziehend) von Projekten und die Anwendung neuer Methoden ist Voraussetzung für den Projekterfolg (GAREIS S.35).

MbP bedeutet mehr als nur die Anwendung von Projektmanagement-Methoden. Merkmale sind vor allem: Abkehr von der hierarchischen Linienorganisation hin zu flexiblen Projektorganisationen, Führungsdenken in Projektaufträgen, Ergebnisorientierung (MbR), Projektkultur entwickeln und pflegen. Auch Öffentliche Verwaltungen in den Kommunen versuchen, sich auf den Weg zu einem „Verwaltungsmanagement by Projects" (DWORATSCHEK 1995) zu machen; sie experimentieren trotz aller strukturellen und rechtlichen Hindernisse.

1.1.4 Anforderungen an Manager

Jede Führungskraft in Unternehmen und anderen Organisationen sieht sich täglich in wechselnde Führungssituationen gestellt. Der technologische, organisatorische und gesellschaftliche Wandel einerseits und die Vielfalt menschlicher Verhaltensweisen andererseits lassen diese Führungssituationen häufig neuartig und ungewohnt erscheinen. Dies gilt auch für Projektgruppen und Teamwork. Führungskräfte besitzen oft ungenügende Kenntnisse über die Rolle emotionaler und gruppendynamischer Vorgänge im Betriebsgeschehen. Streng analytische Ausbildungen für Ingenieure, Informatiker, Betriebswirte und Juristen vermitteln Absolventen den falschen Eindruck einer emotionsfreien Betriebswirklichkeit. Nachwuchskräfte erleben im Betriebsalltag eine Art Trauma, wenn sie erfahren, daß rationale Führungstechniken die Probleme allein nicht lösen. Sie kommen an der Behandlung menschlicher Emotionen nicht vorbei, wollen sie ihre Führungsaufgabe zu einem Ergebnis bringen.

Führungssituationen

Mitarbeiter zeigen veränderte Erwartungen bezüglich des Verhaltens von Vorgesetzten und Gruppenkoordinatoren. Sie möchten an Planungs- und Entscheidungsprozessen gemeinsamer Arbeitsgebiete stärker beteiligt werden. Forderungen nach Humanisierung und Mitbestimmung in den betrieblichen Arbeitsprozessen werden erhoben. Manager werden in Zukunft stärker als bisher ihr Handeln aus einem mehrschichtigen Zielsystem heraus verstehen und legitimieren müssen (siehe Kapitel 1.3 und 1.6.5). Vor dem betrieblichen Handeln ist der eigene Standort und das Umfeld zu bedenken, insbesondere die Interessen

Handeln aus einer differenzierten Legitimation heraus

- der Kapitalgeber (Anteilseigner, Shareholder, Banken etc.)
- der Arbeitnehmer, insbesondere aber der direkten Mitarbeiter
- der Führungskräfte in ihren heutigen vielfältigen Rollen
- des individuellen und privaten Umfelds (Kollegen, Familienmitglieder)
- der Kunden, Lieferanten und Partnerfirmen im In- und Ausland
- der Öffentlichkeit (Staat, Politik, gesellschaftliche Gruppen, Medien).

Diese verschiedenen Interessen fließen in das konkrete Handeln der Führungskraft ein. Sie sind von ihr aufzuzeigen, zu analysieren, abzustimmen und gegebenenfalls als konkurrierend zu akzeptieren. Dabei müssen Konflikte gelöst oder zumindest kanalisiert werden. Eine wichtige Qualifikation der Führungskraft ist immer mehr darin zu sehen, die differenzierte Legitimation zum betrieblichen Handeln selbst zu verstehen und den eigenen Mitarbeitern verständlich und akzeptabel machen zu können.

Nachwuchskräften werden erste Führungsaufgaben häufig aufgrund ihrer herausragenden fachlichen Kenntnisse übertragen. Bei dieser Bewährungsprobe wird jedoch leicht übersehen, daß fachübergreifende Qualifikationen und andere Anforderungen in Führungssituationen gegenüber den fachspezifischen Anforderungen überwiegen. Besonders hilfreich, um in Führungsverantwortung hineinzuwachsen, sind temporäre Führungsrollen in Projektgruppen, wie Projektassistent, Projektkoordinatorin oder Junior Project Manager. Die Ausschreibungstexte in mehreren Tausend Stellenausschreibungen für Projektpersonal fordern mit über einem Drittel besonders häufig

Führung im Projekt

gruppenorientierte Führungsqualifikationen. Genannt werden: Teamgeist, Führungseigenschaften, Einfühlungsvermögen und Verhandlungsgeschick. (DWORATSCHEK 1996, S. 193)

Soziale Sensibilität

Menschliches Handeln, insbesondere gemeinsames Arbeiten, beruht nicht allein auf rationalen Überlegungen, sondern auch auf emotionalem Antrieb. Die soziale und kulturelle Sensibilität für den Betrieb und für den Auslandseinsatz zu schulen, dürfte für manche Führungskräfte noch ein Nachholbedarf in der Praxis sein. Die Absolventen des Projektstudiums (DWORATSCHEK 1992) verfügen immerhin über erste Erfahrungen mit gruppenorientierten Arbeitsweisen.

Informationsbedarf

Im Zusammenhang mit den Führungsfunktionen im Regelkreismodell wurde Kommunikation als integrierende Schlüsselfunktion im Management bezeichnet. Von einer Führungskraft wird deshalb in Zukunft mehr als bisher die Fähigkeit erwartet, den eigenen Informationsbedarf und den der unmittelbaren Mitarbeiter zu erkennen, zu analysieren, zu begrenzen und zu definieren. Die Informationsanalyse bleibt nicht mehr Domäne der Systemanalytiker, die Fähigkeit dazu wird zur Qualifikationsanforderung an Manager und dann auch zum Kriterium der Personalbeurteilung.

Lebenslanges Lernen (LLL)

Status und Statik einer abgeschlossenen Ausbildung behindern die Bereitschaft manch einer Führungskraft zum individuellen Wandel. Die Maxime heißt aber: an einem fachlichen, sozialen und gesellschaftlichen Lernprozeß „Lebenslanges Lernen (LLL)" teilzunehmen und ihn mitzugestalten, wird Merkmal zukünftiger Führungskräfte sein.

Führungsdidaktik

Zur eigenen Lernbereitschaft einer Führungskraft muß die Fähigkeit zur Führungsdidaktik hinzutreten. Sie sucht berufliche Qualifizierungsmöglichkeiten für die unmittelbaren Mitarbeiter. Führungsdidaktik beinhaltet aber auch das Ein- und Unterweisen von Mitarbeitern am Arbeitsplatz und in Projektgruppen. Sie bedeutet auch: Beurteilungs- und Förderungsgespräche, qualifikationsgerechten Personaleinsatz, vorbildgebende eigene Fortbildung und die Übernahme von Traineraufgaben in Seminaren.

PM-Kanon

Um diese fachlichen und Führungsqualifikationen systematisch entwickeln zu können, entwerfen Fachverbände für bestimmte Anwendungsbereiche der Führung je einen „Kompetenz-Kanon". Für die Führungsdisziplin „Projektmanagement" entstand so beispielsweise ein Vier-Kompetenzen-Modell mit Themen zur PM-Grundlagen-Kompetenz, Sozial-Kompetenz, Methoden-Kompetenz und Organisations-Kompetenz in Projektmanagement (vgl. Kapitel 4.11.2.4).

Zusammenfassung

Die Lebenszyklen von Produkten werden kürzer, die zulässige Herstelldauer wird enger, das Fachwissen vielschichtiger. Die Nachfrage nach Diensten wächst, länderübergreifende Vorhaben häufen sich. Veränderte Aufgaben und neue Herausforderungen für internationale Großunternehmen, für Mittelbetriebe und Öffentliche Verwaltungen zwingen zu neuartigen Lösungswegen. Innovation, Integration und Zusammenarbeit, also Management-Leistungen, sind erforderlich.

Wie die anglo-amerikanischen Bezeichnung „Management" weist auch der deutsche Ausdruck „Führung" ein erhebliches Spektrum an Deutungen sowohl in der betrieblichen Praxis als auch in der Betriebswirtschaftslehre auf.

Das Verständnis von Management als Institution umfaßt alle Stellen (z.B. Personalleiter), Instanzen (z.B. Lenkungsausschuß) und Organe (z.B. Vorstand) in einer Organisation, denen die Befugnis übertragen wurde, Führungsfunktionen auszuüben. Die Inhaber dieser organisatorischen Positionen nennt man Führungskräfte oder Manager. Üblicherweise unterscheidet man Obere Führungskräfte (Vorstand, Geschäftsleitung, Leitende Angestellte; Top/Upper Management), Mittlere Führungskräfte (z.B. Abteilungsleiter) und Untere Führungskräfte (u.a. Meister, Gruppenleiter; Lower Management).

Zunächst stellen sich einige übergreifende Fragen: Wieso entsteht ein Bedarf an „Führung"? Wo findet Führung statt (Organisationen)? Welches Führungsverhalten und welche Führungstechniken werden erwartet? Welche Führungsfunktionen üben die Manager aus?

Das Regelkreismodell der Führungsfunktionen bringt verschiedene planerische Funktionen (wie: Ziele setzen, Planen, Entscheiden), Organisieren und Einwirken auf Mitarbeiter und kontrollierende Funktionen (u.a. Abweichungen analysieren) in einen überschaubaren Wirkungszusammenhang.

Literatur und Beratungspraxis bieten Empfehlungen, um den Führungsprozeß praktisch zu gestalten, sogenannte „Management by ... -Ansätze". So konzentriert sich „Führung durch Zielvereinbarung" (MbO Management by Objectives) auf die Führungsfunktion „Ziele setzen".

Jede Führungskraft in Unternehmen und anderen Organisationen sieht sich täglich in wechselnde Führungssituationen gestellt. Der technologische, organisatorische und gesellschaftliche Wandel einerseits und die Vielfalt menschlicher Verhaltensweisen andererseits lassen diese Führungssituationen häufig neuartig und ungewohnt erscheinen. Über die fachlichen Qualifikationen hinaus entstehen so weitere Anforderungen an Führungskräfte, beispielsweise: sich neuen Führungssituationen stellen, insbesondere auch interdisziplinären Gruppen; Handeln aus einer differenzierten Legitimation heraus; Führung und Teamgeist im Projekt; soziale und kulturelle Sensibilität; Informationsbedarf definieren und Kommunizieren; Lebenslanges Lernen (LLL) und Führungsdidaktik.

Derartige Anforderungen werden häufig in zeitlich begrenzten Führungsrollen in Projektgruppen, wie Projektassistent, Projektkoordinatorin oder Junior Project Manager, erworben. Kurzlebigkeit und Wandel kennzeichnen Wirtschaft, Öffentliche Verwaltung und andere Lebensbereiche. Management im Wandel und Management des Wandels werden gesucht, d.h. die besondere Führungsdisziplin Projektmanagement ist zunehmend gefragt. Qualifizierung und Anwendungen können sich an einem PM-Themenkatalog orientieren - mit PM-Grundlagen-Kompetenz, Soziale Kompetenz, Methoden-Kompetenz und Organisations-Kompetenz in Projektmanagement.

Literaturverzeichnis

DRUCKER, P.F.: Management. Tasks, Responsibilities, Practices, New York 1985

DWORATSCHEK, S., u.a.: Organisation in Wirtschaft und Verwaltung, Begleitbuch zur gleichlautenden Fortbildungs-Fernsehserie, Stuttgart 1977

DWORATSCHEK, S., Griesche, D.: Verwaltungsmanagement by Projects - ein Beitrag zur Reform staatlicher Verwaltung. In: Büllesbach, A. (Hrsg.): Staat im Wandel, Köln 1995, S. 57-90

DWORATSCHEK, S., Hayek, A.: Projektmanagement-Studium an der Universität Bremen. In: Zeitschrift Projektmanagement 4/92, S. 25-36

DWORATSCHEK, S., Meyer, H.: Qualifikationsbedarf von Projektmitgliedern. Analyse von Stellenausschreibungen, in: Fechtner, H., u.a.: Erfolgsfaktor Mensch, Neuwied 1996, S. 193-210

GAREIS, R. (Ed.): Handbook of Management by Projects, INTERNET '90, Wien 1990

HERING, E., Draeger, W.: Führung und Management: Praxis für Ingenieure, Düsseldorf 1995

KNÖPFEL, H., Gray, C., Dworatschek, S.: Projektorganisationsformen: Internationale Studie über ihre Verwendung und ihren Erfolg, in: Zeitschrift Projektmanagement 1/92, S. 3-14

STAEHLE, W.H.: Management, Eine verhaltenswissenschaftliche Einführung, 2. Aufl., München 1985

STEINMANN, H., Schreyögg, G.: Management, Grundlagen der Unternehmensführung. Konzepte - Funktionen - Fallstudien, 3. Aufl., Wiesbaden 1993

WUNDERER, R., Grunwald, W.: Führungslehre, Bd. I, Berlin, New York 1980

Autorenportrait

Univ.-Prof. Dr. Dr.h.c. Sebastian Dworatschek

Gründer und Direktor des Instituts für Projektmanagement und Wirtschaftsinformatik (IPMI) an der Universität Bremen. Studium an der Universität Stuttgart (Dipl.-Ing.), der Sozial- und Wirtschaftswissenschaften (Dipl.-Wirtsch.Ing.) an der RWTH Aachen. Wiss. Assistent am Lehrstuhl für Operations Research. Ruf an die Universität Innsbruck. Ehrendoktor der Universität Lettland, Riga.

Zehnjährige Berufserfahrung als Direktor einer Management-Akademie, als Unternehmensberater zu Betriebsinformatik, Organisations- und Personalentwicklung, Innovations- und Projektmanagement und als Weltbankberater. Projektleiter für internationale Postgraduate Programme (u.a. EPM European Project Manager; TV-Serien); Funktionen in der IPMA International Project Management Association, in der GPM (Vorstand, PM-Assessor) und in Beiräten von PM-Zeitschriften. Autor bzw. Koautor von 12 Buchpublikationen.

Anwendungsorientierte Forschung des IPMI: Tätigkeitsanalyse von Projektpersonal; Marktstudien zu Organisationsformen und zu Software im Projektmanagement, Interaktive Lernsoftware (CBT) für Aus-/Fortbildung; softwaregestützte PM-Risikoanalyse; Innovations-, Qualitäts- und Projektmanagement in Mittelbetrieben und Öffentlichen Verwaltungen; Technologietransfer nach Mittel- und Osteuropa.

Abbildungsverzeichnis

Abbildung 1.1-1: Praktische Aspekte der Führung 9

Abbildung 1.1-2: Regelkreis als kybernetisches Grundmodell 12

Abbildung 1.1-3: Vielfältige Regelungsbeziehungen einer betrieblichen Stelle 13

Abbildung 1.1-4: Regelkreismodell der Führungsfunktionen (DWORATSCHEK 1977) 14

Lernzielbeschreibung

Die Leser erwerben mit dem sorgfältigen Durcharbeiten dieses Kapitels mehrere Qualifikationen:

- Sie kennen die vielfältigen Begriffe aus den Bereichen von Management und Führung, ihre Widersprüche und Anwendbarkeit.

- Sie können Führungsprozesse anhand des Regelkreismodells der Führungsfunktionen nachvollziehen und anwendungsorientiert interpretieren.

- Sie können wesentliche Anforderungen an Führungskräfte bewerten und aus eigenen Berufsfeldern heraus ergänzen.

- Sie entwickeln erste Vorstellungen, warum Wirtschafts- und Verwaltungspraxis heute zunehmend den Weg zur Nutzung von Projektmanagement suchen und gehen.

1.2 Projekte und Projektmanagement

von

Heinz Schelle

Relevanznachweis

Um in der Praxis Leistungserstellung mit Projektcharakter zweifelsfrei von repetitiven Formen der Leistungserstellung abgrenzen zu können, ist eine brauchbare Definition des Begriffs „Projekt" notwendig. Es wird gezeigt, daß die DIN-Definition für den genannten Zweck nützlich ist. Ebenso ist für die weitere Behandlung der Thematik eine Definition des Begriffs „Projektmanagement" erforderlich. Auch hier läßt sich auf die entsprechende DIN-Begriffsnorm zurückgreifen.

Für das Erarbeiten eines konkreten Katalogs von Aufgaben, die der Projektmanager zu erfüllen hat, ist die Kenntnis der großen Aufgabenblöcke erforderlich.

Um die Disziplin „Projektmanagement" in die Wissenschaft und den Lehrbetrieb einordnen zu können, ist es notwendig, die Beziehungen zur Betriebswirtschaftslehre, den Ingenieurwissenschaften und zu anderen Wissensgebieten zu kennen.

In den letzten Jahren wurde im Zusammenhang mit dem Management von Projekten eine Reihe neuerer Tendenzen („neues Paradigma") und Konzepte (z.B. Simultaneous Engineering und Total Quality Management) diskutiert. Die Relevanz dieser Entwicklungen für den Projektalltag wird detailliert dargestellt. Abschließend werden Nutzen und Kosten des Projektmanagements herausgestellt. Dieses Kapitel soll Argumentationshilfen für die Nutzung von Projektmanagement liefern.

Inhaltsverzeichnis

1.2.1 Die Begriffe „Projekt" und „Projektmanagement"   27

   1.2.1.1 Was ist ein „Projekt"?   27

   1.2.1.2 Der Begriff „Projektmanagement"   30

1.2.2 Projektarten   31

1.2.3 Aufgaben des Projektmanagements, Mechanismen der Koordination und Organisationsgrad   32

1.2.4 Kurzer Abriß der Entwicklung von Projektmanagement   35

1.2.5 Projektmanagement: Beziehungen zwischen Betriebswirtschaftslehre und anderen wissenschaftlichen Disziplinen   36

   1.2.5.1 Betriebswirtschaftslehre und Lehre vom Projektmanagement   36

   1.2.5.2 Zum Standort einer allgemeinen Projektmanagementlehre   38

   1.2.5.3 Spezielle Projektmanagementlehren   38

   1.2.5.4 Beziehungen zu anderen Disziplinen   39

1.2.6 Neuere Entwicklungen   42

1.2.7 Nutzen und Kosten des Projektmanagements   46

1.2 Projekte und Projektmanagement

1.2.1 Die Begriffe „Projekt" und „Projektmanagement"

1.2.1.1 Was ist ein „Projekt"?

Betrachtungen über eine Lehre vom Projektmanagement oder nach Ansicht des Verfassers besser: über eine Lehre der **Leistungserstellung mit Projektcharakter** als Disziplin der Betriebswirtschaftslehre müssen notwendig beim Projektbegriff ansetzen. In der Vergangenheit sind viele Versuche unternommen worden, eine saubere Begriffsbestimmung zu liefern. Bekannt und häufig verwendet wurde vor allem eine sehr frühe Definition von Martino (MARTINO 1964), die freilich viele Wünsche offenließ.

Definition von Martino

Gegenüber den zahlreichen, vorangegangenen Versuchen brachte die folgende Definition in der DIN 69901 ohne Zweifel einen erheblichen Fortschritt und Klärung. Die Definition lautet:

Definition nach DIN 69901

> Ein Projekt ist ein „Vorhaben, das im wesentlichen durch die Einmaligkeit der Bedingungen in ihrer Gesamtheit gekennzeichnet ist, z.B. Zielvorgabe, zeitliche, finanzielle, personelle und andere Begrenzungen, Abgrenzung gegenüber anderen Vorhaben und projektspezifische Organisation".

Merkmale

Neben der DIN-Definition gibt es eine Fülle von anderen Begriffsbestimmungen. Eine beeindruckende Sammlung solcher Projektdefinitionen hat Dülfer, aufbauend auf der Arbeit von Pinkenburg, der 18 verschiedene Definitionen systematisch miteinander vergleicht, zusammengestellt (DÜLFER 1982, PINKENBURG 1980). Dülfer, an dem sich die folgenden Ausführungen weitgehend orientieren, hat sich bisher in der Literatur wohl am sorgfältigsten mit dem Projektbegriff auseinandergesetzt.

Er schält aus den zahlreichen Definitionen folgende Projektmerkmale heraus und untersucht sie gründlich:

- Merkmal der aufgabenmäßigen Determination; „Zielvorgabe"
- Merkmal der zeitlichen Determination
- Merkmal der Einmaligkeit
- Merkmal der Neuartigkeit
- Merkmal der Komplexität
- Merkmal des aufgabenbezogenen Budgets
- Merkmal der rechtlich-organisatorischen Zuordnung

Dem Katalog sollen noch zwei weitere Merkmale hinzugefügt werden, die in neuester Zeit in einer umfassenden Untersuchung des Projektbegriffs von Madauss besonders betont werden (MADAUSS 1991), nämlich das

- Merkmal der Interdisziplinarität und das
- Merkmal der Außergewöhnlichkeit.

Diese Projektmerkmale werden im folgenden näher betrachtet.

Zielvorgabe

Sachziele hat selbstverständlich auch die Unternehmung als Ganzes. Der Unterschied zur **Projektzielsetzung** ist die zeitliche Begrenzung. Mit dem erfolgreichen Abschluß des Projekts entfällt die Zielsetzung, die dem Projektleiter im allgemeinen von einem firmenexternen oder internen Auftraggeber vorgegeben wurde. Daß die Zielvorgabe in vielen Projekten zu Beginn häufig wenig präzise ist und erst in langwierigen Zielfindungsprozessen präzisiert wird oder daß die Leistungsziele beispielsweise aufgrund geänderter Umweltbedingungen sich während des Projekts ändern können, ist ein Faktum, das in der Betriebswirtschaftslehre lange nicht beachtet wurde, das jedem Praktiker aber nur zu vertraut ist.

Zeitliche Determination

Das Merkmal der **zeitlichen Determination** findet sich in fast allen Begriffsbestimmungen und ist, wie oben schon betont, kein Charakteristikum, das für sich allein schon Leistungserstellung mit Projektcharakter von anderen Arten der Leistungserstellung abgrenzt. Bei der Definition von F&E-Projekten leistet dieses Attribut aber eine gewisse Hilfe: In der industriellen Forschung und Entwicklung gibt es häufig Daueraufgaben, für die jährlich ein Teilbudget bewilligt wird und für die laufende Kosten ermittelt werden. Solche Themen, für die oft kein Ende bestimmt ist, haben nicht den Charakter von Projekten, auch wenn für die Kostenüberwachung gelegentlich die gleichen Verfahren wie bei Projekten angewendet werden.

Einmaligkeit

Die **Einmaligkeit** bezieht sich dabei nicht auf einzelne Aktivitäten des Projekts, sondern auf das Vorhaben als Ganzes. Auch in Projekten mit hohem Neuheitsgrad gibt es selbstverständlich Vorgänge, die nicht nur im gleichen Vorhaben, sondern auch schon in vorangegangenen Projekten in immer gleicher Weise ablaufen bzw. abgelaufen sind. Die Erstellung von Stücklisten für die verschiedenen in einem Projekt entwickelten Schaltungen ist ein derartiges Beispiel. Auch kann in Projekte durchaus Leistungserstellung mit Wiederholcharakter, also z.B. eine Kleinserienfertigung, eingebettet sein.

Das Merkmal der Einmaligkeit führt insbesondere bei Einzelfertigung gelegentlich zu Verwirrung. Wenn beispielsweise Fabrikhallen gleicher Konstruktion an verschiedenen Standorten gebaut werden, kann sicher nur noch in eingeschränktem Sinne von Einmaligkeit gesprochen werden, wenngleich feststeht, daß etwa unterschiedliche Standortfaktoren oder behördliche Auflagen dafür sorgen können, daß die einzelnen Vorhaben nicht unter genau den gleichen Bedingungen abgewickelt werden, ein Umstand auf den besonders der Projektbegriff nach DIN 69901 abhebt.

Die Diskussion des Merkmals der „Einmaligkeit" zeigt auch, daß der Übergang von der Leistungserstellung mit Projektcharakter zur Kleinserienfertigung fließend ist. Je weniger sich die einzelnen Objekte in ihrer Konfiguration von einander unterscheiden und je größer die Konstanz der Rahmenbedingungen ist, um so eher läßt sich von Kleinserienfertigung sprechen. Im Schiffsbau und im Wohnungsbau finden sich eine Reihe von Beispielen für einen derartigen fließenden Übergang.

Die folgende Bemerkung ist sehr hilfreich bei Diskussionen über den Projektbegriff und das Attribut der Einmaligkeit, die in der Praxis nicht selten mit der Absicht geführt werden, die Einführung von Projektmanagementkonzeptionen zu verhindern.

> *„Zusammenfassend kann man zum Merkmal der `Einmaligkeit` feststellen, daß es in der industriellen Auftragsfertigung (...) nicht in jedem Fall auf den Inhalt der Projektaufgabe zu beziehen ist, sondern mehr auf die jeweilige Projektdurchführung unter gegebenen individuellen Umweltbedingungen. Dieses Merkmal stammt offensichtlich ursprünglich aus der Anwendung des Projektmanagements im Rahmen der industriellen Forschung und Entwicklung, wo die einzelnen Projekte tatsächlich meist einmalig im Sinne von erstmalig sind." (DÜLFER 1982, S. 11)*

Neuartigkeit

Dülfer bemerkt mit Recht, daß das Merkmal der **Neuartigkeit** nicht bestimmend für den Projektbegriff ist, sondern daß es lediglich ein empirisches Merkmal einer bestimmten Klasse von Projekten ist. Die Definition nach DIN 69901 enthält dieses Charakteristikum dann auch nicht. Sicher ist es Kennzeichen von Forschungs- und Entwicklungsprojekten, aber auch bei derartigen Vorhaben

1.2 Projekte und Projektmanagement

ist oft nur „relative Neuartigkeit" (neuartig für das Unternehmen, das das Projekt durchführt) gegeben.

In vielen Definitionen wird auch das Merkmal der **Komplexität** verwendet. Gegen dieses Merkmal lassen sich erhebliche Einwände vorbringen. Bisher gibt es nämlich unseres Wissens für die Komplexität von Projekten keine Meßvorschrift. Deshalb können Aussagen von der Art „Projekt A ist komplexer als Projekt B" nicht verifiziert werden. Das Merkmal ist schließlich auch nicht für die Abgrenzung von Leistungserstellung mit Projektcharakter von Massen- und Serienfertigung geeignet. Die meisten Experten auf dem Gebiet Rechnerhardware würden z.B. sicher aus einem intuitiven Verständnis des Begriffs heraus zustimmen, wenn man die Fertigung von hochintegrierten Chips als komplexer bezeichnen würde als die routinemäßige Anpassungsentwicklung einer neuen Notstromversorgung.

Komplexität

Der Aussage Dülfers, daß das Merkmal aber für die Differenzierung verschiedener Projekttypen geeignet ist, wäre nur dann zuzustimmen, wenn für das Begriffskonstrukt „Komplexität" eine geeignete Meßvorschrift vorliegt. Das ist, wie schon erwähnt, nicht der Fall. Die DIN-Norm verwendet den Terminus dann auch nicht.

Die DIN-Norm enthält das Attribut „finanzielle Begrenzung", das sich mit dem Merkmal „**aufgabenbezogenes Budget**" weitgehend deckt, schließt aber durch das vorgeschaltete „z.B." nicht aus, daß dieses Charakteristikum nicht immer gegeben sein muß. In der Praxis dürfte es zwar für die meisten Projekte ein Budget geben, dessen Einhaltung durch spezielle Verfahren der projektbegleitenden Mitkalkulation überwacht wird, es gibt aber durchaus auch Vorhaben, dazu zählen insbesondere Organisationsprojekte, für die ein Budget explizit nicht festgesetzt wird, wenngleich durch die Zuordnung von Personal und Betriebsmitteln eine Ressourcenbegrenzung vorliegt und damit zumindest implizit auch ein Budget.

Aufgabenbezogenes Budget

Das Merkmal der **rechtlichen Zuordnung** wird im allgemeinen in der Literatur als selbstverständlich angenommen, soweit es sich um Projekte handelt, die in einer Unternehmung realisiert werden. Bei Projekten, an denen mehrere Unternehmen beteiligt sind, müssen entsprechende Regelungen in Kooperationsvereinbarungen getroffen und spezielle Organisationsformen, wie etwa die Arbeitsgemeinschaft, gefunden werden.

Rechtlich-organisatorische Zuordnung

Der zweite Teil des Merkmals, die **organisatorische Zuordnung**, wird durch die DIN-Norm präziser mit „projektspezifische Organisation" beschrieben, wobei damit vermutlich die Aufbau- und nicht die Ablauforganisation gemeint ist. Aber auch hier hat der entsprechende Normenausschuß durch das vorgeschaltete „z.B." klugerweise nicht ausgeschlossen, daß auch Prozesse der Leistungserstellung, die keine projektspezifische Organisation haben, Projekte sein können. Derartige Fälle sind in der Praxis gar nicht selten. So gibt es im Bereich der industriellen Forschung und Entwicklung zahlreiche Vorhaben, die alle relevanten Merkmale eines Projekts aufweisen bis auf eines, nämlich die projektspezifische Organisation. Es handelt sich dabei um F&E-Projekte, die ausschließlich im Verantwortungsbereich einer Linienabteilung, etwa eines Labors oder einer Laborgruppe, abgewickelt werden. Der Linienvorgesetzte ist zugleich der verantwortliche Manager eines oder mehrerer Projekte, ohne daß er dazu ausdrücklich ernannt wurde.

Das Merkmal der **Interdisziplinarität** wird z.B. von Reschke und Svoboda stark betont. Die Autoren sehen in der „fachabteilungsübergreifenden Kombination von Spezialisten" ein wesentliches Merkmal von Projekten (RESCHKE 1984, S. 6). Den Vertretern dieser Meinung ist insoweit zuzustimmen, als Interdisziplinarität in der Tat ein Merkmal vieler Vorhaben ist. Es gibt aber in der Realität durchaus auch Prozesse, die nach allgemeinem Konsens als Projekt bezeichnet werden,

Interdisziplinarität

für die das nicht gilt oder für die das Merkmal nur mit Mühe konstruiert werden kann. Ein Beispiel dafür ist die Entwicklung eines neuen Compilers für einen bereits existierenden Rechnertyp. An der Realisierung dieser Aufgabe sind im wesentlichen nur Informatiker beteiligt.

Außergewöhnlichkeit

Schließlich eignet sich auch das Merkmal der **Außergewöhnlichkeit** nicht für die Verwendung in der Definition des Begriffs „Projekt". Zum einen ist nicht geklärt, was im Einzelfall als außergewöhnlich zu gelten hat, zum anderen würde damit nach Meinung des Verfassers der Anwendungsbereich von Projektmanagement unzulässig eingeschränkt. Der Bau von Öl-Pipelines unterschiedlicher Dimensionierung und unter unterschiedlichen Rahmenbedingungen stellt für eine auf solche Einrichtungen spezialisierte Firma des Anlagenbaus, deren Leistungserstellung im wesentlichen Projektcharakter hat, sicher ein Projekt dar, sofern aber derartige Vorhaben ständiger Bestandteil des Leistungsprogramms sind und häufig abgewickelt werden, können sie nicht als außergewöhnlich bezeichnet werden.

Die Schöpfer der DIN-Norm haben die beiden letzten Merkmale auch nicht verwendet.

Fazit

Abschließend läßt sich sagen: **Die zur Zeit gültige DIN-Definition hält einer genaueren Überprüfung durchaus stand und kann im Sinne der Definitionslehre als nützlich bezeichnet werden.** Auf nationalen und internationalen Kongressen, in wissenschaftlichen Zeitschriften und in der Lehrbuch- und Handbuchliteratur hat sich seit langem ein stillschweigender Konsens gebildet, welche Prozesse der Leistungserstellung Projektcharakter haben und welche nicht. Die Definition des Deutschen Normenausschusses kollidiert auch mit diesem allgemein verbreiteten Verständnis nicht. Sie könnte allenfalls noch durch einen Zusatz ergänzt werden, der die „Beteiligung mehrerer oder zahlreicher Menschen, Arbeitsgruppen, Unternehmen oder Institutionen" hinzufügt und somit den Aspekt der Arbeitsteilung betont. Im strengen Sinne kann nämlich unter die jetzige Definition z.B. auch die Anfertigung einer Geige, das Komponieren eines Schlagers oder das Malen eines Bildes durch ein Individuum, also handwerkliche oder künstlerische Tätigkeiten subsumiert werden (RÜSBERG 1973, S. 20).

Schließlich hat die Begriffsbestimmung des Normenausschusses einen weiteren, schon angedeuteten Vorteil: Sie schränkt die Anwendung systematischen Projektmanagements nicht unnötigerweise ein.

Dennoch steht es selbstverständlich in der terminologischen Freiheit jedes Autors und jeder Firma, den Begriff „Projekt" so zu definieren, wie er (sie) ihn eben verstanden wissen möchte. In Unternehmen geschieht dies nicht selten aus taktischen Erwägungen. Die Kommunikation unter Fachleuten wird dadurch freilich erheblich erschwert.

1.2.1.2 Der Begriff „Projektmanagement"

Definition nach DIN 69901

Weit problematischer als die Definition des Projekts ist die Definition des Begriffs „Projektmanagement" nach DIN 69901.

> Projektmanagement ist „die Gesamtheit von Führungsaufgaben, -organisation, -techniken und -mittel für die Abwicklung eines Projekts".

Management = Führung?

Die Schöpfer dieser Definition stellen ganz auf den Begriff der **Führung** ab und folgen damit einer Reihe von deutschen Autoren der Betriebswirtschaftslehre, die Management mit „Führung" übersetzen. Diese Festlegung auf den Begriff der Führung kann aber, je nachdem welche Definition für Führung man benutzt, erhebliche Probleme bereiten.

Die Schwierigkeiten, zu denen die Verwendung der DIN-Norm führen kann, sollen nur an einem Beispiel gezeigt werden: Orientiert man sich etwa an den Ausführungen von Bleicher, einem Autor, der sich besonders intensiv mit Fragen der Führung auseinandergesetzt hat, und liest folgendes Zitat „Führung kann nur dann wirksam werden, wenn das Führungssystem mit dem Planungs- und mit dem Organisationssystem in einem engen interdependenten Zusammenhang steht" (BLEICHER 1980, Sp. 731), so wird sofort sichtbar, welche Verwirrung entstehen kann. Der Begriff der „Führung" wird weiterhin vor allem in der Psychologie und der Sozialpsychologie keineswegs in der Bedeutung von Management verwendet (STAEHLE 1991, S. 43). Schließlich bleibt in der DIN-Definition auch der Unterschied zwischen Führungstechniken und Führungsmittel unklar (vgl. Kapitel 1.1 und 2.7).

Weitgehende Übereinstimmung mit der Begriffsbildung des Deutschen Normenausschusses läßt sich allerdings dann herstellen, wenn man sich der Definition von Frese anschließt. Er versteht unter Führung die „Steuerung der verschiedenen Einzelaktivitäten in einer Organisation im Hinblick auf das übergeordnete Gesamtziel" und betont, daß Führung auf allen hierarchischen Ebenen stattfindet. Ersetzt man das Wort „Organisation" durch das Wort „Projekt" und „Gesamtziel" durch „Projektziele" wird sofort sichtbar, daß beide Begriffsbestimmungen kompatibel sind (FRESE 1971, S. 227).   *Führung nach FRESE*

> Führung ist die Steuerung der verschiedenen Einzelaktivitäten in einem Projekt im Hinblick auf das übergeordnete Projektziel.

1.2.2 Projektarten

In der Literatur sind viele Versuche unternommen worden, um in die zunächst verwirrende Vielfalt von Projekten, die sich in der Praxis zeigt, Ordnung zu bringen (z.B. PATZAK 1994, S. 18 f.).

So läßt sich u.a. unterscheiden nach

- dem Projektinhalt (Investitionen, Forschung und Entwicklung, (Re-)Organisation),
- der Stellung des Auftraggebers (externe und interne Projekte),
- dem Grad der Wiederholung (Routineprojekte versus Pionierprojekte),
- der sozialen Komplexität (BOOS, HEITGER 1991) und den
- beteiligten Organisatonseinheiten (z.B. abteilungsinterne und abteilungsübergreifende Projekte).

Selbstverständlich können **Einteilungskriterien** auch kombiniert werden. Wie in den weiteren Ausführungen noch zu zeigen sein wird, hängt die Wahl der Unterscheidungskriterien sehr stark von der Art der Fragestellung ab.

Für praktische Zwecke wird häufig die Unterscheidung nach den im Projekt **zu erstellenden Objekten** gewählt.   *Projektinhalt*

Daraus ergibt sich zunächst die schon angeführte grobe Einteilung in

- Investitionsprojekte,
- Forschungs- und Entwicklungsprojekte und
- Organisationsprojekte (Vgl. z.B. SCHULZ 1991, ähnlich SAYNISCH 1996).

Häufig gibt es konkrete Projekte, die eine Kombination von zwei oder aller drei Projektarten sind, dies ist z.B. beim Bau einer neuartigen Werkzeugmaschine mit Entwicklungsarbeit der Fall.

Weitergehende Unterteilung

Innerhalb der angeführten Kategorien kann selbstverständlich weiter klassifiziert werden. So wird bei **Investitionsprojekten** meist weiter aufgegliedert in

- Bau- und
- Anlagenbauprojekte.

Bei **F&E-Projekten** werden in aller Regel Softwareprojekte wegen zahlreicher spezieller Charakteristika gesondert behandelt. Während Investitionsprojekte häufig mit einer bekannten und beherrschten Technologie realisiert werden können, werden bei F&E-Projekten „bisher nicht verfügbare Kenntnisse und Fertigkeiten" oder „Produkt-Entwürfe mit verbesserter Beschaffenheit bzgl. Funktion, Design, Wirtschaftlichkeit und dergleichen" (SCHULZ 1991, S. 44 ff.) angestrebt.

Besonders heterogen ist die Klasse der **Organisationsprojekte**. Eine mehr oder weniger allgemein akzeptierte, weitere Unterscheidung gibt es hier bislang nicht. Organisationsprojekte unterscheiden sich aber, wie Saynisch mit Recht feststellt, von anderen Projektarten dadurch, daß sie soziale Systeme gestalten, die sich durch die Fähigkeit zur Selbststeuerung, Selbstschaffung und Selbstreferenz auszeichnen, (SAYNISCH 1996). Dies hat für die Praxis der Projektplanung sehr konkrete Auswirkungen. So z.B. ist bei der Planung und Durchführung ganz besonders auf Widerstände aus den Reihen der Organisationsteilnehmer zu achten. Die Projektumfeldanalyse (PATZAK 1997) gewinnt damit eine ganz besondere Bedeutung (siehe Kapitel 1.3).

1.2.3 Aufgaben des Projektmanagements, Mechanismen der Koordination und Organisationsgrad

Aufgaben

Über die Aufgaben, die das Projektmanagement in einem Vorhaben wahrzunehmen hat, hat sich im Verlauf der Entwicklung der Disziplin ein gewisser Konsens entwickelt. Dementsprechend sind sich die Aufgabenkataloge, die in Stellenbeschreibungen zu finden sind, auch relativ ähnlich.

Eine mögliche Einteilung, die sich z.T. an House orientiert (HOUSE 1988), ist

1. Projektplanung und -steuerung („formal planning and control")
2. Ausgestaltung der Aufbauorganisation des Vorhabens
3. Interne Integration
4. Externe Integration

Die Teilaufgaben der **Projektplanung und -steuerung** werden häufig in normativen Modellen stark vereinfacht, aber recht plastisch, weiter in eine zeitliche Reihenfolge gebracht (z.B. ANREAS 1992, S. 116). Die folgende Abbildung zeigt den Ablauf für die Planungsphase:

1.2 Projekte und Projektmanagement

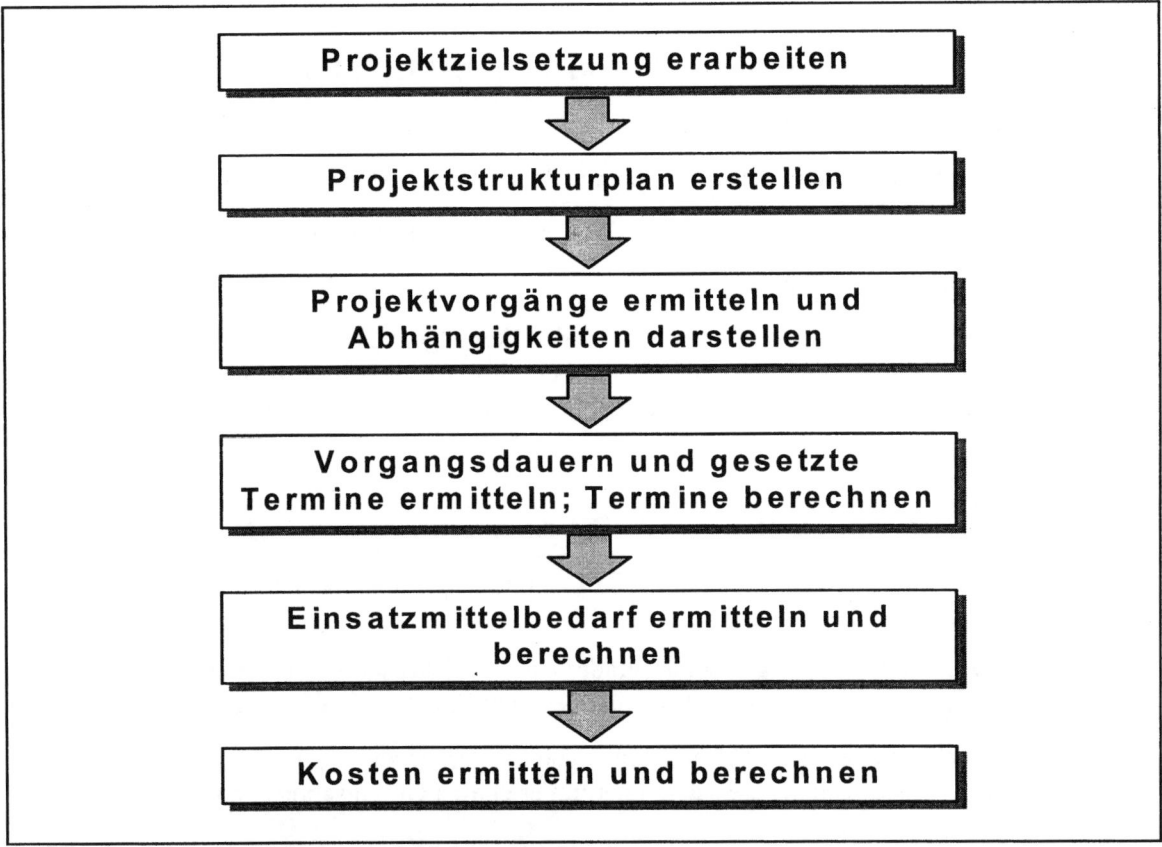

```
┌─────────────────────────────────────────────┐
│         Projektzielsetzung erarbeiten       │
└─────────────────────────────────────────────┘
                      ⇩
┌─────────────────────────────────────────────┐
│         Projektstrukturplan erstellen       │
└─────────────────────────────────────────────┘
                      ⇩
┌─────────────────────────────────────────────┐
│        Projektvorgänge ermitteln und        │
│          Abhängigkeiten darstellen          │
└─────────────────────────────────────────────┘
                      ⇩
┌─────────────────────────────────────────────┐
│          Vorgangsdauern und gesetzte        │
│      Termine ermitteln; Termine berechnen   │
└─────────────────────────────────────────────┘
                      ⇩
┌─────────────────────────────────────────────┐
│        Einsatzmittelbedarf ermitteln und    │
│                  berechnen                  │
└─────────────────────────────────────────────┘
                      ⇩
┌─────────────────────────────────────────────┐
│         Kosten ermitteln und berechnen      │
└─────────────────────────────────────────────┘
```

Abbildung 1.2-1: Idealisierter Projektplanungsablauf

Die Aufgabe der **Ausgestaltung der Aufbauorganisation des Vorhabens** umfaßt insbesondere folgende Teilaufgaben (PATZAK 1994, S. 21):

- Definition der Rollen im Projektteam
- Kompetenz- und Verantwortungsverteilung
- Gestaltung der Kommunikation im Projektteam und mit dem Projektumfeld
- Schnittstellenmanagement

Unter „Interner Integration" wird mit HOUSE (1988) insbesondere die Auswahl der Mitglieder des Projektteams sowie die Gestaltung der Beziehungen im Projektteam verstanden. Besondere Aufmerksamkeit wird dabei den **Konflikten im Team** gewidmet. Die vielfältigen Teilaufgaben, die hier zu erfüllen sind, lassen sich nach den verschiedenen Phasen der Teambildung noch sehr stark differenzieren (SACKMANN 1997). *Interne Integration*

Unter „Externer Integration" versteht man die systematische Gestaltung der Beziehungen zum externen oder internen **Auftraggeber**, aber auch zu anderen Projektinteressenten, etwa zu mitwirkenden Linienabteilungen und generell zu Individuen, Gruppen und Institutionen, die am Projektinput oder am Projektoutput ein Interesse haben (Stakeholder, siehe Kapitel 1.3). *Externer Integration*

Koordination

Abbildung 1.2-1 ist nicht nur, wie schon betont, simplifiziert, sondern beschränkt sich auch ausschließlich auf Pläne. Begreift man in Anlehnung an Reschke und Svoboda Projektmanagement als die „**Koordination** (Hervorhebung durch Fettdruck durch den Verfasser) von Planungs-, Steuerungs- und Entscheidungsprozessen in Projekten" (RESCHKE 1984, S. 7), so ist sofort der Zusammenhang zu den verschiedenen Koordinationsinstrumenten hergestellt, von denen die Planung nur eines ist.

Mechanismen der Koordination

Folgende Mechanismen lassen sich unterscheiden (STAEHLE 1985, S. 436 ff):

- Koordination durch Hierarchie
- Koordination durch Selbstabstimmung (Beispiel: Projektbesprechungen)
- Koordination durch Programme und Regeln (Beispiel: Projekt-Handbuch)
- Koordination durch Pläne

Die Disziplin Projektmanagement befaßte sich in der Vergangenheit vornehmlich mit der Koordination durch Hierarchie und mit der Koordination durch Pläne. Die Koordination durch Selbstabstimmung trat eher in den Hintergrund, wird aber heute viel stärker betont (vgl. Abschnitt 1.2.7).

Organisationsgrad

„Paradigma" des Projektmanagements

Ein lange Zeit unumstrittenes „Paradigma" des Projektmanagements war:

- Ein organisierter Projektablauf ist der Erfüllung der Projektziele förderlicher als ein weitgehend unorganisierter.
- Eine Erhöhung des Organisationsgrades eines Projekts führt zu einer höheren Termin- und Kostentreue und zu einer besseren Erfüllung der Leistungsziele.

Viele Neuerungen im Projektmanagement, beginnend bei der Netzplantechnik und dem Konfigurationsmanagement, lassen sich als Versuche interpretieren, den Organisationsgrad von Projekten zu steigern.

Das Konzept des Organisationsgrades, auf das auch später noch einmal zurückzukommen sein wird, wurde von Witt entwickelt (WITT 1993).

Er unterscheidet folgende Ordnungskomponenten:

- den **Arbeitsinhalt** (Was?)
- die **Arbeitszeit** (Wann?)
- die **Arbeitszuordnung** (mit wem?)
- den **Arbeitsraum** (Wo?), der hier nicht weiter betrachtet wird.

Innerhalb jeder Komponente gibt es mehrere Schichten ordnenden Eingreifens. Es wird unterstellt, daß sich der Organisationsgrad eines Prozesses erhöht, wenn innerhalb einer Ordnungskomponente eine weitere präzisierende Schicht hinzukommt. Dies geschieht beispielsweise, wenn nicht nur die Vorgänge mit ihren Dauern bestimmt, sondern auch Abhängigkeiten zwischen den Vorgängen festgelegt werden.

Teilaufgaben

An die Ordnungskomponenten knüpfen verschiedene **Teilaufgaben** der Planung und Steuerung an.

Der Arbeitsinhalt besteht aus Objekten und Verrichtungen oder Vorgängen zur Erstellung dieser Objekte. Das Endobjekt, der Projektgegenstand, wird in einem **Projektstrukturplan** über mehrere Ebenen nach Teilobjekten und/oder Verrichtungen gegliedert. Für den Projektgegenstand als Ganzes und die einzelnen Positionen des Projektstrukturplans müssen Ziele und Teilziele gefunden werden. Da sich die Projektziele während eines Projekts ändern können und entdeckte Fehler beseitigt werden müssen, ist ein systematisches **Änderungsmanagement** aufzubauen, um Änderungen zu planen, ihre Durchführung zu überwachen und die Auswirkungen auf Projekttermine und Projektkosten zu überprüfen. Das projektbegleitende **Qualitätsmanagement** hat von Projektbeginn an dafür zu sorgen, daß die dem Auftraggeber zugesagte oder vom Markt verlangte Qualität auch erreicht wird. Das **Vertragsmanagement** regelt die Beziehungen zum Auftraggeber.

Neben der Gliederung des Projektgegenstands ist es erforderlich, die Vorgänge zu bestimmen, die notwendig sind, um das Projektergebnis zu erzielen und ihre Reihenfolge festzulegen. Mit Hilfe eines **Phasenmodells,** das den Gesamtprozeß in einzelne zeitliche Abschnitte (Phasen) einteilt, wird der Projektablauf nur grob vorgegeben. Die Phasenenden entsprechen Meilensteinen also wesentlichen Projektereignissen. Den Meilensteinen sind dabei zumeist geplante Zwischenergebnisse zugeordnet.

Für eine **detaillierte Ablauf- und Terminplanung** genügt ein Phasenmodell nicht. Es muß durch einen Netzplan oder andere Ablaufmodelle etwa auf der Grundlage von Balkendiagrammen ergänzt werden. Der Netzplan, in dem die Meilensteine des Phasenmodells enthalten sein können, zeigt die Abhängigkeiten der einzelnen Vorgänge voneinander und erlaubt eine Bestimmung des voraussichtlichen Projektendtermins und eine Berechnung der frühesten und spätesten Anfangs- und Endtermine der einzelnen Vorgänge.

Projiziert man auf die einzelnen Vorgänge die zu ihrer Ausführung notwendigen Einsatzmittel, so ergibt sich daraus die projektbezogene **Einsatzmittelplanung,** die den Einsatzmittelbedarf für einzelne Projekte bzw. für die Summe aller Projekte über der Kalenderzeitachse ausweist. Aus der Bewertung des Einsatzmittelbedarfs mit Kosten oder aus der direkten Zuordnung von Kosten zu Vorgängen bzw. Vorgangsgruppen resultiert die **Projektkostenplanung,** die die Höhe und den zeitlichen Verlauf der geplanten Projektkosten festlegt.

Durch Bestimmung der zahlungswirksamen Kosten läßt sich auch eine projektbezogene **Finanzmittelbedarfs-Planung** ableiten.

Das **projektorientierte Risikomanagement** identifiziert frühzeitig Risiken, die die Einhaltung der Termine, der Kosten und der zugesagten Leistung gefährden könnten und versucht, Vorsorge zu treffen.

Die erwähnten Methoden dienen der **Vorauskoordination** im Sinne einer zukunftsorientierten Abstimmung. In einer **Feedback-Koordination** muß auf Störungen, d. h. auf Abweichungen des Ist vom Soll, reagiert werden. Dies ist Aufgabe der **Projektsteuerung.** Sie erfordert eine Ermittlung des jeweils erzielten **Projektfortschritts,** ein projektbezogenes **Berichtswesen** und eine **effektive Kommunikation,** um alle Betroffenen schnell über den Projektstatus zu informieren. Bei der Projektsteuerung, die nicht nur einen Soll-Ist-Vergleich und eine Abweichungsanalyse umfaßt, sondern auch Maßnahmen der Gegensteuerung, müssen die komplizierten Beziehungen zwischen den Projektzielen, Projektkosten und Projektterminen berücksichtigt werden.

1.2.4 Kurzer Abriß der Entwicklung von Projektmanagement

Auf eine eingehende Darstellung der Entwicklung der Disziplin kann hier verzichtet werden. Soweit es die Zeit nach dem zweiten Weltkrieg betrifft, kann auf die ausführlichen Darstellungen von Saynisch zurückgegriffen werden (SAYNISCH 1984, S. 27 ff.). Der Autor stellt fest, daß die Geschichte der Abwicklung großer Projekte vor dieser Zeit (Beispiele: Bau des Suezkanals, rüstungswirtschaftliche Projekte in der Zeit des Nationalsozialismus etc.) so gut wie nicht erforscht ist. Eine Ausnahme macht in neuester Zeit die sehr sachkundige Untersuchung von El-Mahrashly (EL-MAHRASHLY 1990). Saynisch korrigiert auch die weit verbreitete Meinung, daß die Entwicklung der Disziplin „Projektmanagement" in den ersten Phasen nahezu identisch mit dem Siegeszug der verschiedenen Netzplantechniken war und arbeitet kurz und zutreffend die Entwicklung in der Bundesrepublik heraus.

Etwas vereinfachend lassen sich seine Ergebnisse wie folgt zusammenfassen:

- Die Anfänge wurden sehr stark vom militärischen Auftraggeber in den USA und der NASA geprägt. Die Konzepte waren in der Hauptsache an der Luft- und Raumfahrtindustrie orientiert.

- Das Verständnis von Projektmanagement war in den USA von Anfang an umfassender als in der Bundesrepublik, in der zunächst nur die Netzplantechnik (siehe Kapitel 3.2) rezipiert und z.B. der Ansatz des Konfigurationsmanagements (vgl. Kapitel 4.4) lange Zeit ignoriert wurde.

- In der Bundesrepublik war Netzplantechnik viele Jahre ein Synonym für Projektmanagement. Noch in neuerer Zeit erschienen Lehrbücher auf dem Markt, die diese höchst eingeschränkte Sichtweise widerspiegeln.

- Der Beitrag, den die Hochschulen zur Disziplin „Projektmanagement" in der Vergangenheit geliefert haben, war zumindest in der Bundesrepublik gering. (Auf die Behandlung in der Betriebswirtschaftslehre des deutschen Sprachraums wird im nächsten Abschnitt eingegangen.)

- Sowohl in den USA und in der Bundesrepublik waren die Pioniere und Promotoren eines systematischen Managements von Projekten stark „technokratisch", d.h. an Instrumenten ausgerichtet.

Einige Ausführungen zur Historie finden sich auch bei Madauss. Er weist im Gegensatz zu Saynisch aber darauf hin, daß die Grundgedanken des modernen Projektmanagements auf die großen Vorhaben der USA während des zweiten Weltkriegs zurückzuführen sind (MADAUSS 1989).

1.2.5 Projektmanagement: Beziehungen zwischen Betriebswirtschaftslehre und anderen wissenschaftlichen Disziplinen

1.2.5.1 Betriebswirtschaftslehre und Lehre vom Projektmanagement

Der Beitrag, den die Betriebswirtschaftslehre im deutschen Sprachraum zur Entwicklung einer Lehre von Projektmanagement (Leistungserstellung mit Projektcharakter) bisher geleistet hat, ist, wie schon betont, eher bescheiden (vgl. SCHELLE 1994, S.13).

Einordnung des Projektmanagements in die BWL

Erkenntnisobjekt einer allgemeinen Lehre vom Projektmanagement ist nicht ein spezieller Betriebstyp, also z.B. der Industriebetrieb soweit er überwiegend oder ausschließlich Einzelfertigung betreibt, sondern eine spezielle Art der Leistungserstellung, nämlich Leistungserstellung mit Projektcharakter. Diese Art der Leistungserstellung kann grundsätzlich in allen Wirtschaftszweigen auftreten, also beispielsweise auch in der Versicherungs- und Bankwirtschaft, im Handel und in der Verkehrswirtschaft. In bestimmten Wirtschaftszweigen der Industrie aber auch des Dienstleistungsbereichs, also etwa in der Bauwirtschaft oder in der Software-Branche, ist diese Form der Leistungserstellung aber dominierend, wohingegen sie etwa im Handel nur gelegentlich vorkommt, häufig im Zusammenhang mit größeren Organisationsumstellungen.

Daraus ergibt sich bereits, daß Leistungserstellung mit Projektcharakter in verschiedenen Unternehmen der Regelfall ist, während sie in anderen eher eine Ausnahme ist.

Leistungserstellung mit Projektcharakter kann in einem Betrieb weitgehend auf einen betrieblichen Funktionsbereich beschränkt sein: Beispielsweise in einem Unternehmen, das ein Massenprodukt der Konsumelektronik erzeugt und dafür aber eine umfangreiche eigene Forschungs- und Entwicklungsabteilung für die Produktentwicklung betreibt. Dies besagt natürlich nicht, daß nicht Vertreter anderer Funktionsbereiche, etwa der Fertigungsvorbereitung oder des Vertriebs, in das Projekt eingebunden werden, sondern lediglich, daß sich

1.2 Projekte und Projektmanagement

Leistungserstellung mit Projektcharakter eben im wesentlichen auf den Funktionsbereich „Forschung und Entwicklung" beschränkt.

Abbildung 1.2-2 zeigt nochmals die unterschiedliche Bedeutung, die Projektmanagement im Unternehmen haben kann.

Unterschiedliche Bedeutung im Unternehmen

Beteiligung der betrieblichen Funktionsbereiche \ Häufigkeit der Leistungserstellung mit Projektcharakter	ausschließliche oder dominierende Leistungserstellung mit Projektcharakter	gelegentliche Leistungserstellung mit Projektcharakter
Beteiligung aller oder der Mehrzahl der betrieblichen Funktionsbereiche am Projekt	Beispiele: Bauwirtschaft, Großmaschinenbau, Softwarefirmen	Beispiel: Umstellung von funktionsorientierter Organisation auf Spartenorganisation
Beteiligung eines oder nur weniger betrieblicher Funktionsbereiche am Projekt	Beispiel: Forschungs- und Entwicklungsprojekte in einem Unternehmen mit Massen- und Großserienfabrikation	Beispiel: Rationalisierungsprojekt in einem betrieblichen Funktionsbereich, z.B. Errichtung eines rechnergesteuerten Hochregallagers

Abbildung 1.2-2: Rolle von Projekten in Unternehmen

Insbesondere in Unternehmen und Institutionen, in denen Projekte eher eine Ausnahme sind, weil Routineaufgaben deutlich überwiegen, gibt es erhebliche Verteilungskonflikte zwischen Projekten und der dominierenden Art der Leistungserstellung. Besonders deutlich wird dieser Konflikt für Behörden von Ewert u.a. dargestellt. Die Autoren schlagen auch Lösungsmöglichkeiten vor (EWERT 1996, S. 62). In der Praxis wird der Konflikt freilich bislang meist so „gelöst", daß Mitarbeiter, die für Projekte abgestellt werden, Projektarbeit als zusätzliche Aufgabe ohne Entlastung bei anderen Aufgaben aufgebürdet wird.

Mit der Vision des **projektorientierten Unternehmens**, das gleichzeitig „interne und externe, einmalige und repetitive, kleine, mittlere und große Projekte unterschiedlichen Inhalts durchführt", unternimmt Gareis den Versuch, den Anwendungsbereich des Projektmanagements erheblich zu erweitern. Als Projekte werden dann nicht nur hauptsächlich diejenigen Prozesse betrachtet, in denen die Leistung für den Kunden oder den Markt erstellt wird, vielmehr wird angestrebt, Projekte in verstärktem Maße als Mittel des technischen und organisatorischen Wandels im Unternehmen zu nutzen (GAREIS 1991, S. 287). Unterstellt man, daß das Re-Engineering von Geschäftsprozessen in vielen Unternehmen in den nächsten Jahren eine besondere Bedeutung haben wird, läßt sich daraus auch eine zunehmende wichtigere Rolle des Projektmanagements ableiten.

Projektorientiertes Unternehmen

Auch aus den Überlegungen von Balck ergibt sich ein neuer Stellenwert des Projektmanagements im Unternehmen. Der Autor vertritt die These, daß sich mit zunehmender Individualisierung von Leistungen und Leistungsprozessen eine Angleichung der routineorientierten Wertschöpfungsprozesse an das klassische Projektmuster vollzieht (BALCK 1996).

1.2.5.2 Zum Standort einer allgemeinen Projektmanagementlehre

Die Orientierung am Begriff der Produktionswirtschaft, wie er von Kern verstanden wird, gibt wertvolle Hilfe bei der Bestimmung des Standorts unserer Disziplin (KERN 1979). Projektarbeit kann aus verschiedenen Blickwinkeln betrachtet werden, so etwa aus technischer, psychologischer, juristischer und wirtschaftlichen Sicht. Bei einer Dominanz wirtschaftlicher Aspekte dürfen die anderen natürlich nicht vernachlässigt werden.

Begriff der Projektwirtschaft

Dem Begriff „Produktionswirtschaft" entspricht bei Leistungserstellung mit Projektcharakter der vom Normenausschuß geprägte Begriff der Projektwirtschaft (DIN 69901), verstanden als die „Gesamtheit aller Einrichtungen und Maßnahmen, die dazu dienen, das Projekt zu realisieren." Diese sehr allgemeine, wenig aussagefähige Begriffsnorm war allerdings nicht allzu hilfreich bei der Bestimmung des Standorts einer Allgemeinen Lehre von der Leistungserstellung mit Projektcharakter.

Eine ganze Reihe von Programmpunkten, die Kern für die Produktionswirtschaftslehre formuliert, lassen sich für die Lehre vom Projektmanagement übernehmen, so z.B. objekt- und funktionsbezogene Strukturanalysen, Fragen der Faktorbeschaffung und -bereitstellung, der Ablaufplanung, der Zeitgestaltung des Produktionsgeschehens, der Kapazitätsplanung, der Ergebnisüberwachung und der Qualitätssicherung, um nur einige zu nennen (KERN 1979, Sp. 1654).

Unterschiede zur Betrachtungsweise von Kern ergeben sich allerdings in anderer Hinsicht: Er beschränkt die Produktionswirtschaft auf „betriebsintern orientierte Vorgänge" und weist die „marktbezogenen Beschaffungs- und Distributionsprozesse" anderen Funktionenlehren zu. Für die Lehre vom Projektmanagement kann dieser Abgrenzung nicht vollständig gefolgt werden und zwar aus folgendem Grund: Häufig sind an Projekten alle betrieblichen Funktionsbereiche, also etwa Beschaffung und Lagerhaltung, das Personal- und Rechnungswesen, die Fertigung, der Forschungs- und Entwicklungsbereich und der Vertrieb beteiligt.

Aus der Leistungserstellung mit Projektcharakter ergeben sich auch besondere Anforderungen an die speziellen Betriebswirtschaftslehren, die an betrieblichen Phasen ausgerichtet sind, wie etwa die Planungslehre und das Rechnungswesen, Teildisziplinen, die die Lehre vom Projektmanagement sozusagen durchdringen. Da sich die meisten Projekte über einen größeren Zeitraum erstrecken, wird z.B. von der Kostenrechnung eine mitschreitende Kalkulation verlangt, eine Form der Rechnung, die in der Massen- und Serienfertigung nicht vorkommt. Weiter muß die Kostenrechnung es auch gestatten, daß entsprechend der Gliederung des Projektstrukturplans eine Hierarchie von Kostenträgern bis zur Ebene der Arbeitspakete aufgebaut wird.

Ein großer Teil der Autoren von Lehrbüchern zur Thematik „Projektmanagement" erhebt den Anspruch, eine Allgemeine Lehre des Projektmanagements im soeben skizzierten Sinne zu bieten. Die genaue Lektüre zeigt freilich, daß es sich in den meisten Fällen eher um eine Mischung aus Allgemeiner Projektmanagementlehre und wirtschaftszweigorientierter spezieller Projektmanagementlehre handelt. Ein Beispiel dafür ist etwa das in der Bundesrepublik weit verbreitete Werk von Madauss, das sehr stark von der Praxis des Projektmanagements in der Luft- und Raumfahrtindustrie geprägt ist (MADAUSS 1994).

1.2.5.3 Spezielle Projektmanagementlehren

Es zeichnen sich auch bereits spezielle Projektmanagementlehren ab, die eine größere Konkretheit und Verwertbarkeit ihrer Aussagen anstreben und die wirtschaftszweigorientiert sind. So läßt sich das voluminöse Werk von Boehm „Software Engineering Economics", das seit einiger Zeit in deutscher Übersetzung vorliegt, mit Fug und Recht als eine Lehre der Leistungserstellung mit Projektcharakter in der Softwarebranche bezeichnen, nicht zu verwechseln mit einer Betriebswirtschaftslehre des Softwarehauses, die z.Zt. lediglich in Ansätzen zu erkennen ist (BOEHM 1986). Entsprechend kann das Buch von Brandenberger und Ruosch als eine spezielle Projektmanagementlehre der Bauwirtschaft bezeichnet werden (BRANDENBERGER 1991). Auch für das Gebiet der industriellen Forschung und Entwicklung deutet sich in den angelsächsischen Ländern und auch in der Bundesrepublik eine derartige Entwicklung an, die aus der Sicht des Autors zu begrüßen ist, solange nicht die allgemeinen Grundsätze der Leistungserstellung mit Projektcharakter aus dem Auge verloren werden.

1.2.5.4 Beziehungen zu anderen Disziplinen

Faßt man die Lehre von der Leistungserstellung mit Projektcharakter als betriebswirtschaftliche Teildisziplin auf, so gibt es, wie schon betont, nicht nur erhebliche Überschneidungen mit Teildisziplinen der Betriebswirtschaftslehre, sondern auch mit anderen Disziplinen so - zumindest bei vielen Projektarten - mit den Ingenieurdisziplinen (die Informatik einmal ebenfalls als Ingenieurdisziplin betrachtet), mit dem Fach „Operations Research", der Systemtheorie, der Organisationspsychologie und -soziologie und den Rechtswissenschaften.

Beziehungen zu den Ingenieurwissenschaften

Der enge Bezug zu den jeweils in einem Projekt vertretenen Ingenieurdisziplinen wird besonders deutlich beim Konfigurationsmanagement, das sicherstellen soll, daß „durch einen systematischen Prozeß der Dokumentenerstellung und -genehmigung in der fachlich-inhaltlichen Planung (dem Engineering oder der Projektierung) Unvollständigkeiten und Fehler reduziert werden" (SAYNISCH 1984, S. 5). Saynisch will Konfigurationsmanagement sogar als Ansatz zur Systematisierung des Konstruktionsprozesses verstanden wissen. Ein besonders eindrucksvolles Beispiel für die Verzahnung der Lehre vom Projektmanagement und einer Ingenieurdisziplin ist das bereits zitierte Werk von Boehm. In der Praxis der Softwareerstellung manifestiert sich der enge Zusammenhang in sogenannten Software-Entwicklungsumgebungen und Projektbibliotheken, in denen sowohl Entwicklungsergebnisse als auch Planungsdaten abgelegt sind und in denen Entwicklungstools und Instrumente des Projektmanagements vereint sind.

Konfigurationsmanagement

Beziehungen zu Operations Research

Zwischen der Betriebswirtschaftslehre und der Disziplin „Operations Research" bestehen enge Beziehungen, die Dinkelbach vor allem in dem beiden Gebieten gemeinsamen Optimierungsgedanken begründet sieht (DINKELBACH 1979). Viele Veröffentlichungen zur Thematik „Projektmanagement" wurden insbesondere in den ersten Jahren nach der Entwicklung der Netzplantechnik von Vertretern des Operations Research herausgebracht. **Insgesamt sind die Erfolge der verschiedenen Verfahren des Operations Research in der Praxis des Projektmanagements allerdings bislang sehr gering.**

Beziehungen zur Allgemeinen Systemtheorie und Systemtechnik

Einen besonders engen Bezug zur Lehre vom Projektmanagement weist schließlich auch die Allgemeine Systemtheorie und die Systemtechnik auf. Dies zeigen schon die Titel zahlreicher Lehr- und Handbücher, die den Lehrstoff auf der Grundlage systemtheoretischer Terminologie vermitteln. Daneben finden sich in der einführenden Literatur häufig Kapitel über Systemtechnik. Man verspricht sich von der Systemtheorie eine Integration unterschiedlicher Ansätze, etwa der vor allem in der Lehre vom Projektmanagement immer noch dominierenden betriebswirtschaftlich-pragmatischen Ausrichtung und verhaltenswissenschaftlicher Beiträge. Die weiteren Erwartungen an die Systemtheorie lassen sich, etwas modifiziert, auch auf die Lehre vom Projektmanagement übertragen:

- Die Systemtheorie soll eine einheitliche Beschreibung von Sachverhalten in Projekten ermöglichen.

- Auf Grund des Ganzheitsdenkens soll sie einen umfassenden Ansatz für die Lehre vom Projektmanagement liefern und die Formulierung allgemeingültiger Aussagen erleichtern.
- Sie soll weiterhin Forschungslücken erkennen lassen und die interdisziplinäre Zusammenarbeit erleichtern.

Bedeutung des Systemansatzes

Noch genauer auf die Thematik „Projektmanagement" bezogen formuliert Patzak die Bedeutung des Systemansatzes (PATZAK 1994, S. 6 ff.).

Die Hoffnungen, die in das integrierende Potential der Systemtheorie gesetzt werden, haben sich freilich noch keineswegs erfüllt. Bisher wurden in der Managementlehre die verschiedenen wissenschaftlichen Ansätze keineswegs durch die Systemtheorie integriert, sondern haben sich weitgehend unabhängig von einander entwickelt. Die Allgemeine Systemtheorie wurde lediglich als formaler Bezugsrahmen aufgegriffen (STAEHLE 1985, S. 85), (Vergl. auch Kapitel 1.4).

Beziehungen zur Organisationspsychologie und -soziologie

Der Beitrag, den die Verhaltenswissenschaften, insbesondere die Organisationspsychologie zu liefern in der Lage sind, wurde in den Anfängen der Entwicklung des Projektmanagements vielfach nicht beachtet. Ausnahmen gab es allerdings auch hier. So lenkte beispielsweise Weinberg relativ früh die Aufmerksamkeit auf die Rolle des Menschen in Software-Entwicklungsprojekten (WEINBERG 1971). Häufig verstellte aber eine einseitige „technokratische" Ausrichtung an Instrumenten, Verfahren und Prozeduren den Blick dafür, daß es letztendlich Menschen sind, die sie akzeptieren und anwenden müssen. Auch andere Probleme, wie die nahezu zwangsläufig sich ergebenden Konflikte in Matrixorganisationen, Fragen des Führungsstils, der Teambildung und der Benutzerfreundlichkeit von Rechnerprogrammen für das Management von Projekten, um hier nur einige zu nennen, wurden lange Zeit sträflich vernachlässigt. Eine Wende begann sich erst nach vielen Mißerfolgen bei der Einführung von Projektmanagementkonzepten in Unternehmen abzuzeichnen.

„Human factor" in Projekten

Stand z.B. der INTERNET-Weltkongreß des Jahres 1976 in Birmingham noch ganz im Zeichen der Netzplantechnik, so beschäftigten sich drei Jahre später, auf dem Weltkongreß in Garmisch-Partenkirchen, schon eine Reihe von Referenten mit dem „human factor" in Projekten. Auf den folgenden Kongressen setzte sich dieser Trend fort (DWORATSCHEK 1987). Inzwischen gibt es auch im deutschsprachigen Raum eine Reihe von Lehrbüchern des Projektmanagements, die sich fast ausschließlich mit den Verhaltensaspekten befassen, so etwa die Werke von Hansel und Lomnitz (HANSEL 1987) sowie Heintel und Krainz (HEINTEL 1990). In jüngster Zeit haben viele Autoren die Rolle des Menschen im Projekt betont. Eine besonders plastische Darstellung bietet House (HOUSE 1988). Sie unterscheidet in enger Anlehnung an McFarlan (MCFARLAN 1981):

- Planungs- und Kontrollmethoden (formal planning, formal control), die lange Zeit nahezu ausschließlich im Zusammenhang mit Projektmanagement gelehrt und propagiert wurden,
- Methoden der internen Integration sowie
- Methoden der externen Integration

und zeigt, welchen Methoden bei welchen Kategorien von Projekten besonderes Gewicht zukommt. Projekte werden dabei in zwei Dimensionen beschrieben, einmal nach der Erfahrung, die das Unternehmen mit der zugrundeliegenden Technologie hat, und zum anderen nach dem Grad der Verbindlichkeit der Leistungsziele zu Beginn des Projekts.

	Projektergebnis	
Erfahrung mit Technologie	Leistungsziele genau vorgegeben	Leistungsziele nur vage vorgegeben
Unternehmen hat viel Erfahrung	**Schwerpunkt:** Methoden der formalen Planung und Kontrolle* Interne Integration I	**Schwerpunkt:** Externe Integration* Methoden der formalen Planung und Kontrolle* Interne Integration II
Unternehmen hat wenig Erfahrung	**Schwerpunkt:** Interne Integration*; Methoden der formalen Planung und Kontrolle III	**Schwerpunkt:** Externe Integration* Interne Integration* IV

Legende: * hohe Bedeutung des Instruments; ohne Kennzeichnung: mittlere Bedeutung

Abbildung 1.2-3: Bedeutung verschiedener Gruppen von Instrumenten in Abhängigkeit von der Projektart (McFarlan 1981)

Abbildung 1.2-3 zeigt etwas, was nicht sonderlich überraschend ist und dennoch in vielen Projekten mißachtet wird, daß nämlich der enge Kontakt mit dem Auftraggeber insbesondere dann erforderlich ist, wenn die Ziele noch nicht präzise definiert sind (II u. IV). Die Teambildung (interne Integration) spielt dann eine besondere Rolle, wenn das Team noch wenig Erfahrung hat. In diesen Fällen muß der Projektleiter auch erhebliche fachliche Qualifikationen haben.

Die „technokratischen" Instrumente haben dann eine besondere Bedeutung, wenn das Unternehmen bereits viel Erfahrung hat (I u. II). Vorhaben dieser Art, z.B. ein Bauprojekt mit stabiler Spezifikation, sind Routineprojekte, von denen man eine hohe Termin- und Kostentreue erwartet und die kein Mißerfolg werden dürfen. Den Vorgaben des Planungs- und Kontrollsystems, mit denen auf das Team ein gewisser Druck ausgeübt wird, kommt eine relativ hohe Verbindlichkeit zu. Die laufenden Soll-Ist-Vergleiche sind bei diesen Projekten einigermaßen aussagefähig. Im Fall II wird das Schwergewicht vor allem auf die Kontrolle der Änderungen gelegt. Falls hier nicht ein rigoroses Konfigurationsmanagement praktiziert wird, können dies Katastrophenprojekte werden (Ein Beispiel für Projekttyp II sind etwa die Projekte „Allgemeines Krankenhaus Wien" und „Klinikum Aachen"). *„Technokratische" Instrumente*

Der Ansatz von McFarlan läuft auf ein Kontingenzmodell (Wahlmodell) des Projektmanagement hinaus. Das bedeutet, daß der Mix von Instrumenten situationsabhängig ist. Das Kontingenzmodell, das um einige Dimensionen erweitert werden könnte und das, wie so viele Empfehlungen im Projektmanagement, noch einer intensiven empirischen Überprüfung bedarf, bedeutet dennoch einen erheblichen Fortschritt gegenüber den meist undifferenzierten Ratschlägen, die sowohl von Praktikern als auch aus der Theorie kommen. Die hier gegebenen Empfehlungen besagen freilich keineswegs, daß die Bedeutung von formalen Instrumenten der Planung und Kontrolle heruntergespielt werden soll. Um mit den Worten von House zu sprechen: „It's all a question of balance". *Kontingenzmodell des Projektmanagement*

Beziehungen zur Rechtswissenschaft

Auch die Kooperation mit Vertretern der Rechtswissenschaft war viele Jahre wenig intensiv. In der Bundesrepublik vollzog sich auch hier in den letzten Jahren ein Wandel. Das Interesse der in der Praxis des Projektmanagements Tätigen konzentriert sich dabei vor allem auf Fragen der Gestaltung von Verträgen zwischen Auftraggeber und Auftragnehmer (WEBER 1991) und auf die Frage, wie mit den Verträgen im Projekt gearbeitet wird (siehe Kapitel 4.3).

1.2.6 Neuere Entwicklungen

In den letzten Jahren haben sich aus der Sicht des Verfassers zwei Entwicklungsrichtungen immer deutlicher abgezeichnet. Die erste Richtung könnte man mit dem Stichwort **„Neues Paradigma"** etikettieren. Die zweite Richtung, deren Relevanz für die Thematik „Projektmanagement" sich nicht immer auf den ersten Blick erschließt, ließe sich mit der Überschrift **„Integrationsmanagement"** versehen. Zwischen beiden Entwicklungsrichtungen können durchaus Querbezüge hergestellt werden.

„Neues Paradigma" im Projektmanagement

Die Entwicklung des Projektmanagements wurde, wie schon mehrfach betont, in den letzten Jahrzehnten in der Hauptsache von der Praxis unter starkem Problemdruck vorangetrieben (Dem Verfasser ist bewußt, daß durch diese Charakterisierung die sehr differenzierten Äußerungen stark vereinfacht werden, eine detaillierte Darstellung ist in diesem Beitrag aber schon aus Platzgründen nicht möglich.). Daß in Projekten **auch „weiche Faktoren"** zu berücksichtigen sind, haben uns die Vertreter der Organisationspsychologie seit langem nahezubringen versucht. Auch gute Projektmanager haben das schon immer gewußt und entsprechend gehandelt.

Der Versuch, die zahlreichen Hypothesen einer empirischen Überprüfung zu unterziehen, wie das z.B. in mustergültiger Weise vor einigen Jahren für eine bestimmte Klasse von Projekten die Münchner Schule Wittes (vgl. JOOST 1975) getan hat, ist bislang unterblieben. Zumindest in den von dieser Schule untersuchten Projekten - es handelt sich um 191 Entscheidungsprozesse „Beschaffung einer zentralen DVA", die als Projekte aufgefaßt werden können - konnte ein „Zuviel" an Planung und Steuerung, wie es von den Vertretern des neuen Paradigmas für viele Projekte vermutet wird, nicht nachgewiesen werden.

Der Vorwurf der mangelnden empirischen Fundierung kann aber natürlich nicht nur den Protagonisten des neuen Paradigmas gemacht werden, sondern gilt, wie noch weiter unten auszuführen sein wird, nahezu generell für die Disziplin „Projektmanagement".

Von den Vertretern des „Neuen Denkens" im Projektmanagement wird u.a. die **„Planlastigkeit des Handelns"** (BALCK 1996) und **„mechanistisches Denken"** gerügt. Besonders klar erläutert Malik die neue Denkrichtung (MALIK 1996). Er unterscheidet zwei Arten der Bewältigung von Komplexität, nämlich das „Konstruieren im Detail" (technokratischer Ansatz) und die „Schaffung und Gestaltung günstiger Bedingungen". Unter „Konstruieren im Detail" ließe sich in der Praxis des Projektmanagements z.B. die Vorgabe von detaillierten Phasenmodellen und Projektstrukturplänen verstehen. In komplexen Systemen, wozu auch Projekte zählen können, gelangt - so die weitere Argumentation - technokratisches Vorgehen an seine Grenzen. Was unter „günstigen Bedingungen" konkret zu verstehen ist, wird z.B. sehr deutlich an Fallbeispielen von Gottschall gezeigt. Dem **Koordinationsmechanismus „Selbstorganisation"** wird ein großes Gewicht gegeben. Die Hierarchie, die Koordination durch persönliche Weisung und die Koordination durch Planung, ein Koordinationsmechanismus mit dem sich die Disziplin „Projektmanagement" vor allem beschäftigt, verliert demgegenüber an Bedeutung. „Bürokratie und Bevormundung wirken wie Gift, perfekte Ordnung provoziert den Kollaps" (GOTTSCHALL 1996). Bei der starken Betonung der Selbstorganisation ist es dann natürlich nur konsequent, wenn auch die Rolle der Kommunikation, die in der traditionellen Projektmanagement-Literatur eher stiefmütterlich behandelt wird, besonders hervorgehoben wird.

Besondere Kritik erfahren in den Analysen die verschiedenen Phasenmodelle. Sie sind sozusagen das „Watschenmodell" der Anhänger des „Neuen Denkens". Insbesondere Weltz stellt hier Theorie und die insbesondere in Software-Projekten oft deprimierende Praxis gegenüber. Dabei wird durchaus eingeräumt, daß die „altmodischen Phasenmodelle" Vorteile haben. Weltz formuliert folgendes Paradoxon: „Planung ist zwar nicht möglich, aber doch notwendig" (WELTZ 1996).

1.2 Projekte und Projektmanagement

Als Alternative wird das Konzept eines dynamischen Projektmanagements - ähnlich dem „Projektmanagement 2. Ordnung" (SAYNISCH 1996, S. 18) - empfohlen, das allerdings bisher nur in Umrissen erkennbar ist. Und damit sind wir beim Dilemma des „Neuen Denkens": Den sehr scharfsinnigen Analysen, die für die technokratische Theorie und Praxis gestellt werden, steht ein z.Zt. noch recht unbefriedigendes Therapiekonzept gegenüber. Schlicht gesagt: **es fehlt an Orientierung, die die Praxis erwartet**. Ob dies aus grundsätzlichen Erwägungen nicht zu erwarten ist, wie z.B. Weltz meint, oder ob wir nur noch etwas Geduld brauchen, wie ganz offensichtlich Saynisch glaubt (SAYNISCH 1996), sei dahingestellt.

Projektmanagement 2. Ordnung

Dieses aus der Sicht eines Praktikers, der Anleitungen zum Handeln erwartet, zunächst etwas düstere Bild läßt sich ein wenig aufhellen, wenn man einen weiteren Strang des „Neuen Denkens" verfolgt, der sich mit dem Begriff „ganzheitliches Denken" bezeichnen läßt. Damit ist „ein integrierendes, zusammenfügendes Denken" gemeint, „das auf einem breiteren Horizont beruht, von größeren Zusammenhängen ausgeht, viele Einflußfaktoren berücksichtigt und das weniger isolierend und zerlegend ist als die übliche Vorgehensweise" (PROBST 1991, S. 5). Auf diesem Gebiet konnte man auch schon erste Früchte ernten. Vorgehensweisen wie sie in der projektbezogenen Risikoanalyse (siehe Kapitel 4.7), in der Stakeholderanalyse (siehe Kapitel 1.3), in der Projektannahmenanalyse, in der Projektumfeldanalyse und in der Projektnetzwerkanalyse praktiziert werden, sind Versuche, die Beziehungen, die zwischen dem System „Projekt" und seiner Umwelt bestehen, zu analysieren und die isolierte Betrachtung des einzelnen Projekts zu überwinden.

Integrationsmanagement und Projektmanagement

In den letzten Jahren ist eine Fülle von neuen Begriffen und Konzepten entstanden. Die Diskussion wurde durch die Wirtschaftskrise in der Bundesrepublik sehr stark belebt. Um nur einige, häufig zu hörende Schlagworte zu nennen: „Lean Production", „Simultaneous Engineering", „Quality Function Deployment (QFD)", „Prozeßkostenrechnung (PKR)", „Total Quality Management (TQM)", „Speed-Management" und „Conjoint- Analyse". Viele der angesprochenen Themen haben einen engen Bezug zur Disziplin „Projektmanagement", der freilich häufig nicht klar genug herausgearbeitet wird. Bei manchen Neuerungen - so etwa bei der Prozeßkostenrechnung im Entwicklungsbereich - wird man den Verdacht nicht ganz los, daß hier nicht mehr ganz junger Wein in neue Schläuche gegossen werden soll. Trotz der verwirrenden Vielfalt läßt sich aber ein roter Faden finden. Einige der neuen Ansätze enthalten explizit den Begriff der Integration, so etwa die folgende Begriffsbestimmung (HANSSEN 1992, S. 3): „Lean Production welds the activities of everyone from top management to line workers, to suppliers, into a tightly integrated whole that can respond almost instantly to marketing demands from consumers." Auch beim „Total Quality Management", das man als „funktionsübergreifendes Qualitätsmanagement" begreifen kann, findet sich die Integrationsidee.

Der Arbeitskreis „Integrationsmanagement im Produktentstehungsprozeß" der Schmalenbach-Gesellschaft hat dann auch konsequenterweise den Versuch unternommen, die große Zahl von neuen Konzepten unter dem Begriff des Integrationsmanagements zusammenzufassen und viele Integrationsbedürfnisse identifiziert (HANSSEN 1992, KERN 1992). Mit den Integrationsbestrebungen wird ein ganzes Bündel von Zielen wie Qualität, Rentabilität, Produktivität, Kostenminimierung, Innovativität und schnelle Produktentwicklungszeiten verfolgt, die z.T. in Konflikt miteinander stehen.

Integrationsmanagement

Folgende Arten von Integrationsnotwendigkeiten im Produktentstehungsprozeß werden unterschieden:

1. Die Integration der betrieblichen Funktionsbereiche,

2. die phasenübergreifende Integration (gemeint sind die Phasen, mit denen der Produktentstehungsprozeß grob strukturiert wird),

3. die projektübergreifende Integration, die sich keineswegs nur darin äußert, daß knappe Ressourcen optimal auf verschiedene Vorhaben verteilt werden müssen, sondern mit der die vielfältigen Beziehungen, die zwischen Projekten bestehen können, berücksichtigt werden sollen,

4. die generationenübergreifende Integration, die sich auf die Betrachtung mehrerer im Zeitablauf sich ablösender Produktserien bezieht und die durch folgende Fragen gekennzeichnet werden kann: Wann soll ein Serienprodukt durch ein anderes abgelöst werden, und wodurch soll sich das neue Produkt von der Vorgängergeneration unterscheiden?

5. die technologieübergreifende Integration, die vor allem die Forderung beinhaltet, daß entsprechende Technologieentwicklungen auch auf Gebieten erkannt werden, die mit den in Frage stehenden Produktfeldern nichts zu tun haben,

6. die geschäftsfeldübergreifende Integration, die u.a., aber natürlich nicht nur, die geschäftsfeldübergreifende Priorisierung von Projekten betrifft und schließlich,

7. die unternehmensübergreifende Integration, die u.a. die Fremdvergabe von Entwicklungsprojekten, den Fremdbezug von Komponenten, die nicht Schlüsselkomponenten sind, und auch gemeinsame Projekte umgreift.

Das Konzept der externen Integration, wie es bereits im Abschnitt 1.2.5.4 kurz behandelt wurde, läßt sich mit der Systematik des Arbeitskreises allerdings nicht beschreiben, ebensowenig wie das aus der Praxis des Projektmanagements stammende Stakeholderkonzept, zumindest nicht soweit es sich um externe Stakeholder handelt. Um auch diese Integrationsaspekte einschließen zu können, wurde die Systematik um die Integrationsobjekte bzw. -subjekte **„Markt/Kunde"** und **„sonstige relevante Projektumwelt"** (z.B. Genehmigungsbehörden) erweitert.

Der Integrationsgedanke wird konkretisiert durch die Leitidee des „House of Integration" (REIS 1992). Die Dimension „Integrationsaspekte" wird durch die zweite Dimension der Gestaltungsansätze ergänzt. Es werden dabei folgende Klassen von Integrationsinstrumenten unterschieden:

- Instrumente der **technokratischen Integration** (Planung/Controlling). Dazu gehört z.B. das Instrument des Life-Cycle-Costing.

- Instrumente der **strukturellen Integration** (Organisationsgestaltung). Dieser Gruppe von Instrumenten läßt sich bspw. die Einrichtung von interdisziplinären Projektteams zuordnen.

- Instrumente der **personellen Integration** (Personalmanagement). Auf dieses Instrument wird noch eingegangen.

- Instrumente der **informationellen Integration** (Informationsmanagement). Dazu zählen z.B. bei Softwareentwicklungsprojekten Projektbibliotheken.

Diese Kategorisierung ist, wie ihre Schöpfer selbst betonen, nicht trennscharf. Dies zeigt sich etwa am Beispiel der Kommunikation, die durch die Organisationsgestaltung vorgeprägt ist, für die durch das Infomationsmanagement die Infrastruktur bereitgestellt und die schließlich, soweit es sich um die formale Kommunikation handelt, durch das Controlling gestaltet wird. Abbildung 1.2-4 zeigt die Kombination beider Dimensionen.

1.2 Projekte und Projektmanagement

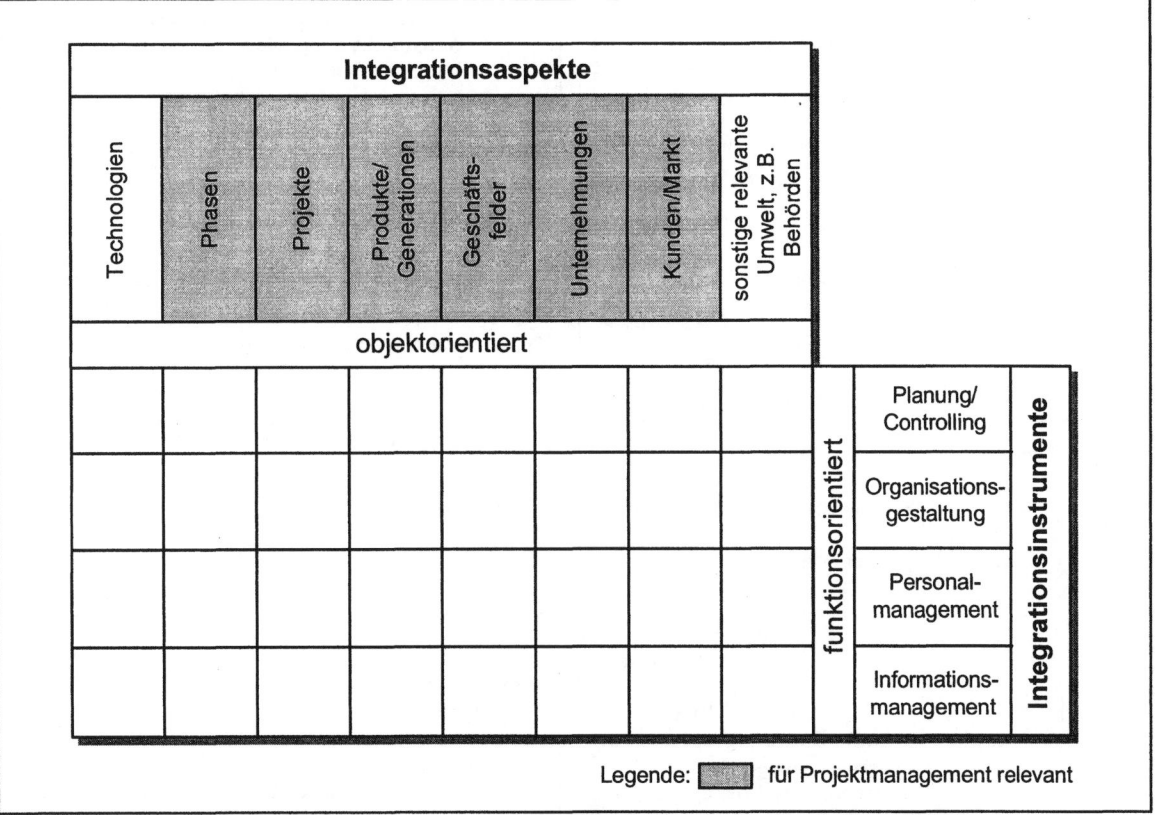

Abbildung 1.2-4: Integrationsaspekte und Integrationsinstrumente (nach REIS 1992)

Mit Hilfe des Rasters lassen sich jetzt die verschiedenen Konzepte einordnen. So ist beispielsweise Simultaneous Engineering sowohl unternehmensübergreifend (frühzeitiges Einbinden von Zulieferern) als auch funktions- und phasen- und evtl. sogar technologieübergreifend. Eingesetzt werden vor allem die Instrumente „Organisationsgestaltung" und „Informationsmanagement".

Auch die schon dargestellte Einteilung von House (HOUSE 1988) läßt sich nun leicht mit der Systematik des Arbeitskreises in Einklang bringen. Die Interne Integration kann schwerpunktmäßig den Instrumenten der personellen Integration, die funktionsübergreifend ist, zugeordnet werden. Etwas schwieriger ist die Einordnung des Instruments der „Externen Integration". Da House, wie schon betont, unter diesem Stichwort die Einbeziehung des externen oder internen Auftraggebers in das Projektteam und die Zuweisung einer Rolle in diesem Team behandelt, ist wohl vor allem an die Organisationsgestaltung zu denken. In die gleiche Richtung geht übrigens auch das Konzept des „leading customer", der das Produkt von der ersten Idee bis zur Einführung begleiten soll (HIRZEL 1992).

Sofern es sich um einen anonymen Markt handelt, kommen auch technokratische Instrumente wie die Conjoint-Analyse ins Spiel, mit der aus Verbraucherbefragungen die Bedeutung einzelner Eigenschaften des Produktkonzepts für das Zustandekommen der Gesamtpräferenz ermittelt und die Vorlieben der Abnehmer für alternative Produkte erklärt und vorhergesagt werden können.

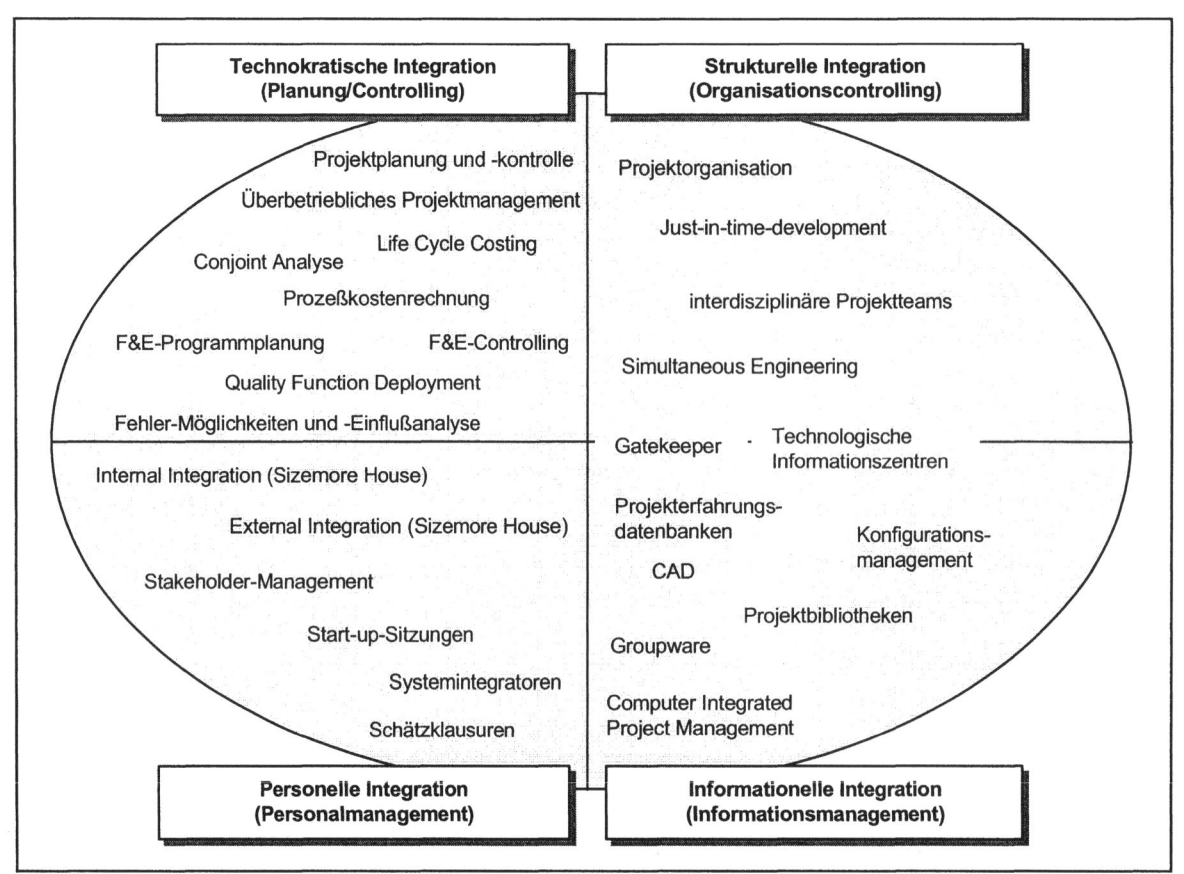

```
┌─────────────────────────────────────────────────────────────────────────┐
│   Technokratische Integration        Strukturelle Integration           │
│   (Planung/Controlling)              (Organisationscontrolling)         │
│                                                                         │
│           Projektplanung und -kontrolle    Projektorganisation          │
│         Überbetriebliches Projektmanagement                             │
│                    Life Cycle Costing      Just-in-time-development     │
│         Conjoint Analyse                                                │
│              Prozeßkostenrechnung          interdisziplinäre Projektteams│
│    F&E-Programmplanung    F&E-Controlling                               │
│              Quality Function Deployment   Simultaneous Engineering     │
│       Fehler-Möglichkeiten und -Einflußanalyse                          │
│                                            Gatekeeper  Technologische   │
│       Internal Integration (Sizemore House)            Informationszentren│
│                                            Projekterfahrungs-           │
│         External Integration (Sizemore House) datenbanken               │
│                                                        Konfigurations-  │
│       Stakeholder-Management               CAD         management       │
│                                                Projektbibliotheken      │
│              Start-up-Sitzungen            Groupware                    │
│                  Systemintegratoren                                     │
│                    Schätzklausuren         Computer Integrated          │
│                                            Project Management           │
│                                                                         │
│   Personelle Integration             Informationelle Integration        │
│   (Personalmanagement)               (Informationsmanagement)           │
└─────────────────────────────────────────────────────────────────────────┘
```

Abbildung 1.2-5: Konzepte des Projektmanagements und Integrationsinstrumente (nach REIS 1992)

Das ganze Spektrum der relevanten Konzepte läßt sich aus einem noch etwas anderen Blickwinkel in Abbildung 1.2-5 darstellen. Dabei ist ein Konzept jeweils schwerpunktmäßig einem Integrationsinstrument zugeordnet. Die Abbildung, die etwas vereinfacht und speziell für Leistungserstellung mit Projektcharakter modifiziert wurde, enthält konsequenterweise auch Oberbegriffe wie Projektplanung und -kontrolle, die ja ein erhebliches integrierendes Potential haben.

1.2.7 Nutzen und Kosten des Projektmanagements

Der Frage nach dem Nutzen und den Kosten des Projektmanagements wird nahezu jedem gestellt, der bemüht ist, Projektmanagement in einer Organisation einzuführen. Eine einfache Antwort läßt sich darauf nicht geben, wie zu zeigen sein wird. Der Verein Deutscher Ingenieure weist in einem, allerdings etwas älterem Beitrag (VDI-Z 14/1980) auf die Kosten-Nutzen-Beziehung des Projektmanagements hin. In der Literatur findet sich auch eine ganze Reihe von einzelnen Erfolgsmeldungen.

Dazu gehören etwa der Bau des Klinikums Großhadern (GRÜN 1985), der Bau des Stadttheaters Hof (OHNE VERFASSER 1993) und der Wiederaufbau der Alten Oper in Frankfurt (BIENHEIM 1991). Die Erfolgskriterien waren jeweils Termine und Kosten. Einen sehr viel umfassenderen Erfolgsnachweis als diese Einzeluntersuchungen liefert die methodisch allerdings anfechtbare Studie von Lenk, die vom Bund der Steuerzahler in Bayern in Auftrag gegeben wurde. Befragt wurden 173 Kommunen, 7 Bezirke und 71 Landkreise. Dank des Einsatzes von Projektmanagement konnten in 91% der Bauvorhaben die geplanten Baukosten eingehalten bzw. sogar unterschritten werden. Bei den Gemeinden allein sah das Ergebnis sogar noch besser aus (LENK 1991).

Ein beeindruckendes, anonymisiertes Beispiel aus der Produktentwicklung wurde von Platz vorgestellt. In einem Unternehmen mit etwa 95 Projekten und einem jährlichen Gesamtbudget für alle

1.2 Projekte und Projektmanagement

Vorhaben von etwa 35 Mio. € wurde 1 1/2 Jahre nach der Einführung von Projektmanagement eine Bestandsaufnahme gemacht (PLATZ 1992). Es zeigte sich u.a., daß

- die Terminverzögerungen um ca. 60% zurückgegangen waren,
- bei den Qualitätskosten rund 30% Einsparungen realisiert wurden,
- man die Herstellkosten der Produkte um ca. 11% reduzieren konnte und
- die Zufriedenheit des Projektleiters hoch war.

Eine umfassende Arbeit ist die Metastudie von Gemünden, in der unterschiedliche Branchen und Projektarten, insbesondere F&E-Projekte, vertreten sind. Der Autor hat alle zugänglichen empirischen Studien berücksichtigt. Mehr als 11 konnten allerdings nicht gefunden werden. In den meisten Analysen wurde der technische und wirtschaftliche Erfolg aus der Sicht des Auftragnehmers untersucht. Der Standpunkt des Auftraggebers bzw. des Kunden wurde selten eingenommen. In der Regel wurden subjektive Urteile als Maßstab gewählt.

Die wesentlichen Ergebnisse, zu denen Gemünden kommt (GEMÜNDEN 1990, S. 13), sind: *Erfolgsfaktoren*

- Die wichtigsten Faktoren für einen Projekterfolg sind die Merkmale der Auftragnehmer-Organisation, die fachlichen, sozialen und administrativen Fähigkeiten von Projektleiter und Team, ihre Entscheidungskompetenzen und ihre Identifikation mit den Projektzielen.

- Personale Faktoren haben eine größere Bedeutung als die Verwendung „technokratischer" Instrumente.

- Diese Aussage wird aber durch folgenden Satz relativiert: Die Instrumente „wirken dann positiv, wenn sie Interdependenzen aufzeigen und die Koordination verbessern, wenn sie frühzeitig auf Beschleunigungsmöglichkeiten und drohende Engpässe hinweisen und dadurch rechtzeitig adäquate Anpassungsmaßnahmen auslösen, und wenn sie so gepflegt und genutzt werden, daß Änderungen der Projektrealität in die Pläne einfließen".

- Die Projektdefinitionsphase ist von „überragender Bedeutung". Die Ziele eines Projekts müssen gründlich untersucht und den Betroffenen angemessen mitgeteilt werden.

Zu ganz ähnlichen Ergebnissen gelangen Gemünden und Lechler in einer eigenen Studie für die Bundesrepublik (GEMÜNDEN 1993) und Lechler (Lechler 1997) in seiner großzahligen Studie, in der rund 500 Projekte der Bundesrepublik untersucht wurden. Lechler hebt besonders auch die Unterstützung durch das Top-Management heraus (vgl. Kapitel 1.7).

In den von Gemünden untersuchten Studien wird, wie schon betont, der Erfolg des Projektmanagements aus der Sicht des Auftragnehmers betrachtet. Die Bewertung des Projektmanagements aus der Sicht der Betroffenen d.h. insbesondere des Projektleiters und des Projektteams kommt dabei völlig zu kurz. Eine Ausnahme macht eine umfangreiche, methodisch saubere Studie von Kraus aus jüngster Zeit. Sein Ergebnis lautet in aller Kürze: „Befragt man die in einer Projektorganisation integrierten Personen wie ihr Befinden ist, so ist... die Antwort einhellig: Sie haben mehr Spaß an der Arbeit, sind motivierter und ihr Selbstwertgefühl ist gestärkt (...)" (KRAUS 1995). *Sicht der Betroffenen*

Eine zweite, schon länger zurückliegende Befragung von Platz konzentrierte sich ebenfalls auf „Projektbearbeiter". Auch hier ist die Bewertung der Wirkungen des Projektmanagements nach nahezu allen Kriterien sehr positiv. *Projektbearbeiter*

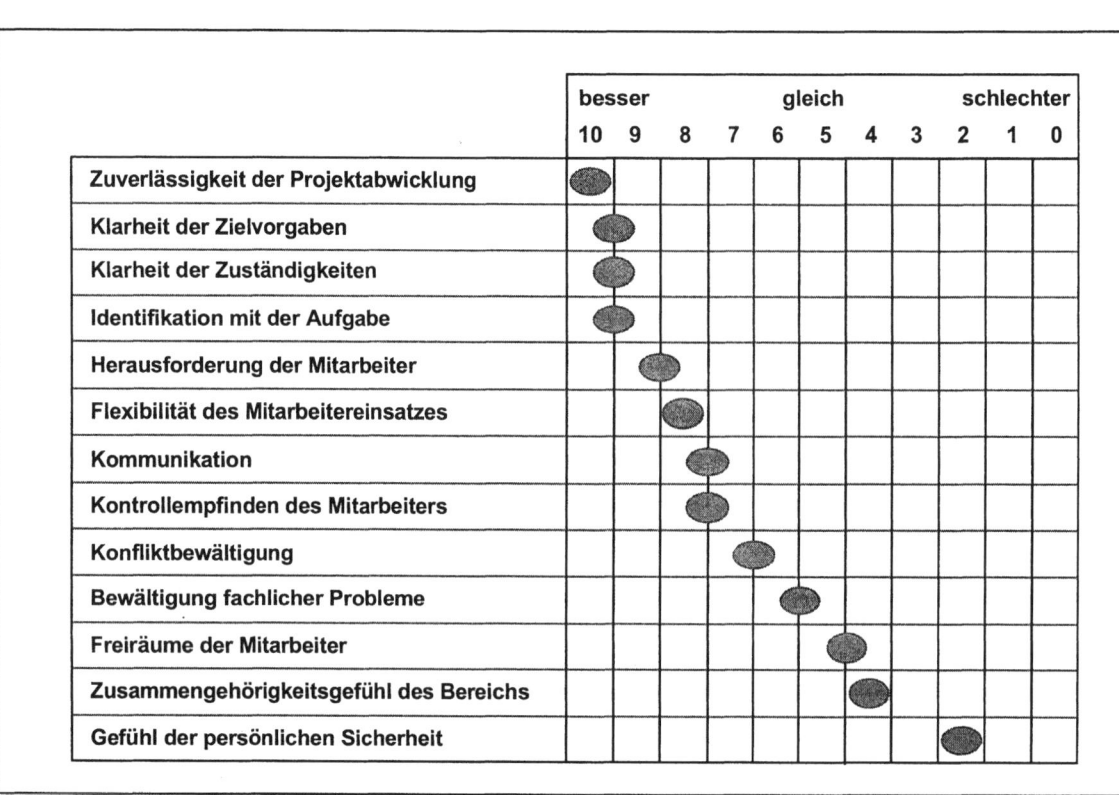

	besser				gleich				schlechter		
	10	9	8	7	6	5	4	3	2	1	0
Zuverlässigkeit der Projektabwicklung	●										
Klarheit der Zielvorgaben	●										
Klarheit der Zuständigkeiten	●										
Identifikation mit der Aufgabe	●										
Herausforderung der Mitarbeiter		●									
Flexibilität des Mitarbeitereinsatzes		●									
Kommunikation			●								
Kontrollempfinden des Mitarbeiters			●								
Konfliktbewältigung				●							
Bewältigung fachlicher Probleme					●						
Freiräume der Mitarbeiter							●				
Zusammengehörigkeitsgefühl des Bereichs								●			
Gefühl der persönlichen Sicherheit									●		

Abbildung 1.2-6: Bewertung des Projektmanagements durch die Betroffenen: Analyse von 3 Entwicklungsbereichen mit ca. 1500 Mitarbeitern im Jahre 1987/88: Wirkungen der Einführung des Projektmanagements (PLATZ 1992, S.12)

Trotz einer Reihe von Studien, die überzeugend das Erfolgspotential des Projektmanagements nachweisen, ist dennoch gerade auf diesem Gebiet noch viel zu tun. Der Begriff des „Projekterfolgs" wird nach Meinung des Verfassers bislang noch zu eng definiert. Wertvolle Anregungen für eine Erweiterung könnten etwa aus dem Controlling übernommen werden. Witt und Witt entwickelten dafür eine umfassende Systematik von vier Nutzenkategorien für Controlling, die auf Projektmanagement übertragen werden können. Sie sind nachstehend aufgeführt. Zugleich wurden Beispiele aus dem Projektmanagement genannt und damit ein erster Versuch unternommen, sie für diese Disziplin nutzbar zu machen (WITT 1993).

1.2 Projekte und Projektmanagement

Nutzen 1 im engeren Sinne: Transparenzschaffung (indirekte Wirtschaftlichkeit)	
Controlling	**Projektmanagement**
Beispiele	
Allgemeine Transparenz bei der Preisfindung bzw. -kalkulation	Projektfortschrittsmessung
Differenziertere Kostenstellenrechnung	Nach Arbeitspaketen differenzierte Kostenabweichungsanalyse
	Klarheit der Zuständigkeiten
	Identifizierung von Projektrisiken
Nutzen 1 im weiteren Sinne: Zusätzliche „Day-by-Day-Benefits"	
Controlling	**Projektmanagement**
Beispiele	
Größere Anzahl von Berichtsaktivitäten	Verstärkte formale Kommunikation in Projekten
Besseres Layout von Berichten	Besser strukturierte Projektsitzungen
	Einheitliche Projektberichterstattung
Nutzen 2: Direkte Wirtschaftlichkeitseffekte	
Controlling	**Projektmanagement**
Beispiele	
Senkung der Logistikkosten	Höhere Termintreue
Senkung der Gemeinkosten	Höhere Kostentreue
	Bessere Erfüllung der Leistungsziele
Nutzen 3: Klimaveränderung	
Controlling	**Projektmanagement**
Beispiele	
Managementzufriedenheit mit Controllertätigkeit	Zufriedenheit des Top Managements
Mitarbeiterzufriedenheit	Mitarbeiterzufriedenheit
	Zufriedenheit des Auftraggebers
Nutzen 4: Erkennen neuer Aufgaben	
Controlling	**Projektmanagement**
Beispiele	
Strategiedenken	Projektnetzwerkanalysen
Aufbau neuer Bereiche, z.B. Lieferantenanalyse	Projektumfeldanalyse

Abbildung 1.2-7: Nutzenkategorien für Controlling und ihre Übertragung auf Projektmanagement (nach WITT 1993)

Bisher sind diese Nutzenkategorien, die sicher noch erweitert und verfeinert werden können, allerdings noch kaum für empirische Untersuchungen genutzt worden. Eine gewisse Ausnahme macht lediglich die schon zitierte Untersuchung von Platz (PLATZ 1992).

Kosten des Projektmanagements

In diesem Zusammenhang ist die Frage, was Projektmanagement kostet, genauso wenig sinnvoll, wie die Frage „Was kostet ein Produkt?". Der Aufwand, der für Projektmanagement betrieben werden muß, hängt von vielen Größen ab, u.a. von der Größe des Projekts, der Projektart, der Zahl der beteiligten und zu koordinierenden Organisationseinheiten, der Stabilität der Zielsetzung, um nur einige Einflußgrößen zu nennen. Richtwerte, etwa Prozentsätze vom Auftragswert, zu nennen, eine Forderung, die in der Praxis nicht selten gestellt wird, ist deshalb nicht seriös. Eine Reihe von Kosten des Projektmanagements, etwa für die projektbezogene Kostenerfassung, fallen auch schon vor der Einführung eines systematischen Projektmanagements an.

Soviel aber läßt sich dennoch sagen: Projektmanagement, das nicht nur gelegentlich bei Krisenprojekten betrieben wird, sondern das als ständige Einrichtung konzipiert wird, erfordert aber in jedem Fall eine Servicestelle, die die Projektleiter bei ihren Aufgaben unterstützt, die das Instrumentarium

Servicestelle

handhabt und die sich um die Organisation des Informationsflusses kümmert.

Präzisere, allerdings auch sehr differenzierte Aussagen, lassen sich jedoch dann machen, wenn Aufgaben des Projektmanagements an externe Institutionen delegiert werden. Dies geschieht z.B. im Hochbau, Ingenieurbau, bei Verkehrswegen, Anlagenbauten und in der Altlastensanierung.

In einer neuen Studie (AHO-FACHKOMMISSION 1996) werden für Bauprojekte fünf verschiedene Honorarstufen definiert, die sich voneinander durch die Anforderungen an die Steuerung der jeweils betrachteten Projekte unterscheiden. Die Zuordnung eines konkreten Vorhabens erfolgt durch Punktbewertung. Außerdem werden folgende fünf Projektstufen hervorgehoben:

- Projektvorbereitung
- Planung
- Ausführungsvorbereitung
- Ausführung
- Projektabschluß

Schließlich wird zwischen Grundleistungen und besonderen Leistungen differenziert.

Für die umfangreiche Liste der aufgeführten Grundleistungen, die sich über alle fünf Projektstufen erstrecken, ergibt sich z.B. bei einem Projekt mit anrechenbaren Kosten von 10 Mio. € und durchschnittlichen Steuerungsanforderungen (Honorarzone III) ein unterer Anteilsatz des Honorars an den Kosten von rund 3%.

Zusammenfassung

Der Beitrag wird durch eine ausführliche Klärung des Begriffs „Projekt" eingeleitet. Die wichtigsten Merkmale, die ein Projekt ausmachen, werden herausgearbeitet. Es wird gezeigt, daß die Begriffsbestimmung in der DIN 69901 brauchbar ist und lediglich das Attribut der Arbeitsteilung hinzugefügt werden müßte. Auch die DIN-Definition des Begriffs „Projektmanagement" wird einer Prüfung unterzogen. Auch diese Begriffsbestimmung kann akzeptiert werden, wenn man eine sehr spezielle Definition für den Terminus „Führung" zugrundelegt.

Nach einem kurzen Abriß der Geschichte der Lehre vom Projektmanagement, die als betriebswirtschaftliche Teildisziplin betrachtet wird, folgt eine Bestimmung ihres Standorts in der Betriebswirtschaftslehre. Da eine Allgemeine Projektmanagementlehre notwendigerweise von hohem Abstraktheitsgrad sein muß, sind spezielle Projektmanagementlehren, etwa für die Bauwirtschaft oder für die Software-Entwicklung, unumgänglich.

Anschließend werden die Beziehungen zu anderen Disziplinen, insbesondere zu den Ingenieurdisziplinen, zum Fach „Operations Research", zur Systemtheorie, zur Organisationspsychologie und zu den Rechtswissenschaften untersucht.

Als neuere Entwicklungen in der Disziplin „Projektmanagement" werden wesentliche Gedanken der Vertreter des „Neuen Denkens" im Projektmanagement kritisch überprüft. Das wichtigste Resultat ist: Die Diagnosen der Mängel des „traditionellen" Projektmanagements sind in aller Regel zutreffend, eine Therapie ist bisher allerdings erst in Umrissen erkennbar.

Unter der Überschrift „Integrationsmanagement" wird dann versucht, zahlreiche neue Konzepte und Instrumente, die auch für Projektmanagement genutzt werden können, zu systematisieren.

Demfolgend werden Nutzen und Kosten des Projektmanagements herausgestellt. Dabei werden die bisherigen Nutzenkategorien erweitert, die in der Hauptsache Kosten- und Termintreue und eine bessere Erfüllung der Leistungsziele umfassen.

Literaturverzeichnis

AHO-FACHKOMMISSION Projektsteuerung (Hrsg.) : Untersuchungen zum Leistungsbild des § 31 HOAI und zur Honorierung für die Projektsteuerung. Bonn, Bundesanzeiger 1996

ANDREAS, Rademacher, Sauter: Projekt-Controlling und Projekt-Management im Anlagen- und Systemgeschäft, Frankfurt 1992

BACKHAUS, K.: Auftragsplanung im industriellen Anlagengeschäft. Stuttgart, Poeschel-Verlag 1980

BACKHAUS, K.: Investitionsgütermarketing, 2. völlig neu bearbeitete Auflage, München, Vahlen-Verlag 1990

BALCK, H. (Hrsg.): Neuorientierung im Projektmanagement. Arbeitstexte der Gesellschaft für Projektmanagement. Köln, Verlag TÜV Rheinland 1990

BALCK, H.: Projektorientierung und Routine-Welt im neuen Wirtschaftsleitbild. In: Balck, H. (Hrsg.): Networking und Projektorientierung. Gestaltung des Wandels in Unternehmen und Märkten. Berlin-Heidelberg-New York 1996, Springer-Verlag, S. 3-29

BIENHEIM, W.-R.; Husman, J.; Schwab, B.: Wiederaufbau der Oper Frankfurt am Main. In: Projektmanagement, 3/91, S. 9-17

BLEICHER, K.: Artikel „Führung". In: Grochla, E. (Hrsg.): Handwörterbuch der Organisation. Zweite, völlig neu gestaltete Auflage. Stuttgart, Poeschel-Verlag 1980, Sp. 729-744

BLEICHER, K.; Meyer, E.: Führung in der Unternehmung. Formen und Modelle. Hamburg, Rowohlt-Verlag 1976

BOEHM, B.W.: Wirtschaftliche Software-Produktion. Wiesbaden, Gabler-Verlag 1986

BOOS, F.; Heitger, B.: Was ist heute eigentlich kein Projekt mehr? Ursachen und Gegenstrategien zur Projektinflation. In: Reschke, H.; Schelle, H. (Hrsg.): Beiträge zum Projektmanagement - Forum 91, München, GPM-Verlag 1991, S. 57-66

BRANDENBERGER, J.; Ruosch, E.: Projektmanagement im Bauwesen. Zürich, 3. überarbeitete und aktualisierte Auflage, Dietikon 1991

BROCKHOFF, K.: Forschung und Entwicklung. Planung und Kontrolle. Oldenbourg-Verlag, München, Wien 1988

BROCKHOFF, K.: Forschungsprojekte und Forschungsprogramme: Ihre Bewertung und Auswahl. 2. Auflage. Wiesbaden, Gabler-Verlag 1973

BUSSMANN, K.F.: Die Fertigungssteuerung in Industriebetrieben als Funktion der Fertigungstypen. In: Schwarz, H.H.; Berger, K. (Hrsg.): Betriebswirtschaftslehre und Wirtschaftspraxis. Berlin 1961, S. 63-80

DAENZER, W.F. (Hrsg.): Systems Engineering. Leitfaden zur methodischen Durchführung umfangreicher Planungsvorhaben. Köln-Zürich, Verlag Industrielle Organisation 1986

DILL, D.: The Nature of Managerial Work in Research and Development, Working Paper No. 57, R&D Research Unit, Manchester Business School 1982

DIN 69901: Projektwirtschaft, Projektmanagement, Begriffe

DINKELBACH, W.: Artikel „Operations Research-Verfahren". In: Kern, W. (Hrsg.): Handwörterbuch der Produktionswirtschaft. Stuttgart, Poeschel-Verlag 1979, Sp. 1381-1391

DÜLFER, E.: Projekte und Projektmanagement im internationalen Kontext. Eine Einführung. In: Dülfer, E. (Hrsg.): Projektmanagement-INTERNATIONAL, Stuttgart, Poeschel-Verlag 1982, S. 2-30

DWORATSCHEK, S.; Gutsch, R.: Wandel der Themenschwerpunkte der internationalen Konferenzen von INTERNET und PMI. In: GPM-Nachrichten 1987, Heft 13, S. 23-33

EL-MAHRASHLY, A.-F.: Project Management as Perceived from Ancient Egyptian Projects. In: Reschke, H.; Schelle, H. (Eds.): Dimensions of Project Management. Fundamentals, Techniques, Organization, Applications. Berlin-Heidelberg-New York, Springer-Verlag 1990, pp. 275-290

EWERT, W.; Janßen, W.; Kirschnick-Janssen, D.; Pappenheim-Tockhorn, H.; Schwellach, G.: Handbuch Projektmanagement Öffentliche Dienste. Grundlagen, Praxisbeispiele und Handlungsanleitungen für die Verwaltungsreform durch Projektarbeit. Bremen-Boston, SachBuchVerlag Kellner 1996

FRESE, E.: Ziele als Führungsinstrumente - Kritische Anmerkungen zum „Management by Objectives". In: Zeitschrift für Organisation 1971, S. 227-238

GAREIS, R.: Projektmanagement im Maschinen- und Anlagenbau. Handbuch im Auftrag des Fachverbands der Maschinen- und Stahlbauindustrie Österreichs. Wien, Manz-Verlag 1991

GEMÜNDEN, H.G.: Erfolgsfaktoren des Projektmanagements- eine kritische Bestandsaufnahme der empirischen Untersuchungen. In: Projektmanagement 1&2/90, S. 4-15

GEMÜNDEN, H.G.; Lechler, Th.: Ergebnisbericht zur Studie Erfolgsfaktoren des Projektmanagements. Institut für Angewandte Betriebswirtschaftslehre & Unternehmensführung. Universität Karlsruhe, o.J. (1993)

GOTTSCHALL, D.: Alle Macht den Teams- Reportagen über Musterbeispiele der Kooperation. In: Balck, Networking etc., S. 73-85 (1996)

GROCHLA, E.; Lehmann, H.: Artikel „Systemtheorie und Organisation". In: Grochla, E. (Hrsg.): Handwörterbuch der Organisation. Zweite, völlig neu gestaltete Auflage. Stuttgart, Poeschel-Verlag 1980, Sp. 2204-2216

GRÜN, O. Das Klinikum Großhadern- Projektbiographie und Vergleich mit dem Allgemeinen Krankenhaus Wien (AKH). Beiträge zur Projektorganisation, Heft 5, Wien 1985

HANSEL, J.; Lomnitz, G.: Projektleiter-Praxis. 1. Auflage, Berlin, Verlag de Gruyter 1987

HANSSEN, R.A.: Das Problem aus Sicht der betrieblichen Praxis. In: Hanssen, R.A.; Kern, W. (Hrsg.): Integrationsmanagement für neue Produkte. Arbeitskreis 'Integrationsmanagement im Produktentstehungsprozeß' der Schmalenbach-Gesellschaft - Deutsche Gesellschaft für Betriebswirtschaft e.V., Sonderheft 30/92 zfbf, S. 3-18

HANSSEN, R.A.; Kern, W. (Hrsg.): Integrationsmanagement für neue Produkte. Arbeitskreis „Integrationsmanagement im Produktentstehungsprozeß" der Schmalenbach-Gesellschaft - Deutsche Gesellschaft für Betriebswirtschaft e.V., Sonderheft 30/92, Zeitschrift für betriebswirtschaftliche Forschung (zfbf), S. 3-18

HEINTEL, P.; Krainz, E.E.: Projektmanagement. Eine Antwort auf die Hierarchiekrise. 2. Auflage Wiesbaden, Gabler-Verlag 1990

HIRZEL, M.: Wie die Innovationsgeschwindigkeit forciert wird. In: Hirzel, Leder & Partner (Hrsg.): Speed-Management. Geschwindigkeit zum Wettbewerbsvorteil machen. Wiesbaden, Gabler-Verlag 1992, S. 49-65

HOCHKEPPEL, W.: Nebelwerfer als Aufklärer. Anderes Denken, beispielsweise nach Art des Fritjof Capra. In: Derselbe: Endspiele. Zur Philosophie des 20. Jahrhunderts. Frankfurt 1993, S. Fischer-Verlag, S. 365-380

HOUSE R.: The Human Side of Project Management. Reading (Mass.), Addison-Wesley 1988

JOOST, N.: Organisation in Entscheidungsprozessen, Tübingen, Mohr-Verlag 1975

KARGL, H.: Artikel „Auftragsführung, Prozeß der". In:Kern, W. (Hrsg.): Handwörterbuch der Produktionswirtschaft. Stuttgart, Poeschel-Verlag 1979, Sp. 197-211

KERN, W.: Artikel „Produktionswirtschaft". in: Kern, W. (Hrsg.): Handwörterbuch der Produktionswirtschaft. Stuttgart, Poeschel-Verlag 1992, Sp. 1647-1660

KRAUS, J.: Einfluß des angewandten Projektmanagements auf die Arbeitszufriedenheit der in einer Projektorganisation integrierten Personen. Eine Felduntersuchung in der Automobilindustrie. Diss. Karlsruhe 1995

LANGE, D. (Hrsg.): Management von Projekten. Know-how aus der Beraterpraxis, Stuttgart, Schaeffer-Poeschel-Verlag 1995

LECHLER, T.: Erfolgsfaktoren des Projektmanagements, Frankfurt a.M., Peter Lang Verlag 1997

LENK, R.: Projektsteuerung und Baukostenkontrolle öffentlicher Bauvorhaben. Studie im Auftrag des Bundes der Steuerzahler in Bayern e.V. München September 1991

MADAUSS, B.: Handbuch Projektmanagement. 5. Auflage Stuttgart, Poeschel-Verlag 1994

MADAUSS, B.: Internationale Projektorganisationen. In: Reschke, H., Schelle H.; Schnopp, R. (Hrsg.) Handbuch Projektmanagement, Band 2, Köln,Verlag TÜV Rheinland 1989, S. 885-904

MADAUSS, B.J.: Was ist ein Projekt? In: Projektmanagement 2/91, S. 31-40

MALIK, F.: Systemisches Management und Systemisches Projektmanagement. In: Balck, H. (Hrsg.), Networking etc., S. 145-164 (1996)

MARTINO, L.: Project Management and Control. New York, Prentice-Hall 1964

MCFARLAN, F.W.: Portfolio Approach to Information Systems. In: Harvard Business Review, September-October 1981, pp. 142-150

MELLEROWICZ, K.: Betriebswirtschaftslehre der Industrie. 2 Bde, 6. Auflage, Freiburg i.Br., 1968

MELLEROWICZ, K.: Forschungs- und Entwicklungstätigkeit als betriebswirtschaftliches Problem, Freiburg i.Br. 1958

MINTZBERG, H.: The Nature of Managerial Work. New York, Prentice-Hall 1973

OHNE VERFASSER, Erwähnung in: Der Steuerzahler. Mitgliederzeitschrift des Bundes der Steuerzahl. 44. Jahrgang, September 1993

PATZAK, G.: Grundlagen eines systemischen Projektmanagements: In: Reschke, H.; Schelle, H. (Hrsg.): Beiträge zum Projektmanagement-Forum 1988. München, GPM-Verlag 1988, S. 367-378

PATZAK, G.: Systemtheorie und Systemtechnik im Projektmanagement. In: Schelle, H., Reschke, H.; Schnopp, A.; Schub, A.(Hrsg.): Loseblattsammlung „Projekte erfolgreich managen", Beitrag 1.3, Köln, Verlag TÜV Rheinland 1994

PINKENBURG, H.F.: Projektmanagement als Führungskonzeption in Prozessen tiefgreifenden organisatorischen Wandels. Diss. München 1980

PLATZ, J.: Projektmanagement erfolgreich einführen. In: Projektmanagement 2/92, S. 6-12

PROBST, G.J.B.; Gomez, P.: Die Methodik des vernetzten Denkens zur Lösung komplexer Probleme. In: Dieselben (Hrsg.): Vernetztes Denken. Ganzheitliches Führen in der Praxis. Wiesbaden, Gabler-Verlag 1991, 2., erweiterte Auflage, S. 5-20

REIS, M.; Corsten, H.: Integrationsbedarfe im Produktentstehungsprozeß, in: Hanssen, R.A.; Kern, W. (Hrsg.): Integrationsmanagement für neue Produkte, zfbf, Sonderheft 30 1992

RESCHKE, H.; Svoboda, M.; Projektmanagement. Konzeptionelle Grundlagen. München, GPM-Verlag 1984

RIETHMÜLLER, W.; Lamping, H.: Projektlogistik im Anlagenbau. In: Schelle, H., Reschke, H.; Schnopp, A.; Schub, A. (Hrsg.): Loseblattsammlung „Projekte erfolgreich managen", Beitrag 1.3, Köln, Verlag TÜV Rheinland 1994, Kapitel 3.3

RÜSBERG, J.H.: Die Praxis des Project-Managements, 2. Auflage, München, Verlag Moderne Industrie 1973

SACKMANN, S.: Teambildung in Projekten. In: Schelle, H.; Reschke, H.; Schnopp, R.; Schub, A. (Hrsg.): Loseblattsammlung „Projekte erfolgreich managen". Verlag TÜV Rheinland, Köln 1997

SAYNISCH, M.: Die Anwendungen des phasenweisen Projektablaufs in der Praxis. In: Schelle, H., Reschke, H.; Schnopp, A.; Schub, A. (Hrsg.): Loseblattsammlung „Projekte erfolgreich managen", Köln, Verlag TÜV Rheinland 1996, Kapitel 7.3.2

SAYNISCH, M.: Konfigurations-Management. Köln, Verlag TÜV Rheinland 1984

SCHELLE, H., Reschke, H.; Schnopp, A.; Schub, A.(Hrsg.): Loseblattsammlung „Projekte erfolgreich managen", Beitrag 1.3, Köln, Verlag TÜV Rheinland 1994

SCHELLE, H.: Planungstechnik und Projekterfolg. In: Saynisch, M.; Schelle, H.; Schub, A. (Hrsg.): Projektmanagement. Konzepte, Verfahren, Anwendungen. München-Wien, Oldenbourg-Verlag 1979, S. 351-367

SCHRÖDER, R.: Projektfinanzierung. In: Reschke, H.; Schelle, H.; Schnopp, R. (Hrsg.): Handbuch Projektmanagement. Köln, Verlag TÜV Rheinland 1989, S. 157-177

SCHULZ, G.: Projektarten. In : Projektmanagement 1/91, S. 43-49

STAEHLE, W.: Management. 2. Auflage, München, Vahlen-Verlag 1985

STAEHLE, W.: Management. 6. Auflage. München, Vahlen-Verlag 1991

STREICH, R.K.; Marquardt, M.; Sanden, H. (Hrsg.): Projektmanagement, Prozesse und Praxisfelder. Stuttgart, Schaeffer-Poeschel-Verlag 1996

ULRICH, H.; Probst, G.J.B.: Anleitung zum ganzheitlichen Denken und Handeln. Ein Brevier für Führungskräfte. Bern und Stuttgart, Poeschel-Verlag 1988

WEBER, K.E.: Verträge. In: RKW; GPM (Hrsg.): Projektmanagement-Fachmann, Bd. 2, 2. Auflage, Eschborn, RKW-Verlag 1991, S. 679-707

WEINBERG, G.: The psychology of computer programming. New York, Prentice-Hall 1971

WELTZ, Software-Entwicklung im Umbruch-Projektmanagement als dynamischer Prozeß. In: Balck (Hrsg.) Networking etc., S. 211-220 (1996)

WITT, F.J. ; Witt, K.: Controlling für Mittel- und Kleinbetriebe. Bausteine und Handwerkszeug für Ihren Controllingleitstand", dtv-Taschenbuch Nr. 5858, München, Beck-Verlag 1993

Autorenportrait

Professor Dr. oec. publ. Heinz Schelle

Jahrgang 1938; Diplom in Nationalökonomie; wissenschaftlicher Assistent am Institut für Finanzwissenschaft der Universität München; 1969 Promotion; von 1969 bis 1975 in der Zentralen Forschung und Entwicklung der Siemens AG, München mit dem Hauptarbeitsgebiet „Projektmanagement". Seit 1975 Inhaber einer Professur für Betriebswirtschaftslehre mit besonderer Berücksichtigung des Projektmanagements an der Fakultät für Informatik der Universität der Bundeswehr München. Gründungsmitglied der Deutschen Gesellschaft für Projektmanagement e.V. und seit Gründung im Vorstand für das Ressort „Wissenschaftliche Betreuung, Publikationen" verantwortlich. Autor zahlreicher Beiträge zum Projektmanagement, u.a. Mitherausgeber des zweibändigen „Handbuch Projektmanagement", Herausgeber der „Schriftenreihe der Deutschen Gesellschaft für Projektmanagement e.V.", Mitherausgeber der Loseblattsammlung „Projekte erfolgreich managen" und federführender Schriftleiter der Zeitschrift „Projektmanagement". Verantwortlich für das Programm „Master of Science in Projektmanagement" (Henley) an der Universität der Bundeswehr München; Mitglied der Jury des „Deutschen PM-Award 1997". Seit vielen Jahren schulend und beratend tätig.

Abbildungsverzeichnis

Abbildung 1.2-1: Idealisierter Projektplanungsablauf 33

Abbildung 1.2-2: Rolle von Projekten in Unternehmen 37

Abbildung 1.2-3: Bedeutung verschiedener Gruppen von Instrumenten in Abhängigkeit
von der Projektart (McFarlan 1981) 41

Abbildung 1.2-4: Integrationsaspekte und Integrationsinstrumente (nach REIS 1992) 45

Abbildung 1.2-5: Konzepte des Projektmanagements und Integrationsinstrumente (nach
REIS 1992) 46

Abbildung 1.2-6: Bewertung des Projektmanagements durch die Betroffenen: Analyse
von 3 Entwicklungsbereichen mit ca. 1500 Mitarbeitern im Jahre
1987/88: Wirkungen der Einführung des Projektmanagements (PLATZ
1992, S.12) 48

Abbildung 1.2-7: Nutzenkategorien für Controlling und ihre Übertragung auf
Projektmanagement (nach WITT 1993) 49

Lernzielbeschreibung

Der Leser

- kennt die wichtigsten Eigenschaften eines Projekts entsprechend der DIN-Definition;

- kann mit Hilfe dieser Definition in konkreten Fällen von Leistungserstellung entscheiden, ob sie Projektcharakter hat oder nicht;

- kann Linienmanagement von Projektmanagement unterscheiden;

- hat gelernt, welches die wichtigsten Aufgaben des Projektmanagers sind und welche Mechanismen zur Koordination eines Projekts zur Verfügung stehen;

- kann die Disziplin „Projektmanagement" in die Betriebswirtschaftslehre einordnen und weiß, welche Verbindungen zu anderen Disziplinen bestehen;

- kennt die wichtigsten Gedanken der Vertreter des „Neuen Denkens im Projektmanagement";

- kann einige neuere Entwicklungen im Management (z.B. Simultaneous Engineering und Total Quality Management) mit der Thematik „Projektmanagement" in Verbindung bringen;

- kann in Diskussionen die wichtigsten Vorteile systematischen Projektmanagements erläutern.

1.3 Projektumfeld und Stakeholder

von

Jens-Peter Abresch

Relevanznachweis

Märkte, Unternehmen und Projekte entwickeln sich mit zunehmender Dynamik. Ein grundlegender **Erfolgsfaktor** von Unternehmen und deren Projekten ist daher die Fähigkeit, schnell und flexibel auf Änderungen im Umfeld zu reagieren. Eine Reaktion auf projektrelevante Faktoren aus dem Umfeld setzt aber voraus, daß Projekte ihr Umfeld in die Projektplanung und -steuerung einbeziehen. Richtige Reaktionen und Anpassungen können mit Hilfe von belastbaren Umfeldinformationen gelingen. Hier setzt die **Projektumfeldanalyse** an.

Wirtschaftliche Aktivitäten und damit auch Projekte stehen in einer zunehmenden öffentlichen Begleitung und kritischen Beobachtung. Umwelt- oder sozialpolitische Konflikte werden immer häufiger auch durch und in Projekten deutlich und dort ausgetragen.

Moderne Informations- und Kommunikationsmedien machen es möglich, daß Interessen- und Anspruchsgruppen deutlicher als bislang in Projekten ihre Positionen artikulieren. Zahl und Einfluß solcher **Projekt-Stakeholder** haben in den letzten Jahren tendenziell zugenommen. Projektmanager sind daher gezwungen, sich vorausschauend, d.h. mit der „strategischen Brille" betrachtend, mit den erwarteten **Interessenkonflikten** und -vertretern zu befassen. Konflikte sind vitale Risiken oder Chancen für die Realisierung von Projektzielen und Projekterfolg. Nur wer die potentiellen Konfliktgegner hinreichend kennt, kann solche Risiken beherrschen.

Der Projektmanager hat auch Möglichkeiten, das spezifische Projektumfeld partiell zu steuern und zu beeinflussen. Besonders in konfliktträchtigen Wirtschaftszweigen, wie etwa in Infrastrukturprojekten, im Kraftwerksbau, im Verbrennungsanlagenbau und allen weiteren umweltrelevanten Projekttypen, ist heute eine aktive und professionelle **Steuerung des Projektumfeldes** ein Erfolgsfaktor, für den das Projektmanagement methodische Bausteine und Einsatzmittel bereithalten muß.

Inhaltsverzeichnis

1.3.1 Projekte und ihr Umfeld — 61
    1.3.1.1 Wachsende Bedeutung des Projektumfelds — 62
    1.3.1.2 Umfeldfaktoren — 64

1.3.2 Analyse des Projektumfeldes: Stakeholder-Analyse — 66
    1.3.2.1 Identifikation von Stakeholdern (1) — 67
    1.3.2.2 Informationssammlung zu potentiellen Stakeholdern (2) — 71
    1.3.2.3 Identifikation der Stakeholderziele (2.1) — 71
    1.3.2.4 Strategische Einordnung der Stakeholder (2.2) — 72
    1.3.2.5 Identifikation der erwarteten Stakeholder-Strategie (3): — 73

1.3.3 Projektmarketing — 75

1.3.4 Steuerung des Projektumfeldes — 76
    1.3.4.1 Partizipative Strategien — 76
    1.3.4.2 Diskursive Strategien — 78
    1.3.4.3 Repressive Strategien — 78

1.3.5 Projekte und ihr direktes Projektumfeld in der Trägerorganisation — 79
    1.3.5.1 Anforderungen von Projekten an das Unternehmen — 80
    1.3.5.2 Anforderungen des Unternehmens an Projekte — 81
    1.3.5.3 Reaktionsmöglichkeiten des Projektmanagements — 81

1.3.1 Projekte und ihr Umfeld

Projekte sind Organisationen auf Zeit innerhalb dauerhafter Organisationen. Diese dauerhaften Organisationen werden im folgenden **Trägerorganisationen** genannt. Es sind in der Hauptsache Unternehmen aber auch Behörden und Non-Profit-Organisationen. Zwischen der temporären Projektorganisation und der Trägerorganisation bestehen ständige Austauschbeziehungen. Projekte finden immer in einem spezifischen Umfeld statt, zu dem unter anderem auch die Trägerorganisation zählt. Projekt und Umfeld beeinflussen sich dabei gegenseitig in erheblichem Maße. Bei der Leistungserstellung in Projekten kann das Projektmanagement daher nicht isoliert vom Unternehmen als Trägerorganisation und dem gesamten Umfeld betrachtet werden.

Trägerorganisation

Stakeholder sind Personen oder Personengruppen, die in Beziehung zum Unternehmen (Unternehmens-Stakeholder) oder zum Projekt (Projekt-Stakeholder) stehen. Die Beziehungen können als Betroffenheit oder als aktive Einflußmöglichkeit ausgeprägt sein. Stakeholder werden deshalb auch als Bezugsgruppen oder Interessengruppen bezeichnet (vgl. engl.: „to have a stake in" was übersetzt werden kann mit „ein Interesse haben an"). Mason und Mitroff beschreiben Stakeholder als „alle Anspruchsberechtigten inner- und außerhalb des Projekts, auf die ein berechtigtes Interesse am Projekt und seinen Ergebnissen übergehen" (MASON 1981) (engl.: „all those claimants inside and outside the projekt who have a vested interest in the project and its outcome").

Stakeholder

> *Der Begriff ist eine Erweiterung von **stockholder** (Aktionär). Durch die phonetische Analogie der beiden Begriffe soll die Aufmerksamkeit des Managements auch auf andere Interessengruppen neben den Anteilseignern gelenkt werden (FREEMAN 1984). Für die systematische Betrachtung solcher Personen oder Personengruppen in Projekten und Unternehmen hat sich die Bezeichnung **Stakeholderanalyse** (siehe Abschnitt 1.3.2) herausgebildet (SCHELLE 1991).*

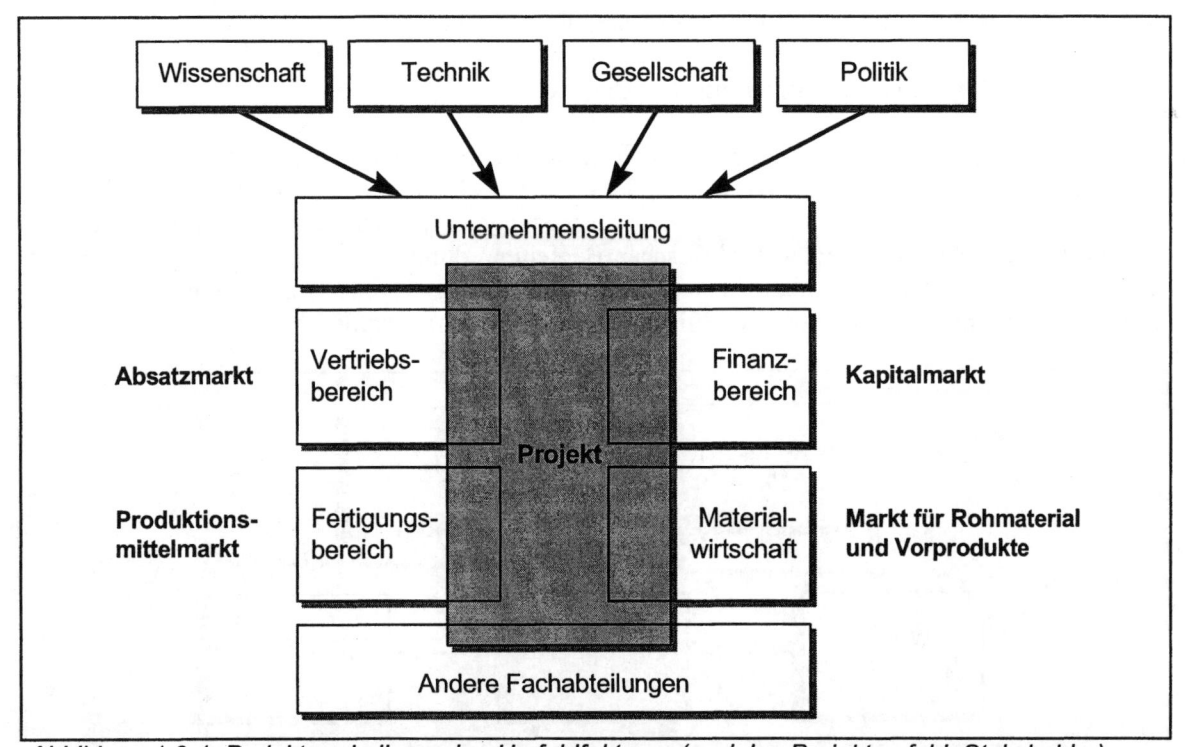

Abbildung 1.3-1: Projekt und allgemeine Umfeldfaktoren (soziales Projektumfeld, Stakeholder)

Zur weiteren Verwendung soll an dieser Stelle die Definition nach ISO 10006 eingeführt werden.

> Stakeholder eines Projektes sind alle Personen, die ein Interesse am Projekt haben oder vom Projekt in irgendeiner Weise betroffen sind.

Definition nach ISO 10006

1.3.1.1 Wachsende Bedeutung des Projektumfelds

Bedeutung des Projektumfelds

Verschiedene Entwicklungen im Wirtschafts- und Gesellschaftssystem haben dazu geführt, daß die Verflechtungen von Projekten mit ihrem Umfeld den Projekterfolg zunehmend berühren und entsprechend im Projektmanagement eine stärkere Betonung erfahren. Zwei Aspekte sollen dies veranschaulichen:

1. Dynamik der Veränderungen der Umfeldfaktoren von Unternehmen und Projekten

Zunehmende Dynamik der Märkte

Unternehmen und Projekte sind in ein wirtschaftliches Umfeld gestellt, das sich zunehmend schnell ändert und weiterentwickelt. Innovationszyklen werden kürzer. Sie lassen das Reaktionsvermögen von Unternehmen und Projekten (**Flexibilität und Geschwindigkeit**) zu einem projektkritischen Faktor werden (HIRZEL LEDER & PARTNER 1992). Die Dynamik der Märkte und besonders die wachsenden technischen Potentiale der Informations- und Kommunikationstechnik (Datennetze, Internet etc.) zwingen Unternehmen und deren Projekte zu ständigen Anpassungsreaktionen. Das lernende Unternehmen als Leitbild (siehe Kapitel 2.5) beschreibt diesen Zusammenhang plakativ. Solche ständigen Anpassungs- und Lernprozesse bedürfen der aktiven Wahrnehmung der Umfeldfaktoren (**Umfeld-Monitoring**). Somit ist die wesentliche Voraussetzung für flexible und schnelle Reaktionen von Unternehmen und Projekten zunächst das Erkennen und Aufgreifen von Impulsen aus dem Umfeld.

Das bedeutet: Projekte müssen die dynamischen Veränderungen ihres Umfeldes möglichst frühzeitig erkennen und die notwendigen Anpassungs- und Steuerungsmaßnahmen im Sinne der Projektziele ergreifen. Es reicht in der Regel nicht mehr aus, beim Projektstart die Projektziele zu definieren, eine entsprechende Projektplanung zu erstellen und diese dann unverändert zum Projektabschluß zu führen. Veränderungen im Projektumfeld müssen vielmehr ständig in die Projektsteuerung einbezogen werden. Projektziele müssen bei geänderten Umfeldbedingungen überprüft und ggf. angepaßt werden. Die Analyse und Steuerung des Umfelds haben damit für dynamische Unternehmen und deren Projekte essentielle Bedeutung.

2. Steigende öffentliche Wahrnehmung von Projekten

Projekte im öffentlichen Fokus

Aktivitäten von Wirtschaftsunternehmen und Projekten befinden sich immer häufiger im Fokus öffentlicher Wahrnehmung. Starke Impulse sind hierbei vor allem vom Umweltschutz und dem gestiegenen Umweltbewußtsein der Gesellschaft ausgegangen. Die Umwelteffekte von Unternehmen und Projekten stehen heute unter der kritischen Begleitung durch die Öffentlichkeit. Zunehmende Transparenz durch neue Informationstechnologien und das gestiegene Umweltbewußtsein lassen Bürger und Öffentlichkeit zu einem wichtigen Faktor in Projekten werden.

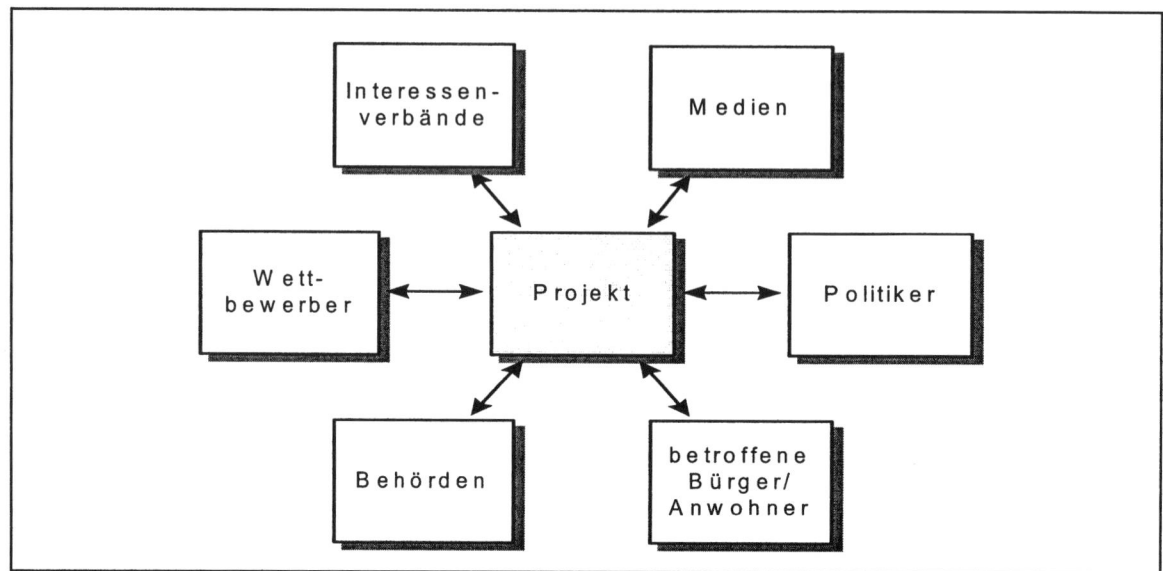

Abbildung 1.3-2: Projekt im öffentlichen Umfeld

1.3 Projektumfeld und Stakeholder

Auch diese Entwicklungen zu einer kritischen und mitunter irrational reagierenden Öffentlichkeit führen dazu, daß sich Projekte stärker mit Umfeldfaktoren befassen müssen (Abbildung 1.3-2). Zwei Beispiele aus der Praxis des Projektmanagements geben einen Eindruck über diesen Zusammenhang:

> *Entwicklung eines neuen Produkts: Verschiedene Branchen, insbesondere die Biotechnologie, Chemie oder Pharmazie, sehen sich bei Produktentwicklungsprojekten hohem öffentlichen Interesse bzw. starken öffentlichen Konflikten gegenüber. Das Management solcher F&E-Projekte muß heute erheblichen Aufwand betreiben, um solche Konflikte zu erkennen und entsprechende Informations- und Steuerungsmaßnahmen im Projektumfeld zu plazieren.*

> *Projekte des Anlagenbaus oder der Infrastrukturentwicklung: Wenn das Wohn- und Lebensumfeld von Bürgern und Anwohnern direkt betroffen ist, also z. B. bei Projekten des Straßenbaus oder beim Bau einer Abfallbehandlungsanlage, sind erhebliche Einflüsse aus dem betroffenen Projektumfeld zu erwarten. Solche Umfeldkonflikte zielen aus der Sicht der Projektbetroffenen häufig auf die Verhinderung des Projektes bzw. auf grundlegende Projektaspekte, wie etwa den gewählten Standort oder die Trassenführung ab. Aus der Sicht der betroffenen Bürger soll das Projekt zumindest in ihrem Lebensumfeld nicht realisiert werden. Solcher grundsätzlicher Widerstand aus dem Projektumfeld verlangt professionelle Maßnahmen beim Management des Projektes.*

Entwicklungen und Faktoren des Projektumfeldes können also weitreichende Effekte in Projekten erzeugen. Projektkosten, Projekttermine und die Anforderungen an die Projektleistungen können davon betroffen sein. Dazu einige weitere Beispiele aus der Praxis:

> *Im Verlauf eines F&E-Projektes der Produktentwicklung bringt das wichtigste **Wettbewerbsunternehmen** ein leistungsgleiches Produkt auf den Markt. Das Projektmanagement muß diese Umfeldbedingung berücksichtigen und kann nun neue Qualitätsziele für das eigene Produkt formulieren, oder es kann das Projekt aufgrund der Umfeldentwicklung abbrechen.*

> *In einem Straßenbauprojekt hat sich eine **Bürgerinitiative** gegen die Projektrealisierung gebildet und durch gezielte Berichterstattung in den lokalen Medien eine breite Opposition gegen das Projekt erreicht. Als Reaktion kann das Projektmanagement den Dialog mit der Bürgerinitiative aufnehmen oder aber versuchen, das Projekt unter genauer Einhaltung aller rechtlichen Bestimmungen ohne Reaktion auf diese Projektumfeldbedingung durchzuziehen. Der Dialog wird das Kostenziel und in der Regel auch die Terminziele beeinflussen. Wird das Projekt „durchgezogen", werden sich die Aufwendungen für die Einhaltung einer hohen Rechtssicherheit erhöhen (z.B. maximale Absicherung der Projektrealisierung durch umfassende Fachgutachten). „So manche Verzögerung bei Planfeststellungsverfahren und hohe Planungskosten wären vermieden worden, wenn sich die Planer nur frühzeitig um die Betroffenen im weitesten Sinne (oder ganz allgemein das Projektumfeld) gekümmert hätten" (SCHELLE 1996).*

> *In einem Projekt des Anlagenbaus wurden erhebliche Projektressourcen für die Lösung eines Teilproblems im Bereich der Antriebstechnik für bestimmte mechanische Hebevorgänge verausgabt. Bei einer erneuten Suche nach möglichen Problemlösungen stellte sich heraus, daß eine am Projekt nicht unmittelbar beteiligte Abteilung des Unternehmens eine ähnliche Aufgabenstellung in einem abgeschlossenen Projekt bereits gelöst hatte. Hätte man also das **Projektumfeld „Unternehmen"** systematisch betrachtet, wären Kosten, Zeit und kreative Energien gespart worden. Durch das späte Umfeld-Monitoring konnten Synergien mit dem Umfeld bzw. Transferpotentiale aus dem Umfeld nicht genutzt werden.*

> *In einem Organisationsentwicklungsprojekt hat die Geschäftsleitung einen externen Berater hinzugezogen, der ein umfangreiches Konzept zur Reorganisation der Marketingabteilung des Unternehmens erarbeitet. Bei der Umsetzung der neuen Organisationsstruktur ergeben sich aber erhebliche Widerstände aus den Reihen der Mitarbeiter der Marketing-*

abteilung und anderer Abteilungen. Das Beraterkonzept muß schließlich trotz hoher theoretisch-fachlicher Qualität verworfen werden. Die Mitarbeiter als Projektumfeld waren nicht einbezogen worden und bringen die Umsetzung zu Fall. Die eingesetzten Ressourcen für das Projekt sind vergeudet.

*In einem Projekt des Anlagenbaus ergeben sich während der Bauphase **neue** gesetzliche Anforderungen an das Abfallmanagement der neuen Anlage. Das Projektmanagement hatte sich nicht um die erwarteten neuen gesetzlichen Anforderungen gekümmert und muß nun zur Genehmigung der Anlage zusätzliche Gutachten vorlegen. Terminziele und Kostenziele sind erheblich betroffen.*

Aus den Beispielen werden folgende Punkte deutlich:

Umfeld-Monitoring

1. **Frühzeitige und vorausschauende Betrachtungen** des Projektumfeldes (Umfeld-Monitoring) können Probleme verhindern bzw. entschärfen. Das Projektmanagement kann nur mit ausreichendem Wissen über die Umfeldfaktoren entsprechende Projektanpassungen rechtzeitig vornehmen und Steuerungsmaßnahmen im Projektumfeld einleiten.

2. Die Herausforderungen des Umfeldes für das Projektmanagement bestehen in zwei wesentlichen Teilen: Erstens in der **Analyse und Planung des Projektumfeldes** und zweitens in der aktiven **Steuerung des Projektumfeldes**. Beide Erfordernisse sind in die Oberthemen Projektplanung und Projektsteuerung eingebettet.

3. Planung und Steuerung des Projektumfeldes sind wichtige Bestandteile des **Risikomanagements** (vgl. Kapitel 4.7) in Projekten. Negative Einflüsse aus dem Projektumfeld und potentielle Konflikte sollen frühzeitig in die Projektplanung einbezogen werden. Neben den potentiellen negativen Umfeldeinflüssen, also Projektrisiken, umfaßt die Betrachtung des Projektumfeldes aber auch unterstützende Aspekte (sog. Chancen) aus dem Umfeld, d.h. das Projektumfeld ist nicht a priori durch Konflikte und Risiken gekennzeichnet.

4. Das Umfeld von Projekten ist i.d.R. komplex und unübersichtlich. Für Planung und Steuerung müssen also **Systematisierungen und operationale Aggregationen bei der Betrachtung des Projektumfeldes** vorgenommen werden, um aus der reaktiven in die aktive Position gegenüber Umfeldeinflüssen zu gelangen.

Der letzte Aspekt leitet über zu einer allgemeinen Unterteilung von potentiellen Umfeldfaktoren. Eine solche allgemeine Unterteilung ist als begriffliche Basis für die Projektarbeit hilfreich.

1.3.1.2 Umfeldfaktoren

In Anlehnung an den Systemansatz im Projektmanagement (PATZAK 1995) können die Umfeldfaktoren unterteilt werden in:

- **Handlungsträgerbezogenes Projektumfeld:**

Soziale Faktoren

Darunter werden Personen, Personengruppen und Organisationen des Projektumfeldes verstanden. Die Abbildung 1.3-1 zeigt einige handlungsträgerbezogene Umfeldfaktoren. Man kann diesen Teil des Projektumfeldes auch als soziales Projektumfeld bezeichnen. Die sozialen Umfeldfaktoren werden im Projektmanagement auch mit dem Begriff **Stakeholder** beschrieben.

- **Handlungsobjektbezogenes Projektumfeld:**

Sachliche Faktoren

Darunter fallen die technisch-objektiven Einflüsse auf das Projekt, also zum Beispiel Änderungen von Marktverhältnissen für die Projektergebnisse, technische Fortschritte mit Einfluß auf

1.3 Projektumfeld und Stakeholder

die Leistungserstellung im Projekt oder Änderung von Gesetzen, die für die Leistungserstellung oder das Projektergebnis bedeutsam sind.

- **Direktes Projektumfeld:**

Darunter können alle Umfeldfaktoren gefaßt werden, die in unmittelbarer Verbindung mit der Projektorganisation oder den Projektzielen stehen. Im wesentlichen ist dabei das Unternehmen als Trägerorganisation von Projekten zu nennen sowie Auftraggeber, Kunden oder Lieferanten, die direkt im Projekt involviert sind, d.h. aktiv an der Definition und Erreichung der Projektziele beteiligt sind. In Abbildung 1.3-1 sind bereits Beispiele aus dem direkten Projektumfeld enthalten.

Direkte Faktoren

- **Indirektes Projektumfeld:**

Hierunter fallen alle Faktoren, die nur mittelbar vom Projekt tangiert sind. Beispiele sind Behörden, Politiker, Bürger oder Interessenverbände. Elemente aus dem indirekten Projektumfeld haben i.d.R. auch keinen unmittelbaren Einfluß auf die Ziele und die Maßnahmen im Projekt. Sie können lediglich über politische oder rechtliche Wege auf die Ziele und Maßnahmen reagieren (Information bzw. mitunter Beeinflussung der öffentlichen Meinung, Einspruch vor Gericht). Sie gestalten im Projekt nicht direkt, sondern reagieren auf das Projekt in Abhängigkeit ihrer individuellen oder organisationsbezogenen Betroffenheit.

Indirekte Faktoren

Eine systematische Gegenüberstellung dieser vier Umfeldfaktoren mit typischen Beispielen ist in Abbildung 1.3-3 ersichtlich.

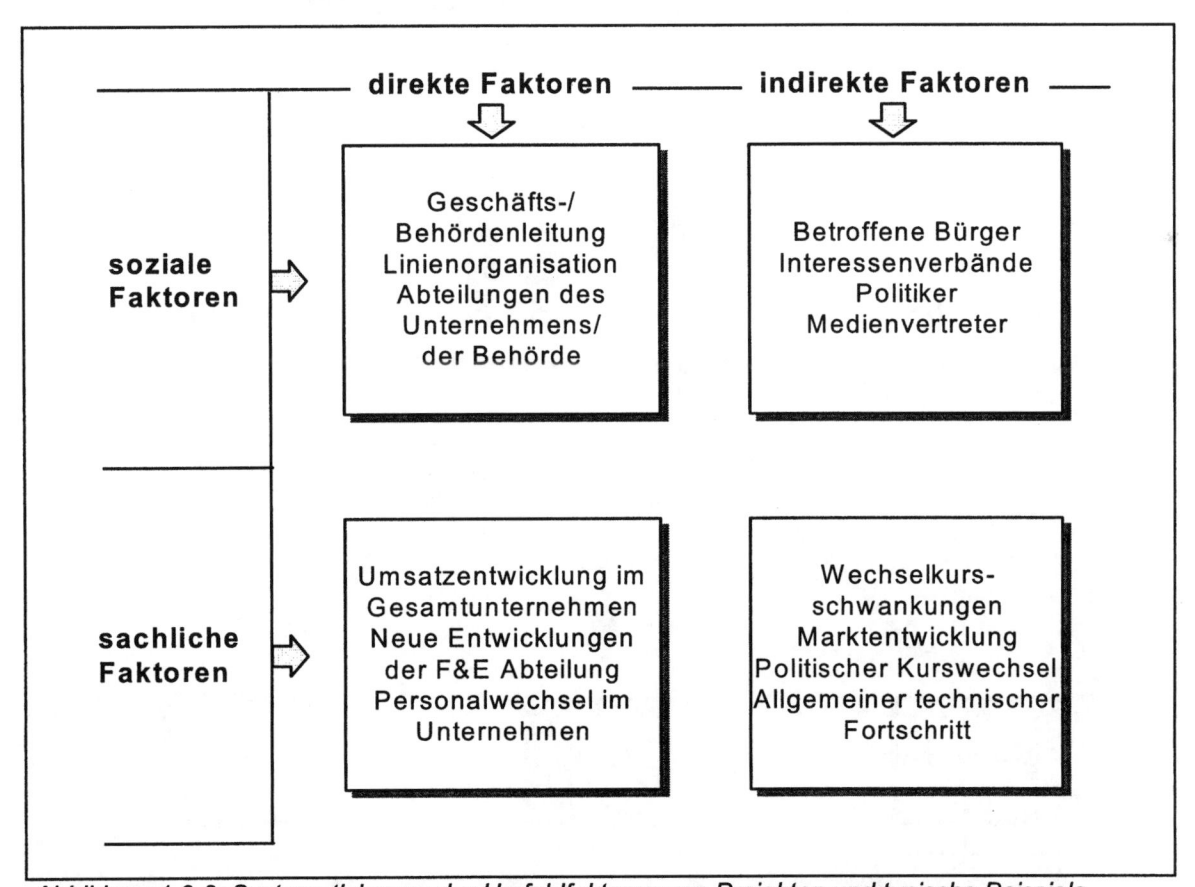

	direkte Faktoren	**indirekte Faktoren**
soziale Faktoren	Geschäfts-/Behördenleitung, Linienorganisation, Abteilungen des Unternehmens/der Behörde	Betroffene Bürger, Interessenverbände, Politiker, Medienvertreter
sachliche Faktoren	Umsatzentwicklung im Gesamtunternehmen, Neue Entwicklungen der F&E Abteilung, Personalwechsel im Unternehmen	Wechselkursschwankungen, Marktentwicklung, Politischer Kurswechsel, Allgemeiner technischer Fortschritt

Abbildung 1.3-3: Systematisierung der Umfeldfaktoren von Projekten und typische Beispiele

Es wird also insgesamt die Bedeutung des Umfelds für das Projekt deutlich:

Bedeutung des Projektumfelds

- Einflüsse aus dem Projektumfeld berühren die Ziele und Erfolgsaussichten des Projektes. Sie sind **kritische Erfolgsfaktoren** (siehe Kapitel 1.7).

- Ein ergebnisorientiertes Projektmanagement muß einen **ganzheitlichen Ansatz** verfolgen. Nicht nur die engere Projektaufgabe ist systematisch zu durchdringen, sondern auch die Verflechtungen des Projektes im Gesamtkontext der Trägerorganisation und des Unternehmensumfeldes müssen beachtet werden.

- Im Rahmen des Projektmanagements müssen die Umfeldeinflüsse frühzeitig und systematisch beleuchtet werden. Die Faktoren des Projektumfeldes werden identifiziert und die identifizierten Faktoren nach ihrem Einfluß und ihrer Relevanz für die Projektziele differenziert. Eine solche **Projektumfeldanalyse** ist ein Baustein und Werkzeug der Projektplanung und des Risikomanagements in Projekten.

- Neben der Analyse des Umfeldes werden im Projektmanagement auch aktiv Maßnahmen ergriffen, um Umfeldeinflüsse zu steuern. Dieser Aspekt wird als **Projektumfeldsteuerung** bezeichnet. Der Aufwand und die Maßnahmen der Projektumfeldsteuerung werden dabei immer in Relation zu Einfluß und Einflußrichtung der Einflußfaktoren gestaltet. Die aktive Projektumfeldsteuerung ist ein Baustein der übergreifenden Projektsteuerung. Die wesentlichen Steuerungsmaßnahmen zum Projektumfeld bestehen in der Kommunikation und Information mit dem Umfeld und in einem aktiven Projektmarketing.

Für das Projektmanagement haben sich verschiedene Vorgehensweisen im Umgang mit dem Projektumfeld herausgebildet. Der nächste Abschnitt zeigt die wesentlichen Fachbegriffe hierzu auf.

1.3.2 Analyse des Projektumfeldes: Stakeholder-Analyse

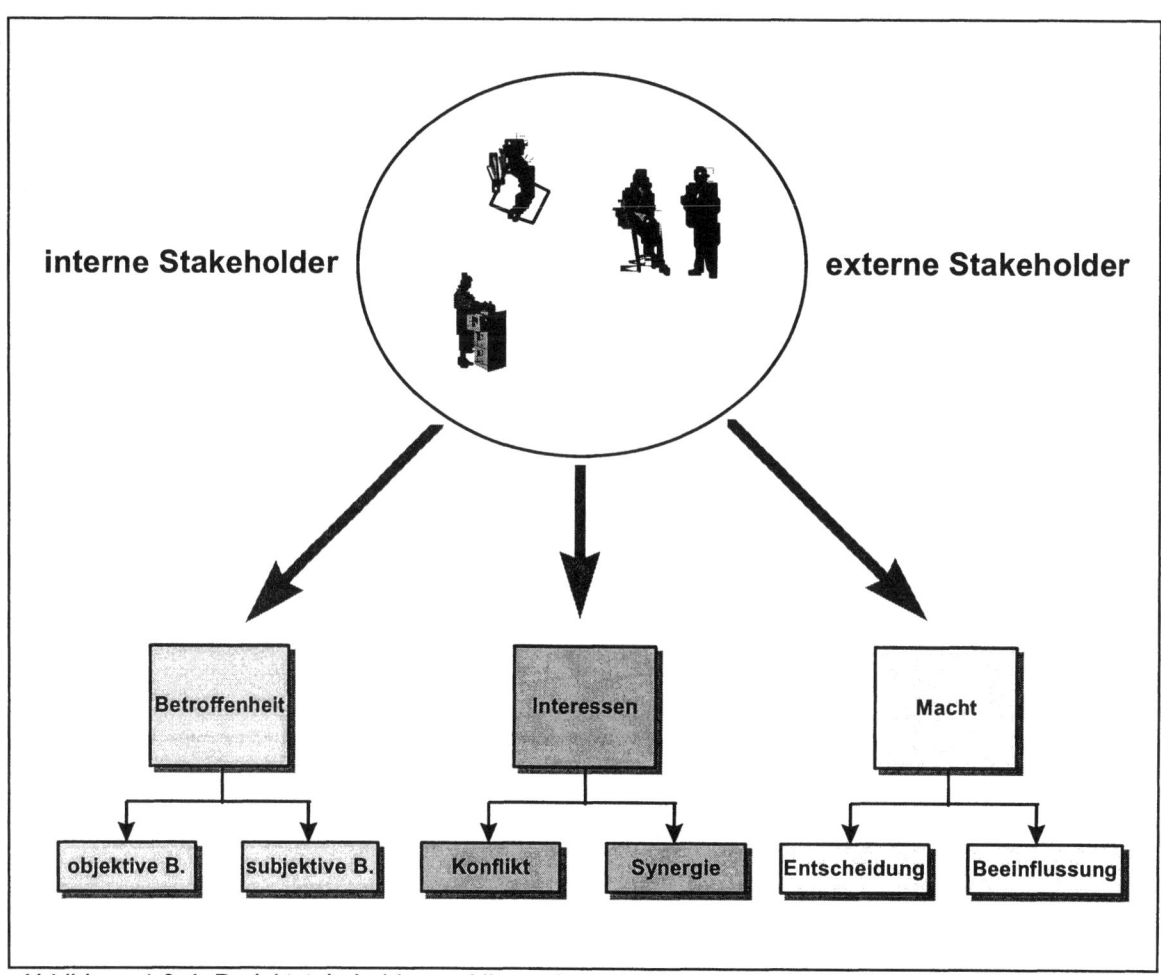

Abbildung 1.3-4: Projektstakeholder und ihre relevante Kennzeichnung aus Sicht des Projektes

1.3 Projektumfeld und Stakeholder

Der Kern der Stakeholder-Analyse besteht aus drei Fragen:

Kernfragen zu Stakeholder

1. Welche Personen bzw. Personengruppen und Institutionen müssen als potentielle Stakeholder des Projektes betrachtet werden?

2. Welchen Einfluß haben die potentiellen Stakeholder, d.h. welche Macht in bezug auf die Projektziele steht den Stakeholdern zur Verfügung?

3. Wie werden sich die relevanten Stakeholder in bezug auf das Projekt verhalten?

Entsprechend dieser Kernfragen kann man sich die Bausteine und Aufgaben der Stakeholder-Analyse wie in Abbildung 1.3-5 vorstellen.

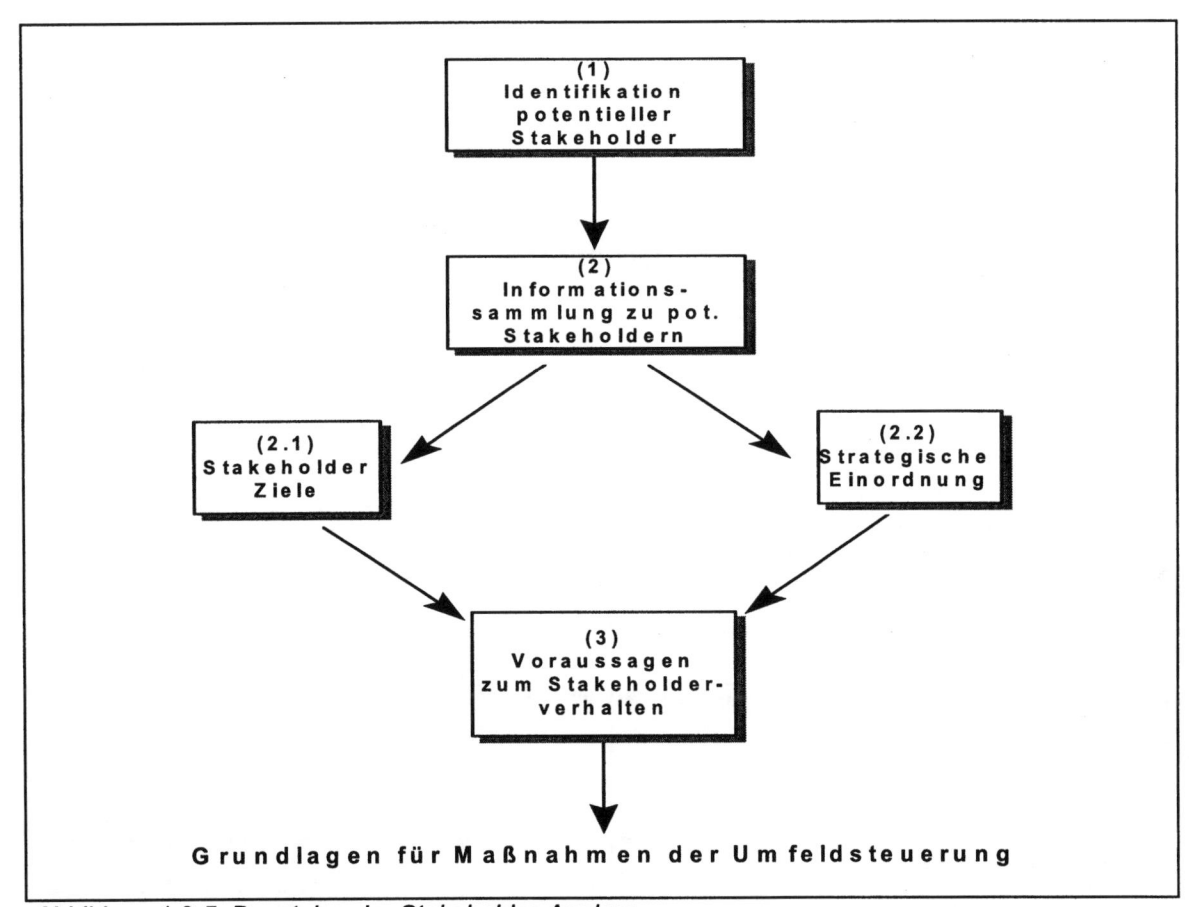

```
                    (1)
              Identifikation
               potentieller
                Stakeholder
                     |
                     v
                    (2)
              Informations-
             sammlung zu pot.
                Stakeholdern
               /            \
              v              v
         (2.1)              (2.2)
       Stakeholder        Strategische
          Ziele            Einordnung
              \            /
               v          v
                    (3)
                Voraussagen
             zum Stakeholder-
                 verhalten
                     |
                     v
   Grundlagen für Maßnahmen der Umfeldsteuerung
```

Abbildung 1.3-5: Bausteine der Stakeholder-Analyse

Im folgenden werden die einzelnen Bausteine der Stakeholder-Analyse näher erläutert.

1.3.2.1 Identifikation von Stakeholdern (1)

Bei kleineren und mittleren Projekten wird sich die Suche und Identifikation von Stakeholdern zunächst auf das direkte Umfeld im Unternehmen bzw. der Trägerorganisation konzentrieren. In vielen Fällen werden hierbei folgende Gruppen als potentielle Stakeholder auftreten:

Stakeholder-sammlung

- Auftraggeber des Projektes, sowohl interne als auch externe Auftraggeber
- Management: Geschäftsleitung, obere Führungsebene oder Abteilungsleitung
- Funktionsbereiche: Marketing, Vertrieb, Forschung, Entwicklung, Einkauf etc.
- Betriebs- und Personalrat, Gewerkschaften und sonstige Arbeitnehmervertreter

- Beteiligte Banken und Versicherungen
- Lieferanten
- Kunden
- Projektpartner bei Arbeitsgemeinschaften oder Konsortium
- Beteiligte Berater und Gutachter, externe Fachleute

Interne Stakeholder

Praktisch kann der Projektleiter zunächst anhand von **Organigrammen** zum Unternehmensaufbau systematisch durchgehen, welche Funktionen und Abteilungen Interesse bzw. Betroffenheit am Projekt entwickeln könnten. Im weiteren Schritt kann der Projektleiter eine **Sammelliste** aller direkt vom Projekt betroffenen Institutionen oder direkt an der Leistungserstellung beteiligten Personen und Unternehmen zusammenstellen.

Um aus der Menge der gesamten Projekt-Stakeholder im Unternehmen die relevanten Personen oder Gruppen herauszufiltern, kann der Projektleiter die Interessen und Betroffenheit einzelner Personen aus dem Umfeld abschätzen. Hierzu haben sich einfache Checklisten bewährt (Abbildung 1.3-6).

Checkliste Betroffenheitsanalyse					
Mitarbeiter (Gruppe):					
Betroffenheitsaspekte	Grad der Betroffenheit			Art der Betroffenheit	
	nicht	wenig	stark	positiv	negativ
1. Aufgabenzuordnung					
2. Arbeitsablauf					
3. Handlungsspielraum					
4. Verantwortung					
5. Informationsstand					
6. Qualität der eigenen Arbeit					
7. Arbeitsbelastung					
8. Fremdkontrolle					
9. Persönliches Ansehen					
10. Einfluß					
11. Aufstiegschancen					
12. Einkommen					
13. Arbeitszufriedenheit					
14. Selbstverwirklichung					

Abbildung 1.3-6: Checkliste Betroffenheitsanalyse (HANSEL 1993)

1.3 Projektumfeld und Stakeholder

Betroffenheitsanalyse

Dabei wird die Betroffenheit potentieller Stakeholder anhand verschiedener Kriterien differenziert. **Hinter den Kriterien steht die Annahme, daß die einzelnen Stakeholder bestimmte Ziele verfolgen.** Zum Beispiel hohes persönliches Ansehen, hohes Einkommen, Aufstiegschancen oder möglichst geringe Fremdkontrolle. Betroffenheit beschreibt dann das erwartete Verhältnis der Stakeholderziele zu Maßnahmen, Ergebnissen oder Nebeneffekten des Projektes.

Man beschreibt also das Projekt mit seinen erwarteten Wirkungen und Effekten auf die persönlichen Ziele der Stakeholder (vgl. Kapitel 1.6). Allgemein ist zu erwarten, daß je größer die Übereinstimmung zwischen Projektzielen und den Zielen der Stakeholder gestaltet ist, um so geringer auch die negativen Einflüsse und Konflikte mit den Stakeholdern sein werden (Abbildung 1.3-7).

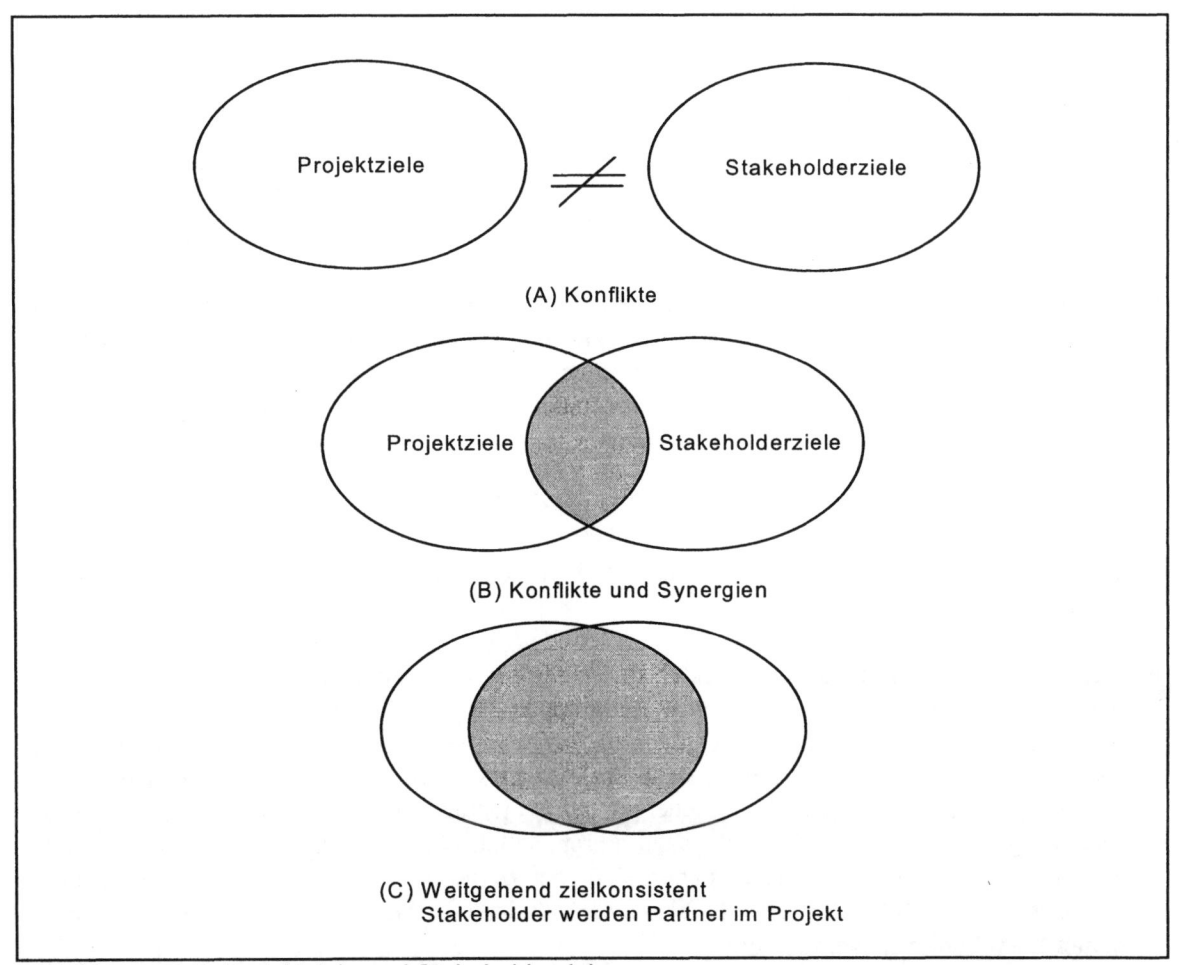

Abbildung 1.3-7: Projektziele und Stakeholderziele

Bei der Betroffenheitsanalyse ist besonders wichtig, daß der Projektleiter nicht ausschließlich die objektiv erwarteten Einflüsse des Projektes auf die Stakeholder einbezieht, sondern vor allem die subjektiv von den Stakeholdern erwarteten Projekteinflüsse.

Was z.B. die Unternehmensmitarbeiter mit einem Projekt verbinden bzw. von ihm erwarten, entspricht häufig nicht den tatsächlich eintretenden bzw. erwarteten Effekten. Der Projektleiter muß in einer Betroffenheitsanalyse also auch Ängste, Vorurteile, Fehleinschätzungen und besonders Informations- und Erfahrungsmangel bei den Projektbeteiligten und beim Projektumfeld berücksichtigen. In der praktischen Projektarbeit sind es oftmals nicht die objektiv-rationalen Konflikte, welche die schwierigen Probleme bereiten, sondern häufiger die subjektiv-emotionalen Einschätzungen. Projektumfeldanalysen müssen also besonders auf die subjektiven Erwartungen der Stakeholder ausgerichtet sein.

Typische indirekte Umfeldfaktoren

Bei größeren Projekten, insbesondere solchen, die den oben bereits beschriebenen öffentlichen Fokus aufweisen, muß die Identifikation unbedingt auch auf die indirekten Umfeldfaktoren erweitert werden.

Folgende Gruppen sind hierbei regelmäßig zu beachten:

- Wettbewerber am Markt

- Anwohner und Anlieger am Unternehmens- bzw. Projektstandort

- Lokale Politik, bzw. Entscheidungsgremien (Räte, Parlamente) und Entscheidungsträger (Bürgermeister) der Lokalpolitik

- Behörden und Verwaltungen, d.h. die zuständigen Beamten in den entsprechenden Verwaltungen (Gewerbeaufsicht, Bauamt, Genehmigungsbehörden nach Bundesimmissionsschutzgesetz (BImSchG), Weltgesundheitsorganisation (WHO) oder Bundesnaturschutzgesetz (BNatSchG))

- Organisierte Interessenvertreter, also Umweltverbände und Verbraucherverbände etc.

Externe Stakeholder

Die Identifikation der externen Stakeholder gestaltet sich schwieriger und aufwendiger als im direkten Projektumfeld. Politisch-administrative Zuständigkeiten und Akteure können im Regelfall problemlos identifiziert werden. Bei den sonstigen Interessengruppen helfen häufig Recherchen über die Verbandsorganisationen und eine Informationssammlung vor Ort über Kontakte und Gespräche mit Ortsansässigen und lokalen Akteuren.

Fazit

Aus dem Überblick zu den verschiedenen potentiellen Stakeholdern werden zwei wichtige Aspekte deutlich:

- Die potentiellen Stakeholder in Projekten sind vielfältig. Ein ergebnisorientiertes Projektmanagement kann nicht alle potentiellen Interessengruppen gleichermaßen betrachten und verfolgen. Schließlich ist die Analyse der Stakeholder ein Projektplanungsaspekt, der i.d.R. nicht im Zentrum des Interesses des Projektleiters steht. Projektteams sollen in erster Linie Projektaufgaben voranbringen. Die Analyse und die Steuerung des Projektumfeldes ist nur ein Baustein des Projektmanagements. Sie soll keinesfalls dazu führen, daß das Projekt am Ende nur noch „wie das Kaninchen auf die Schlange der Unsicherheit ob der vielfältigen denkbaren Projektumfeldeinflüsse starrt" (SCHELLE 1991). Es gilt also innerhalb der Stakeholder-Analyse die **projektkritischen Stakeholder** herauszufiltern.

- Interessenausrichtungen und Betroffenheit der potentiellen Stakeholder können den Projektzielen gegenüber positiv, neutral oder negativ ausgerichtet sein. Die Mehrheit der direkten Stakeholder aus dem Unternehmen wird dem Projekt im Grundsatz positiv gegenüberstehen. Die Projektziele sollen ja schließlich mit Verbesserungen und Innovationen für die Trägerorganisation verbunden sein. Bei den externen (indirekten) Stakeholdern kann genau das Gegenteil der Fall sein. Umweltverbände oder Anwohner können z.B. den Projektzielen negativ gegenüberstehen, weil sie Beeinträchtigungen und negative Betroffenheit ihres Lebensbereiches befürchten. Ein wichtiges Ordnungskriterium für die weitere Analyse der Stakeholder ist also die Grundhaltung gegenüber den angestrebten Projektergebnissen. Man kann dabei von **unterstützenden bzw. gegnerischen Stakeholdern** sprechen.

1.3.2.2 Informationssammlung zu potentiellen Stakeholdern (2)

In der Praxis geht die Identifikation und Informationssammlung häufig fließend ineinander über. Als wichtige Quellen für die Informationsbeschaffung zum Stakeholder-Umfeld gelten:

Informationsquellen zu Stakeholder

- Lokale Presseorgane

- Informations- und Mitteilungsorgane von Verbänden und organisierten Interessen, z.B. die Mitteilungs- und Verbandsblätter von Umweltverbänden oder den lokalen Untereinheiten von Parteien

- Kommerzielle Informationsdienste (z.B. Deutscher Wirtschaftsdienst etc.)

- Erfahrungen mit ähnlichen Projekten im Unternehmen, beim Kunden oder Lieferanten

- Berufsverbände, Kammern, organisierte Interessenverbände der entsprechenden Branche.

Die Sammlung von Informationen zu den Projektstakeholdern muß dabei möglichst ergebnisorientiert gestaltet werden. Es sind nicht alle allgemeinen Informationen und Hintergründe zu den einzelnen Gruppen interessant, sondern vielmehr drei zentrale Fragen:

1. **Stakeholderziele:**

   Welche Ziele verfolgen die Stakeholder, und wo stehen die Ziele der Stakeholder in Verbindung mit den Projektzielen?

2. **Stakeholdereinfluß:**

   Welche Macht und Einflußmöglichkeiten stehen den Stakeholdern zur Verfügung?

3. **Stakeholderprofil:**

Welche Stärken und Schwächen weisen die Stakeholder auf?

Die Informationssammlung soll sich also auf die strategisch wichtigen Aspekte beschränken.

1.3.2.3 Identifikation der Stakeholderziele (2.1)

Innerhalb des direkten Projektumfeldes kann der Projektleiter eine Sammlung der speziellen Projektziele der identifizierten Stakeholdern durchführen. Hier überschneidet sich die Projektumfeldanalyse mit der Projektzieldefinition (vgl. Kapitel 1.6). Die bekannten Rahmendaten und groben Ziele des Projektes werden bei der Zielanalyse im Unternehmen bekannt gemacht und das Projektumfeld wird aufgefordert, zu dem Projekt Stellung zu beziehen. Dabei sollen fachliche Beiträge und Verfeinerungen der Projektziele erreicht werden. Die Kernfrage an die Stakeholder lautet: Was erscheint Ihnen besonders wichtig im Projekt XY, und welche zusätzlichen Aspekte würden Sie hinzufügen?

Wissen, was die Stakeholder wollen

Außerdem sollen Zielkonflikte offen gelegt werden. Die Kernfrage an die Mitarbeiter hierzu lautet: Wo sehen Sie Probleme und Konflikte zwischen Ihrem Arbeitsbereich und dem Projekt bzw. wo erwarten Sie Probleme zwischen dem geplanten Projekt und dem übrigen Unternehmen?

Der Projektleiter kann solche Zielanalysen mittels:

- persönlicher Gespräche (sog. Nebenbei-Interview),
- Workshops oder
- schriftlicher Befragungen

durchführen.

Methodisch können bei den Workshops die verschiedenen Kreativitätstechniken zum Einsatz kommen (siehe Kapitel 3.9 und 3.10).

Das Ergebnis der Zielanalyse für die Projektumfeldanalyse besteht besonders in der Aufdeckung konfligierender Zielbereiche (siehe Kapitel 1.6). Allerdings muß eine solche Zielanalyse in ihrem Aussagegehalt vorsichtig bewertet werden. Die einzelnen Mitarbeiter legen ihre persönlichen Ziele und Einschätzungen zum Projekt häufig nur unvollständig oder sogar unzutreffend offen. Der Projektleiter muß deswegen in Betracht ziehen, daß zwischen offizieller Position und Aussage eines Stakeholders zum Projekt und seiner tatsächlichen impliziten Einstellung ein erheblicher Unterschied bestehen kann. Die Zielanalyse liefert also zunächst nur Planungshinweise, und sie ermöglicht im späteren Projektverlauf im Falle eines Konfliktes mit einem Stakeholder auf die Angaben zur Zielanalyse argumentativ zurückzugreifen.

1.3.2.4 Strategische Einordnung der Stakeholder (2.2)

Die strategische Einordnung der Stakeholder ist der entscheidende Auswahlschritt zum Herausarbeiten der wichtigsten, d.h. der erfolgskritischen, Projektstakeholder. Dabei werden berücksichtigt:

Macht und Einfluß von Stakeholder

- Die **potentielle Einflußmöglichkeit** („Macht") der Stakeholder im Hinblick auf die Projektziele. Bei der Identifikation von Projektstakeholdern können z.B. Parteien mit erheblichen Zielkonflikten zum Projekt deutlich werden, z.B. ein betroffener Anwohner, der sich durch die erwarteten Lärmemissionen beeinträchtigt sieht oder ein ganzer Landesverband einer Umweltorganisation, der gegen das Straßenbauprojekt ökologische Bedenken vorbringt. Bei diesem Beispiel läge nahe, daß sich der Projektleiter mit dem Stakeholder Umweltverband intensiver auseinandersetzen sollte als mit dem einzelnen Anwohner. Der Umweltverband wird mit Hilfe seines finanziellen Backgrounds und seinem Know-how in der Öffentlichkeits- und Medienarbeit für das Projekt kritischere Effekte erzielen als der einzelne Einwender.

Stärken und Schwächen von Stakeholdern

- Die **Stärken und Schwächen der Stakeholder**: Dieser Aspekt ist mit dem vorherigen eng verbunden. Aus entsprechenden Stärken- und Schwächen-Profilen kann die potentielle Einflußmöglichkeit und Macht der Stakeholder abgeleitet werden. Sie geben wichtige Hinweise für die spätere Steuerung des Projektumfeldes. Abbildung 1.3-8 gibt ein Beispiel für Stärken-Schwächen-Profile.

Im dargestellten Beispiel muß der Projektleiter beim einzelnen Einwender gegen das Straßenbauprojekt besonders auf die Rechtsansprüche des Einwenders durch die Wertminderung seines Eigentums achten. Hier können Fehler und unterlassene Wertausgleiche in den späteren Projektphasen erhebliche Probleme und Verzögerungen bedeuten.

Auch beim Beispielprofil des Umweltverbandes erscheinen Steuerungs- und Pufferungsmaßnahmen sinnvoll, besonders in den starken Bereichen. Eine frühzeitige Aufklärung und Information der Öffentlichkeit könnte einer hohen öffentlichen Resonanz zur Projektopposition durch den Umweltverband mit Aggressionen und Vorurteilen gegenüber dem Projekt vorbeugen.

1.3 Projektumfeld und Stakeholder

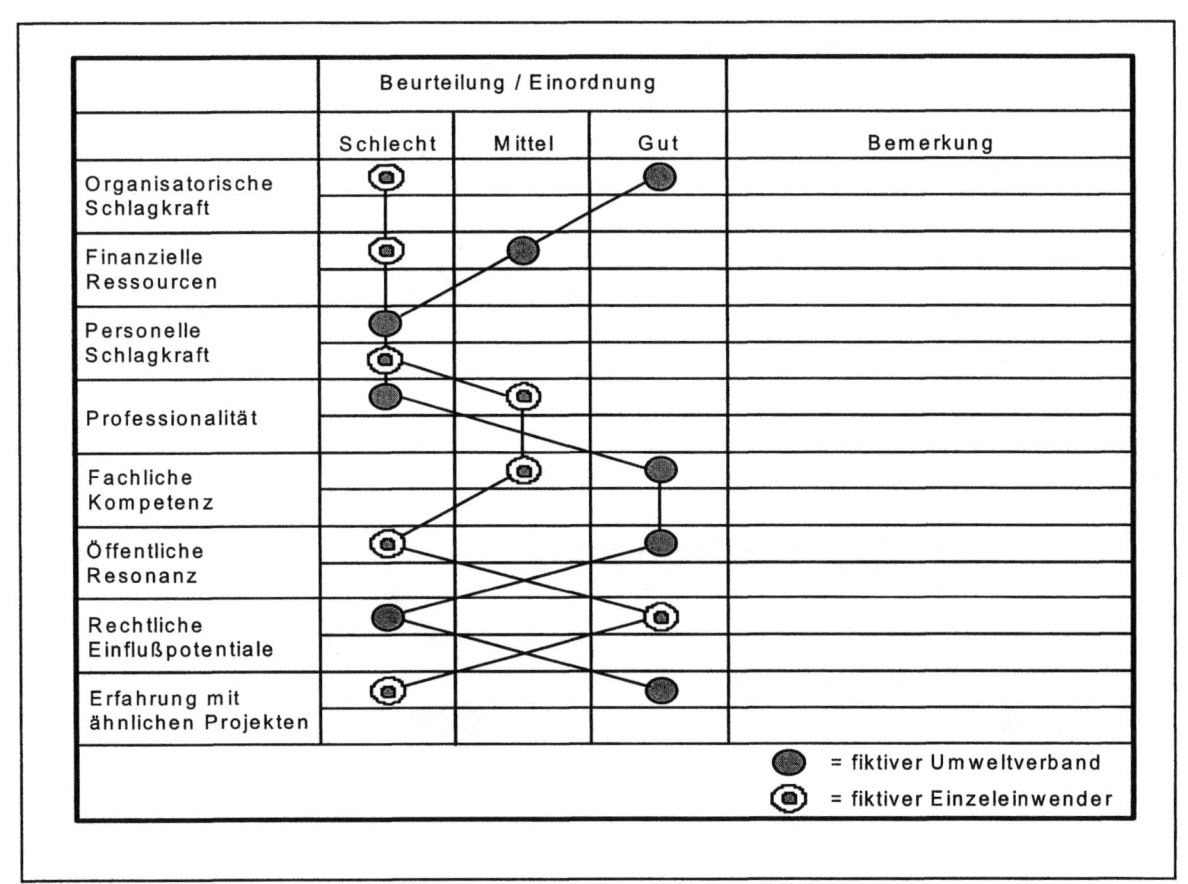

	Beurteilung / Einordnung			
	Schlecht	Mittel	Gut	Bemerkung
Organisatorische Schlagkraft	◎		●	
Finanzielle Ressourcen	◎	●		
Personelle Schlagkraft	●			
	◎			
Professionalität	●	◎		
Fachliche Kompetenz		◎	●	
Öffentliche Resonanz	◎		●	
Rechtliche Einflußpotentiale	●		◎	
Erfahrung mit ähnlichen Projekten	◎		●	

● = fiktiver Umweltverband
◎ = fiktiver Einzeleinwender

Abbildung 1.3-8: Stärken-Schwächen-Profile von indirekten Umfeldfaktoren

1.3.2.5 Identifikation der erwarteten Stakeholder-Strategie (3):

Hierbei schätzt das Projektteam die erwarteten Handlungsmuster der Stakeholder ab. Das Projektteam kann solche Strategieabschätzung z.B. durch einfache Rollenspiele erreichen. Einzelne Projektmitarbeiter versetzen sich dabei in die Position eines bestimmten Stakeholders und stellen sich die Frage: Wie würde ich mich gegenüber dem Projekt verhalten, um die angenommenen Ziele des Stakeholders zu verfolgen? *Strategien von Stakeholdern abschätzen*

Man kann auch sagen: Gute Projektmitarbeiter und Projektleiter müssen in der Lage sein, gedanklich „in den Schuhen ihrer Stakeholder zu gehen".

Im Ergebnis der Informationssammlung liegen folgende Informationen bzw. Annahmen vor:

1. Verhältnis Stakeholderziele-Projektziele

    a) gegenseitig förderlich

    b) neutral/und ohne gegenseitige Beeinflussung

    c) konfliktträchtig

2. Stärken- / Schwächenprofil der Stakeholder

3. Macht und Einfluß der Stakeholder auf die Projektziele

    a) ohne Einfluß

    b) indirekter Einfluß

    c) direkter Einfluß

    d) (b und c jeweils gering/mittel/stark ausgeprägt)

Der Projektleiter kann nun die Sammelliste der Stakeholder qualifizieren und die Stakeholder nach ihrer Bedeutung für das Projekt ordnen. Dabei ist im Sinne einer Projektrisikobetrachtung den Stakeholdern besondere Bedeutung zuzumessen, die Konflikte erwarten lassen und über starken direkten Einfluß verfügen (siehe Erster Quadrant in Abbildung 1.3-9).

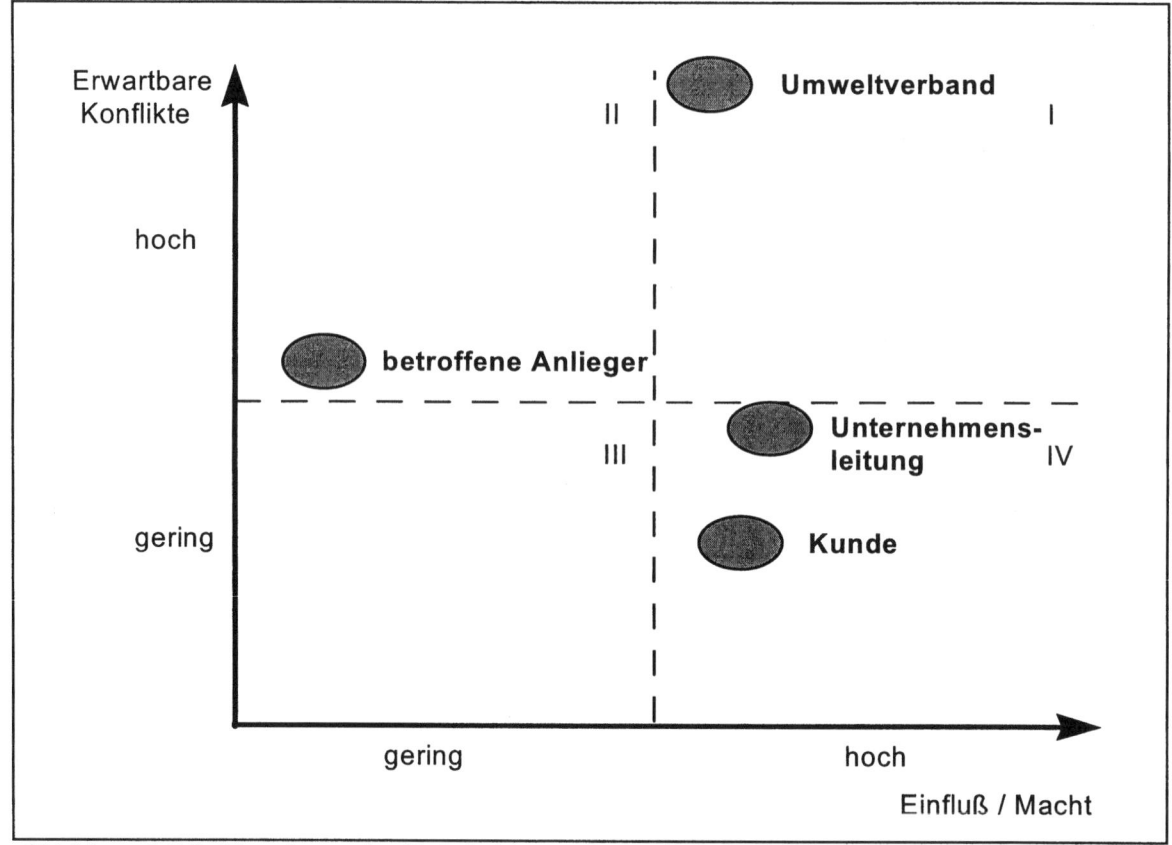

Abbildung 1.3-9: Einordnung der Stakeholder nach den Kriterien Einfluß und zu „erwartender Konflikt" (Beispiel)

Mit Blick auf die anschließende Projektumfeldsteuerung kann, als weiteres Kriterium, die Möglichkeit des Projektes auf den Stakeholder einzuwirken mit herangezogen werden.

4. Möglichkeit der Beeinflussung und Steuerung des Stakeholders

   a) Unmittelbarer Einfluß auf Stakeholder möglich,
      z.B. bei direkten Stakeholdern im Unternehmensumfeld

   b) Nur mittelbarer Einfluß möglich

   c) Kaum Einflußpotentiale auf Stakeholder

Ein effizientes Projektumfeldmanagement wird sich dann auf die beeinflußbaren Stakeholder konzentrieren.

1.3.3 Projektmarketing

Eine Schlüsselgröße für Projektleiter und Projektteam im Verhältnis von Projekt und Projektumwelt ist das Projektmarketing. Dabei geht es darum, die **Idee**, den **Anlaß**, die **Ziele** und **Lösungswege** eines Projektes dem **Projektumfeld aktiv darzustellen**. Der Projektleiter muß in der Lage sein, jederzeit für sein Projekt zu werben. Er muß ständig andere von der Idee und der Notwendigkeit seines Projektes überzeugen. Projekte müssen also stets ihrem Umfeld, d.h. ihren Stakeholdern, aktiv verkauft werden. Innerhalb des Unternehmens bzw. der Trägerorganisation umfaßt ein Projektmarketing natürlich die bislang dargestellten Aspekte der Information und Kommunikation aus dem Projekt ins Umfeld. Aktives Projektmarketing ist aber besonders zur Behandlung der indirekten und externen Stakeholder notwendig.

Projektziele und -maßnahmen aktiv verkaufen

Das Projekt kann bei öffentlichkeitswirksamen Vorhaben mit einem intelligenten Projektmarketing die Akzeptanz des Projektes verbessern. Allgemein gilt, daß Projekte als Unternehmen auf Zeit innerhalb von Trägerorganisationen die Perspektiven und Erfahrungen der allgemeinen Marketinglehre für Unternehmen weitgehend auch für die Belange von Projekten anwenden können.

Folgende zwei Aspekte haben sich hierbei in der Praxis bewährt:

1. Schaffung einer **Projekt-Identität**: Besonders für die Wahrnehmung und die Akzeptanz eines Projektes innerhalb der Trägerorganisation sind griffige, einprägsame Projektnamen förderlich.

    Projekte wiedererkennbar machen

    - Eine gute Möglichkeit zur Formulierung eines **Projektnamens** ist ein entsprechender Ideenwettbewerb zum Projektstart. Dabei kann das Projekt beispielsweise unternehmensweit einen attraktiven Preis für denjenigen aussetzen, der den pfiffigsten Namen für das Projekt kreiert. Die Auswahl kann durch eine vorher ausgewiesene Jury erfolgen. Bei diesem Beispiel erzielt der Projektleiter gleichzeitig den Effekt, daß viele Unternehmensmitarbeiter vom Projekt erfahren und sich mit dem Projektgegenstand auseinandersetzen. Die Verbindung zwischen Projekt und ausgelobtem Preis als Anreiz dürfte ebenfalls positiv auf die Akzeptanz wirken. Auch die Einbindung von Schlüsselpersonen des Projektes in die Auswahljury kann das Projekt bekannt machen und positive Grundhaltungen erzeugen.

    - Eine weitere Maßnahme zur Förderung einer Projekt-Identität ist die Verwendung eines speziellen grafischen **Projektlogos**. Alle Dokumente, Ankündigungen bis hin zu den Projektbüros bzw. vom Projekt genutzten Infrastrukturelemente können dann mit dem Projektlogo versehen werden.

2. In großen Projekten mit hohem öffentlichen Interesse ist die **Medien- und Öffentlichkeitsarbeit** von hoher Bedeutung. An dieser Stelle können die einzelnen Aspekte systematischer Öffentlichkeitsarbeit nicht dargelegt werden. Es soll aber deutlich gemacht werden, daß im Rahmen der Projektplanung bei bestimmten Projekttypen entsprechende Mittel eingeplant werden sollten. Projektmarketing kann nicht in ausreichendem Maße nebenbei erledigen werden.

    Externes Projektmarketing = Öffentlichkeitsarbeit

1.3.4 Steuerung des Projektumfeldes

Von der Analyse zur Steuerung des Umfeldes

Aus der Projektumfeldanalyse gewinnt das Projektmanagement wichtige strategische Informationen. Diese strategischen Informationen sind die Grundlage für die operative Behandlung von Umfeldfaktoren in der Projektsteuerung. Die Analysen zum Projektumfeld sollen handlungsauslösend sein, d.h. sie sollen unmittelbar in Maßnahmen der Umfeldsteuerung einfließen. Zur Steuerung und Beeinflussung des Projektumfeldes, dem Projektumfeldmanagement, stehen dem Projektleiter verschiedene Vorgehensweisen zur Verfügung. Der Projektleiter sollte aus dem Feld verschiedener Möglichkeiten, wie es in Abbildung 1.3-10 skizziert ist, situativ gebunden auswählen. Dabei können folgende Basisstrategien der Projektumfeldsteuerung unterschieden werden:

- Partizipative Strategien
- Diskursive Strategien
- Repressive Strategien

1.3.4.1 Partizipative Strategien

Steuerung durch Beteiligung

Die Beteiligung zielt darauf ab, aus den Akteuren des Projektumfeldes „**Partner in der Projektarbeit** zu machen". Dabei können die Akteure in verschiedener Intensität am Projekt beteiligt werden. Eine Beteiligung des Projektumfeldes in verschiedener Intensität bzw. Beteiligungsqualität kann in drei Stufen unterteilt werden (vgl. Abbildung 1.3-10).

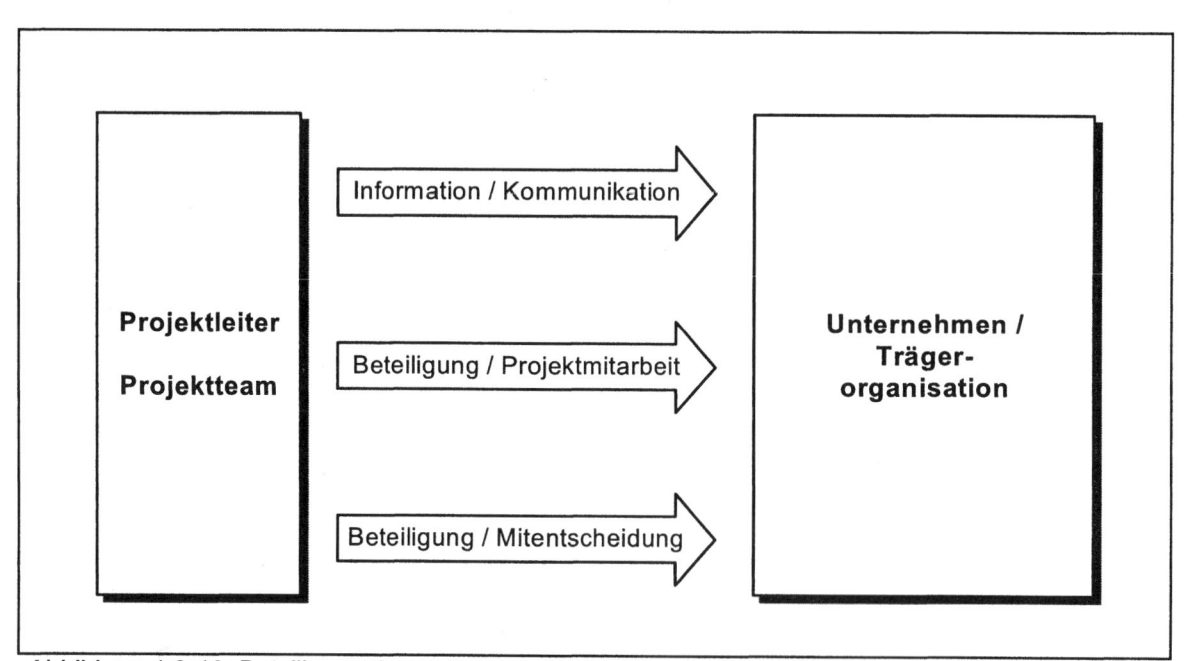

Abbildung 1.3-10: Beteiligungsintensitäten vom Projekt zum Umfeld

Die Standardform der Projektumfeldbeteiligung ist die **Kommunikation und Information** der Ziele, Aufgaben und des jeweiligen Projektstandes an das Projektumfeld. In kleineren Projekten reichen hierbei häufig die informellen Kontakte vom Projektleiter und Projektteam in das Unternehmensumfeld. Größere Projekte im unübersichtlichen Projektumfeld (große Unternehmen oder differenzierte externe Projektstakeholder) bedürfen formalisierter Projektinformationswege vom Projekt ins Projektumfeld. Der Projektleiter kann dabei nicht mehr nur auf dem persönlichen Wege sicherstellen, daß die relevanten Umfeldakteure über das Projekt ausreichend informiert sind. Deshalb institutionalisiert er den Informationsfluß aus dem Projekt ans Umfeld.

Für die Informationspolitik vom Projekt in Richtung Umfeld gilt: Das **Projekt stellt aktiv Informationen bereit**, ohne darauf zu warten, daß Informationen nachgefragt und angefordert werden.

1.3 Projektumfeld und Stakeholder

Die relevanten Informationen sollen gewissermaßen bereits im voraus bereitgestellt werden. Folgende Informationsplattformen haben sich in der Praxis bewährt, um ein ständiges und aktuelles Informationsangebot aus dem Projekt an das Umfeld aufzubauen.

Projekt-Pin-Boards: Der Projektleiter richtet an einem von den Unternehmensmitarbeitern häufig frequentierten Standort im Unternehmen ein Schwarzes Brett des Projektes ein. Dort werden neue Entwicklungen und wichtige Mitteilungen bekannt gemacht. Man sollte den Informationswert solcher Aushänge an die Unternehmensmitarbeiter aber jeweils kritisch überprüfen. Häufig werden die Mitteilungen nach einer kurzen interessierten Anfangsphase in der Alltagsroutine nur noch lückenhaft aufgenommen. Es empfiehlt sich in jedem Falle, eine kreative und ungewöhnliche Aufmachung der Mitteilungen anzustreben. Die Aufmerksamkeit des Projektumfeldes muß immer wieder neu gewonnen werden. *Projekt-Pin-Boards*

Projekt-Postille: Das Projektteam stellt in regelmäßigen Zeitabständen (z.B. jeden Monat einmal) wichtige Informationen und Entwicklungen aus dem Projekt in einer Projektzeitschrift zusammen. Die Projekt-Postille sollte dabei Informationen möglichst knapp und in lockerer bzw. leicht verständlicher Form darbieten. Ein einheitlicher Aufbau der Informationsblätter erleichtert dem Leser den Zugang. Etwa kämen die Rubriken *Projektzeitschrift*

- Stand der Projektabwicklung,
- Aktuelle Änderungen der Projektplanung,
- Bewegungen im Projektteam und Beteiligtenstruktur,
- die nächsten Termine, Meilensteine, Besprechungen der verschiedenen Arbeitsgruppen oder
- relevante Tagungen, Termine oder Informationen aus dem externen Projektumfeld

in Frage.

Eine Projektzeitung ermöglicht es dem Projektleiter auch, die Stakeholder aus dem externen Umfeld zu informieren. Der Pflegeaufwand und die mindestens notwendige redaktionelle Qualität einer Projekt-Postille sollten nicht unterschätzt werden.

Projekt-Hotline: Das Projekt richtet eine ständige informelle Anlaufstelle ein. Hierfür kommen gebührenfreie Telefonauskünfte, E-Mail-Adressen oder Internet-Homepages bzw. Internet-Adressen in Frage. Im Rahmen solcher Internet-Adressen kann die oben angesprochene Projekt-Zeitung dann auch Online bereitgestellt werden. *Moderne IuK-Technologie nutzen*

Aktive Beteiligung von Umfeldakteuren: Das Projekt kann auf den gewonnenen subjektiven Einschätzungen der Umfeldakteure zu ihrer Betroffenheit geeignete Stakeholder zur Mitarbeit am Projekt motivieren. Die Stakeholder sollen auf diese Weise „mit ins Boot geholt" werden. Sie sollen sich mit dem Projekt identifizieren und ihre Erfahrungen und speziellen Kenntnisse in das Projekt einbringen.

Noch **umfassender** ist der Ansatz, die Stakeholder an den Entscheidungen aktiv zu beteiligen. Hierdurch wird nicht nur die Identifikation mit dem Projekt gefördert, sondern Verantwortung auf geeignete Stakeholder übertragen. In Abbildung 1.3-11 ist eine entsprechende Checkliste zur Systematisierung verschiedener Beteiligungsoptionen über den Projektablauf (Projektphasen) im Grundaufbau dargestellt.

Checkliste „Beteiligungsanalyse"				
Mitarbeiter (Gruppe):				
	Projektphase			
Mitwirkungsart	1.	2.	3.	n.
1. keine Beteiligung				
2. Informationen geben	persönliche Mitwirkung	persönliche Mitwirkung	persönliche Mitwirkung	
3. Meinungen berücksichtigen			persönliche Mitwirkung	persönliche Mitwirkung
4. Mitarbeit	repräsentative Mitwirkung	repräsentative Mitwirkung	repräsentative Mitwirkung	
5. (Mit-) Entscheidung		repräsentative Mitwirkung	persönliche Mitwirkung	persönliche Mitwirkung

Abbildung 1.3-11: Beteiligungsanalyse (HANSEL 1993)

1.3.4.2 Diskursive Strategien

Konflikt offenlegen und Ausgleich gewähren

Dabei handelt es sich um Vorgehensweisen zum Umgang mit Konflikten. Die diskursiven Strategien umfassen dabei im Kern die Elemente der Umfeldbeteiligung. Sie gehen aber darüber hinaus, weil bei harten Konflikten zwischen Projekt und Projektumfeld die Zielsetzung „Umfeldakteure zu Projektpartnern machen" durch bloße Beteiligung häufig nicht zu erreichen ist. Daher zielen die diskursiven Strategien auf eine faire und nachvollziehbare Form der sachlichen Auseinandersetzung ab und münden in der Regel in geeigneten Ausgleichsmaßnahmen des Projektes bei unvermeidbaren Konflikten etwa durch Beeinträchtigung des Umfeldes. Beim diskursiven Ansatz bedient sich der Projektleiter der Instrumente des **Konfliktmanagements** für den Umgang mit dem Projektumfeld (siehe Kapitel 2.8).

1.3.4.3 Repressive Strategien

Kurzfristige Druckmittel zur Erfolgssicherung

Darunter werden die Beeinflussung und Steuerung des Umfeldes über vorgesetzte Dienststellen, Linienvorgesetzte, Geschäftsleitung und sonstige Akteure mit direktem Einfluß auf relevante Stakeholder verstanden. Dabei sind in der Praxis verschiedene Optionen beobachtbar:

Umfeldsteuerung durch Weisung und Vorgaben der Geschäftsführung: Der Projektleiter kann bei Konflikten mit der Linienorganisation im Unternehmen versuchen, eine entsprechende Entscheidung von der oberen Führungsebene oder Geschäftsleitung zu erwirken. Dieser Ansatz steht im Grunde auch hinter dem Begriff des „Machtpromotors" für ein Projekt in der Führungsebene. Im Konfliktfall versucht das Projekt seinen Machtpromotor für eine Entscheidung im Sinne der Projektziele zu aktivieren. Der eigentliche Konflikt mit dem Umfeld bleibt dabei häufig im Kern ungelöst. Für kurzfristig wichtige Projektbelange kann diese Strategie durchaus rational sein. Auf Dauer bzw. als einziges Mittel im Umgang mit dem internen Projektumfeld erscheint dieser Weg aber nur bedingt geeignet. Die Konflikte mit den jeweiligen Umfeldfaktoren werden sich mit jeder Entscheidung der Führungsebene pro Projekt verschärfen. Auch die Machtpromotoren werden es u.U. bald ablehnen, ständig intervenieren zu müssen. Bei externen Stakeholdern ist dieser Ansatz ohnehin gegenstandslos, weil das Unternehmen hier häufig keine direkte Einflußmöglichkeit hat.

Ein verbreitetes Mittel in Projekt-Umfeld-Beziehungen sind **selektive Informationen vom Projekt an das Umfeld**. Das Projekt kommuniziert nur vermeintlich positive und angenehme Informationen an die Stakeholder. Diese Strategie steht in krassem Gegensatz zur partizipativen Strategie. In der Praxis überwiegen allerdings eher Verhaltensweisen mit gezielt selektiver Informationspolitik aus den Projekten. Dauerhaft betrieben verstärkt sich aber die Gefahr eines Vertrauensverlustes des Umfeldes. In der Regel gelangt die „ganze Wahrheit" zum Stand und der Entwicklung des Projekts auf anderem Wege an das Umfeld.

Bei der Informationsselektion läßt das Projekt einen Teil der Informationen passiv weg. Bei gezielten Beeinflussungen und Manipulationen handelt es sich hingegen um aktive Maßnahmen durch das Projekt. Eine verbreitete Form ist die **„scheinbare Beteiligung"** von Stakeholdern an bereits getroffenen Entscheidungen. Hierbei versucht das Projekt dann eine feststehende Entscheidung den Stakeholdern im nachhinein so zu verkaufen, daß diese den Eindruck gewinnen, sie hätten ein Mitspracherecht bzw. Gestaltungsspielraum gehabt (z.B. mit „angepaßten" Ergebnissen der Nutzwertanalyse, siehe Kapitel 3.10.3.5.4). Diese Taktik ist sowohl vom Unternehmen zum Projekt als auch vom Projekt zum Unternehmensumfeld beobachtbar. Diese Form von Umfeldbehandlung erscheint als Strategie äußerst streitbar. Sie soll hier nicht weiter vertieft werden. Dennoch muß sich das Projekt auf Manipulationen und gezielte Beeinflussungen als Spielart der Projekt-Umfeld-Beziehungen einstellen.

1.3.5 Projekte und ihr direktes Projektumfeld in der Trägerorganisation

Im folgenden Abschnitt wird die Annahme getroffen, die Trägerorganisation als direktes Projektumfeld sei ein Unternehmen. Projektorganisationen stehen in ständiger Wechselbeziehung zum Unternehmen. Die wesentlichen Austauschbeziehungen sind in Abbildung 1.3-12 dargestellt.

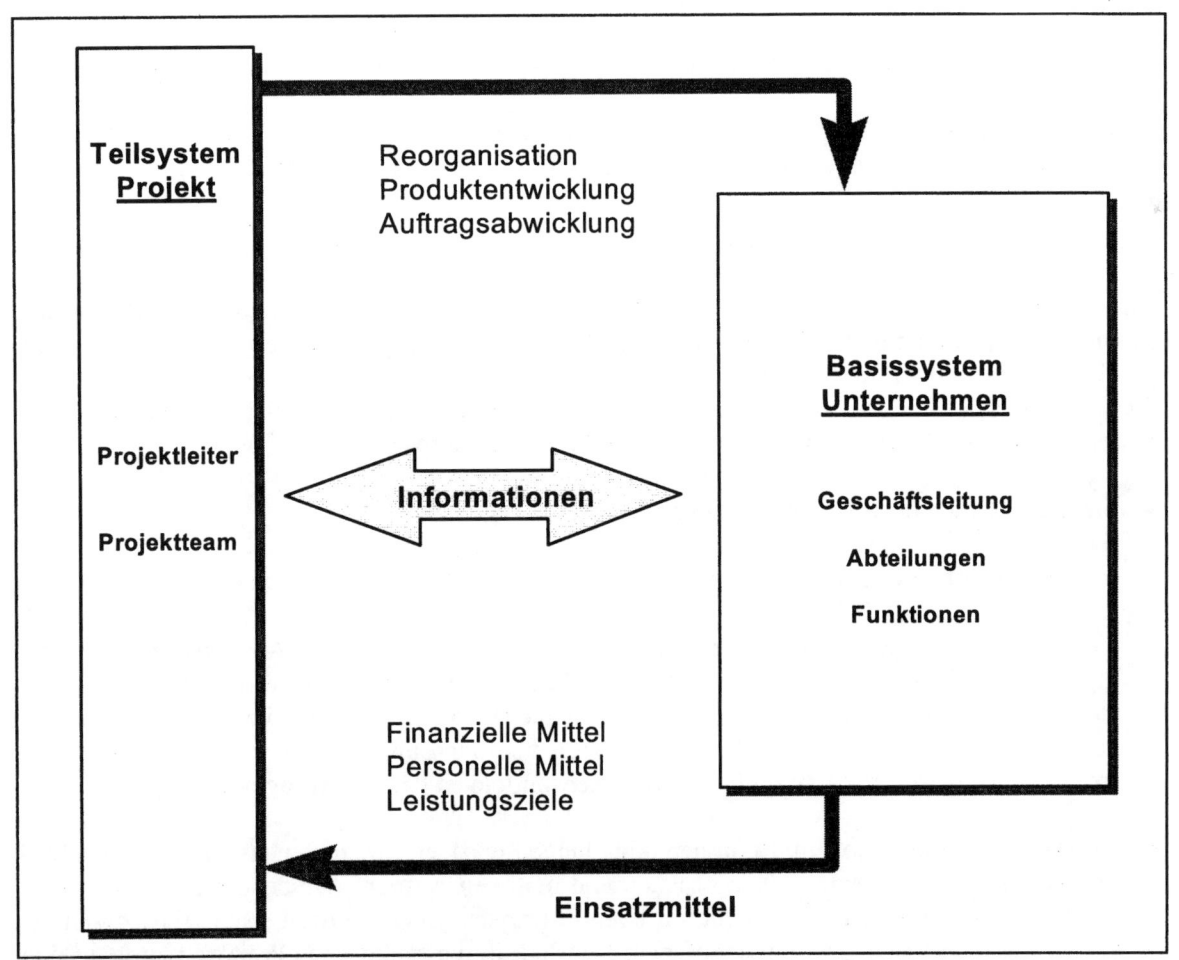

Abbildung 1.3-12: Projekt und Unternehmen

*Projekt-
ansprüche*

Das Projekt erhält vom Unternehmen:

- **Spezifische Aufgabenstellung mit Projektcharakter.** Die Unternehmung formuliert die angestrebte Projektleistung, d.h. die angestrebten Projektziele. Dabei werden dem Projekt häufig grobe und noch nicht ausreichend spezifizierte Ziele vorgegeben. Das Projektmanagement muß dann im Projektverlauf die Ziele weiter qualifizieren, d.h. das Projekt ausreichend und operational definieren.

- **Finanzielle, personelle und informelle Ressourcen.** Finanzielle Mittel, fachliches Know-how in Form von qualifizierten Mitarbeitern für das Projektteam und informelle Prozesse in Form von Beratung und fachlicher Unterstützung werden dem Projekt zur Erreichung der Projektziele vom Unternehmen bereitgestellt.

*Unternehmens-
ansprüche*

Das Unternehmen erhält vom Projekt:

- Umsetzung bzw. Erreichung der Projektziele;

- Informationen aus dem Projekt, welche für die Prozesse und Funktionen in der Linienorganisation des Unternehmens relevant sind (**Beitrag von Projekten in die Prozeßgestaltung**);

- Informationen aus dem Projekt, welche für die strategische Planung des Unternehmens relevant sind (**Beitrag von Projekten zur Aus-/Weiterentwicklung der Unternehmensstrategie**);

- projektbedingte **Weiterqualifizierung der Mitarbeiter**: Linienmitarbeiter lernen in Projekten. Sie sammeln Erfahrungen, die sie nach Projektabschluß in der Linie nutzbar machen können (Beitrag von Projekten für die Qualifizierung und das ständige Lernen von Mitarbeitern, d.h. zum Aufbau und zur Weiterentwicklung des Know-how-Pool in der Linienorganisation).

Im Zuge der Austauschbeziehungen zwischen Projekt und Unternehmen ergeben sich Anforderungen vom Projekt an die Trägerorganisation und von der Trägerorganisation an das Projekt.

1.3.5.1 Anforderungen von Projekten an das Unternehmen

*Projektansprü-
che an das Un-
ternehmen*

Das Projekt stellt Anforderungen an das Unternehmen, u.a. bezüglich einer adäquaten Mittelausstattung. Im Rahmen der Projektplanung werden Termine und Kapazitäten geplant und im voraus geschätzt. Diese Vorausschätzung ist die wesentliche Grundlage für die Kapazitätsforderungen an die Linienorganisation (qualifizierte Mitarbeiter, Termine) und die Geschäftsleitung (Mittel, Termine). Aus der Sicht des Projektes ist es dabei insbesondere notwendig, daß

- finanzielle Mittel bedarfsgerecht verfügbar sind;

- das Projektteam mit entsprechend qualifizierten Mitarbeitern besetzt werden kann;

- die von der Linie abgestellten Projektmitarbeiter über ausreichend freie Arbeitskapazitäten verfügen, um im Projekt Leistungen zu erstellen. Häufig werden Projekte von der Linie dadurch „torpediert", daß zwar ein Mitarbeiter der entsprechenden Abteilung offiziell für das Projekt nominiert wird, aber der Mitarbeiter gleichzeitig von der Linie bewußt voll ausgelastet wird. Der Konflikt zwischen Projekt und Unternehmensumfeld ist damit vorprogrammiert.

- ein ständiger Informationsfluß von den Abteilungen und der Unternehmensleitung in das Projekt gegeben ist. „Projekte wollen beachtet und motiviert werden", sie benötigen das Interesse der Geschäftsleitung und zwar nicht nur beim Projektstart oder bei der Leistungsbeschreibung. Dieser Zusammenhang ist kein eigentlicher Konflikt. In der praktischen Projektarbeit ist jedoch eindeutig zu klären, wer in diesem Aspekt die Bring- bzw. Holschuld hat. In der Praxis überwiegt die Bringschuld des Projektes an die Geschäftsleitung oder Abteilungsleitungen.

1.3.5.2 Anforderungen des Unternehmens an Projekte

Eine erste wichtige Anforderung ist, daß die Abteilungen der Linie in den erreichten bzw. geplanten Projektzielen einen **Nutzen für ihre eigenen Aufgabenfelder und Prozesse** erkennen bzw. über das Projekt realisieren können. Der erwartete Nutzen bei Erreichung der Projektziele sollte ja der Auslöser des Projektes im Unternehmen sein.

Unternehmenserwartungen an Projekte

Planungsdaten für das Einsatzmittelmanagement in den Abteilungen der Linie: Die Linienorganisation soll für die Projekte als Know-how-Pool dienen. Abteilungen der Linie müssen ihre Mitarbeiterkapazitäten in verschiedenen Projekten verfügbar machen und gleichzeitig die Prozeßfunktionen und -aufgaben der Abteilung gewährleisten. Dieses Einsatzmittelmanagement in der Linie verlangt von den Projekten valide Informationen zu den benötigten Einsatzmitteln, also zu Dauer, Zeitpunkt und Spezifikation der benötigten Personalmittel in den einzelnen Projekten. Projekte müssen den Abteilungen also so präzise wie möglich offenlegen, wann sie wen wie lange benötigen (siehe Kapitel 3.3). Die Abteilungen bleiben nur mit ausreichenden Informationen aus den Projekten planbar. Den gleichen Zusammenhang kann man auch über die Mitarbeiter darstellen. Die Projektmitarbeiter benötigen ebenfalls Informationen über Dauer und Intensität ihrer Projektaufgaben, um diese Projektanforderungen mit den Routineaufgaben abzustimmen. Projektinformationen sind also für das Ressourcenmanagement der Linienabteilungen und das Selbst- bzw. Zeitmanagement der einzelnen Mitarbeiter notwendig.

Know-how-Pool Linienorganisation

Unternehmensleitung und Linie erwarten von Projekten regelmäßige **Information** für die **qualifizierte Vorbereitung von Entscheidungen** in der Geschäftsleitung zu Projektbelangen. In der Praxis besteht i. d. R. eine informelle Bringschuld der Projekte. Die Projekte berichten an die Geschäftsleitung und fordern Entscheidungen aktiv ein. Hier liegen wesentliche Projektleiteraufgaben.

Bei der **Informationsfilterung** durch das Projekt in Richtung Unternehmensleitung gilt: Informationen sollen die Ergebnisse bzw. Zwischenergebnisse des Projektes betreffen (etwa Meilensteine). **Das Projekt berichtet nicht den Weg oder die Hindernisse in der Projektabwicklung, sondern den Ergebnisstand.** Auch bei Rückständen oder Problemen in Projekten ist nicht die Darstellung der verschiedenen Problemzusammenhänge und praktischen Hindernisse Hauptgegenstand der Berichtspflicht. **Konflikte sollen vielmehr knapp skizziert werden.** Wesentlicher Gegenstand der Information an die Leitung sind dann die alternativen Lösungsvorschläge zu den bestehenden Problemen. Das Projekt stellt die Lösungsalternativen und ihre Effekte dar und fordert eine entsprechende Entscheidung der Leitung ein. **Damit wird deutlich, daß das Unternehmensumfeld nicht an allgemeiner Information interessiert ist, sondern erwartet, daß das Projekt Informationen verdichtet, vorbewertet und qualifiziert.** Diese **Informationsveredelung** ist eine wesentliche Anforderung. Projekte sollen nicht den Weg und die Erfahrungen von gestern darlegen, sondern vielmehr die Ergebnisse und die Optionen für morgen.

Informationsverdichtung

1.3.5.3 Reaktionsmöglichkeiten des Projektmanagements

Für die praktische Projektarbeit stellt sich bei den gegenseitigen Anforderungen von Projekt und Projektumfeld „Unternehmen" die Frage, wie im Projektmanagement darauf reagiert werden kann. In diesem Abschnitt sollen wesentliche Optionen kurz genannt werden, damit die methodischen Verbindungen zu den weiteren Kapiteln des Gesamtwerkes deutlich werden.

Das Unternehmen vereinbart als Auftraggeber des Projektes die notwendige Ausstattung durch:

- Formale schriftliche Vereinbarungen, d.h. Verträge zwischen Projekt und Linie bzw. Geschäftsleitung
- Verbindliche mündliche Absprachen
- Flexible situative Absprachen zwischen Projekt und Linie.

Die Steuerung und Überwachung erfolgt mit:

- Regelmäßigen Projektreviews
- Instrumenten der Projektsteuerung
- Projektinformationsmanagement und Berichtswesen.

Unternehmenskultur und Projektmanagementkultur

Der Aufwand und der Formalisierungsgrad des Projektumfeldmanagements im Unternehmen sind von der Unternehmenskultur, der Projektmanagementkultur und der PM-Implementierung im Unternehmen abhängig.

Als Orientierungsrahmen kann gelten:

- Unternehmen mit **wenig Projekterfahrung** oder mit klassischer Struktur und technokratieorientiertem Projektmanagement (formale Projektmanagement-Werkzeuge beherrschen die Projektpraxis) tendieren zu stärker formalen und schriftlichen Vereinbarungen.

- Unternehmen mit **kommunikativ-situativer Kultur** können häufig auch das Verhältnis von Projekt und Linie im Wege „unscharfer" Vereinbarungen regeln, ohne daß größere Konflikte auftreten.

- Weil die Frage der Unternehmenskultur häufig mit der Unternehmensgröße in Verbindung steht, weisen **Großunternehmen** vergleichsweise häufig stärker formalisierte Vereinbarungsformen auf als kleine Unternehmen.

Dynamische Projektziele in einer veränderlichen Projektumwelt können mit flexiblen, situativen Ansätzen wirksamer arbeiten. Hier erscheinen unscharfe Projektplanungen und ebenso unscharfe Projektabsprachen mit der Unternehmensumwelt sinnvoll. Vertragliche Vereinbarungen zwischen Projekt und Linie zum Projektbeginn führen in solchen Fällen unter Umständen im Laufe des Projektes zu mehr Revisions- und Anpassungsaufwand, als ein sukzessiver Prozeß der Vereinbarung. **Im Zuge einer zunehmend dynamischen Marktentwicklung in den meisten Branchen werden solche situativ-flexiblen Formen wohl an Bedeutung gewinnen.**

Zusammenfassung

Projekte vollziehen sich in einem spezifischen Umfeld, dem Projektumfeld. Unter dem Begriff Projektumfeld versteht man die gesamte Umgebung, in der das Projekt formuliert, beurteilt und realisiert wird. Das Projektumfeld beinhaltet alle Einflüsse, die das Projekt zu berücksichtigen hat. Damit wird klar, daß unter Projektumfeld keinesfalls lediglich das Unternehmen bzw. die Organisation verstanden werden kann, in der das Projekt angesiedelt ist.

Die Austauschbeziehungen und gegenseitigen Abhängigkeiten zwischen Projekt und Umfeld sind vielfältig. Deshalb schließt ein erfolgsorientiertes Projektmanagement immer auch eine aktive Analyse und Steuerung des Projektumfeldes mit ein. Das Projektumfeld besteht aus objektiven und sozialen Umfeldfaktoren. Die sachlich-objektiven Faktoren, wie gesetzliche Rahmenbedingungen oder Marktentwicklungen, müssen vom Projekt vorausschauend und über den gesamten Projektverlauf beobachtet werden (sog. Umfeld-Monitoring).

Besonders bedeutend sind die sozialen Umfeldfaktoren, also Personen, Personengruppen und Institutionen, die ein Interesse am Projekt haben. In der Projektmangement-Praxis hat sich für solche Bezugs- und Interessengruppen eines Projektes die Bezeichnung Stakeholder-Analyse herausgebildet. Im Rahmen der Projektplanung kann das Projekt mit der Stakeholder-Analyse systematisch Informationen zu den Interessengruppen aufbereiten und damit wichtige strategische Grundlagen für einen erfolgreichen Projektverlauf legen. Das systematische Aufarbeiten der Projektstakeholder ist ein Bestandteil der Risikovorsorge im Projekt.

Neben dem direkten Projektumfeld gewinnt das indirekte Projektumfeld zunehmend an Bedeutung. Unter das indirekte Projektumfeld fallen z.B. gesellschaftliche Strömungen, betroffene Bürger und Anwohner und besonders organisierte Interessengruppen wie z.B. Verbraucherverbände oder Umweltverbände. Die vielfältigen Einflußpfade von diesem komplexen Projektumfeld auf die Ziele des Projektes müssen systematisch geplant und gesteuert werden. Dabei geht es zunächst um die Identifikation und relative Gewichtung verschiedener Stakeholder. Hat das Projektmanagement die essentiellen Faktoren identifiziert, müssen geeignete Maßnahmen und Instrumente zur Steuerung und Beeinflussung des Umfeldes ergriffen werden. Unter dem Stichwort „Projektumfeldmanagement" kommen hierzu verschiedene Formen der Information und Kommunikation zwischen Projekt und Umfeld zum Einsatz. Im Konfliktfall zwischen Projekt und Umwelt, wie er regelmäßig bei umweltrelevanten Infrastruktur- und Anlagenbauprojekten auftritt, können neuere Verfahren der Konfliktvermittlung zwischen Projekt und Umfeld eingesetzt werden. Eine wesentliche Anforderung an das Projektmanagement ist, insgesamt die Notwendigkeit das Projekt ergebnisorientiert an das Umfeld zu kommunizieren und aktiv zu verkaufen. Ein aktives Projektmarketing ist hierzu geeignet.

Literaturverzeichnis

ABRESCH, J.-P. (1995): Projektmanagement im Umwelt- und Naturschutz. In: Abresch, Bauer, Bergfeld (Hrsg.) (1995): Projektmanagement im Umwelt- und Naturschutz am 27.10.1995, Tagungsband in der Schriftenreihe der Professur für Projekt- und Regionalplanung der Universität Gießen, S. 17-32, Selbstverlag, Gießen

ABRESCH, J.-P. (1996): Projektmanagement im betrieblichen Umweltschutz. In: Sepp / Hillejahn (Hrsg.) Handbuch: Praxishilfen für den Umweltschutzbeauftragten, Verlag TÜV Rheinland, Loseblatt-Sammlung

CLELAND, D.I. (1989): Projekt Stakeholder Management. In: Cleland / King (Hrsg): Projekt Management Handbook, New York

FREEMAN, R.E. (1984): Strategic Management. A Stakeholder Approach, Boston

GASSNER, H.; Holznagel, B.; LAHL, U. (1992) Mediation. Verhandlungen als Mittel der Konsensfindung bei Umweltstreitigkeiten, Economica Verlag, Bonn

GÜNTHER, (1995): Mediation. In: Abresch, Bauer, Bergfeld (Hrsg.) (1995): Projektmanagement im Umwelt- und Naturschutz am 27.10.1995, Tagungsband in der Schriftenreihe der Professur für Projekt- und Regionalplanung der Universität Gießen, Selbstverlag

HANSEL, J.; Lomnitz, G. (1993): Projektleiterpraxis. Erfolgreiche Projektabwicklung durch verbesserte Kommunikation und Kooperation. 2. Aufl., Verlag Springer, Heidelberg

HIRZEL LEDER & PARTNER (1992) (Hrsg.): Speed Management, Geschwindigkeit zum Wettbewerbsvorteil machen, Gabler Management Perspektiven, Betriebswirtschaftlicher Verlag Gabler

KÄSTNER, R. (1995): Projektinitiierung und Projektzielsetzung - Chancen und Risiken beim Projektstart. In: Lange (Hrsg.) Management von Projekten. Know-how aus der Berater-Praxis, Stuttgart

KNOPF, H. S. (1985): Projektmanagement: Das Umfeld muß stimmen. In: ZfO Zeitschrift Führung und Organisation, JG. 54, Heft 8

MASON, R.O. / Mitroff, I. (1981): Challenging Startegic Planning Assumptions. Theory, Cases and Techniques, New York

MEREDITH, J.R., Mantel, S.J. (1989): Project Management. A Managerial Approach. Second Edition Verlag Smiley & Sons, New York

PATZAK, G., Rattay, G. (1995): Projektmanagement. Leitfaden zum Management von Projekten, Projektportfolios und projektorientierten Unternehmen. Linde-Verlag Wien

SCHELLE, H. (1991): Projektstakeholder und Projektannahmenanalyse. In: Projekt Management, H. 3/91, S. 27 ff.

SCHELLE, H. (1996): Projekte zum Erfolg führen. Beck-Wirtschaftsberater im DTV, München.

SCHELLE, H.; Reschke, H.; Schnopp, A.; Schub, A. (Hrsg.) (1994): Projekte erfolgreich managen. Loseblatt-Sammlung, Verlag TÜV Rheinland

WIDEMANN, M. (1990): Managing the Project Environment. In: Reschke, H.; Schelle, H. (Hrsg.): Dimensions of Project Management., S. 51-69

Autorenportrait

Dipl.-Ing. Jens-Peter Abresch

Jahrgang 1965. Dipl.-Ing., Projektmanagement-Fachmann (GPM/RKW). Studium der Agrar- und Umweltwissenschaften an den Universitäten Bonn und Gießen. Seit 1993 wissenschaftlicher Angestellter an der Professur für Projekt- und Regionalplanung der Justus-Liebig-Universität Gießen. Wissenschaftliche Arbeitsschwerpunkte: „Managementmethoden im Umweltsektor" sowie „Methodenentwicklung zu Umweltverträglichkeitsprüfung (UVP) und Öko-Audit". Neben den Aufgaben in Forschung und Lehre als Gutachter und Berater im öffentlichen Umweltmanagement tätig. Diverse Studien und Gutachten u.a. für den Sachverständigenrat für Umweltfragen (SRU), die Rentenbank Frankfurt und die Gesellschaft für Technische Zusammenarbeit (GTZ) / World Bank Washington DC. Seit 1995 Leitung des Competence Center „Projektmanagement und Umwelt" der Deutschen Gesellschaft für Projektmanagement e.V. (GPM).

Abbildungsverzeichnis

Abbildung 1.3-1: Projekt und allgemeine Umfeldfaktoren (soziales Projektumfeld, Stakeholder) 61

Abbildung 1.3-2: Projekt im öffentlichen Umfeld 62

Abbildung 1.3-3: Systematisierung der Umfeldfaktoren von Projekten und typische Beispiele 65

Abbildung 1.3-4: Projektstakeholder und ihre relevante Kennzeichnung aus Sicht des Projektes 66

Abbildung 1.3-5: Bausteine der Stakeholder-Analyse 67

Abbildung 1.3-6: Checkliste Betroffenheitsanalyse (HANSEL 1993) 68

Abbildung 1.3-7: Projektziele und Stakeholderziele 69

Abbildung 1.3-8: Stärken-Schwächen-Profile von indirekten Umfeldfaktoren 73

Abbildung 1.3-9: Einordnung der Stakeholder nach den Kriterien Einfluß und zu „erwartender Konflikt" (Beispiel) 74

Abbildung 1.3-10: Beteiligungsintensitäten vom Projekt zum Umfeld 76

Abbildung 1.3-11: Beteiligungsanalyse (HANSEL 1993) 78

Abbildung 1.3-12: Projekt und Unternehmen 79

Lernzielbeschreibung

Ziel dieses Kapitels ist es, dem Leser deutlich zu machen, in welchem Kontext Projekte heute abgewickelt werden. Dabei soll dem Leser besonders deutlich werden, welche Bedeutung Umfeldeinflüsse auf das Projekt haben können (Erfolgsfaktor Umfeldmanagement) und wie im Projektmanagement die zunehmend komplexen Umfeldfaktoren praktisch gehandhabt werden können. Der Leser soll in die Lage versetzt werden, bei einem konkreten Projekt die potentiell bedeutsamen Umfeldfaktoren systematisch zu sammeln und nach ihrer Bedeutung zu bewerten (Projektumfeldanalyse / Stakeholder-Analyse). Aufbauend auf diesen analytisch-planerischen Fähigkeiten sollen außerdem Grundideen der Projektumfeldsteuerung und Umfeldbeeinflussung vermittelt werden. Im Zuge der verschiedenen Praxisbeispiele soll der Leser einen Überblick zu den Umfeldaspekten in verschiedenen PM-Anwendungsbereichen gewinnen.

1.4 Systemdenken und Projektmanagement

von

Rolf Kaestner

Relevanznachweis

Das Denken in linearen Ursache-Wirkungsbeziehungen bestimmt tagtäglich die Erfahrungen in vielen Lebensbereichen. Diese Reduktion von Komplexität auf einfache, erfaßbare und begreifbare Beziehungen ermöglicht in den meisten Fällen überhaupt nur das „Verstehen" einer komplexen Welt. Wenn umgekehrt für das Projektmanagement Systemdenken und systemische Sichtweisen eingeführt werden, muß es dafür gute Gründe geben.

Projektmanagement befaßt sich mit Veränderungen und Neuerungen. Wenn beispielsweise die Erfindung des Rades noch mit linearem Ursache-Wirkung-Denken möglich gewesen sein mag, so sind in der heutigen Zeit Veränderungen und Neuerungen komplexer. Sowohl in der technischen als auch in der sozialen Welt sind Veränderungen und Neuerungen nur in oft vielfältigen Zusammenhängen und Beziehungen zu gestalten und zu entwickeln. Damit sind das Projekt, der Projektprozeß und jedes Projektziel bzw. -ergebnis dadurch geprägt, daß sie auch durchgängig in Beziehungen und Zusammenhängen - eben in Systemen - gesehen und verstanden werden können.

Projektmanagement soll auch verantwortliche Prozesse des Wandels gestalten. Damit sind heutzutage anwendbare Kenntnisse über Systeme ein grundlegender Erfolgsfaktor des Projektmanagements. Dabei geht es darum, das Grundlagenwissen über Systemdenken anwenden zu können, ohne dies zwangsläufig immer tun zu müssen. Systemdenken ist eine der **Optionen** im Handlungsspielraum des Projektmanagements.

Inhaltsverzeichnis

1.4.1 Der Systembegriff, Systemkomponenten und ihre Darstellung — **89**

    1.4.1.1 Grundbegriffe und Systemmodell — 89

    1.4.1.2 Charakteristika von Systemen — 90

    1.4.1.3 Regelkreis und Rückkopplung — 94

1.4.2 Geschlossene und offene Systeme — **95**

1.4.3 „Harte" und „weiche" Systemsichtweisen — **98**

    1.4.3.1 „Harte" Systemsicht — 99

    1.4.3.2 „Weiche" Systemsicht — 100

    1.4.3.3 „Gemischte" Systemsichten — 101

    1.4.3.4 Mensch-Maschine-Systeme — 102

1.4.4 Systemische Projektsicht — **103**

    1.4.4.1 Projektgestaltung als „interne" Systemgestaltung — 104

    1.4.4.2 Projektergebnisse als gewollte und ungewollte Systemgestaltung — 108

1.4.5 Projektsystem und Umfeldsysteme — **110**

1.4.1 Der Systembegriff, Systemkomponenten und ihre Darstellung

1.4.1.1 Grundbegriffe und Systemmodell

Mit der Entwicklung der Kybernetik (siehe Kapitel 1.1.2) wurde auch der Begriff des **Systems** „neu erfunden". Mittlerweile hat sich für den Begriff des „Systems" eine mehrheitlich tragfähige Sichtweise entwickelt:

Kybernetik als Grundlage des Systemdenkens

> Ein **System** besteht demnach aus Elementen, die miteinander in Beziehung stehen.

In der Praxis bedeuten die **Beziehungen** zwischen den **Elementen** eines Systems, daß **Veränderungen eines Elements** sich auf ein oder mehrere andere Elemente **auswirken**. Damit wurde die früher vorherrschende Sichtweise der linearen Wirkungszusammenhänge durchbrochen; vor allem durch die Arbeiten Wieners zur Kybernetik Ende der fünfziger Jahre wurde das allgemeine Verständnis unserer Welt wieder etwas komplexer und komplizierter.

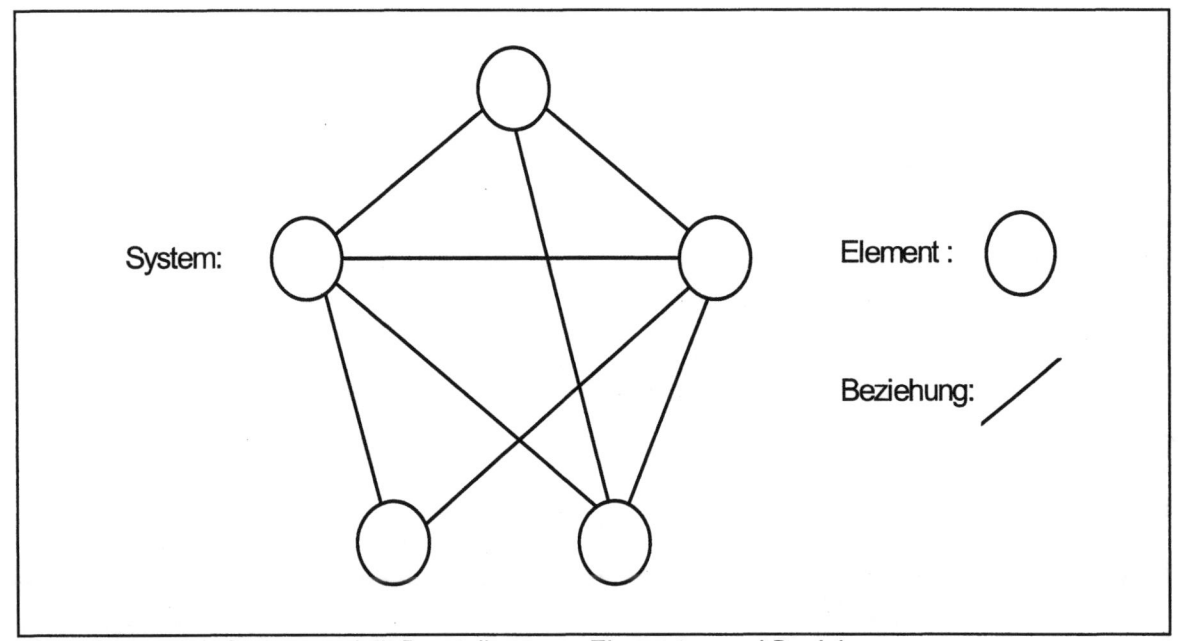

Abbildung 1.4-1: Systemmodell, Darstellung von Elementen und Beziehungen

Um Systeme in der Praxis verstehen zu können, werden diese häufig in Form von **leichter nachvollziehbaren Modellen** abgebildet. Dieser Zwischenschritt vereinfacht in der Regel die Darstellung und Analyse von Systemen und verzichtet dafür auf absolute Wirklichkeitstreue.

Sowohl „Element" als auch „Beziehung" sind zusätzlich noch zu definieren:

> Ein **Element** ist der kleinste definierte Bestandteil eines Systems, der nicht weiter zerlegt wird.

Systemkomponente: Element

Diese Definition gibt die Möglichkeit, selbst den Detaillierungsgrad einer Systemdarstellung zu bestimmen. Das Element bleibt für sich genommen eine „Black Box", in die nicht weiter hinein geschaut wird:

Bei der Produktentwicklung einer elektronischen Steuerung (definitionsgemäß in aller Regel ein Projekt) muß z.B. entschieden werden, ob in der Darstellung des Projektzielsystems als Systemelemente die einzelnen Baugruppen betrachtet werden oder ob eine Detaillierung des Systems bis hin zu den Einzelbausteinen wie Kondensatoren, Transistoren und Widerstände erforderlich ist.

1.4.1.2 Charakteristika von Systemen

Systemkomponente: Beziehung

> Eine **Beziehung** zwischen zwei Elementen zeigt deren Abhängigkeit voneinander auf.

Zwischen den Elementen eines Systems können Beziehungen bestehen. Es müssen aber nicht zwischen allen Elementen eines Systems direkte Beziehungen bestehen - dies gilt auch in dem o.a. Beispiel. Unabhängig vom Grad der Detaillierung müssen nicht zwischen allen Baugruppen oder Einzelbausteinen direkte Beziehungen bestehen. Es gilt aber grundsätzlich, daß das Wesen eines Systems u.a. auch darin besteht, daß auf jeden Fall zwischen allen Elementen **indirekte Beziehungen** bestehen.

> Elemente haben auch **Eigenschaften**.

Dabei gibt es keine Normen, wie viele Eigenschaften ein Element hat, wie diese Eigenschaften benannt werden oder auch Standards, ob die Eigenschaften auf „technische" Merkmale beschränkt werden. Ähnlich wie bei den Elementen eines Systems ist auch bei den Eigenschaften eines Elementes der Detaillierungsgrad festzulegen:

Im Fall der elektronischen Steuerung wäre dies z.B. die stromleitende Eigenschaft eines Systemelementes - also dessen Funktion - unter bestimmten Bedingungen.

Als Faustregel für die Beschreibung von Eigenschaften eines Elementes sollte berücksichtigt werden, daß alle Eigenschaften eines Elementes, die für seine Beziehungen zu anderen Elementen wichtig sind bzw. sein können, dargestellt werden.

Ein Element kann auch wieder als eigenes System aufgefaßt werden - je nach der Sichtweise, aus der die Betrachtung stattfindet (siehe oben):

In der elektronischen Steuerung ist beispielsweise der Prozessor ein Element des PC. Der Prozessor stellt aber selbst wieder ein (sehr komplexes) System dar.

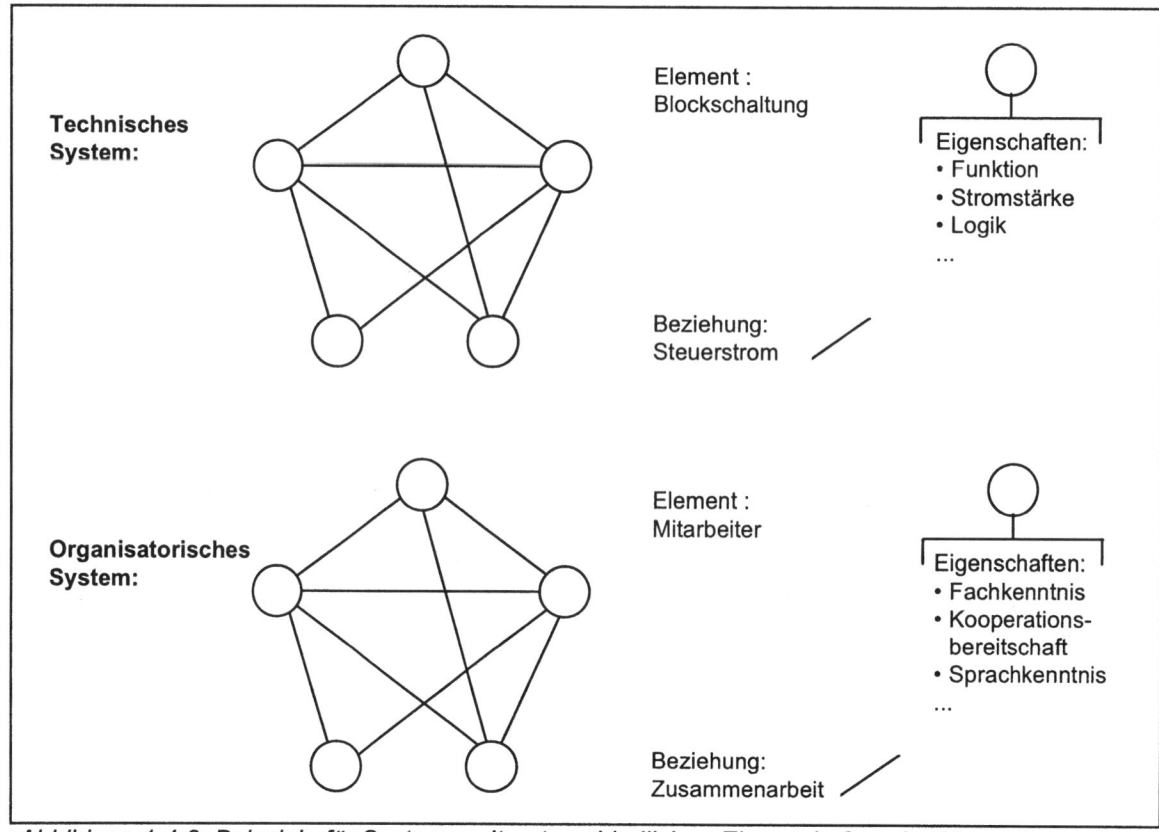

Abbildung 1.4-2: Beispiele für Systeme mit unterschiedlichen Eigenschaften der Elemente

1.4 Systemdenken und Projektmanagement

Wenn es sich um die Darstellung von Projektzielsystemen handelt, könnte die Beschreibung von Elementen, Eigenschaften und Beziehungen beispielsweise bei technischen oder organisatorischen Projekten wie in Abbildung 1.4-2 dargestellt, aussehen.

Wenn die Eigenschaften für die Elemente eines Systems festgelegt sind, so müssen schließlich noch die zulässigen **Ausprägungen** (z.B. Größe, Dimension, Stärke usw.) dieser Eigenschaften festgelegt werden - sei es in Form von Tabellen mit Begriffen oder in Form von Maßstäben oder Maßeinheiten.

Eigenschaften haben Ausprägungen

Bei technischen Systemen sind i.d.R. die Eigenschaften in Form von prüfbaren bzw. reproduzierbaren Ausprägungen dargestellt. Bei nicht-technischen, z.B. organisatorischen Systemen, sind i.d.R. die Eigenschaften unschärfer, da subjektiv, benannt.

Im Fall der elektronischen Steuerung wäre dies z.B. die verarbeitbare Stromspannung von 6 Volt.

In allen Fällen müssen allerdings die Ausprägungen der Eigenschaften von Elementen in Systemen einmal eindeutig festgelegt werden, damit es nicht zu einer Vielzahl unterschiedlicher Wahrnehmungen und Bezeichnungen für ein und denselben Sachverhalt kommt.

Systemdarstellung mit Elementen und Beziehungen ohne weitere Differenzierung mit ...:

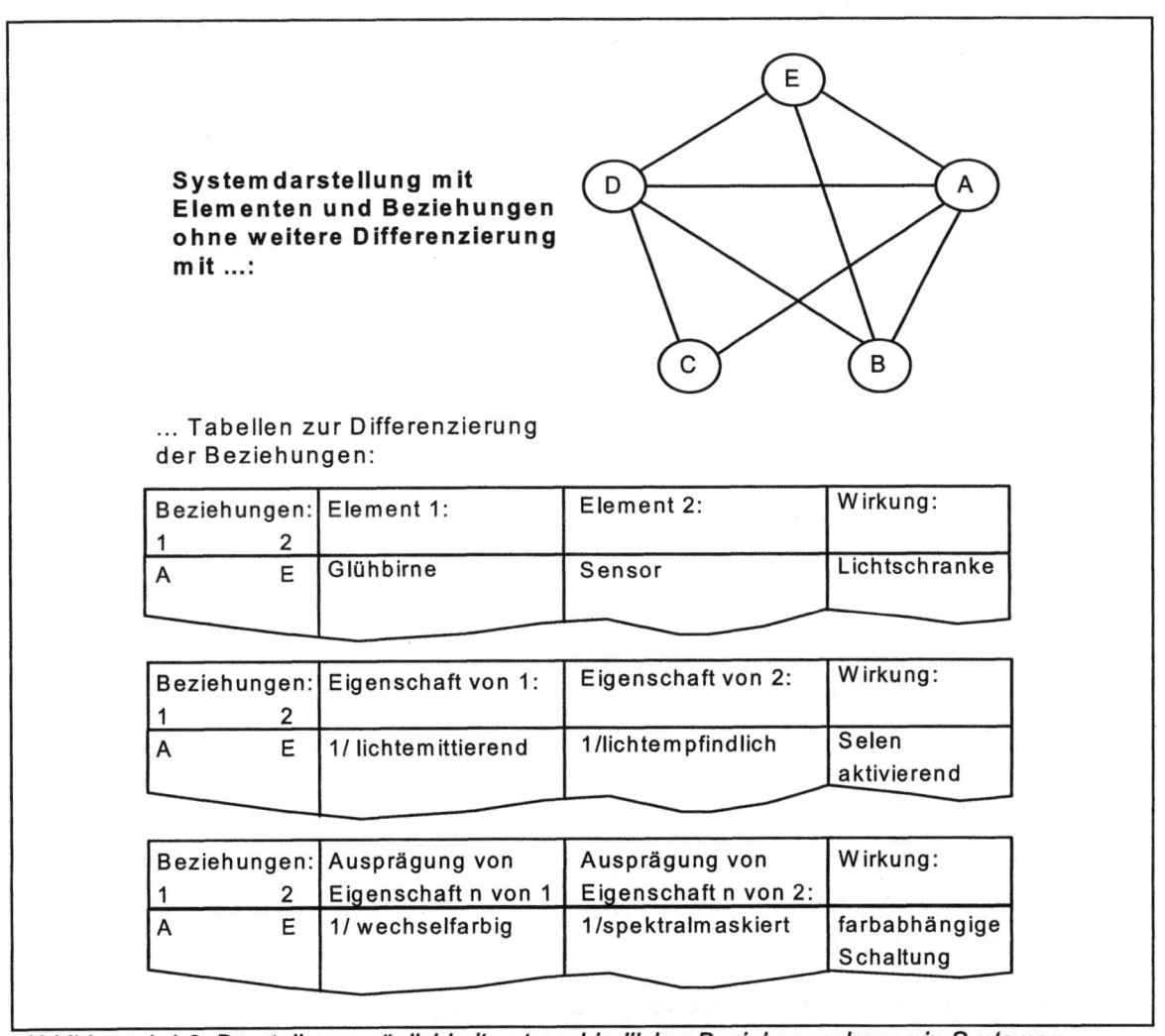

... Tabellen zur Differenzierung der Beziehungen:

Beziehungen: 1 2	Element 1:	Element 2:	Wirkung:
A E	Glühbirne	Sensor	Lichtschranke

Beziehungen: 1 2	Eigenschaft von 1:	Eigenschaft von 2:	Wirkung:
A E	1/ lichtemittierend	1/lichtempfindlich	Selen aktivierend

Beziehungen: 1 2	Ausprägung von Eigenschaft n von 1	Ausprägung von Eigenschaft n von 2:	Wirkung:
A E	1/ wechselfarbig	1/spektralmaskiert	farbabhängige Schaltung

Abbildung 1.4-3: Darstellungsmöglichkeit unterschiedlicher Beziehungsebenen in Systemen

Was für die Elemente in Systemen gilt, trifft auch auf die Beziehungen zwischen den Elementen zu. Mit dem Kennzeichnen einer Beziehung zwischen zwei Elementen ist die Beziehung noch lange nicht vollständig beschrieben. Eine Beziehung hat keinen Wert an sich. Erst dadurch, daß eine Beziehung zwischen zwei Elementen wirkt, wird eine Beziehung bedeutsam bzw. überhaupt erst als Beziehung wahrgenommen. Um eine Beziehung zwischen zwei Elementen darzustellen, müßte noch berücksichtigt werden:

- Die Beziehung kann auf zwei vollständige Elemente ausgerichtet sein.
- Die Beziehung kann sich auf bestimmte Eigenschaften von Elementen beschränken.
- Die Beziehung kann sich auf bestimmte Ausprägungen von Eigenschaften von Elementen beschränken.

Beziehungen existieren auf unterschiedlichen Ebenen

In dieser Sicht von Beziehungen geht es daher auch immer um **Beziehungsebenen**. Bei dem bisher schon zur praktischen Orientierung eingeführten Projekt „Produktentwicklung einer elektronischen Steuerung" z.B. wäre dazu eine Darstellung wie in Abbildung 1.4-3 denkbar.

Beziehungsarten sind auch zu berücksichtigen

Eine weitere Sicht von Beziehungen stellt die **Art** von Beziehungen dar (Abbildung 1.4-4):

Systemdarstellung mit integrierten Beziehungsarten:

- betrifft Eigenschaft 1
- betrifft Eigenschaft 2
- zwei einfache, gerichtete Beziehungen
- komplexe, rekursive Beziehung
- einfache, gerichtete Beziehung

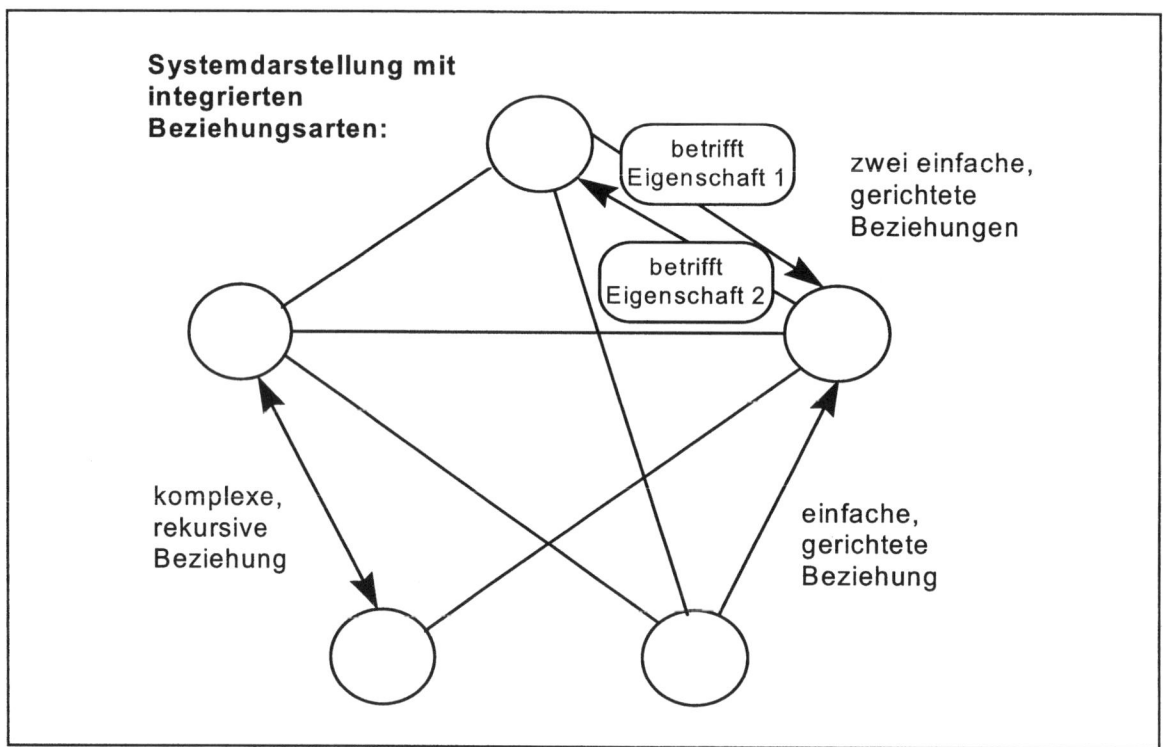

Abbildung 1.4-4: Darstellungsmöglichkeit unterschiedlicher Beziehungsarten im System

Die Beziehung zwischen zwei Elementen kann wie folgt sein:

- einfach gerichtet;
- komplex, rekursiv (= zurückgehend bis zu bekannten Werten);
- zwei einfache, gerichtete Beziehungen, die sich auf unterschiedliche Eigenschaften bzw. Ausprägungen von Eigenschaften beziehen.

Bei dem Beispielprojekt „Entwicklung einer elektronischen Steuerung" wären die Beziehungen auch abhängig vom Detaillierungsgrad bei den Elementen zu sehen. Bei einer Detaillierung bis hin zu Kondensatoren, Widerständen und Transistoren wären einfache gerichtete Beziehungen anzutreffen. Bei einer Detaillierung bis auf Baugruppenebene bzw. Chip-Ebene wären überwiegend komplexe, rekursive Beziehungen anzutreffen.

Beziehungen müssen nun nicht nur exklusiv zwischen zwei Elementen bestehen. Es können auch gleichzeitig Beziehungen von einem Element zu mehreren anderen Elementen bestehen.

1.4 Systemdenken und Projektmanagement

Schließlich kann für alle Beziehungen in Systemen auch noch jeweils deren **Intensität** festgestellt werden. Solche Bewertungen zur Intensität der Beziehungen können z.B. etwas über den Umfang von Veränderungen von Elementen oder deren Eigenschaften aussagen, die durch die Beziehung zu einem anderen Element oder mehreren anderen Elementen hervorgerufen werden.

Intensität von Beziehungen kann eine Rolle spielen

Auch die Intensität von Beziehungen ist übrigens sowohl bei **technischen Systemen** als auch bei **organisatorisch sozialen Systemen** (siehe Kapitel 2.4) anzutreffen. Bei technischen Systemen sind i.d.R. die Beziehungen zwischen den Elementen eher meßbar und häufig sogar in ihrer Intensität regelbar - z.B. die Stromstärke bei konstanter Spannung. Bei nicht-technischen Systemen sind die Beziehungen dagegen häufig in ihrer Intensität nur grob bestimmbar.

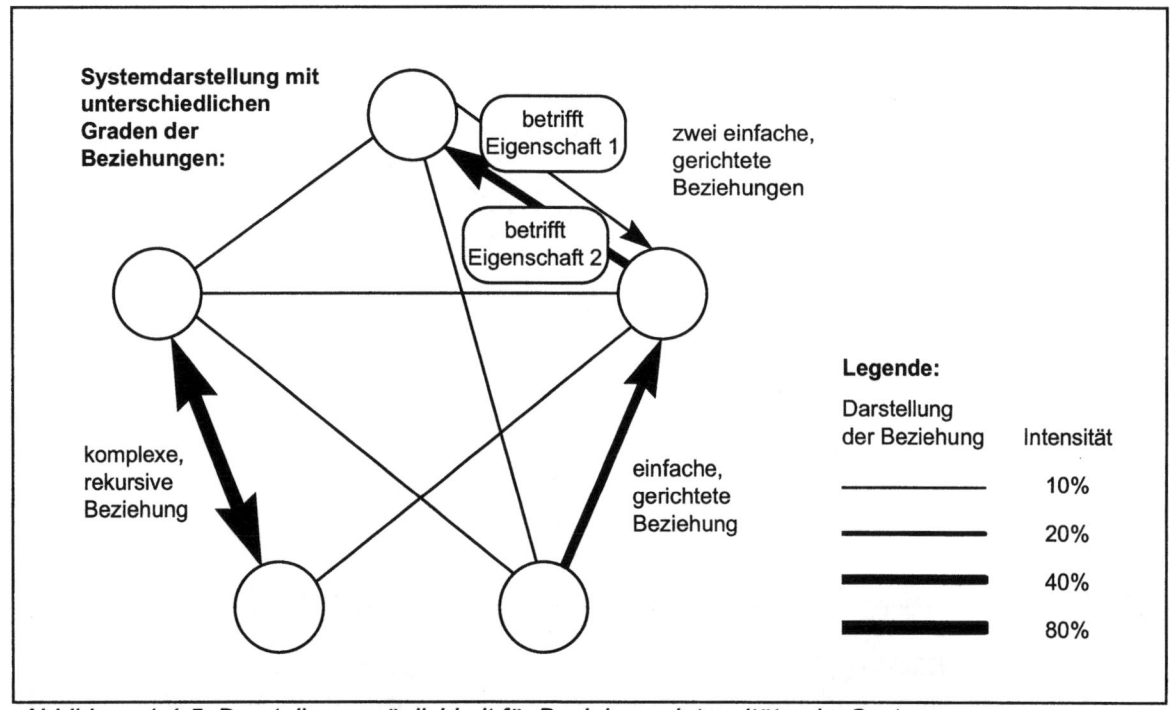

Abbildung 1.4-5: Darstellungsmöglichkeit für Beziehungsintensitäten im System

Bei technischen Systemen werden die Beziehungen i.d.R. soweit ausdifferenziert, daß die Aufgabenstellung des technischen Systems erfüllt ist. Inwieweit zusätzliche Beziehungen zwischen den technischen Systemelementen „sicherheitshalber" zu berücksichtigen sind, muß von Fall zu Fall entschieden werden. Noch weniger Hilfe gibt es bei der **Darstellung nicht-technischer Systeme**.

Bei der möglichen Komplexität von Systemen sollte für alle Teile einer Systemdarstellung immer versucht werden, mit **möglichst wenig Information** auszukommen:

Systemdarstellung überschaubar begrenzen

- Also sollte ein System aus einer möglichst überschaubaren Zahl von Elementen bestehen. Die Elemente sollten wenige, aber prägnante Eigenschaften haben.

- Die Beziehungen zwischen den Elementen sollten sich möglichst auf die 20% beschränken, die vermutlich 80% der Wirkungen innerhalb des Systems darstellen.

Viele Aspekte, die ein System ausmachen, sind nunmehr identifiziert:

- Elemente und ihre Beziehungen,
- Eigenschaften und Ausprägungen von Elementen,
- Ebenen, Arten und Intensität von Beziehungen.

Wenn ein System mehr sein soll als ein Bündel von linearen Beziehungen, dann kommen weitere Komponenten zum Tragen.

1.4.1.3 Regelkreis und Rückkopplung

Für eine vollständige Darstellung des Systembegriffs auch unter kybernetischen Gesichtspunkten müssen zusätzlich die Begriffe **„Regelkreis"** und **„Rückkopplung"** bzw. **„Feedback"** eingeführt werden (siehe Kapitel 1.1.2). Hier geht es um eine weitergehende Betrachtung von Beziehungen zwischen den Elementen eines Systems:

Wird ein Element verändert oder verändert sich ein Element in einem System und wirkt sich diese Veränderung auf mindestens ein anderes Element aus, so ist bei einer systemischen Betrachtungsweise festzustellen, daß von diesem zweiten Element weitere Wirkungen ausgehen.

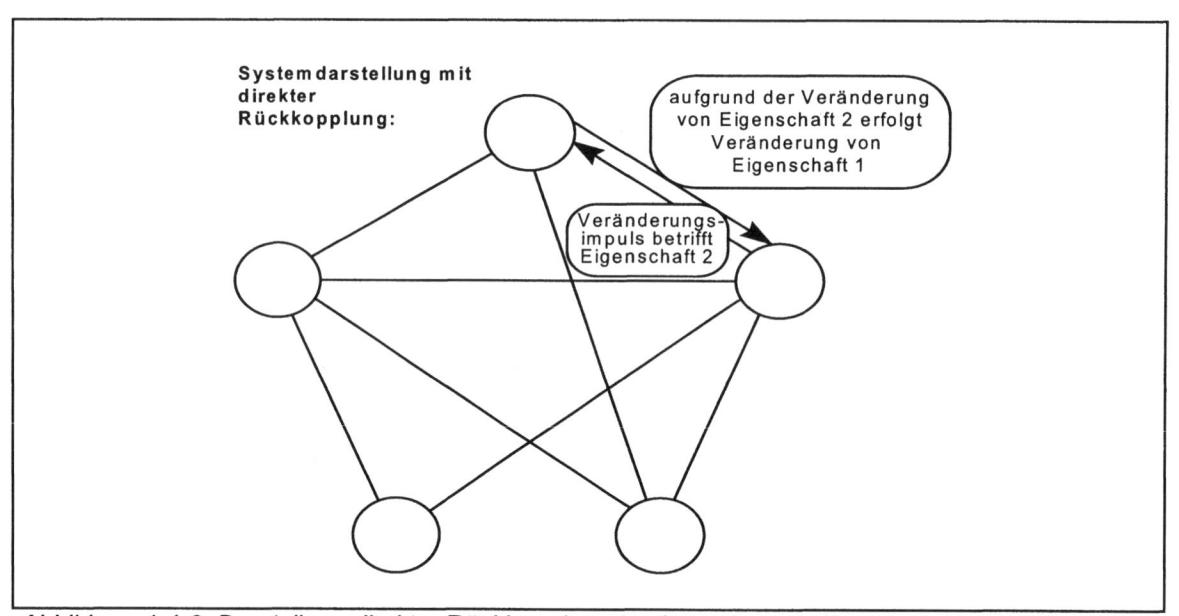

Abbildung 1.4-6: Darstellung direkter Rückkopplung in einem System (Beispiel)

Bei der **direkten Rückkopplung** wirkt ein Element auf ein anderes Element ein, und von dem zweiten Element findet „nur" eine Rückkopplung zum ersten Element der Beziehung statt (vgl. Abbildung 1.4-6). Die direkte Rückkopplung selbst (zwei gegenläufige Beziehungen) stellt noch keinen Regelkreis dar.

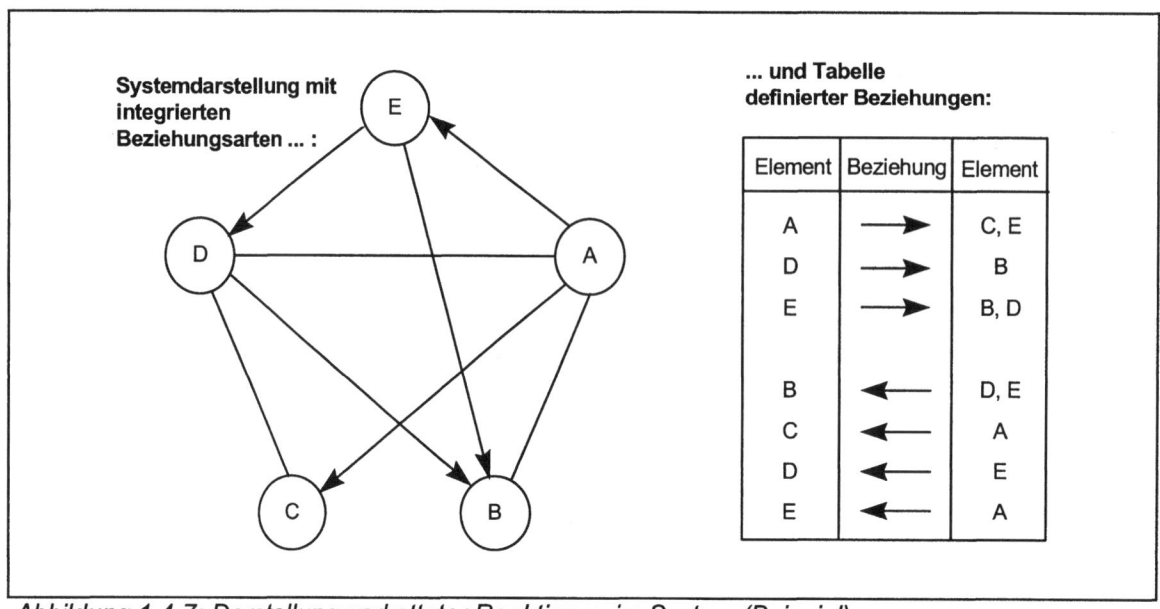

Abbildung 1.4-7: Darstellung verketteter Reaktionen im System (Beispiel)

Bei einer **verketteten Reaktion** wirkt ein Element auf mindestens ein weiteres Element ein, und von diesem zweiten Element bzw. der Gruppe von Elementen existieren keine Beziehungen zu dem ersten Element, aber zu einem bzw. mehreren anderen Elementen. Dabei können durchaus auch Beziehungen existieren, die von mehreren Elementen auf ein einzelnes weiteres Element ausgerichtet sind (Abbildung 1.4-7).

Eine komplexe systemische Betrachtungsweise ist schließlich erreicht, wenn Beziehungen zwischen mehreren Elementen existieren, bei denen die Einwirkung eines Elementes auf ein anderes Element schließlich über mehrere Stationen wieder zu Veränderungen beim ursprünglich auslösenden Element führen. Dies ist die **indirekte Rückkopplung** des **Regelkreises**. Die besondere Bedeutung des Regelkreises für die Führungsfunktionen und projektorientierte Arbeitsweisen ist in Kapitel 1.1.2 ausführlich dargestellt.

Regelkreis

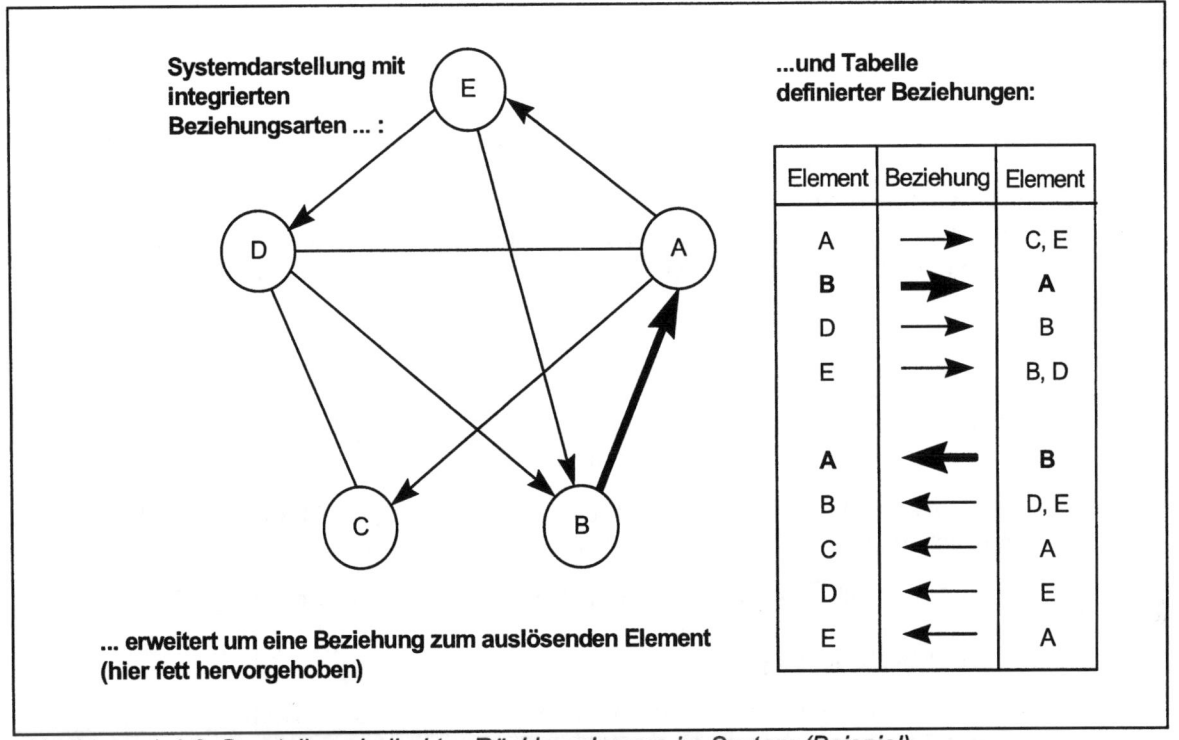

Abbildung 1.4-8: Darstellung indirekter Rückkopplungen im System (Beispiel)

In dem Beispielprojekt „Entwicklung einer elektronischen Steuerung" wären vermutlich auch alle kybernetischen Sichtweisen mit zu berücksichtigen: Sowohl ein einfaches Feedback als auch verkettete Reaktionen und indirekte Rückkopplungen sind in der Beschreibung eines solchen Projektgegenstandes von Bedeutung.

Für die systemische Sichtweise gilt mehr noch als für andere Analyseformen bzw. Wahrnehmungen von komplexer Wirklichkeit, daß deren Abbildung in grafischer Form leichter zu leisten ist als in verbaler.

Systeme grafisch darstellen

1.4.2 Geschlossene und offene Systeme

Ein **geschlossenes System** besteht aus einer begrenzten Zahl von Elementen, zwischen denen Beziehungen bestehen. Es bestehen keine Beziehungen zur Umgebung des definierten geschlossenen Systems. Dies entspricht prinzipiell den Darstellungen im Abschnitt 1.4.1.

Geschlossenes System

Offene Systeme dagegen zeichnen sich durch mindestens eine Beziehung zu mindestens einem nicht definierten Element außerhalb des definierten Systems aus. Offene Systeme sind in der Praxis deutlich häufiger anzutreffen als geschlossene Systeme.

Offenes System

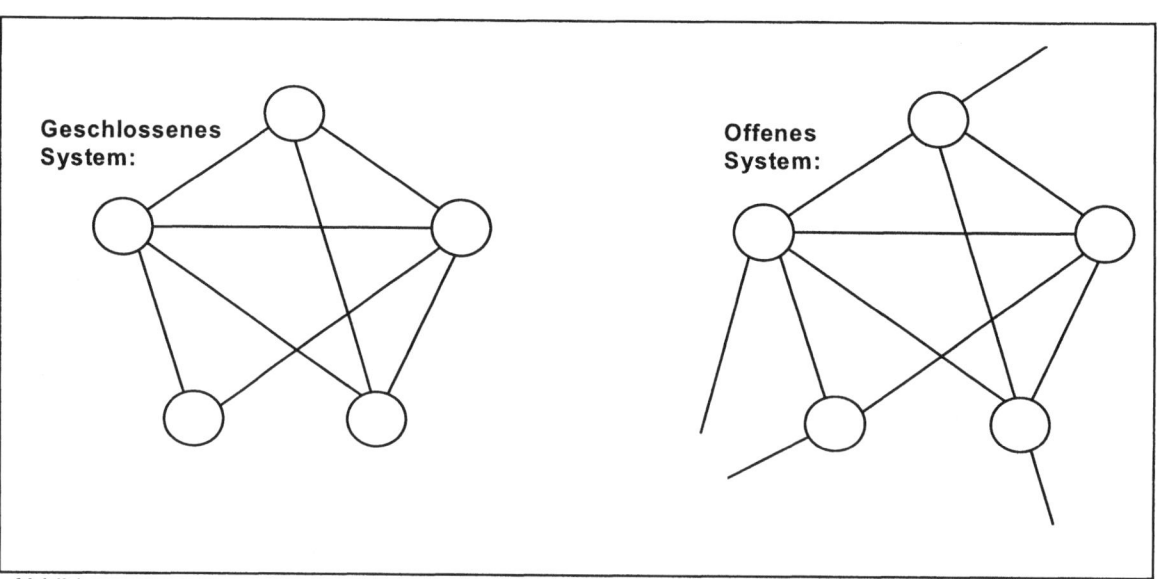

Abbildung 1.4-9: Gegenüberstellung des geschlossenen und des offenen Systems

Während das geschlossene System - wenn auch manchmal mit beträchtlichem Aufwand - grundsätzlich beherrschbar und damit steuerbar ist, so gilt dies für das offene System nicht mehr. Das wird insbesondere deutlich, wenn die Merkmale eines offenen Systems in größerem Umfang zutreffen:

„Ein System besteht aus Elementen, ..."

- Bei einem offenen System sind nicht mehr alle Elemente, die miteinander in Beziehung stehen, bekannt bzw. ermittelbar.

- Wenn nicht mehr alle Elemente eines Systems bekannt oder ermittelbar sind, so sind auch die Eigenschaften dieser Elemente nicht bekannt,

- und erst recht sind keine Aussagen über deren Ausprägungen mehr möglich.

„... die miteinander in Beziehung stehen".

- Wenn ein Element nicht beschrieben ist, so ist die Beziehung zwischen ihm und anderen Elementen nicht eindeutig herzustellen bzw. zu kennzeichnen.

- Ebenso sind differenzierte Betrachtungen, inwieweit Beziehungen zwischen vollständigen Elementen, bestimmten Eigenschaften oder gar nur bestimmten Ausprägungen von Eigenschaften bestehen, nicht möglich.

- Die unterschiedlichen **Arten** von Beziehungen - von einfach, gerichtet einerseits bis hin zu komplex, rekursiv andererseits - sind zu nicht definierten Elementen ebenfalls kaum darzustellen.

- Für die **Intensität** bzw. den Grad der Beziehungen zu nicht definierten Elementen gilt ebenfalls, daß diese kaum darstellbar sind.

Offene Systeme sind darstellbar

Obwohl viele Komponenten eines offenen Systems also nicht präzise abgebildet oder beschrieben werden können, gibt es doch einen Weg, die systemische Sichtweise praktisch aufrechtzuerhalten - wenn auch mit höherer Unsicherheit.

Bei einem offenen System werden in der Darstellung die einzelnen Elemente außerhalb des Betrachtungsraumes nicht mehr berücksichtigt. Der Betrachtungsraum stellt den gewählten Ausschnitt des Gesamtsystems dar, der Gegenstand der Darstellung bzw. Analyse ist. Erkannt werden können einige Wirkungen, also Beziehungen, die nach außen über den Betrachtungsraum hinaus gerichtet sind, die die scheinbare **Systemgrenze** überschreiten. Ebenso können einige Beziehungen mit berücksichtigt werden, die in den Betrachtungsraum hinein über die scheinbare Systemgrenze wirken.

1.4 Systemdenken und Projektmanagement

Der **definierte Teil eines offenen Systems** steht also im Mittelpunkt der Betrachtung. Damit könnten eigentlich alle Beziehungen, die vom definierten System weg wirken, für die weitere Arbeit vernachlässigt werden. Dies gilt allerdings nur, wenn dadurch umgekehrt vermutlich keine Wirkungen auf das betrachtete System ausgelöst werden. Der Fall der einfachen Rückkopplung muß schon in die Betrachtung einbezogen werden. Außerdem sind die einfachen, gerichteten Einwirkungen von außen auf das betrachtete System zu berücksichtigen (vgl. Abbildung 1.4-10).

Die Abgrenzung zwischen Systeminhalt (Problem, Aufgabe) und seinem wichtigen Umfeld (**Randbedingungen**) ist schwierig. Sie wird meist im Rahmen der Zielsystemerstellung vorgenommen und muß u.U. während des Problemlösungsprozesses mehrfach angepaßt werden.

Offenes System mit unterschiedlichen Außenbeziehungen:

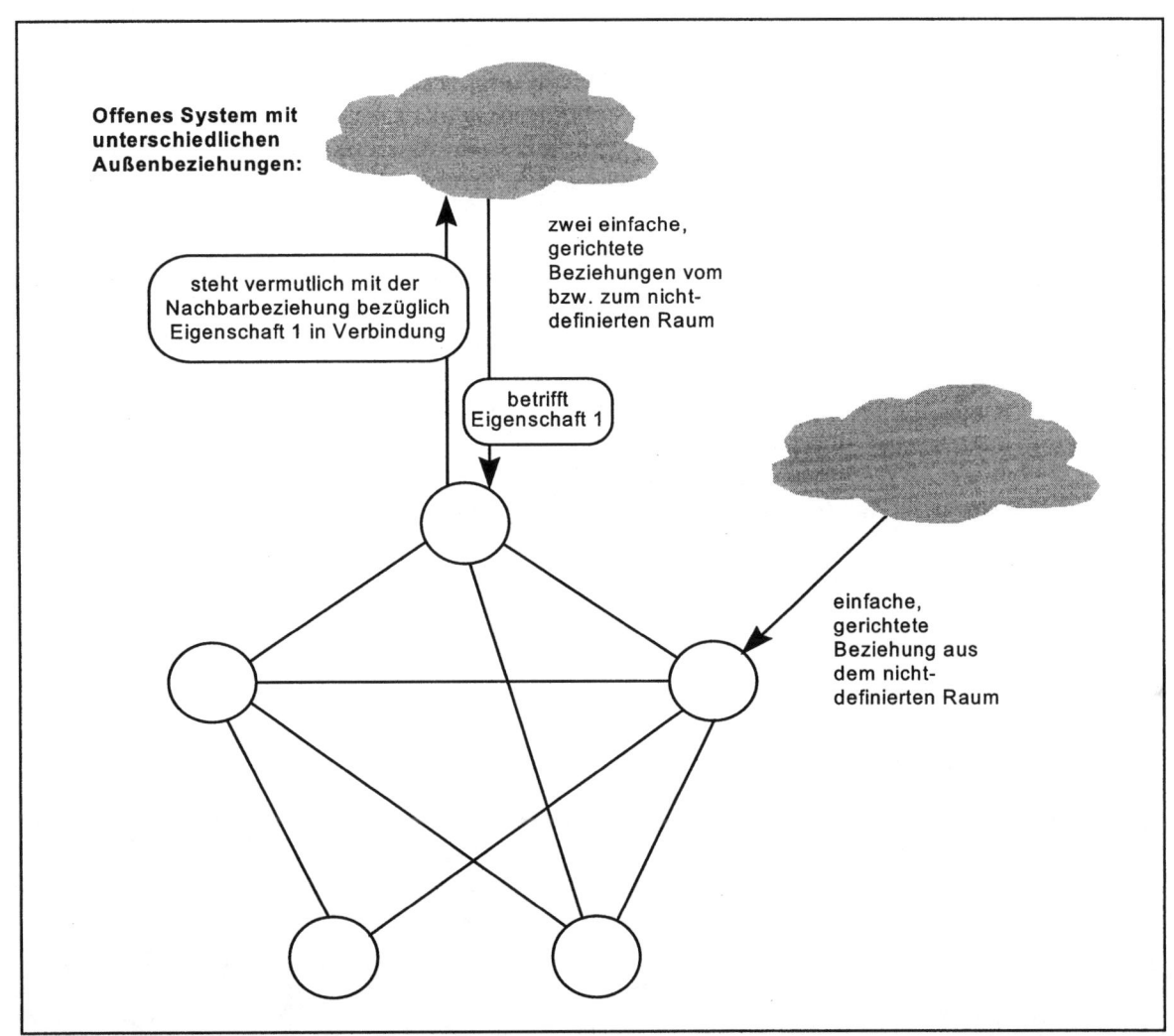

- steht vermutlich mit der Nachbarbeziehung bezüglich Eigenschaft 1 in Verbindung
- zwei einfache, gerichtete Beziehungen vom bzw. zum nicht-definierten Raum
- betrifft Eigenschaft 1
- einfache, gerichtete Beziehung aus dem nicht-definierten Raum

Abbildung 1.4-10: Einfaches offenes System

Ein **einfaches offenes System** zeichnet sich also durch nur wenige Beziehungen in den nicht definierten Raum aus. Der Anteil der ungesicherten, aber schon begründbaren Mutmaßungen über das Gesamtsystem bleibt überschaubar.

Ein **schwerer zu durchschauendes offenes System** enthält dann neben den einfachen, gerichteten Beziehungen auch noch komplexe, rekursive Beziehungen, also indirekte Rückkopplungen.

Bei diesen etwas komplexeren offenen Systemen werden direkte Rückkopplungen nach außen in den nicht-definierten Raum mit betrachtet. Damit steigt der Anteil der Mutmaßungen über das betrachtete System. Die Darstellung direkter Rückkopplungen, also komplexer, rekursiver Beziehungen, zwischen zwei Elementen, von denen eines nicht präzise darstellbar ist, erfordert daher umfangreiche **Umfeldanalysen** (siehe Kapitel 1.3). Nur dann ist ein komplexeres offenes System überhaupt noch darstellbar.

Komplexität begrenzen

Eine noch weitergehende Darstellung von offenen Systemen mit umfassenderen Regelkreisen bzw. indirekten Rückkopplungsschleifen über mehrere Elemente wird aufgrund der Menge der notwendigen Mutmaßungen und verbleibenden Unschärfen keine verwertbaren Erkenntnisse liefern. Problematischer noch: Scheinbar gewonnene Erkenntnisse entsprechen nicht der (unbekannten) Wirklichkeit. Es wird möglicherweise in das System eingegriffen und statt im gewünschten Sinn einzuwirken, entstehen unerwartete Effekte, die nicht mehr beherrschbar sind.

1.4.3 „Harte" und „weiche" Systemsichtweisen

Systemdenken im Projektmanagement

Solange nur eher abstrakte Systeme und Systemkomponenten wie Element und Beziehung dargestellt werden oder offene und geschlossene Systeme Gegenstand der Betrachtung sind, scheint abgesehen von der möglichen Darstellung von komplexeren Projektgegenstandszielen in einigen Branchen kaum ein anderer Bezug zur Projektarbeit, insbesondere zum Projektmanagement zu bestehen. Diese eventuelle Beschränkung des Systemdenkens im Projektmanagement auf die Darstellung von gegenständlichen Projektzielsystemen kann durch weitere Systemunterscheidungen überwunden werden.

Systemsichten unterscheiden

Eine Unterscheidung in „harte" und „weiche" Systemsichtweisen kann sich an verschiedenen Merkmalen orientieren. Eine Unterscheidungsmöglichkeit besteht hier zwischen Systemen mit **meßbaren Merkmalen** und Systemen mit nur **indirekt beobachtbaren Merkmalen**. Eine weitere Unterscheidungsmöglichkeit besteht zwischen **technischen** Systemen und **organisatorischen** Systemen. Noch eine Unterscheidungsmöglichkeit wäre zwischen **sachlich-gegenständlichen** und **sozial-verhaltensgeprägten** Systemen möglich.

Die prinzipielle Darstellung solcher unterschiedlicher Sichtweisen ist aus Abbildung 1.4-11 zu entnehmen.

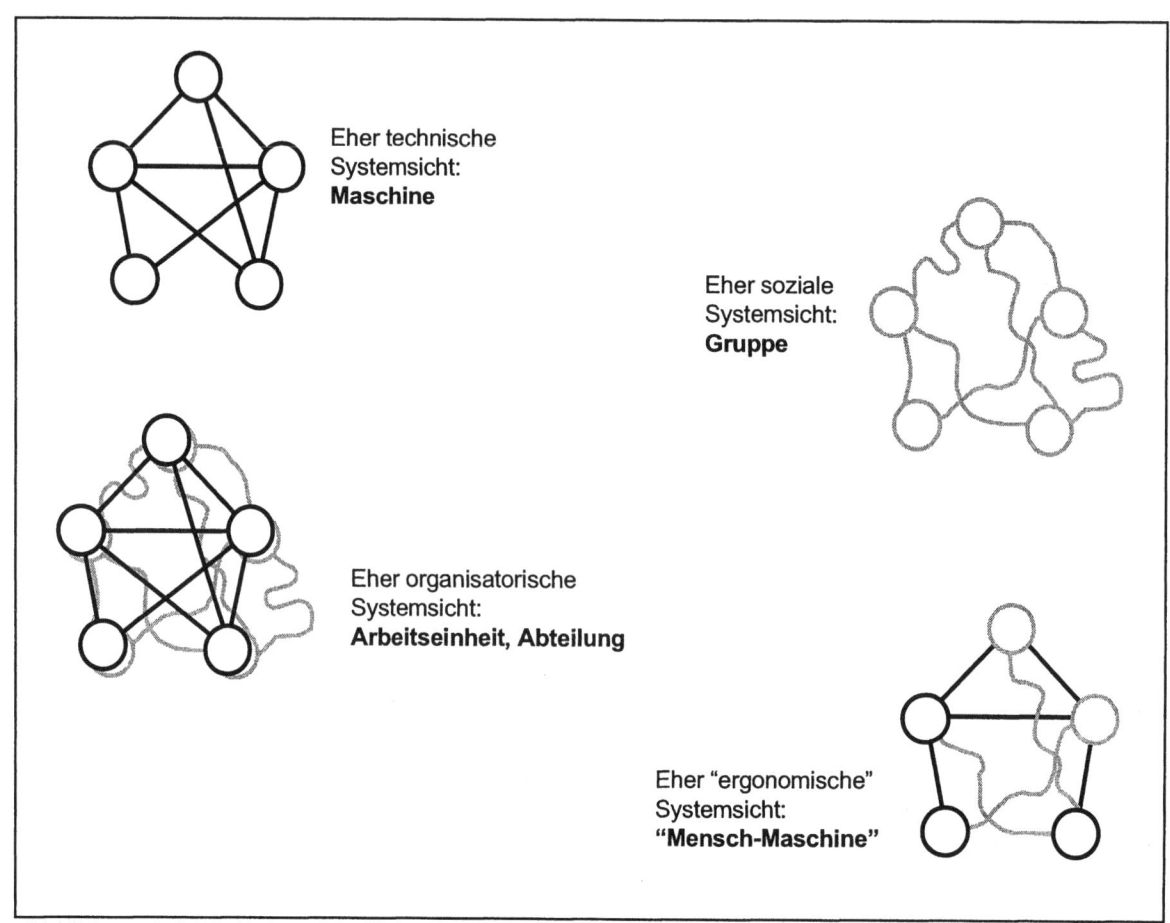

Abbildung 1.4-11: Unterschiedliche Systemsichtweisen

1.4 Systemdenken und Projektmanagement

Je nach dem Betrachtungsgegenstand und der Fragestellung sind unterschiedliche Sichtweisen nicht nur möglich, sondern notwendig, um Systeme zu verstehen bzw. begreifen zu können.

Eindeutige Systemsichten, die nur **„technisch-sachlich"** ausgerichtet sind, stellen bei aller Komplexität noch begrenzbare, klar ableitbare Anforderungen an die Betrachter. Wesentlich schwieriger wird die Betrachtung schon, wenn ein **soziales, verhaltensgeprägtes** System zu betrachten ist.

Die analytisch komplizierteste Form der Systembetrachtung betrifft schließlich Systeme, die sowohl eine formale „harte" Systemsicht erfordern als auch eine beziehungsorientierte „weiche" Systemsicht, da ja auch noch Wechselwirkungen zwischen den Systemebenen bestehen. Eine Variante von „hart" und „weich" kombinierter Systemsicht mit ähnlich komplizierten Beziehungen liegt vor, wenn sowohl „harte" als auch „weiche" Beziehungen zwischen Systemelementen auf der gleichen Ebene existieren.

1.4.3.1 „Harte" Systemsicht

Eine „harte" Systemsicht besteht immer dann, wenn das System als Kombination real existierender Komponenten, also der Elemente mit **eindeutigen geregelten, meßbaren und/oder beobachtbaren Beziehungen** existiert. Solche Systeme werden häufig als geschlossene Systeme betrachtet, obwohl sie in Wirklichkeit offene sind.

Ein typisches Beispiel für eine eher geschlossene „harte" Systemsicht ist die Konstruktionszeichnung und Beschreibung einer Maschine, ihrer Bauteile und deren Zusammenwirken. Mit der Definition der Einbringung (Input), z.B. der Rohstoffe oder des Verarbeitungsmaterials, sowie der Ausbringung (Output) endet häufig die Sicht auf mögliche Außenbeziehungen eines Projektergebnisses „Maschine" als System. In vielen Fällen ist diese Sicht allerdings zwangsweise durch die per Gesetz erforderlich gewordenen Umweltverträglichkeitsprüfungen etwas erweitert worden. Die Systemsicht wird in diesen Fällen erweitert auf mögliche Emissionen bzw. Belastungen durch das System „Maschine" an sich (Abbildung 1.4-12):

Technisch-sachliches System „Maschine"

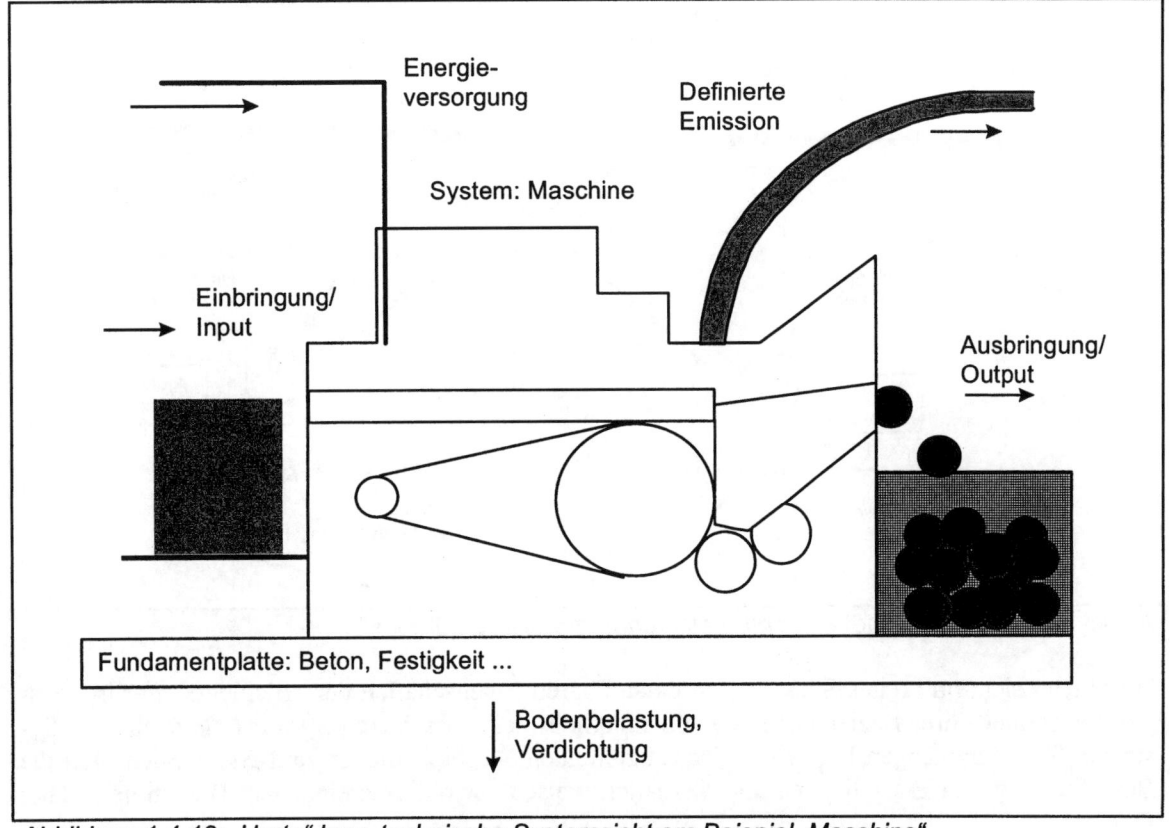

Abbildung 1.4-12: „Harte" bzw. technische Systemsicht am Beispiel „Maschine"

Empfehlenswert kann es auch noch sein, weitere Standortmerkmale in die Betrachtung des Systems „Maschine" mit einzubeziehen. Diese weiteren Beziehungen können ebenso die Bodenfestigkeit am Standort betreffen wie auch die Energieversorgung oder die Zuführung des zu verarbeitenden Materials.

In allen Teilen der Betrachtung sind es beobachtbare, „objektiv abbildbare" Elemente eines technischen Systems mit ihren Beziehungen untereinander, die wiederum direkt meßbar bzw. beobachtbar sind.

1.4.3.2 „Weiche" Systemsicht

Eine „weiche" Systemsicht liegt tendenziell vor, wenn - unabhängig von der möglichen Abbildung der Elemente - deren **Beziehungen nicht eindeutig geregelt, gemessen oder beobachtet** werden können. Solche Systeme können nur als offene Systeme mit großen Unschärfen verstanden und betrachtet werden.

Soziales System „Gruppe"   Ein typisches Beispiel für eine weiche Systemsicht ist die Darstellung einer informellen Gruppe, der Verhaltensweisen der Gruppenmitglieder untereinander und der Art ihrer Beziehungen (vgl. Kapitel 2.4 sowie Abbildung 1.4-13).

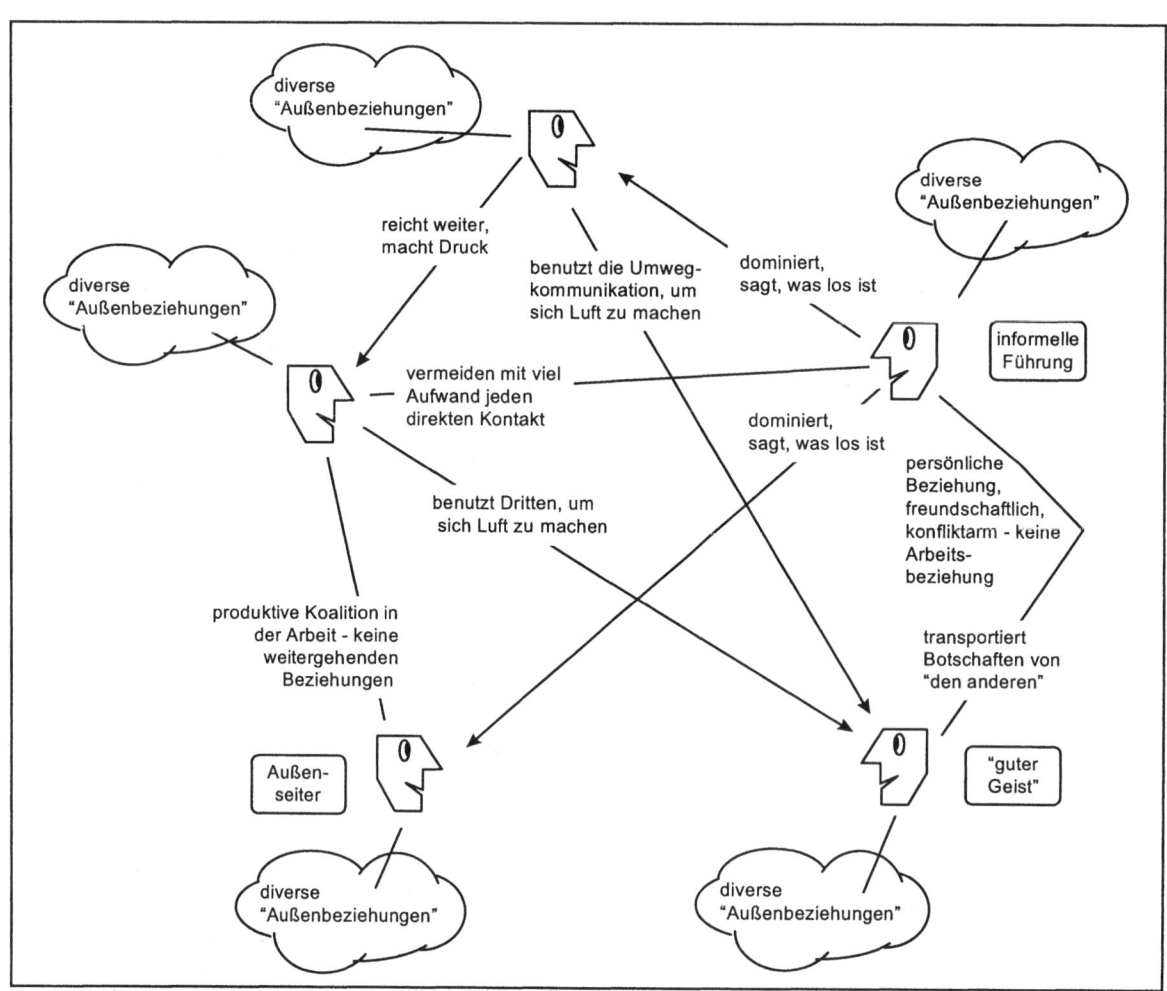

Abbildung 1.4-13: „Weiche" Systembetrachtung am Beispiel „Gruppe"

Hier bietet sich ein breites Spektrum an darstellbaren Eigenschaften der „Elemente" (= Gruppenmitglieder) und ihrer Beziehungen sowohl innerhalb des betrachteten Systems als auch zum Systemumfeld. Angefangen bei den zu identifizierenden Machtpositionen und Hierarchien über die Beeinflussung von Einstellungen und Verhaltensweisen sowohl untereinander als auch gegenüber

Dritten bis hin zu Kooperationen, Koalitionen und Einzelinteressen sind die unterschiedlichsten Ausprägungen zu beobachten.

Aufgrund der meist sehr komplexen Beziehungen eines solchen offenen sozialen Systems sollte die Betrachtung immer thematisch orientiert sein. Die erkenntnisleitenden Themen bei einer solchen Systembetrachtung können dabei z.B. auf die informelle Führung der Gruppe, die „Trösterfunktion" oder das Gruppenmitglied mit größter fachlicher Anerkennung ausgerichtet sein.

1.4.3.3 „Gemischte" Systemsichten

Eine typische Gruppe von Systemen mit **gleichzeitig „harter" und „weicher" Systemsicht auf unterschiedlichen Ebenen** sind die Organisationseinheiten in den Unternehmen. Die technische „harte" Systemsicht ist die formale Organisation mit Zuständigkeiten, festgelegten Aufgaben, definierter Arbeitsteilung, zugewiesener Verantwortung. Auf der „weichen" Systemebene stellt sich dann gegebenenfalls heraus, daß die Beziehungen ganz anders gestaltet sein können, als es formal gewünscht wurde.

Formelle und informelle Systemsicht

Während z.B. die formale Leitung der Organisationseinheit bei einer Person angesiedelt wurde, kann sich möglicherweise herausstellen, daß die informelle Führung der Gruppe an einer ganz anderen Stelle vorliegt. Ebenso können formal verordnete Arbeitsbeziehungen auf der sozialen, „weichen" Systemebene boykottiert werden, und es finden ganz andere Arbeitsorganisationen statt:

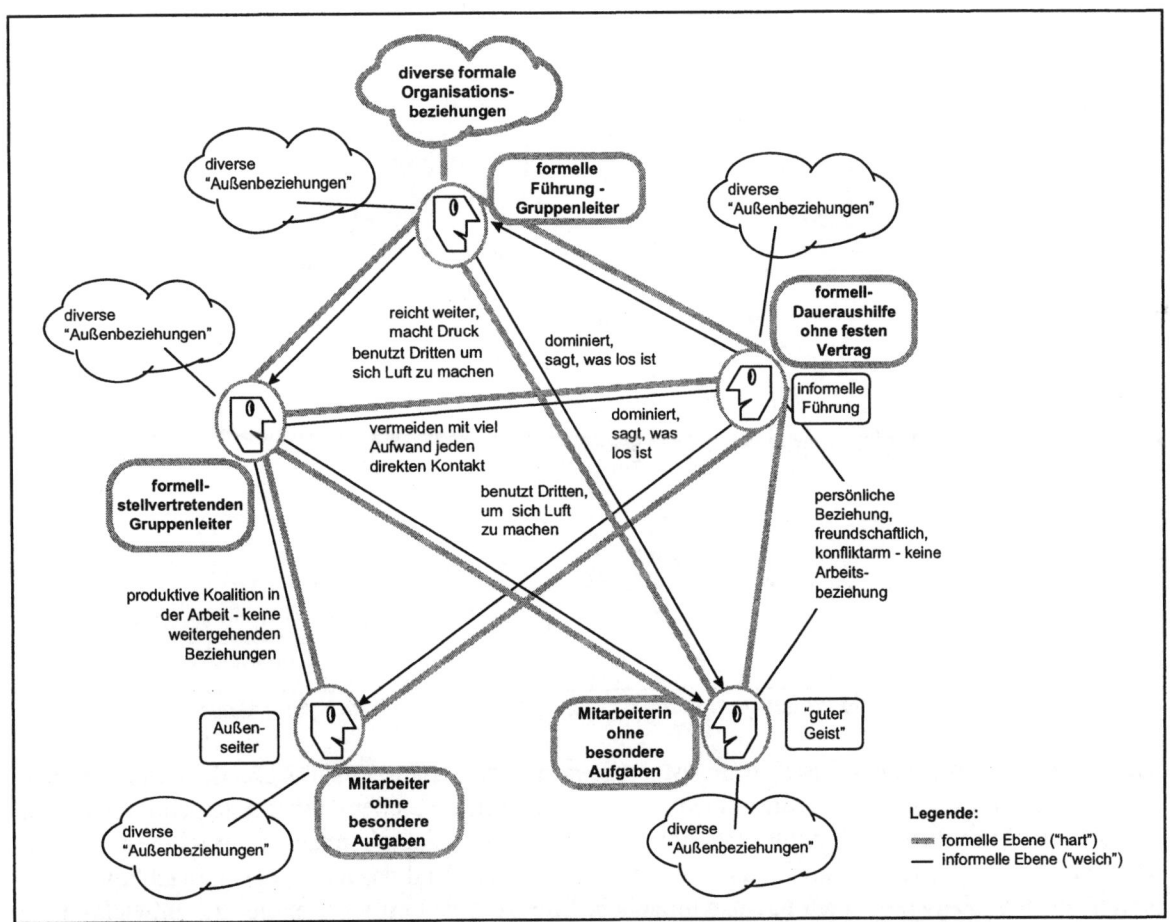

Abbildung 1.4-14: „Hart und weich gemischter" Systemansatz auf zwei Systemebenen

Bei einer solchen gemischten Form der Systemsichtweise ist immer zuerst der Zweck der Betrachtung klarzustellen, um mit der Vielfalt der Beziehungen noch angemessen umgehen zu können. Dies wird näher zu betrachten sein, wenn der Transfer des Systemansatzes in die Projektarbeit erfolgt (siehe Abschnitt 1.4.4).

1.4.3.4 Mensch-Maschine-Systeme

Mensch-Maschine-System

Die letzte zu skizzierende Gruppe von Systemen mit ganz eigenständigen Ausprägungen ist die Gruppe **mit gemischten „harten" und „weichen" Systemelementen auf einer Ebene**. Bei dieser Gruppe sind Merkmale der „harten", technikorientierten Systemsicht mit „weichen", wahrnehmungs- oder verhaltensbezogenen Systemelementen gleichberechtigt kombiniert. Diese Gruppe kann auch durch das Mensch-Maschine-Schnittstellenproblem charakterisiert werden.

Die Funktionalität eines technischen Systems unter anderem mit seinen Bedienungselementen steht in Beziehung mit dem Element „Mensch" z.B. in dem Gesamtsystem „Produktionseinheit". Die Eigenschaften des Systemelements „Mensch", wie z.B. Links- und Rechtshändigkeit, Sehfeld, Körpergröße, Denkfähigkeit, Grundfertigkeiten und jeweils damit verbundene Präferenzen in Wahrnehmung und Verhalten bestimmen dabei die Stabilität des Gesamtsystems „Produktionseinheit". So kann z.B. die persönliche Vorliebe oder Abneigung eines Individuums für eine bestimmte Form oder Farbe das Gesamtsystem nachhaltig beeinflussen.

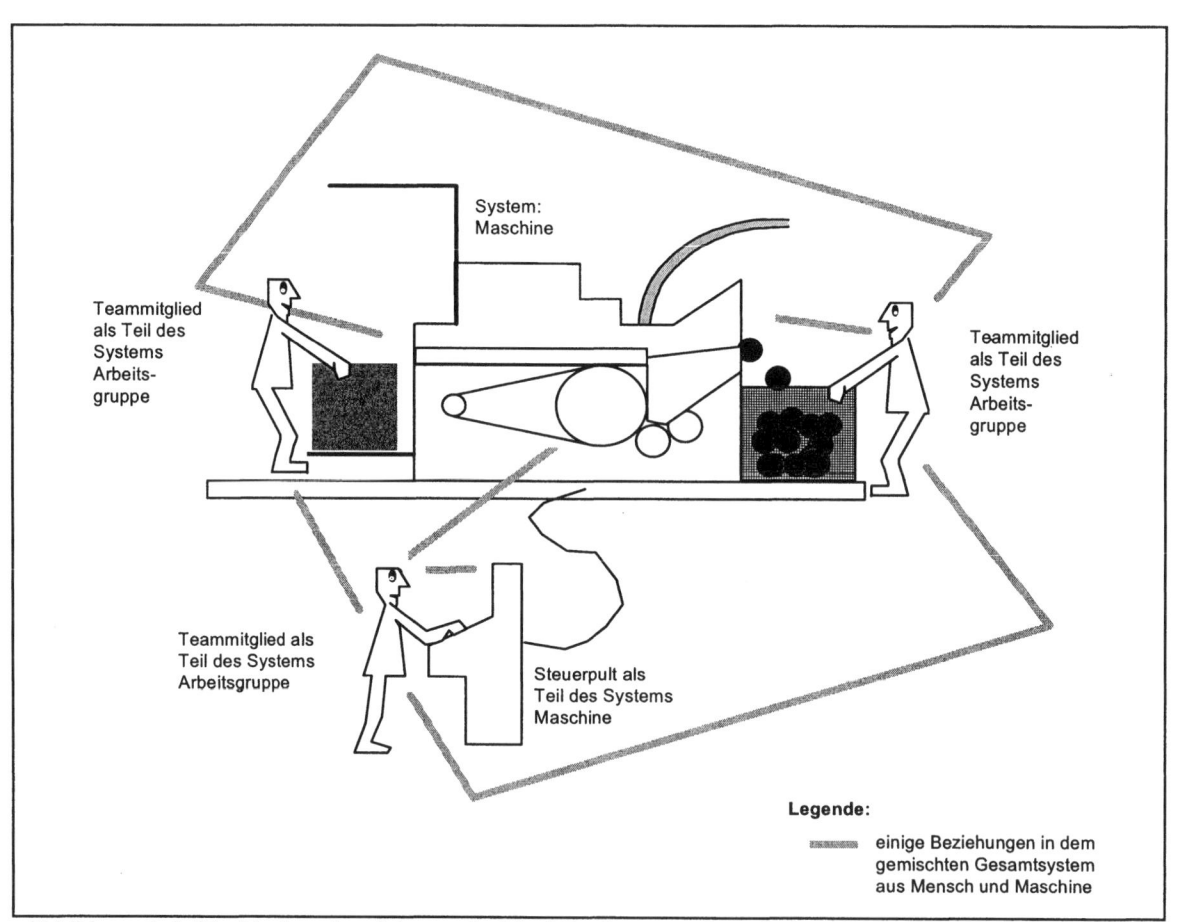

Abbildung 1.4-15: „Hart und weich gemischter" Systemansatz auf einer Systemebene

Bei der Arbeitsgruppenorganisation mit Maschinen und sich selbst organisierenden Kleingruppen ist das Gesamtsystem „Produktionseinheit" mit „harten" und „weichen" Systemelementen auf einer Beziehungsebene dann die komplexeste Form dieser Art der Systembetrachtungen. - Diese Systemform ist allerdings auch nur noch ansatzweise zu analysieren und das auch eher im nachhinein, um bereits erfolgte Entwicklungen nachzuvollziehen. Eine Analyse im voraus, die die Entwicklungen eines solchen Systems in wesentlichen Teilen voraussieht, ist kaum zu leisten. Daher gilt es auch für diese Systemsicht, die Betrachtung auf einen beherrschbaren Ausschnitt zu begrenzen.

1.4.4 Systemische Projektsicht

Mit dem Blick auf ein Projekt und das Projektmanagement unter Systemaspekten läßt sich eine Vielzahl von Systemen erkennen: *Systemvielfalt im Projektmanagement*

- Das Projektergebnis bzw. das Projektziel wird in vielen Fällen als Zielsystem dargestellt werden können. Dies gilt sowohl für technische als auch organisatorische Projekte (vgl. Kapitel 1.6).
- Ebenso bilden die möglichen Zulieferer oder Unterauftragnehmer (allg. Stakeholder, siehe Kapitel 1.3) in ihren Abhängigkeiten untereinander ein System und stellen für sich genommen ebenfalls bereits Subsysteme dar.
- Die Zulieferer oder Unterauftragnehmer sind als Teilsysteme wiederum mit dem Projektzielsystem in einem Systemverbund.
- Das Projektteam bildet ein formelles organisatorisches System, ein formelles soziales System und ein informelles soziales System (vgl. Kapitel 2.4).
- Das Projektteam und seine Informationszulieferer sind ebenfalls miteinander verbundene, organisatorische Teilsysteme.

Das **Projektteam** ist in der Regel Teil einer größeren Organisation, die wir z.B. Unternehmen nennen können und stellt dort ein **Subsystem** dar, während diese größere Organisation wiederum integriert ist in einen Systemzusammenhang, den wir Gesellschaft nennen. Dies ist eine nicht zu unterschätzende systemische Integration, da dort die Regeln und Normen verbindlich entschieden werden, die die Handlungsmöglichkeiten z.B. des Unternehmens und damit des Projektteams bestimmen. *Projektteam als System in Systemen*

Die Abbildung 1.4-16 zeigt Projektzielsysteme und dazugehörige erweiterte Systemzusammenhänge. *Projektgegenstand als System in Systemen*

Projektzielsystem	Umgebungssystem
Bauwerk	Landschaft, Ökosystem
Fertigungsmaschine	Produktionsstraße
Schiff	Einsatzgebiet, Wasser
EDV- Programm	Hard- und Software
Abteilungsorganisation	Unternehmensorganisation
...	...

Abbildung 1.4-16: Zusammenhang von Projektzielsystemen und Umgebungssystemen (Beispiel)

Auch losgelöst von konkreten Projektzielen läßt sich eine allgemeingültige systemische Projektsicht entwickeln. Diese Projektsicht soll einerseits noch auf analytische Beherrschbarkeit ausgerichtet sein, andererseits aber auch so vollständig sein in der Darstellung, daß sie bei der Orientierung im Projekt hilft. Schließlich soll auch noch die eventuelle Entscheidung, welche Ebene und welcher Ausschnitt aus der theoretisch möglichen Gesamtsicht der Systeme ausgewählt werden soll (siehe Abschnitte 1.4.1 und 1.4.3), unterstützt werden (vgl. Abbildung 1.4-17).

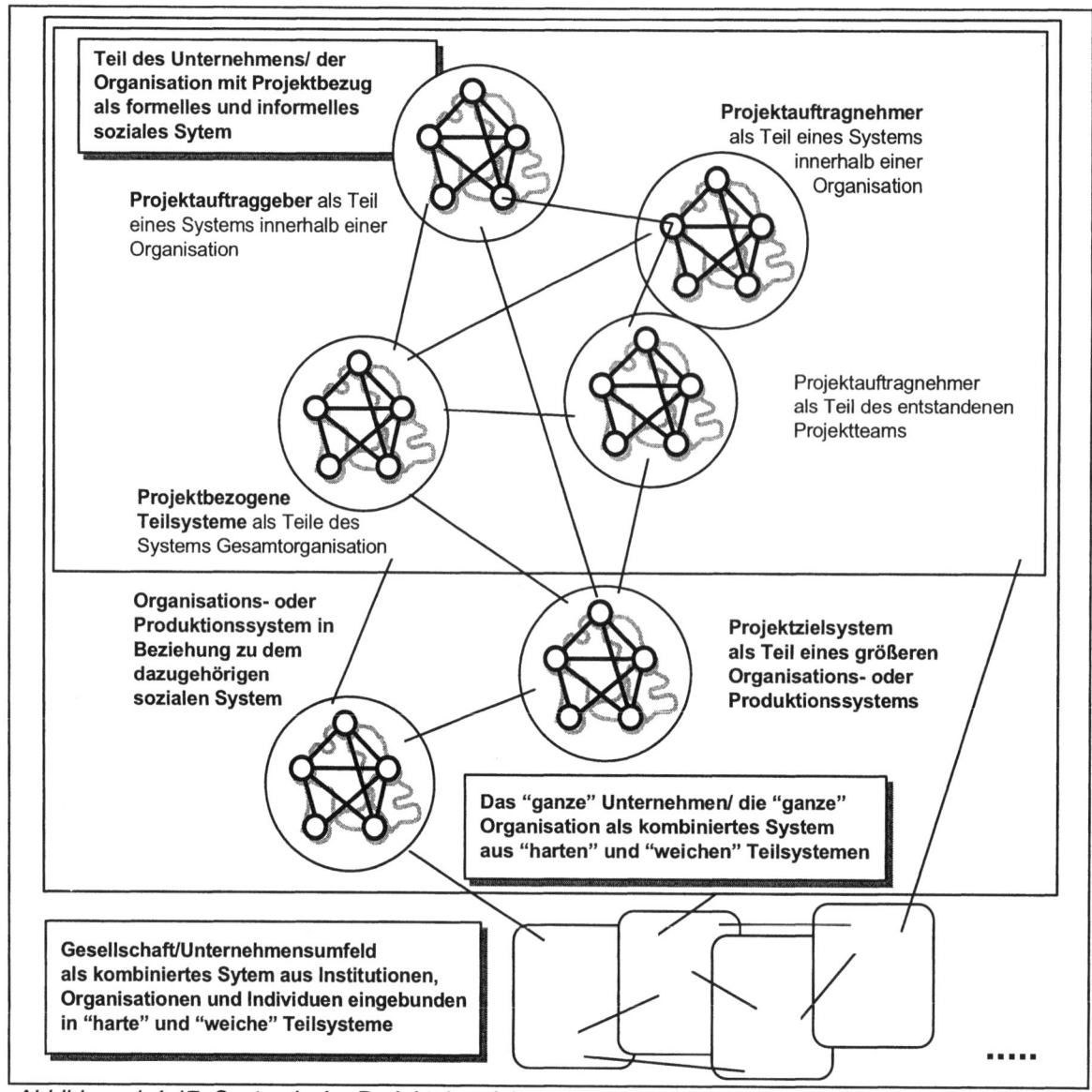

Abbildung 1.4-17: Systemische Projektübersicht

1.4.4.1 Projektgestaltung als „interne" Systemgestaltung

Systemsicht abhängig vom Projektlebenszyklus

Da Projekte definitionsgemäß zeitlich begrenzt sind und zwar sowohl mit einem definierten Anfang als auch mit einem definierten Ende, wächst ein Projekt aus einfachen ersten Strukturen heraus bis hin zu einer Gruppe von Systemen unterschiedlichster Prägungen. Damit besteht auch die Gelegenheit, sich an einem Projektlebenszyklus zu orientieren und an diesem Lebenszyklus das Entstehen und Verschwinden systemischer Sichtweisen aufzuzeigen und nachzuvollziehen. Damit ist gleichzeitig ein Handlungsangebot verbunden, wann im Projektmanagement Systemdenken eingesetzt werden kann oder gar vorteilhaft ist (vgl. Abbildung 1.4-18).

In diesem Abschnitt wird die Sicht auf ein tendenziell geschlossenes Gesamtsystem begrenzt, und es werden nur unmittelbare Umfeldsysteme des Projektsystems in die Betrachtung mit einbezogen.

1.4 Systemdenken und Projektmanagement

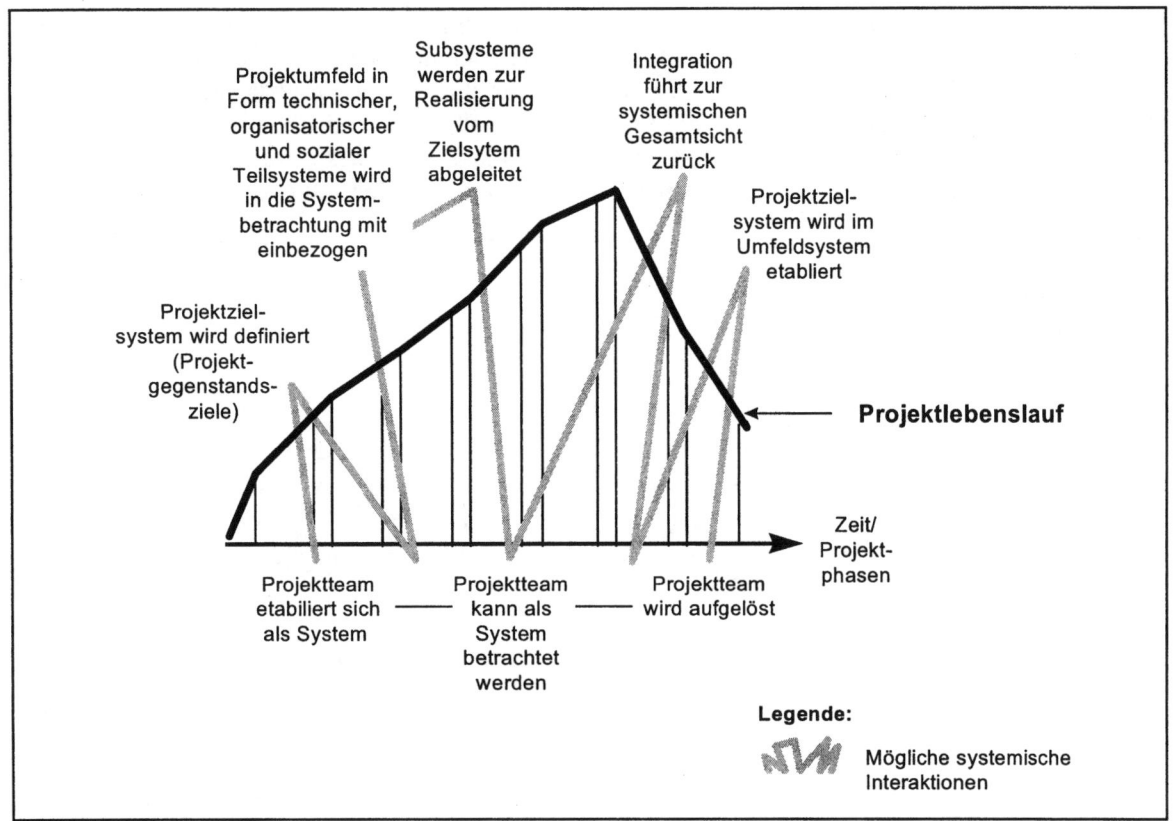

Abbildung 1.4-18: Mögliche Systemsichten in einem Projektlebenslauf

Wenn der Wunsch nach Veränderung oder etwas Neuem ausgesprochen ist, wird daraus oftmals ein erster Projektauftrag. Bezogen auf das damit beginnende Projekt betrachten wir ein geschlossenes System mit zwei oder zumindest sehr wenigen Personen, deren Beziehung im Rahmen dieses Projekts in einer Vereinbarung oder einem Vertrag besteht. Der „Projekt-Urknall" ist vollzogen (vgl. Kapitel 4.6 und Abbildung 1.4-19).

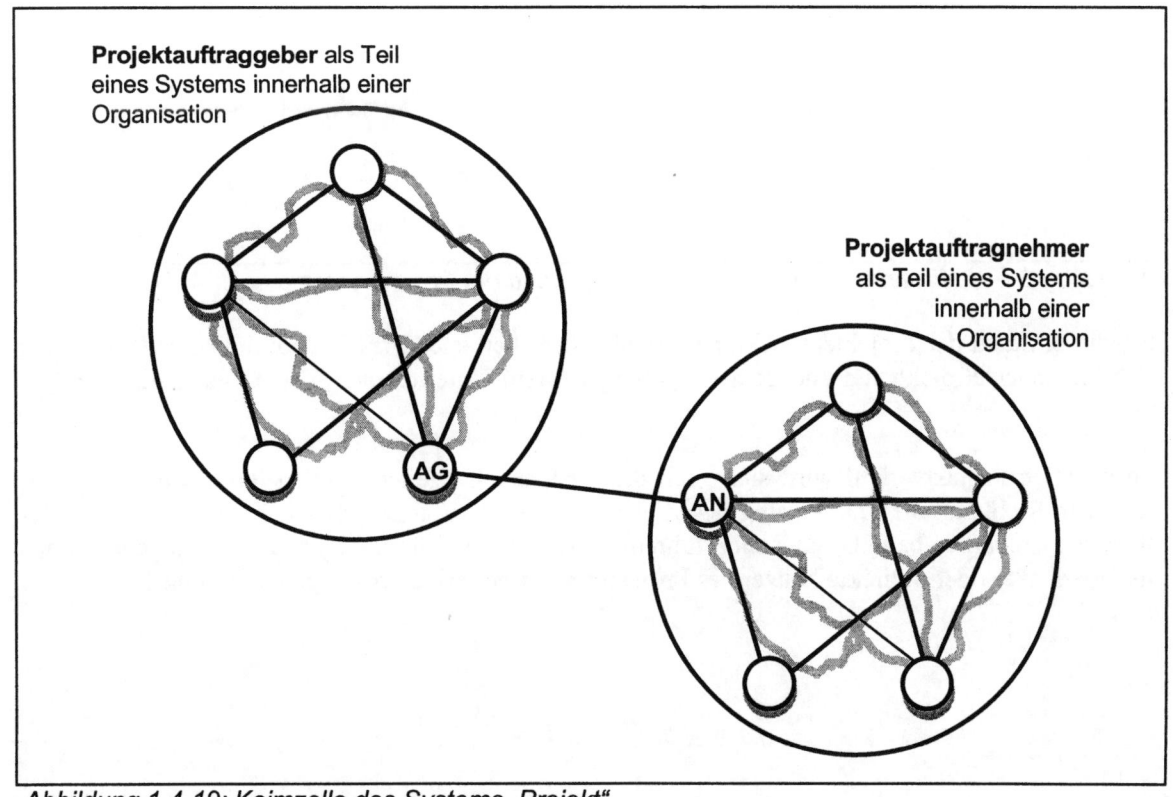

Abbildung 1.4-19: Keimzelle des Systems „Projekt"

Im nächsten Schritt wird sich erst informell, dann recht schnell auch formell ein Projektteam bilden. Außerdem wird in dieser „Phase der Kondensation nach dem Urknall" die Projektzielsetzung weiter präzisiert. Mit der ausführlichen Projektzielbeschreibung bzw. Projektzielvereinbarung stabilisieren sich die Systeme „Projektteam" und „Projektziel". Während das Projektteam nunmehr schon als real existierendes System agiert, ist das Projektziel ein erstes dokumentiertes Bild eines zu realisierenden Systems, die Momentaufnahme einer möglichen Zukunft (Abbildung 1.4-20).

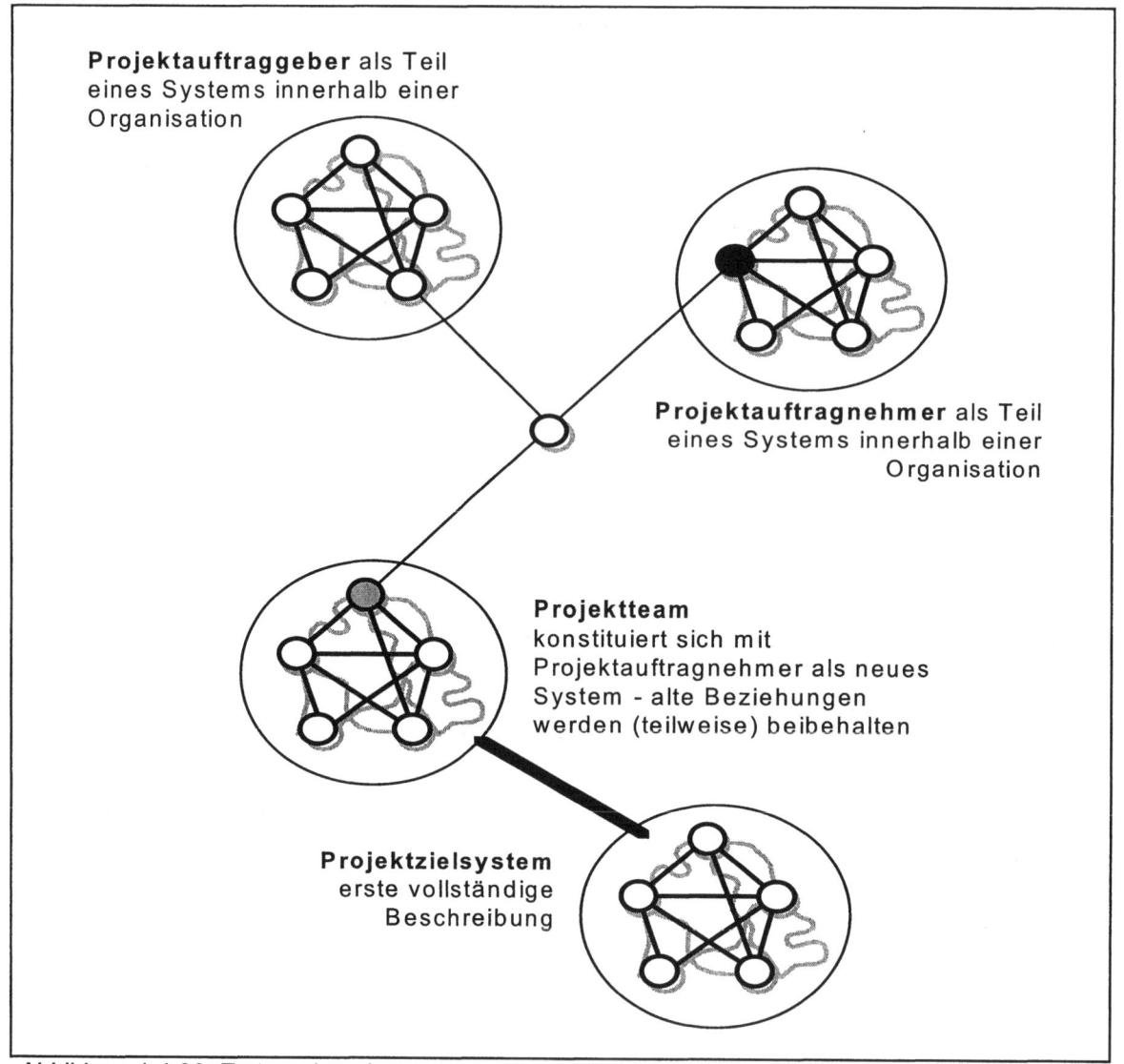

Abbildung 1.4-20: Erster erkennbarer Entwicklungsstand der Projektsysteme nach Auftrag

Bis dieser Stand der Projektentwicklung erreicht ist, haben auch viele Interaktionen zwischen dem sich bildenden Projektteam und dem Umgebungssystem Unternehmen bzw. Organisation stattgefunden.

Systemsicht differenziert sich im weiteren Projektverlauf

Im weiteren Projektverlauf wird sich auch die Systemsicht weiter differenzieren. Ein Zwischenschritt in Richtung auf Realisierung des Zielsystems wird zu abgrenzbaren Teilsystemen des Systems Unternehmen bzw. Organisation führen. Es werden zuliefernde Systeme und gegebenenfalls spätere direkte oder indirekte Nutzer des Projektergebnisses erkennbar (vgl. Abbildung 1.4-21).

1.4 Systemdenken und Projektmanagement

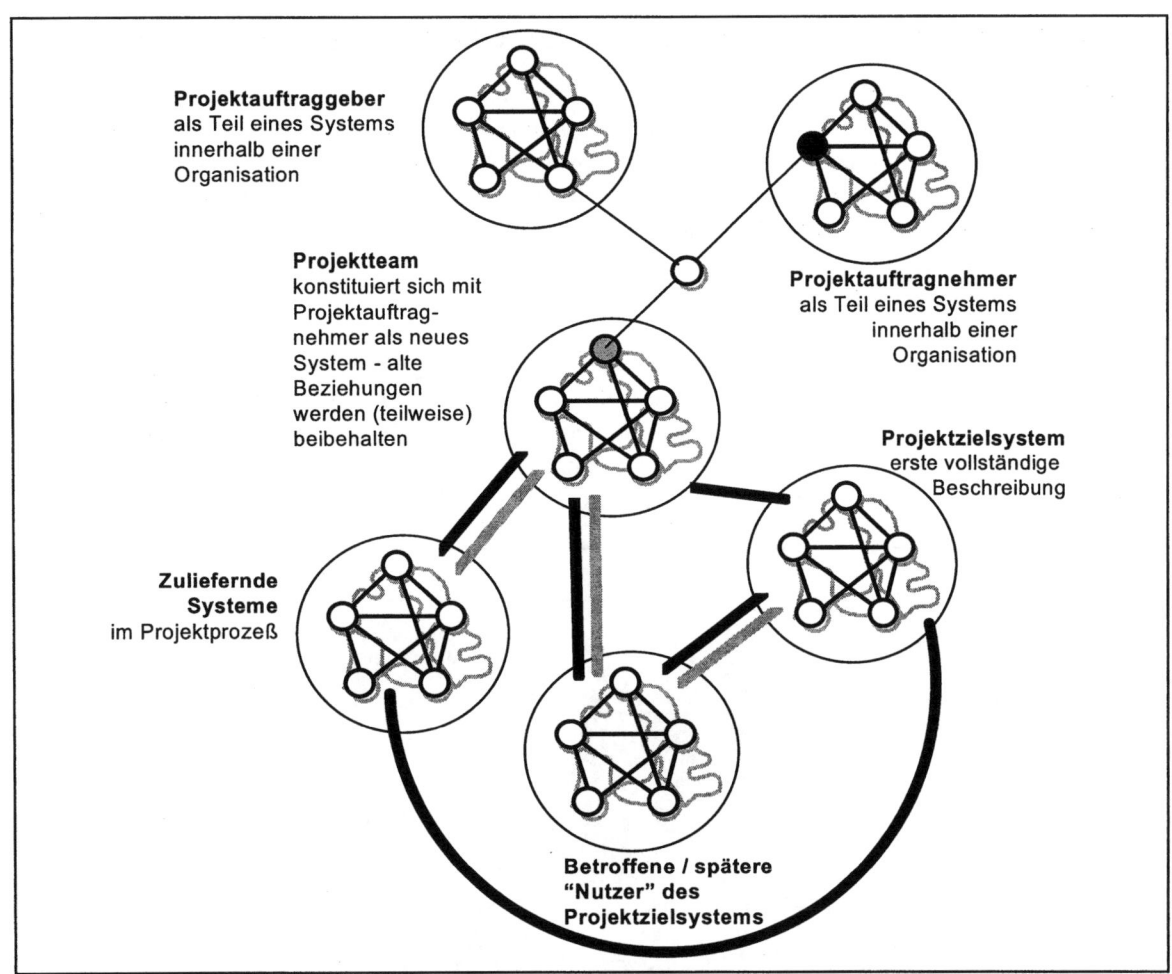

Abbildung 1.4-21: Systeme im fortgeschrittenen Projektprozeß

Bei diesem Stand der Projektentwicklung ist der späteste Zeitpunkt gekommen, um **mindestens zwei Systemebenen** wahrzunehmen: Manchmal gelingt es noch, sich vom ersten Projektauftrag bis hin zum Etablieren der Projektorganisation mit differenzierter Zielvereinbarung bzw. -beschreibung überwiegend auf der formalen, sachlichen Systemebene zu orientieren. Spätestens wenn der Projektprozeß fortschreitet, Dritte erforderlich sind und wenn möglicherweise von den Ergebnissen Betroffene wahrnehmen, was sich da als Projektergebnis abzeichnen könnte, kommt auch die soziale, verhaltensbezogene Systemebene zum Tragen.

Auf den unterschiedlichen Systemebenen erreichen die jeweiligen Beziehungen einen **Grad der Komplexität**, der bis zum Erreichen der Projektergebnisse in der Regel nicht mehr abnehmen wird. Die systemische Wirkung von Rückkopplungen und Regelkreisen führt dazu, daß nicht nur das Projektergebnis dauerhaft systemverändernd wirkt, sondern auch der Projektprozeß bereits dauerhaft systemverändernde Wirkungen hat.

Der Projektprozeß findet auch wieder als dauerhaft wirksame Systemgestaltung sowohl auf der „harten" als auch der „weichen" Systemebene statt. Das vielfältige Beziehungsgeflecht zwischen den einzelnen Elementen und den im Prozeß agierenden und beteiligten Systemen führt einmal dazu, daß das ursprünglich konzipierte Projektzielsystem vielfältig verändert wird. Zum anderen werden die Veränderung und die Entwicklung des ursprünglichen Zielsystems die Umgebungssysteme für die Zeit nach der Fertigstellung gegenüber dem ursprünglichen Ansatz verändern.

Der Projektprozeß wirkt - auch ungewollt - auf allen Systemebenen

Mindestens ebenso bedeutsam wie die mehr oder weniger gewollten Prozesse in der systemischen Projektentwicklung und -realisierung auf der formal-sachlichen Ebene sind die Entwicklungen in den sozial-verhaltensbezogenen Systemebenen. Ein Projekt ist ungewollt immer auch ein Organisations- oder Personalentwicklungsprozeß.

1.4.4.2 Projektergebnisse als gewollte und ungewollte Systemgestaltung

Je nach Projektauftrag soll etwas Bestehendes verändert oder etwas Neues geschaffen werden. Das Projektziel kann also ein System sein, dessen vorhandene Elemente verändert und/oder neu geordnet werden. Ebenso kann das Projektziel ein neu zu schaffendes System sein. In beiden Fällen ist das Projektzielsystem in eine Umgebung, das Projektumfeld, zu integrieren. **Mit der Integration des Projektzielsystems in seine Umgebung wird auch diese verändert.** Nach der Veränderung der beteiligten und/oder betroffenen Systeme während des Projektprozesses erfolgt also noch eine weitere „Veränderungswelle".

Gewollte und ungewollte Veränderungen unterscheiden

Bei Veränderungen durch ein Projektzielsystem sollte zwischen gewollten und ungewollten Veränderungen unterschieden werden. Ein Teil sowohl der gewollten als auch der ursprünglich ungewollten systemischen Veränderungen wurde schon während der Projektentwicklung und -realisierung vollzogen. Dies ist ein zwangsläufiger Vorgang aufgrund der Rückkopplungen und wirksamen Regelkreise in den an der Projektentwicklung beteiligten Systemen.

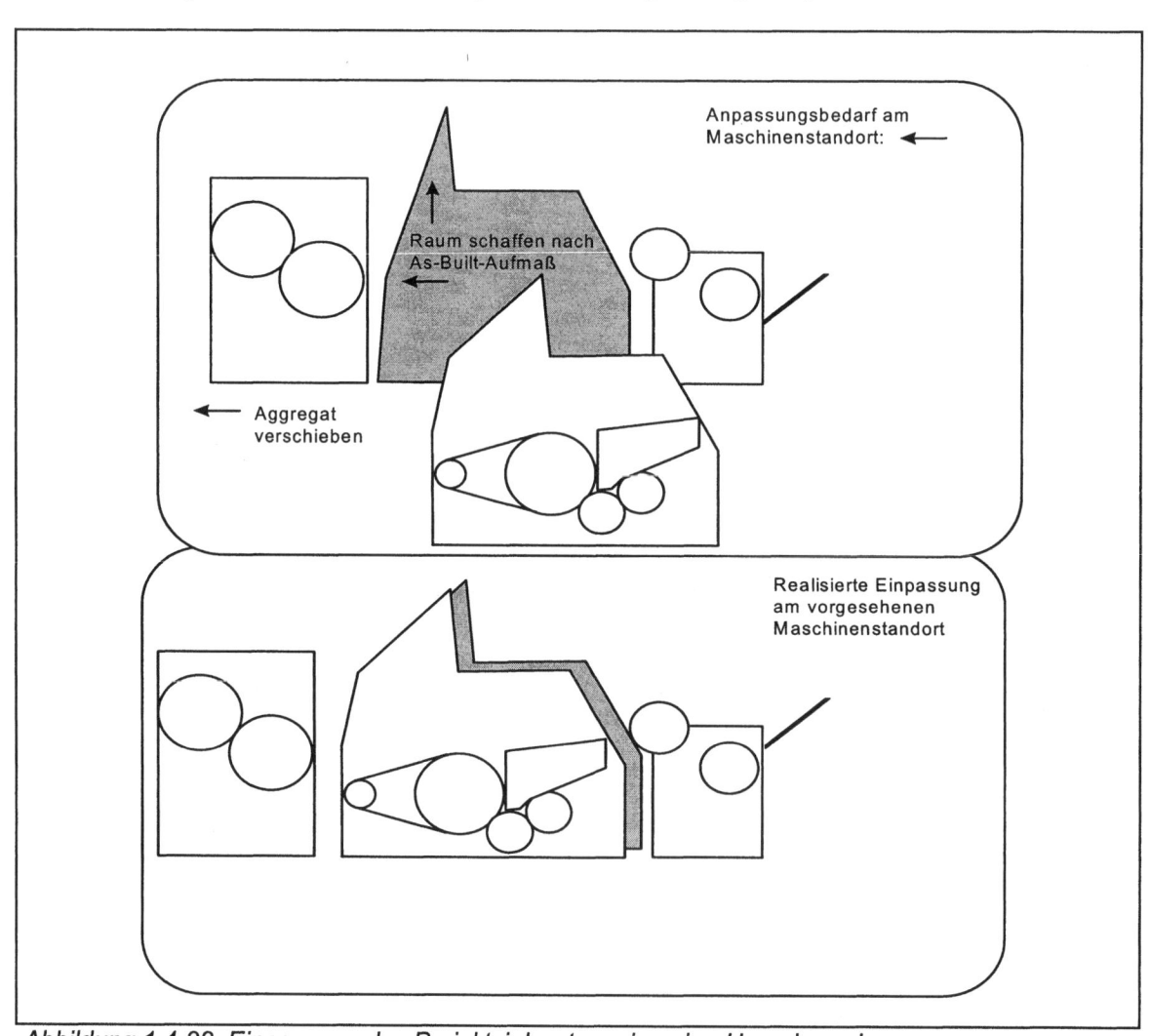

Abbildung 1.4-22: Einpassung des Projektzielsystems in seine Umgebung I

Ungewollte technische Systemanpassungen denkbar

Die geplante Gestaltung der unmittelbaren Umfeldsysteme wird sich einmal auf die technisch-organisatorische Einpassung beziehen. Dieser Teil der Systemintegration bietet zwar noch Raum für einige Überraschungen, ist aber beherrschbar - selbst wenn es sich z.B. um fehlerhaft dimensionierte und falsch eingemessene Brückenlager handelt. Hier findet gegebenenfalls ein kurzzeitiger Anpassungsprozeß aufgrund von Rückkopplungen zu den vorgelegten Ergebnissen statt, und es gibt eine ergänzende, ursprünglich nicht geplante (Um-) Gestaltung.

1.4 Systemdenken und Projektmanagement

Die weitere geplante Gestaltung der unmittelbaren Umfeldsysteme wird sich auf die Einpassung in die Arbeits- oder Nutzungsprozesse der sozialen Umgebungssysteme beziehen. Die „Vorschriften" zur Nutzung des Projektergebnisses können dazu vermittelt werden. Nicht mehr beherrschbar ist aber der letztlich erfolgsentscheidende Teil der Einpassung des Projektzielsystems in die sozialen Umgebungssysteme: **Akzeptanz kann nach Fertigstellung eines Projektzielsystems nicht geplant hergestellt werden.** Hier zeigt sich die Bedeutung partizipativer Strategien bei der Steuerung des Projektumfeldes (siehe Kapitel 1.3 und 4.1).

Ungewollte soziale Systemanpassungen wahrscheinlich

Für diesen letzten Teilprozeß der Systemgestaltung nach dem Implementieren oder Inbetriebnehmen der Projektergebnisse ist der Bedarf an ursprünglich nicht gewollter Systemgestaltung nicht zu kalkulieren. Statt der eher zeitpunktbezogenen technischen Integration ist hier eine zeitraumbezogene soziale Integration der Projektergebnisse vorzusehen.

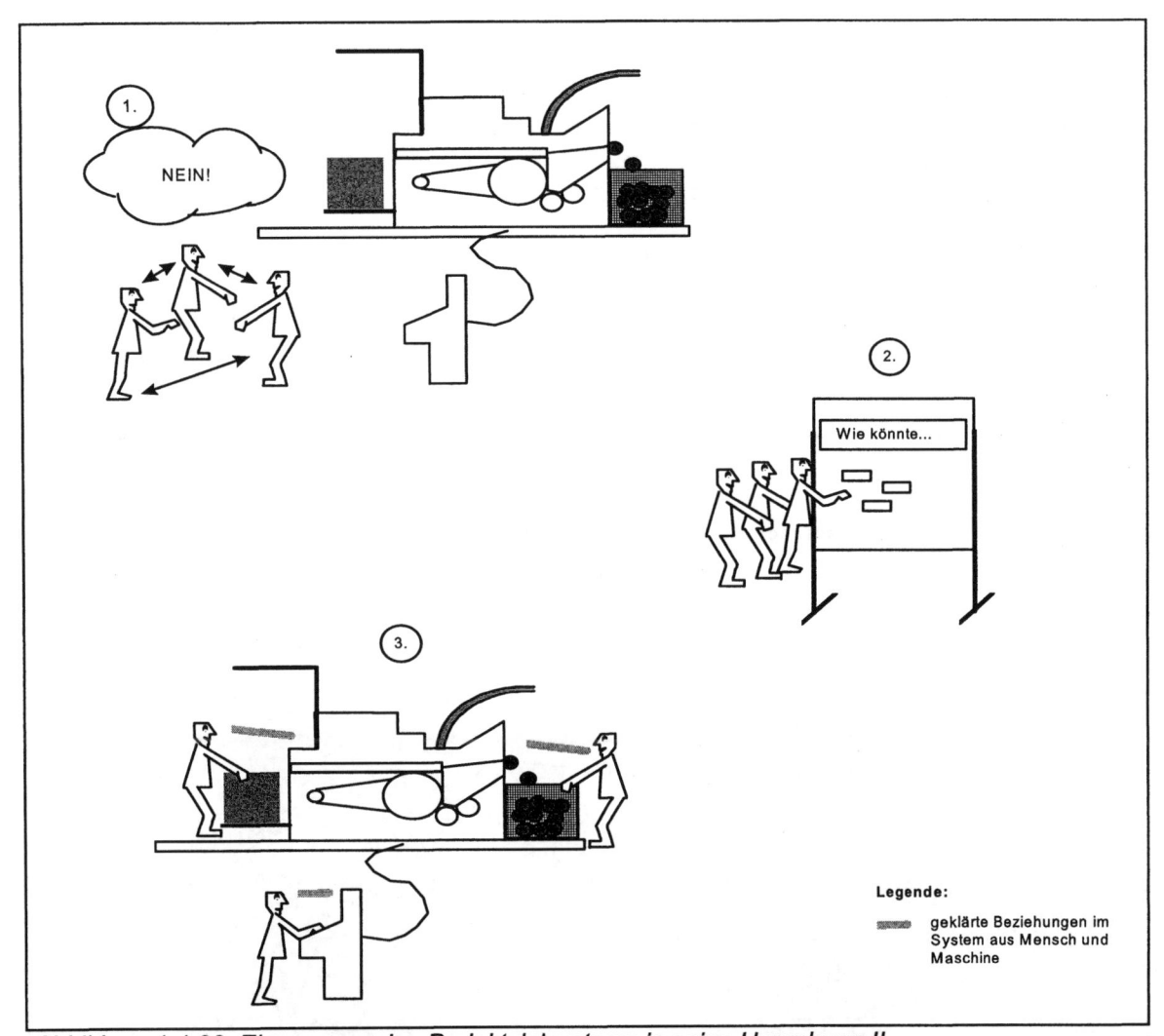

Abbildung 1.4-23: Einpassung des Projektzielsystems in seine Umgebung II

Auch für diese **soziale Integration der Projektergebnisse** bietet sich der Systemansatz an. Mit Rückkopplungen und Regelkreisen, die beobachtet und ggf. verstärkt werden, können das Projektzielsystem und das soziale System der Nutzer sowie der im Umfeld Betroffenen zu einer größeren Übereinstimmung geführt werden. Wichtig ist vor allem, sich dieser komplexen Beziehungen bewußt zu sein, wenn sie auch nicht vollständig abbildbar sind (vgl. Kapitel 2.1, 2.5 und 3.10). In der Abbildung 1.4-23 zu dem Thema „Soziale Integration" wird auf das moderierte interaktionelle Gespräch zur Übernahme und Umsetzung der Projektergebnisse abgezielt.

1.4.5 Projektsystem und Umfeldsysteme

Während die bisherige systemische Projektsicht sich immer noch an tendenziell geschlossenen Systemen orientierte, wird diese Begrenzung nunmehr aufgehoben. Projektmanagement in der Praxis bedeutet das Management von Systementwicklungen in offenen Systemzusammenhängen.

Unmittelbares Projektumfeld entspricht eher geschlossener Sicht

In der bis hier vorgelegten Darstellung der Projektgestaltung als „interner" Systemgestaltung war das Projektzielsystem eingebettet in ein unternehmensbezogenes organisatorisches Umfeld. Es bestanden Beziehungen sowohl zu den „harten" als auch den „weichen" Teilsystemen innerhalb der Gesamtorganisation. Die Wechselwirkungen im Entwicklungsprozeß des Projektzielsystems konnten angesprochen werden. Bei allen Widerständen und Einflüssen im Rahmen der Projektentwicklung und -realisierung war die Situation für das Projektmanagement prinzipiell beherrschbar - abhängig von der Ausstattung der Projektleitung mit der formalen Kompetenz und den Vereinbarungen zu der entsprechenden Verantwortung.

Im offenen Systemzusammenhang ist das Management einer Projektentwicklung und -realisierung prinzipiell nicht vorhersehbar und planbar. **Der Systemansatz wird für das Projektmanagement erfolgsentscheidend.** Nur über den Aufbau von Rückkopplungen und Regelkreisen kann der Entwicklungsprozeß zielgerichtet fortgeführt werden.

Ein Ziel des Projektmanagements

Das Planungsrepertoire liefert den Orientierungsrahmen für einen Prozeß, der aufgrund vielfältiger Einflüsse in kleinen Schritten gesteuert wird. Wenn es gelingt, unter den Einflüssen der gesamten unmittelbaren und weiteren Umfeldsysteme die Entwicklung des vorgesehenen Projektzielsystems innerhalb eines ursprünglich vorgesehenen Zielkorridors zu halten, ist das Projektmanagement erfolgreich.

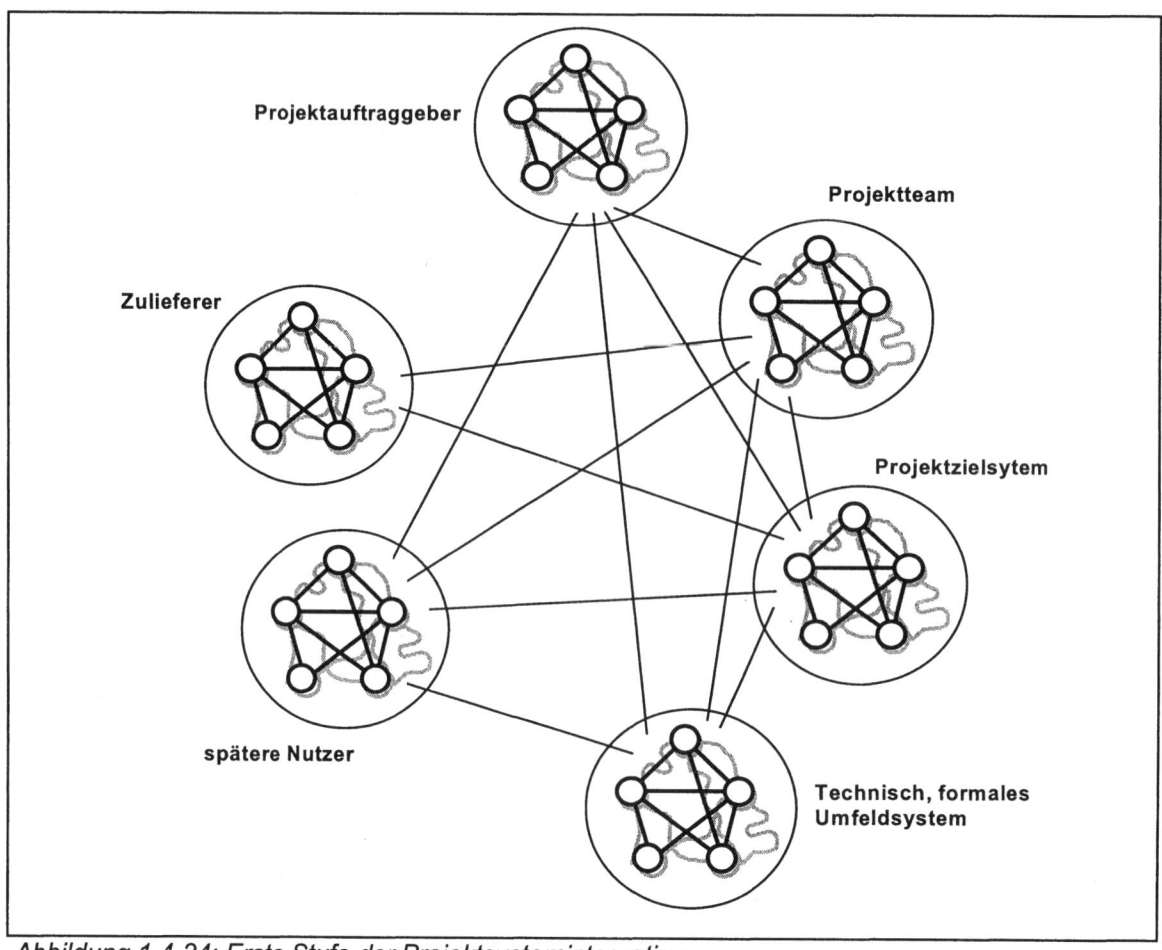

Abbildung 1.4-24: Erste Stufe der Projektsystemintegration

1.4 Systemdenken und Projektmanagement

Bisher bestand der Systemzusammenhang zwischen dem Projektzielsystem, dem Projektteam, den Zulieferern im Projektprozeß, den potentiellen späteren Nutzern, dem Projektauftraggeber und dem unmittelbaren technischen bzw. formalen Umfeldsystem, in das das zu realisierende Projektzielsystem einzupassen ist (vgl. Abbildung 1.4-24).

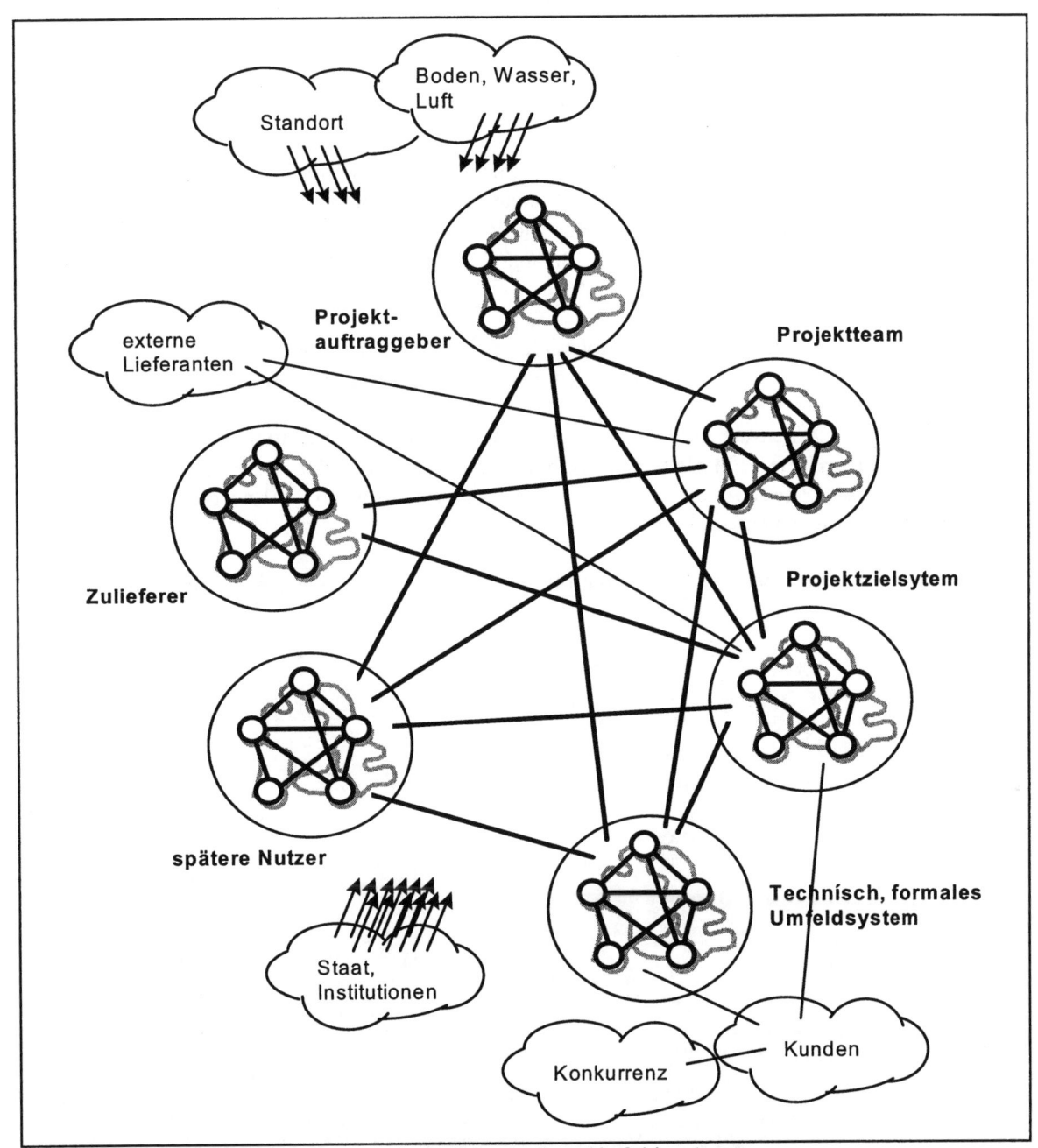

Abbildung 1.4-25: Projektsystem und mögliche weitere Umfeldsysteme

Mit dem ausgeweiteten Systemzusammenhang wird auch die Gesamtsicht über das einzelne Unternehmen, die einzelne Organisation hinaus betrachtet. Das Projektmanagement hat demnach noch als weitere Umgebungssysteme zu berücksichtigen (vgl. Abbildung 1.4-25):

Vom unmittelbaren Projektumfeld auf die weitere Umgebung achten

- Der **externe Lieferantenmarkt** kann als differenziertes System mit vielfältigen Beziehungen und Interessen ebenso wie als einzelnes Element mit nur einer summarischen Beziehung wirksam werden.
- Der **Kundenmarkt** wird in jedem Fall als System mit differenzierten Interessen und Verhaltensweisen in die Projektentwicklung mit einzubeziehen sein.

- Die möglicherweise vorhandenen **Mitbewerber** stellen ein vielfältiges Beziehungssystem zur Projektentwicklung dar.
- Mit den **gesellschaftlichen Institutionen** wirkt ein sehr komplexes, undurchschaubares System auf das Projektzielsystem ein. Die Elemente in diesem System reichen von der Kommunalverwaltung mit den örtlichen Aufsichts- und Genehmigungsbehörden bis hin in die einzelnen Generaldirektionen nach Brüssel, deren Entscheidungen bis unmittelbar auf das Projektzielsystem einwirken können.

Die **standortbezogene Projektumgebung** rundet schließlich das Bild der offenen Systemzusammenhänge ab. Neben den Menschen als unmittelbaren Anwohnern am Standort stellen auch Flora und Fauna Umgebungssysteme dar, an denen die Realisierung eines Projektzielsystems scheitern kann. Außerdem sind gegebenenfalls noch Boden, Wasser und Luft als weitere Teile der Projektumgebung zu berücksichtigen.

Bevor nun aufgrund der möglichen Komplexität bei einem offenen systemischen Projektmanagementansatz überhaupt keine Projekte mehr begonnen werden, sei noch einmal daran erinnert:

Systemdenken als Option Teil des gesamten Handlungsrepertoires

Es geht beim Systemdenken im Projektmanagement darum, sich fallbezogen oder situationsbezogen für eine systemische Sicht zu entscheiden. Außerdem sollen die möglichen Weiterungen bei einer Projektentwicklung und -realisierung bekannt sein, ohne daß diese in allen Einzelheiten jeweils vorgedacht werden können oder müssen.

Systemdenken ist also eines der Angebote im Handlungsrepertoire des Projektmanagements.

Zusammenfassung

Mit der Entwicklung der Kybernetik wurde auch der Begriff des **Systems** geschaffen: Es besteht demnach aus Elementen, die miteinander in Beziehung stehen.

Elemente haben **Eigenschaften**, für die **Ausprägungen** festgelegt sind. Zwischen den Elementen eines Systems können Beziehungen bestehen. Eine „**Beziehung**" zwischen zwei Elementen zeigt deren Abhängigkeit voneinander auf. Es müssen nicht zwischen allen Elementen direkte Beziehungen bestehen. Beziehungen können unterschiedliche Merkmale aufweisen.

Für den kybernetischen Systembegriff wurden zusätzliche Begriffe eingeführt:

> *Bei der **direkten Rückkopplung** wirkt ein Element auf ein anderes ein, und von dem zweiten Element findet „nur" eine Rückkopplung zum ersten Element der Beziehung statt. Bei einer **verketteten Reaktion** wirkt ein Element auf mindestens ein weiteres Element ein, und von diesem zweiten Element bzw. der Gruppe von Elementen existieren keine Beziehungen zu dem ersten Element, aber zu einem bzw. mehreren anderen Elementen.*

> *Im **Regelkreis** existieren Beziehungen zwischen mehreren Elementen, wobei die Einwirkung eines Elementes auf ein anderes Element über mehrere Stationen wieder zu Veränderungen beim ursprünglich auslösenden Element führt.*

Offene Systeme sind wirklichkeitsnäher als modellhaft **geschlossene** Systemsichten. „**Harte**" Systeme zeigen meßbare Merkmale, „**weiche**" Systeme nur indirekt beobachtbare Merkmale. Weitere Unterscheidungen sind zwischen technisch-organisatorischen, sachlich-gegenständlichen und sozial-verhaltensgeprägten Systemen gegeben.

Das Systemverständnis im Projektmanagement erweitert dessen **Handlungspotential**: Komplexe und versteckte Abhängigkeiten werden leichter erkannt und besser beeinflußbar. Mehrere Systeme sind erkennbar: vom Projektergebnis, wo das Projektziel als Zielsystem dargestellt wird, über das Projektteam als formelles organisatorisches System und informelles soziales System bis hin zur Integration der Projektsysteme in größere Organisationen, z.B. in Unternehmen.

Die prozeßhaften systemischen Entwicklungen sind von ebensolcher Bedeutung wie die Projektergebnisse als gestaltete Systeme. Projektmanagement in der Praxis bedeutet dabei das **Management von Systementwicklungen in offenen Systemzusammenhängen**.

Systemdenken ist eines der Angebote im Handlungsrepertoire des Projektmanagements.

Literaturverzeichnis

BALCK, H. (Hrsg.): Neuorientierung im Projektmanagement, Köln 1990

DAENZER, W.F. (Hrsg.): Systems Engineering - Methodik und Praxis, 8. Verbesserte Auflage, Zürich 1994

DIN 69904 Projektmanagementsysteme - Entwurf 1997

KRÜGER, W. (Hrsg.): Projekt-Management in der Krise: Probleme und Lösungsansätze, Frankfurt a. M. 1986

LANGE, D. (Hrsg.): Management von Projekten. Know-How aus der Beraterpraxis, Stuttgart, 1995

MADAUSS, B.J.: Handbuch Projektmanagement, 5. überarbeitete und erweiterte Auflage, Stuttgart 1994

PATZAK, G.: Systemtechnik - Planung komplexer innovativer Systeme, Berlin/Heidelberg/New York 1982

PATZAK, G.: Systemtheorie und Systemtechnik im Projektmanagement, in: Schelle, H.; Reschke, H.; Schub, A.; Schnopp, R.: Projekte erfolgreich managen, Loseblattwerk, Stand 11/96, Köln 1994

ULRICH, H.; PROBST, G.J.B: Anleitung zum ganzheitlichen Denken und Handeln, Bern, Stuttgart 1988

VESTER, F.: Neuland des Denkes, Stuttgart 1980

VESTER, F.: Ökolopoly, Umweltspiel, Ravensburg 1984

WAHREN, H.-K. E.: Zwischenmenschliche Kommunikation und Interaktion in Unternehmen. Grundlagen, Probleme und Ansätze zur Lösung. Berlin, New York 1987

WIENER, N.: Kybernetik, Econ, Düsseldorf und Wien 1963

Autorenportrait

Dipl.-Vw. Rolf Kaestner

Diplom-Volkswirt, geb. 29. Januar 1952, freiberufliches Projektmanagement im Verbund der PROJEKT PARTNER GRUPPE, Hamburg.

Von der Vorstandsstabsabteilung eines Finanzinstituts über die Abteilungsleitung Organisation in einem Verlag und die Projektmanagement-Qualitätssicherung, -Methodenberatung und -Training bei einer skandinavischen Consultancy führte der Weg 1988 in die freiberufliche Tätigkeit.

Konkrete Projektmanagementpraxis innerbetrieblich und außerbetrieblich seit 1980 in der Projektleitung und Projektmanagement-Unterstützung bei EDV-Projekten, Organisationsprojekten, OE-Projekten, Produktentwicklung, Technischer Zusammenarbeit und Private-Public-Partnership

Abbildungsverzeichnis

Abbildung 1.4-1: Systemmodell, Darstellung von Elementen und Beziehungen 89

Abbildung 1.4-2: Beispiele für Systeme mit unterschiedlichen Eigenschaften der Elemente 90

Abbildung 1.4-3: Darstellungsmöglichkeit unterschiedlicher Beziehungsebenen in Systemen 91

Abbildung 1.4-4: Darstellungsmöglichkeit unterschiedlicher Beziehungsarten im System 92

Abbildung 1.4-5: Darstellungsmöglichkeit für Beziehungsintensitäten im System 93

Abbildung 1.4-6: Darstellung direkter Rückkopplung in einem System (Beispiel) 94

Abbildung 1.4-7: Darstellung verketteter Reaktionen im System (Beispiel) 94

Abbildung 1.4-8: Darstellung indirekter Rückkopplungen im System (Beispiel) 95

Abbildung 1.4-9: Gegenüberstellung des geschlossenen und des offenen Systems 96

Abbildung 1.4-10: Einfaches offenes System 97

Abbildung 1.4-11: Unterschiedliche Systemsichtweisen 98

Abbildung 1.4-12: „Harte" bzw. technische Systemsicht am Beispiel „Maschine" 99

Abbildung 1.4-13: „Weiche" Systembetrachtung am Beispiel „Gruppe" 100

Abbildung 1.4-14: „Hart und weich gemischter" Systemansatz auf zwei Systemebenen 101

Abbildung 1.4-15: „Hart und weich gemischter" Systemansatz auf einer Systemebene 102

Abbildung 1.4-16: Zusammenhang von Projektzielsystemen und Umgebungssystemen (Beispiel) 103

Abbildung 1.4-17: Systemische Projektübersicht 104

Abbildung 1.4-18: Mögliche Systemsichten in einem Projektlebenslauf 105

Abbildung 1.4-19: Keimzelle des Systems „Projekt" 105

Abbildung 1.4-20: Erster erkennbarer Entwicklungsstand der Projektsysteme nach Auftrag 106

Abbildung 1.4-21: Systeme im fortgeschrittenen Projektprozeß 107

Abbildung 1.4-22: Einpassung des Projektzielsystems in seine Umgebung I 108

Abbildung 1.4-23: Einpassung des Projektzielsystems in seine Umgebung II 109

Abbildung 1.4-24: Erste Stufe der Projektsystemintegration 110

Abbildung 1.4-25: Projektsystem und mögliche weitere Umfeldsysteme 111

1.4 Systemdenken und Projektmanagement

Lernzielbeschreibung

Nach dem Durcharbeiten dieses Kapitels

- weiß der Teilnehmer, was unter einem „System" verstanden wird,

- kann er technische und formale/organisatorische sowie soziale und informelle Systeme unterscheiden,

- kennt er die mögliche Bedeutung der systemischen Sicht für die Projektarbeit,

- kann er ein Projekt und die Projektergebnisse als System, Teilsystem bzw. Systemelemente erkennen und einordnen,

- ist er in der Lage, unter Anleitung Systembeschreibungen mit zu entwickeln.

1.5 Projektmanagement-Einführung

von

Steffen Rößler

Wolfram Risch

Relevanznachweis

Der Strukturwandel in der Wirtschaft und die Marktdynamik erfordern von vielen Unternehmen, **Produkt- und Prozeßinnovationen in rascher Folge** zu betreiben, um am Markt bestehen zu können. Darüber hinaus verlangt die zunehmende Kundenorientierung eine wesentlich höhere **Flexibilität** der Unternehmen. Die Erstellung der Lieferungen und Leistungen haben auch auf Grund ihrer kundenspezifischen Bedingungen (z.B. Einzelfertigung spezifischer Ausrüstungen und Maschinen) zunehmend den Charakter von Projekten. Diese Anforderungen an die Flexibilität und Innovationsfähigkeit erfordern einen neuen, ganzheitlichen, prozeßorientierten Organisationsansatz, den Übergang zum projektorientiert arbeitenden Unternehmen.

Dabei bedarf es jedoch einer planmäßigen unternehmens- und projektadäquaten **Einführung des PM-Konzepts** im Unternehmen, die Projektmanagement-Anwendung kann nicht von außen „verordnet" werden. Es setzt das Erkennen von eigenen Erfolgspotentialen voraus, um eine veränderte Arbeitsweise einzuführen. Durch Information und Schulung ist Führungskräften und Projektbeteiligten der Nutzen von Projektmanagement zu vermitteln und Motivation und Akzeptanz zu erreichen. Projektarbeit hat im Unternehmen einen besonderen Status, da sie eine temporäre Organisationsform mit sich bringt, in die viele Unternehmensbereiche involviert sind und dann Teamarbeit über Bereichsgrenzen hinweg erforderlich macht.

Projektorientierung und Projektmanagement-Anwendung sollten zum Bestandteil der Unternehmensphilosohie werden und damit den Willen kommunizieren, sich neuen Anforderungen zu stellen. Der Projektmanagement-Einsatz in Unternehmen muß geplant werden und stufenweise erfolgen, um dauerhaft erfolgreich zu sein. Er bedarf des Aufbaus eigener PM-Kompetenzen durch systematische Schulung und Projektbegleitung, wobei externe Unterstützung den Einführungsprozeß stabilisiert. Betriebliche Arbeitsgrundlagen wie „Projektmanagement-Handbuch" (Dokumentation der allgemeinen Abläufe der Projektarbeit) und „Projekt-Handbuch" (projektspezifische Dokumentation) tragen zur Transparenz der Projektarbeit bei. Bedingung ist jedoch die Einhaltung vereinbarter Vorgehensweisen.

Inhaltsverzeichnis

**1.5.1 Beherrschung von Innovationsprozessen in Unternehmen
   durch Projektmanagement** — **121**

   1.5.1.1 Wandel bedingt Innovation — 121

   1.5.1.2 Mängelanalyse für unprofessionelle Projektarbeit — 121

   1.5.1.3 Innovation erfordert Flexibilität — 124

   1.5.1.4 PM unterstützt Innovation — 125

1.5.2 Unternehmensphilosophie und Projektmanagement — **126**

   1.5.2.1 Von der Unternehmensphilosophie zum Unternehmensleitbild — 126

   1.5.2.2 Projektmanagement zur Umsetzung der Unternehmensphilosophie — 128

1.5.3 Möglichkeiten des Projektmanagement-Einsatzes — **131**

   1.5.3.1 Basisanforderungen — 131

   1.5.3.2 Potentiale des PM-Einsatzes — 132

   1.5.3.3 Grenzen des Projektmanagement-Einsatzes — 134

1.5.4 Einführungsprozeß — **134**

   1.5.4.1 Grundlagen zur Einführung von Projektmanagement — 135

   1.5.4.2 Unterstützung durch interne und externe Fachkompetenz — 136

   1.5.4.3 Faktoren für die Entscheidung zur Projektmanagement-Einführung — 136

   1.5.4.4 Schulung zur PM-Einführung — 138

   1.5.4.5 Vorgehensweise bei der PM-Einführung — 140

1.5.5 Projektmanagement-Handbuch und Projekt-Handbuch — **141**

   1.5.5.1 Projektmanagement-Handbuch — 141

   1.5.5.2 Projekt-Handbuch — 144

1.5.1 Beherrschung von Innovationsprozessen in Unternehmen durch Projektmanagement

1.5.1.1 Wandel bedingt Innovation

Die Wirtschaft steht vor verschärften Wettbewerbsanforderungen. Die Märkte sind offener geworden, das Tempo des Wandels hat zugenommen.

Innovationen - Voraussetzung für die Wettbewerbsfähigkeit von Unternehmen

Die traditionellen Managementansätze, Verhaltensmuster und Arbeitsweisen, mit denen es den Unternehmen bisher gelang, erfolgreich zu sein, stoßen an ihre Grenzen. Die bisherige Entwicklung war gekennzeichnet durch

- Extrapolation der gegenwärtigen Marktsituation
- bekanntes, vorausberechenbares Kundenverhalten (Sicherheit der Nachfrage)
- stabile Konkurrenzsituation
- produktspezifische Ausrichtung des Unternehmens
- funktionale organisatorische Unternehmensgliederung mit Ressorts und bewährter Arbeitsteilung bei Anwendung klassischer Steuerungssysteme
- zentrale Führung und Planungsvorgaben
- geringe Entscheidungsspielräume
- geringe Mitarbeiterbeteiligung

Traditionelle Managementansätze

Wesentliche Ursache für die Veränderungen sind: **schnelle wirtschaftliche Umsetzung wissenschaftlicher und technischer Innovationen, intensiverer internationaler (globaler) Wettbewerb, ausgeprägte Kundenorientierung** und **gewachsenes Anspruchsniveau** der Menschen. Die **Komplexität** des unternehmerischen Umfeldes ist gestiegen (siehe Kapitel 1.4.4). Durch einen wachsenden Anteil kundenspezifischer Produkte und Leistungen mit hoher Variantenvielfalt, neuen gesetzlichen Bedingungen, Berücksichtigung von Umweltschutzauflagen sowie wachsenden Anforderungen an Qualität und Liefertreue müssen mehr Informationen früher aufgenommen, verarbeitet und umgesetzt werden.

Ursache für Veränderungen

Die äußeren Einflüsse werden vielfältiger und unüberschaubarer. Unternehmerische Entscheidungen können auch unvorhersehbare bzw. unerwünschte Wirkungen erzielen. Weder einsame Unternehmenslenker noch restriktive Unternehmensplaner können zuverlässig und erfolgreich Änderungsprozesse anstoßen und realisieren.

Planung muß auf allen Ebenen des Unternehmens ansetzen, um verschiedene Entwicklungstendenzen berücksichtigen zu können und vor allem diejenigen mit einzubeziehen und zu motivieren, die das Planungsergebnis umsetzen und tragen sollen.

Dezentralisierung der Veränderungsprozesse

Daraus folgt, daß Unternehmen zweckmäßigerweise ihre Veränderungsprozesse (Produkt-, Leistungs-, Prozeßinnovationen) als **Projekte** definieren und als solche planen. Dabei ist anzustreben, daß bereits die **Projektplanung** von fach- und funktionsübergreifenden **Teams** durchgeführt wird, in die alle von den Veränderungen betroffenen Führungskräfte und Mitarbeiter integriert sind (vgl. KANNHEISER 1993).

1.5.1.2 Mängelanalyse für unprofessionelle Projektarbeit

Die in Kapitel 1.2 angesprochene „Projektitis" kann dazu führen, daß die Veränderungsprozesse durch mangelhaft abgewickelte Projekte nicht ausreichenden Erfolg mit sich bringen.

Typische Mängel in Projekten

Die in Abbildung 1.5-1 zusammengestellten **Mängel**, die typisch sind für unprofessionelle Projektarbeit in Unternehmen und Einrichtungen, können erhebliche negative Auswirkungen auf die Ergebniswirksamkeit der Projekte und die Bereitschaft der Mitarbeiter zur Projektarbeit haben.

Mängel	Ausprägung
1. Ungenügende Analyse der Ausgangssituation	• Wünsche werden zu Projekten • Subjektive Eindrücke sind Basis für Veränderungen • Kein Datenmaterial vorhanden
2. Unklare Vorgabe der Projektziele	• Subjektiv • Unbegründet • Nicht strukturiert • Nicht dokumentiert
3. Ungenügende Alternativensuche für Projektlösung	• Favorisieren einer „Lieblingslösung" • Fehlender Mut, alles Bisherige in Frage zu stellen
4. Unklare Projektverantwortlichkeiten	• Projektverantwortung nicht festgelegt • Führungskräfte nicht informiert • Kompetenzen nicht festgelegt
5. Ungenügende Zuweisung von Personal	• Qualitative Defizite bzgl. Fach-, Sozial-, Methodenkompetenz • Kapazitätsdefizite zur Erreichung der Projektziele
6. Unprofessioneller Umgang mit Projektabweichungen	• Abweichungen werden nicht erfaßt und bewertet • Scheu, über Abweichungen zu berichten
7. Unterschätzung von Risiken im Bearbeitungsablauf	• Fehlende Definition und Bewertung • Keine Risikovorsorge • Keine Alternativstrategien
8. Fehlende Projektstrukturierung und Projektorganisation	• Fehlende Übersicht über Projektinhalt und -ablauf • Improvisation gegenüber Projektbeteiligten, Geschäftsführung und Kunden
9. Fehlende Auswertung abgeschlossener Projekte	• Keine Abschlußbewertung von Projekten • Kein Erfahrungstransfer zwischen Projektleitern • Keine Lernbereitschaft
Typische Fehler bei der Initiierung und Bearbeitung von Projekten führen zu Qualitätsmängeln, Kosten- und Terminüberschreitungen bzw. Projektabbrüchen	

Abbildung 1.5-1: Typische Fehler bei der Initiierung und Bearbeitung von Projekten (nach PANNENBÄCKER 1994)

Möglichkeiten zur Vermeidung

Bereits durch Beachtung der in Abbildung 1.5-2 dargestellten **Präventivmaßnahmen** steigen die Erfolgsaussichten für Projekte. Der Umfang und Qualität des zur Verfügung stehenden Organisations- und Qualifikationspotentials bestimmt die Innovationsfähigkeit von Unternehmen und deren Reaktionsfähigkeit gegenüber wechselnden Markt-, Produkt- und Leistungsanforderungen.

1.5 Projektmanagement-Einführung

Vermeidung durch	Ausprägung
1. Tiefgründige Analyse der Ausgangssituation	• Marktanalysen für Produkte und Leistungen • Konkurrenzanalysen • Stärken-/ Schwächen-, Prozeßanalysen • Ableitung Handlungsbedarf auf Basis gesicherter Daten
2. Dokumentierte Vorgabe der Projektziele	• Projektziele sind dokumentiert und mit Betroffenen vereinbart • Projektparameter (Qualitäten) • Nutzen • Kosten • Bearbeitungsablauf
3. Vorbehaltlose Alternativsuche für Projektlösung	• Sammlung von Lösungsalternativen • Bewertung und Auswahl mit Führung und Beteiligten • Risikovergleich • Bewertung „Null-Alternative", d.h. ohne Veränderungen (Ist-Zustand)
4. Eindeutige Festlegung der Projektverantwortlichkeiten	• Berufung Projektleiter und Projektteam durch die Geschäftsführung • Festlegung Rolle/ Kompetenzen Projektleiter • Definition projektspezifisches Berichtswesen • PM-Handbuch
5. Zweckmäßige Zuweisung von Personal	• Zuordnung von geeignetem Personal mit Fach-, Sozial- und Methoden-Kompetenz • Sicherung temporärer Mitarbeit • Motivation des Teams • Definition der Befugnisse
6. Analyse von Projektabweichungen	• Ständiger Soll-Ist-Vergleich Inhalt, Termine, Kosten • Analyse Abweichungen und Auswirkungen • Entscheidungsvorbereitung und Berichterstattung • Änderungen
7. Systematische Risikoabschätzungen im Bearbeitungsablauf	• Risikoanalysen und Bewertung im Team • Risikovorsorge inhaltlicher und finanzieller Art • Erarbeiten von Alternativstrategien • Berichterstattung zu Risikosituation
8. Projektstrukturierung und spezifische Projektorganisation	• Systematische Projektplanung • Planmäßige Zusammenarbeit im Team • Systematische Informationsbeziehungen • Kontinuierliches Berichtswesen • Nutzung PM-Handbuch
9. Auswertung abgeschlossener Projekte und Erfahrungstransfer	• Abschlußbewertungen der Projekte • Erfahrungstransfer der Projektleiter • Erzeugung Bereitschaft, aus Fehlern zu lernen • Fortschreibung des PM-Handbuchs
Vermeidung der typischen Fehler bei der Initiierung und Bearbeitung von Projekten ermöglicht kontinuierliche Projektarbeit bei Erfüllung der vereinbarten Projektziele	

Abbildung 1.5-2: Möglichkeiten der Vermeidung typischer Fehler bei der Initiierung und Bearbeitung von Projekten

1.5.1.3 Innovation erfordert Flexibilität

In der aktuellen wissenschaftlichen Literatur (STAUDT 1996) wird unterschieden zwischen:

- **Produktinnovation** (Produktpflege, Nachfolgeprodukte, neue Produkte)
- **Prozeßinnovation** (neue Technologien, Neugestaltung von Geschäftsprozessen, neue Formen der Arbeitsorganisation, Einführung eines Projektmanagement-Systems),
- **Sozialinnovation** (Personalentwicklungsprozesse)

Veränderungen im Innovationsverhalten von Unternehmen: „Während im westlichen Industriekulturkreis bisher eher die Generierung großer, bahnbrechender Problemlösungen favorisiert wurde („Innovationen alter Art"), geht der neue F&E-Ansatz (bzw. Problemlösungsansatz) von inkrementalen, kleineren, aber kontinuierlichen, Bemühungen zur Verbesserung des Wertschöpfungsprozesses aus." (BULLINGER 1994)

Die entsprechende Vorgehensweise wird vor allem in Japan als KAIZEN[1] erfolgreich angewendet. In Deutschland werden auch andere Begriffe, wie KVP (kontinuierlicher Verbesserungsprozeß), verwendet. Das Grundanliegen ist jedoch stets das Initiieren kontinuierlicher Innovationen.

	INNOVATION "alter Art"	INNOVATION "neuer Art"
Effekt	Kurzfristig, aber dramatisch	Langfristig und andauernd, aber undramatisch
Tempo	Große Schritte, aber selten	Kleine Schritte, aber stetig
Protagonisten	Wenige Auserwählte, Geschäftsleitung und Mitarbeiterstab	Alle Beteiligten im Leistungsprozeß, interfunktionelle Projektorganisation
Vorgehensweise	"Ellenbogenverfahren", individuelle Ideen und Anstrengungen	Teamgeist, Gruppenarbeit Systematik, Projektstruktur
Devise	Abbruch und Neuaufbau	Erhaltung und Verbesserung
Erfolgsrezept	Technologische Errungenschaften, neue Erfindungen, neue Theorien	Verfügbares Know-how und jeweiliger Stand der Technik
Führungsgrundsatz	Spezialistendominiert	Projektmanagement
Informationsaustausch	Geheim und intern	Öffentlich und gemeinsam
Feedback	Eingeschränkt	Umfassend und intensiv

Abbildung 1.5-3: Vergleichsprofil alter und neuer Innovationsansätze (nach BULLINGER 1994)

---

[1] KAIZEN (KAI: Veränderung, ZEN: Gut bzw. zum Besseren) bedeutet bezogen auf ein Unternehmen die ständige Verbesserung von Prozessen und Produkten in kleinen Schritten durch Einbeziehung sämtlicher Mitarbeiter und Führungskräfte. Der Mensch steht bei Kaizen im Mittelpunkt. Es stellt ein ganzheitliches Konzept dar, das sämtliche Unternehmensbereiche (auch indirekte Bereiche), aber auch Kunden und Lieferanten, einbezieht. Es betrachtet die gesamte Wertschöpfungskette vom Lieferanten des Unternehmens bis zum Kunden und stützt sich auf verschiedene Managementphilosophien und Methoden. (BULLINGER 1996)

In Abbildung 1.5-3 werden Innovationsansätze alter und neuer Art miteinander verglichen. Dabei wird offensichtlich, daß Innovationen „neuer Art" den Ansätzen und Lösungen der Projektmanagement-Philosophie und -Methodik entsprechen. **Aktivitäten**, die zur Gestaltung von Produkt-, Prozeß- und Sozialinnovationen in Unternehmen durchgeführt werden, sind **Projekte** (vgl. Begriffsdefinition in DIN 69901). Ihre Planung und Abwicklung sollte zweckmäßig unter Nutzung von Projektmanagement als Führungskonzept mit dem dazu vorhandenen Instrumentarium erfolgen.

1.5.1.4 PM unterstützt Innovation

Produkt- und Prozeßinnovationen in rascher Folge mit knappen finanziellen Mitteln und begrenzt verfügbaren Einsatzmitteln zu betreiben, um am Markt bestehen zu können, ist Voraussetzung für die Erreichung bzw. Erhaltung der Wettbewerbsfähigkeit. Die vom Markt geforderte Kundenorientierung setzt voraus, daß diese Innovationsprozesse geplant und beherrscht werden. Die daraus resultierenden Lieferungen und Leistungen müssen termingerecht zu vereinbarten Bedingungen (Güte, Preis usw.) erbracht werden[2]. Es ist erforderlich, Improvisation durch Planung zu ersetzen.

Es ist erforderlich, einen **Wandel im Denken** aller Prozeßbeteiligten, insbesondere der Führungskräfte, herbeizuführen.

In diesem Kontext gilt es, die Hauptanstrengungen in Unternehmen nicht nur auf die Optimierung/ Rationalisierung der Produktions- bzw. Leistungsprozesse zu fokussieren. Vielmehr sind auch die Abläufe in den indirekten Bereichen (oder Aufgabengebieten) wie Entwicklung, Konstruktion, Arbeitsvorbereitung oder Einkauf und Verkauf neu zu gestalten, um sie effizient im Rahmen von betrieblichen Projekten integrieren zu können.

Es ist eine betriebliche Organisation aufzubauen, die die Unternehmen flexibler und reaktionsfähiger werden läßt. Sie soll dazu befähigen, auf Dynamik und Konkurrenz nicht nur zu **reagieren**, sondern durch strategische Planungen und Projektarbeit am Markt zu **agieren.**

Die **Planungsfähigkeit**, die **Planungen** selbst und deren **Umsetzung** sind entscheidend für die Wettbewerbsfähigkeit der Unternehmen. **Projektmanagement** leistet bei unternehmens- und aufgabenadäquater Anwendung einen wesentlichen Beitrag zur Erfüllung dieser Anforderungen, wobei seine **Einführung** einer **sachkundigen problemorientierten Unterstützung** durch interne Erfahrungsträger und/oder externe Berater bedarf.

Projektmanagement ermöglicht Transparenz der Bearbeitungsprozesse von Projekten unter dem Aspekt kurzer Zeiten sowie knapper Ressourcen. Es unterstützt die Reaktionsfähigkeit und Flexibilität von Unternehmen bei dynamischen Märkten und die Bearbeitung komplexer Aufgaben. *Wirkungen der PM-Anwendung*

Projektorientiertes Vorgehen ermöglicht die effiziente und zielorientierte interdisziplinäre Bearbeitung komplexer betrieblicher Aufgaben. Es ist Voraussetzung für die Entwicklung zum projektorientierten Unternehmen, das den Managementansatz „**management by projects**" verfolgt (siehe Kapitel 1.1).

Die Denk- und Arbeitsweise des Projektmanagements ist geprägt von **Prozeßorientierung** und **interdisziplinärer Teamarbeit** aller Projektbeteiligten. Sie überwindet die noch immer **tayloristischen** Arbeitsweisen (abgegrenzten Aufgabengebiete, Zuständigkeiten, extreme Arbeitsteilung nach Ressorts) im Prozeß der Leistungserstellung in Unternehmen.

---

[2] Diskussionen über die Ursachen von Insolvenzen von Unternehmen verschiedener Branchen zeigen, daß neben Liquiditätsproblemen Managementfehler wie Nichtbeherrschung der Kostenentwicklung und mangelnde Termineinhaltung eine bedeutende Rolle spielen.

Es ist erforderlich, Entscheidern und Mitarbeitern im Unternehmen die Vorteile einer projektorientierten Arbeitsweise aufzuzeigen. Ihnen ist aber auch zu vermitteln, daß diese Arbeitsweise Veränderungen in der Arbeitsteilung und in der Mitarbeiterbeteiligung voraussetzt.

Diese Sensibilisierung der Entscheider und Mitarbeiter (Macht- und Fachpromotoren) für diese Veränderungen werden unterstützt durch externe Berater mit profunden PM-Erfahrungen. Sie wirken als „Agenten des Wandels" oder „change agents" (BULLINGER 1996). Ihre methodische und praktische Erfahrung, verbunden mit Einfühlungsvermögen in die jeweilige betriebliche Situation ist entscheidend für die Bereitschaft für Veränderungen (siehe Kapitel 2.5).

1.5.2 Unternehmensphilosophie und Projektmanagement

In der Literatur (GABLER 1988, DECKER 1994) werden für den Begriff „Unternehmensphilosophie" auch die Begriffe „corporate idendity", „Unternehmenskonzept" und „Unternehmensleitbild" verwendet. Unabhängig von der auch in der betrieblichen Praxis verwendeten Begriffsvielfalt geht es im Kern um die Formulierung und praktische Umsetzung von Unternehmensgrundsätzen.

1.5.2.1 Von der Unternehmensphilosophie zum Unternehmensleitbild

Funktion der Unternehmensphilosophie

Eine Unternehmensphilosophie hat mehrere Funktionen:

- **Orientierungsfunktion,** d.h. die angestrebten unternehmenspolitischen Ziele werden als Soll-Identität des Unternehmens explizit zum Ausdruck gebracht,

- **Motivationsfunktion**, d.h. die Identifikation der Mitarbeiter mit dem Unternehmen wird entwickelt bzw. verstärkt; eine anspruchsvolle zugleich konsensfähige Zielvorstellung wird formuliert und dokumentiert,

- **Legitimationsfunktion**, d.h. die verschiedenen Interessenten innerhalb und außerhalb des Unternehmens werden über die handlungsleitenden Grundsätze des Unternehmens in geeigneter Form informiert. (GABLER 1988)

Was enthält ein Unternehmensleitbild ? - Beispiele

Die Dokumentation der Unternehmensphilosophie erfolgt zweckmäßig in einem **Unternehmensleitbild.** Es ist spezifisch für jedes Unternehmen zu entwickeln.

Voraussetzung für die Erfüllung der dargestellten Funktionen, die Akzeptanz und die tatsächliche Umsetzung im Unternehmensalltag ist die Mitarbeiterbeteiligung bereits im Prozeß der Leitbilderarbeitung.

Beispielhaft wird in einer „Information für die Mitarbeiter über ein Unternehmensleitbild" zum Inhalt und Zweck eines Unternehmensleitbilds für ein Maschinenbauunternehmen folgendes erklärt (AICHNER 1997):

> *„Ein Unternehmensleitbild ist eine, schriftlich festgehaltene, generelle Absichtserklärung, in der Unternehmenszweck, -vision und Tätigkeitsfelder sowie Grundauffassungen und Werte des Unternehmens als Richtlinien für das Verhalten aller Mitarbeiter/ Innen niedergeschrieben sind. Es bildet die Grundlage für derzeitige und zukünftige Ziele und Strategien und stellt damit den langfristigen Rahmen für die Unternehmensentwicklung dar. Es soll in kurz und prägnant formulierten Aussagen die grundlegenden Visionen und Grundhaltungen des Unternehmens darstellen."*

Auszüge aus dem o.g. noch in Diskussion befindlichen Unternehmensleitbild sollen nachfolgend beispielhaft einige Aussagen zeigen (AICHNER 1997):

- „**Sozio-ökonomisches Umfeld und Markt**

    Die gesellschaftliche Entwicklung bestimmt die Entwicklung des Unternehmens.... Das Unternehmen versteht sich als Problemlöser beim Kunden, das erfordert in Systemen sowohl nach innen als auch nach außen zu denken ... .

- **Unternehmens- und Gestaltungsziele** (...)

- **Unternehmensorganisation** (...)

- **Verhältnis Unternehmen/Mitarbeiter**

    Vertrauen, Verantwortung und Entscheidung sind zentrale Elemente der Zusammenarbeit im Unternehmen (...). Das Unternehmen lebt die Erkenntnis, daß das Unternehmen nur so innovativ ist, wie seine Mitarbeiter. Innovative Mitarbeiter bestimmen die Unternehmensentwicklung. (...)"

Die implizierte Verbindung von Innovation, Flexibilität und Kundenorientierung bedingt aber auch die Ausrichtung hin zum projektorientierten Arbeiten.

Gareis zeigt beispielhaft, wie die Projektorientierung in einem Unternehmensleitbild darstellbar ist (GAREIS 1994):

> *„1. Wir sind ein projektorientiertes Unternehmen*
>
> *Wir setzen Projekte für komplexe Aufgaben kleinen, mittleren und großen Umfangs ein. Unsere Projektmanagementkultur entwickeln wir laufend weiter. Wir wenden Projektmanagementinstrumente differenziert nach den jeweiligen Projektbedürfnissen an."*

Die Ausschnitte zeigen, daß ein Unternehmensleitbild für die Mitarbeiter Grundlage für eine gemeinsame Denk- und Handlungsweise sein kann. Den Kunden bietet ein solches Leitbild eine gute Möglichkeit, ein Unternehmen anhand seiner Grundsätze kennenzulernen und zu beurteilen.

Unternehmen sind als soziale, zweckorientierte Systeme Bestandteil eines kulturellen, wertbehafteten gesellschaftlichen Umfeldes. Ihre Grundhaltungen und Grundwerte zur Einordnung in dieses Umfeld definiert die Unternehmensführung in ihrer Unternehmensphilosophie und vereinbart diese sowie die daraus abgeleiteten Unternehmensziele mit ihren Führungskräften und Mitarbeitern. *Unternehmensphilosophie - Handlungsorientierung für Führungskräfte und Mitarbeiter*

Die Unternehmensphilosophie muß also in der Managementphilosophie ihre Umsetzung finden. Sie definiert die **Einstellungen, Überzeugungen und Werte,** nach denen ein Unternehmen geführt werden soll. Damit ist es dem Unternehmen möglich, eine eigene **Identität** in einer sich dynamisch verändernden Umwelt aufzubauen und zu erhalten.

Sowohl die Unternehmensphilosophie als auch die Unternehmensziele müssen zur Sicherung der Lebens- und Entwicklungsfähigkeit nach innen und außen kommunikativ verbreitet, d.h. gegenüber Gesellschaft, Staat, Kunden sowie eigenen Mitarbeitern transparent gemacht werden (vgl. BULLINGER 1994). Sie bedürfen der ständigen Überprüfung und Anpassung an die aktuelle Situation von Gesellschaft und Unternehmen. Insbesondere durch differierende Wertvorstellungen können Konflikte auf der Ebene der Werte sowohl innerhalb des Unternehmens als auch in den Außenbeziehungen entstehen. Die Unternehmensführung muß in der Lage sein, damit umzugehen und Verhaltensmuster zur Lösung derartiger Konflikte anbieten zu können. Auch dafür hat eine Unternehmensphilosophie große Bedeutung. *Innovation als Element der Unternehmensphilosophie*

Für die Mehrzahl von Unternehmen ist es erfolgsentscheidend, die Aspekte

- Generierung von Innovationen,
- konsequente Kommerzialisierung sowie
- Aufbau und Pflege einer innovationsfreundlichen Unternehmenskultur

in die Unternehmenspraxis umzusetzen.

1.5.2.2 Projektmanagement zur Umsetzung der Unternehmensphilosophie

Leitsätze zur Unternehmensphilosophie und ihre Umsetzung mit Projektmanagement

Zur praktischen Umsetzung der Unternehmensphilosophie können folgende **Leitsätze** aufgestellt werden:

1. Unternehmensinnovationen sind unmittelbar auf den **Kundennutzen** zu orientieren, d.h. „Kundenfocus" statt „Technikfocus".

    Umsetzung: Zielstellungen für Projekte zur Entwicklung neuer Erzeugnisse sind konsequent auf der Basis von Kundenwünschen/ -anforderungen zu definieren, um Absatzchancen für das neue Erzeugnis zu haben.

2. Innovationen führen zu **Veränderungen im gesamten Geschäftssystem** und nicht nur zur Veränderung der Leistungserstellung sowie der Produkte.

    Umsetzung: Im Rahmen von Entwicklungsprojekten für neue Produkte oder Leistungen ist die Neugestaltung der Prozesse der gesamten Wertschöpfungskette erforderlich, um effizient produzieren zu können. Die isolierte Betrachtung des Produktes führt zu Disproportionen im Unternehmen.

3. Das **Sammeln von technologischem Know-how** ist wichtiger, als eigene Erfindungen. Forschungs- und Entwicklungskooperation mit Kunden und ggf. Wettbewerbern ermöglicht Wissenstransfer und ist innovationsfördernd.

    Umsetzung: Die begrenzten Mittel der Unternehmen für F&E-Projekte werden häufig auf technische Eigenlösungen konzentriert. Durch strategische F&E-Kooperation mit Kunden, auf F&E spezialisierten Unternehmen und ggf. mit Wettbewerbern sind Synergien erschließbar, die gebündelt mit dem eigenen spezifischen, technologischen Know-how des Unternehmens zu einer Steigerung der Innovationskraft und des Innovationstempos führt.

4. Die Ableitung von **Trends für technische Entwicklungen** muß von Marktentwicklungen und von Technologieentwicklungen erfolgen, um schnell und sicher agieren zu können.

    Umsetzung: Entwicklungsprojekte werden häufig durch Marktimpulse ausgelöst, d.h. Veränderung der Verkaufsentwicklung, der Kundennachfrage. Auch neue technologische Lösungen, Verfahren, Ausrüstungen sind Indikatoren für Innovationen. Durch eine intensive Zusammenarbeit der Fachkräfte von Verkauf und Fertigung auf der Grundlage permanenter Recherchen und Information ist es möglich, Innovationen **rechtzeitig** zu initiieren und auf den Markt zu bringen.

5. Die Verbesserung der **Fähigkeit zur Kommerzialisierung** von Innovationen hat Vorrang vor wissenschaftlich-technischen Pionierleistungen.

    Umsetzung: Projektmanagement hat u.a. die Verkürzung der Bearbeitungszeit von Innovationen durch bereichsübergreifende Teamarbeit der Projektbeteiligten zum Ziel. Ein Maß für die Effizienz dieser Innovationen ist ihre schnellstmögliche Marktwirksamkeit, d.h. die schnelle Vermarktung von Innovationen hat Vorrang vor Perfektionismus der erarbeiteten Lösung.

1.5 Projektmanagement-Einführung

6. Die **integrierte Produkt- und Produktionsentwicklung** in Unternehmen ist Grundvoraussetzung für unternehmerischen Erfolg am Markt infolge der erreichbaren Ganzheitlichkeit der Innovationen sowie des erzielbaren Zeitgewinns beim Auftreten am Markt.

   Umsetzung: Projekte zur Entwicklung neuer Erzeugnisse sind immer mit Produktionsentwicklungsaufgaben zu kombinieren. Diese Kombination ist bereits mit der Erarbeitung der Projektzielstellung zu initiieren, um mit Fertigstellung des neuen Erzeugnisses die Produktionsvoraussetzungen geschaffen zu haben.

7. Entwicklungsstrategien von Unternehmen sind auf **Kontinuität** auszulegen, da kontinuierliche Innovationen effizienter und erfolgsträchtiger sind als große Sprünge in größeren Zeitabständen.

   Umsetzung: Die ständige Produktpflege ist zum Gegenstand von F&E-Projekten zu machen, da sie Voraussetzung für die Marktpräsenz des Unternehmens mit neuen Erzeugnissen und Leistungen sichert (z.B. Automobilbau mit ständiger Produktpflege).

8. Innovative Unternehmen benötigen am Kundennutzen orientierte **Visionen und Strategien**, die durch alle Bereiche und Mitarbeiter zu entwickeln und fortzuschreiben sind. Sie ermöglichen auch kurzfristige Reaktionen auf Marktentwicklungen.

   Umsetzung: Projekte zu Produkt- und Prozeßinnovationen müssen die Visionen und Strategien des Unternehmens in konkrete Ergebnisse umsetzen. Um dies tun zu können, müssen diese vorliegen und allen Mitarbeitern bekannt sein. Insbesondere die Kundenorientierung ist dabei von zentraler Bedeutung. Sie ist nicht nur zu erklären, sondern zu leben.

9. Erfolgreiche Innovationsprojekte sind geprägt durch **hohe Mitarbeiterqualifikation**. Konsequente teamorientierte Projektarbeit und effizientes Projektmanagement schaffen Voraussetzungen für die Entwicklung von „persönlichem Unternehmertum" für jeden Projektbeteiligten.

   Umsetzung: Projektmanagement ist geprägt durch ein hohes Maß an Mitarbeiterbeteiligung bereits in der Phase der Projektkonzipierung beginnend. Die Transparenz der Bearbeitungsprozesse im Projekt ermöglicht allen Beteiligten, ihren Anteil an der Lösung der Gesamtaufgabe zu erkennen und damit die Ergebniswirksamkeit der eigenen Arbeit. Dies als Chance für die Weiterentwicklung der menschlichen Arbeit zu begreifen, trägt zur Personalentwicklung bei.

Das System des Projektmanagements mit seinen vielfältigen Verfahren und Anwendungsmöglichkeiten muß bei den Führungskräften und Mitarbeitern durch fachliche Kenntnisse und eigene Anwendungserfahrungen verankert werden und sich in der Unternehmensphilosophie widerspiegeln.

Projektmanagement als Hilfe für die Unternehmensleitung

Traditionell werden in Unternehmen des Bauwesens, des Anlagenbaus, des Maschinenbaus sowie weiterer Industriebereiche Projekte (mit und ohne Projektmanagement-Ansatz) bearbeitet. Zunehmend behandeln Dienstleistungsunternehmen wie z.B. Banken, Versicherungen, Wohnungsunternehmen, Bildungsträger, soziale Dienste, aber auch öffentliche Verwaltungen komplexe Aufgaben als Projekte und nutzen dabei Projektmanagement mit projektorientierten Organisationsformen.[3]

In all diesen Unternehmen werden außer F&E- sowie Investitionsprojekten eine Reihe weiterer komplexer Aufgaben wie z.B. Angebotserstellung, Marktforschung, Unternehmensreorganisation, Veranstaltungsplanung und -realisierung in Projektform durchgeführt. Ständig werden Projekte verschiedenster Art gestartet, bearbeitet, abgeschlossen bzw. auch abgebrochen.

---

[3] Nach Analysen der Autoren in Dienstleistungsunternehmen ist z.T. die Bereitschaft, neue Formen der Arbeitsorganisation einzuführen, größer als in der Industrie. Gleichzeitig ist ein erhöhter Bedarf an problemadäquater Weiterbildung und Beratung feststellbar (RISCH 1997).

In derartigen Unternehmenssituationen entsteht ein **ständiger dynamischer Projektbearbeitungsprozeß, der durch eine veränderte Denk- und Arbeitsweise aller Beteiligten, getragen vom Management des Unternehmens, geprägt ist.** Bei dieser weitreichenden Umsetzung spricht man von **projektorientierten Unternehmen**, wie das folgende Beispiel verdeutlicht.

Beispiel: PM-Grundsätze eines Automobilherstellers

PM-Grundsätze in der Praxis

Ein Beispiel für die Formulierung von Grundsätzen des Projektmanagements zeigt ein Auszug aus dem Arbeitsmaterial „Projektmanagement in der Mercedes-Benz AG - Teil 1 Grundsätze" von 1993, für dessen Überlassung sich die Autoren bei dem Unternehmen bedanken:

„Die Mercedes-Benz AG setzt verstärkt auf Projektmanagement. Sie nutzt damit eine Arbeitsform, die verspricht, interdisziplinäre Zielsetzungen schnellstmöglich auf wirtschaftlichem Weg zu erreichen. Projektmanagement ist damit eine Antwort auf veränderte Markt- und Umfeldbedingungen.

Aufgrund der drastischen Verschärfung des Wettbewerbsdruckes sind wir alle verpflichtet, in bereichsübergreifender Zusammenarbeit im Interesse des Ganzen in allen Bereichen unseres Unternehmens effektiver und effizienter zu werden (...). Mit der vorliegenden Unterlage (...) wollen wir (...) zu Kernfragen des Projektmanagements eine MBAG-weite Orientierungsgrundlage geben."

Nachfolgende Thesen, die ebenfalls obigem Arbeitsmaterial entnommen sind, charakterisieren die für ein projektorientiertes Unternehmen relevanten Grundsätze:

„Thesen zum Projektmanagement in der MBAG

These 1

Projektmanagement ist ein Instrument, das neue Formen der Organisation, Kooperation und Führung beinhaltet und deshalb bei Mercedes-Benz konsequent eingesetzt werden soll. Seine Weiterentwicklung wird von der Unternehmensleitung aktiv gefördert.

These 2

Projektmanagement ist durch bereichsübergreifende prozeßkettenorientierte Zusammenarbeit gekennzeichnet und stellt durch erhöhte Effektivität und Effizienz der Aufgabenerledigung einen strategischen Erfolgsfaktor für das Unternehmen dar.

These 3

Projektmanagement erfordert den Willen, bestehende Entscheidungsprozesse weiterzuentwickeln. Basis dafür sind wechselseitige Akzeptanz und Bereitschaft, Interessenkonflikte im Interesse des Ganzen zu klären.

These 4

Projektarbeit ist geeignet, Mitarbeiter/-innen mit besonderem Engagement und Initiative zu fördern. Die Arbeit in Projekten soll der Personalentwicklung dienen und in die Karriereplanung einbezogen werden.

These 5

Wesentliche Voraussetzungen für den Erfolg von Projektmanagement sind neben der Motivation und Identifikation der Mitarbeiter/-innen eine ganzheitliche Delegation von Aufgaben, Kompetenzen und Verantwortung."

1.5 Projektmanagement-Einführung

In diesen Thesen wird beispielhaft gezeigt, wie in einer Unternehmensphilosophie aktuelle wirtschaftliche Anforderungen widergespiegelt werden und damit eine neue Unternehmenskultur, nämlich die eines **projektorientierten Unternehmens**, als Vision und Strategie geprägt wird.

Insbesondere die Entwicklung der Fähigkeiten der Mitarbeiter, ihre Kreativität und ihr Leistungswille, werden Erfolgspotentiale für projektorientierte Unternehmen.

Die in den o.g. Thesen formulierten Ziele sind schrittweise in einem Wandlungsprozeß realisierbar. Sie setzen sich nicht im „Selbstlauf" im Unternehmensalltag durch. Ihre Erfüllung erfordert die Akzeptanz und den Durchsetzungswillen der Führungskräfte aller Hierarchieebenen sowie der Mitarbeiter aller involvierten Fachbereiche. Von besonderer Bedeutung in einem solchen Umsetzungsprozeß ist die methodische Unterstützung durch externe Partner bzw. interne Fachpromotoren mit umfassenden PM-Kenntnissen (KNOBLOCH 1995).

1.5.3 Möglichkeiten des Projektmanagement-Einsatzes

Die Betrachtung der Möglichkeiten und Grenzen des Projektmanagement-Einsatzes erfordert die Kenntnis von Basisanforderungen an das Projektmanagement.

1.5.3.1 Basisanforderungen

In Unternehmen, Instituten und Einrichtungen werden Prozesse und deren Ergebnisse gestaltet, es entsteht Know-how. Dieser Gestaltungsprozeß wird durch zielgerichtete menschliche Arbeitsleistung eingeleitet (z.B. Projektziele, Projektplanung) und realisiert (z.B. Projektabwicklung). Das heißt, ohne menschliche Leistung und ohne zielgerichtete **geplante Vorgehensweise** funktioniert dieser Prozeß nicht, kann kein Ergebnis erzielt werden.

Nur durch **koordiniertes Zusammenwirken** aller Prozeßbeteiligten können die konzipierten Ziele verwirklicht werden. Dazu sind geeignete Methoden und Informationen erforderlich, deren Nutzung Voraussetzung für den Projekterfolg ist.

Ein wesentlicher Zweck des Projektmanagements ist folglich die Moderation von projektbeteiligten Ressorts oder Personen zur Erreichung eines möglichst hohen Nutzens. Projektmanagement muß die Projektbeteiligten veranlassen, voll produktiv wirksam zu sein und sie in die Lage versetzen, ihre Arbeiten zielorientiert und erfolgreich durchführen zu können.

Projektmanagement zweckmäßig und richtig angewendet, soll **mindestens** folgenden unternehmerischen Grundforderungen gerecht werden:

Grundforderungen an Projekmanagement

- Beteiligungsorientierte Projektzielfindung und Projektplanung unter Einbeziehung externer und interner Kunden als Grundlage für Ergebnis- und Prozeßqualität,

- Sicherung der effizienten, zielorientierten Zusammenarbeit aller Projektbeteiligten (aus unterschiedlichen Bereichen und unterschiedlichen Unternehmen auf der Grundlage eindeutiger Informationswege,

- Sicherung der Projekttransparenz gegenüber Auftraggeber und Unternehmensleitung durch überschaubare Abläufe der Bearbeitungsprozesse,

- Bereitstellen von Aussagen zu Projektrisiken als Entscheidungsgrundlage der Unternehmensleitung,

- Rechtzeitiges Erkennen von Problemsituationen sowie frühzeitiges steuerndes Eingreifen zur Gewährleistung der geplanten Bearbeitungsabläufe durch regelmäßige Soll-Ist-Vergleiche,

- Eindeutiges, redundanzfreies Berichtswesen während des gesamten Projektablaufes,

- Nachbereitung abgeschlossener Projekte und Erfahrungstransfer.

Daraus ist abzuleiten, daß der **Projektbearbeitungsprozeß**, der durch qualitative Vorgaben, Zeit- und Kostenbegrenzungen charakterisiert ist, durch die **Projektmanagementfunktionen** gestaltet und unterstützt wird.

Projektmanagementfunktionen

Wesentliche Projektmanagementfunktionen sind:

- Gestaltung der projektorientierten Aufbau- und Ablauforganisation,
- Projektdefinition - Projektziele, Aufgabenstruktur,
- Projektplanung - Termin-, Kapazitäts-, Kosten-, Finanzplanung,
- Projektsteuerung, Fortschrittsplanung,
- Qualitätssicherung.

Sie werden mit Hilfe einer Vielzahl erprobter Methoden und Verfahren im Projektbearbeitungsprozeß wahrgenommen (vgl. Abbildung 1.5-4).

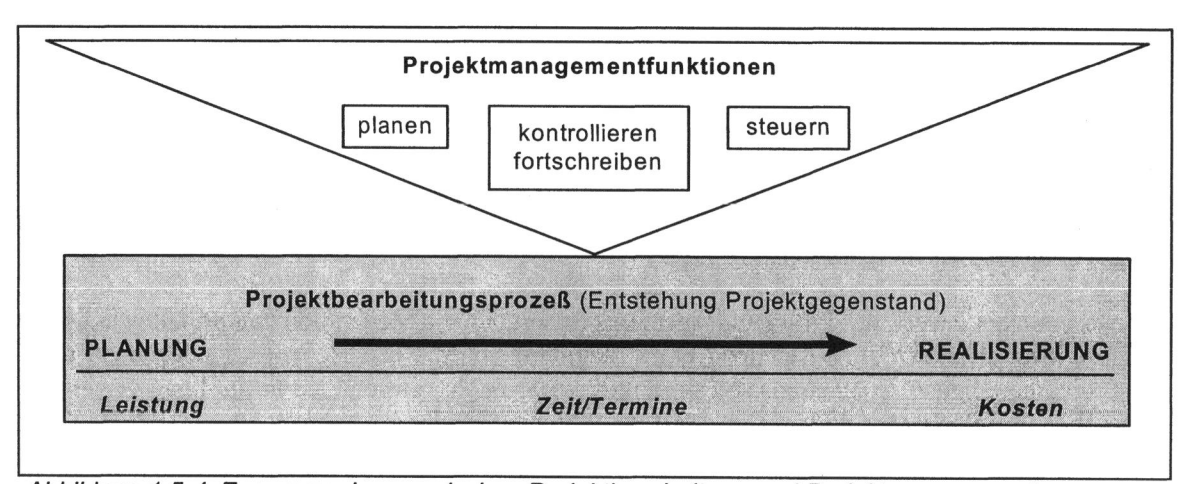

Abbildung 1.5-4: Zusammenhang zwischen Projektbearbeitung und Projektmanagement

Projektmanagementanwendung

Projektmanagement unterstützt innovative Bearbeitungsprozesse, beispielsweise:

- wenn etwas „Neues" entstehen soll,
- wenn eine Aufgabe vielen Einflüssen ausgesetzt ist,
- wenn der Abschluß der Bearbeitung bereits terminiert ist,
- wenn mehrere Ressorts/ Mitarbeiter an der Bearbeitung mitwirken (Arbeitsteilung),
- wenn nur begrenzt Mittel zur Finanzierung der Aufgabe verfügbar sind.

1.5.3.2 Potentiale des PM-Einsatzes

Der Projektmanagement-Ansatz geht von ganzheitlicher Aufgabenwahrnehmung durch einen Projektleiter oder Projektverantwortlichen während der gesamten Projektlaufzeit von Projektbeginn bis Projektabschluß aus. Gleichzeitig erfordert er die durchgängige Anwendung von Planungs- und Steuerungsmethoden (ggf. auch unter Einbindung von PM-Software), um damit die

1.5 Projektmanagement-Einführung

durchgängige Transparenz der Informationen und Berichte zu gewährleisten und um Schnittstellen und Informationsverluste im Prozeßablauf zu vermeiden.

Die Hauptaufgabengebiete des Projektmanagements sind folglich die Wahrnehmung der

- **Projektplanungsfunktion,** d.h. Ablauf- und Termin-, Einsatzmittel-, Kosten und Finanzplanung sowie
- **Projektsteuerungsfunktion,** d.h. Projektfortschrittskontrolle/ Soll-Ist-Vergleich und Maßnahmen der Projektsteuerung zur Einhaltung des geplanten Ablaufes.

Bereits mit der Projektplanung zu Projektbeginn wird der theoretische Vorentwurf einer praktischen Handlungsfolge (Vorgänge) in ihren inhaltlichen und zeitlichen Abhängigkeiten erarbeitet, der die Überprüfung der Zweckerfüllung dieser Handlungsfolge, bezogen auf das Projektziel vor Beginn der Bearbeitung, ermöglicht.

Gleichzeitig sind die Erfordernisse des qualitativen und quantitativen Einsatzmitteleinsatzes und die damit verbundenen Kosten in der Projektplanung ableitbar.

Die Möglichkeit, bereits bei der Projektplanung den Einsatzmittelbedarf in seiner Höhe und zeitlichen Einordnung im Bearbeitungsablauf zu bestimmen, trägt wesentlich zur Minimierung der Bearbeitungsaufwände bei.

> Projektmanagement trägt zur Beherrschung komplexer innovativer Aufgaben bei, die ziel- und zweckorientiert durch Menschen als Aufgabenträger erfüllt werden müssen.

Sie sind gekennzeichnet durch **Ziele** (Wozu/Warum?), **Verrichtungen** (Wie?), **Objekte** (Woran?), **Aufgabenträger** (Wer?), **Sachmittel** (Womit?), **Raum** (Wo?) und **Zeit** (Wann?) (nach BULLINGER 1994).

Durch qualifizierten, zielorientierten Einsatz von Projektmanagement in Unternehmen und Einrichtungen werden Voraussetzungen geschaffen für: *Wirkungen durch Projektmanagement*

- **zielorientiertes Lösen von Aufgabenstellungen** unter Beachtung von Rahmenbedingungen und Restriktionen,
- **reale an den Erfordernissen ausgerichtete Festlegung von Projektzielen, Kosten und Terminen** und Sicherung deren Einhaltung,
- **schnelle und unbürokratische Kommunikation** zwischen den Projektbeteiligten über Bereichsgrenzen hinweg,
- **Einsatz des richtigen Fach- und Expertenpersonals** sowie dessen Koordination und Kommunikation untereinander,
- **geregelten redundanzfreien Informationsaustausch** über den jeweiligen **Projektstatus,**
- **sachgerechte und faire Lösung von Konflikten** im Rahmen der Projektarbeit

durch

- **klare Zielvereinbarungen** in Projektbeschreibungen/Lastenheften,
- **definierte Verantwortlichkeiten,** dokumentiert z.B. in einer Zuständigkeitsmatrix,
- **Transparenz der Aufgabenstellung,** dokumentiert z.B. im Projektstrukturplan,
- **Planungskonzeption** mit Ablauf- und Terminplan, Kapazitäts- und Kostenplan,

- **Informations- und Berichtswesen** mit Ablaufplänen, Regeln für Projektstatussitzungen des Projektteams, Protokollen, Projektdokumentation u.a. in einem Projekt-Handbuch.

Unterschiedliche Formen der Projektarbeit

Auf dieser Grundlage ist es möglich, in unterschiedlichsten Formen Projektarbeit durchzuführen. Sie reicht von „projekthaftem Arbeiten" in Arbeitsgruppen für kleinere Projekte bis zu „reinem Projektmanagement" mit einer eigenständigen Organisation und eigenen Ressourcen bei hoher Eigenverantwortung des Projektleiters bei Großprojekten.

Eine Projektorganisation stellt einen für die Dauer des Projektes befristeten Arbeitsrahmen für alle Beteiligten dar. Bei der Festlegung der Projektorganisation muß es das Ziel sein, einerseits alle notwendigen Fachgebiete des Unternehmens zu integrieren und andererseits eine möglichst effiziente zielorientierte Projektorganisation mit kurzen, funktionalen Berichts- und Entscheidungswegen zu schaffen (vgl. Kapitel 4.1). Hierzu ist es erforderlich, bereits in der Planungsphase einen Zielkonsens und ungeteilte Akzeptanz zu erreichen.

Ein von allen akzeptierter Projektauftrag ist entscheidende Grundlage für eine effektive und flexible Projektorganisation.

Zwischen den Entscheidungsträgern des Unternehmens sind beim Projektstart die projektspezifischen Aufgaben, Kompetenzen und Verantwortungen zu klären und festzulegen, um Auseinandersetzungen im Projektverlauf wegen Überschneidungen oder nicht wahrgenommener Verantwortung zu minimieren.

Projektbeteiligte

Projektbeteiligte und ihre Rollen im Projekt

In jedem Projekt - unabhängig von seiner Größe - sind im allgemeinen folgende Partner (Führungskräfte und Mitarbeiter) involviert:

- **innerbetrieblicher Auftraggeber:** Beauftragter der Unternehmensleitung oder Bereichsleitung als betrieblicher Entscheider (entsprechend der Bedeutung des Projektes für das Unternehmen),

- **Projektleiter:** Beauftragter des innerbetrieblichen Auftraggebers als Leiter des Projektteams mit Projektverantwortung,

- **Projektmitarbeiter:** Beauftragte von Fachabteilungen als ständige oder zeitweilige Mitglieder des Projektteams mit Fachverantwortung bzw. Mitarbeiter ohne Fachverantwortung als Mitglieder im Projektteam,

- **Projektbetroffene:** Führungskräfte und Mitarbeiter, die nicht im Projektteam mitwirken, aber die Projektergebnisse nach Projektabschluß umsetzen / nutzen (detaillierte Umsetzung: siehe Kapitel 4.1).

1.5.3.3 Grenzen des Projektmanagement-Einsatzes

Prozeßbezug der Projektarbeit und die **Integration des Menschen** als Aufgabenträger für Innovationen führen zu einer Reihe subjektiv bedingter positiver oder negativer Wirkungen, die sich auf Effektivität und Effizienz der Innovationsprozesse auswirken.

1.5.4 Einführungsprozeß

Voraussetzungen für die PM-Einführung

Mißerfolge mit Projektmanagement resultieren in der Unternehmenspraxis häufig aus einer unsystematischen PM-Einführung. Sie haben Frust und Ablehnung zur Folge. Gelegentlich sind Führungskräfte fälschlicherweise der Ansicht, mit dem Erwerb einer PM-Software (siehe Kapitel 4.9) beste Voraussetzungen für das Projektmanagement in ihrem Unternehmen geschaffen zu haben.

1.5 Projektmanagement-Einführung

Die Anwendung von Projektmanagement bedarf jedoch einer **geplanten und unternehmensspezifischen Einführung**, um zum dauerhaften Erfolg der Projektarbeit zu führen.

1.5.4.1 Grundlagen zur Einführung von Projektmanagement

Grundvoraussetzung ist die Entwicklung eines **Projektverständnisses** bei der Unternehmensleitung und den Führungskräften des Unternehmens (Machtpromotoren) sowie den Mitarbeitern aus den Unternehmensbereichen, die mit Projektarbeit befaßt sind. *Projektverständnis*

Dabei ist die Definition Projekt in der DIN 69901 sowie die interpretierenden Aussagen in Kapitel 1.2 eine wertvolle Hilfe. Sie bietet für Neueinsteiger eine allgemeingültige akzeptable begriffliche Plattform. Auf dieser Grundlage ist es sinnvoll, **unternehmenstypische, interne** und **externe Projekte** beispielhaft zu identifizieren. Für die Zuordnung der Projekte ist entscheidend, ob der Kunde für die Projektergebnisse das eigene Unternehmen oder ein Fremdunternehmen ist. *Einheitliche Begriffswelt*

Beispiele für **interne** Projekte sind:

- Entwicklung neuer Erzeugnisse und Leistungen,
- Einsatz neuer Technologien (Informations- und Kommunikationstechnologien),
- Aufbau eines Rechnernetzes,
- Vorbereitung und Realisierung von Investitionen (als Bauherr oder Leistender),
- Rekonstruktion, Modernisierung und Renovierung von Anlagen,
- Reorganisation eines Unternehmens, eines Bereiches, eines Standortes,
- Prozeßverbesserung, -gestaltung im Fertigungs-/ Leistungsprozeß sowie in indirekten Bereichen, z.B. durch Aufbau eines betrieblichen Qualitätsmanagement-Systems, Einführung neuer Arbeitszeitmodelle oder betriebliche Weiterbildungsaktivitäten.

Als Beispiele für **externe** Projekte seien die folgenden Punkte genannt:

- Erbringen von Bauleistungen,
- Projektierung, Bau und Lieferung einer Ausrüstung,
- Aufbau einer Industrieanlage,
- Durchführung von Auftragskonstruktionen,
- Realisierung von Beratungsaufträgen,
- Konstruktion und Bau von Werkzeugen,
- Fabrikplanungen,
- Industrieforschung in Kooperationsverbünden.

Praxisrelevante und erfolgreiche **Anwendungsbeispiele** für PM-Instrumente sind für die Überzeugungsarbeit vorteilhaft.

Im Zusammenhang mit der Identifizierung unternehmenstypischer Projekte ist es erforderlich, bei Führungskräften und Mitarbeitern existierende Vorbehalte gegenüber der Zweckmäßigkeit der PM- *Abbau von Vorbehalten*

Anwendung abzubauen. Typischer Ausdruck für diese Vorbehalte sind beispielsweise die folgenden Bemerkungen[4]:

- Projektmanagement ist doch nur etwas für Großprojekte des Anlagenbaus und der Bauindustrie, unsere Projekte sind wesentlich kleiner!
- Unsere Projekte haben wir auch ohne Projektmanagement im Griff, sie sind nicht so groß!
- Dafür haben wir Erfahrungswerte, da brauchen wir nichts zu planen!
- Unsere Kunden geben uns die Termine vor!
- Von Prozeß- und Teamorientierung halten wir nichts, das ist gerade Mode!

Diese ausschließlich subjektive Reihe ließe sich beliebig fortsetzen. Nachfragen, ob die Ziele, Vorgehensweisen und Aufwände bekannt sind, zeigen in der Mehrzahl der Fälle, daß Nichtwissen bzw. Pseudowissen über das Projektmanagement die Ursache der genannten Aussagen sind.

Das in der Norm postulierte Ziel, durch Projektmanagement die Steigerung der Effizienz bei der Bearbeitung von Projekten zu erhöhen, ist durchaus von argumentativem Wert zum Abbau obiger Vorbehalte.

1.5.4.2 Unterstützung durch interne und externe Fachkompetenz

Externe und interne PM-Kompetenz

Sowohl die Anwendung von PM-Methoden als auch insbesondere die PM-Einführung bedürfen **kompetenter (externer) Unterstützung** und des Aufbaus eigener **PM-Kompetenzen**. Erfahrene Trainer und Projektmanager stellen ihre reichhaltigen Erfahrungen in Veranstaltungen unterschiedlichster Formen sowie die Begleitung von PM-Einführungsprozessen zur Verfügung. Darüber hinaus ist es notwendig, durch Weiterbildung eigene Mitarbeiter zur PM-Anwendung zu befähigen. Diese sind in der Lage, im Unternehmen als Multiplikatoren ihr Wissen weiterzugeben. Damit sind Voraussetzungen für erfolgreiche PM-Einführung bei vertretbarem Aufwand gegeben.

Es ist die Erkenntnis zu vermitteln, daß Projektmanagement nicht nur für Großprojekte, sondern auch für Projekte kleineren Umfanges (z.B. auch in KMU) angewendet werden kann und Vorteile bietet. Maßstab für die Intensität und die Anwendungstiefe des PM-Einsatzes ist nicht die Höhe des Projektbudgets, sondern vielmehr die Auswirkung der Projektergebnisse auf den Wertschöpfungsprozeß bzw. auf die Beherrschung der Leistungen des Unternehmens.

1.5.4.3 Faktoren für die Entscheidung zur Projektmanagement-Einführung

Geplante PM-Einführung

Projektmanagement bedarf eines **geplanten Lern- und Einführungsprozesses**, der sich durchaus stufenweise vollziehen kann. Er setzt ganzheitliches Denken sowie den Willen und die Motivation zur Umsetzung bei Geschäftsführung und Prozeßbeteiligten in Unternehmen voraus und muß sich an den Unternehmenszielen orientieren. Ad-hoc-Maßnahmen, Aktionismus oder Effekthascherei wirken schädlich.

---

[4] Die Beispiele entstammen der Beratungs- und Schulungspraxis der Autoren sowie der Diskussion zum PM-Forum 1996 in Essen - Arbeitskreis „PM im Mittelstand und bei kleinen Projekten"

Folgende drei Faktoren sind hierbei in die Überlegung mit einzubeziehen.

1. Angestrebte Nutzen durch PM

Das Entscheidungsverhalten in Unternehmen ist häufig durch Pragmatismus geprägt. Das hat zur Folge, daß Entscheidungen über die Einführung von PM anhand des zu erwartenden **Nutzens** für das Unternehmen getroffen werden (MENTE 1991). **Einsparungen sind** gegenüber einer Projektbearbeitung ohne Projektmanagement erreichbar durch

- Zeitgewinn (return on investment, Kosteneinsparung, verminderte Kapitalbindung),
- Beeinflussung der Zielsetzung, höhere Planungsqualität (Verhinderung von Planungsfehlern, späteren Korrekturen und zeitlichen Verzögerungen),
- Einsparungen von Mehrkosten aufgrund steigender Wünsche der Auftraggeber,
- Transparenz der Bearbeitungsabläufe (Verantwortlichkeiten und Abläufe werden deutlicher, verständlicher und erhalten damit größere Akzeptanz),
- Straffen des Entscheidungsverhaltens (Auswirkungen verzögerter Entscheidungen auf den Projektablauf werden deutlich),
- Vermeidung von Personalüberhängen und Redundanzen in der Aufgabenverteilung.

2. Einführungskonzept für PM

Jeder betrieblichen PM-Einführung ist ein **Einführungskonzept** zugrunde zu legen, das

- überschaubar und offen ist für Veränderungen und Anpassungen entsprechend der betrieblichen Bedingungen,
- sich an den Problemstellungen und verfügbaren Ressourcen orientiert,
- die ganzheitliche Aufgabenwahrnehmung der Projektbeteiligten von der Projektbearbeitung bis zum Projektabschluß gewährleistet (Know-how-Sicherung),
- die durchgängige Anwendung der Planungs- und Steuerungsmethoden sichert,
- den Gegebenheiten des einführenden Unternehmens entspricht und „Perfektionismus" vermeidet.

D.h. auch bei der PM-Anwendung gilt:

> „So tiefgründig wie nötig!" statt „So tiefgründig wie möglich!"

3. Mögliche Konsequenzen des PM-Einsatzes

Die **Konsequenzen** der PM-Einführung müssen allen Beteiligten vermittelt werden. Sie sind vor allem zu sehen:

- im Aufbau einer temporären (projektbezogenen) Parallel-Organisationsstruktur, in einem damit verbundenen Eingriff in die hierarchische Unternehmensstruktur,
- in erforderlichen Änderungen im Kooperationsverhalten von Führungskräften und Mitarbeitern sowie zwischen Linienorganisation und Projektmanagement.

```
┌─────────────────────────────────────────────────────────────────────┐
│            ▽ Chancen ▽                    ▽ Risiken ▽               │
│  ┌─────────────────────────────┐   ┌─────────────────────────────┐  │
│  │ • Verbesserung der          │   │ • Angst vor Kompetenzverlust│  │
│  │   Arbeitszufriedenheit      │   │                             │  │
│  │                             │   │ • mangelnde Akzeptanz bei   │  │
│  │ • bessere Identifikation mit│   │   Mitarbeitern              │  │
│  │   dem Unternehmen           │   │                             │  │
│  │                             │   │ • Vernachlässigung von      │  │
│  │ • Steigerung der Produktivi-│   │   Qualifizierungsprozessen  │  │
│  │   tät der Projektarbeit     │   │                             │  │
│  │                             │   │ • Erhöhung des Zeitanteiles │  │
│  │ • Verbesserung der Qualität │   │   für die Projektvorbereitung│ │
│  │                             │   │                             │  │
│  │ • Erhöhung der Flexibilität │   │ • fehlendes Vertrauen in    │  │
│  │                             │   │   Fähigkeiten der Mitarbeiter│ │
│  │ • Projektzeitverkürzung,    │   │                             │  │
│  │   Termintreue               │   │ • Überorganisation,         │  │
│  │                             │   │   Bürokratisierung          │  │
│  │ • niedrige Kosten, Kostentreue│ │                             │  │
│  └─────────────────────────────┘   └─────────────────────────────┘  │
└─────────────────────────────────────────────────────────────────────┘
```

Abbildung 1.5-5: Chancen und Risiken der PM-Einführung (nach WADEWITZ 1996)

Projektmanagement bietet Chancen zur Weiterentwicklung betrieblicher Arbeitsbeziehungen. Sie sind geprägt vom **Prinzip „Akzeptanz und Überzeugung"** und lösen damit das Prinzip „Befehlen und Gehorchen" ab. Abbildung 1.5-5 stellt Chancen und Risiken der PM-Einführung gegenüber. Diese müssen Entscheidern in Unternehmen bewußt gemacht werden, um Fehlentwicklungen bereits in der Einführungsphase bewußt vorzubeugen.

1.5.4.4 Schulung zur PM-Einführung

Die PM-Einführung muß mit **Schulung** (Wissensvermittlung) und **Coaching** (betreute Anwendung des erworbenen Wissens) für Führungskräfte und Prozeßbeteiligte verbunden sein, da nur auf diese Weise eine gemeinsame Arbeitsgrundlage im Unternehmen gegeben ist.

Externe Partner, interne Fachkräfte

Die Qualifizierung kann sowohl durch externe Partner als auch durch interne Fachkräfte, die bereits über anwendungsbereites PM-Fachwissen und Anwendungserfahrungen verfügen, durchgeführt werden. Es ist sinnvoll, die Qualifizierung anhand konkreter **Pilotprojekte** mit betrieblicher Aufgabenstellung durchzuführen. Damit wird über die unternehmensbezogene Anwendung der PM-Methoden der Nutzennachweis erbracht, Widerstände gegen Veränderung der Arbeitsweise abgebaut und Akzeptanz bei den Schulungsteilnehmern durch eigene Erfolgserlebnisse erreicht. Es muß bereits aus der Schulung ein verwendbares und präsentierbares Ergebnis für das Unternehmen entstehen!

Praxisorientierte PM-Schulung

Die Erfahrungen bei PM-Einführungen in kleinen und mittelständischen Unternehmen zeigen, daß der praxisorientierten Schulung aller Betroffenen eine besondere Bedeutung zukommt (vgl. RÖßLER 1996).

Dabei gilt prinzipiell, daß erfolgreiche berufliche Weiterbildung

- auf den Erwerb von **Kompetenzen** orientiert,
- unternehmens- und tätigkeitsorientiert ist und
- ein hohes Maß an Flexibilität bezüglich der Lehrinhalte, Lernformen unter Berücksichtigung der Lerngewohnheiten der Teilnehmer gewährleistet.

Dies trifft insbesondere auf prozeßorientierte Schulungsinhalte wie Projektmanagement zu (siehe STAUDT 1996; LINDNER, 1996).

1.5 Projektmanagement-Einführung

Voraussetzung für die Gewährleistung des Unternehmens- und Tätigkeitsbezuges der Schulungen ist die Kenntnis der Besonderheiten des Unternehmens sowie die Identifikation mit diesen durch den Trainer und das Engagement der Teilnehmer für die Thematik Projektmanagement.

Ein an diesen Ergebnissen der Weiterbildungsforschung orientiertes Stufenprogramm für die Schulung zur Projektmanagement-Einführung in Unternehmen zeigt Abbildung 1.5-6.

Stufenprogramm für PM-Schulungen

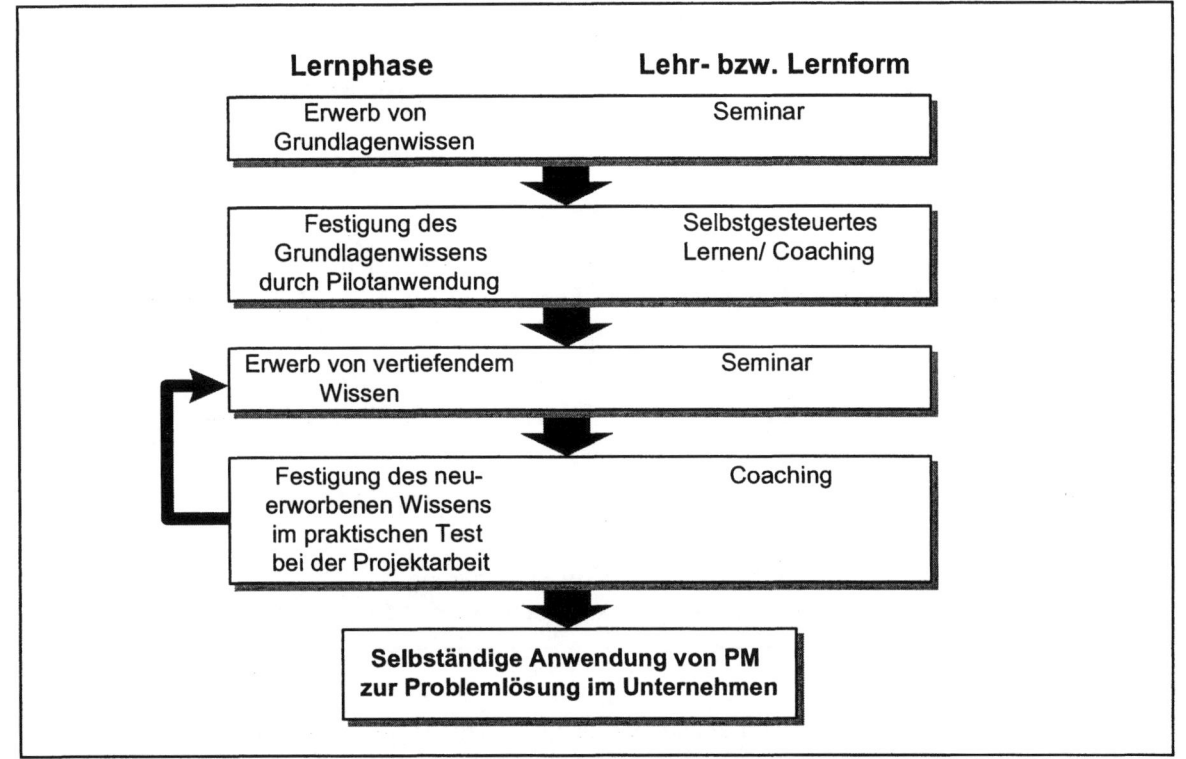

Lernphase	Lehr- bzw. Lernform
Erwerb von Grundlagenwissen	Seminar
Festigung des Grundlagenwissens durch Pilotanwendung	Selbstgesteuertes Lernen/ Coaching
Erwerb von vertiefendem Wissen	Seminar
Festigung des neuerworbenen Wissens im praktischen Test bei der Projektarbeit	Coaching
Selbständige Anwendung von PM zur Problemlösung im Unternehmen	

Abbildung 1.5-6: Stufenprogramm für effiziente PM-Schulungen im Prozeß der PM-Einführung (PLATZ 1997)

Mit stufenweiser PM-Schulung und -Einführung gelingt es, Akzeptanzschwellen bei den Schulungsteilnehmern zu überwinden und damit Erfolgspotentiale freizusetzen. Das gelingt dann, wenn die Praxisrelevanz der vermittelten Kenntnisse identifizierbar ist und in diesem Prozeß für das Unternehmen verwertbare Ergebnisse entstehen („Hilfe zur Selbsthilfe").

1.5.4.5 Vorgehensweise bei der PM-Einführung

Die **Vorgehensweise bei der PM-Einführung** ist in Abbildung 1.5-7 zusammengefaßt dargestellt.

1. Überzeugung der Geschäftsführung vom Nutzen des PM für das Unternehmen

⬇

2. Erarbeitung eines Einführungs- und Schulungsprogrammes für das Unternehmen
   - Auswahl eines Pilotprojektes
   - Festlegung des einzubeziehenden Personenkreises

⬇

3. Realisierung des Programmes durch Kombination von Schulung und Moderation bzw. Begleitung der konkreten betrieblichen Projektarbeit (Pilotprojekt)

⬇

4. Präsentation der PM-Ergebnisse im Pilotprojekt vor der Geschäftsführung

⬇

5. Verallgemeinerung der Methodik bei der Bearbeitung des Pilotprojektes
   Grundlage für:
   - eigenständige Projektarbeit in Folgeprojekten
   - Dokumentation in Erstversion des betrieblichen PM-Handbuches

Abbildung 1.5-7: Vorgehensweise bei der PM-Einführung

Sie ermöglicht eine sytematische unternehmensadäquate Arbeit. Sie ist geprägt von einer umfassenden Beteiligung von Führungskräften und Mitarbeitern (Betroffenen), die Voraussetzung für Akzeptanz und aktive Mitarbeit aller Akteure ist. Mit dieser Vorgehensweise ist es möglich, das Projektmanagement wirkungsvoll im Unternehmen zu implementieren. Externe Unterstützung wird damit nur im tatsächlich erforderlichen Umfang in Anspruch genommen.

Faktoren für die Initiierung von Projekten

Die Entscheidung, welche Aufgaben als Projekte gestartet und bearbeitet werden, obliegt der Unternehmensleitung bzw. den beauftragten Führungskräften.

Sie ist abhängig von folgenden Faktoren:

- **Bedeutung der Aufgabe** im „Alltagsgeschäft",
- **Komplexität der Aufgabe** einschließlich der Anzahl der notwendigen Ressorts/Spezialisten und Kooperationspartner,
- **Know-how und Erfahrungen** zur Problemlösung,
- **Schwierigkeitsgrad und Risiko der Aufgabe,**
- **Bedeutung des Projektes für die strategischen Ziele des Unternehmens,**
- **PM-Kompetenz** der Führungskräfte und Mitarbeiter,
- **Überzeugungskraft des Pilotprojektes** (Qualität der Präsentationen/ Zwischenberichte).

Folgerungen

Projektmanagement kann also dann wirkungsvoll eingeführt und dauerhaft angewendet werden, wenn der Einführungsprozeß geplant wird. Der Aufbau dazu notwendiger Kompetenzen durch externe Unterstützung ist dabei ebenso wichtig, wie die Schulung der mit Projektmanagement befaßten und betroffenen Führungskräfte und Mitarbeiter.

Insbesondere durch die Schulung anhand eines betrieblichen Pilotprojektes ist das Engagement aller in diesen Prozeß involvierten Mitarbeiter erreichbar und die Anwendung der Methoden und Instrumente (einschließlich Software) dauerhaft zu sichern.

Für die Unternehmensleitung bedeutet das, ihrer Verantwortung für die Gestaltung einer solchen Prozeßinnovation nachzukommen und diese durch aktive Unterstützung und Interesse zu fördern.

1.5.5 Projektmanagement-Handbuch und Projekt-Handbuch

Laut DIN 69901 umfaßt das Projektmanagement die Gesamtheit der Führungsaufgaben, -organisation, -techniken und -mittel für die effiziente Abwicklung von Projekten. In der Praxis hat sich die Untersetzung des Führungskonzepts „Projektmanagement" in zwei Handlungsebenen bewährt: Unternehmen und Projekt. Dementsprechend ist es angeraten, für beide Handlungsebenen die wichtigen Arbeitsgrundlagen effektiver Projektarbeit zu dokumentieren. Es handelt sich um das Projektmanagement-Handbuch und das Projekt-Handbuch (Kapitel 3.8, 4.2, 4.5 und 4.8).

1.5.5.1 Projektmanagement-Handbuch

Zur Sicherung der einheitlichen Handhabung des Projektmanagements im Unternehmen bedarf es der Vereinbarung von „Spielregeln" für die Anwendung der Methoden und Instrumente des PM. Sie haben den Charakter von **Vorgaben** und müssen in jedem Falle für das anwendende Unternehmen spezifisch erarbeitet werden.

Derartige Vorgaben erfordern Akzeptanz und PM-Kompetenz bei den potentiellen Anwendern (Projektleiter, Projektmitarbeiter, Linienvorgesetzte, Geschäftsführung). Deshalb ist der Prozeß des Erarbeitens eines Projektmanagement-Handbuches immer eine Aufgabe für Vertreter aus dem gesamten Unternehmen unter Federführung eines fachkundigen Mitarbeiters, ggf. mit Unterstützung eines externen Beraters.

Beim Erarbeiten eines Handbuches sind Beispiellösungen aus anderen Unternehmen als „Gedankenstütze" hilfreich, aber nie als Kopiervorlage.

Die in der Anlage enthaltenen Muster für Checklisten bieten einen geeigneten Leitfaden für die Erarbeitung (PLATZ 1996). Nach Erfahrungen der Autoren hat es sich bewährt, das **PM-Handbuch** in einer ersten Entwurfsfassung **bereits im Rahmen der PM-Einführung** im Unternehmen zu **erarbeiten**.

Das hat den Vorteil, daß sich noch keine festen Gewohnheiten bei der Projektarbeit verfestigt haben und die Konsensfähigkeit der genannten potentiellen Anwender noch gegeben ist.

Ziele des PM-Handbuchs

Folgende **Ziele** für die Erarbeitung und Anwendung eines Projektmanagement-Handbuches können angegeben werden (KNOBLOCH 1995):

- Es soll jedem Projektmitarbeiter helfen, die Funktionen und Instrumentarien des Projektmanagements im Zusammenhang zu verstehen und in der Projektarbeit anzuwenden.

- Durch seinen Charakter als normative und praxiserprobte Handlungsanweisung ermöglicht das Handbuch dem Benutzer, zielgerichtet Antworten auf Fragen zur Projektmanagement-Praxis im Unternehmen zu finden.

- Es ist eine aktuelle Verständnis- und Arbeitshilfe mit
    - übersichtlicher Darstellung zu projektorganisatorischen Grundlagen,
    - Begriffserklärungen zur einheitlichen Anwendung,
    - Zuordnung von Funktionen und Kompetenzen,
    - Regeln, Methoden und Instrumentarien zur einheitlichen Projektarbeit.

Neben seiner Funktion als Arbeitshilfe soll das Projektmanagement-Handbuch dafür sensibilisieren, daß der Erfolg von Projektarbeit nicht allein von der Fachkompetenz der Projektbeteiligten abhängt, sondern entscheidend von den organisatorischen Bedingungen der Projektarbeit.

Es enthält Grundsätze und Ausführungsbestimmungen, nach denen Projekte im Unternehmen bearbeitet werden und Mindestanforderungen an die PM-Anwendung.

Ein Projektmanagement-Handbuch kann Schulung und Anwendungserfahrung der mit Projektarbeit betrauten Mitarbeiter nicht ersetzen!

Sofern die Regelungen des Handbuches für spezielle Projekte nicht ausreichen, haben die Projektverantwortlichen das Recht und die Pflicht, im Sinne erfolgreicher Projektarbeit zum PM-Handbuch projektbezogen ergänzende/ abweichende Vereinbarungen mit den Projektbeteiligten zu treffen. Diese müssen sich an den projektspezifischen Erfordernissen orientieren und dokumentiert sein.

Dies trifft besonders zu für kleinere Projekte, für die PM-Methoden und Instrumente nur partiell sinnvoll anwendbar sind.

PM-Handbuch und QM-Handbuch

Unternehmen, die sich mit dem Aufbau eines Qualitätsmanagement-Systems (QMS) nach DIN EN ISO 9001 beschäftigen, können das Projektmanagement-Handbuch mit den Festlegungen zur Projektarbeit gleichzeitig in den Rang einer Verfahrensanweisung für das Q-Element „Designlenkung" erheben und damit zum Bestandteil des QM-Handbuches erklären (siehe Kapitel 4.2).

Abbildung 1.5-8 zeigt beispielhaft die Gliederung eines Projektmanagement-Handbuches für ein mittelständisches Unternehmen aus dem Bereich des Maschinenbaus.

1.5 Projektmanagement-Einführung

Projektmanagement- Handbuch der Firma ABC GmbH

Änderungsstand vom:

GLIEDERUNG

0.	**Allgemeines**
0.1	Vorwort
0.2	Erklärung der Geschäftsführung
1.	**Grundlagen des Projektmanagements**
1.1	Begriffsbestimmung
1.2	Projektorganisation
1.2.1	Matrix- Organisation als dominierende Form der Projektorganisation
1.2.2	Bestandteile und Verantwortlichkeiten
1.2.2.1	Verantwortung des Auftraggebers
1.2.2.2	Verantwortung der projektbearbeitenden Stellen
1.2.2.3	Verantwortung des Projektleiters
1.3	Projektablauf
1.3.1	Projektvorlaufphase
1.3.1.1	Initiierung eines Projektes
1.3.1.2	Eine Idee wird zum Projekt
1.3.2	Projektplanungsphase
1.3.3	Projektrealisierung
1.3.4	Projektabschluß
2.	**Methoden des Projektmanagements**
2.1	Projektantrag/ Lastenheft
2.2	Risikoanalyse
2.3	Projektstrukturplan
2.4	Vorgangsliste
2.5	Start-up-Workshop
2.6	Teamsitzungen
2.7	Entscheidungen
3.	**Hilfsmittel des Projektmanagements**
3.1	Grundsätze
3.2	Beschreibung der Hilfsmittel
3.2.1	Projektantrag
3.2.2	Vorgangsliste
3.2.3	Terminplan
3.2.4	Kapazitätsplan
3.2.5	Investitionen
3.2.6	Kostenplan
3.2.7	Rechentechnische Hilfsmittel/ Software
4.	**Berichtwesen und Dokumentation**
4.1	Berichtsarten
4.2	Projektleiter- Projektteam- Linienbereiche
4.3	Projektabschluß
4.4	Dokumentation
5.	**Einordnung in die Organisation der ABC GmbH**
6.	**Verantwortlichkeit für die Pflege des Handbuches**
7.	**Verbindlichkeitserklärung der Geschäftsleitung**
Anlagen:	**Formblätter, Vorlagen und Muster**
	Kurzanleitung Software A

Abbildung 1.5-8: Beispiel für die Gliederung eines Projektmanagement-Handbuchs

Das PM-Handbuch wurde von einem Team des Unternehmens unter externer Anleitung und Beratung parallel zu einer firmeninternen Schulung erarbeitet. Es enthält die für das Unternehmen erforderlichen Mindestregelungen.

Das PM-Handbuch ist von allen Mitgliedern der Geschäftsleitung per Unterschrift verbindlich zur Anwendung angewiesen. Damit wird deren Wille zur projektorientierten Arbeit gegenüber den Mitarbeitern, aber auch nach außen gegenüber den Kunden und Geschäftspartnern, kommuniziert.

Regelungen im PM-Handbuch bedürfen, wie alle anderen betrieblichen Prozeßregelungen, der stetigen Anpassung und Fortschreibung entsprechend der Unternehmensbedingungen.

1.5.5.2 Projekt-Handbuch

Im Projektmanagement-Geschehen spielt eine zweite Kategorie von Handbüchern eine zunehmend größere Rolle - **das Projekt-Handbuch**. Es sollte für **jedes Projekt** eines Unternehmens angelegt werden. Es ist wesentlicher Bestandteil der Projekt-Akte (vgl. Kapitel 4.2).

Zweck des Projekt-Handbuchs

Das **Projekt-Handbuch** hat den Charakter einer **Zielvereinbarung** zwischen dem internen Auftraggeber und dem Projektleiter als Verantwortlichen des Projektteams und dokumentiert alle projektrelevanten Ziele, Vereinbarungen und Rahmenbedingungen. Es ist zwischen internem Auftraggeber und dem Projektleiter als Verantwortlichen für die Projektbeteiligten zu vereinbaren.

Es stellt eine Synthese zwischen der Projektbeschreibung sowie dem Pflichten- und Lastenheft dar und ist **Arbeits- und Bewertungsgrundlage** für alle Projektbeteiligten. Mit der Formulierung und Vereinbarung eines Projekt-Handbuches werden Interpretationsmöglichkeiten für die Projektziele minimiert und die Bearbeitungssicherheit bei allen Projektbeteiligten erhöht.

Das Projekt-Handbuch ist wesentliche Voraussetzung, um eine Basis für das Berichtswesen (siehe Kapitel 4.8) zu haben sowie während der Projektlaufzeit auftretende Änderungs- und Zusatzwünsche (ganz gleich von wem initiiert) transparent zu machen. Es ist unter Verantwortung des Projektleiters fortzuschreiben und bei Projektabschluß hinsichtlich Zielerfüllung zu bewerten. Eine solche Integration des Dokumentes sichert seine permanente Anwendung im Projektbearbeitungsprozeß.

Typische Fehler bei Projektzielen

Damit wird vermieden, daß eine Projektidee geboren wird und seitens der Unternehmensleitung zur Bearbeitung angewiesen wird, ohne daß das Projekt und seine Ziele inhaltlich, personell, finanziell und terminlich nachvollziehbar definiert und dokumentiert sind (unklarer Auftrag/ unklare Zielstellung). Das hat zur Folge, daß der klassische Konflikt zwischen Auftraggeber (der Zielvorstellungen zum Projektergebnis hat) und den Projektbearbeitern (die der Meinung sind, sie haben den Projektauftrag eindeutig verstanden) auftritt (vgl. Abbildung 1.5-9).

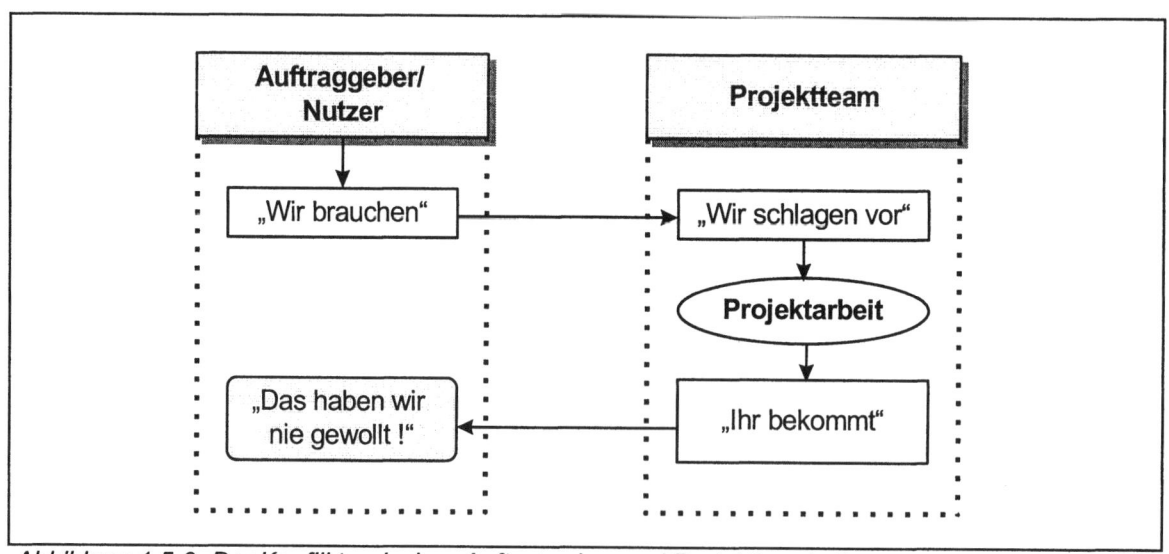

Abbildung 1.5-9: Der Konflikt zwischen Auftraggeber und Projektbearbeitern

Die dargestellten Verständigungsprobleme zwischen Auftraggeber und Auftragnehmer sind häufig nicht nur objektiver Natur. Sie werden von allen Projektbeteiligten gern genutzt, um eigene Defizite den anderen Projektbeteiligten anzulasten.

Die Folge ist, daß bei unklarer oder nicht eindeutig vereinbarter Projektzielstellung im ungünstigsten Falle Projektabbrüche erfolgen oder kostenintensive Nachbesserungen des Projektergebnisses vorgenommen bzw. Qualitätsmängel hingenommen oder beseitigt werden müssen. In jedem Fall treten Terminverzüge und damit finanzielle Verluste für das Unternehmen ein.

Derartige Mißerfolge haben darüber hinaus erhebliche demotivierende Auswirkungen bei den Projektbeteiligten. Sie sollten ebenfalls sehr ernst genommen werden, da sie oft Langzeitwirkung im Unternehmen haben.

In diesem Kontext spielt das Projekt-Handbuch eine wesentliche Rolle für die gesamte Projektarbeit. Seine Anwendung zwingt zu Systematik der Arbeit bereits in der Projektvorbereitung und erfordert die aktive Einbeziehung der internen oder externen Kunden mit dem Ziel, die Transparenz der dem Projektteam zu übertragenden Aufgaben zu gewährleisten.

In Abbildung 1.5-10 ist der Inhalt eines Projekt-Handbuches exemplarisch dargestellt.

Es hat sich in der praktischen Projektarbeit bewährt. Der Arbeitsaufwand hat sich als relativ gering erwiesen, da die Mehrzahl der darin enthaltenen Angaben ohnehin verfügbar ist, wenn auch in unterschiedlichsten Unterlagen.

Der anfangs von Projektleitern reklamierte Bearbeitungsaufwand stellte sich während der Projektlaufzeit als nützliche Investition dar, da insbesondere bei differenten Standpunkten zwischen Auftraggeber und Projektteam bzw. innerhalb des Projektteams schneller als bisher der Zielkonsens wiederhergestellt werden konnte.

Firma ABC GmbH

Projekt-Handbuch für das Projekt „XYZ"

1. **Zu erreichende Projektziele**
   - Strategische Zielsetzung des Unternehmens (Mit dem Projekt soll erreicht werden, daß...)
   - Technische Ziele (Parameter, Qualitäten, Funktionen...)
   - Terminziele (Fertigstellung, Markteinführung...)
   - Kostenziele (Erzeugniskosten, Umsatz, Preis-Leistungs-Verhältnis, ...)

2. **Verantwortlichkeiten im Projekt**
   - Zuständigkeiten der Unternehmensleitung
     (seitens der Geschäftsführung ist ... für die Führung des Projektes zuständig.)
   - In welcher Form wird diese wahrgenommen

3. **Projektbeteiligte**
   - Projektleiter (Berufen mit Schreiben/ Aushang vom...)
   - Projektteam (Berufen mit Schreiben vom...)
   - externe Projektbeteiligte (mit Angabe zu Firma, genaue Anschrift, Ansprechpartner)

4. **Standards, Normen, Richtlinien**
   - Es sind alle in der Projektarbeit zu berücksichtigenden Standards, Normen und Richtlinien anzugeben (insbesondere bei internationalen Projekten)

5. **Inhaltliches Rahmenkonzept**
   - Kurzbeschreibung der Hauptaufgaben, Voraussetzungen und Arbeitsergebnisse
   - Ablauf- und Terminplan entsprechend Projektbearbeitungsstand
   - Lastenheft entsprechend Projektbearbeitungsstand

6. **Festlegung zum Berichtswesen, Statussitzungen des Projektteams**
   - Termine der Berichterstattung
   - Termine, Tagesordnung und Teilnehmerkreis für Statussitzungen

Bestätigung

Interner Auftraggeber	**Projektleiter**
Unterschrift	Unterschrift

Abbildung 1.5-10: Beispiel für den Aufbau eines Projekt-Handbuches

Zusammenfassung

Bedingt durch den Strukturwandel in der Wirtschaft und die damit einhergehende Marktdynamik ist es erforderlich, Produkt- und Prozeßinnovationen in rascher Folge mit knappen Ressourcen zu genügen, um am Markt bestehen zu können. Die vom Markt geforderte Kundenorientierung setzt voraus, daß interne Projekte vereinbarungsgemäß bearbeitet werden sowie Lieferungen und Leistungen für externe Kunden termingerecht zu vereinbarten Leistungsparametern und Kosten erbracht werden.

Es ist daher für wettbewerbsfähige Unternehmen zwingend notwendig, ihre Innovationsprozesse zu planen und beherrschbar zu gestalten und Improvisation durch Systematik zu ersetzen. Dies erfordert auch einen Wandel im Denken, insbesondere der Führungskräfte.

Projektmanagement leistet bei unternehmensadäquater Anwendung einen wesentlichen Beitrag zur Erfüllung dieser Anforderungen. Seine Einführung bedarf einer sachkundigen, problemorientierten Unterstützung durch Externe. Es trägt entscheidend zur Transparenz der Bearbeitungsprozesse von Projekten unter dem Aspekt kurzer Zeiten und knapper Einsatzmittel bei.

PM-Methoden sind in Unternehmen unterschiedlicher Größen anwendbar, um innovative Prozesse transparent und damit beherrschbar zu machen. Sie bedürfen jedoch einer Anpassung an die realen Unternehmensbedingungen und Projektgrößen. Das Projektmanagement-Handbuch dient der unternehmensweiten Vereinheitlichung. Jedes Projekt wird darüber hinaus in seinem Projekt-Handbuch dokumentiert.

Die Entwicklung eines Projektverständnisses bei den Prozeßbeteiligten und die Kenntnis des Nutzens des PM ist für die Anwendung des Instrumentariums notwendig. Projektmanagement-Einführung ist durch angemessene Schulung und Coaching der Anwender („lernende Projektteams") durch externe Erfahrungsträger bzw. Trainer zu begleiten, wobei betriebliche Anwendungsfälle zum Gegenstand dieser Maßnahmen gemacht werden müssen, um Multiplikatoreneffekte für die weitere Arbeit zu erreichen.

Durch anwendungsbezogene Weiterbildung sind den Projektbeteiligten frühzeitig Erfolgserlebnisse für ihre Projektarbeit zu vermitteln.

Literaturverzeichnis

AICHNER, R.; Knaak, J.; Wadewitz, M.: Zwischenergebnisse aus dem Betriebsvorhaben Apollo-Werk Gößnitz im Rahmen des Forschungsvorhabens „Robuste Produktionsprozesse" gefördert vom Bundesministerium für Bildung, Wissenschaft, Forschung und Technologie 1997 (unveröffentlicht)

AUSSCHUß für wirtschaftliche Fertigung e.V. (AWF), Vitale Fabrik - Eine konzertierte Aktion zur Standortsicherung und -entwicklung, Eigenverlag AWF, Eschborn 1996

BIEDENKOPF, K.: Wirtschaft der Zukunft - Zukunft der Wirtschaft, In: Dokumentation zur Festveranstaltung des Rationalisierungs-Kuratoriums der Deutschen Wirtschaft (RKW) e.V. in Berlin 1996, RKW-Verlag, Eschborn 1996

BULLINGER, H.-J.: Einführung in das Technologiemanagement: Modelle, Methoden, Praxisbeispiele, Teubner, Stuttgart 1994

BULLINGER, H.-J.; Warnecke, H.-J. (Hrsg.): Neue Organisationsformen im Unternehmen, Ein Handbuch für das moderne Management, Springer-Verlag Berlin, Heidelberg, New York 1996

DECKER, F.: team working - Gruppen erfolgreich führen und moderieren, 2. Auflage, Lexika, München 1994

GABLER Wirtschafts-Lexikon - Taschenbuch-Kassette mit 6 Bänden, 12. Auflage, Band 6, Gabler Wiesbaden 1988

GAREIS, R.: Management by projects, In: Projekte erfolgreich managen, Loseblatt-Ausgabe, Verlag TÜV Rheinland, Köln 1994

HARTZ, P.: Jeder Arbeitsplatz hat ein Gesicht, Campus Verlag, Frankfurt, New York 1994

ISRAEL, D.; Dudek, U.: Unternehmensleitbild der Firma Möbelwerkstätten Graichen GmbH, Frohburg, Zwischenergebnisse des Forschungsvorhabens „Robuste Produktionsprozesse" gefördert vom Bundesministerium für Bildung, Wissenschaft, Forschung und Technologie 1997 (unveröffentlicht)

KANNHEISER, W.; Hormel, R.; Aichner, R.: Planung im Projektteam, Band 1. In: Handbuch zum Planungskonzept Technik, Arbeit, Innovation (P-TAI), Rainer Hampp, München, Mering 1993

KERN, P.: Strukturwandel in der Wirtschaft - Anforderungen an die Gestaltung von Geschäftsprozessen in klein- und mittelständischen Unternehmen, Manuskript Eröffnungsvortrag zur Festveranstaltung der ATB Arbeit, Technik und Bildung GmbH, Chemnitz 1995

KERNCHEN, R.; Rößler, S.: Projektmanagement-Handbuch der Strömungsmaschinen Industrietechnik Pirna GmbH, Pirna 1996

KNOBLOCH, D.: Erfahrungen bei der Anwendung von Projektmanagement in Innovationsprozessen, Manuskript zum Workshop: PM- Einführung in mittelständischen Unternehmen, Pirna 1995

LINDNER, H. (Hrsg.): Berufliche Weiterbildung in der Region Südwestsachsen - dargestellt am Beispiel der Weiterbildungsbedarfsprognose und Konzeptentwicklung zum Projekt TINA, IHK Südwestsachsen, Chemnitz 1996

MÄHLISCH, B.; Rößler, S.: Qualitätsmanagement in Dienstleistungsunternehmen, Manuskript zum Vortrag im „Kompetenzzentrum Dienstleistung & Qualität im Freistaat Sachsen", Chemnitz 1996

MENTE, M.: Projektmanagement im Anlagenbau und bei anderen komplexen Vorhaben, Seminarunterlagen, GPM-Seminar, Dresden 1991

PLATZ, J.: Projektmanagement- Handbuch, Seminarunterlagen zum Workshop, GFM Gesellschaft für Forschungs- und Entwicklungsmanagement mbH, München 1996

PLATZ, J.; Reschke, H.: Seminarprogramme der GPM, PM-Einführung 1997

Projektmanagement in der Mercedes-Benz AG, Teil 1: Grundsätze, Stuttgart 1993

RISCH, W.; Rößler, S.: Situation und Entwicklungschancen von Dienstleistern auf Basis einer Befragung von Dienstleistungsunternehmern, Studie im Rahmen des von der EU und dem Freistaat Sachsen geförderten Projektes „Dienstleistungsqualität", ATB- Eigenverlag, Chemnitz 1997

PANNENBÄCKER, K.: Projekte und Projektmanagement. In: RKW/GPM (Hrsg.): Projektmanagement-Fachmann, 2. Auflage, 2 Bände, RKW-Verlag, Eschborn 1994

RÖßLER, S.: Erfahrungen bei der PM-Einführung in sächsischen klein- und mittelständischen Unternehmen als Beitrag zum Strukturwandel, In: Schulz, Armin; Pfister, Christine (Hrsg.): Projektmanagement-Forum '96, Tagungsband, GPM, München 1996

SCHELLE, H.: Projekte zum Erfolg führen, Beck/dtv, München 1996

STAUDT, E.: Kompetenz zur Innovation, Denkschrift, Defizite der Forschungs-, Bildungs-, Wirtschafts- und Arbeitsmarktpolitik-, Institut für angewandte Innovationsforschung e.V. an der Ruhr-Universität, Bochum 1996

Verordnung (EWG) Nr. 1836/ 93 des Rates über die freiwillige Beteiligung gewerblicher Unternehmen an einem Gemeinschaftssystem für das Umweltmanagement und die Umweltbetriebsprüfung, Brüssel 29.6.1993

Vortragsmanuskript zur Fachtagung im Rahmen des Forschungsvorhabens FOBA, gefördert vom Bundesministerium für Bildung, Wissenschaft, Forschung und Technologie 1997

WADEWITZ, M.; Rößler, S.: Weiterbildungsanforderungen in industriellen Wandlungsprozessen 1996

Ergänzende Literatur

Dienstleistungen für das 21. Jahrhundert, Gestaltung des Wandels und Aufbruch in die Zukunft, Band Vortragsunterlagen der Tagung des Bundesministeriums für Bildung, Wissenschaft, Forschung und Technologie Bonn 27./28.11.96

FREILINGER, C.; Klis, N.: Organisation 2000, Die Erfolgsfaktoren schlanker Unternehmen, Gabler, Wiesbaden 1994

NIEDEREICHHOLZ, C.,: Unternehmensberatung, Band 1, 2. Auflage, R. Oldenbourg Verlag, München 1996

Autorenportrait

Dr. Steffen Rößler

Ing. für Elektrotechnik, Dipl.-ök., Dr. oec., Jahrgang 1944, Studien an der Ingenieurschule für Elektrotechnik, Martin-Luther-Universität Halle-Wittenberg, Promotion an der TH Karl-Marx-Stadt (heute Chemnitz), IPMA Certificated Project Manager (GPM)

10 Jahre Projektleitung im Bereich Entwicklung von Elektrogeräten, 10 Jahre Projektleitung/ Hauptabteilungsleiter Fabrikplanung im Bereich Automobilbau (u.a. Errichtung Motorenwerk mit der Volkswagen AG); Stellvertretender Geschäftsführer im Bildungswerk der Sächsischen Wirtschaft e.V., Projektleitung Bildungsforschung; seit 1994 Stellvertretender Geschäftsführer der ATB Arbeit, Technik und Bildung GmbH Chemnitz; Projektleitung von EU-Forschungsprojekten, Projektmanagement-Schulungen und -Beratung von Unternehmen und Einrichtungen der öffentlichen Hand; Leiter des Kompetenzzentrums „Dienstleistung und Qualität" im Freistaat Sachsen; Leiter der GPM-Regionalgruppe Chemnitz/Dresden.

Doz. Dr.-Ing. habil. Wolfram Risch

Dipl.-Ing. für Arbeitsgestaltung, Dr.-Ing., habil., Jahrgang 1949; Studium und Promotion an der TH Karl-Marx-Stadt (heute Chemnitz)

7 Jahre F&E-Tätigkeit in Unternehmen des Maschinenbaus, 10 Jahre Lehrtätigkeit/Dozentur an der TH Chemnitz auf dem Gebiet Arbeitswissenschaft, Habilitation; seit 1992 Geschäftsführer und wissenschaftlicher Leiter der ATB Arbeit, Technik und Bildung GmbH Chemnitz; Projektleiter von Forschungsprojekten des Bundesministeriums für Bildung, Wissenschaft, Forschung und Technologie-Programme „Arbeit und Technik", „Qualitätssicherung", „Produktion 2000" sowie der EU (Dienstleistungsqualität); Lehr- und Beratungstätigkeit in Unternehmen und Einrichtungen der öffentlichen Hand auf den Gebieten Unternehmensführung, Unternehmensorganisation und Prozeßgestaltung.

Abbildungsverzeichnis

Abbildung 1.5-1: Typische Fehler bei der Initiierung und Bearbeitung von Projekten (nach PANNENBÄCKER 1994) 122

Abbildung 1.5-2: Möglichkeiten der Vermeidung typischer Fehler bei der Initiierung und Bearbeitung von Projekten 123

Abbildung 1.5-3: Vergleichsprofil alter und neuer Innovationsansätze (nach BULLINGER 1994)..................124

Abbildung 1.5-4: Zusammenhang zwischen Projektbearbeitung und Projektmanagement............132

Abbildung 1.5-5: Chancen und Risiken der PM-Einführung (nach WADEWITZ 1996)..................138

Abbildung 1.5-6: Stufenprogramm für effiziente PM-Schulungen im Prozeß der PM-Einführung (PLATZ 1997) 139

Abbildung 1.5-7: Vorgehensweise bei der PM-Einführung 140

Abbildung 1.5-8: Beispiel für die Gliederung eines Projektmanagement-Handbuchs 143

Abbildung 1.5-9: Der Konflikt zwischen Auftraggeber und Projektbearbeitern 144

Abbildung 1.5-10: Beispiel für den Aufbau eines Projekt-Handbuches 145

Lernzielbeschreibung

Ziel dieses Kapitels ist es, dem Leser deutlich zu machen, wie Projektmanagement in Unternehmen eingeführt werden kann. Dabei wird Bezug auf die Innovationserfordernisse im Unternehmen und die daraus resultierende, besondere Rolle der Projektarbeit sowie deren methodischer und instrumenteller Unterstützung durch Projektmanagement genommen.

Es wird dargestellt, wie Projektmanagement in die Unternehmensphilosophie integriert werden kann und wie es die Entwicklung der Unternehmenskultur zum „projektorientierten Unternehmen" fördert. Insbesondere die Verstetigung in der Projektmanagement-Anwendung erfordert die Kenntnis der Möglichkeiten und Grenzen der PM-Methoden und Instrumentarien sowie eine systematische und planmäßige Einführung in die betrieblichen Leistungsprozesse.

Dem Leser wird gezeigt, wie dieser Einführungsprozeß zu gestalten ist und wie die Akzeptanz der PM-gestützten Arbeitsweise bei Führungskräften und Mitarbeitern in Verbindung mit Schulung und Coaching erreichbar ist.

Die Darstellung der Erarbeitung und Nutzung der Hilfsmittel „Projektmanagement-Handbuch" und „Projekt-Handbuch", beginnend im Prozeß der PM- Einführung, soll den Leser in die Lage versetzen, die Implementierung von Projektmanagement methodisch zu unterstützen.

1.6 Projektziele

von

Nino Grau

Relevanznachweis

Jedes zielgerichtete Handeln setzt naturgemäß die Kenntnis der Ziele voraus.

Wer nicht weiß, in welchen Hafen er segeln will, für den ist jeder Wind ein ungünstiger!

Auch bei der Routinetätigkeit müssen die Mitarbeiter wissen, was sie tun sollen. Dennoch wird die Frage nach den Zielen nicht immer explizit gestellt. Dafür gibt es unterschiedliche Gründe. Durch die wiederholte Ausführung von Tätigkeiten (z.B. Verbuchung einer Lieferantenrechnung in der Finanzbuchhaltung) bzw. Erstellung des (Massen- oder Serien-)Produktes ergeben sich einige Besonderheiten für die Ziele bei Wiederholaufgaben gegenüber der Situation in Projekten. Das Produkt bzw. Ergebnis der Tätigkeiten ist den Mitarbeitern zum Teil aus Erfahrung und Anschauung bekannt.

Wenn im Verlauf des Produktionsprozesses fehlerhafte Teile auftauchen, können Sie nachgearbeitet werden. Teile, die nicht nachgebessert werden können, werden als Ausschuß entsorgt. Der prozentuale Ausschußanteil (z.B. 2%) wird festgehalten. Beim nächsten Produktionslos wird der Ausschußanteil mitberücksichtigt. Das Produktionslos wird z.B. mit 102% der benötigten Menge geplant.

Zusammenfassend kann man bei der Routinearbeit sagen: „Aus den Fehlern lernen wir. Das nächste Mal wird es besser gemacht." Bei der Projektarbeit dagegen gilt:

- Es gibt kein nächstes Mal. Es muß auf Anhieb klappen.
- Keiner hat das Projektergebnis vorher gesehen. Keiner kennt es.

Es gibt nichts Schlimmeres und Demotivierenderes als folgende Situation:

Der Projektendtermin ist erreicht. Die Einsatzmittel sind restlos aufgebraucht. Das Ergebnis ist aus der Sicht des Projektteams gut. Der Auftraggeber/Kunde/Benutzer/Betroffene sagt: „Das wollte ich so ja gar nicht haben!"

Deshalb ist es gerade bei der Projektarbeit besonders wichtig, sich von Anfang an sehr eingehend mit den Projektzielen zu beschäftigen.

Inhaltsverzeichnis

1.6.1 Einzelziele — 153
    1.6.1.1 Definition des Begriffs „Ziel" — 153
    1.6.1.2 Zielgrößen — 153
    1.6.1.3 Zielfunktionen — 154
    1.6.1.4 Zieleigenschaften - Anforderungen an gute Ziele — 155
    1.6.1.5 Ergebnis- und Vorgehensziele — 157

1.6.2 Mehrfachziele — 158
    1.6.2.1 Zielhierarchie und Bildung von Unterzielen — 158
    1.6.2.2 Zielbeziehungen — 161

1.6.3 Zielfindung — 164
    1.6.3.1 Projektanstoß — 164
    1.6.3.2 Kreativität im Zielfindungsprozeß — 164
    1.6.3.3 Zieldokumentation — 168

1.6.4 Bewertungsmethoden für Ziele — 169
    1.6.4.1 Nutzwertanalyse — 169
    1.6.4.2 Techniken zur Analyse singulärer Urteile — 173
        1.6.4.2.1 Ansätze zur Zielformulierung und -verdichtung — 173
        1.6.4.2.2 Ansätze zur Zielgewichtung (Zielpräferenzenbildung) — 174
        1.6.4.2.3 Probleme bei der Anwendung der Methoden — 174

1.6.5 Zusammenarbeit im Projekt — 175
    1.6.5.1 Individuelle Ziele — 175
    1.6.5.2 Gruppenziele im Projektteam — 177
    1.6.5.3 Ziele aus dem Projektumfeld — 178

1.6.1 Einzelziele

1.6.1.1 Definition des Begriffs „Ziel"

Der Begriff „Projektziel" läßt an die Projektdefinition der DIN 69900 denken, in der die **Zielvorgabe** als eines der Merkmale eines Projekts beschrieben wird. Eine nähere Erläuterung findet man in zwei weiteren DIN-Normen, nämlich:

- **Projekt-Zielstellung**: durch das Projektziel werden die Aufgabenstellungen und der Durchführungsrahmen des Projektes festgelegt (DIN 69901)
- Ein **Projektziel** ist ein nachzuweisendes Ergebnis und/oder eine vorgegebene Realisierungsbedingung der Gesamtaufgabe eines Projektes (DIN 69905)

Betriebswirtschaftlich kann man allgemein unter einem Ziel einen „Zustand der realen Umwelt (Sollzustand), der von den wirtschaftspolitischen Entscheidungsträgern als wünschenswert angesehen wird" verstehen (GABLER 1992, S. 3888). In diesem Sinne wäre lediglich das Projektergebnis das Ziel, der Durchführungsrahmen bzw. die Realisierungsbedingungen wären nämlich einzuhaltende Nebenbedingungen (Restriktionen). In Anlehnung an die Projektmanagement-Literatur soll allerdings auch hier bspw. bei den Vorgaben „Kosten von nicht mehr als x € zu erzeugen" oder „nicht später als zum Zeitpunkt y fertig werden" von Zielen und nicht von Restriktionen gesprochen werden.

1.6.1.2 Zielgrößen

Die Ziele „Leistung", „Kosten" und „Termine" werden oft im „magischen Dreieck des Projektmanagements" (Abbildung 1.6-1) veranschaulicht. In der Regel bilden sie den Kern der vom Auftraggeber (externer Kunde, Geschäftsleitung, irgendeine Fachabteilung usw.) vorgegebenen Anforderung. Diese Darstellung verdeutlicht, daß alle drei Ziele nur selten gleichzeitig im vollen Umfang erreicht werden können.

Magisches Zieldreieck

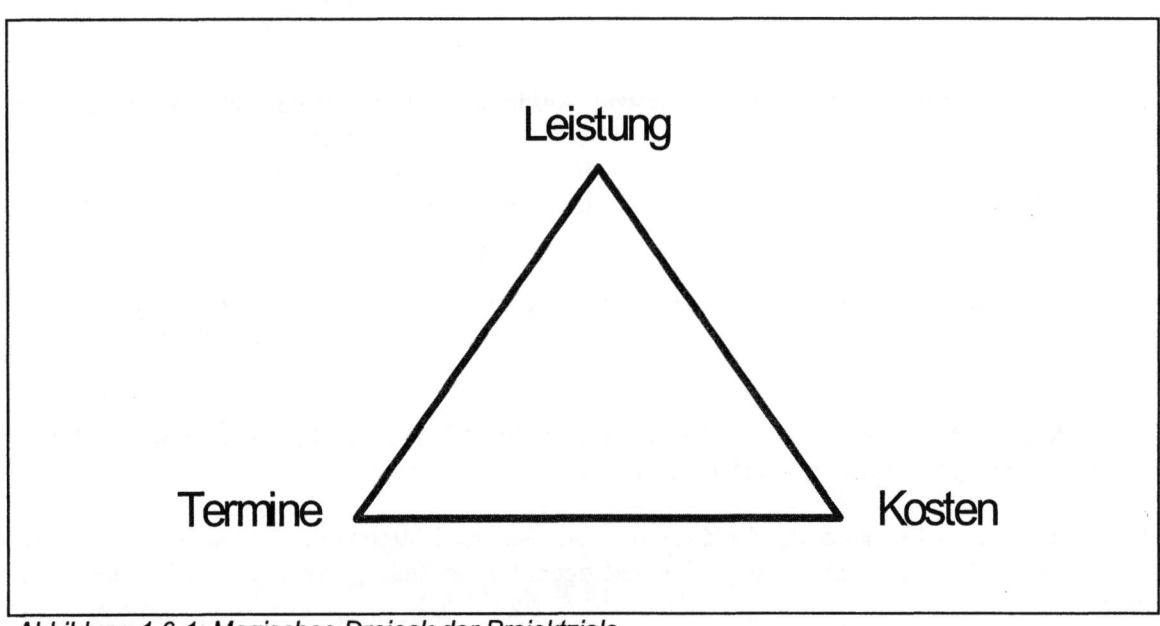

Abbildung 1.6-1: Magisches Dreieck der Projektziele

1.6.1.3 Zielfunktionen

Im Projektmanagement haben Ziele folgende **Funktionen** zu erfüllen:

- Kontroll-,
- Orientierungs-,
- Verbindungs-,
- Koordinations- und
- Selektionsfunktion.

Kontrollfunktion „Meßlatte"
In diesem Sinne dient das Ziel bzw. das Zielbündel als Meßlatte für die Beantwortung der Frage, ob das Projekt insgesamt (oder zumindest teilweise) erfolgreich war. Der Begriff „Zielbündel" bezeichnet „ein ganzes Bündel gleichzeitig zu verfolgender Ziele" (WÖHE 1993, S. 124). Dieser Begriff ist vom Begriff „Zielsystem" (Vorhandensein einer Struktur zwischen den Zielen) zu unterscheiden. Vom Ergebnis der Bewertung, ob das Projekt erfolgreich war, hängt oft die Bezahlung des vereinbarten Kaufpreises ab. Dieser Zusammenhang kann auch in den Verträgen vorgesehen werden, indem z.B. vereinbart wird,

- daß bei der Anfertigung eines EDV-Programmpakets die letzten 30% des Kaufpreises erst nach der Auslieferung der Benutzerdokumentation gezahlt werden;
- daß sich bei der Überschreitung des vorgegebenen Termins der Kaufpreis um 1% pro Tag vermindert (Konventionalstrafe).

Um die Frage zu beantworten, wie gute Ziele auszusehen haben bzw. wie man zu guten Zielen kommt, muß untersucht werden, welche anderen Funktionen neben der Funktion als „Meßlatte für den Projekterfolg" den Zielen zukommen.

Orientierungsfunktion
Noch bevor einzelne Projektmitarbeiter sich mit dem Projekt beschäftigen, wollen sie wissen, „wohin die Reise geht", „welche grobe Richtung eingeschlagen wird". Diese ersten, richtungsweisenden Informationen stehen oft in Form von Projektzielen zur Verfügung (vgl. EWERT 1996, S. 91).

Verbindungsfunktion
Die Ausrichtung einer Arbeitsgruppe in die vom Auftraggeber gewünschte Richtung ist nicht immer ganz einfach (vgl. HANSEL 1993, S. 63ff). Oft gehen lange gruppendynamische Prozesse der Ausbildung des „Wir-Gefühl" voraus (vgl. Kapitel 2.4 und 4.6). In Projekten hat man aus zwei Gründen keine Möglichkeit, eine gemeinsame Kultur langsam und kontinuierlich entstehen zu lassen:

1. Die Mitarbeiter für das Projekt werden oft aus verschiedensten Bereichen gewählt. Sie sind i.d.R. verschiedene Führungsstile gewohnt und gehen mit anderen Gruppenmitgliedern unterschiedlich um.

2. Da Projekte häufig unter Zeitdruck leiden, müssen alle Mitglieder im Projektteam bzw. andere Projektbeteiligte schnell zueinander finden.

Bei entsprechender Formulierung der Ziele und unter Berücksichtigung der Empfehlungen in Kapitel 2.4 und 4.6 kann die Begeisterung aller Beteiligten für die Zielerreichung das „Wir-Gefühl" erzeugen.

Koordinationsfunktion
Durch die starke Arbeitsteilung zwischen mehreren Unternehmen und zwischen den Abteilungen bzw. Bereichen eines Unternehmens ist es notwendig, die einzelnen Tätigkeiten im Projekt zu koordinieren. Die Betriebswirtschaftslehre hat sich schon frühzeitig dieses Themas angenommen und einige Koordinationsmechanismen/-methoden entworfen. Dazu gehören u.a. die Koordination über Budgets, über (markt- oder innerbetriebliche Verrechnungs-) Preise, über Kennzahlen usw. Eine

1.6 Projektziele

Methode ist die Koordination über die Ziele, bei der die Beziehungen des Projektteams zu anderen Organisationseinheiten angedeutet werden. Gegebenenfalls können bei konsequenter Ausrichtung aller Beteiligten an den Projektzielen auch die Schnittstellen besser erkannt und ggf. Überschneidungen bereinigt werden.

In allen Projektphasen müssen Entscheidungen getroffen werden. Es muß jeweils aus einer Vielzahl von Alternativen die beste - im Sinne der Projektzielerreichung - ausgewählt werden. Ein Ziel bzw. ein in sich schlüssiges Zielsystem erleichtert die Arbeit, schlechte Alternativen als solche zu erkennen und zu verwerfen bzw. sich mit wenig Aufwand für gute Alternativen zu entscheiden. *Selektionsfunktion/ Auswahl*

1.6.1.4 Zieleigenschaften - Anforderungen an gute Ziele

Um die Funktion als Meßlatte zu erfüllen, muß ein Ziel **quantifizierbar**, d.h. meßbar sein, denn „... Ziele sind jedoch erst dann eine Hilfe, wenn sie in quantitative Zielvorgaben umgesetzt werden." (PAUL 1995, S.15). *Quantifizierbarkeit der Ziele*

Zielvorgaben, die meßbar beschrieben worden sind, werden auch operationale Ziele genannt. *Operationale Ziele*

In diesem Sinne ist folgendes Ziel schlecht formuliert worden:

„Bis 31.12.1997 muß die Durchlaufzeit für Kundenaufträge verkürzt werden". Besser wäre schon „Bis 31.12.1997 muß die Durchlaufzeit für Kundenaufträge um mindestens 20% verkürzt werden".

Ein gutes Zielbündel könnte beispielsweise folgendermaßen aussehen:

Eine durchschnittliche Durchlaufzeit für Kundenaufträge von zwei Tagen wird vom Kunden nicht mehr akzeptiert. Aus vertraulichen Quellen ist bekannt geworden, daß ein Wettbewerber daran arbeitet, dem Kunden ab dem 1.7. dieses Jahres eine durchschnittliche Durchlaufzeit von 8 Stunden zu garantieren. Im Projekt „Durchlaufzeit-Minimierung" sind folgende Ziele zu erreichen:

1. Die durchschnittliche Durchlaufzeit wird auf 6 Stunden verkürzt.

2. Alle Kundenaufträge für die Produktgruppen P1 und P2, die bis 10 Uhr eingehen, verlassen unser Unternehmen am gleichen Tag vor 14 Uhr und werden i.d.R. noch am gleichen Tag dem Kunden angeliefert.

3. Nur in seltenen Ausnahmefällen (weniger als 0,1%) kann akzeptiert werden, daß ein Kundenauftrag für Katalogteile länger als drei Tage in unserem Unternehmen verweilt.

4. Durchlaufzeiten für Spezialanfertigung werden in diesem Projekt nicht berücksichtigt. Sie unterliegen auch weiterhin der individuellen Vereinbarung mit dem Kunden.

Hier ist es gelungen, die qualitative Aussage: „Der Kunde soll gut, d.h. schnell, bedient werden!" in ein Bündel von quantitativen Zielen umzusetzen. Dies gelingt leider nicht immer. Den letzten Anker in Verträgen bilden dann in der Praxis oft Aussagen wie z.B. „Die Qualität der Ausführung muß dem Stand der Technik entsprechen!" Theoretisch ist dies natürlich nicht akzeptabel. Damit ist aber wenigstens ein Anhaltspunkt für eine (möglicherweise auch gerichtliche) Auseinandersetzung gegeben.

Es wird deutlich, daß gut formulierte Zeile auch erreichbar sein müssen. *Erreichbarkeit der Ziele*

Das Bestreben, die Ziele sehr genau quantifizierbar zu beschreiben, darf nicht mit der Neigung verwechselt werden, in den Zielen auch einen Teil des Lösungsweges festzulegen. Dies ist abzulehnen, weil dadurch dem Projektteam die Möglichkeit genommen wird, die beste Lösung für das Problem zu finden.

Es wäre also falsch, für das o.g. Projekt als Ziel z.B. zu formulieren: „Minimierung der Durchlaufzeiten für Kundenaufträge durch Einführung eines modernen EDV-Systems für Auftragsabwicklung".

Es wäre doch möglich, daß die Minimierung der Durchlaufzeiten eher durch Umorganisation erreicht wird, indem z.B. unsinnige Kontrollen entfallen, als durch die Modernisierung der EDV. Damit die Ziele die Koordinationsfunktion erfüllen können, müssen sie noch weiter operationalisiert werden.

Strategische Unternehmensziele

Dem Projektteam müssen auch die übergeordneten Ziele (z.B. Unternehmensziele aus der strategischen Planung) bekannt sein. Die Voraussetzung ist natürlich, daß die Unternehmensziele richtig artikuliert werden (vgl. HAUSCHILD 1970, S. 545ff.). Dadurch kann überprüft werden, ob die Projektziele im **Einklang mit den übergeordneten Zielen** stehen.

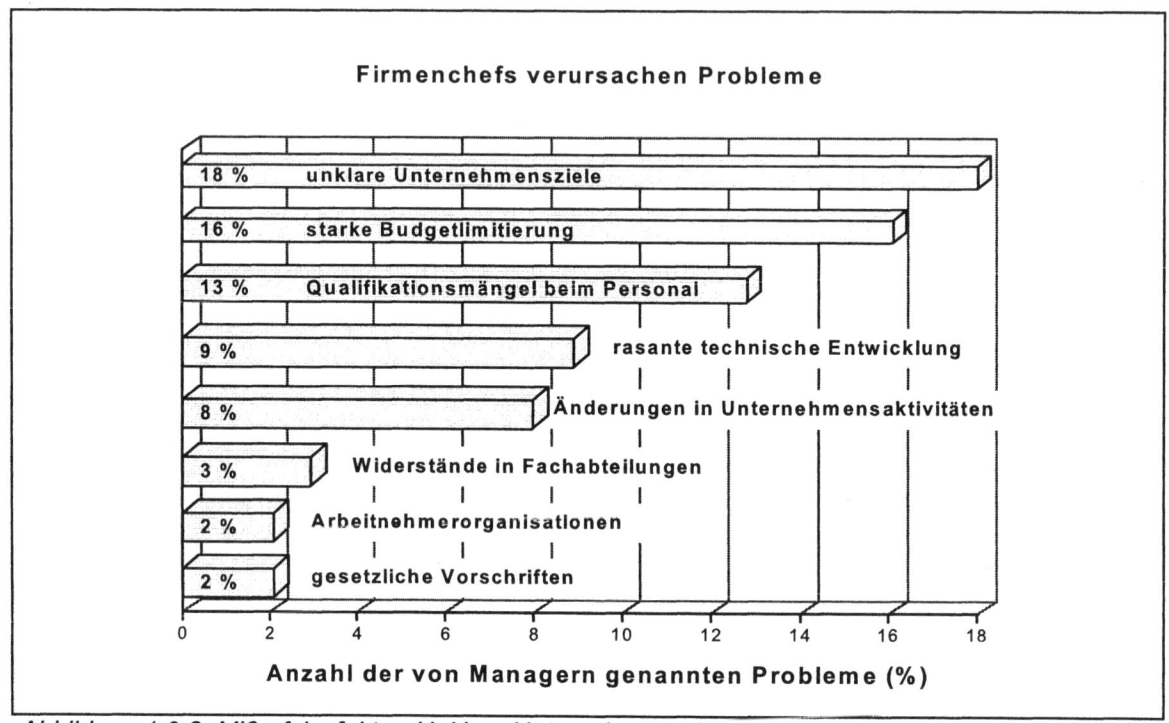

Firmenchefs verursachen Probleme

%	Problem
18 %	unklare Unternehmensziele
16 %	starke Budgetlimitierung
13 %	Qualifikationsmängel beim Personal
9 %	rasante technische Entwicklung
8 %	Änderungen in Unternehmensaktivitäten
3 %	Widerstände in Fachabteilungen
2 %	Arbeitnehmerorganisationen
2 %	gesetzliche Vorschriften

Anzahl der von Managern genannten Probleme (%)

Abbildung 1.6-2: Mißerfolgsfaktor „Unklare Unternehmensziele" (STREICHER 1996, S.1)

Empirisch erhobene Daten zu diesem Thema deuten darauf hin, daß die Bedeutung der Unternehmensziele für die Projektarbeit im Bereich IT (Informationstechnik) nicht immer richtig erkannt wird (Abbildung 1.6-2):

„Damit die IT-Manager künftig stärker strategieorientiert arbeiten können, brauchen sie klar definierte Unternehmensziele. Genau die fehlen aber in vielen deutschen Firmen - für 18% der befragten IT-Manager das größte Problem. Hier müssen die Unternehmensleitungen noch ihre Hausaufgaben machen. Immerhin acht Prozent blicken bei den Unternehmensaktivitäten der eigenen Firma nicht mehr durch und sind durch Firmenkäufe und neue Marktpositionierungen so verwirrt, daß ihre Infrastrukturplanungen nicht mehr mit den sich ändernden Geschäftsaktivitäten Schritt halten können." (STREICHER 1996, S. 1).

Wenn man weiß, daß IT-Manager überwiegend projektorientiert arbeiten, wird aus dieser empirischen Untersuchung deutlich, daß Projektziele, die nicht mit strategischen Unternehmenszielen abgestimmt wurden, oft Ursache von Mißerfolgen in Projekten sind.

Verbindende und koordinierende Ziele

Gleichzeitig müssen die **Ziele der anderen Organisationseinheiten** (Abteilungen, Gruppen usw.), zu denen kein Unter-/Überordnungsverhältnis besteht, **bekannt** sein. Insbesondere ist es wichtig, die Ziele anderer Projekte/Projektteams, die zur gleichen Zeit aktiv sind, zu kennen. Aus diesen Zielen sind u.U. frühzeitig Hinweise zu entnehmen, wenn man in einer späteren Projektphase auf

1.6 Projektziele

dieselben Einsatzmittel zugreifen will. Z.B. könnte der gleichzeitig von mehreren Projektleitern vorgetragene Wunsch nach Einstellung neuer bzw. Training vorhandener Mitarbeiter für ihr Projekt in der Personalabteilung Kapazitätsengpässe hervorrufen. Abgesehen von nervenaufreibenden Konflikten führt dies oft zu Verzögerungen in mindestens einem der Projekte.

Nicht zuletzt müssen die Projektziele innerhalb der Projektteams weiter „aufgebrochen" werden. Diese **Aufspaltung/Detaillierung** geht über mehrere Ebenen bis jede Gruppe und jeder am Projekt Beteiligte seine Gruppenziele bzw. seine persönlichen Ziele kennt. Nicht jedes Ziel/Zielbündel ist schließlich geeignet, als verbindendes Element für das Projektteam zu dienen. Dazu bedarf es einer visionären Komponente nach dem Motto: *Detaillierung der Ziele*

> *„Wenn du ein Schiff bauen willst, so trommele nicht Männer zusammen, um Holz zu beschaffen, Aufgaben zu vergeben, die Arbeit einzuteilen. Sondern lehre sie die Sehnsucht nach dem weiten, endlosen Meer."* (Antoine de Saint-Exupery zitiert nach BRÜMMER 1994, S. 4)

Das Projektziel muß vom Projektteam als Herausforderung empfunden werden, ohne zu überfordern oder zu unterfordern.

1.6.1.5 Ergebnis- und Vorgehensziele

Die Ergebnisorientierung der Projekte führt oft dazu, daß nur die erwarteten Ergebnisse definiert und geprüft werden. Allgemein wird hier von **Ergebniszielen** gesprochen. Teilweise werden auch Begriffe „Systemziele" (vgl. LITKE 1991, S. 27), „Projektgegenstandsziele" (vgl. EWERT 1966, S. 100) oder „Aufgabenziele" (vgl. MEES 1995, S. 100) dafür verwendet. *Ergebnisziele*

Dies entspricht dem traditionellen Vorgehen im Bereich der Qualitätskontrolle. Die Qualität der Produkte wurde am Ende des Produktionsprozesses (oder noch schlimmer im Wareneingangsbereich des Kunden) geprüft. Die Qualitätskontrolle erlebte auf ihrem Weg über die Qualitätssicherung zum TQM (Total Quality Management) eine einschneidende Wandlung (siehe Kapitel 4.2), nämlich die Wandlung von „nur Produktqualität" zu „auch Prozeßqualität". Was ist damit gemeint? Die Erfahrung hat gezeigt, daß es, wenn auch nicht unmöglich, so doch äußerst unwahrscheinlich ist, daß jemand trotz schlecht beherrschter Prozesse, gute Produkte abliefern kann. Deswegen wird heute Wert darauf gelegt, daß produktions-/prozeßbegleitende Zwischenprüfungen durchgeführt werden. Dazu kommt noch die Forderung, daß die Verwaltung der Meß- und/oder Prüfmittel so transparent sein muß, daß das benötigte Meß- und/oder Prüfmittel immer gefunden werden kann und ohne Probleme zum Einsatz kommt.

Vergleichbares kann man nun auch für das Projektmanagement fordern. Große Kunden werden für lange, komplexe Projekte oft eine phasenweise Abwicklung (siehe Kapitel 1.8) vorschreiben. Dazu gehört auch die Forderung nach dokumentierten Zwischenprüfungen.

> *Dies kann beispielsweise in Form von Reviews, schriftlichen Berichten oder Präsentationen geschehen. In der EDV ist es z.B. teilweise üblich, bei der Programmierung größerer Softwarepakete, einzelne Module vorab zum Test durch den Auftraggeber/Nutzer auszuliefern.*

Zu den **Vorgehensziele**n kann z.B. die Forderung gehören, bestimmte Personen oder Gruppen am Projekt zu beteiligen. Typischerweise können dies die Mitglieder des Betriebs-/Personalrates, Kunden, Außendienstmitarbeiter, usw. sein. Für Vorgehensziele werden auch folgende Begriffe verwendet: „Ablaufziele" (vgl. EWERT 1966, S. 100) und „Prozeßziele" (vgl. MEES 1995, S. 100). *Vorgehensziele*

Die Abgrenzung der Ergebnis- und Vorgehensziele ist aus Abbildung 1.6-3 ersichtlich.

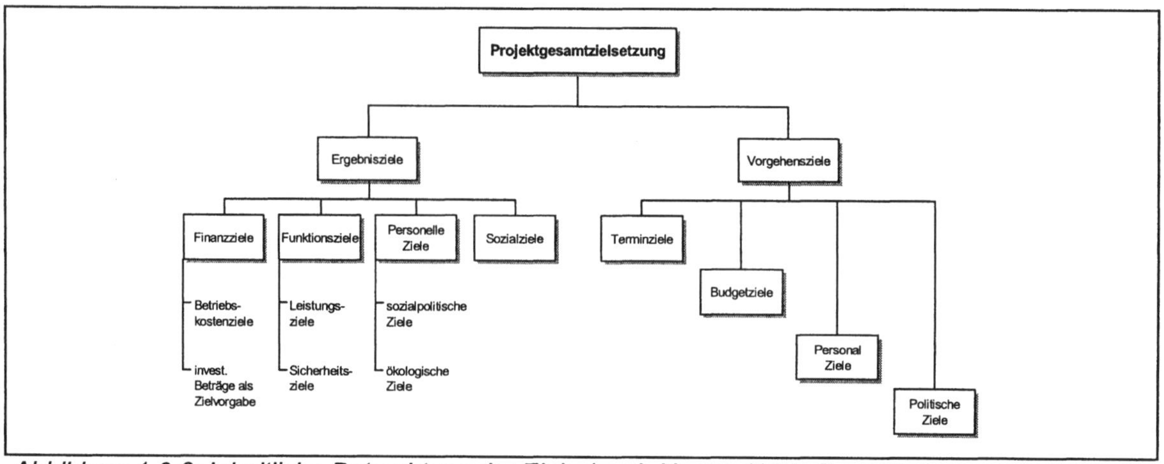

Abbildung 1.6-3: Inhaltliche Betrachtung der Ziele (nach NAGEL 1992, Sp. 2631f)

Auch an dieser Stelle muß ähnlich zur Mahnung in Abschnitt 1.6.2.2 darauf hingewiesen werden, daß die Vorgehensziele genauso lösungsneutral zu definieren sind wie die Ergebnisziele.

1.6.2 Mehrfachziele

Mehrdimensionalität der Ziele

Jedes Einzelziel kann man unter verschiedenen Gesichtspunkten betrachten. Wenn in einem Projekt mehrere u.U. konkurrierende Ziele eine Rolle spielen, muß immer erst jedes Einzelziel für sich untersucht werden. Darüber hinaus ist es aber auch wichtig, die Wechselbeziehungen zwischen diesen Zielen zu kennen und zu gestalten. Bevor die Ziele endgültig festgelegt werden, muß die Struktur zwischen den Zielen optimiert werden (vgl. HAMEL 1992, HAUSCHID 1980). Dieses Thema wird nachfolgend behandelt.

1.6.2.1 Zielhierarchie und Bildung von Unterzielen

Das **Detaillieren der Projektziele** wird i.d.R. über mehrere Ebenen durchgeführt. Das Oberziel wird dabei in mehrere Unterziele aufgespalten. Jedes Unterziel (Subziel) steht dabei zum Oberziel in einer Ziel-Mittel-Relation, d.h. das Unterziel ist das Mittel, das zur Erreichung des Oberziels beiträgt. Durch schrittweises Vorgehen werden immer weitere Ebenen gebildet (Abbildung 1.6-4).

1.6 Projektziele

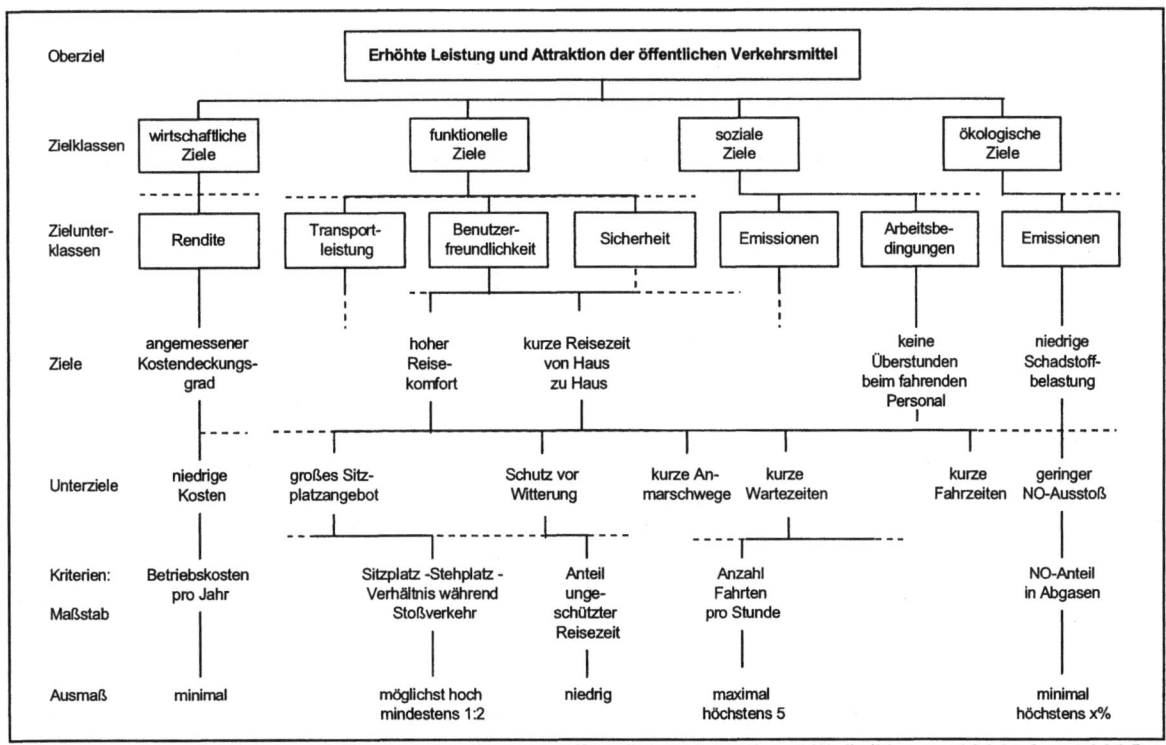

Oberziel	Erhöhte Leistung und Attraktion der öffentlichen Verkehrsmittel			
Zielklassen	wirtschaftliche Ziele	funktionelle Ziele	soziale Ziele	ökologische Ziele
Zielunterklassen	Rendite	Transportleistung / Benutzerfreundlichkeit / Sicherheit	Emissionen / Arbeitsbedingungen	Emissionen
Ziele	angemessener Kostendeckungsgrad	hoher Reisekomfort / kurze Reisezeit von Haus zu Haus	keine Überstunden beim fahrenden Personal	niedrige Schadstoffbelastung
Unterziele	niedrige Kosten	großes Sitzplatzangebot / Schutz vor Witterung / kurze Anmarschwege / kurze Wartezeiten	kurze Fahrzeiten	geringer NO-Ausstoß
Kriterien: Maßstab	Betriebskosten pro Jahr	Sitzplatz-Stehplatz-Verhältnis während Stoßverkehr / Anteil ungeschützter Reisezeit	Anzahl Fahrten pro Stunde	NO-Anteil in Abgasen
Ausmaß	minimal	möglichst hoch mindestens 1:2 / niedrig	maximal höchstens 5	minimal höchstens x%

Abbildung 1.6-4: Zielmittelhierarchie (Beispiel: öffentliche Verkehrsmittel) (NAGEL 1992, Sp. 2629f)

Hierzu kann prinzipiell nach unterschiedlichen Methoden vorgegangen werden (vgl. PALLOKS 1993, S. 677ff.).

Bei der **retrograden/progressiven Methode** werden die Teilziele so abgeleitet, daß Sie den Hierarchieebenen der Aufbauorganisation entsprechen. Dies hat den Vorteil, daß die Ansprechpartner automatisch bekannt sind.

Retrograde/ Progressive Methode

> *Als Beispiel sei hier ein Projekt genannt, in dem durch besondere verkaufsfördernde Maßnahmen der Umsatz des Unternehmens um 1 Mill. € pro Monat gesteigert werden soll. Die Teilziele könnten nun lauten: der Außendienst Nord steigert den Umsatz um 200.000 €, der Außendienst Mitte um 300.000 €, der Außendienst Ost um 200.000 € und der Außendienst Süd um 300.000 €. In der nächsten Stufe würde man dann die Steigerung des Außendienst Nord um 200.000 € aufteilen in die Vorgabe für den Außendienst-Bezirk Hamburg von 50.000 € und für die restlichen fünf Außendienst-Bezirke des Außendienstes Nord auf je 30.000 €. So könnte man weiter fortfahren bis zu den Vorgaben für jeden einzelnen Außendienst-Mitarbeiter aller Außendienste.*

Beim **top-down-Verfahren** werden die Ziele von oben nach unten vorgegeben und dabei immer weiter „aufgegliedert".

Top-Down-Verfahren (Zieldetaillierung)

> *Bei der Vorgabe „die Ertragslage des Unternehmens zu verbessern" würde man z.B. zunächst an die Unterziele Umsatzsteigerung und Kostensenkung denken.*
>
> *Das Unterziel Umsatzsteigerung kann nun weiter „aufgegliedert" werden in Steigerung des Absatzes (in Stück) und/oder Erhöhung des Stückpreises (in €). Der Umsatz (als Produkt aus Absatz × Stückpreis) könnte aber auch gesteigert werden, wenn durch die Senkung des Preises der Absatz überproportional gesteigert wird. Analog würde man dann mit dem Teilziel „Kostensenkung" verfahren.*

Eine Zielhierarchie entsteht aber nicht immer durch die konsequente Auflösung des Oberziels. Es kann auch sein, daß aus der Erfahrung „vor Ort" verschiedene Verbesserungsvorschläge entstehen.

Bottom-up-Verfahren (Zielsuche)

> *Diese Vorschläge könnten z.B. die Senkung der Stückkosten durch Erhöhung der Produktionsmenge oder die Senkung der Stückpreise und dadurch Erhöhung der Absatzmenge sein.*

Solche Einzelvorschläge werden gesammelt, ggf. um weitere Teilziele ergänzt und in eine Zielhierarchie eingearbeitet. Hier handelt es sich um das **Bottom-up-Verfahren**, bei dem die Informationen auf unterster hierarchischer Ebene gesammelt, nach oben weitergegeben und von Ebene zu Ebene verdichtet werden.

	Vorteile	**Nachteile**
Top-Down	• widerspruchsfrei • Berücksichtigung weitreichender, zukunftsträchtiger Aspekte	• geringe Motivation der Mitarbeiter • Vernachlässigung des Wissens der Mitarbeiter, u.U. mangelnde Realitätsnähe
Bottom-up	• Berücksichtigung des Wissens der Mitarbeiter, dadurch Realitätsnähe • hohe Motivation der Mitarbeiter	• zentrifugale Kräfte (auseinanderstrebende Meinungen) • teilweise geringes Anspruchsniveau • Vergangenheitsorientierung

Abbildung 1.6-5: Vor- und Nachteile verschiedener Planungsverfahren (vgl. BESCHORNER 1995)

Zielheuristik

Aus der Erkenntnis, daß keines der beiden Verfahren (Top-Down/Bottom-up) optimal ist, wurde eine Kombination der beiden, das **Gegenstrom-Verfahren (Zielheuristik)** entwickelt. Bei diesem Verfahren werden in einem iterativen Vorgehen die Ober- und Unterziele über die Ebenen aufeinander abgestimmt. Dabei nutzt man die Vorteile der beiden o.g. Verfahren.

Ein typisches Projektziel, das in diesem „Gegenstromverfahren" geplant wird, ist die Einführung neuer Produkte. Das Oberziel „Produkt bis zum 31.12. einzuführen", wird von der Geschäftsleitung der Projektleitung vorgegeben. Von der Projektleitung wird dieses Ziel den Abteilungen F&E, Produktion, Marketing/Vertrieb, Rechtsabteilung usw. bekanntgegeben mit der Aufforderung, dazu Stellung zu nehmen. So können sich diese Organisationseinheiten dazu äußern, inwieweit sie in dem Projekt überhaupt beteiligt sein sollen. Oft wissen die übergeordneten Stellen nämlich nicht, was auf den unteren Ebenen benötigt wird. Die Rückkopplung nach oben bzw. nach unten findet in einem iterativen Prozeß i.d.R. in mehreren Abstimmungsvorgängen statt.

Planungstiefe

Unabhängig davon, welches Verfahren benutzt wird, muß noch festgelegt werden, wie fein detailliert wird, d.h. wie viele Stufen die Zielhierarchie haben soll. Folgende Kriterien für die Planungstiefe haben sich als sinnvoll erwiesen:

- **Wirtschaftlichkeitskriterium**
  (Die Kosten/der Aufwand für eine weitere Verfeinerung der Ziele sind/ist höher als der dadurch erreichbare Zusatznutzen.)

- **Optimale Verhaltenssteuerung**
  (Es wird nach dem Motto vorgegangen - „So gut wie möglich - so fein wie nötig." -, bis keine weiteren Vorteile für die Verhaltenssteuerung mehr zu erwarten sind.)

1.6.2.2 Zielbeziehungen

Es ist schon eine Ausnahme, wenn es in einem Projekt nur ein Ziel gibt. Viel wahrscheinlicher ist *Zielverträglich-* allerdings, daß es mehrere Ziele gibt, die nebeneinander genannt werden und u.U. in Konkurrenz *keit* stehen. In diesen Fällen ist es wichtig, die Zielverträglichkeit von Zielen zu untersuchen (vgl. BESCHORNER 1995, S. 53 ff). Eine Übersicht über die Zielverträglichkeiten ist aus Abbildung 1.6-6 ersichtlich.

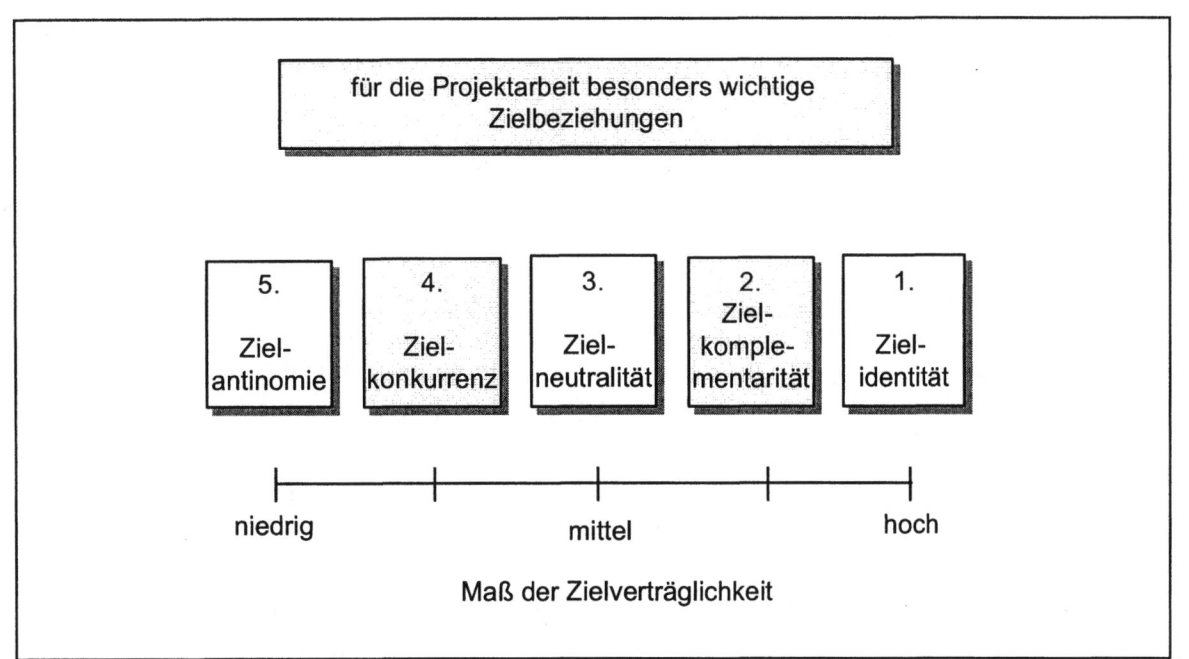

Abbildung 1.6-6: Zielverträglichkeiten

Zielidentität

Bei zwei Zielen, die vollständig deckungsgleich sind, spricht man von Zielidentität. Dies kann z.B. vorkommen, wenn zwei Stellen ihre Ziele aus der jeweiligen Sicht u.U. sprachlich verschieden definieren. Erst mit Hinzuziehung von Hintergrundinformation oder nach der „Übersetzung" der beiden Fachsprachen wird die Identität klar erkennbar.

> *Als Beispiel sollen folgende zwei Aussagen dienen: „Die Personalkosten im Vertrieb sind zu halbieren" und „Die Kosten des Vertriebs sind durch Einsparungen im Personalbereich um 40% zu senken." Wenn man die Zusatzinformation hat, daß die Personalkosten 80% der Vertriebskosten ausmachen, erkennt man auf Anhieb, daß die beiden o.g. Ziele identisch sind.*

Im Fall der Zielidentität ist es sinnvoll, das Ziel neu zu formulieren, so daß sich alle Stellen, die an der bisherigen Zieldefinition beteiligt waren, in der neuen einheitlichen Definition „wiederfinden". Damit kann im Rahmen des Projektes der Aufwand minimiert werden, weil nur noch ein Ziel zu verfolgen ist.

Zielantinomie

Wenn sich zwei Ziele vollständig ausschließen, handelt es sich um die Zielantinomie.

> *Als Beispiel seien die folgende Ziele genannt:*
>
> *Im Rahmen des Projektes x ist darauf zu achten, daß bei Beschaffungsvorgängen immer mindestens drei Vergleichsangebote eingeholt werden. Bei sonst gleichwertigen Angeboten ist dem kostengünstigsten der Vorzug zu geben.*

> *Grundsätzlich gilt, daß bei schlechter Auslastung der Produktionskapazitäten der Eigenfertigung Vorzug vor Fremdbezug zu geben ist.*

Was der Projektleiter auch immer entscheidet, verstößt er bei entsprechender Konstellation (schlechte eigene Auslastung und kostengünstigeres Angebot eines externen Anbieters) gegen eines der beiden Ziele. In solchen Fällen müssen die Ziele, zwischen denen eine Zielantinomie herrscht, deutlich benannt werden. Ihre Unvereinbarkeit muß den Entscheidungsträgern klargemacht werden. Anschließend wird entschieden, welche der Ziele „fallengelassen" werden und welches Ziel weiter verfolgt wird.

Grund einer Zielantinomie

Dies ist i.d.R. nicht ganz einfach. Das Vorgehen hängt vom Grund für das Entstehen der Zielantinomie ab.

1. Sind die Ziele zu **verschiedenen Zeitpunkten** festgelegt worden, so kann es sein, daß alte Ziele faktisch nicht mehr verfolgt werden. Man hat nur vergessen, sie auch öffentlich außer Kraft zu setzen. Dies wird dann im Einvernehmen nachgeholt (vgl. FRÖHLIG 1993, S. 677).

2. Die Ziele sind von verschiedenen Stellen festgelegt worden, ohne sich Gedanken über mögliche Auswirkungen auf andere zu machen. Nach kurzer Klärung werden die Ziele von denjenigen Stellen, für die sie keine große Bedeutung besitzen, aufgegeben. Der Fall kann im Vorfeld auch schon entschärft werden, indem jede Stelle angibt, welcher der folgenden drei **Kategorien** jedes ihrer Ziele zuzuordnen ist:

Muß-Ziele
- Wenn die Muß-Ziele nicht erreicht werden, gilt das Projekt als gescheitert, wie z.B. Errichtung einer Produktionsanlage mit Emissionswerten über der gesetzlich zulässigen Grenze.

Kann-Ziele
- Die Erreichung der Kann-Ziele trägt zur Steigerung der Zufriedenheit mit dem gesamten Projekt bei. Bei jedem Einzelziel wird geprüft, ob der Aufwand gerechtfertigt ist, bzw. inwieweit die Erreichung eines anderen (Teil-)Ziels beeinflußt wird.

Wunsch-Ziele
- Die Erfüllung der Wunsch-Ziele („nice to have") soll nur dann angestrebt werden, wenn dies mit keinem (oder nur einem unerheblichen) zusätzlichen Aufwand verbunden ist bzw. wenn dies die Erreichung anderer (insbesondere der Muß-) Ziele nicht beeinträchtigt. Bei einer solchen Zielklassifikation fällt es leicht, die Wunsch- bzw. die Kann-Ziele zugunsten von Muß-Zielen ggf. aufzugeben.

3. Sind die Ziele von verschiedenen Stellen, deren **hierarchisches Verhältnis zueinander** nicht geklärt ist, als Muß-Ziele definiert worden, wird die Frage nach den Zielen zur Machtfrage.

Heinen bezeichnet die Zielfestlegung, die die Machtstruktur der Organisation beeinflußt, als „Quasilösung von Machtkämpfen" (HEINEN 1992, S. 3443). Ohne hier weiter auf die Frage der „Berechtigung zur Zielbildung" nachzugehen, sei noch auf die oft gewählte „pragmatische Lösung" einzugehen. Aus der Sicht des Projektleiters wird bedauerlicherweise der Konflikt in der Anfangsphase gescheut. Die an sich unverträglichen Ziele werden so verbindlich wie möglich, d.h. auch so unverbindlich wie nötig, definiert bis ihnen alle Beteiligten zustimmen können. Dadurch bekommt der Projektleiter teilweise Interpretationsspielraum. Er kann nur hoffen, daß er im Verlauf des Projektes durch „vollendete Tatsachen" Einfluß nehmen kann. I.d.R. ist eine solche Situation unbefriedigend, da sich die politische Diskussion über die Ziele in das Projektteam verlagert, ohne daß das Projektteam auch formal die Kompetenzen bekommt, Ziele zu definieren. Dieser Zustand hemmt dann die Projektarbeit.

1.6 Projektziele

Zielneutralität

Von Zielneutralität spricht man dann, wenn die Erfüllung von zwei oder mehreren Zielen voneinander vollkommen unabhängig ist. Dieser Zustand kommt in einem Unternehmen nur selten, in einem Projekt praktisch so gut wie nie vor. Sollten in einem Projekt Ziele vorkommen, die zu dieser Kategorie gehören, so ist der Fall insoweit unproblematisch als alle Ziele nebeneinander gleichzeitig verfolgt werden können.

Zielkomplementarität

Von Zielkomplementarität spricht man, wenn die Verfolgung eines Ziels gleichzeitig das Erreichen eines anderen Ziels fördert. I.d.R. handelt es sich dabei nicht um gleichwertige Ziele, sondern um Ziele, die in einer Zielmittelbeziehung zueinander stehen. Wenn nicht schon geschehen, müssen solche Ziele in eine Ober- bzw. Unterzielbeziehung gebracht werden.

Zielkonkurrenz

Als Zielkonkurrenz bezeichnet man das Verhältnis zwischen mehreren Zielen, wenn die Erfüllung eines Ziels die Erfüllung anderer Ziele beeinträchtigt. Dies ist die in der Projektarbeit bedeutungsvollste und häufigste Beziehung zwischen Zielen. Wenn die Zielkonkurrenz ansonsten nicht auf den ersten Blick erkennbar ist, so ist sie i.d.R. schon dadurch vorhanden, daß für die Erreichung verschiedener Ziele auf gemeinsame Einsatzmittel zurückgegriffen wird (vgl. magisches Dreieck).

Im Bereich der Zielkonkurrenz können wiederum verschiedene Entscheidungsregeln beachtet werden, die im einzelnen durchaus an das Vorgehen bei Zielantinomie erinnern, wenn sie auch nicht so extrem sind.

Wenn leicht erkennbar ist, daß ein Ziel bei weitem wichtiger ist als andere Ziele, so werden die unbedeutenderen Ziele vernachlässigt. *Priorität*

Erfahrene Projektleiter wissen, daß manchmal am Anfang des Projektes übertriebene Erwartungen bezüglich bestimmter Ziele existieren. Am Ende interessiert dann die Erfüllung dieser Ziele kaum noch. Der Projektleiter hat hier drei Möglichkeiten, mit solchen Wünschen umzugehen: *Zielwandel*

- Die Ziele werden bezüglich ihrer Reichweite in kurz-, mittel- und langfristige Ziele unterschieden. Bezüglich der **zeitlichen Reichweite** werden dann die Zielinhalte neu definiert. Dadurch kann sich die Zielkonkurrenz auflösen, indem die Entscheidungsträger erkennen, daß man kurzfristig andere Ziele verfolgen kann, als dies langfristig der Fall ist.

- Pragmatisch kann der Projektleiter aber auch die Erfüllung aller Ziele zusagen und auf die Vergeßlichkeit seiner Auftraggeber hoffen. Das Problem erledigt sich dann von selbst durch „**Aussitzen**".

- Es werden „**Ziel-Korrektur-Sitzungen**" in regelmäßigen Abständen (z.B. 14tägig) durchgeführt. Der Projektleiter präsentiert dem Auftraggeber die vertraglich zugesagten Leistungen, deren Erreichung aus der Sicht der Projektleiters nicht mehr wichtig ist. Gemeinsam (Auftraggeber/Auftragnehmer) wird entschieden, ob die Ziele noch verfolgt werden sollen. Ist dies nicht der Fall, wird vereinbart, ob und ggf. um wieviel sich der Preis mindert, wenn die Leistung nicht erbracht wird. Üblicherweise wird statt dessen die Ersparnis mit dem Mehraufwand verrechnet, der zum Erreichen zusätzlicher vertraglich nicht vereinbarter Ziele entsteht. Der Auftragnehmer/Projektleiter rechnet bei diesem Vorgehen damit, daß der Auftraggeber im Verlauf des Projektes soviel Know-how erwirbt, daß er sinnvolle Korrekturen vornehmen kann.

Zielteilung

Manche Ziele werden nur in bestimmten Bereichen des Projektes verfolgt. Als Beispiel sei genannt, daß bei großen EDV-Programmen und beschränkter Programmierkapazität nur besonders komplexe Programmteile dokumentiert werden. Bei den restlichen Teilen des Programms läßt man es darauf ankommen, daß sich ein Programmierer ggf. auch ohne Dokumentation in das Programm einarbeiten muß.

Zielquantifizierung

Von mehreren Zielen werden quantifizierbare den nicht-quantifizierbaren vorgezogen. Dadurch werden „weiche Ziele", wie z.B. „Verbesserung der Motivation der Mitarbeiter", in den Hintergrund gedrängt. „Harte Ziele", wie z.B. „20000 €/Jahr einsparen", werden vorgezogen, obwohl durch die Erreichung des weichen Ziels „Motivation erhöhen" vermutlich mehr als nur 20000 €/Jahr eingespart werden könnten (vgl. KRAUS 1995, S. 82).

1.6.3 Zielfindung

1.6.3.1 Projektanstoß

Unzufriedenheit mit dem Ist-Zustand

In vielen Fällen ergibt sich der Projektanstoß aus der allgemeinen Unzufriedenheit mit dem Ist-Zustand. Dementsprechend abstrakt und allgemein fällt auch die erste Zielumschreibung aus. Diese Erwartungen sind unpräzise formuliert. Eine Umsetzung und Erfolgskontrolle ist schwer möglich. Im folgenden wird darauf eingegangen, wie diese Erwartungen präzisiert werden können.

Jegliche Projektarbeit sollte den Willen voraussetzen, dem Kunden/Auftraggeber gegenüber diejenige Leistung zu erbringen, die er braucht, d.h. für die er zu bezahlen bereit ist. Davon soll allerdings mit den begrenzten Einsatzmitteln so viel wie möglich erbracht werden.

1.6.3.2 Kreativität im Zielfindungsprozeß

In den meisten Fällen ist es einfacher, die Kritik am Ist-Zustand zu artikulieren als den erstrebenswerten Zustand zu beschreiben. Noch schwieriger ist es, die Zwischenschritte, die zur Erreichung des angestrebten Zustandes notwendig sind, zu benennen. Insoweit ist die Suche nach dem Oberziel bzw. nach den Unterzielen i.d.R. ein kreativer Prozeß.

In der Vergangenheit hatte man es oft mit einem weniger dynamischen Umfeld zu tun. Für die Weiterentwicklung von Organisationen reichte es vollkommen aus, wenn neue Ziele zufällig entdeckt wurden. In einem Umfeld, das sich immer schneller verändert, kann man die Suche nach neuen Zielen nicht dem Zufall überlassen. Um die Kreativität zu stärken, können verschiedene Verfahren angewendet werden (vgl. Abbildung 1.6-7).

1.6 Projektziele

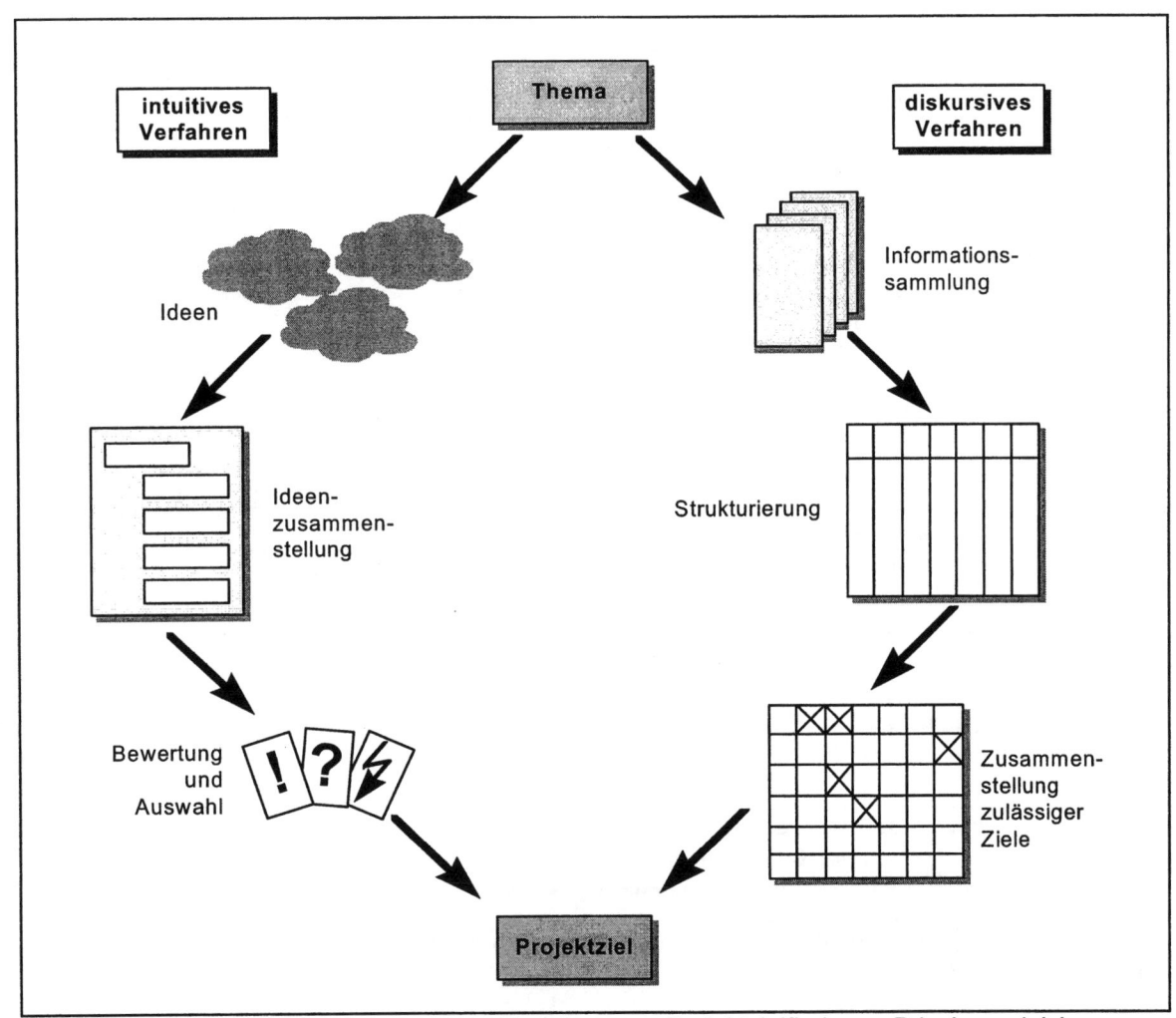

Abbildung 1.6-7: Diskursive und intuitive Verfahren zur Projektzielfindung - Prinzipvergleich (KAESTNER 1991, S. 99)

- Bei den **intuitiven Verfahren** wird versucht, eine große Menge von Ideen zu erzeugen. Dabei wird ganz bewußt auch außerhalb des zunächst vorstellbaren Lösungsraumes gesucht - je ausgefallener ein Vorschlag ist, desto besser ist er. In einem zweiten Schritt werden die Ideen strukturiert. Im dritten Schritt werden die Ideen bewertet und als Ziele/Unterziele für das Projekt herausgefiltert.

Intuitive Verfahren

- **Diskursive Verfahren** gehen einen anderen Weg. Systematisch werden Informationen gesammelt, teilweise für ein vorgegebenes Strukturierungsraster. Im zweiten Schritt werden dann alle Teilinformationen miteinander kombiniert, unabhängig davon ob die Kombination auf den ersten Blick sinnvoll erscheint. Im dritten Schritt werden alle Kombinationen bewertet und die sinnvollsten als Ziele/Unterziele für das Projekt übernommen.

Diskursive Verfahren

Beide Arten von Verfahren können gegebenenfalls zu gleichen Projektzielen führen.

Gerade bei der Suche nach Projektzielen hat sich der Einsatz von Kreativitätstechniken bewährt. Diese Methoden können sowohl bei der Suche nach sinnvollen Ergebnis- als auch nach sinnvollen Vorgehenszielen angewendet werden (Abbildung 1.6-8). Die genannten Kreativitätstechniken werden ausführlich in Kapitel 3.9 dargestellt. Dennoch soll hier eine Betrachtung speziell unter dem Aspekt „Zielfindung" vorgenommen werden.

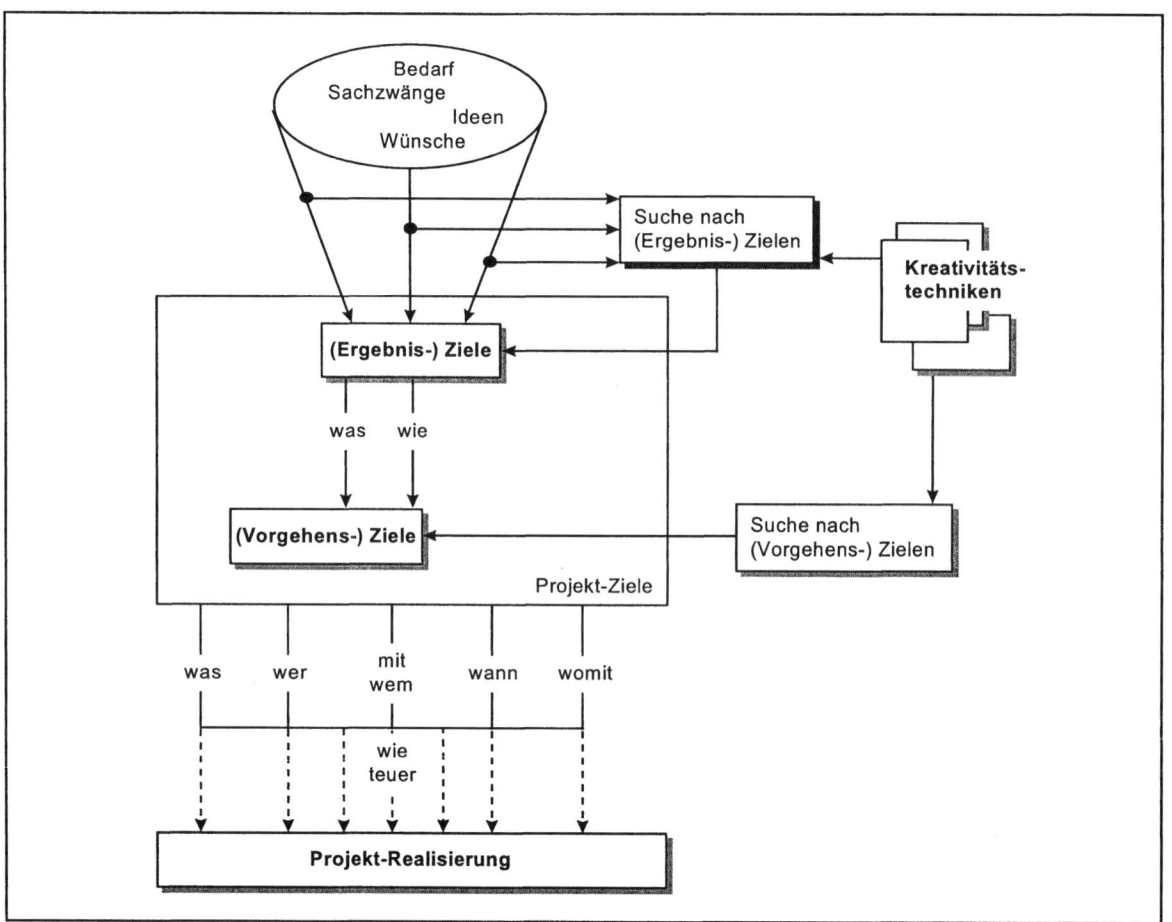

Abbildung 1.6-8: Einsatz von Kreativitätstechniken zur Definition von Ergebnis- und Vorgehenszielen (KAESTNER 1991, S. 104)

Intuitive Verfahren

Brainstorming Eine der bekanntesten kreativen Methoden ist die des **Brainstorming** (vgl. Kapitel 2.9, 3.9 und 3.10). I. d. R. wird Brainstorming in Gruppen mit einem Moderator durchgeführt. Dabei müssen u.a. folgende Grundregeln beachtet werden:

- Zunächst nennen die Mitglieder ihre Ideen, ohne daß diese bewertet werden. Insbesondere sind hier „Killerphrasen" verpönt, wie z.B. „Das hat schon mal nicht geklappt.", „Wenn das so einfach wäre, würde das auch die Firma XY, die zehnmal größer ist als wir, schon längst machen." usw.

- Die Ideen werden protokolliert, wobei es wichtig ist, daß die Protokollierung für alle sichtbar erfolgt, z.B. auf Flip-Chart. Diese Visualisierung regt zu weiteren Ideen an. Dies ermöglicht, nach Versiegen des ersten Ideensturms, durch Rekapitulation einen zweiten auszulösen.

- Es gibt kein „Copyright" auf Ideen, d.h. einmal genannte Ideen dürfen von allen Teilnehmern „weitergesponnen" werden.

- Wenn keine weiteren Ideen genannt werden, geht man zur Bewertungsphase über.

Diese einfachen Regeln werden in verschiedene Richtungen erweitert, um spezielle Ergebnisse zu erreichen.

Bei der Brainstormingsitzung wird oft beobachtet, daß die Teilnehmer aus ihrer alten Denkweise nicht ausbrechen können. Es werden zwar viele Ideen genannt. Bei der Strukturierung der Ideen, stellt man fest, daß diese in ein oder zwei Kategorien eingeteilt werden können. Das Problem heißt beispielsweise: „Bei in Projekten bearbeiteten Kundenaufträgen werden oft die Termine nicht eingehalten". Hier könnten zunächst viele Ideen zusammengefaßt werden zu der Kategorie „Der Kunde nimmt im Verlauf des Projektes zu viele Änderungen vor. Diese Änderungen kommen zu spät. Der Kunde sollte für jede nachträgliche Änderung zusätzlich bezahlen." Hier fällt auf, daß man sich nur mit dem Bereich des Kunden beschäftigt und zwar mit negativer Einstellung.

Abhilfe könnte hier die sogenannte „**Stop-Technik**" leisten. Wenn der Moderator den Eindruck hat, daß alle Ideen in eine oder wenige Richtungen gehen und nichts Neues mehr hinzukommt, unterbricht er die Sitzung mit dem Wort „Stop". Die Ideen werden strukturiert und die Teilnehmer aufgefordert, über weitere Kategorien nachzudenken. Im o.g. Beispiel wäre da die Frage: „Kann man dem Kunden positiv begegnen, indem man z. B. einem Kunden, der am Ende des Projektes keinen zusätzlichen Änderungswunsch äußert, einen Preisnachlaß gibt?" Eine zweite Richtung wäre, darüber nachzudenken, ob nicht doch auch im eigenen Hause Gründe für das Nichteinhalten der Termine existieren können. Dieser Schritt kann so lange wiederholt werden, bis die Teilnehmer den Eindruck haben, daß nicht nur viele Idee sondern auch viele Kategorien von Ideen erzeugt worden sind.

Stop-Technik

Die **Umkehrtechnik** verlangt von den Teilnehmern, ihren Standpunkt zu ändern. Im o.g. Beispiel sollten die Teilnehmer darüber nachdenken, ob sie bei Aufträgen an ihre Lieferanten die Beschreibung der Leistung nachträglich ändern und warum. Bei der Aufgabe, ein optimales Sicherheitssystem zu entwickeln, würde man die Frage stellen: „Wie würde ich versuchen, dieses Sicherheitssystem zu überlisten?"

Umkehrtechnik

Beim **Brainwriting** hat jeder Teilnehmer die Aufgabe, seine Ideen selbst zu Papier zu bringen. Dies kann in der Form eines Brainwritingpools geschehen. Jeder Teilnehmer schreibt auf ein Blatt so viele Ideen, wie ihm eingefallen sind. Dann legt er das Blatt Papier in den Pool. Jeder Teilnehmer nimmt Blätter aus dem Pool und erweitert sie, um weitere Gedanken angeregt, durch die Gedanken, die schon auf dem Blatt stehen. Diese Schritte werden solange wiederholt, bis keinem etwas Neues einfällt (siehe Kapitel 3.9).

Brainwriting

Bei der **Methode 635** bekommen sechs Teilnehmer jeweils ein Blatt, auf dem sie jeweils drei Ideen formulieren. Dafür haben sie fünf Minuten Zeit. Die Blätter werden in der Runde immer an den rechten Nachbarn weitergereicht. Wenn alle Blätter bei allen sechs Teilnehmern durchgelaufen sind, wird die Runde beendet (siehe Kapitel 3.9).

Methode 635

Diskursive Verfahren

Unter den diskursiven Verfahren ist das Verfahren der Morphologie am weitesten verbreitet.

Morphologie

Am Beispiel der Entwicklung eines neuen Stuhls wird diese Methode erläutert. Jeweils ein Vertreter aus verschiedenen Abteilungen des Hauses trägt die aus seiner Sicht möglichen Varianten vor (Abbildung 1.6-9).

	Verantwortl. Abteilung	Produkteigenschaften	Mögliche Ausprägungen der Produkteigenschaften			
1	Vertrieb	Preis	80 €	120 €	160 €	230 €
2	Produktion	Material	Holz	Metall	Kunststoff	gemischt
3	Design	Design	modern	hypermodern	nostalgisch	variabel
4	Marketing	Verwendungszweck	sitzen	liegen	sitzen und liegen	hocken
5	Marketing	Größe	winzig	klein	mittel	groß

Abbildung 1.6-9: Der optimale Stuhl (in Anlehnung an BEYER 1994, S. 177)

Durch das Visualisieren verschiedener Möglichkeiten wird gewährleistet, daß keine Variante ausgelassen wird. Abschließend bildet man alle möglichen Kombinationen.

*Schon im Falle unserer kleinen Tabelle (auch „**Morphologischer Kasten**" genannt) ergeben sich 1024 mögliche Kombinationen. Nach der Bewertung ergibt sich als Entwicklungsziel der Stuhl aus verschiedenen Materialien im hypermodernen Design, der für große Menschen zum Sitzen und zum Liegen geeignet sein soll und nicht mehr als 160 Euro kosten darf.*

Ähnlich zum Brainstorming gibt es auch bei der Methode des morphologischen Kastens verschiedene Ergänzungen und Erweiterungen.

Eine beliebte Methode ist die **Analogiemethode**. Man sucht nach analogen Problemen in anderen Bereichen. Die dort schon gefundenen Lösungen werden in den eigenen Bereich übernommen. Der fremde Bereich kann ein Unternehmen sein, das auf diesem Gebiet führend ist (Benchmarking). Geht man einen Schritt weiter, so holt man sich die Anregungen in der Natur. Man spricht dann von **Bionik** oder **Biotechnik**.

Parallele Kreativititäts-Sitzungen

Superteams Abschließend sei noch auf die Methode der Superteams hingewiesen. Jeder der oben beschriebenen Methoden, die im Team angewendet werden, kann auch mit mehreren Teams zum Einsatz kommen. Man läßt jedes Team in einem eigenen Raum arbeiten und die Ergebnisse der Zielversuche zum Beispiel in Form von Pinwänden oder Flip-Charts dokumentieren. Nach einer vorgegebenen Zeit wechseln die Teams reihum die Räume. So kommt jedes Team in jeden Raum und muß dort mit der vorhandenen Dokumentation weiter arbeiten. Diese Methode ist natürlich sehr aufwendig. Sie verspricht allerdings auch entsprechend gute Ergebnisse.

1.6.3.3 Zieldokumentation

Aus der Funktion als Meßlatte (siehe Abschnitt 1.6.1.2) ergibt sich die Notwendigkeit, Ziele zu dokumentieren. Sie gehen dabei in verschiedene Dokumente ein, gegebenenfalls werden sie sogar Vertragsbestandteil.

Lastenheft - Als **Lastenheft** wird oft ein Dokument bezeichnet, in dem die ersten Wunschvorstellungen des
Pflichtenheft Auftraggebers festgehalten werden. Diese Wunschvorstellungen werden auf ihre Machbarkeit hin untersucht. Das Ergebnis, d.h. die realistischen Ziele, wird dann in das **Pflichtenheft** aufgenommen. Leider sind die Bezeichnungen in diesem Bereich weder in der Literatur noch in der Praxis einheitlich (vgl. Kapitel 4.6). Oft werden die Begriffe genau umgekehrt verwendet (vgl. ZIELASEK 1995, S. 86). Madaus (MADAUS 1994; S. 345) verwendet den Begriff Pflichtenheft synonym mit **Leistungsverzeichnis** (Statement of Work (SOW) oder auch Work Statement) in Abgrenzung zum Begriff **Spezifikation** (SPECS: specifications). Die Unterschiede werden folgendermaßen definiert: „Die Spezifikation drückt aus, **wie** das Endprodukt des Projektes aussehen und **wie** es funktionieren soll, während das Leistungsverzeichnis Informationen darüber enthält, **was** der Auftragnehmer wann und gegebenenfalls auch **wo** und **wie** erledigen muß." (MADAUS 1994, S. 345)

Machbarkeits- Sowohl die Erstellung der o.g. Dokumente als auch die Machbarkeitsstudien können so umfang-
studie - Feasibi- reich sein, daß sie zu einer eigenen Projektphase werden.
lity Study

Alle o.g. Dokumente werden, soweit sie einen gewissen Umfang bzw. Komplexität erreicht haben, **modular aufgebaut**, um einen vernünftigen Änderungsdienst zu ermöglichen. Verschiedene große Organisationen, wie z.B. NASA, Verteidigungsministerium oder Unternehmen der Luftfahrtindustrie, haben eigene Standards für die Erstellung entsprechender Unterlagen (siehe Kapitel 4.4). Teilweise gilt dies für ganze Branchen, wie z.B. die Bauindustrie (vgl. BREMMER 1995, S. 116ff.).

1.6.4 Bewertungsmethoden für Ziele

Wie bereits dargestellt wurde, ist der Umgang mit Zielkonflikten für die Projektarbeit besonders wichtig. Wenn sich der Konflikt nicht durch einfache Techniken, wie z.B. durch die Zieldominanz, lösen läßt, so muß auf differenziertere Verfahren zurückgegriffen werden. Der Grundgedanke dieser differenzierteren Verfahren ist, daß die ganze oder teilweise Erfüllung eines Ziels mit einem Nutzwert verbunden ist. Dem Nutzwert steht dabei die zum Erreichen des Ziels eingesetzte Menge an Einsatzmitteln gegenüber.

1.6.4.1 Nutzwertanalyse

Das weit verbreitete Verfahren der Nutzwertanalyse soll hier am Beispiel der Beschaffung eines EDV-Softwarepakets für Projektmanagement (vgl. KOLISCH 1996, S. 399ff.) erläutert werden.

Der Einfachheit halber nehmen wir an, daß das Projektgesamtziel „Gutes Projektmanagementsystem" durch folgende drei Teilziele detailliert und dadurch konkretisiert werden kann: *Annahmen*

1. möglichst vollständige Funktionalität

2. möglichst gute Benutzeroberfläche

3. möglichst gutes Handbuch

Weiterhin nehmen wir an, daß beide Softwarepakete (System A und System B) zum gleichen Preis angeboten werden und der Benutzer könnte für jedes der o.g. Unterziele sagen, zu wieviel Prozent seine Erwartungen von einem Softwarepaket erfüllt werden. Bei zwei alternativ angebotenen Systemen könnte er anhand dieser Prozentzahlen komponentenweise jederzeit sagen, welches System er vorziehen würde. Die Anzahl der vergebenen Punkte entspricht dabei dem Prozentsatz der Zielerfüllung (Zielerreichung). Im Beispiel (Abbildung 1.6-10) erfüllt also das System A alle (100%) Vorgaben bzgl. der Funktionalität. Ein Eintrag 0 Punkte würde bedeuten, daß das Unterziel nicht erreicht wird.

	System A	System B
Unterziel	Nutzwert (Punkte)	Nutzwert (Punkte)
Funktionalität	100	70
Benutzeroberfläche	50	100
Handbuch	30	60

Abbildung 1.6-10: Beispiel der Teilnutzen der zwei EDV-Projektmanagementsysteme

Eine solche Auflistung der Teilnutzen ist sicherlich hilfreich, denn sie macht das Zielsystem bzw. die Zielhierarchie transparent. Sie sorgt als Checkliste dafür, daß man sich bei den einzelnen Alternativen-/ Zielkombinationen Gedanken über den Zielerfüllungsgrad (WÖHE 1993, S. 127) macht. Oft findet man solche Listen in Zeitschriften, in denen Produkte miteinander verglichen werden, wobei hier statt prozentualer Erfüllungsgrade durchaus Bewertungen wie gut (+), mittel (0) oder schlecht (-) bzw. vorhanden/nicht vorhanden (●/O oder Ja/Nein) benutzt werden (Abbildung 1.6-11).

		SOFTWARE - PAKET						
Nr.	Kriterium	PROJ. OUTL.	PPS 3-PC	PRO-FESS	P/X	PRO-MIS	PRO-WIS	PS 5
10.	**Dokumentation & Training**							
10.1	Für den Umgang mit SW-Paket ist Computervertrautheit							
10.1.1	erforderlich							
10.1.2	hilfreich	X	X	X	X	X	X	X
10.1.3	nicht erforderlich						X	X
10.2	User Modus?	Nein	Ja	Ja	Ja	Nein	Ja	Ja
10.2.1	Normal User Mode?		Ja	Ja	Ja		Ja	Ja
10.2.2	Expert User Mode?		Ja				Ja	Ja
10.3	Art des Schulungsmaterials							
10.3.1	Handbücher	X	X	X	X	X	X	X
10.3.1.1	Seitenzahl	250		700	1200	499	270	100
10.3.2	Teachware							X
10.3.3	Sample project	X		X	X	X	X	X
10.3.4	Tutorial (geschrieben)	X	X	X	X	X		X
10.3.5	Online-Tutorial	X				X		X
10.3.6	Demodiskette	X		X		X	X	X
10.3.7	Demoband							
10.4	Schulungsmaterial in:							
10.4.1	Deutsch	X	X	X	X		X	X
10.4.2	Englisch	X		X	X	X		X
10.4.3	Gemischt							
10.5	Schulungsdauer							
10.5.1	für Anfänger (Tage)	2	8	2-3	2-5	8	5	2
10.5.2	für Erfahrene (Tage)	1	5	2-3	2-5	5	2	2
10.5.3	für Experten (Tage)	0	3	1-2	2-5	3	1	AA

Abbildung 1.6-11: Merkmals- Leistungsprofile für Projektmanagement-DV-Systeme (Auszug aus DWORATSCHEK 1992, S. 337)

Vorgehensweise

Diese Art einer einfachen Liste (Abbildung 1.6-10 und 1.6-12) ist für unsere Zwecke jedoch nicht ausreichend geeignet. Aus ihr ist auf Anhieb kein Gesamturteil über die beiden angebotenen Alternativen möglich.

Um zu einer einzigen Kennzahl für die Vorteilhaftigkeit der einzelnen Alternativen zu kommen, muß bekannt sein, welchen Stellenwert die Erfüllung der einzelnen Unterziele untereinander hat. Die einzelnen Unterziele können als „sehr wichtig", „mittelmäßig wichtig" und „wenig wichtig" eingestuft werden. Aufgrund dieser Klassifikation können jedem Unterziel Punktzahlen (Gewichte) zugeordnet werden (Gewichtung). Diese Punktzahlen werden dann pro Projektalternative (in unserem Beispiel System A und System B) mit der Anzahl der pro Unterziel erreichten Punktzahl multipliziert. Dieses Produkt ergibt den gewichteten Nutzen einer Alternative bzgl. eines Unterziels. Die Summe solcher gewichteter Nutzen ergibt den Gesamtnutzen pro Alternative. Es empfiehlt sich, die Gewichte „auf Eins" bzw. „auf 100 Prozent" zu normieren. Die Gewichte werden dabei entweder in Prozenten angegeben, wobei die Summe aller Prozentzahlen hundert Prozent ergeben muß, oder die Gewichte sind Zahlen zwischen 0 und 1 und ihre Summe beträgt 1 (Abbildung 1.6-12).

Unterziel	Gewichtung	System A		System B	
		Nutz-wert	Gewichteter Nutzwert	Nutz-wert	Gewichteter Nutzwert
Funktionalität	50%	100	50!Syntaxfehler, „	70	35
Benutzeroberfläche	10%	50	5	100	10
Handbuch	40%	30	12	60	24
Summe/Gesamtnutzwert	**100%**		**67**		**69**

Abbildung 1.6-12: Teil-/Gesamtnutzen zweier PM-Softwaresysteme (Beispiel)

Das Verfahren, das hier für die Unterziele der ersten Stufe erläutert wurde, kann natürlich sinngemäß auch für weitere Stufen der Zielhierarchie angewendet werden. Dabei werden die Gewichte der Unterziele der Stufe n+1 bezüglich ihres Oberziels auf der Stufe n auf hundert Prozent normiert. Das Gewicht eines Unterziels auf der untersten Stufe ergibt sich als Produkt seines Gewichtes auf dieser Stufe und der Gewichte aller ihm übergeordneten Teilziele (Abbildung 1.6-13).

Die Einfachheit der Methode der Nutzwertanalyse hat neben dem Vorteil, daß sie leicht verständlich ist, den Nachteil der starken Vereinfachung. Der Nachteil erweist sich in der Praxis - bei richtiger Anwendung im vollen Bewußtsein der Vereinfachung - als weniger gravierend. Deswegen soll hier auf solche kritischen Punkte näher eingegangen werden.

Ergebnisse

Das Verfahren hat eine Alternative als vorteilhafter eingestuft, obwohl Mitarbeiter gefühlsmäßig auf eine andere Alternative als besser „getippt" hätten. Die Entrüstung der Mitarbeiter stammt teilweise aus der Tatsache, daß das Ergebnis der Nutzwertanalyse den Eindruck des Quantitativen, Objektiven und damit Unumstößlichen vermittelt. Hier muß man anfangen, sich mit der Methode kritisch auseinanderzusetzen. Die vermeintliche Objektivität und Genauigkeit des Ergebnisses unter Umständen auf Zehntel Prozentpunkte ist natürlich nur so viel wert wie die Genauigkeit der Schätzung des Zielerfüllungsgrades.

Liegen zwei Gesamtnutzen nur um wenige Punkte oder sogar Bruchteile von Punkten auseinander (Abbildung 1.6-13), so sollte sowohl die Schätzung des Zielerfüllungsgrades als auch die Gewichtung überprüft werden.

Unterziel	Gewichtung			System A		System B	
	Oberziel	Unterziel	Einzelziel	Nutz-wert	Gew. Nutzwert	Nutz-wert	Gew. Nutzwert
1.Funktionalität	50%		50%	100	50,00	70	35,00
2.Benutzeroberfläche	10%		10%	50	5,00	100	10,00
3.Handbuch	40%						
3.1 Inhalt		62,5%	25%	30	7,50	60	15,00
3.2 Lesbarkeit		37,5%	15%	30	4,50	60	9,00
Summe/Gesamtnutzwert			**100%**		**67,00**		**69,00**

Abbildung 1.6-13: Beispiel der Teilnutzen der zwei EDV-Projektmanagementsysteme

Hierbei wird davon ausgegangen, daß die Bestimmung der Gewichte bzw. der Teilnutzwerte unproblematisch ist. Dies kann aus mehreren Gründen richtig sein. Folgende Szenarien sind denkbar:

1. Die Nutzwertanalyse wird von einem Entscheidungsträger durchgeführt. Er zweifelt weder an der Gewichtung noch an der Schätzung der Teilnutzwerte.

2. Die Teammitglieder sind sich einig, weil ihre subjektiven Einschätzungen deckungsgleich sind.

3. Die Bewertung ist an objektiv überprüfbare Regeln gebunden, die von allen akzeptiert werden. Es könnte z.B. festgelegt werden, daß eine MS-DOS-Oberfläche mit bis zu 50 Punkten, die Windows 95-Oberfläche mit 100 Punkten zu bewerten sei.

4. Verschiedene Entscheider haben verschiedene Vorstellungen über Gewichtung bzw. Teilnutzwerte. Wenn diese Unterschiede zwar zu verschiedenem Gesamtnutzwert führen, dabei aber eine Alternative (größter Gesamtnutzwert) bei allen Entscheidern die beste Alternative ist, wird man in der Praxis die Unterschiede sinnvoller Weise nicht weiter verfolgen.

5. Verschiedene Einschätzungen der Entscheider führen zu verschieden Gesamtnutzwerten. Die Unterschiede sind aber so stark, daß im Gegensatz zu Punkt 4 verschiedene Alternativen als jeweils die beste erscheinen. Wenn der Fehler, der möglicherweise durch die Wahl der falschen Alternative begangen wird, verhältnismäßig klein ist, wird man pragmatischerweise auf die Verfeinerung der Methode verzichten und ungeachtet der in den Abschnitten 1.6.5.2 und 1.6.5.3 genannten Möglichkeiten z.B. durch demokratische Abstimmungen („one man - one vote") im Team zum Ergebnis kommen. Zur Angleichung verschiedener Schätzungen eignet sich die Plädoyer-Methode (FREUND 1995).

6. Abhängig von der Skalierung (Ordinalskala, äquidistante Skala, Kardnialskala) sind unterschiedliche Ergebnisse erreichbar.

Besonderheiten

Bei der Messung des Nutzens müssen aber auch noch weitere Besonderheiten beachtet werden, unabhängig davon, um welche Skala es sich handelt.

Abnehmender Grenznutzen

Das „Gesetz vom abnehmenden Grenznutzen" besagt, daß jede weitere Einheit eines Gutes, die zur Befriedigung eines Bedürfnisses beiträgt, für den Menschen einen geringeren Nutzen bringt als die davorliegenden Einheiten. Nach dieser Theorie ist es also ein großer Unterschied, ob man kein Handbuch zu einem Softwarepaket bekommt, oder ob man wenigstens eine Seite mit einer Installationsanweisung bekommt. Deutlich weniger macht es aus, ob ein Handbuch 100 oder 101 Seiten lang ist (vgl. ADAM 1993, S. 13).

Bandbreite

Oft wird geraten, bei der Nutzwertanalyse zunächst die Gewichte zu bestimmen und sich erst danach der Erfüllung der Teilziele zu widmen. Damit soll vermieden werden, daß durch Manipulation der Gewichte eine Alternative bevorzugt wird. In der Praxis gibt es oft die Situation, daß ein Ziel als besonders wichtig angesehen wird. Wenn die Nutzwertanalyse durchgeführt worden ist, stellt man fest, daß das so wichtige Teilziel (wie z.B. der Preis) für die in Frage kommenden Alternativen nur sehr wenig voneinander abweicht.

Für unser Beispiel mit Projektmanagementsoftware könnte das heißen, daß der Preis der Software sich zwischen 400 und 9.600 € bewegt. Wenn aber die drei Softwarepakete, die in die engste Wahl kommen, zwischen 2.200 und 2.280 € kosten, so wird der Preisunterschied auf einmal ganz unwichtig.

Es bleibt festzuhalten: **„Die (oft gestellte) Frage nach der Wichtigkeit eines Ziels ist falsch gestellt - sie sollte immer mit der Gegenfrage nach der Bandbreite der Zielgröße beantwortet werden"** (NITZSCH 1991, S. 985; vgl. NITZSCH, 1992).

1.6.4.2 Techniken zur Analyse singulärer Urteile

Bei wichtigen Projekten, bei denen es um sehr viel Geld oder andere wichtige Ziele geht, sollten bei unterschiedlichen Vorstellungen über den Gesamtnutzwert verschiedener Entscheider genauere Verfahren als die bisher beschriebenen zur Anwendung kommen.

Dies wird üblicherweise im Marketing für die Bestimmung der Kundenpräferenzen für bestimmte Produkteigenschaften getan - insbesondere bei Produktneueinführungen. Eine Übersicht dieser Verfahren ist aus Abbildung 1.6-14 ersichtlich.

```
                  Techniken zur Analyse singulärer Urteile
                  ┌──────────────────────┴──────────────────────┐
          Ansätze zur Zielformulie-              Ansätze zur Zielgewichtung
          rung und -verdichtung                  (Zielpräferenzenbildung)

          • Multidimensionale                    • gesamtheitlicher Vergleich
            Skalierung (MDS)                       aller Ziele
          • Faktorenanalyse                      • Trade-off-Vergleiche durch
                                                   paarweise Vergleiche von
                                                   Zielausprägungen
                                                   (Multi-Attributive Nutzentheorie)
                                                 • gesamtheitlicher Vergleich
                                                   mehrere Kombinationen von
                                                   Zielausprägungen
                                                   (Conjoint-Analyse)
```

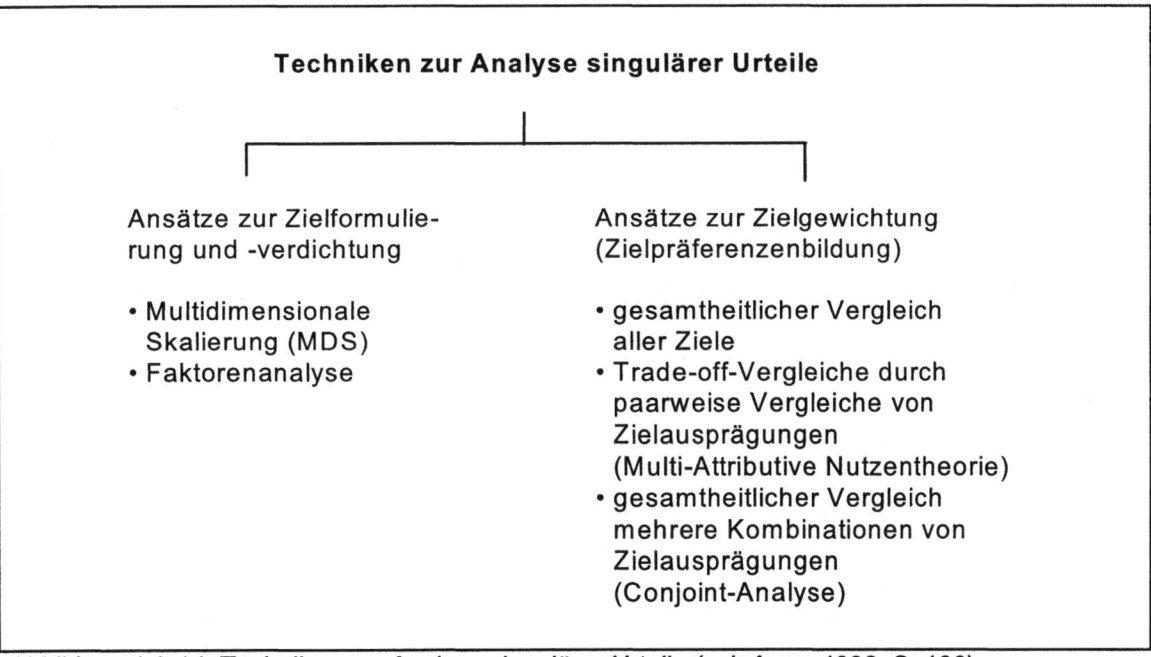

Abbildung 1.6-14: Techniken zur Analyse singulärer Urteile (vgl. ADAM 1993, S. 106)

Diese Verfahren sind jedoch so aufwendig, daß hier nur ihre wesentlichen Merkmale dargestellt werden können, ohne auf die Einzelheiten der mathematischen Verfahren einzugehen.

Wenn sich bei der Bewertung des Oberziels Probleme ergeben, so ist dies i.d.R. entweder darauf zurückzuführen, daß die Formulierung der Unterziele und ihre Bewertung bzw. ihre Verdichtung zum Oberziel schwierig ist oder darauf zurückzuführen, daß die Zielgewichtung (Zielpräferenzenbildung) Probleme bereitet. Deshalb wurden für jedes der beiden Problemfelder (Zielformulierung und -verdichtung bzw. Zielgewichtung) eigene Methoden entwickelt (siehe Abbildung 1.6-14).

1.6.4.2.1 Ansätze zur Zielformulierung und -verdichtung

Multidimensionale Skalierung (MDS) eignet sich für Situationen, in denen Entscheidungsträger „nach Gefühl" entscheiden, ohne die Kriterien für ihre Entscheidung explizit angeben zu können. Eine typische Situation dieser Art könnte die Einstellung des Personals für ein Projekt sein. Man kann den Entscheidungsträger dazu zwingen, sein Ziel, z. B. „einen guten Projektmitarbeiter einzustellen", in Unterziele/Kriterien aufzuspalten und diese offenlegen. Als Unterziele/Kriterien könnten von ihm genannt werden: gute Noten, schnelles Studium, Fremdsprachenkenntnisse, mindestens fünf Jahre Berufserfahrung, usw. Wenn er dann den Mitarbeiter eingestellt hat, so kann es vorkommen, daß der Eingestellte in seinem übermäßig langen Studium schlechte Noten hatte, nicht über Fremdsprachenkenntnisse verfügt, dafür aber Erfahrungen in einem wichtigen Projekt mitbringt. Zur Rede gestellt, könnte der Entscheidungsträger vorbringen, daß so eine Entscheidung nicht im voraus in eine starre Zielhierarchie eingebunden werden könne. Das Verfahren der MDS geht in solchen Situationen davon aus, daß der Entscheidungsträger die Entscheidungsalternativen paarweise vergleichen kann. Kriterium in unserem Beispiel ist die Ähnlichkeit der Bewerber. Der

Multidimensionale Skalierung (MDS)

Entscheidungsträger könnte angeben, welche zwei Bewerber aus seiner Sicht sich am stärksten ähneln. Als nächstes käme das Paar, das sich etwas weniger ähnelt, usw. Aus einer solchen Auflistung der jeweils mehr oder weniger ähnlichen Alternativenpaare können dann Anhaltspunkte für sinnvolle Unterziele/Kriterien mit mathematischen Methoden gewonnenen werden. Eine Gewichtung der Unterziele ist mit dieser Methode nicht möglich.

Faktorenanalyse Die **Faktorenanalyse** geht dagegen davon aus, daß Entscheider begründete Vermutungen über die von ihnen möglicherweise angestrebten Unterziele haben. Wenn verschiedene Entscheider die Erreichung der Unterziele subjektiv bewerten (z. B. „logischer Aufbau der Ausführungen im Vorstellungsgespräch"), so kann es vorkommen, daß ihre Einschätzung des Erfüllungsgrads von anderen Unterzielen unbewußt beeinflußt wird. So könnte jemand Ausführungen im Vorstellungsgespräch als logisch aufgebaut empfinden, weil ihm die Logik der Ausführungen in den schriftlichen Unterlagen des Bewerbers einleuchtend erscheint. Mit der Methode der Faktorenanalyse wird herausgearbeitet, welche Unterziele die Entscheider womöglich unbewußt als fast identisch (siehe Abschnitt 1.6.2.2) ansehen. In unserem Beispiel könnte man dann die Unterziele „logischer Aufbau der Gedanken im Vorstellungsgespräch" und „logischer Aufbau der schriftlichen Unterlagen" zu einem Oberziel „Fähigkeit zum logischen Denken" zusammenfassen.

1.6.4.2.2 Ansätze zur Zielgewichtung (Zielpräferenzenbildung)

Gesamtheitlicher Vergleich aller Ziele

Im wesentlichen wird hierbei gefordert, daß die Gewichte

- normiert werden und
- kardinal-skaliert sind.

Trade-Off-Vergleiche

Die Forderung, die Zielgewichtungen müßten kardinalskaliert sein, bedeutet nun, daß ein Punkt beim Zielerfüllungsgrad eines Unterziels mit der Gewichtung 40 Prozent (siehe Abbildung 1.6-13 Unterziel „Handbuch") genauso viel zur Erreichung des Oberziels beiträgt wie vier Punkte bei einem Unterziel mit Gewichtung 10 Prozent (siehe Abbildung 1.6-13 Unterziel „Benutzeroberfläche"). Solche Substitutionsbeziehungen können paarweise für alle Unterziele festgestellt werden:

- Ein Punkt für „Funktionalität" entspricht zwei Punkten für „Inhalt des Handbuches".
- Fünf Punkte für „Benutzeroberfläche" entsprechen einem Punkt für „Funktionalität".

Sind die **Substitutionsraten** zwischen allen Unterzielen konsistent, so können die Zielgewichtungen für alle Unterziele berechnet werden. Die **Conjoint-Analyse** geht über die Trade-Off-Vergleiche hinaus, indem sie nicht nur paarweise die Substitutionsraten zwischen verschiedenen Unterzielen untersucht. Es wird vielmehr versucht, mehrere - bzw. im Extremfall alle - möglichen Kombinationen von Zielausprägungen miteinander zu vergleichen. Der Verlauf dieser Methode ähnelt der MDS, d.h. auch hier wird paarweise die Vorteilhaftigkeit der Zielerfüllungsgrade benutzt, um Hinweise auf sinnvolle Zielgewichtungen zu bekommen.

1.6.4.2.3 Probleme bei der Anwendung der Methoden

Die Probleme bei der Anwendung der beschriebenen Methoden können in drei Gruppen eingeteilt werden:

- Die Methoden stützen sich auf die Mitarbeit der Entscheidungsträger, die schon bei wenigen Unterzielen teilweise hunderte von paarweisen Vergleichen vornehmen müßten. Es ist fraglich, ob man die Entscheider in der Praxis für diese Mitarbeit gewinnen kann.

- Die mathematischen Verfahren sind teilweise sehr komplex. Sie erfordern umfassende Software und umfassendes Know-how bei den Mitarbeitern. Der hohe Grad an Abstraktion kann eine Akzeptanzhürde darstellen.

- Wenn nicht alle theoretisch notwendigen Voraussetzungen erfüllt sind, kann dies die Aussagekraft der Ergebnisse stark beeinflussen.

1.6.5 Zusammenarbeit im Projekt

In den vorangegangenen Abschnitten wurden die Fälle behandelt, in denen ein oder mehrere Ziele vorkommen. Es wurde dabei unterstellt, daß alle Beteiligten zumindest das gleiche Oberziel anerkennen und sich u.U. sachlich über den optimalen Weg (also auch verschiedene Unterziele) einigen müssen. In diesem Abschnitt wird auf Projekte eingegangen, bei denen verschiedene Personen bzw. Personengruppen verschiedene u.U. unvereinbare Ziele und Interessen am Projekt haben (siehe Kapitel 1.1.4 und BRÜMMER 1994, S. 14). Beispiele für solche „politischen Ziele" sind: *Individuelle Zusammenarbeit*

- Der Projektleiter möchte sich persönlich profilieren.
- Ein Projektmitarbeiter möchte im Projekt und durch das Projekt die Ziele der ihn entsendenden Abteilung durchsetzen.
- Ein Projektmitarbeiter hat die „innere Kündigung" ausgesprochen und befindet sich in der Phase der beruflichen Neuorientierung. Aus Verärgerung will er das Projekt zum Scheitern bringen.
- usw.

Die Projektbeteiligten können ihre Interessen offen bekanntgeben oder versuchen, sie verdeckt durchzusetzen. Wenn jemand am Gelingen des Projektes interessiert ist, so wird er oft seine Interessen offen kundtun. Es gibt aber auch Fälle, bei denen jemand die Projektziele erreichen möchte, um seine persönlichen, heimlichen Ziele zu erreichen, die er natürlich vor anderen Projektmitgliedern zu verbergen versucht. Möchte jemand aus welchen Gründen auch immer das Projekt zum Scheitern bringen, so wird er dies i.d.R. nicht öffentlich zugeben wollen. *Offene/verdeckte Zusammenarbeit*

Die Koordinationsaufgabe der verschiedenen Interessen/Ziele läuft auf drei Ebenen. Da gibt es einmal den Bereich der individuellen Interessen. Sie werden auf der höheren Ebene durch die Gruppeninteressen im eigenen Unternehmen überlagert. Als dritte Ebene kann man die Ebene des Umfelds ansehen (oft zum Beispiel einschließlich der Kunden oder Benutzer des Projektergebnisses).

1.6.5.1 Individuelle Ziele

Die Führungsaufgabe des Projektleiters ist es, alle Beteiligten auf das gemeinsame Ziel auszurichten. Wenn das Oberziel von oben bzw. von außerhalb vorgegeben wird - das so gut wie nie zu 100 Prozent der Fall ist - so spricht man von **Zielsetzung** oder **Zielvorgabe**. Ist die nachgeordnete Ebene bzw. der einzelne Mitarbeiter an der Zielformulierung beteiligt, so handelt es sich um eine **Zielvereinbarung**. *Zielsetzung / -vereinbarung*

Aus der Sicht des Projektmitarbeiters hat das Ziel neben seiner Funktion, die Projektergebnisse zu beschreiben, noch die wichtige Aufgabe der **Sinngebung**. Meist sehnt sich jeder Mensch nach Zielen, d.h. nach Sinn. Durch ein sinnvolles Ziel wird der Mensch motiviert, u.U. erhebliche Entbehrungen auf sich zu nehmen. Andererseits gibt es für den Menschen nichts Schlimmeres als das Fehlen von Zielen, die Sinnkrise.

Durch den hohen Innovationsgrad von Projekten und die damit verbundene hohe Qualifikation der Projektmitarbeiter ergibt sich eine besondere Situation. Der Projektleiter hat i.d.R. nicht die Möglichkeit, durch detaillierte Vorgaben und enge Kontrollen die Mitarbeiter entsprechend zu führen. Vielmehr wird er bemüht sein, die Mitarbeiter anzuhalten, die gesetzten Ziele selbständig zu erreichen. Dazu sollen die Mitarbeiter so weit wie möglich **durch Selbstkontrolle den Projektfortschritt steuern**.

Individuelle Ziele = Projektziele

Oft wird darauf hingewiesen, daß der Projektleiter die Projektziele mit den individuellen Zielen der Projektmitarbeiter in Einklang bringen muß. Dabei wird oft übersehen, daß auch der Projektleiter/-manager bewußt oder unbewußt eigene individuelle Ziele verfolgt. Am Anfang des Zielmanagements muß die Bestimmung der eigenen persönlichen Ziele des Projektmanagers stehen. Wenn sich der Projektleiter noch nicht einmal über seine persönlichen Ziele im Klaren ist, so ist die Wahrscheinlichkeit, daß er die Projektziele und die Ziele der Projektbeteiligten erfolgreich aufeinander abstimmen könnte, recht gering. Die wesentlichen Komponenten der persönlichen Standortbestimmung sind aus Abbildung 1.6-15 ersichtlich.

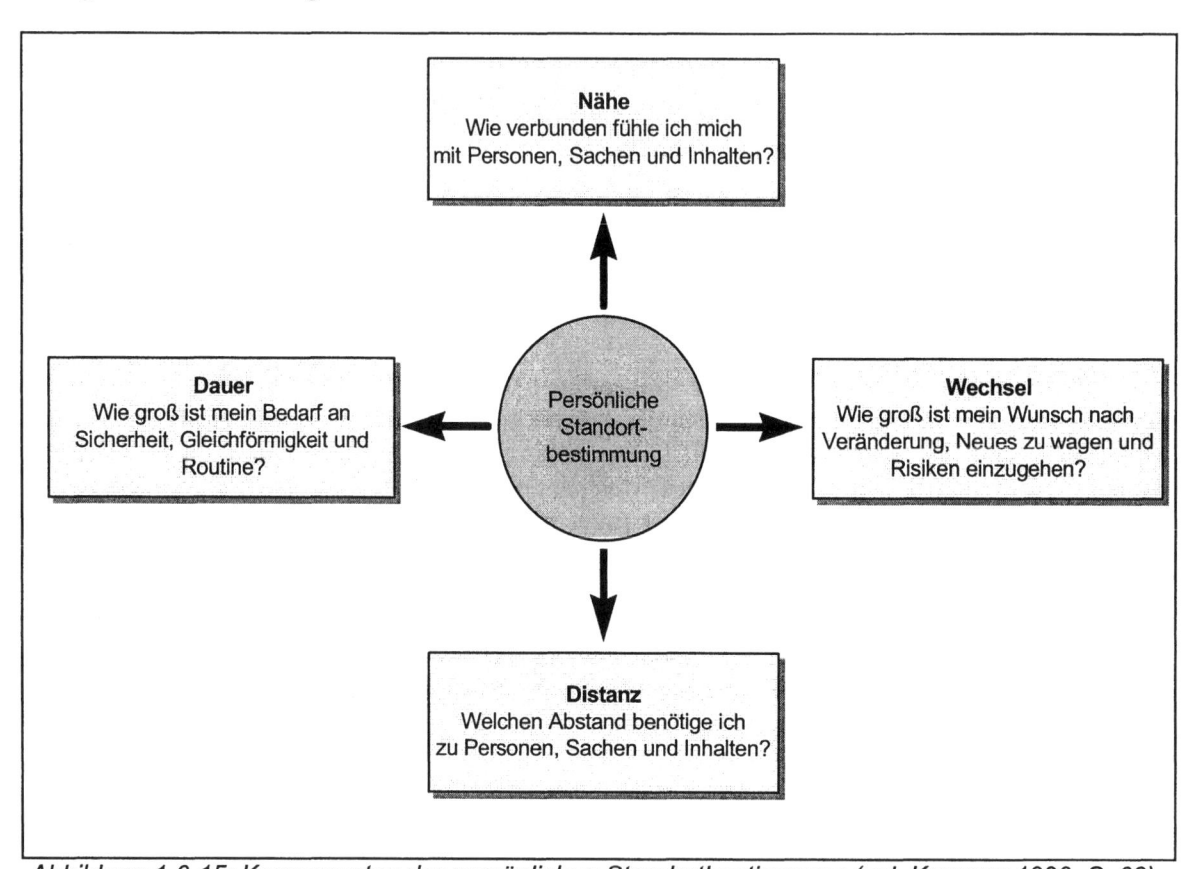

Abbildung 1.6-15: Komponenten der persönlichen Standortbestimmung (vgl. KNICKER 1990, S. 69)

Um insbesondere die unbewußten persönlichen Ziele besser bestimmen zu können, sollte man sie mit Hilfe einer Checkliste schriftlich niederlegen (Abbildung 1.6-16).

Anschließend versucht der Projektmanager im Mitarbeitergespräch, die individuellen Mitarbeiterziele zu ermitteln, wobei er sie in folgende Kategorien unterteilt:

- Standardziele: „Was möchten sie beibehalten?"
- Leistungziele: „Was möchten sie verändern?"
- Innovationsziele: „Welche Neuerungen möchten Sie einführen?"

Das emotionale Klima ist dabei von gegenseitiger Wertschätzung gepflegt. Idealerweise bespricht die Führungskraft ihre eigenen Ziele auch mit den Mitarbeitern. So kann weitestgehend vermieden werden, daß unterschiedliche Meinungen sich zu Vorurteilen verdichten.

Für das zielgerichtete Führen eignet sich besonders gut die Führung durch Zielvereinbarung (MbO (Management by Objectives)) (siehe Kapitel 1.1.3). *Management by Objectives*

1.	**Zielinhalte** Privates (Ehe, Partnerschaft, Familie, Freunde, Beziehungen) Finanzielles (Einkommen) Berufliches (Karriere, Fortbildung) Freizeit (Sport, Fitneß, Gesundheit, Urlaub, Entspannung)

2.	**Zeithorizont**
	 Meine nächsten drei Jahre
	     Was werde ich anstreben und realisieren?
	 Meine nächsten sechs Monate
	     Was kann und muß ich anstreben und riskieren?
	 Meine nächsten drei Monate
	     Was kann und muß ich tun, damit ich die Ziele erreiche?

3.	**Aktionsplan** Wann werde ich anfangen? Was und wieviel werde ich tun? Wer unterstützt mich? Welche Schwierigkeiten kann es geben? Wie werde ich ggf. Entschuldigungen für das Nichterreichen der Ziele suchen? Wann und wie wird die Zielplanung überprüft?
4.	**Perfektion** Was habe ich erreicht? Was habe ich warum noch nicht erreicht? Was werde ich noch erreichen?

Abbildung 1.6-16: Checkliste zur Bestimmung der persönlichen Ziele (nach KNICKER 1990, S.65)

1.6.5.2 Gruppenziele im Projektteam

Genauso wie die Mitarbeiter individuelle Ziele unabhängig von den Projektzielen verfolgen, verfolgen auch Gruppen eigene Gruppenziele. Für das Projekt bedeutet dies, daß das Projektteam i.e.S. „eigene Wünsche, Erwartungen und Vorstellungen" (EHRL-GRUBER 1995, S. 4.6.4.1-2) hat. Oft überwiegen bei den Gruppenzielen die Vorgehensziele gegenüber den Ergebniszielen.

Durch die Formulierung der Gruppenziele kann viel Spannung aus der Projektarbeit herausgenommen werden. Deswegen ist es sinnvoll, die Gruppenziele in einem Workshop am Anfang des Projektes zu erarbeiten. Sie müssen ordentlich dokumentiert und für alle Mitglieder im Projektteam zugänglich sein. Wenn dem Projektteam ein eigener Projektraum zur Verfügung gestellt wird, bietet es sich an, Gruppenziele dort öffentlich auszuhängen. *Präsentations-Workshop*

Die Gruppenziele sind im Sinne einer Selbststeuerung sehr wichtig. Sie bewirken die Identifizierung der Gruppenmitglieder mit der Gruppe („Wir-Gefühl") und steigern damit die Motivation, in dem Projektteam mitzuarbeiten.

Typische Fragestellungen, die durch die Gruppenziele gelöst werden, sind (nach EHRL-GRUBER 1995, S. 4.6.4.1f):

- Was erwarten wir von unserem Projektleiter?
- Wie wollen wir arbeiten?
- Wie sollen Entscheidungen getroffen werden?
- Besteht ein Qualifizierungsbedarf?

- Welche Rolle spielt diese Projektgruppe innerhalb des Unternehmens?
- Wie wollen wir miteinander umgehen?
- Wie wollen wir uns konkret in Konfliktsituationen verhalten?
- Wo liegen die Stärken der Gruppe?
- Welche Schwachstellen gibt es zu berücksichtigen?

1.6.5.3 Ziele aus dem Projektumfeld

Jedes Projekt hat vielfache Wechselbeziehungen zu seinem Umfeld. Unter „Umfeld" können sowohl Bereiche außerhalb des Unternehmens als auch - vor allen Dingen in großen Unternehmen - andere Bereiche des eigenen Unternehmens verstanden werden. Welche Ziele von den Verantwortlichen verfolgt werden, ist dabei nicht immer leicht zu erkennen.

Probleme für eine gemeinsame Zielbildung ergeben sich:

- aus der Tatsache, daß einige Beteiligte mit politischem Mandat nicht in der Lage sind, gegen die Interessen der sie entsendenden Stelle (politische Partei, Gewerkschaft, Arbeitgeberverband usw.) zu handeln. Es ist nicht auszuschließen, daß versucht wird, auch „alte, nicht beglichene Rechnungen" im aktuellen Projekt zu begleichen;

- aus dem Versuch, die Zielbildung im aktuellen Projekt als Verhandlungsobjekt zu benutzen. Der Hinweis darauf, daß die z.B. im Zuge der Koalitionsverhandlungen festgelegten Ziele für das Projekt wenig sinnvoll sind, wird entkräftet durch die Aussage, daß man nicht bereit sei, „das geschnürte Paket wieder aufzuschnüren".

In solchen Fällen liegt die Verantwortung für die Auswahl sinnvoller Ziele und damit für das Gelingen des Projekts bei dem Projektleiter und den Mitgliedern des Projektteams. Es hat sich als sinnvoll erwiesen, sich aus den politischen Machtspielen fernzuhalten und allen Beteiligten im Umfeld des Projektes gegenüber mit gleicher Offenheit aufzutreten. I.d.R. wird ein Projektleiter, der als „ehrlicher Makler" auftritt, von allen Seiten akzeptiert. Bei der weitestmöglichen Einbeziehung aller Beteiligten in die Projektzielbildung ist auch mit der Akzeptanz dieser Ziele zu rechnen.

Besondere Bedeutung wird den Zielen im Projektumfeld in Kapitel 1.3 beigemessen.

Zusammenfassung

Am Anfang des Kapitels wird kurz begründet, daß die sorgfältige Definition der Ziele für das Projektmanagement besonders wichtig ist.

Anschließend wird der Begriff „Ziel" näher definiert. Aus verschiedenen Funktionen der Ziele werden die Eigenschaften bzw. Anforderungen an gut formulierte Ziele abgeleitet. Es wird kurz erläutert, was Ergebnis- und was Vorgehensziele sind und wie sie zueinander stehen.

Die Mehrdimensionalität der Ziele führt zu Zielsystemen. Es werden die Möglichkeiten für die Bildung von Zielhierarchie besprochen. Verschiedene Zielbeziehungen werden an Beispielen deutlich gemacht. Insbesondere wird auf die Zielkonkurrenz eingegangen. Es wird die „neue Zielharmonie" behandelt, nämlich die Möglichkeit früher als gegensätzlich betrachtete Ziele doch noch gleichzeitig zu erreichen.

Unter der Überschrift Zielfindung werden die Kreativitätstechniken für den Zielfindungsprozeß behandelt. Abschließend wird die Zieldokumentation beschrieben, die gegebenenfalls zum Bestandteil von Verträgen gemacht werden kann.

Nicht alle Ziele können immer gleichzeitig im vollen Umfang erreicht werden. Deswegen sind Werkzeuge nötig, mit denen die Ziele bzw. die Zielerreichungsgrade miteinander vergleichbar gemacht werden können. Es wird die Nutzwertanalyse als eine Entscheidungshilfe für die Priorisierung von Zielen vorgestellt. Insbesondere wird auf die häufigen Fehler bei der Anwendung der Nutzwertanalyse eingegangen: Nichtbeachtung verschiedener Skalierungen, Bandbreitenproblematik und Nichtlinearität der Nutzenfunktion dargestellt am Gesetz des abnehmenden Grenznutzen.

Die Projektziele haben neben einer sachlich objektiven auch eine psychologisch subjektive Seite. Die einzelnen Mitglieder im Projektteam bringen ihre individuellen Ziele mit. Die am Projekt beteiligten Gruppen inklusive des Projektteams bilden eigene Gruppenziele. Das Projektumfeld - u.U. außerhalb der eigenen Organisation - beeinflußt die Projektziele mit eigenen Vorstellungen.

Literaturverzeichnis

ADAM, Dietrich: Planung und Entscheidung, 3.Aufl., Wiesbaden, Gabler Verlag, 1993

AKIYAMA, Kaneo: Funktionenanalyse, Landsberg, Verlag Moderne Industrie, 1994

BESCHORNER, Dieter; Peemöller, Volker H.: Allgemeine Betriebswirtschaftslehre, Herne/Berlin, Verlag Neue Wirtschafts-Briefe, 1995

BEYER, Günther und Metta: Innovations- und Ideenmanagement, Düsseldorf, 1994

BREMMER, Gerhard: Bau- und Projektmanagement, in: Aspekte des Projektmanagements, Feyerabend, Friedrich-Karl; Grau, Nino (Hrsg.); S. 116-140, Gießen, Verlag der Ferber'schen Universitätsbuchhandlung, 1995

BRÜMMER, Wolfram: Management von DV-Projekten, Braunschweig/Wiesbaden, Friedrich Vieweg & Sohn Verlagsgesellschaft mbH, 1994

DÖRRENBERG, F.: Zielsetzungsprozeß, Seminarunterlagen zur Ausbildung von Führungskräften, IPMI, Universität Bremen, 1996

DWORATSCHEK, Sebastian; Hayek, Asad: Marktspiegel Projektmanagementsoftware, 3. Aufl., Köln, Verlag TÜV Rheinlad GmbH, 1992

EHRL-GRUBER, Birgit; Süß, Gerda: Praxishandbuch Projektmanagement, Augsburg, Grundwerk, WEKA Verlag, 1995

EWERT, Wolfgang; Janßen, Wiard; Kirschnick-Janssen, Dörte; Papenheim-Tockhorn, Heike; Schwellach, Gisela: Handbuch Projektmanagement Öffentliche Dienste, Bremen, SachBuch Verlag Kellner, 1996

FEYERABEND, Friedrich-Karl; Grau, Nino (Hrsg.): Aspekte des Projektmanagements, Gießen, Verlag der Ferber'schen Universitätsbuchhandlung, 1995

FRESE, Erich: Handwörterbuch der Organisation, 3. Aufl., Stuttgart, Poeschel Verlag, 1992

FREUND, Gerd: Sinnvoll investieren, RKW-Verlag, Eschborn 1995

FRÖHLING, Oliver: Zielplanung, In: Vahlens Großes Controllinglexikon, Horvath, Peter; Reichmann, Thomas (Hrsg.); S. 676-677, München, Verlag Franz Vahlen, 1993

GABLER Wirtschaftslexikon, Wiesbaden, Gabler Verlag, 1992

GPM, RKW (Hrsg.): Projektmanagement Fachmann, Eschborn, RKW Verlag, 1991

GRAU, Nino: Individualleistung - Teamleistung, Dissertation TU-München, 1983

GRAU, Nino: Was ist und wozu braucht man PM (Projektmanagement)?, in: Aspekte des Projektmanagements, Feyerabend, Friedrich-Karl; Grau, Nino (Hrsg.); S. 1-13, Gießen, Verlag der Ferber'schen Universitätsbuchhandlung, 1995

GRAU, Nino; Ottmann, Roland: Die Bedeutung des Projektmanagement beim Business Process Reengineering, in: Mangement von Projekten, Lange, Dietmar (Hrsg.), S. 165-181, Stuttgart, Schäffer-Poeschel Verlag, 1995

GROCHLA, Erwin: Handwörterbuch der Organisation, 2.Aufl., Stuttgart, Poeschel Verlag, 1980

GÜHRS, Manfred; Nowak, Claus: Das konstruktive Gespräch, 3. Aufl., Meezen, Verlag Christa Limmer, 1991

HAMEL, Winfried: Zielsysteme, in: Handwörterbuch der Organisation, Freese, Erich (Hrsg.), S.2634-2650, Stuttgart, Poeschel Verlag, 1992

HANSEL, Jürgen; Lomnitz, Gero: Projektleiter-Praxis, 2. Aufl., Berlin, Heidelberg, New York, Springer-Verlag, 1993

HAUSCHILD, Jürgen: Zur Artikulation von Unternehmenszielen, ZfbF, 1970, S.545-559

HAUSCHILD, Jürgen: Zielsysteme, in: Handwörterbuch der Organisation, Grochla, Erwin (Hrsg.), S. 2419-2430, 2.Aufl., Stuttgart, Poeschel Verlag, 1980

HEINEN, Edmund: Unternehmungsziele, In: Gabler Wirtschaftslexikon, S. 3442-3445, Wiesbaden, Gabler Verlag, 1992

HORVATH, Peter; Reichmann, Thomas (Hrsg.): Vahlens Großes Controllinglexikon, München, Verlag Franz Vahlen, 1993

KAESTNER, Rolf: Ziele, Abläufe und Phasen von Projekten, In: Projektmanagement-Fachmann, GPM, RKW (Hrsg.), S. 61-149, Eschborn, RKW Verlag, 1991

KELLNER, Hedwig: Die Kunst, DV-Projekte zum Erfolg zu führen, München Wien, Carl Hanser Verlag, 1994

KNICKER, Theo; Gremmers, Uwe: Das Rüstzeug für zielorientiertes Führen, Harvardmanager 1/1990, S.62-71

KNOLMAYER, Gerhard, Rückle, Dieter: betriebswirtschaftliche Grundlagen der Projektkostenminimierung in der Netzplantechnik, ZfbF 28, 1976, S. 431-447

KOLISCH, Rainer; Hempel, Kai: Auswahl von Standardsoftware dargestellt am Beispiel von Programmen für das Projektmanagement, Wirtschaftsinformatik 38 (1996) 4, S.399-410

KRAUS, Georg, Westermann, Reinhold:Projektmanagement mit System, Wiesbaden, Gabler Verlag, 1995

KUMMER, Walter; Spühler, Roland W.; Wyssen, Rudolf: Projekt Management, 3. Auflage Zürich, Verlag Industrielle Organisation des Betriebswissenschaftlichen Instituts der ETH Zürich, 1991

LANGE, Dietmar: Mangement von Projekten, Stuttgart, Schäffer-Poeschel Verlag, 1995

LOMNITZ, Gero: Die Bedeutung des Projektvereinabrungsprozesses für den Projekterfolg, in: Projekte erfolgreich managen, Schelle, Heinz; Reschke, Hasso; Schnopp, Reinhardt; Schub, Adolf (Hrsg.), Kap. 4.2.4, Köln, Verlag TÜV Rheinland GmbH, 1994

LITKE, Hans-D.: Projektmanagement, München, Wien, Carl Hanser Verlag, 1991

MADAUSS, Bernd J.: Handbuch Projektmanagement, Stuttgart, Schäffer-Poeschel Verlag, 1994

MEES, Jan: Projektmanagement in neuen Dimensionen, 2. Auflage, Gabler Verlag, 1995

NAGEL, Peter: Techniken der Zielformulierung, in: Handwörterbuch der Organisation, Freese, Erich (Hrsg.), S.2626-2634, Stuttgart, Poeschel Verlag, 1992

NITZSCH VON, Rüdiger: Entscheidung bei Zielkonflikten, Wiesbaden, Gabler Verlag, 1992

NITZSCH VON, Rüdiger, Weber, Martin: Bandbreiten-Effekte bei der Bestimmung von Zielgewichten, ZfbF 43 (11/1991), S. 971-986

NOACK, Peter: Zielformulierung, in: Praxishandbuch Projektmanagement, Ehrl-Gruber, Birgit; Süß, Gerda (Hrsg.), S. 2.3-1 - 2.3-4 Augsburg, Grundwerk, WEKA Verlag, 1995

PALLOKS, Monika: Zielsystem, In: Vahlens Großes Controllinglexikon, Horvath, Peter; Reichmann, Thomas (Hrsg.), S.677-678, München, Verlag Franz Vahlen, 1993

PAUL, Walter; Zieschang, Matthias: Die Steuerung eines industriellen Unternehmens durch ein geschlossenes Zielrenditesystem, ZfB 65. Jg, H1, S. 15-48

SCHAIBLE, Jörg; Hönig, Armin: High-Tech-Marketing in der Praxis, München, Verlag Franz Vahlen, 1996

SCHELLE, Heinz; Reschke, Hasso; Schnopp, Reinhardt; Schub, Adolf (Hrsg.): Projekte erfolgreich managen, Köln, Verlag TÜV Rheinland GmbH, 1994

SCHNEIDER, Tobias: Wertanalyse mit Projektmanagement-Methodik, in: Projektleiter mit Profil, Stumbries, Christoph (Hrsg.), Hamburg, Dr. Landt + Henkel Verlag, 1994

STUMBRIES, Christoph: Projektleiter mit Profil, Hamburg, Dr. Landt +Henkel Verlag, 1994

STREICHER, Heinz: DV-Bosse haben keine Chance mehr, in Computer Zeitung 27. Jg. Nr.43, 24.10.1996

WERDER v., Axel: Klassische Rationalisierung, strategischer Kurswechsel oder „ Neue Zielharmonie"?, ZfO 4/1996, S. 212-217

WERNER, Ute: Die Analyse des Lageberichts als Instrument empirischer Zielforschung, ZfbF 42 (12/1990), S. 1014-1035

WERNER, Ute: Zur Artikulation von Unternehmenszielen im Lagebericht, ZfbF 43 (10/1991), S. 917-922

WÖHE, Günther: Einführung in die Allgemeine Betriebswirtschaftslehre, Verlag Franz Vahlen, München, 1993

WOLF, Joachim: Neue Methoden und Ergebnisse der empirischen Zielforschung, ZfbF 43 (10/1991), S.914-916

ZIELASEK, Gotthold: Projektmanagement, Berlin Heidelberg New York, Springer Verlag, 1995

Autorenportrait

Professor Dr. Nino Grau

Jahrgang 1950. An der FAU-Erlangen absolvierte er das Studium der Informatik und an der TU München das Studium des Wirtschaftsingenieurwesens. Dort promovierte er 1982.

Danach folgten die Aufgaben in der Industrie: Assistent des Vorstandsvorsitzenden und Manager Factory Informationssystems in einem internationalen Konzern bzw. Abteilungsleiter Organisation und Bereichsleiter Organisation und EDV in einem deutschen Unternehmen.

Seit 1991 ist er Professor am Fachbereich „Wirtschaftsingenieurwesen und Produktionstechnik" an der FH in Friedberg.

Er ist Autor zahlreicher Veröffentlichungen und in der GPM Mitglied in den Fachgruppen „Berater" und „Mittelstand". Schwerpunkte seiner Tätigkeit bilden die Bereiche Projektmanagement, Prozeßmanagement sowie Produktions- und Informationsmanagement.

Abbildungsverzeichnis

Abbildung 1.6-1: Magisches Dreieck der Projektziele 153

Abbildung 1.6-2: Mißerfolgsfaktor „Unklare Unternehmensziele" (STREICHER 1996, S.1) 156

Abbildung 1.6-3: Inhaltliche Betrachtung der Ziele (nach NAGEL 1992, Sp. 2631f) 158

Abbildung 1.6-4: Zielmittelhierarchie (Beispiel: öffentliche Verkehrsmittel) (NAGEL 1992, Sp. 2629f) 159

Abbildung 1.6-5: Vor- und Nachteile verschiedener Planungsverfahren (vgl. BESCHORNER 1995) 160

Abbildung 1.6-6: Zielverträglichkeiten 161

Abbildung 1.6-7: Diskursive und intuitive Verfahren zur Projektzielfindung - Prinzipvergleich (KAESTNER 1991, S. 99) 165

Abbildung 1.6-8: Einsatz von Kreativitätstechniken zur Definition von Ergebnis- und Vorgehenszielen (KAESTNER 1991, S. 104) 166

Abbildung 1.6-9: Der optimale Stuhl (in Anlehnung an BEYER 1994, S. 177) 167

Abbildung 1.6-10: Beispiel der Teilnutzen der zwei EDV-Projektmanagementsysteme 169

Abbildung 1.6-11: Merkmals- Leistungsprofile für Projektmanagement-DV-Systeme (Auszug aus DWORATSCHEK 1992, S. 337) 170

Abbildung 1.6-12: Teil-/Gesamtnutzen zweier PM-Softwaresysteme (Beispiel) 171

Abbildung 1.6-13: Beispiel der Teilnutzen der zwei EDV-Projektmanagementsysteme 171

Abbildung 1.6-14: Techniken zur Analyse singulärer Urteile (vgl. ADAM 1993, S. 106) 173

Abbildung 1.6-15: Komponenten der persönlichen Standortbestimmung (vgl. KNICKER 1990, S. 69) 176

Abbildung 1.6-16: Checkliste zur Bestimmung der persönlichen Ziele (nach KNICKER 1990, S.65) 177

Lernzielbeschreibung

Der Leser soll zunächst für die Bedeutung richtiger Zieldefinitionen sensibilisiert werden. Er soll einsehen, daß gut formulierte Projektziele zu den wesentlichen Erfolgsfaktoren gehören. Verschiedene Funktionen, Eigenschaften und Anforderungen an gut formulierte Ziele werden vorgestellt. Der Leser soll die Methoden kennenlernen, mit deren Hilfe er sowohl Einzelziele als auch Zielsysteme finden bzw. gestalten kann. Er lernt, Zielerreichungsgrade zu definieren, zu dokumentieren und zu messen. Bei den Bewertungsmethoden für Ziele wird die Nutzwertanalyse hervorgehoben. Sie soll der Teilnehmer beherrschen, d.h. anwenden können. Weitere Methoden soll er kennenlernen, um sie sich bei Bedarf erarbeiten zu können. Neben der sachlich objektiven Dimension lernt der Leser auch die psychologisch politische Dimension der Zielgestaltung.

1.7 Projekterfolgs- und -mißerfolgskriterien

von

Manfred Bundschuh

Relevanznachweis

Unser Handeln und Arbeiten nehmen zunehmend Projektcharakter an. **Projekte sind die sicher derzeit am schnellsten verbreitende Arbeitsform** in Unternehmen bzw. Organisationen, zwischen ihnen und auch länderübergreifend. Mit der zunehmenden Anzahl von Projekten treten neben erfolgreich abgeschlossenen Projekten auch Fehlschläge auf. Lernen aus abgeschlossenen Projekten ist durch die Beschäftigung mit **Projektmißerfolgskriterien** und der Kehrseite dieser Medaille, **Projekterfolgskriterien**, möglich.

Welch immense **betriebswirtschaftliche, volkswirtschaftliche und weltweite (ökologische) Schäden** durch Projektmißerfolge entstehen können, ist täglich neuen Katastrophenmeldungen der Medien zu entnehmen. Mißerfolge bedrohen Menschenleben, teilweise sind wir alle von ihnen betroffen: z.B. die Reaktorunfälle von Harrisburg und Tschernobyl, die Ölkatastrophen durch die Exxon Valdez u.a.m., Fehlstarts von Raketen mit teuren Satelliten an Bord, Abholzen der Wälder mit folgender Bodenerosion, Ozonloch und Treibhauseffekt usw. Neben solchen spektakulären Fehlschlägen sind auch solche von geringeren Ausmaßen bekannt geworden, z.B. die Anfangsprobleme bei Inbetriebnahme des Münchener Flughafens und des Aachener Klinikums. Oder wir erleben täglich, daß Bauten nicht termingerecht bzw. mit Mängeln fertiggestellt werden, bestellte Ware nicht pünktlich geliefert wird usw.

Mißerfolge von Projekten haben dazu geführt, daß sich das Management verstärkt mit dem Projektmanagement-Ansatz befaßt. Einerseits werden Methoden des Projektmanagements und deren EDV-Unterstützung geprüft (siehe Kapitel 4.9). Andererseits erfolgt häufiger die Beschäftigung mit der **Wirtschaftlichkeit** von Projekten. Entgegen kurzfristiger Kostenbetrachtungen zeigen vor allem strategische Nutzenüberlegungen die hohe **wirtschaftliche Bedeutung** sorgfältig definierter Projekterfolgskriterien.

Inhaltsverzeichnis

1.7.1 Projekterfolg und Projektzielerfüllung   187

    1.7.1.1 Begriffliche Abgrenzung   187

    1.7.1.2 Projekterfolg   189

    1.7.1.3 Projektzielerfüllung   190

1.7.2 Generelle Erfolgskriterien des Projektes hinsichtlich der Projektziele   191

    1.7.2.1 ... in der Literatur   192

    1.7.2.2 ... in der Studie von Gemünden   195

    1.7.2.3 ... in der Studie von Selin/Selin   198

    1.7.2.4 Vergleich der Anteile der Kriterien   199

1.7.3 Erfolgskriterien der Stakeholder   200

1.7.4 Ansätze für Projekterfolgsmanagement   201

    1.7.4.1 Schätzung   201

    1.7.4.2 Erfolgsorientierte Planungsaspekte   202

        1.7.4.2.1 Projektpriorisierung   202

        1.7.4.2.2 Schnittstellen-Management   204

    1.7.4.3 Controlling   205

    1.7.4.4 Projekt-Wissensmanagement   206

1.7.1 Projekterfolg und Projektzielerfüllung

1.7.1.1 Begriffliche Abgrenzung

„Jeder Mensch möchte erfolgreich sein, aber die Vorstellungen der Individuen darüber, was Erfolg ist, sind vielfältig. Allen gemeinsam ist die **Definition**:

> Erfolg ist das Bestimmen von Zielen und das Erreichen dieser Ziele.

Das bedeutet, daß man über seine Ziele Klarheit haben muß, wenn man wissen will, ob man erfolgreich ist, und das setzt unter Umständen einen **Prozeß der Zielfindung** voraus. Dabei ist es völlig belanglos, ob die Ziele materieller oder geistiger, gesellschaftlicher oder intimer, lang- oder kurzfristiger, einfacher oder komplexer Natur sind. Sie müssen nur einen **individuellen Sinn** bieten und erreichbar sein." (MEYER 1996, S. 5)

Projektziele müssen deshalb **klar formuliert und erreichbar** sein. Der Grad der Zielerreichung muß feststellbar (**quantifizierbar oder meßbar**) sein; die Messung kann auch anhand von Kriterien (-katalogen) erfolgen (siehe Kapitel 1.6).

„Das **Erfolgserlebnis** hängt weniger von der absoluten Höhe der Leistungen als von ihrer Übereinstimmung mit den **selbstgesetzten Erwartungen** und von einer **Bestätigung der Umwelt** ab. Liegt die **Leistung** unter dem erwarteten Niveau, so wird dies als Mißerfolg, liegt sie im Bereich der Erwartungen oder darüber, als Erfolg gewertet." (BROCKHAUS 1993)

Ebenso werden an Projekte bewußte und unbewußte **Erwartungen** gerichtet (und zwar von allen **Stakeholdern**) und die Leistung des Projektteams daran gemessen. Je nach Wahrnehmung eines Individuums oder Konsens einer Organisation bzw. eines Unternehmens wird dieser Erfolg eines Projekts unterschiedlich beurteilt.

> „Unter dem 'Erfolg' eines Projektes wird meist die Erreichung von technischen und wirtschaftlichen Zielen aus der Sicht des Auftragnehmers verstanden." (GEMÜNDEN 1990, S. 4)

Er gibt dazu folgende kritische Anmerkungen (GEMÜNDEN 1990, S. 9):

> *„Die Leistungen eines Projektteams werden im allgemeinen bei der Übergabe gemessen, die Wirkungen zeigen sich jedoch erst in der Nutzungsphase."*...
>
> *„Die Perspektive des Projektteams und humane Ziele werden vergleichsweise selten berücksichtigt."*...
>
> *„Kritisch zu vermerken ist, daß die Perspektive des Auftraggebers, des Kunden und Nutznießers von Projekten selten eingenommen wird."*

Um so wichtiger ist es daher, zu Projektbeginn **klare Ziele** abzustimmen, deren Erreichung **anhand von Kriterien beurteilt** werden kann.

Abbildung 1.7-1 zeigt den Zusammenhang zwischen Umfeld (z.B. Projektumfeld), dem Individuum (z.B. Projektteam oder Projektmitarbeiter) und dem **Weg zum persönlichen Erfolg**.

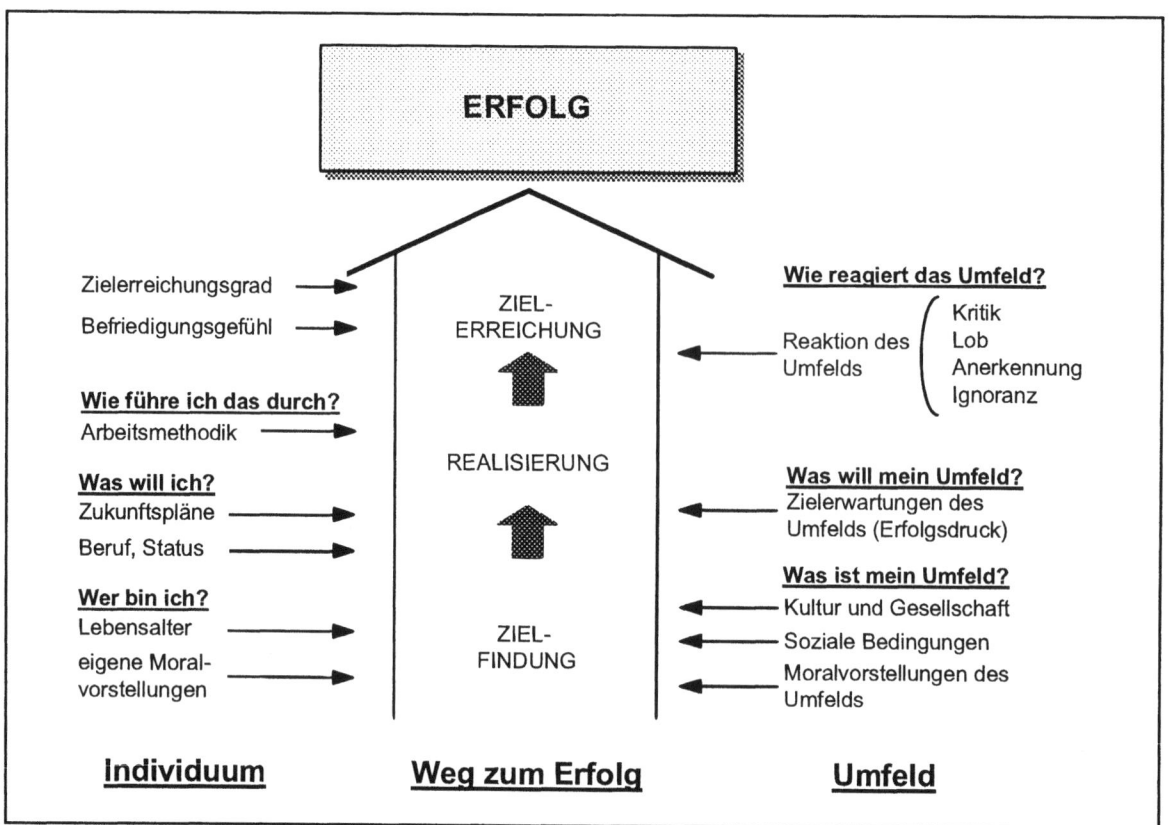

```
                              ERFOLG
                                ↑

Zielerreichungsgrad  →
                         ZIEL-           Wie reagiert das Umfeld?
Befriedigungsgefühl  →  ERREICHUNG                    ⎧ Kritik
                            ↑         Reaktion des   ⎪ Lob
                            ↑      ←  Umfelds        ⎨ Anerkennung
Wie führe ich das durch?                             ⎩ Ignoranz
Arbeitsmethodik      →
                        REALISIERUNG    Was will mein Umfeld?
Was will ich?                        ←  Zielerwartungen des
Zukunftspläne        →                  Umfelds (Erfolgsdruck)
Beruf, Status        →
                            ↑           Was ist mein Umfeld?
Wer bin ich?                         ←  Kultur und Gesellschaft
Lebensalter          →    ZIEL-      ←  Soziale Bedingungen
eigene Moral-            FINDUNG     ←  Moralvorstellungen des
vorstellungen        →                  Umfelds

    Individuum          Weg zum Erfolg          Umfeld
```

Abbildung 1.7-1: Einflußfaktoren auf dem Weg zum Erfolg (MEYER 1996, S. 7)

Nach der Definition von Erfolg können die sogenannten **kritischen Erfolgsfaktoren (KEF)** definiert werden, auch Critical Success Factors (CSF) genannt (BULLINGER 1993, S. 80):

*"KEF sind solche Fähigkeiten, Einsatzmittel (Ressourcen), Aufgaben und Verhaltensweisen, deren Beachtung bzw. Einhaltung **für den Erfolg eines Unternehmens von entscheidender Bedeutung** sind. Die Beherrschung ihrer Entwicklung, im Sinne ihrer Planung, Steuerung und Kontrolle, ist letztlich die ureigene Aufgabe des Management und umfassende Informationen darüber sind eine notwendige Voraussetzung des Unternehmenserfolgs."*

Diese Definition läßt sich problemlos auf **Projekterfolgskriterien** übertragen:

Kritische Projekterfolgskriterien sind solche Fähigkeiten, Einsatzmittel (Ressourcen), Aufgaben und Verhaltensweisen, deren Beachtung bzw. Einhaltung **für den Erfolg eines Projekts von entscheidender Bedeutung** sind. Die „Beherrschung ihrer Entwicklung", im Sinne ihrer Planung, Steuerung und Kontrolle, ist letztlich die ureigene Aufgabe der Projektleitung und umfassende Informationen darüber sind eine notwendige Voraussetzung des Projekterfolgs.

Da Erfolg das Bestimmen von Zielen und das Erreichen dieser Ziele ist, handelt es sich dabei um Faktoren, die für die **erfolgreiche Zielerreichung eines Projekts** von entscheidender Bedeutung sind. Sie müssen von der Projektleitung durch **fundierte Schätzung, Projektplanung, Projektsteuerung, Projektcontrolling und Projekt-Wissensmanagement** (siehe Abschnitt 1.7.4.4) beherrscht werden. Diese PM-Aufgaben sowie Kriterien, die Einfluß darauf haben (**Projekterfolgskriterien**), sind Gegenstand der weiteren Betrachtungen.

Der Weg zum Erfolg ist oft sehr eng und mühselig zu begehen. Man kann auf viele Arten Mißerfolg erleben, aber es gibt nur wenige Wege zum Erfolg. Einer davon ist **professionelles Projekt(erfolgs)management**. Damit man dabei keine Überraschungen erlebt, sind **sorgfältige Schätzung und Planung sowie methodisches Vorgehen und Qualitätssicherung** unabdingbar sowie **klare Zielvorgaben und motivierte Mitarbeiter**.

1.7.1.2 Projekterfolg

Das Thema Projekterfolg hat ebenso viele Facetten, wie man sich Ziele für ein Projekt vorstellen kann. Die Wahrnehmung davon, was als Erfolg zählt, ist sehr subjektiv. Einige **typische Aussagen aus der Literatur** stehen in diesem Abschnitt für häufig genannte Aspekte.

> *„Ich habe sogar schon erlebt, daß Projekte als Erfolge betrachtet wurden, obwohl kein Produkt fertiggestellt wurde, obwohl die Kosten astronomisch waren, obwohl das Team ständig im Streit lag, obwohl sich Auftraggeber und Projektleiter gegenseitig mit Drohungen und Racheschwüren bedachten. Wo lag der Erfolg? Die Antwort: 'Wir haben viel gelernt'."* (KELLNER 1994, S. 15)

Kellner gibt deshalb den Tip, daß ein Projektleiter sich zu Beginn seines Projekts fragen sollte: „Wie kann ich dieses Projekt zum Scheitern bringen?" und „Welche andere Person kann dieses Projekt zum Scheitern bringen? Wie?" Nach einigen Tagen Ideensammlung dazu hat man dann eine Liste von Gefahren für das Projekt, zu deren Abwehr man einen Katalog mit Maßnahmen erarbeiten kann.

Aufgrund der Dualität von Erfolg und Mißerfolg lohnt die Betrachtung der Kehrseite der Medaille:

> *„Es gibt keinen Zweifel, wann ein Projekt als gescheitert zu betrachten ist. Das ist dann der Fall, wenn eines der drei Kriterien zutrifft:*
>
> *1. Das Produkt ist nicht so geworden, wie es werden sollte.*
>
> *2. Das Produkt ist teurer geworden als vorgesehen.*
>
> *3. Das Produkt wird nach dem geplanten Abgabetermin fertig."* (KELLNER 1994, S. 18)

Mehr auf den Endbenutzer hin orientiert beschreibt Jones Kriterien für den Mißerfolg von Projekten in folgenden beiden Statements:

> *„Die Hauptkriterien für Mißerfolg nach Auslieferung sind geringe **Qualität und Zuverlässigkeit** sowie schlechter **Kundendienst**."*

> *„Die Attribute des 'Erfolgs' umfaßten pünktliche oder frühere Auslieferung des Systems, Verbleib innerhalb des Budgets, hohe Qualitätsstufen und hohe Stufen der Benutzerzufriedenheit. Die Attribute des 'Mißerfolgs' umfaßten Abbrüche von Projekten mitten in der Entwicklung oder schwerwiegende Zeitüberschreitungen, Kostenüberschreitungen oder beides. Geringe Qualität und geringe Benutzerzufriedenheit waren auch Aspekte von Fehlschlägen."* (nach JONES 1996a, S. 1)

> *„Widemann geht bei der Interpretation der vom Project Management Institute der USA stammenden Definition für 'Projektmanagement' so weit, daß er zu den Merkmalen eines erfolgreichen Projekts auch die Tatsache zählt, daß alle wichtigen **Stakeholder zufriedengestellt** sind."* (SCHELLE 1991, S. 27)

Zusammenfassend kann man aus den o.a. Zitaten den Umkehrschluß ziehen, daß Kosteneinhaltung, Termintreue, hohe Qualität des Produkts und Benutzerzufriedenheit sowie guter Kundendienst vorrangige Projekterfolgskriterien sind. Dies soll in den nächsten Abschnitten näher erläutert werden. Da zur Definition von Erfolg auch die **Zielerreichung** gehört (siehe Kapitel 1.6), wird zunächst die Projektzielerfüllung näher betrachtet.

1.7.1.3 Projektzielerfüllung

Klare Zielvorgaben

Projektzielerfüllung kann normalerweise gemessen werden, wenn klare Ziele vorgegeben sind, die quantifiziert sind bzw. deren Erfüllung meßbar ist. Die Praxis lehrt aber, „daß der Fisch am Kopf anfängt zu stinken".

Die Studien von Gemünden und Selin/Selin zeigen, daß die klare Zieldefinition ein besonders kritisches Projekterfolgskriterium (je ca. 17 - 19% aller Antworten und damit zweitwichtigster Erfolgsfaktor) ist (GEMÜNDEN 1990, S. 4; GEMÜNDEN 1992, S. 162 f.; SELIN 1992 S. 449; SELIN 1994, S. 518). Diese Problematik schildern auch Weltz / Ortmann:

> „Nur in einem Viertel der Projekte meinten die befragten Experten, im Projektauftrag seien **Ziele detailliert formuliert** worden. In 43% war dies nur sehr allgemein der Fall und in 31% wurden die Zielsetzungen als **diffus** bezeichnet. Nur in jedem fünften Projekt blieb der Projektauftrag im Verlauf des Projekts **unverändert**. In 46% war eine **Präzisierung notwendig**, in 34% kam es im Projektverlauf zu einer oder mehrerer **Neudefinitionen**. Diffus wurde der Projektauftrag **vor allem in Großprojekten** (mit mehr als 8 Millionen Volumen) charakterisiert. Dort wurde er auch im Projektverlauf noch vergleichsweise **häufig verändert**." (Weltz 1992, S. 25)

Daraus resultiert die Frage, **inwieweit Ziele vorab planbar sind**, oder in weiterem Sinne, wie flexibel Planung sein kann und sein muß. Jeder Projektleiter kennt dieses **Dilemma**. Hier hat sich in letzter Zeit eine Wandlung der Einstellungen vollzogen. „An die Stelle der 'Planlastigkeit des Handelns' müsse ein **neues Verhältnis von Plan und Evolution** treten, z.B.:

- planerische Vorgaben müssen elastischer werden;
- die Trennung von Planen und Ausführen muß überwunden werden;
- die Definition von Zielsetzungen ist ein evolutionärer Prozeß."
(WELTZ 1992, S. 174)

Diese Ansätze sind heute noch sehr wenig konkret. **Konfigurationsmanagement** (siehe Kapitel 4.4 und KOLKS 1987) und **Prototyping** sind derzeit Favoriten unter den praktikablen Lösungen. Mit Konfigurationsmanagement versucht man, das evolutionäre Element, den Wandel, nachvollziehbar und damit erfaßbar zu machen sowie mit Prototyping Entwicklungszeiten zu verkürzen und flexibler zu werden.

Schleichender Funktionszuwachs

Ein weiterer, allen Projektleitern hinlänglich bekannter Effekt, der mit der klaren Zieldefinition zusammenhängt und der den Projekterfolg erschwert, weil er schwer abschätzbar und meßbar ist, ist der von Jones treffend charakterisierte **schleichende Funktionszuwachs**.

> „Zu den benutzerorientierten Problemen zählen exzessiver Zeitdruck und eine hohe Rate schleichenden Funktionszuwachses, der **zwei Prozent pro Monat der Projektlaufzeit** während der Entwicklungsdauer überschreiten kann" (nach JONES 1996a, S. 9, 11)

Es tritt eine negative Rückkopplung auf: Je klarer die Zieldefinition eines Projekts ist, desto weniger schleichender Funktionszuwachs ist möglich. Ein stetiges Verfolgen (tracking) der Projektziele und des Projektumfangs ermöglichen dem Projektleiter Transparenz, d.h. den schleichenden Funktionszuwachs in den Griff zu bekommen.

Mit dem Problem der Zieldefinition geht außerdem das Phänomen der **Zielkonflikte** einher (siehe *Zielkonflikte*
Kapitel 1.3, 1.6 und 2.8):

> *„Durch **unterschiedliche Zielvorstellungen, Erwartungen und Wünsche sowie Erfahrungen** zwischen dem Projekt und seinen Endbenutzern (Auftraggebern) können Zielkonflikte entstehen (bei 22% - 35% der untersuchten Projekte)."* (nach WELTZ 1992, S. 125)

Zielkonflikte rufen einen weiteren Erfolgsfaktor nicht rationaler Art für den Projekterfolg hervor, die **menschliche Eitelkeit**:

> *„Wir sehen also, daß Eitelkeit im Sinne des Strebens nach Erfolg und Anerkennung wahrscheinlich die wichtigste Triebfeder für den unternehmerischen Erfolg ist."* (Kropfberger, S. 3)

> *„Das ist der wahre Grund für das hohe Ausmaß der großen Pleiten in den letzten Jahren."* (KROPFBERGER, S. 23)

Dieses Streben nach Erfolg und Anerkennung führt häufig zu **Machtkämpfen** im Umfeld von Projekten, zu **Prestigeprojekten**, und dazu, daß der Projektleiter besonders die „**politische Lage**" im Umfeld seines Projekts berücksichtigen muß.

1.7.2 Generelle Erfolgskriterien des Projektes hinsichtlich der Projektziele

Dieser und der folgende Abschnitt befassen sich mit dem **Regler** des kybernetischen Regelkreises der PM-Funktionen (siehe Kapitel 1.1). Nachdem im letzten Abschnitt klar wurde, daß der Projekterfolg sich prinzipiell am Projektzielerreichungsgrad messen läßt, geht es in diesem Abschnitt um **Kriterien** und **Hilfsmittel** zur Beeinflussung des Projekterfolgs.

In der einschlägigen Literatur wird eine Vielzahl von Erfolgskriterien für den Projekterfolg bzw. -mißerfolg genannt. Im folgenden soll der Versuch unternommen werden, diese Vielzahl zu ordnen. Als Strukturierungshilfe soll dabei das „Modell der drei Welten" von Popper zugrunde gelegt werden.

	Betrachtungsfeld	**Bezug zum Projektmanagement**
Welt 1	materielle Gegenstände und Prozesse	Projekterfolgs-/Mißerfolgskriterien, komplexe Probleme/Systeme
Welt 2	Ereignisse und menschliche Erlebnisse	Projekterfolg/Mißerfolg, Ziele, Problemlöseverhalten
Welt 3	immateriell, Ideen	Projektmanagement, Projekterfolgsmanagement

Abbildung 1.7-2: „Modell der drei Welten" (nach POPPER 1993)

> *In dem Modell der drei Welten von Popper zur Beschreibung der Vielschichtigkeit der Realität beschreibt die **Welt 1** die materiellen Dinge sowie die physikalischen Gegenstände und Prozesse. Die **Welt 2** dient der Beschreibung der Erlebnisse (insbesondere der menschlichen) sowie der psychischen Zustände und Ereignisse. Die **Welt 3** stellt die objektiven Produkte oder Ideen des menschlichen Geistes dar, einschließlich aller Theorien über die Welt und über uns. Welt 3 steht dabei über Welt 2 mit Welt 1 in Wechselwirkung (nach POPPER 1993).*

*Poppers Modell der drei Welten bietet einen **ganzheitlichen Ansatz** zur Beschreibung der Realität. Im folgenden wird versucht, dieses Modell auch auf das Thema „Projekterfolgs- und Mißerfolgskriterien" anzuwenden. Die zahlreichen Artikel in der Projektmanagementliteratur trennen selten zwischen diesen drei Ebenen. Häufig wird nur eine der beiden Welten 1 und 2 thematisiert, oder beide ohne Unterscheidung. Wenn eine Wissensorganisation erfolgt, dann meist infolge einer Kategorisierung **nach** einer Kriteriensammlung. In der Regel werden dabei nur die zwei Kategorien **soft facts** (Welt 2 und 3) und **hard facts** (Welt 1) unterschieden, z.B. „Projektbezogene und Produktbezogene Kriterien"*

1.7.2.1 ... in der Literatur

Um die Kriterien einordnen zu können, ist ein Bezugsrahmen erforderlich. Im Gegensatz zu Gemünden und Selin/Selin, die beide je einen eindimensionalen Bezugsrahmen verwenden, wird hier aus ganzheitlicher Sicht ein zweidimensionaler Bezugsrahmen eingesetzt (Abbildung 1.7-3). Aus 13 Quellen des Literaturverzeichnisses konnten ca. 190 Projekterfolgskriterien (mit Überschneidungen) ermittelt werden. Diese Fülle erschwert den Überblick. Deshalb sind in der Literatur bereits viele Kategorisierungen versucht worden. Die ca. 190 Kriterien aus den 13 Quellen lassen sich wissensorganisatorisch z.B. folgenden 26 Kategorien zuordnen:

		Projektbezogen:	auf die restlichen Stakeholder bezogen:
hard factors	**Welt der materiellen Dinge**	Dokumentation, Instrumente, Einsatzmittel	Produktspezifikation, Umwelt, Höhere Gewalt
soft factors	**Welt der menschlichen Erlebnisse**	Projektleiterqualifikation, Ziele, Qualität, Personalqualifikation	Risiken, Kompetenzen, Personalführung
		Kommunikation, Information, Motivation, Verhalten, Konflikte	
	Welt des Immateriellen	Analysen, Planung, Steuerung, Koordination, Controlling	Betriebswirtschaft, Organisation, Unternehmen

Abbildung 1.7-3: 26 Kategorien von Projekterfolgskriterien

Die projektbezogenen Kategorien können direkt vom Projektleiter beeinflußt werden, die auf die restlichen Stakeholder bezogen müssen von ihm berücksichtigt werden. Dazu kann er sich **Checklisten** erstellen, anhand derer er abhaken kann, welche Kriterien er in seine Überlegungen bereits einbezogen hat. Ferner kann er damit Maßnahmen überlegen, um zu versuchen, auf einzelne Kriterien doch noch Einfluß zu nehmen. Nur wenn er alle Kategorien berücksichtigt, kann er in seinem Projekt **vor Überraschungen relativ sicher sein** und damit den Projekterfolg absichern.

Diesen 26 Kategorien der Abbildung 1.7-3 wurden die in Abbildung 1.7-4 ausgeführten Kriterien aus der Literatur zugeordnet. Dabei entfallen insgesamt 77 Kriterien auf die Welt der materiellen Dinge (39%). Dies sind sogenannte „**hard factors**", die fast 2/5 ausmachen. Demgegenüber entfallen 54 Kriterien auf die Immaterielle Welt (27%) und 66 auf die Welt der menschlichen Erlebnisse (34%), die sogenannten „**soft factors**", die zusammen geringfügig mehr als 3/5 ausmachen.

Diese Vielzahl der Erfolgskriterien sind in einem bestimmten Projekt sicherlich nicht alle anwendbar und für die Mehrzahl der Projektmanager von geringerer Relevanz. Abbildung 1.7-4 richtet sich daher bevorzugt an den interessierten Projektleiter, dem damit eine Checkliste an die Hand gegeben wird, aus der er alle relevanten Einflußgrößen auf den Erfolg seines Projekts auswählen kann.

1.7 Projekterfolgs- und -mißerfolgskriterien

Welt der materiellen Dinge	Welt der menschlichen Erlebnisse	Welt der immateriellen Dinge
1.) 16 Kriterien (FÜTING, S. 48)		
	Zielvorgaben / Produktspezifikation Produktzieldefinition, Projektrahmen, Produktabgrenzung, Produkterfolgsfaktoren **Sach-, Fach- und Problemlösekompetenz** Sachkompetenz: Organisation / Informatik, Fachkompetenz im Anwendungsgebiet, Problemlösungskompetenz bei der Entscheidung, Problemlösungskompetenz bei Engpässen **Arbeitsklima / Arbeitstechnik** Zusammenarbeit, Führungsstil, Arbeitsvorgaben, Kommunikation	**Projektorganisation und -Abwicklung** Strukturorganisation, Prozeßorganisation, Informationsorganisation, Ressourcenorganisation
2.) 13 Kriterien (SCHELLE 1993, S. 89)		
Projektfaktoren Klarheit der Zielvorgaben, Klarheit der Zuständigkeiten	**Projektbeteiligte** Identifikation mit der Aufgabe, Herausforderung der Mitarbeiter, Kommunikation, Kontrollempfinden der Mitarbeiter, Konfliktbewältigung, Freiräume der Mitarbeiter, Zusammengehörigkeitsgefühl, Gefühl persönlicher Sicherheit	**Projektmanagement** Zuverlässigkeit der Projektabwicklung, Flexibilität des Mitarbeitereinsatzes, Bewältigung fachlicher Probleme
3.) 2 Kriterien (KOLKS 1987)		
		Projektmanagement Änderungs-, Konfigurationsmgt.
4.) 58 Kriterien (JONES 1996a/b)		
technische Faktoren	**soziale, kulturelle Faktoren**	**Management-Faktoren**
5.) 34 Kriterien (siehe Checkliste H) (STEINLE 1993, S. 170 f.)		
Projektinhalt, -umfeld, -instrumente Wahrnehmen und Bewußtmachen von Risiken und Konflikten, Instrumente zur Förderung und Bewertung von Projektvorschlägen, offenes, innovatives Klima für Projektvorschläge, Unterstützung durch das „übergeordnete" Management, Kontinuität des „Überbaus" (Projekt- / Unternehmensleitung), frühe Fixierung von Projektzielen und Kontrollinstrumenten, Realistische Ziele, mit denen sich der Auftraggeber identifiziert, Berücksichtigung des umfeldbedingten Änderungspotentials, Fixierung des Anforderungsprofils, der Kompetenzen und des Führungsinstrumentariums des Projektleiters	**Projektbeteiligte** Identifikation der Beteiligten mit dem Projektablauf, frühzeitige Einbeziehung betroffener Mitarbeiter, Behinderung durch Spekulationen und negative Gerüchte, Einstellung Betroffener und Beteiligter zum Projekt, Benutzerbetreuung nach der Implementation (Benutzerservice), fachl. und soziale Kompetenz des Benutzerservices, selbständige Anpassungsmöglichkeiten d. Anwender bei „einfachen" Anwendungsobjekten, Vermittlung der Bedeutung der Dokumentation, Verdeutlichung des Nutzens von Projektcontrolling, Betreibung eines Projektmarketings, Entwicklung einer Projektkultur, Identifikation der Betroffenen mit dem Beratungsergebnis, Projektleitung als Trainingsinstrument f. Führungskräfte, betroffenen- und beteiligtenorientiertes Ausbildungskonzept	**Projektmanagement** Indikatorenschaffung für Risiken, Konflikte und Krisen, Flexibilisierung eines Standard-Phasenkonzepts, Vermittlung des Einfrierungszeitpunkts („dead line"), Unterschätzung der Bedeutung der Projektplanung, Lernen aus Projekterfahrungen durch einen Close-down-Workshop, Durchführung einer Projektkontrolle, Lernen aus Nachkontrollergebnissen, Bewußte Gestaltung des Projektklimas, Betroffenen-orientierte Eingliederung externer Berater, Projektführungsgrundsätze und -führungsstil, überschaubare Projektdauer, sonst Teilprojektbildung

6.) 9 Kriterien (BUNDSCHUH, AL-BAGHDADI 1986)		
	Projektbeteiligte Konflikte antizipieren, hohe Qualität der Projektleitung, persönliche Eigenschaften und Erfahrungen des Projektleiters, praxisorientierte Projektmanagement-Ausbildung, Steuerung emotionaler Situationen, themenorientierte Kommunikation, Lernerfolg durch Prozeßanalyse/Selbstreflexion sicherstellen	**Projektmanagement** fundierte Planung, Steuerung organisatorischer Vorgänge
7.) 16 Kriterien (STÄHLI 1991)		
Projektfaktoren unzureichende Zielvereinbarung, ungenügende Inhaltsdefinition, lückenhafte Kenntnis der Konkurrenz, ungenügende Qualität der Zulieferung, Zahlungsunfähigkeit der Zulieferer, höhere Gewalt (Kursschwankungen, Naturkatastrophen, Personalwechsel), falsche Beurteilung erreichbarer Marktanteile und Preise, falsche Beurteilung der technologischen und technischen Anforderungen, falsche Beurteilung der Verkaufsmöglichkeiten	**Projektbeteiligte** zu wenig finanzieller Anreiz, inadäquate Führung des Projektteams	**Projektmanagement** ungenügende Planungsrevision, mangelnde Koordination und Information, mangelhafte Projektkontrolle (Abläufe), falsche Beurteilung der Herstell- und Fabrikationskosten, falsche Beurteilung der Entwicklungsmöglichkeiten, falsche Beurteilung der Produktionsmöglichkeiten
8.) 7 Kriterien (JONES, RUBIN 1996)		
Projektfaktoren Größe des Projekts, Komplexität des Projekts, Restriktionen (d.h. Performance, Sicherheit, etc.), Art des Projekts (Neuentwicklung, Weiterentwicklung, Wartung), Klasse des Projekts (internes -, externes -, militärisches Projekt), Art der Anwendung (Online-System, Client-Server-System), Menge des schleichenden Funktionszuwachses		
9.) 18 Kriterien (KETT 1990, S. 51 f)		
Projektorganisation fehlende Projektleitung, kollektive Nichtverantwortung, unzureichende Kompetenzausstattung, Projektwildwuchs, Planungsfehler, Dokumentationsmängel, Stellung des Projektleiters, Managementbereitschaft zur Auseinandersetzung mit Projektmanagement, ausreichende Schulung aller Beteiligten, Unterstützung des Projektleiters mit geeigneten Instrumenten		**Projektcontrolling** Steuerungsfehler, Überwachungsfehler, operatives Projektcontrolling, systematisches Einbetten der Multiprojektplanung, Einsteuerung in den Unternehmensweiten Planungsprozeß, Abstimmung mit Unternehmensstrategie
10.) 14 Kriterien (MRESSE 1993, S. 92)		
allgemeine Faktoren (Naturgewalten) Komplexität der Probleme (Schmetterlingseffekt), Realitätsverzerrungen, Abbau kognitiver Dissonanzen bei Mißerfolgen (Selbstverleugnung), Lernen durch Versuch und Fehlschlag (trial and error, „Heuristik")	**menschlich soziale Faktoren (Projekt)** gegenseitiges In-Schutz-nehmen (la folie à deux), fehlendes „post project appraisal" (mangelnde Selbstkritik), Bestrafung von Unschuldigen (Suche nach Sündenböcken) **Informatik-Faktoren**	

	Informatikteams sind anders als andere Projektteams, Selbstverständnis der Informatik (Informatik zwischen Ingenieurarbeit und Kunst), Lösung organisatorischer Probleme mit unzulänglichen Informatikmitteln, Herstellergläubigkeit, Lernen von Herstellern, fehlende/mangelhafte Qualitätssicherung, Programmieranarchismus	
	11.) 9 Kriterien (ZAWROTNY 1995)	
Projektfaktoren Projektumfeld (sich ändernde Anforderungen, Neinsagen zu Terminvorgaben, Unterplanung)	**Projektbeteiligte** Fachkenntnis, Mitarbeiterskills (Experten,...)	**Projektmanagement** unrealistische Restriktionen (Mitarbeiter, Budget, Qualität, Hardware), Aufgabenabhängigkeiten, Arbeitskosten, Fixkosten (Overhead), Zeitrestriktionen, umfangreiche Tätigkeitslisten, Vergangenheitsdaten (akkurate Schätzungen)

Abbildung 1.7-4: Kategorisierung der Projekterfolgskriterien gemäß Literaturauswertung

Es fällt auf, daß nur vier der elf Autoren ganzheitlich Kriterien betrachten, die sich allen drei Welten zuordnen lassen. Dieses Verhalten ist typisch für die Literatur zu den Kriterien. **Ganzheitliche Ansätze im Projektmanagement sind auch heute noch eher die Ausnahme.** Projektleiter, die kein Tool zur Bewertung von Erfolgskriterien zur Verfügung haben und die Planung ihres Projekterfolgs überprüfen wollen, können sich **Checklisten (oder Kriterienkataloge)** aus der Literatur heranziehen. Weitere umfangreiche und empfehlenswerte **Checklisten zum verhaltensorientierten Bereich des Projektmanagements** sind in der einschlägigen Literatur zu finden (HANSEL 1987, KARNOWSKY 1996). Wie erfolgreich bzw. wann ein Projekt erfolgreich ist, kann also auch anhand von Kriterienkatalogen und Checklisten „gemessen" werden. Wie man den Erreichungsgrad dieser Kriterien schätzt, ist ein subjektives Problem meist des Projektleiters. **Im Idealfall sollten solche Bewertungen in Reviews mit allen Stakeholdern durchgeführt werden, um eine möglichst objektive Einschätzung zu ermöglichen.**

1.7.2.2 ... in der Studie von Gemünden

Gemünden hat 23 zugängliche empirische Studien ausgewertet (Abbildung 1.7-5), die Mehrzahl aus Nordamerika. Da Knöpfel u.a. festgestellt haben (KNÖPFEL 1992), daß in den englischsprachigen Ländern „starke" Formen des Projektmanagements sehr viel häufiger anzutreffen sind als in Deutschland, fragt er, „inwieweit man empirische Ergebnisse aus diesem Sprach- und Kulturraum auf Deutschland übertragen kann." (GEMÜNDEN 1992, S. 158)

Art der untersuchten Projekte	Art der untersuchten Einflußfaktoren	
	viele verschiedene Faktoren	spezifische Faktoren
verschiedene Arten	2	2 (1)
F & E- Projekte	5	9 (3)
Bauprojekte	1	
Software-Projekte		1
F & E- Bereiche		3 (1)

Abbildung 1.7-5: Untersuchungsobjekte der empirischen Studien (die Zahlen in Klammern geben die Anzahl deutscher Studien an) (GEMÜNDEN 1992, S. 157)

Für den Vergleich wählt er einen Bezugsrahmen aus dem Projektsystem (untergliedert in Projektleiter, Projektteam, Projektdefinition, Projektplanung, Projektsteuerung und -führung, Projektmanagementtools und Projektmerkmale), der Auftragnehmer- und der Auftraggeber-Organisation sowie dem Kontext (externe Projektumgebung). Abbildung 1.7-6 gibt in Zahlen an, wie oft der jeweilige Faktor untersucht wurde.

1.7 Projekterfolgs- und -mißerfolgskriterien

1. Auftragnehmer-Organisation	Σ: 41
• Ressourcen, Know-how	10
• Organisationsstruktur	6
• Top-Management-Support	8
• Schulung und Beratung Projektteam	2
• Zusammenarbeit Abteilungen	8
• Verhältnis Projekt-Linie	7
2. Auftraggeber-Organisation	Σ: 5
• Unterstützung des Projekts	2
• Verhältnis zum Projektteam	3
3. Projektleiter	Σ: 37
• Fachkompetenz	5
• Führungsqualität, soziale Kompetenz	5
• Managementfähigkeiten	6
• Entscheidungskompetenzen	12
• Projektidentifikation	5
• Beteiligung am Projekt (von/bis)	2
• Beeinflussung Projektziele	2
4. Projektteam	Σ: 18
• Fachkompetenz	3
• Soziale Fähigkeiten, Teamgeist	3
• Entscheidungskompetenzen, Partizipation	5
• Projektidentifikation, Motivation	5
• Fluktuation / Kontinuität	1
• Anpassungsfähigkeit an Änderungen	1
5. Projektdefinition	Σ: 21
• Ideenursprung	
• Ideensuche	
• Ideenselektion	
• Feasibility-Study	
• Zieldefinition und -kommunikation	
6. Projektplanung	Σ: 17
• Planungsintensität	6
• Termin- und Kostenplanung	6
• Anforderungsanalyse	5
7. Projektsteuerung und -führung	Σ: 25
• Termin- und Kostenkontrolle	5
• Leistungs- und Qualitätskontrollen	5
• Berichtswesen, unpersönliche Kommunikation	2
• Persönliche Kommunikation	3
• Organisation Gruppenarbeit, Kooperation	3
• Bewältigung von Krisen	2
• Zieländerungen	5
8. Projektmanagement-Tools	Σ: 8
• Projektstrukturplan	4
• Netzplantechnik	3
• Multiprojektmanagement-Tools	1
9. Merkmale des Projekts	Σ: 33
• Komplexität, Umfang	8
• Relevanz, erwartete Auswirkungen	6
• Innovationsgrad, Unsicherheit	7
• Dringlichkeit, Zeitdruck	8
• Art, Inhalt des Projekts	4
10. Externe Projektumgebung	Σ: 20
• Technologische Einflüsse	6
• Wirtschaftliche Einflüsse	9
• Politische und soziale Einflüsse	5

Abbildung 1.7-6: Ergebnisse der Metaanalyse (GEMÜNDEN 1992, S. 160f)

Er kommt zu folgenden Schlüssen:

> „Wie man aus den Häufigkeiten unschwer erkennen kann, gelten zumindest aus Sicht der Forschung die Merkmale der Auftragnehmer-Organisation, des Projektleiters, des Projektteams und der Projektdefinition als die wichtigsten Einflußblöcke. **Es fällt auf, daß personalen Faktoren ein wesentlich höheres Gewicht zukommt als technokratischen Instrumenten ... .** Es kommt entscheidend darauf an, die Ziele eines Projektes gründlich zu analysieren und angemessen zu kommunizieren" (GEMÜNDEN 1992, S. 162f)

1.7.2.3 ... in der Studie von Selin/Selin

Selin und Selin haben 1986 bis 1994 insgesamt 2163 im Projektmanagement arbeitende Personen aus 33 Firmen in 430 Workshops, die auf 144 Kursen und Seminaren durchgeführt wurden, nach Projekt-Mißerfolgskriterien und Projekterfolgskriterien befragt (Abbildung 1.7-7).

Firmen	Anzahl	Anzahl Teilnehmer in	
		Kursen	Seminaren
Produzierende Industrie	13	485	79
Verarbeitende Industrie	4	285	8
Öffentliche Verwaltung	1	603	54
Verwaltungsbetriebe	2	193	10
Dienstleistungsbetriebe	5	196	19
Forschungsbetriebe	8	213	8
Σ	33	1.975	178

Abbildung 1.7-7: Anzahl/Art der Firmen/Teilnehmer (SELIN 1994, S. 514)

Sie kommen zu dem Ergebnis, daß die Hauptgründe für den Mißerfolg von Projekten (mit 36% der Nennungen) in Organisation und Management liegen (Abbildung 1.7-8).

Organisation und Management	36,2 %
Ziele	19,6 %
Planung und Monitoring	15,0 %
Ressourcen	10,3 %
Zulieferer	4,0 %
Technische Frage	3,7 %
Umfeld und restliche	11,2 %

Abbildung 1.7-8: Gründe für Projekt-Mißerfolg (alle Antworten) (SELIN 1994, S. 515)

Diese Gründe für den Bereich Organisation und Management wurden dann weiter detailliert untersucht (Abbildung 1.7-9).

1.7 Projekterfolgs- und -mißerfolgskriterien

Linie/Projekt-Koordination	44,1 %
Projektteam	25,5 %
Linienorganisation	23,2 %
Projektorganisation	7,3 %

Abbildung 1.7-9: Gründe für Projekt-Mißerfolg (nur Org. und Management) (SELIN 1994, S. 516)

In einer weiteren Abfrage wurden von Ihnen folgende Erfolgskriterien ermittelt:

Persönliche Beziehungen	**49,8 %**
Ziele	17,3 %
Routine, Kontrolle	12,1 %
Projektumfang	9,8 %
restliche	11,0 %

Abbildung 1.7-10: Gründe für Projekterfolg (alle Antworten)(SELIN 1994, S. 518)

Insgesamt ziehen Selin und Selin folgende Schlüsse:

> „Wir haben gezeigt, daß die Hauptgründe für Projektmißerfolg in Multiprojekt-Organisationen ungenügende und defekte Koordination zwischen Linienorganisation und Projekten sowie zwischen Projekten liegen. Zumindest ist das die Meinung der meisten Projektteam-Mitglieder (...). **Die Hauptgründe für echten Projekterfolg sind gute Beziehungen innerhalb der Projektorganisation und gutes Projektmanagement.**" (SELIN 1994, S. 519)

1.7.2.4 Vergleich der Anteile der Kriterien

Der Vergleich der Anteile der Kriterien aus den unterschiedlichen Quellen in der folgenden Abbildung 1.7-11 zeigt deutlich das Dilemma der Projektleiter.

	Immaterielle Welt	Welt der menschlichen Erlebnisse	Zwischen-Summe (soft factors)	Materielle Welt (hard factors)
1. Generelle Erfolgskriterien des Projekts hinsichtlich der Projektziele	27 %	34 %	61 %	39 %
2. Studie von Gemünden	18 %	26 %	44 %	56 %
3. Studie von Selin / Selin a) Mißerfolg (Abb. 10) b) Erfolg (Abb. 12)	27 % 23 %	19 % 50 %	46 % 73 %	54 % 27 %
Durchschnitt	**24 %**	**32 %**	**56 %**	**44 %**

Abbildung 1.7-11: Vergleich der Anteile der Kriterien

Mehr als die Hälfte der kritischen Projekterfolgskriterien sind die „soft factors". Um so schwerer wiegt der Umstand, daß in der Praxis bewährte Methoden des Projektmanagements, bewußt oder unbewußt, nicht eingesetzt werden, denn es handelt sich um immerhin 44% der Projekterfolgskriterien (die hard factors, das Projektmanagement an sich) und damit die Basis des Projekterfolgs, die derjenige aus der Hand gibt.

1.7.3 Erfolgskriterien der Stakeholder

Entsprechend Abbildung 1.7-3 handelt es sich hier nicht um die projektbezogenen Kriterien, sondern um die der restlichen Stakeholder. Dabei lassen sich Überschneidungen nicht vermeiden. Hierbei geht es nicht so sehr um den Inhalt der Projektarbeit, sondern eher um das (fertige) Produkt, die davon Betroffenen, den Prozeß und die Umwelt. Die Studien von Gemünden und Selin/Selin ergaben keine wesentlichen Anhaltspunkte zu den Stakeholder-Kriterien.

Aus sechs Artikeln des Literaturverzeichnisses können **ca. 100 Projekterfolgskriterien** (mit Überschneidungen) ermittelt werden. Sie lassen sich wissensorganisatorisch z.B. den folgenden sechs Kategorien zuordnen:

Welt der materiellen Dinge	1. Projektumwelt, Projektumfeld	ca. 10 %
Welt der menschlichen Erlebnisse	2. Macht, Eitelkeit, Verschwendung	ca. 10 %
	3. Bequemlichkeit, Unfähigkeit, Unvermögen	ca. 15 %
	4. Fehlverhalten, Leichtfertigkeit	ca. 10 %
	5. Risiken	ca. 10 %
Welt des Immateriellen	6. Managementfunktionen im weitesten Sinne	ca. 45 %

Abbildung 1.7-12: Kategorien von Stakeholdererfolgskriterien

Es fällt auf, daß vier der sechs Kategorien zur Welt der menschlichen Erlebnisse gehören, dazu aber ebenso viele Kriterien (45%) gehören wie zur immateriellen Welt. **Die zur materiellen Welt gehörenden Kriterien (10%) können am wenigsten beeinflußt werden.** Dagegen gibt es für den Bereich des Managements (Welt des Immateriellen) sehr viele praktikable Ansatzpunkte (45%) zur Beeinflussung des Projekterfolgs. Demgegenüber stehen dann genau soviel Kriterien aus dem menschlichen und zwischenmenschlichen Bereich (35%), sowie dem Bereich der Risiken (10%). Letztere 45% sind aufgrund der Personenbezogenheit und Konfliktträchtigkeit bzw. Unabsehbarkeit (Risiken) oft nur sehr schwer beeinflußbar.

Verglichen mit den generellen Erfolgskriterien des Projekts hinsichtlich der Projektziele ist festzustellen: bei den Stakeholder-Erfolgskriterien haben die soft factors einen Anteil von 90% (Abbildung 1.7-12: 10%+10%+15%+10%+45%) gegenüber 56% (Abbildung 1.7-11: 24%+32%) und die hard factors 10% gegenüber 44%.

Die den Kategorien der Abbildung 1.7-12 zugrunde liegenden Kriterien wegen der Kompetenz und Entscheidungsspanne der beteiligten Instanzen (vor allem das höhere Management) **strategische Bedeutung und größere Auswirkung** als die Kriterien des Projekts. Diesen Kriterien muß der Projektleiter also wegen der starken Durchschlagskraft vorrangig sein Augenmerk widmen. Zur Beeinflussung solcher Kriterien empfiehlt Fürnrohr neben **Risikochecklisten** die **Stakeholderanalyse** (siehe Kapitel 1.3). Checkliste A mit Fragen zur strategischen Bedeutung eines Projekts deckt einige dieser Risikofaktoren mit ab (vgl. Kapitel 4.7).

Die große Anzahl von Kategorien und Kriterien für den Projekterfolg zeigt, daß der Projektleiter überfordert sein wird, wenn er versucht, alle zu beachten. Bei kleineren Projekten mag er noch mit einem manuellen Projektmanagementverfahren auskommen, bei mittelgroßen Projekten kaum und bei großen Projekten ist dazu eine **Unterstützung** mit geeigneter PM-Software unabdingbar.

In sehr großen Projekten empfiehlt sich neben dem Einsatz von Teilprojektleitern die bewährte Unterstützung des Projektleiters durch ein Projektoffice (Projektbüro), je nach Größe des Projekts mit einem oder mehr Mitarbeitern, die den Projektleiter z.B. bei Planungsaufgaben, Schätzungen und Projektcontrolling sowie Projektwissensmanagement (z. B. Präsentationen, Workshops) unterstützen (siehe Kapitel 1.7.4.4).

Die Fülle der Kategorien und Kriterien erschwert es, daraus **kritische Erfolgskriterien** zu ermitteln. Durch **Simulationen mit einem Schätz-Tool** bieten sich dazu Möglichkeiten, anhand bestimmter Ziele den **Einfluß einzelner Kriterien auf Kennzahlen** (Schätzmetriken, Qualitätsmetriken, Dauer, Aufwand) durchzurechnen und dadurch die **kritischen Erfolgsfaktoren für einzelne Ziele** zu bestimmen. Expertensystembasierte PC-Tools liefern beispielsweise bei Schätzungen in einer **Sensitivitätsanalyse** eine Hitliste der Kriterien, die als Anhaltspunkte für Verbesserungsmaßnahmen dienen können.

1.7.4 Ansätze für Projekterfolgsmanagement

In diesem Abschnitt wird ein Überblick über mögliche Maßnahmen gegeben, die das **Projektmanagement zu einem Projekterfolgsmanagement** machen können.

1.7.4.1 Schätzung

Vor Beginn jedes Projekts steht die Schätzung von Aufwand, Kosten, Terminen und Dauer als **Basis für eine fundierte Planung** sowie eine Messung des Projekterfolgs. Ein kontinuierliches Verfolgen („Tracking") dieser Schätzwerte liefert ein **Frühwarnsystem für Abweichungen** und Transparenz über eingetretene Änderungen. Wegen dieser fundamentalen Bedeutung wurde das Schätzen bereits mehrmals in diesem Kapitel angesprochen.

Schätzung sollte kein Selbstzweck sein, sondern der Entscheidungsfindung dienen. Deshalb sollten Schätzungen stets kritisch hinterfragt werden, auch um Parameter offenzulegen, die eine Schätzung a priori stark beeinflussen. **Schätzen hat mit Ungewißheit zu tun**, d.h. je früher eine Schätzung erfolgt, desto größer ist die Bandbreite der Schätz-Unschärfe. Bei besonders großer Schätzunsicherheit sollten mehrere Schätzmethoden eingesetzt werden, um vergleichen zu können.

Zum Schätzen werden Informationen über ein Schätzobjekt benötigt. Je klarer sie sind, desto genauer kann geschätzt werden. Die größte Gefahr beim Schätzen besteht in der beharrlichen Forderung des Managements nach einer verfrühten Schätzung und führt dann meistens dazu, daß Schätzen mit Verhandeln verwechselt wird.

Schätzen ist ein mit Widerstand verbundener Prozeß (nicht schätzen wollen, sich nicht festlegen wollen, man wird damit bewertbar), was die Frage nach der **Schätz-Ehrlichkeit** aufwirft.

Allgemein gilt, daß jede dokumentierte Schätzung genauer ist als eine nicht dokumentierte Schätzung. **Das Hauptproblem beim Schätzen besteht in nicht vorhandener Dokumentation** und damit fehlender Erfahrung über frühere Schätzungen. Je besser und je mehr Schätzungen dokumentiert werden, desto besser kann geschätzt und Erfahrung im Schätzen erworben werden.

Schätzungen liefern Planzahlen, deren Einhaltung in kontinuierlichem Tracking verfolgt werden kann. Damit ist eine Erfolgsmessung möglich. **Paradoxerweise wird aber von den Projektleitern bei der Bewertung ihrer Projekte nur wenig gemessen.**

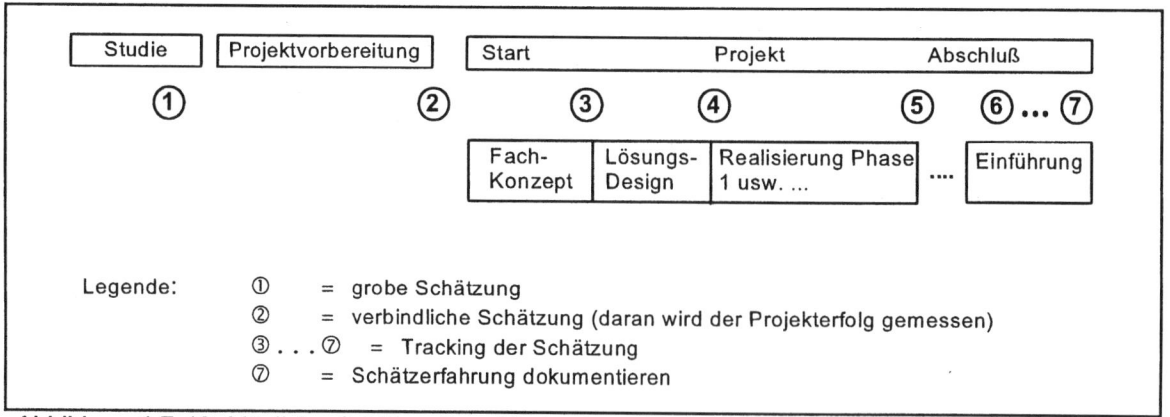

```
┌─────────────────────────────────────────────────────────────────────┐
│  ┌────────┐ ┌──────────────────┐ ┌─────────────────────────────────┐│
│  │ Studie │ │ Projektvorbereitung│ │ Start      Projekt    Abschluß ││
│  └────────┘ └──────────────────┘ └─────────────────────────────────┘│
│      ①              ②              ③    ④        ⑤    ⑥ ... ⑦      │
│                                  ┌──────┬──────┬──────────┐ ┌──────┐│
│                                  │Fach- │Lösungs│Realisierung Phase│....│Einführung││
│                                  │Konzept│Design │1 usw. ...│ │      ││
│                                  └──────┴──────┴──────────┘ └──────┘│
│                                                                     │
│  Legende:    ①    = grobe Schätzung                                 │
│              ②    = verbindliche Schätzung (daran wird der Projekterfolg gemessen)│
│              ③...⑦ = Tracking der Schätzung                         │
│              ⑦    = Schätzerfahrung dokumentieren                   │
└─────────────────────────────────────────────────────────────────────┘
```

Abbildung 1.7-13: Mögliche Schätzzeitpunkte in einem Projekt

Bei der Zeit- und Aufwandsschätzung ist besonders auf die Erfordernisse des **Schätzcontrolling** hinzuweisen, d.h., Schätzen sollte mit wachsendem Erkenntnisstand im Laufe des Projektfortschritts wiederholt werden (Tracking), um die ermittelten Werten zu aktualisieren und zu präzisieren sowie Erfahrungen für zukünftige Schätzungen zu dokumentieren. Nur durch ein solches konsequentes **Schätzmanagement** kann langfristig **Schätzerfahrung** erworben werden. Deshalb sollten Schätzungen grundsätzlich nachprüfbar sein, auch um Vergleichsmöglichkeiten zu bieten. Abbildung 1.7-13 verdeutlicht diesen kontinuierlichen Schätzprozeß in einem Projekt:

1.7.4.2 Erfolgsorientierte Planungsaspekte

Drei verbreitete Thesen seien als Motto zum Thema Planung vorangestellt:

- Planen ist die Lust der Vernunft, Improvisieren die Wonne der Phantasie.
- Ziele ohne Pläne sind der Ausdruck kindlichen Vertrauens in die Güte einer unbekannten Macht.
- Planung ohne Kontrolle ist sinnlos, Kontrolle ohne Planung unmöglich.

Planung steht am Ende der Schritte von der Improvisation bis zur Entscheidung:

| Improvisation → Analyse → Prognose → Bewertung → **Planung** → Entscheidung |

Planung impliziert Tun. Sie ist die gedankliche Vorwegnahme zukünftigen Handelns und damit notwendigerweise zielgerichtet. Andererseits ist Planung ein emotionaler Prozeß, mit dem menschliche Widerstände (nicht planen wollen, nicht kontrollieren wollen) einher gehen und letztendlich die Frage nach der unbedingt einzuhaltenden **Planehrlichkeit** aufwerfen.

1.7.4.2.1 Projektpriorisierung

Auch die **Projektplanung** muß regelmäßig aktualisiert werden. Nur so ist feed foreward möglich, d.h., Lernen aus der Vergangenheit für zukünftige Planung. **Das Ergebnis der Planung bildet die Grundlage für die Organisation und Durchführung des Projektmanagements.** Die Praxis zeigt aber häufig, daß in dieses Projekterfolgskriterium eher zuwenig investiert wird.

1.7 Projekterfolgs- und -mißerfolgskriterien

Effektive Projektplanung bedeutet soviel Projektplanung wie nötig, aber sowenig wie möglich:

Soviel Projektplanung wie nötig, weil Planung	So wenig Projektplanung wie möglich, weil Planung
- die Effizienz von Handeln erhöht	- vom Handeln abhält
- Risiken/Chancen aufdecken hilft	- Zeit kostet
- Zeitdruck bei Entscheidungen reduzieren hilft	- aufwendig ist
- Komplexität reduziert	- Flexibilität einschränkt
- Unsicherheit und Konflikte reduziert	- mit zunehmendem Umfang komplizierter wird
- Transparenz schafft	- "schlafende Hunde weckt"
- Vernetzung (Schnittstellen) ermöglicht	- Kreativität einschränkt"

Abbildung 1.7-14: Widersprüchlichkeit der Planungsintensität

Eine bewährte Entscheidungshilfe zur **Priorisierung vieler Projekte** bietet die **Portfolioanalyse** (Abbildung 1.7-15).

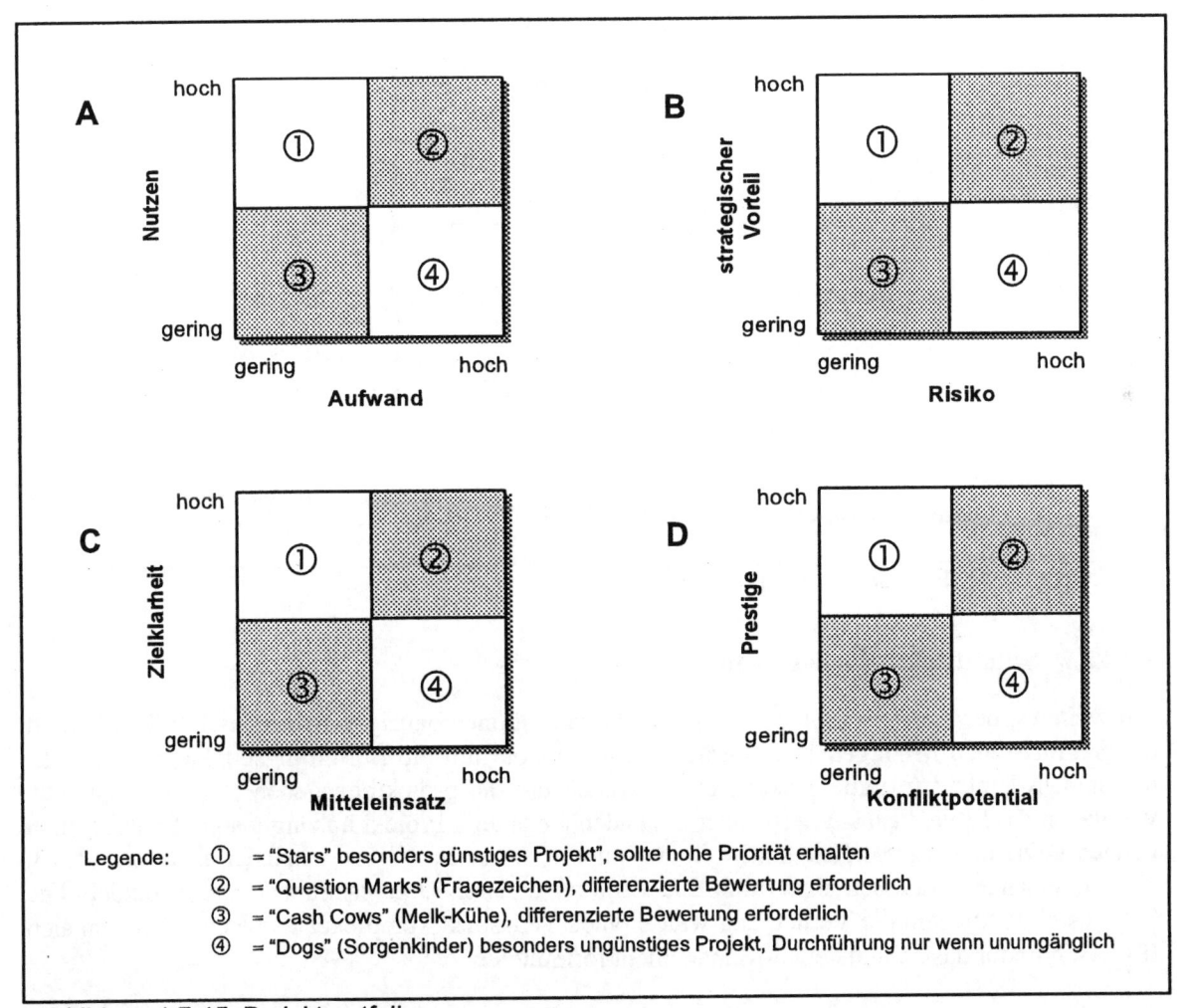

A: Nutzen (gering/hoch) vs. Aufwand (gering/hoch) — ① ② ③ ④
B: strategischer Vorteil (gering/hoch) vs. Risiko (gering/hoch) — ① ② ③ ④
C: Zielklarheit (gering/hoch) vs. Mitteleinsatz (gering/hoch) — ① ② ③ ④
D: Prestige (gering/hoch) vs. Konfliktpotential (gering/hoch) — ① ② ③ ④

Legende:
- ① = "Stars" besonders günstiges Projekt", sollte hohe Priorität erhalten
- ② = "Question Marks" (Fragezeichen), differenzierte Bewertung erforderlich
- ③ = "Cash Cows" (Melk-Kühe), differenzierte Bewertung erforderlich
- ④ = "Dogs" (Sorgenkinder) besonders ungünstiges Projekt, Durchführung nur wenn unumgänglich

Abbildung 1.7-15: Projektportfolios

Im Anwendungsfall (A) werden Projekte bezüglich Nutzen und Aufwand gegenübergestellt, in den anderen drei Beispielen bezüglich strategischem Vorteil und Risiko (B) bzw. Zielklarheit und Mitteleinsatz (C) sowie Prestige und Konfliktpotential (D). Je nach Anordnung in einem der vier Quadranten des Portfolio-Diagramms sieht man sofort welche Projekte **besser (stars)** oder **schlechter (dogs)** bezüglich der beiden Parameter abschneiden. Die Projekte in den beiden anderen Quadranten (**question marks** bzw. **cash cows**) sind dann einer differenzierteren Betrachtung zu unterwerfen (speziell die question marks), um sie zu priorisieren. Da die cash cows geringe Aufwände verursachen, empfiehlt es sich, diese Projekte mit freien Restkapazitäten durchzuführen. Sie sind als Lückenfüller geeignet. Man kann in jedem der Portfolios auch noch einen **dritten Parameter** unterbringen, wenn man den Kreisdurchmesser für das einzelne Projekt entsprechend der Ausprägung dieses Parameters kleiner oder größer wählt.

Die Portfolioanalyse ist eine wertvolle Entscheidungshilfe bezüglich zwei oder drei Entscheidungskriterien, da sie die visuelle Wahrnehmung unterstützt (ein Bild sagt mehr als tausend Worte). Sie wurde 1968 durch die Boston Consulting Group eingeführt, die damit strategische Geschäftseinheiten bezüglich Marktwachstum und Marktposition beurteilte. Später entwickelten dann McKinsey & Company eine Variante, in der sie die Achsen in gering, mittel und hoch einteilten und somit eine (3×3=) 9-Felder-Matrix erhielten, mit der sie Marktattraktivität und Produktstärke von Produkten beurteilten. Eine entsprechende Einsatzmöglichkeit für ein Projektportfolio zeigt Abbildung 1.7-16.

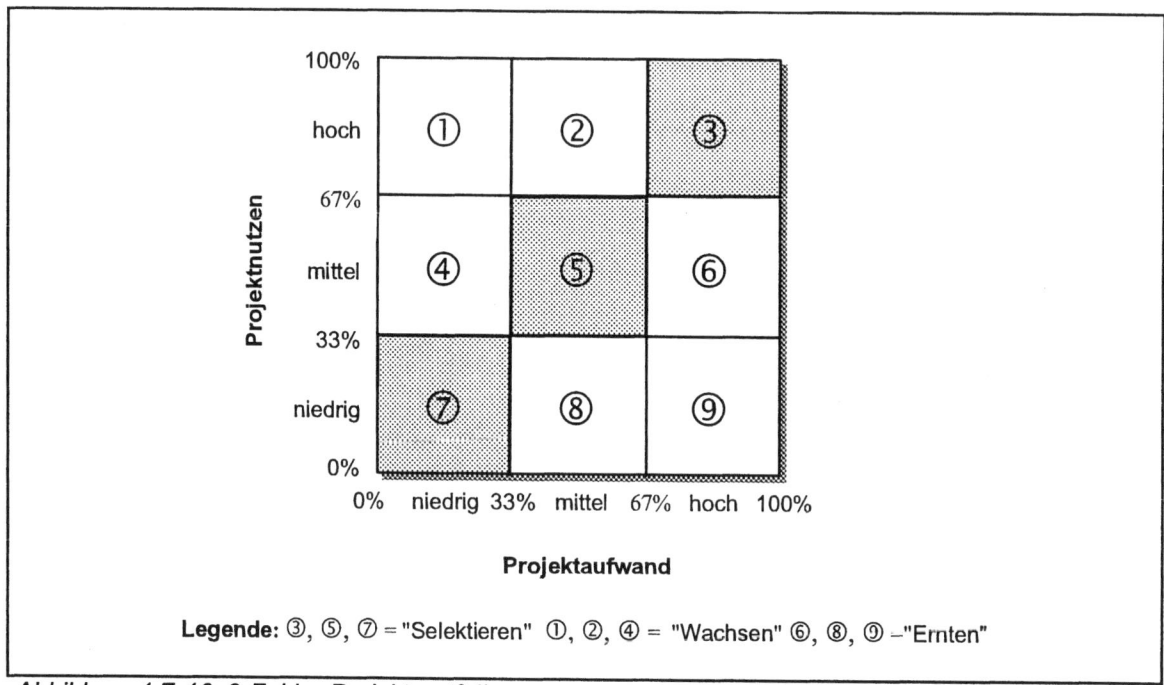

Abbildung 1.7-16: 9-Felder-Projektportfolio

1.7.4.2.2 Schnittstellen-Management

Ein weiteres, besonders in großen, vernetzten Organisationen häufig auftretendes Problem betrifft das **Schnittstellen-Management**. Hierbei geht es sowohl um die Berührungspunkte des Projekts mit seinem Umfeld (externe Stakeholder) als auch um die projektbezogenen Berührungspunkte, von denen das Projekt abhängig ist, oder die andererseits vom Projekt abhängig sind. Schnittstellen geraten gerne in Vergessenheit, sind Reibungspunkte, weil man sich miteinander abstimmen muß, sich aufeinander verlassen muß und Einsatzmittel anderer Organisationseinheiten bindet. Die Schnittstellen spiegeln die Vernetzung wider, einen Teilaspekt komplexer Systeme. Es lassen sich **fünf Gebote** für das Schnittstellen-Management formulieren.

Promotionsschnittstellen	1. Gebot: Gib Deinen Projekten die lebensnotwendigen Kräfte, indem Du sie mit **Experten und Sponsoren und Champions** ausstattest!
Diffussionsschnittstellen	2. Gebot: Sichere die Einbeziehung von **zentralen und dezentralen Promotoren** nach Top-Down-Prinzipien und Bottom-Up-Prinzipien!
Arenenschnittstelle	3. Gebot: Organisiere stets gleichzeitig das Innenleben eines Projekts (**Intraprojekt-Arena**), sein Verhältnis zu anderen Projekten (**Interprojekt-Arena**) und seine Beziehung zur Linienorganisation (**Extraprojekt-Arena**)!
Kooperationsschnittstellen	4. Gebot: Prüfe, ob die Kooperation der Projektbeteiligten eher nach den **Spielregeln der Partnerschaft oder der Führerschaft** erfolgen soll!
Instrumentenschnittstelle	5. Gebot: Setze Deine strukturellen, technokratischen, personellen und informationellen **Integrationswerkzeuge** immer so ein, daß sie sich in ihrer Integrationswirkung optimal ergänzen!

Abbildung 1.7-17: Die fünf Projekt-Schnittstellen und -Gebote (REISS 1991, S. 28ff.)

1.7.4.3 Controlling

Die Hauptaufgaben des Controlling bestehen in der Beobachtung des Verhaltens (**Monitoring**) von allen für das Projekt wichtigen Parametern (Kontrollparameter) und in der Verfolgung diesbezüglicher Meßwerte (**Tracking**) zu deren Aktualisierung, Präzisierung und **um aus Erfahrungen der Vergangenheit für die Bewältigung der Zukunft zu lernen** (feed foreward). Wie bereits an verschiedenen Stellen erwähnt, zählen zu diesen Parametern die Ziele und der Umfang des Projekts, die Schätzwerte zwecks Erfolgsmessung und Know-how-Sammlung und die Planungsgrößen. Das Tracking der Planungsgrößen kann z. B. mit der Projektstatusanalyse oder Meilenstein-Trendanalyse durchgeführt werden (siehe Kapitel 3.7)

Monitoring und Tracking

Werden Monitoring und Tracking vernachlässigt, können Projekte sehr leicht in eine Krise geraten. In **Krisen** geraten Projekte, wenn trotz Risikomanagement **wichtige Ziele massiv verfehlt** werden. Häufige Auslöser sind Konflikte aller Art, die verdeckt bleiben und nicht offen ausgetragen werden, Entscheidungsschwächen der Führung sowie die Unterschätzung der Komplexität des Projekts. Weil aber auch Projekte **per se innovativen Charakter** haben und damit den **status quo stabiler Organisationen gefährden**, sind sie von Natur aus besonders krisengefährdet.

Bekannt sind daher **die 7 Krisen eines Projekts** (nach SCHEDL 1980, S. 97), in die jedes Projekt geraten kann und von denen jeder Projektleiter zumindest einige aus eigener Erfahrung kennt:

1. Startkrise (Pionierphase)

2. Organisationskrise (intern/extern)

3. Ablaufkrise

4. Realisierungskrise

5. Selbstgefälligkeitskrise

6. Einführungskrise

7. Wartungskrise

Krisen haben aber auch eine „gute" Seite: Krisen führen dazu, daß Versäumtes nachgeholt wird. **Insofern sind Projektkrisen auch Chancen** (siehe Kapitel 2.8).

> *„Maßstab für den 'Erfolg' einer Krise ist, ob sie zu einem tragfähigen Konsens für das weitere Vorgehen führt."* (WELTZ 1992, S. 135)

Projektkrisen können durch **Risikomanagement** (siehe Kapitel 4.7) antizipiert werden, denn Vorbeugen ist effektiver als Heilbehandlung. Da Risikomanagement häufig zu spät auf massive Abweichungen hin erfolgt, empfiehlt sich der Einsatz von **Checklisten zur Einrichtung eines Frühwarnsystems**, denn frühere Entdeckung der Probleme führt zu einer höheren Wiederbelebungsrate.

Dadurch kann verhindert werden, daß der Projektleiter „weg vom agieren - hin zum reagieren" gezwungen wird. Werden die Probleme nicht behandelt, gehen sie selten von selbst weg. Insbesondere die Kategorien der Stakeholder-Erfolgskriterien (vgl. Abbildung 1.7-12) und die dazugehörigen Kriterien bieten zahlreiche Anhaltspunkte zur Erstellung von Checklisten zur **Prävention von Krisen**.

Projektsanierung

Erfolgreiches Risikomanagement kann auch zu einer **Projektsanierung** (engl.: recovery) führen, d.h. gefährdete Projekte, die auf ein Problem oder einen Abbruch zusteuern, können noch gerettet und zu einem akzeptablen Resultat geführt werden oder wenigstens überleben.

> *„Ein überraschendes Ergebnis der Untersuchung von Projektabbrüchen ist, **daß nicht alle abgebrochenen Projekte total vergebens waren**.... Es scheint, daß vielleicht zehn Prozent der abgebrochenen Projekte in zukünftigen und erfolgreicheren Projekten aufgehen."*

> *„Einige Projekte, die auf ein mögliches Problem oder einen Abbruch zusteuern, können gerettet werden und können noch ein akzeptables Resultat erzielen oder wenigstens überleben. **Solche recoveries geschehen nicht oft, und wenn, dann ist es üblicherweise Resultat einer externen Intervention** wie z.B. der Einsatz eines formalen Assessments, ein Audit oder ein Review durch eine Risk-Management-Beratung. Recovery ist nicht immer möglich."* (Jones (2))

1.7.4.4 Projekt-Wissensmanagement

Wissen ist Macht. **Nicht mitgeteiltes, nicht auffindbares, nicht beachtetes, nicht dokumentiertes Wissen ist für die Organisation verloren**, bedeutet Machtverlust, Qualitätsverlust, Knowhow-Verlust, Kompetenzverlust, Effizienzverlust und evtl. Verlust von Marktanteilen. Das Wirtschaftsgut Wissen entscheidet heute zunehmend über den Erfolg von Unternehmen.

Das gilt um so mehr für Wissen über Projektmanagement innerhalb einer Organisation, da mit Projekten innovative komplexe Vorhaben bewältigt werden. Dieses Know-how muß gefunden, beschafft, bewertet, aufbereitet, erfaßt, gelagert sowie weiterverbreitet bzw. verteilt werden. Es muß ein Projekt-Wissensmanagement stattfinden (siehe Kapitel 4.8), eine aktive Auseinandersetzung also mit dem Gut „Wissen" bzw. Information".

Wissensmanagement kann zu erfolgreichem **organisationalem Lernen (Corporate Learning) in Form von Wissensansammlung und Routinevorteilen** führen (siehe Kapitel 2.5). Voraussetzung dafür ist eine fundierte Wissensorganisation und ein funktionierendes Informationsmanagement, das dafür sorgt, daß **das richtige Wissen zur richtigen Zeit am richtigen Ort verfügbar** ist.

1.7 Projekterfolgs- und -mißerfolgskriterien

Nur durch ein solches aktives Wissensmanagement kann das Know-how von Projektmanagementteams vor dem Vergessen bewahrt und für das Unternehmen wiederverwendbar und nutzbar werden, d.h., das Unternehmen zur Lernenden Organisation werden.

	Produktion von Projektmanagement-Wissen
WAS	• Das vorhandene Know-how der Mitarbeiter über Projektmanagement, Projekte, Metriken, Kennzahlen, schätzen, planen, managen usw.
WOHER / WOMIT	• Literatur (Bücher, Fachzeitschriften, Werbung), Bibliotheken • Gatekeeper, Kollegen, Teams, Berufsverbände (z. B. GPM) • Informationsdatenbanken, Information broker, Internet, Intranet, internes LAN • Projektmanagement-Schulungen, -Tagungen, -Workshops, -Vorträge • Organisationshandbuch (Projektmanagement-Handbuch, Standards, Richtlinien, Checklisten, Formulare - jeweils zum Thema Projektmanagement)
	Bewertung von Projektmanagement-Wissen
WARUM	• Bewußtsein schaffen, informieren, bewerten, Know-how erwerben/sichern, Qualität und Kompetenz steigern, Vorbereitung auf Zukunftsanforderungen
WANN	• bei Projektvorbereitung, Projektstart, Meilensteinen, Reviews, Inspektionen, Nachkalkulation • bei Analyse, Planung, Planungsreviews, Schätzung, Schätzklausur • bei Schulungen, Tagungen, Workshops und Vorträgen zu PM
WOFÜR	• Erfolg, Effizienz, Wirtschaftlichkeit, Marktvorsprung
	Verwaltung von Projektmanagement-Wissen
WIE / WOHIN	• Literatur (Bücher, Fachzeitschriften, Werbung), Bibliotheken • Gatekeeper, Kollegen, Teams, Berufsverbände (z.B. GPM) • Informationsdatenbanken, Information broker, Internet, Intranet, internes LAN • Projektmanagement-Schulungen, -Tagungen, -Workshops, -Vorträge • Organisationshandbuch (Projektmanagement-Handbuch, Standards, Richtlinien, Checklisten, Formulare - jeweils zum Thema Projektmanagement)
WER	• Gatekeeper, PL, Projektoffice, Experten, Information broker, Bibliothekare

Abbildung 1.7-18: Projekt-Wissensmanagement

Zusammenfassung

Ein einziges mißlungenes Projekt kostet mehr als aller Aufwand, der nötig ist, um geeignete Projektmanagement-Methoden schriftlich zu fixieren und zu institutionalisieren.

Projekterfolg ist das Bestimmen von Projektzielen und das Erreichen dieser Ziele. Dazu müssen im Prinzip alle wichtigen Stakeholder zufriedengestellt sein. Das kann nur bei ausreichender Zielklarheit und Messung der Zielerreichung festgestellt werden.

Projekte sind komplexe Systeme, mit denen Menschen nur schwer umgehen können. Um den Projekterfolg nicht zu gefährden, kommt es darauf an, mit einem Frühwarnsystem Überraschungen vorzubeugen. Auch sollten vorhandene Erfahrungen nicht zurückgewiesen werden oder unberücksichtigt bleiben. Intransparenz und Dynamik komplexer Systeme bedingen ein kontinuierliches Monitoring des Projektumfelds und ein Abstimmen von Schätzungen und Planungen - und zwar nicht nur zu Meilensteinen und Phasenabschnitten. Modellbildung und Simulationen können helfen, die Komplexität zu durchschauen.

Projekterfolg kann nur an der Projektzielerfüllung gemessen werden. Die Zielklarheit wird durch schleichenden Funktionszuwachs und Zielkonflikte aufgeweicht sowie durch menschliche Eitelkeiten, wie z.B. Machtkämpfe und Prestigeprojekte, boykottiert. Projektmißerfolge zeigen sich darin, daß die geforderte Qualität nicht erbracht wird bzw. die Kosten oder der Fertigstellungstermin überschritten werden. Das sind drei offensichtliche **kritische Projekterfolgskriterien**.

Die **generellen Erfolgskriterien** des Projektes hinsichtlich der Projektziele aus der Literatur zeigen, daß mehr als die Hälfte der Projekterfolgskriterien soft factors sind, und nur knapp die Hälfte hard factors (Projektmanagement im engeren Sinn). Um die Fülle der Projekterfolgskriterien zu koordinieren benötigt der Projektleiter Hilfsmittel wie Checklisten oder Tools sowie bei sehr großen Projekten die Unterstützung durch ein Projektoffice (Projektbüro).

Ein anderes Schwergewicht zeigen die **Stakeholder-Erfolgskriterien**. Hier sind 90% soft factors und 10% hard factors. Die Kriterien der Stakeholder haben wegen der Entscheidungsspanne und Kompetenz der beteiligten Instanzen (vor allem höheres Management) strategische Bedeutung und größere Auswirkungen als die Kriterien des Projekts. Risikomanagement und Stakeholderanalysen können dem Projektleiter, neben Simulationen mit Tools, helfen, den Überblick zu bewahren.

Fazit ist ein **ganzheitlicher Ansatz** „Projekterfolgsmanagement", das sich auf die folgenden vier Säulen stützt:

1. **Sorgfältige Schätzung** als Basis für eine fundierte Planung und als Frühwarnsystem für Abweichungen.

2. **Fundierte Planung** als Grundlage für die Organisation und Durchführung des Projektmanagements. Portfolioanalysen können bei der Entscheidung über die Auswahl der richtigen Projekte helfen und Schnittstellenanalysen um die Vernetztheit „in den Griff zu bekommen":

   Zur Schätzung und Planung gehören kontinuierliches Tracking der Schätzwerte und Planungsparameter. Wer diese Projektmanagement-Aufgabe nicht wahrnimmt, handelt grob fahrlässig!

3. **Projektcontrolling** durch kontinuierliches Monitoring aller für das Projekt wichtigen Kontrollparameter um Projektkrisen vorzubeugen und durch Erfahrungen der Vergangenheit (Ist-Werte) Ergebniswerte für die Zukunft zu prognostizieren (feed foreward), damit ein frühzeitiges Agieren statt Reagieren möglich wird. Gerät ein Projekt trotz Risikomanagement in eine Krise, so kann es in vielen Fällen durch eine Projektsanierung gerettet werden.

4. **Projekt-Wissensmanagement** sorgt dafür, daß Know-how beschafft, bewertet, aufbereitet, erfaßt, gelagert sowie weiterverbreitet wird, damit das richtige Wissen zur richtigen Zeit am richtigen Ort verfügbar ist und Corporate Learning möglich wird. Dabei ist die Informationsbeschaffung häufig ein größeres Problem als die Auswertung von Informationen.

Insgesamt zeigt sich, daß Projektmanagement ein komplexes System ist, d.h. Vernetzung, Dynamik und Intransparenz bewältigen muß. **Es zeigt aber auch, daß mit ganzheitlichem Projekterfolgsmanagement Steuerungsmöglichkeiten der kritischen Projekterfolgskriterien existieren.**

Literaturverzeichnis

ASHBY, W.R.: Einführung in die Kybernetik; Frankfurt a.M. 1974

BALTIN, E.: Rechnergestützte Meilenstein-Trendanalyse mit Excel: „Grafischer Front-End-Prozessor" - Controlling bei Entwicklungsprojekten; Die Computer Zeitung, Nr. 9, 8. 4. 1992, S. 3.

BREHMER, B.: Problem Solving, Decision Making and Complexity; 13th WACRA Conference „Complex Problem Solving"; Technische Universität München, 17.-19.6.1996

BROCKHAUS Enzyklopädie in vierundzwanzig Bänden: Band 6, Neunzehnte, völlig neubearbeitete Auflage; Verlag F.A. Brockhaus, Mannheim 1993, S. 515

BULLINGER, Koll, Niemeier, Führungsinformationssysteme (FIS)- Ergebnisse einer Anwender- und Marktstudie, FBO-Verlag, 1993

BUNDSCHUH, M.: Problemlösen durch kybernetisches Projektmanagement, in: Klaus Henning, Bertram Harend (Hrsg.), Methodik und Praxis der Komplexitätsbewältigung; Duncker & Humblot, Berlin 1992

BUNDSCHUH, M.; Al-Baghdadi, W.: Projektarbeit verlangt den richtigen Mann zur richtigen Zeit am richtigen Ort: Realitätsferne Ausbildung rächt sich im Alltag; Computerwoche, 14. August 1986, S. 21

BUNDSCHUH, M.; Gaußelmann, D.: A Program for the Simulation of Cybernetic Circuits; 6. Workshop der DGOR-Arbeitsgruppe „Entscheidungstheorie und Anwendungen", Alexisbad, 11.-13.3.1996

BUNDSCHUH, M.; Peetz, W.; Siska, R.: Aufwandsschätzung von DV-Projekten mit der Function-Point-Methode - Grundlagen, Fallstudien, Lehrmaterial; Schriftenreihe der Gesellschaft für Projektmanagement, Verlag TÜV Rheinland, Köln 1991

CLELAND, D., Die strategische Bedeutung von Projekten; GPM Nachrichten, Heft 18 1989 S. 62

DÖRNER, D., Kreuzig, H.W., Reither, F. & Stäudel, Th. (Hg.): Lohhausen: Vom Umgang mit Unbestimmtheit und Komplexität, Bern, Huber Verlag, 1983

DÖRNER, D. (1): Die Logik des Mißlingens, Strategisches Denken in komplexen Situationen; Rowohlt, Reinbek bei Hamburg 1989

FISCHER, R.-P.; Bundschuh, M.: Praxis der Entscheidungstechnik; R. G. Fischer Verlag, Frankfurt/Main 1994

FÜRNROH, M.:, Projektorientierte Risikoanalyse; GPM, Projekt Management Heft 1&2 1990, S. 46-50

FÜTING, U.; Lang, M.: Eine Kur für das IT-Projekt; Business Computing Heft 10/1993, Seiten 48f

GEMÜNDEN, H.G.: Erfolgsfaktoren des Projektmanagements - eine kritische Bestandsaufnahme der empirischen Untersuchungen, Projekt Management, Heft 1&2 1990, Seiten 4 - 15

GEMÜNDEN, H.G.: Erfolgsfaktoren des Projektmanagements - ein State of the Art Report, Projektmanagement-Forum 1992, Seiten 156 - 169

HANSEL, J.; Lomnitz, G.: Projektleiter-Praxis; Springer Verlag, Berlin Heidelberg New York 1987

JONES, C.: Applied Software Measurement, Assuring Productivity and Quality; McGraw-Hill, Inc., New York 1991

JONES, C. (1996a): Patterns of Software Systems Failure and Success; International Thomson Computer Press, Bonn Boston London 1996

JONES, C.: Assessment and Control of Project Risks; Prentice Hall 1994

JONES, C.: The Pragmatics of Software Process Improvements; Software Productivity Research Inc., Boston, September 8, 1995

JONES, C. (1996b): The Impact of Software Cost Estimating on Projects that Fail or Succeed; „...Knowledge Base", Volume 5, Issue 1, Software Productivity Research Inc., Boston 1996

JONES, C. (1996c): Strategies for managing requirements creep; Computer, IEEE, Vol 29. No. 6 June 1996

JONES, C.; Rubin, H.: Software Assessments and Benchmarks; „...Knowledge Base", Volume 5, Issue 2, Software Productivity Research Inc., Boston 1996

KARNOWSKY, H.; Zsifkovits, H.E.: Ein methodischer Leitfaden zum Einsatz von Standard-Software in der Projektarbeit - Integriertes Projektmanagement mit „PM-Expert"; Expert Verlag und Linde-Verlag, Renningen-Malsheim 1996

KATTLER, T.: Der Nutzen von DV-Projekten läßt sich bewerten: Sieg nach Punkten; Business Computing, Heft 1 1993, Seiten 94 - 96

KELLNER, H.: Die Kunst, DV-Projekte zum Erfolg zu führen - Budgets - Termine - Qualität, Carl Hanser Verlag, München Wien 1994

KETT, I.: Projekte erfolgreicher managen; HARVARDmanager Heft 4/1990, Seiten 50 - 55

KNÖPFEL, H.; Gray, C.; Dworatschek, S.: Projektorganisationsformen: Internationale Studie über ihre Verwendung und ihren Erfolg; GPM, Projekt Management Heft 1 1992, S. 3-14

KOLKS, U.: Konfigurationsmanagement - Eine Methode zur Bewältigung von Änderungsprozessen in Softwareprojekten; zfo, Heft 4/1987, Seiten 249 - 254

KROPFBERGER, U.; Mussnig, W.: Eitelkeit als Ursache für Verschwendung und Cash-Flow-Vernichtung; Universitäts-Club Klagenfurt, 1.-15.6.96

LECHLER, T.: Einflußfaktoren des Projekterfolgs - Bericht aus einem laufenden Projekt, Projektmanagementforum 1992, Seiten 256 - 267

LÖCKENHOFF, H.: Zur Vermittlung von Ordnungswissen; Vortrag auf der 7. Jahrestagung der Ges. f. Klassifikation e.V., Königswinter, 5.-8.4.1983

MEYER zum Alten Borgloh, P.: Darstellung und Kategorisierung ausgewählter persönlicher Erfolgsmethoden; Diplomarbeit, Fachhochschule Köln, Fachbereich Informatik, Prüfer: Dipl.-Math. Manfred Bundschuh/Prof. Dr. jur. Manfred Richter, Gummersbach, 3.2.1996 (Veröffentlichung als Buch in Vorbereitung)

MRESSE, M.; Arnold, M.: Informatikprojekte: Wanderung mit bester Aussicht am Rande des Abgrunds; io Management Zeitschrift, 62 (1993) Nr. 6, Seiten 88 - 93

NOTH, T.; Kretzschmar, M.: Aufwandschätzung von DV-Projekten - Darstellung und Praxisvergleich der wichtigsten Verfahren; Springer Verlag, Berlin, Heidelberg, New York, Tokio 1984

PINTO, J. K.: Project Implementation: A Determination Of Its Critical Success Factors, Moderators And Their Relative Importance Across The Project Life Cycle, Dissertation, University of Pittsburgh, 1986

POPPER, K.: Objektive Erkenntnis; Hoffmann und Campe, Hamburg 1993

RAHMSTORF, G.: Wissensorganisation und Wissensvertextung in: Deutsche Sektion der ISKO e.V. (Hrsg.): Konstruktion und Retrieval von Wissen, Fortschritte in der Wissensorganisation Band 3 (FW-3), Indeks Verlag, Frankfurt/Main 1995

REISS, M.: Eine Spielanleitung für die Organisation von Projekten; io Management Zeitschrift, 60 (1991) Nr. 7/8, Seiten 27 - 31

REYES, G.: Wider die Vergeßlichkeit - Wissensmanagemnet im Unternehmen; cogito 1-96, Seiten 42 - 44

SAYNISCH, M.: Business Reengineering - Radikale Veränderungen durch Projektmanagement 2. Ordnung, in: D. Lange; BDU; GPM (Hrsg.): Management von Projekten - Know-how aus der Beraterpraxis, Schäffer-Poeschel Verlag, Stuttgart 1995

SCHEDL, U.: Progressive Systeme, progressives Projektmanagement - die interdisziplinäre Dimension des Projektmanagement, Internationaler Kongreß für Datenverarbeitung (IKD), Berlin 1980, Seiten 95 -99

SCHELLE, H.: Projektstakeholder- und Projektannahmenanalyse; GPM, Projekt Management Heft 3 1991, Seiten 27 - 32

SCHELLE, H.: Mehr Transparenz durch Projektmanagement: Planung mit System; Business Computing, Heft 8 1993, Seiten 88 - 90

SELIN, G.; Selin, M.: Reasons for Project Management Failure in Multiproject Environment using Matrix Organization, Proceedings of Internet Florence 1992, Vol. 2, pp 447 - 459

SELIN, G.; Selin, M.: Reasons for Project Management Success and Failure in Multiproject Environment, IPMA Weltkongreß Oslo, 1994, Band 2, Seiten 513 - 519

STÄHLI, H.: Wie man aus einem Problem ein Projekt macht; io Management Zeitschrift, 60 (1991) Nr. 5, Seiten 41 - 45

STEINLE, C.; Daum, A.: Erfolgs- und Mißerfolgsfaktoren im Büro-Projektmanagement: Konzept und empirisches Schlaglicht; zfo, Heft 3 1993, Seiten 168 - 171

WEBER, D.: Auf Luft gebaut - Strategien zur Entscheidungsfindung, Manager Seminare Nr. 26, Januar 1997, Seiten 39 - 43

WELTZ, F.; Ortmann, R.G.: Das Software-Projekt, Projektmanagement in der Praxis; Campus Verlag, Frankfurt/Main; New York, 1992

WIDEMANN, M.: Managing the Project Environment in: Rechke, H., Schelle, H. (Eds.): Dimensions of Project Management, Berlin 1990 pp 51 - 69

WÜNNENBERG, H.; Stadler, U.: Die Projekt-Status-Analyse (PSA); GPM, Projekt Management Heft 4 1992, Seiten 12 - 24

ZAWROTNY, S.: Demystifying the Black Art of Project Estimating; Application Development Trends, July 1995, Seiten 36 - 44

Autorenportrait

Dipl.-Math. Manfred Bundschuh

geboren am 21.5.1946 in Frankfurt am Main, ist seit 1974 verheiratet und hat eine Tochter und einen Sohn. Nach Abschluß der Realschule absolvierte er eine Lehre als Bankkaufmann. Das Abitur erwarb er auf dem zweiten Bildungsweg am Hessenkolleg in Frankfurt und studierte anschließend Mathematik mit den Nebenfächern Physik und Astronomie. Während des Studiums arbeitete er als Operator bei IBM in Frankfurt. Nach der Ausbildung zum Studienrat war er sieben Jahre in zwei Hamburger Softwarehäusern tätig, zuerst als EDV-Fachdozent und Controller, danach als leitender Berater für Softwareengineering und Projektmanagement.

Seit 1983 ist er Methodenplaner im EDV-Ressort eines großen Versicherungskonzerns in Köln und betreut über 50 Projektleiter sowie die eingesetzten Projektmanagement-Tools. Im Rahmen dieser Tätigkeit leitete er auch 10 Jahre lang die Ausbildung der EDV-Mitarbeiter und die EDV-Nachwuchsausbildung sowie einen Prüfungsausschuß für Mathematisch Technische Assistenten der IHK zu Köln. Seitdem hatte er Lehraufträge an der Universität Hamburg, der Fachhochschule Wiesbaden und der Fachhochschule Köln (Fachbereiche Wirtschaft und Informatik) und betreute dabei über 150 Diplomarbeiten. Im Fachbereich Informatik liest er die Vorlesungen „EDV-Systementwicklung und Projektmanagement" sowie „Probleme lösen - Lösungen präsentieren".

Manfred Bundschuh ist Mitautor von fünf EDV-Fachbüchern und publizierte über 20 Veröffentlichungen zu den Bereichen EDV, Arbeitsmethodik, Managementmethoden (Analyse-, Planungs- und Entscheidungstechniken), Ausbildung und Kybernetik. Er hat mehr als 60 Vorträge gehalten, teilweise auf internationalen Fachtagungen, teilweise vor Berufsverbänden. Seit 1997 ist er zertifizierter Function Point Zähler.

Er ist **aktives Mitglied** in den Berufsverbänden DASMA (Deutscher Anwenderverband für Software-Metriken und Aufwandschätzung e.V. - stv. Vorstandsmitglied seit 1996), DGOR (Deutsche Gesellschaft für Operations Research e.V.), GfA (Gesellschaft für Arbeitsmethodik e.V.), GI (Gesellschaft für Informatik e.V.), GPM (Deutsche Gesellschaft für Projektmanagement e.V.), GWS (Gesellschaft für Wirtschafts- und Sozialkybernetik e.V.), ISKO (International Society for Knowledge Organization) und **Mitglied** in den Berufsverbänden ACM (Association for Computing Machinery, Inc.), ACM GC (German Chapter of the ACM e.V.), GABAL (Gesellschaft zur Förderung Anwendungsorientierter Betriebswirtschaft und Aktiver Lehrmethoden in Fachhochschule und Praxis e.V.), GfZ (Gesellschaft für Zukunftsgestaltung - Netzwerk Zukunft e.V.), IEEE (The Institute for Electrical and Electronics Engineers, Inc.), IFPUG (International Function Point User Group), SZF (Schweizerische Gesellschaft für Zukunftsforschung) sowie WFS (World Future Society).

Abbildungsverzeichnis

Abbildung 1.7-1: Einflußfaktoren auf dem Weg zum Erfolg (MEYER 1996, S. 7) 188

Abbildung 1.7-2: „Modell der drei Welten" (nach POPPER 1993) 191

Abbildung 1.7-3: 26 Kategorien von Projekterfolgskriterien 192

Abbildung 1.7-4: Kategorisierung der Projekterfolgskriterien gemäß Literaturauswertung 193

Abbildung 1.7-5: Untersuchungsobjekte der empirischen Studien (die Zahlen in Klammern geben die Anzahl deutscher Studien an) (GEMÜNDEN 1992, S. 157) 195

Abbildung 1.7-6: Ergebnisse der Metaanalyse (GEMÜNDEN 1992, S. 160f) 197

Abbildung 1.7-7: Anzahl/Art der Firmen/Teilnehmer (SELIN 1994, S. 514) 198

Abbildung 1.7-8: Gründe für Projekt-Mißerfolg (alle Antworten) (SELIN 1994, S. 515) 198

Abbildung 1.7-9: Gründe für Projekt-Mißerfolg (nur Org. und Management) (SELIN 1994, S. 516) 199

Abbildung 1.7-10: Gründe für Projekterfolg (alle Antworten)(SELIN 1994, S. 518) 199

Abbildung 1.7-11: Vergleich der Anteile der Kriterien 199

Abbildung 1.7-12: Kategorien von Stakeholdererfolgskriterien 200

Abbildung 1.7-13: Mögliche Schätzzeitpunkte in einem Projekt 202

Abbildung 1.7-14: Widersprüchlichkeit der Planungsintensität 203

Abbildung 1.7-15: Projektportfolios 203

Abbildung 1.7-16: 9-Felder-Projektportfolio 204

Abbildung 1.7-17: Die fünf Projekt-Schnittstellen und -Gebote (REISS 1991, S. 28ff.) 205

Abbildung 1.7-18: Projekt-Wissensmanagement 207

1.7 Projekterfolgs- und -mißerfolgskriterien

Lernzielbeschreibung

Die Leser sollen Checklisten erstellen und anwenden sowie Kriterienkataloge erstellen, vergleichen und anwenden können.

Die Leser sollen wissen:

- um die wirtschaftliche Bedeutung von Projekterfolgskriterien
- um die Erfolgsrelevanz von Analyse, Schätzung, Projektplanung, Messung, Projektcontrolling
- um die Bedeutung der Projektzielklarheit für den Projekterfolg
- um die Bedeutung der kritischen Projekterfolgskriterien
- daß Projekt-Wissensmanagement die Produktion, Bewertung und Verwaltung von Projektmanagement-Wissen umfaßt
- um den Lerneffekt durch feed foreward z.B. bei Schätzung, Planung, Controlling
- um die Bedeutung von Frühwarnsystemen für den Projekerfolg
- daß komplexe Systeme durch Behandlung ihrer Vernetztheit, Dynamik und Intransparenz gesteuert werden können
- daß die Vernetztheit komplexer Systeme durch Schnittstellenmanagement erfaßt werden kann
- daß die Dynamik komplexer Systeme nur durch kontinuierliches Monitoring und Tracking kritischer Parameter erfaßt werden kann
- daß die Intransparenz komplexer Systeme durch Modellbildung und Simulation erfaßt werden kann
- um die Bedeutung von Zielkonflikten und menschlicher Eitelkeit für den Projekterfolg
- um die unterschiedliche Beeinflußbarkeit der soft factors und hard factors sowie der Stakeholder-Erfolgskriterien durch den Projektleiter
- daß Projektportfolios Entscheidungshilfen bei der Priorisierung von Projekten sind
- daß Projekt-Wissensmanagement ein Wirtschaftsgut ist

Die Leser sollen kennen:
- Projekterfolge und -Mißerfolge
- Projekterfolgsmanagement
- Projekterfolgs- und Mißerfolgskriterien
- menschliches Problemlöseverhalten
- Erfolg durch Regelwidrigkeit
- Vorläufer von Mißerfolgen
- die Widersprüchlichkeit der Planungsintensität
- Projektkrisen
- Projektsanierung
- Fähigkeiten guter Projektleiter
- schleichenden Funktionszuwachs
- die Schlußfolgerungen aus den Studien von Gemünden und Selin / Selin
- soft factors und hard factors des Projektmanagements
- Risikomanagement
- Projektoffice (Projektbüro)
- Toolunterstützung
- Simulation
- Schätzmethoden und -management

1.8 Projektphasen und -lebenszyklus

von

Joachim Hoehne

Relevanznachweis

Wenn ein Vorhaben mit Methoden des Projektmanagements geplant, kontrolliert und gesteuert werden soll, ist ein phasenorientierter Ablauf eine unbedingte Forderung an das Management. Nach der Zieldefinition für das Projekt ist die Wahl eines Phasenmodells der erste Planungsschritt, der noch vor der Projektstrukturierung und der Ablaufplanung zu erfolgen hat.

Das schrittweise Vorgehen in Phasen kommt der menschlichen Denkweise entgegen, zuerst das zeitlich Naheliegende zu untersuchen und zu detaillieren und die in weiterer Ferne liegenden Prozesse vorerst nur grob zu planen.

Die mit der Phasenteilung verbundenen Übergänge von einer Phase zu der anderen Phase ermöglichen einerseits Rückblick auf die Ergebnisse und deren Kontrolle bezüglich der gesteckten Ziele. Andererseits erlauben sie einen Ausblick auf die nächste Phase im Zusammenhang mit einer Risikoabschätzung hinsichtlich Erfolg oder Mißerfolg für das Projekt. Damit setzt man Meilensteine, die einer Zäsur für das Projekt gleichkommen. Sie begrenzt das wirtschaftliche und technische Risiko durch Entscheidungen über die Art und Weise der Projektfortführung.

Solche Meilenstein-Entscheidungen können dazu führen, das Vorhaben wie geplant fortzusetzen. Wenn Teilziele nur mit technisch oder wirtschaftlich nicht vertretbarem Aufwand zu erreichen sind, so kann auch festgelegt werden, das Vorhaben unter geänderten Zielsetzungen weiter zu entwickeln. Im Extremfall kann auch der Abbruch des Projektes beschlossen werden.

Inhaltsverzeichnis

1.8.1 Das Prinzip der Phasenmodelle bei verschiedenen Projektarten   **219**

    1.8.1.1 Definition und wichtige Merkmale der Projektphase   219

    1.8.1.2 Phasenverläufe   220

1.8.2 Phasenmodelle und ihre Beziehungen zu den Projektarten   **221**

    1.8.2.1 Typisches Phasenmodell für Investitionsprojekte   222

    1.8.2.2 Typisches Phasenmodell für Forschungs- und Entwicklungsprojekte   223

    1.8.2.3 Typisches Phasenmodell für Organisationsprojekte   227

1.8.3 Beispiele von Phasenmodellen in unterschiedlichen Branchen   **228**

    1.8.3.1 Beispiel Baubranche   228

    1.8.3.2 Beispiel Wehrtechnik   232

    1.8.3.3 Beispiel Softwareentwicklung   234

1.8.4 Kostenverteilung und Arbeitsaufwand von Phasenmodellen   **235**

1.8.5 Phasenmodell und Meilensteinplanung   **236**

1.8.6 Stellung des Phasenmodells in der Projektplanung   **238**

    1.8.6.1 Zusammenhang von Phasenmodell, Projektstruktur- und Ablaufplanung   238

    1.8.6.2 Entwicklung der Projektorganisation während der Projektphasen   239

    1.8.6.3 Projektstruktur- und Ablaufplanung in Abhängigkeit von den Projektphasen   240

1.8.7 Problematik der Phasenmodelle   **241**

1.8.1 Das Prinzip der Phasenmodelle bei verschiedenen Projektarten

1.8.1.1 Definition und wichtige Merkmale der Projektphase

Projekte, wie Entwicklung, Bau und Inbetriebnahme von Flugzeugen, Spezialschiffen, Kraftwerken etc., haben lange Laufzeiten und können sich über mehr als zehn Jahre erstrecken. Für diese komplexen Vorhaben ist das technische und wirtschaftliche Risiko nur dadurch zu begrenzen, indem man den Entstehungsgang eines solchen komplexen Projektgegenstands in definierte Abschnitte mit festgelegten Anfangs- und Endpunkten einteilt.

Solche Abschnittsteilungen werden **Projektphasen** genannt (DIN 69900) und definiert als: *Projektphasen*

> Zeitlicher Abschnitt eines Projektablaufs, der sachlich gegenüber anderen Abschnitten getrennt ist.

Auch Forschungs- und Entwicklungsprojekte oder Organisationsprojekte, die üblicherweise geringere Laufzeiten aufweisen als die o.a. Beispiele aus dem Bereich der Investitionsprojekte, können bei projekthaftem Vorgehen grundsätzlich phasenweise durchgeführt werden.

Die Sinnhaftigkeit der Teilung einer Aufgabe in einzelne Phasen läßt sich auch an Vorhaben des täglichen Lebens nachvollziehen. Hierzu das Beispielprojekt „Schule":

Das Projektziel ist der jeweils gewählte Schulabschluß, der üblicherweise so zustande kommt, daß schuljahresweise ein Teilabschluß mit meßbaren Ergebnissen erreicht werden muß. Dabei sind die Zensuren in den jeweiligen Fächern maßgebend, die sich auf die Beherrschung eines in den Stoffverteilungsplänen des Kultusministeriums beschriebenen Wissenumfangs gründen. Jeder Jahresabschluß wird für sich gesehen durch einen Lehrerkonferenzbeschluß bewertet und aufgrund des Abschneidens wird das kommende Schuljahr in der nächst höheren Klasse fortgesetzt oder, bei Nicht-Erreichen der Lernziele, muß eine Wiederholung der letzten „Phase" durchgestanden werden. In besonders aussichtslosen Fällen kann nach einer Risikoabschätzung hinsichtlich des Erreichen des Schulabschlusses empfohlen werden, die jeweilige Schullaufbahn abzubrechen.

An diesem, von uns allen erlebten Ablauf lassen sich wichtige Merkmale der Phasen und der Phasenteilung erkennen. Die Phasen *Merkmale*

- haben ihre angestrebten zeitlichen Begrenzungen (Schuljahr),
- sind in ihren Teilzielen definiert (Notendurchschnitt) und
- mit Leistungsbildern (Stoffverteilungsplan) beschrieben.
- Am Ende wird das Phasenergebnis (Schuljahresabschluß) geprüft und
- durch eine neutrale Organisationsentscheidung (Lehrerkonferenz) festgelegt, ob die nächste Phase beginnen kann oder eine Wiederholung oder eventuell sogar nach einer Risikoabschätzung hinsichtlich des Endergebnisses (Schulabschluß) ein Abbruch erfolgen muß.

1.8.1.2 Phasenverläufe

Das Projekt „Schule" aus der Sicht des Schülers oder der Schülerin verläuft zeitlich in gleichen Intervallen mit klar abgegrenzten Teilabschnitten, die jeweils aneinander angrenzen und wobei ein Ergebnisabschluß die nächste Phase anstößt. Dies ist ein sequentiell zeitlicher Verlauf im Gegensatz zu einem zeitlich überlappenden Verlauf, bei dem Teilleistungen aus der vorangegangen Phase in der nachfolgenden Phase noch erbracht werden können.

Letzterer Phasenverlauf ist beispielsweise an den Universitäten und Fachhochschulen möglich, wo durchaus eine Phase (z.B. Grundstudium) abgeschlossen werden kann und in der nächsten Phase (z.B. Hauptstudium) noch aus dem vorangegangenem Leistungsprogramm nicht bestandene Leistungen nachgeholt werden können. Oder wo auch parallele Studiengänge durchlaufen werden, ehe eine Neigung oder eine Begabung den weiteren Studiengang entscheiden.

Schematisch zeigt die Abbildung 1.8-1 zwei prinzipiell unterschiedliche Verläufe, die einmal als Anstoßplanung und zum anderen als revolvierende Planung gekennzeichnet werden. Diese Darstellung ist auf sequentiellen bzw. überlappenden Phasenverlauf übertragbar.

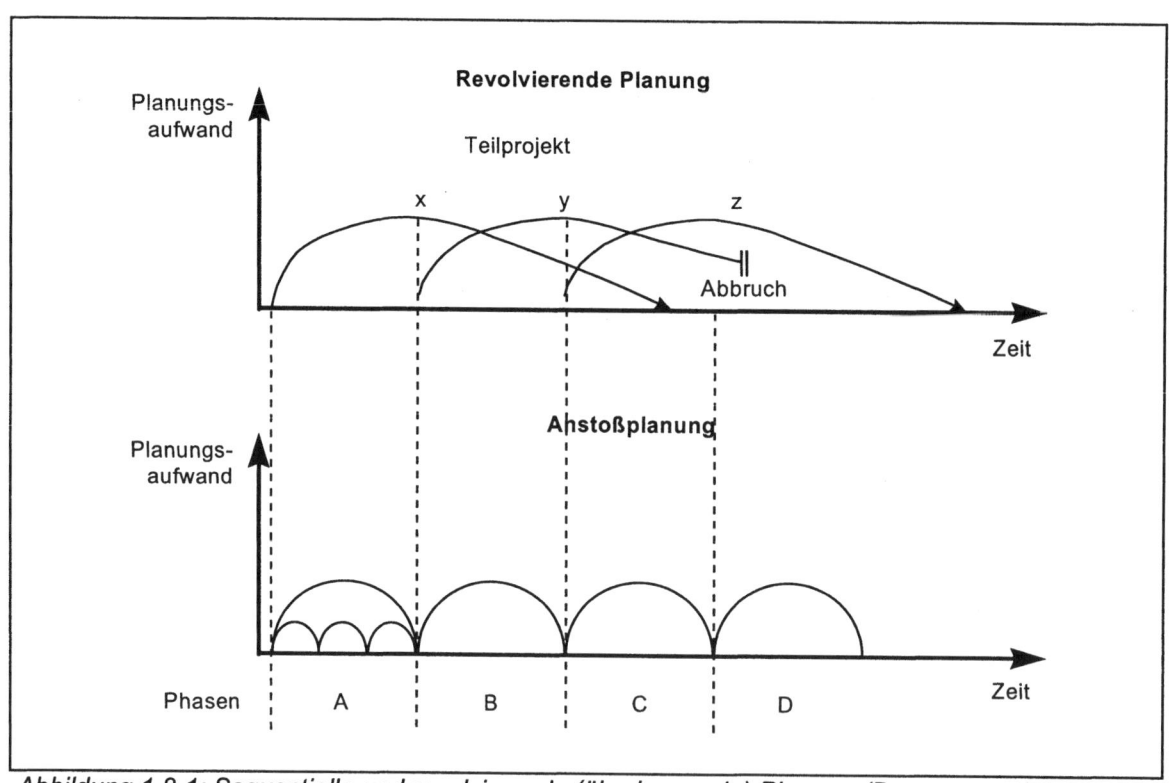

Abbildung 1.8-1: Sequentielle und revolvierende (überlappende) Planung (BRAMSEMANN)

Abhängig von Projektart

Dieser generelle Unterschied der Anordnung der Phasen zueinander auf der Zeitachse muß zu Beginn des Projektplanungsprozesses beachtet und entschieden werden. Welche der beiden Methoden angewendet werden, hängt in erster Linie von der **Projektart** ab (vgl. Abschnitt 1.8.2).

Investitionsprojekte und Anstoß-Planungsprozeß

Bei **Investitionsprojekten**, in denen die Erstellung, die Nutzung und die Aussonderung von Produkten im Vordergrund steht, ist der Anstoß-Planungsprozeß vorteilhafter. Jede dieser drei Hauptphasen wird in einzelne, überschaubare und sachlich voneinander getrennte Projektphasen mit prüfbaren Ergebnissen unterteilt. Das Ende einer Phase stößt nach entsprechender Phasenentscheidung die nächste Phase an. Dieses schrittweise Vorgehen kommt der verbreiteten Denkweise entgegen, zuerst den naheliegenden Zeitraum genau zu untersuchen und bei Erreichen des nächsten Zeitabschnittes auf der Grundlage der gewonnenen Erfahrung und der erzielten Ergebnisse den dann anstehenden Abschnitt detailliert zu durchleuchten.

Bei **Entwicklungsprojekten**, die in ihren Entwicklungsrichtungen nicht so eindeutig zu trennen sind, wird die revolvierende Planung eine Rolle spielen. Bei dieser Planungsmethode bilden Zwischenergebnisse innerhalb einer Phase die Grundlage für neu zu startende Teilprojekte, während das die Zwischenergebnisse liefernde Teilprojekt weiterläuft. Gerade bei Softwareentwicklungen treten stark verzweigende Abhängigkeiten auf, die im voraus nicht planbar sind. Ebenso wenig ist vorhersehbar, ob eine Entwicklungsrichtung zum Erfolg führt, so daß diese auch zur gegebenen Zeit abgebrochen werden muß.

Entwicklungsprojekte und revolvierende Planung

Bei **Organisationsprojekten** finden sowohl die revolvierende Planung als auch die Anstoßplanung Anwendung, da sowohl die Erwartungen an die einzelnen Phasenergebnisse von Beginn an festgeschrieben werden als auch die Zwischenergebnisse die weitere Planung beeinflussen können. Gerade bei internen Projekten sollte aber im Rahmen des Projektcontrollings besonders auf die Entwicklungen und Planungsabweichungen durch entsprechende Anpassungen Rücksicht genommen werden.

Organisationsprojekte

Wie Abbildung 1.8-1 (untere Bildhälfte) vereinfacht zeigt, können Teilphasen innerhalb einer Hauptphase erforderlich sein. Der Aufwand in den verschiedenen Phasen ist in der Regel nicht gleich hoch (siehe Abbildung 1.8-4 bis 1.8-6 und 1.8-16).

1.8.2 Phasenmodelle und ihre Beziehungen zu den Projektarten

Projektphasenmodelle finden sich in der Literatur auch unter der Bezeichnung „Phasenkonzept", „Projektlebenszyklus" oder „project life cycle". Im folgenden soll gelten (nach KAESTNER 1994):

> Ein Projektphasenmodell ist die standardisierte Darstellung eines Projektablaufes gegliedert in zeitliche Abschnitte, die jeweils eindeutig bezeichnet werden können und ein wesentliches Teilergebnis des Gesamtprojekts abgeben.

Definition Phasenmodell

Diese zeitlich voneinander abgegrenzten Abschnitte dienen der groben Orientierung und Standortbestimmung im Projektablauf.

Für die drei Projektarten (Investition, Forschung und Entwicklung sowie Organisation) haben sich aus der Praxis heraus typische Phasenmodelle entwickelt, die für unterschiedliche Projekte je nach Branche, Unternehmen und Projektgruppe angepaßt werden müssen (siehe Abbildung 1.8-2).

Spezifische Phasenmodelle

Unabhängig von Projektart oder Branche unterscheidet man im besonderen die

Unterscheidung

- Projektgegenstandsphasen („Produktlebenszyklus") von den
- Projektmanagementphasen („Projektlebenszyklus").

Im folgenden ist jedoch erkennbar, daß diese Unterscheidung je nach Projektart oder Branche unterschiedlich vorgenommen wird.

Typ 1 Investititonsprojekte		Typ 2 Entw.-Proj.	Typ 3 Organisationsprojekte	
Anlagenbau Bauwirtschaft	Einzelprodukt	Produktentwickl. für Serienprod.	Verwaltungs- Projekt	EDV-Projekt
Grundlagen- ermittlung	Ideenfindung	Problem- analyse	Vorstudie	Problemanalyse
Vorplanung	Konzeption	Konzeptfindung	Konzeption	Systemplanung
Entwurfs- Planung	Durchführ- barkeitsstudie	Produkt- definition	Detailplanung	Detail- organisation
Genehmigungs- planung	Entwurf			
Ausführungs- planung	Ausführungs- planung	Produkt- entwicklung		
Ausschreibung, Vergabe				
Bauausführung	Herstellung	Realisierung	Realisierung	Realisierung
Objekt- verwaltung	Service, Betreuung	Produktion	Einführung	Installation
			Abnahme	Abnahme
		Außerdienst- stellung		Pflege

Abbildung 1.8-2: Übersicht Phasenmodelle

1.8.2.1 Typisches Phasenmodell für Investitionsprojekte

Einmaliger Projektgegenstand

Investitionsprojekte zielen üblicherweise auf die Erstellung eines technischen Produktes als Einzelstück ab. Das Projektende ist meist definiert mit dem Ende der Erstellung dieses Projektgegenstands, welcher dann in die Nutzung übergeht. Nach der Nutzung wird sich eine Aussonderung oder idealerweise ein Recycling anschließen. Letzteres kann dann wiederum ein eigenes Projekt werden, wenn man beispielsweise an die Entsorgung stillgelegter Atomkraftwerke denkt.

Typische Anwendungsbereiche für die Produkterstellung sind bspw. im Anlagenbau und in der Bauwirtschaft zu finden. Die Bezeichnung der einzelnen Projektphasen sowie die Bezeichnung des Produkt- bzw. Objektlebenswegs (Projektgegenstand) könnten dann für dieses Ablaufmodell wie folgt benannt werden:

1.8 Projektphasen und -lebenszyklus

Objektlebensweg			
Projekt „Objekt-Erstellung"		Nutzung	Projekt „Obj.-Aussonderung"
Produkt-Entstehung	Produkt-Beschaffung		
1. Vorstudie	5. Produktion		1. Vorstudie
2. Konzeption	6. Abnahme		2. Konzeption / Definition
3. Definition			3. Entwicklung / Konstruktion
4. Entwicklung / Konstruktion			4. Demontage
			5. Materialentsorgung

Abbildung 1.8-3: Objektlebensweg I

Eine relative Bewertung an Aufwand und Zeit oben dargestellter Phasen zeigt Abbildung 1.8-4.

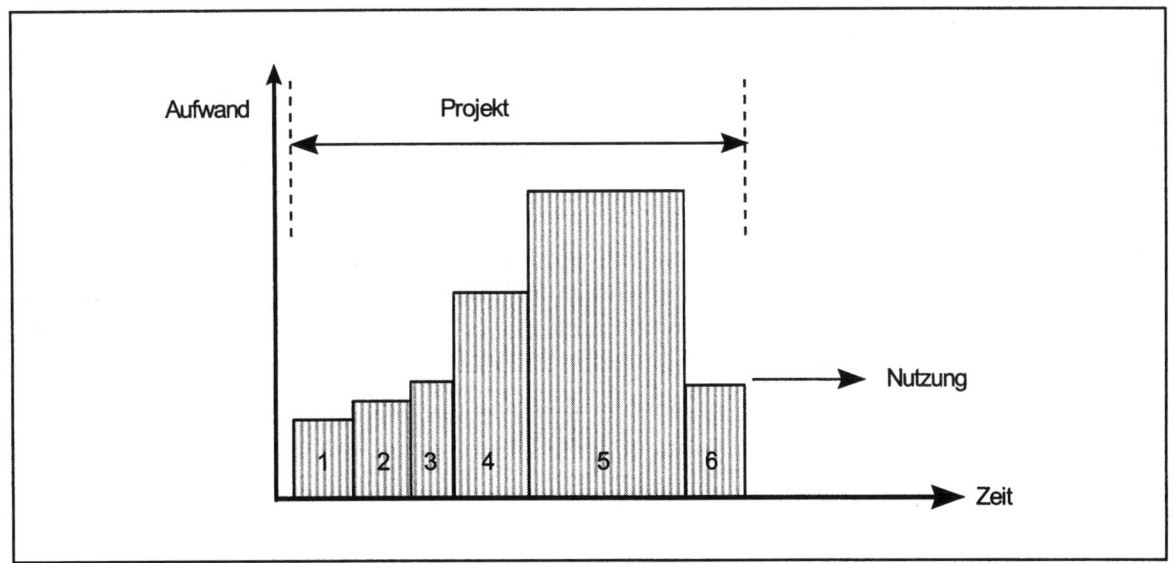

Abbildung 1.8-4: Phasenmodell für die Objekt-Erstellung eines Investitionsprojekts (Bau)

1.8.2.2 Typisches Phasenmodell für Forschungs- und Entwicklungsprojekte

Beispiele für Entwicklungsprojekte finden sich in der industriellen Forschung und Entwicklung, wie z.B. in der Luft- und Raumfahrt oder in der Produktentwicklung. Diese FuE-Aufgabenstellung unterscheidet sich im wesentlichen von der oben beschriebenen Produktherstellung dadurch, daß es sich um innovative, mit hohem Neuheitsgrad ausgezeichnete Produkte handelt. *Innovativer Projektgegenstand*

Bei komplexen Forschungsvorhaben und bei Produktentwicklungen wird in der Regel Projektmanagement eingesetzt. Ausnahmen bilden u.U. die Entwicklung einfacher Produkte.

Sind mehrere Produkte funktional miteinander verflochten, spricht man von **Systemen** (siehe Kapitel 1.4). Ein technisches Verkehrs-Verbundsystem setzt sich aus den Teilsystemen Auto, Straße und Leitsystem zusammen. Systeme sind in der Regel auch in der Luft- und Raumfahrt, in der Wehrtechnik oder bei der Entsorgungstechnik zu finden. Es ist naheliegend, Projektmanagement bei der Entwicklung von Systemen anzuwenden, denn hier treffen viele der bekannten Projektmerkmale zusammen (vgl. Kapitel 1.4). *Produktsysteme*

Bei der Luft- und Raumfahrt sind Systeme die Regel. Diese sind komplexer Natur und werden auch nicht in so großen Stückzahlen produziert wie etwa das Produkt „Auto". Bei Projekten dieser Art endet das Projektmanagement nicht mit der Erstellung der Rakete und deren Nutzlasten, vielmehr wird in diesem Fall die Nutzung und eventuell die Aussonderung bzw. Wiederverwendung rückholbarer Komponenten aus dem Weltraum in das Projekt integriert werden müssen. Bei anderen Systemen wird es zumindest zur Aufgabenstel-

lung des PM dazugehören, die Nutzung in Teilen zu begleiten, bis sich die volle Funktionstüchtigkeit erwiesen hat.

Die Phasenteilung für Systeme und Produkte kann gleich oder ähnlich gewählt werden. In Verbindung mit der Projektdauer sind für die Systeme weitergehende Phasen erforderlich:

Objektlebensweg / Projektdauer	
Objekt-Entstehung	Objekt-Beschaffung / Nutzung
1. Problemanalyse	5. Realisierung (i.d.R. Projektende bei Produkten)
2. Konzeption	6. (Teil-) Nutzung (i. d. R. bei Systemen)
3. System-/Produkt-Definition	
4. System-/Produkt-Entwicklung	
7. Außerdienststellung bzw. Wiederverwendung (i.d.R. bei System)	

Abbildung 1.8-5: Objektlebensweg II

Die beschriebenen Phasen für die Entwicklung von Systemen gleichen denen von Produktentwicklungen bis zur Realisierung der Null- oder Vorserien. Beim Übergang in die Serienfertigung kann das Projekt enden, denn dann übernimmt die firmeninterne Linien-Organisation den weiteren Prozeßverlauf.

Die Abbildung 1.8-6 stellt den relativen Arbeits- und Zeitaufwand dar und verdeutlicht den Unterschied zu Abbildung 1.8-4 insofern, daß in diesem Fall der Projektumfang bei Projekten die Systeme betreffen, die Nutzung, die Außerdienststellung und eventuelle Wiederverwendung einschließen kann. Dies ist bei Investitionsprojekten unüblich.

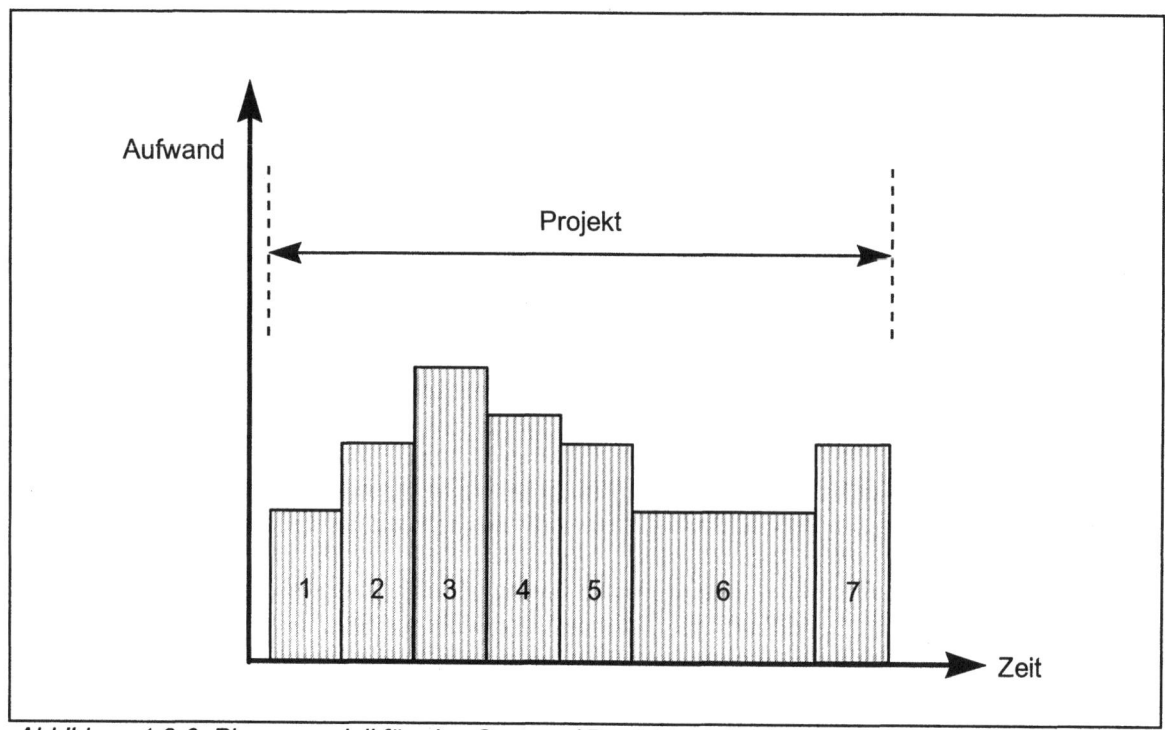

Abbildung 1.8-6: Phasenmodell für eine System-/ Produktentwicklung eines Forschungs-/ Entwicklungsprojekts (KAESTNER 1994)

Phasenmodell

Das dargelegte **Phasenmodell** beschreibt die strategische Linie des Projektes. Man definiert diese auch als die Makro-Ebene. Die sieben Lebensphasen sind von Fall zu Fall von der Art, der Komplexität, der Größe, der Lebensdauer eines Systems sowohl inhaltlich als auch in ihren Dauern unterschiedlich. In Abbildung 1.8-7 sind stichwortartig die wichtigsten Ergebnisse der jeweiligen Phasen aufgeführt.

1.8 Projektphasen und -lebenszyklus

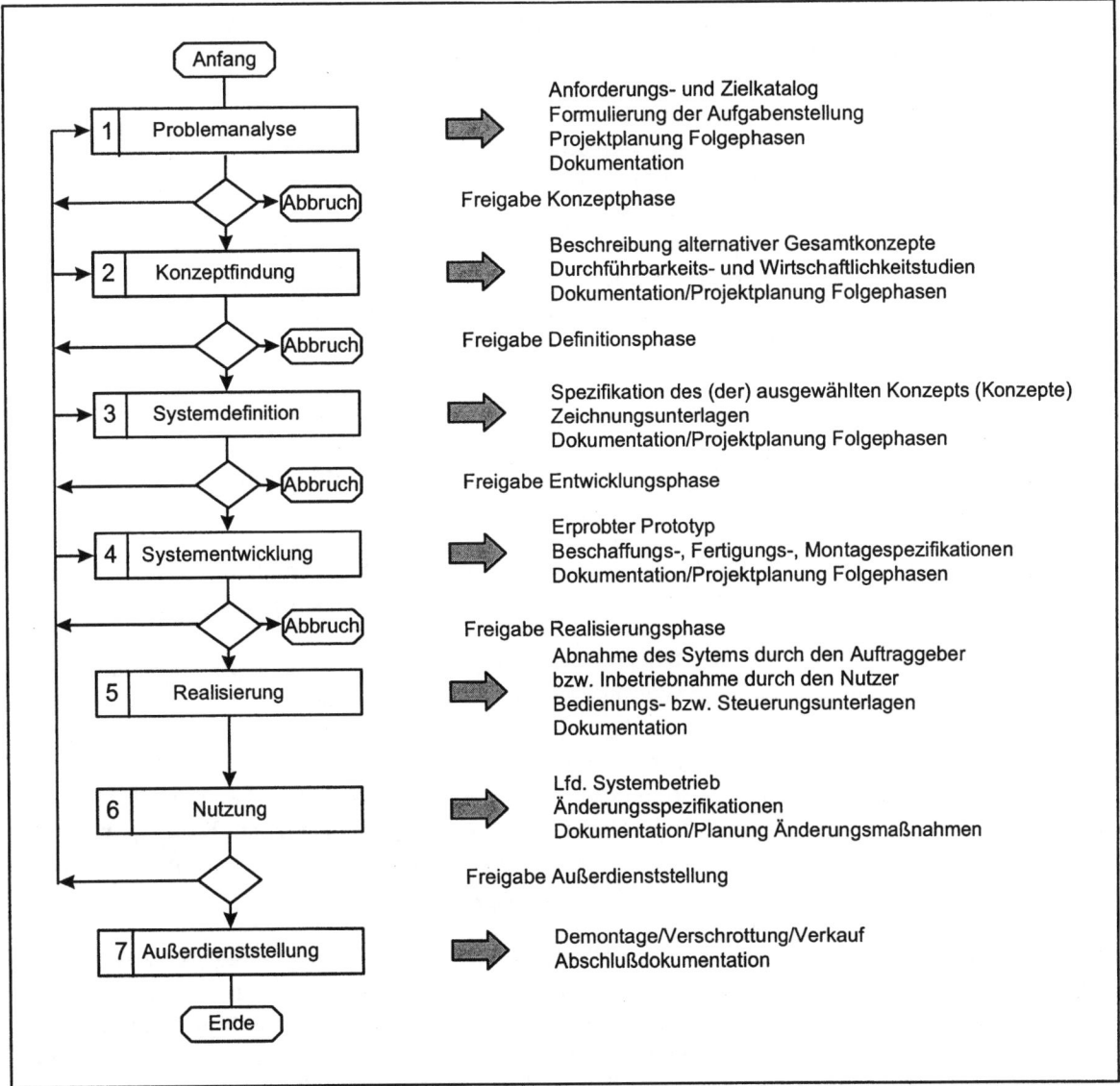

```
Anfang
 ↓
1 Problemanalyse    →  Anforderungs- und Zielkatalog
 ↓                     Formulierung der Aufgabenstellung
 ◇→Abbruch            Projektplanung Folgephasen
 ↓                     Dokumentation
                    Freigabe Konzeptphase

2 Konzeptfindung   →  Beschreibung alternativer Gesamtkonzepte
 ↓                     Durchführbarkeits- und Wirtschaftlichkeitsstudien
 ◇→Abbruch            Dokumentation/Projektplanung Folgephasen
                    Freigabe Definitionsphase

3 Systemdefinition →  Spezifikation des (der) ausgewählten Konzepts (Konzepte)
 ↓                     Zeichnungsunterlagen
 ◇→Abbruch            Dokumentation/Projektplanung Folgephasen
                    Freigabe Entwicklungsphase

4 Systementwicklung → Erprobter Prototyp
 ↓                     Beschaffungs-, Fertigungs-, Montagespezifikationen
 ◇→Abbruch            Dokumentation/Projektplanung Folgephasen
                    Freigabe Realisierungsphase

5 Realisierung     →  Abnahme des Sytems durch den Auftraggeber
 ↓                     bzw. Inbetriebnahme durch den Nutzer
                       Bedienungs- bzw. Steuerungsunterlagen
                       Dokumentation

6 Nutzung          →  Lfd. Systembetrieb
 ↓                     Änderungsspezifikationen
 ◇                    Dokumentation/Planung Änderungsmaßnahmen
                    Freigabe Außerdienststellung

7 Außerdienststellung → Demontage/Verschrottung/Verkauf
 ↓                       Abschlußdokumentation
Ende
```

Abbildung 1.8-7: Lebensphasenmodell für ein System mit Phasenergebnissen (RESCHKE)

1. Die erste Phase, die **Problemanalyse**, wird häufig auch als Vorphase oder Vorstudie bezeichnet. Sie hat die Aufgabe, eine erste Beschreibung mit den Anforderungen und Zielsetzungen des zu entwickelnden Systems zu liefern. *Problemanalyse*

2. Darauf folgt die Phase der **Konzeptfindung,** in der Realisierbarkeitsstudien die Aspekte einer möglichen technologischen Herstellung unter wirtschaftlichen Gesichtspunkten untersuchen. Wichtig in dieser Phase ist ein möglichst breites Spektrum alternativer Untersuchungen sicherzustellen, damit idealerweise die beste Lösung weiter verfolgt wird. *Konzeptfindung*

3. In der **Systemdefinition** werden die Spezifikationen, also die technischen Eigenschaften hinsichtlich Leistung, Abmessungen, Gewicht, Umweltverträglichkeit, Qualitätsanforderungen etc. der Teil-, Untersysteme und Komponenten verfaßt. Dabei sind innerhalb des prinzipiell festgelegten Systems weiter parallele Lösungen für untergeordnete Systemteile in Betracht zu ziehen. Dies nicht nur um die technisch sinnvollste Struktur zu wählen, sondern auch im Hinblick auf eine kostenoptimierte Lösung. *Systemdefinition*

4. In der Phase der **Systementwicklung** wird die Vorbereitung für die Fertigung geschaffen. Dazu gehört eine fertigungsreife Dokumentation mit Zeichnungen, Systembeschreibungen, Qualitätsdokumentation, Montageeinrichtungsplänen etc. In vielen Fällen, wenn besonders innovative technische Neuentwicklungen das Ziel des Projektes sind, werden Prototypen vor der Serienfertigung gefertigt und einer Erprobung unterzogen. Die daraus gewonnenen Erkenntnisse fließen *Systementwicklung*

Realisierungs-phase

5. Die Fertigung selber in der **Realisierungsphase** wird begleitet von einer sorgfältig geplanten Qualitätssicherung. Diese umfaßt die Montage des Systems ebenso wie die Herstellung und Lieferung von Komponenten externer Fertigungen. Die Abnahmeprozesse, oft im Beisein vom Auftraggeber oder vom Nutzer autorisierter Kontrolleure, haben den Nachweis zu erbringen, daß die Leistungsfähigkeit den in den Spezifikationen vorgegebenen Anforderungen entspricht. Es erfolgt dann die Übergabe an den Auftraggeber einschließlich der Dokumentation für Schulung und für die Betreibung des Systems.

Nutzung

6. In der (Teil-) **Nutzung** spielt neben dem Betrieb die Systembetreuung eine große Rolle. Dazu zählt die Instandhaltung, Wartung, Ersatzteilbeschaffung und die Auswertung der Betriebseigenschaften im Hinblick auf eine technische und bedienungskomfortablere Verbesserung des Systems oder der Folgesysteme.

Außerdienst-stellung

7. Am Ende steht dann die **Außerdienststellung** oder auch die Wiedernutzung (z.B. der Raumfahrt), die auch eine durch das Projektmanagement zu steuernde Lebensphase darstellt.

Phasenübergang Auffallend in Abbildung 1.8-7 ist der Übergang von einer Phase zu der anderen. Diese „Zäsur" ist von strategischer Bedeutung, denn sie entscheidet über den Abbruch oder die Fortsetzung des Projektes. Diese Entscheidungsverzweigung basiert auf der Leistungsbeurteilung der vergangenen Phase sowie der Risikoabschätzung für die Folgephase hinsichtlich der Restdauer, der Leistungserbringung und vor allem der Kostensituation. Voraussetzung für eine Freigabe der nächsten Phase ist auch die am Ende der jeweiligen abgeschlossenen Phase zu erarbeitenden „Projektplanung für die Folgephase", die auf der Grundlage des Projektergebnisses die Teilziele der nächsten Phase bzgl. Qualität (Güte der Leistung), Zeit und Kosten prognostiziert.

Eine ganz andere Art von Projekten innerhalb der Forschung und Entwicklung sind solche, die Entwicklung von kundenspezifischen Softwareprogrammen zum Inhalt haben. In diesem Fall ist eine besonders aufwendige Kundenbetreuung mit Einweisungs- und Schulungsprogrammen notwendig. Diese Betreuung des ausgelieferten Programms bei den ersten Kunden dauert solange, bis ausreichende Anwendererkenntnisse vorliegen, die zur Pflege und Verbesserung des Produktes genutzt werden. Ein typischer Phasenverlauf könnte wie folgt aussehen:

1. Vorstudie/Problemanalyse
2. Konzeption/Systemplanung
3. Detaildefinition/-organisation
4. Programmierung
5. Installation/Einführung
6. Abnahme
7. Nutzung/Pflege

In der Abbildung 1.8-8 sind diese Phasen über der Zeitachse aufgetragen.

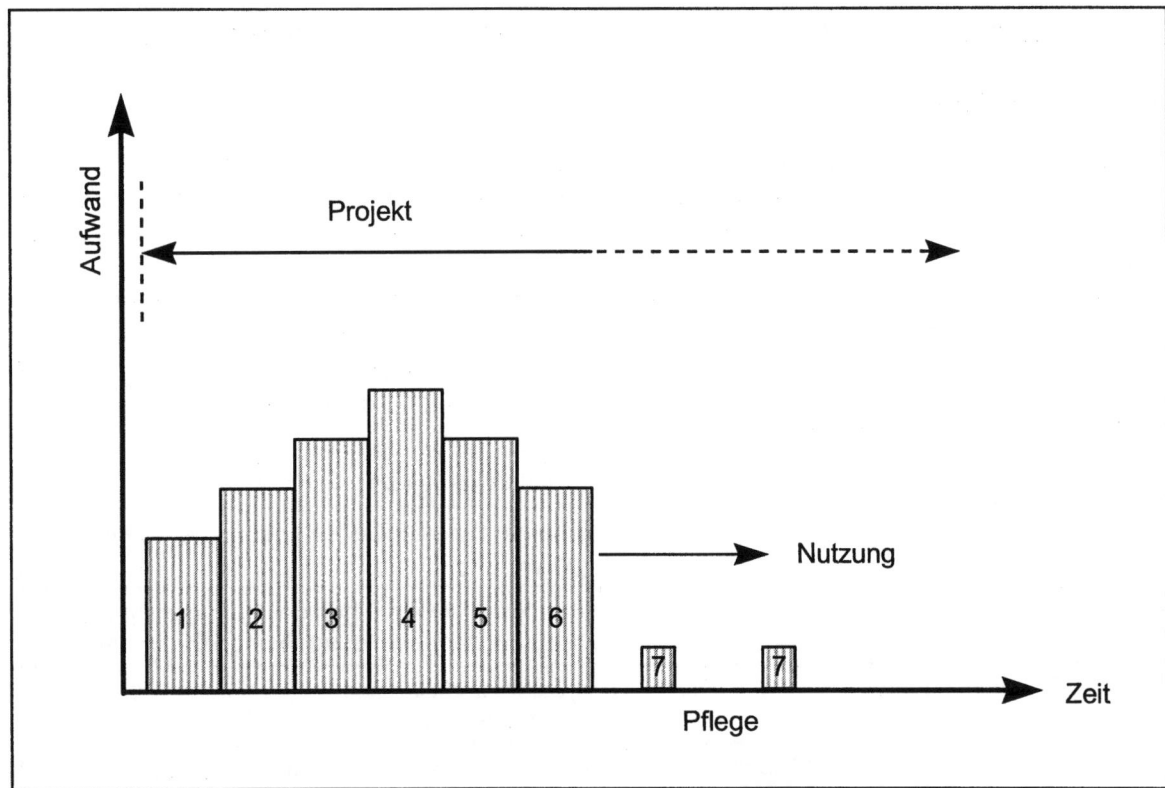

Abbildung 1.8-8: Phasenmodell für Entwicklungsprojekte von Softwareprogrammen

1.8.2.3 Typisches Phasenmodell für Organisationsprojekte

In den Projekten der oben beschriebenen Kategorien stehen Systeme und Produkte im Vordergrund. Dagegen sind Organisationsprojekte in der Regel Großvorhaben wie Fußball-Weltmeisterschaften oder Olympiaden. Zu nennen sind auch Großereignisse auf internationaler Ebene wie die Weltausstellung (EXPO 2000) oder auf nationaler Ebene wie die Bundesgartenschau. Daneben sind andere schwierig zu organisierende Vorhaben zu nennen, wie die örtliche Zusammenlegung von Firmenabteilungen, wie es bei Banken und Versicherungen vorkommt, oder wie Großumzüge von anderen Organisationen. Der Regierungsumzug von Bonn nach Berlin war wegen seines Umfanges in mehrere Projekte aufzuteilen. Zu dieser Kategorie zählen auch Umstrukturierungen von Organisationen, Einführung einer neuen Software oder neue Fertigungsmodelle, z.B. in der Autoindustrie bei der Verlagerung der Verantwortung bei der Komponentenmontage von Eigen- zu Fremdmontage.

Beispiele

Diese Aufzählung macht deutlich, daß eine typische Phaseneinteilung in dieser Projektkategorie schwierig ist. Es sind somit spezifische Phasenmodelle zu entwickeln, die als erster Planungsschritt alternativ durchdacht werden sollten.

Bei Großveranstaltungen sind die Phasenmodelle aus unterschiedlicher Perspektive zu beachten. Hier ist zwischen dem Veranstalter und dem Ausrichter zu unterscheiden. Aus der Perspektive des Ausrichters ist die erste Phase eine Bewerbungsphase, die in Teilphasen zu trennen ist. Nach Abschluß und einem positiven Votum für den Ausrichter ist eine Vielzahl eigenständiger Projekte durchzuführen, bis eine derartige Großveranstaltung stattfinden kann.

Allgemein gilt es, den prinzipiellen Unterschied bei den Organisationsprojekten zu den Projekten der anderen Kategorien zu beachten. Sie bestehen kurz gesagt darin, daß bei organisatorischen Vorhaben Subjekte, also Menschen, und nicht Objekte wie Maschinen, Bauten oder Softwareprogramme im Vordergrund stehen. Die human-sozialen Systeme besitzen durch die darin eingebundenen Personen die Fähigkeit zur Selbststeuerung, die bei der Phasenkonzeption beachtet und genutzt werden sollte. Bei den Objekt-Systemen liegt eine Fremdsteuerung vor, denn Objekte können keine Eigendynamik entfalten, sie werden ausschließlich von außen gemanagt.

1.8.3 Beispiele von Phasenmodellen in unterschiedlichen Branchen

1.8.3.1 Beispiel Baubranche

Standardphasen Aus den typischen, mehr allgemein formulierten Phasenmodellen haben sich für bestimmte Branchen Standardphasen konkretisiert. In der Baubranche beispielsweise liefert die Honorarordnung für Architekten und Ingenieure (**HOAI**) einen praktikablen Ansatz für die Phasenbildung (siehe Abbildung 1.8-9).

HOAI-Leistungsphase	Phaseninhalt
1. Grundlagenermittlung	Ermitteln der Voraussetzungen zur Lösung der Bauaufgabe durch die Planung
2. Vorplanung (Projekt- und Planungsvorbereitung)	Erarbeiten der wesentlichen Teile einer Lösung der Planungsaufgabe
3. Entwurfsplanung (System- und Integrationsplanung)	Erarbeiten der endgültigen Lösung der Planungsaufgabe
4. Genehmigungsplanung	Erarbeiten und Einreichen der Vorlagen für die erforderlichen Genehmigungen oder Zustimmungen
5. Ausführungsplanung	Erarbeiten und Darstellen der ausführungsreifen Planungslösungen
6. Vorbereitung der Vergabe (Ausschreibung)	Ermitteln der Mengen und Aufstellen von Leistungsverzeichnissen
7. Mitwirkung bei der Vergabe	Ermitteln der Kosten und Mitwirkung bei Auftragsvergabe
8. Objektüberwachung (Bauüberwachung)	Überwachung der Ausführung des Objekts
9. Objektbetreuung und Dokumentation	Überwachen der Beseitigung von Mängeln und Dokumentation des Gesamtergebnisses

Abbildung 1.8-9: Leistungsphasen nach HOAI - §15

Im HOAI-Phasenverlauf sind die Grundleistungen und besondere Leistungen der Architekten sowie der Ingenieure für die technischen Gewerke wie Sanitär, Heizung, Lüftung, Kälte usw. aufgeführt. Ein kurzer stichwortartiger Auszug vermittelt einen Überblick über die Phasen der Objektplaner (Architekten) und deren Inhalte:

HOAI-Phasen **1. Grundlagenermittlung**

- Grundleistungen, z.B. Klärung der Aufgabenstellung, Beraten zum Leistungsbedarf, Entscheidungshilfe zur Auswahl für fachlich Beteiligte; Ergebniszusammenfassung.
- Besondere Leistungen, z.B. Standortanalyse, Raum- und Funktionsprogramm, Umweltverträglichkeitsprüfung.

2. Vorplanung (Projekt- und Planungsvorbereitung)

- Grundleistungen, z.B. Abstimmung der Zielvorstellung, Erarbeiten des Planungskonzeptes einschließlich alternativer Lösungen in zeichnerischer Darstellung, Klären und Erläutern von Randbedingungen (städtebaulichen, bauphysikalischen, energiewirtschaftlichen, ökologischen usw.). Integrieren der Leistung anderer fachlich Beteiligter; Vorverhandlung zur Genehmigungsfähigkeit mit entsprechenden Behörden, Kostenschätzung nach DIN 276, Zusammenstellung der Vorplanungsergebnisse.

- Besondere Leistungen, Untersuchung von Lösungen bei grundsätzlich verschiedenen Anforderungen, Durchführung der Bauvoranfrage, Aufstellen eines Zeit- u. Organisationsplanes.

3. Entwurfsplanung (System- u. Integrationsplanung)

- Grundleistungen, z.B. Durcharbeiten des Planungskonzeptes durch stufenweises Erarbeiten einer zeichnerischen Lösung unter Berücksichtigung der Randbedingungen, Integrieren der Leistung anderer fachlich Beteiligter, Kostenberechnung nach DIN 276 (siehe Kapitel 3.4.2.3); Zusammenfassung aller Entwurfsunterlagen.
- Besondere Leistungen, z.B. Analyse der Alternativen/Varianten und deren Wertung mit Kostenuntersuchung (Optimierung).

4. Genehmigungsplanung

- Grundleistungen, z.B. Erarbeiten der erforderlichen Genehmigungsunterlagen unter Verwendung der Beiträge anderer fachlicher Beteiligter sowie notwendige Verhandlung mit den Behörden, Einreichen der Unterlagen.
- Besondere Leistungen, z.B. Erarbeiten von Unterlagen für besondere Prüfverfahren

5. Ausführungsplanung

- Grundleistungen, z.B. Durcharbeiten der Ergebnisse der vorangegangenen Leistungsphasen unter Berücksichtigung der Randbedingungen und unter Integration anderer fachlich Beteiligter bis zur ausführungsreifen Lösung, Fortschreibung der Ausführungsplanung während der Objektausführung.
- Besondere Leistungen, z.B. Aufstellung einer detaillierten Objektbeschreibung als Raumbuch.

6. Vorbereitung der Vergabe

- Grundleistungen, z.B. Aufstellen von Leistungsbeschreibungen mit Leistungsverzeichnissen nach Leistungsbereichen, Abstimmung und Koordinierung der Leistungsbeschreibungen der an der Planung fachlich Beteiligten.
- Besondere Leistung, z.B. Aufstellen von vergleichenden Kostenübersichten unter Auswertung der Beiträge anderer an der Planung fachlich Beteiligter.

7. Mitwirkung bei der Vergabe

- Grundleistungen, z.B. Zusammenstellen der Verdingungsunterlagen für alle Leistungsbereiche, Einholen von Angeboten, Prüfen und Werten der Angebote einschließlich Aufstellen eines Preisspiegels, Verhandlung mit Bietern, Kostenanschlag nach DIN 267
- Besondere Leistungen, z.B. Aufstellen, Prüfen und Werten von Preisspiegeln nach besonderen Anforderungen

8. Objektüberwachung (Bauüberwachung)

- Grundleistungen, z.B. Überwachung der Ausführung des Objektes auf Übereinstimmung mit der Baugenehmigung, den Ausführungsplänen, den Leistungsbeschreibungen sowie den allgemein anerkannten Regeln der Technik und einschlägigen Vorschriften; Koordinieren der an der Objektüberwachung fachlich Beteiligten; Überwachung und Detailkorrektur von Fertigteilen; Aufstellen und Überwachen eines Zeitplanes (Balkenplan); Führen eines Bautagebuches;

Aufmaß mit den bauausführenden Unternehmen; Abnahme der Bauleistung und Feststellung der Mängel unter Mitwirkung fachlich Beteiligter; Rechnungsprüfung; Kostenkontrolle; Kostenfeststellung nach DIN 276; Antrag auf behördliche Abnahme; Übergabe des Objektes einschließlich der für die Übergabe erforderlichen Unterlagen; Auflisten der Gewährleistungsfristen.

- Besondere Leistungen, z.B. Aufstellen, Überwachen und Fortschreiben eines Zahlungsplanes, von differenzierten Zeit-, Kosten-, oder Kapazitätsplänen.

9. Objektbetreuung und Dokumentation

- Grundleistungen, z.B. Objektbegehung zur Mängelfeststellung vor Ablauf der Verjährungsfristen; Überwachung und Beseitigung von Gewährungsansprüchen innerhalb der Fristen, längstens jedoch fünf Jahre seit Abnahme der Bauleistung.

- Besondere Leistung, z.B. Erstellen von Bestandsplänen; Objektverwaltung; Betriebskosten und -nutzenanalyse.

Festlegung der Honorare

Wie der Titel der HOAI, nämlich „Honorarordnung für Architekten und Ingenieure" aussagt, richten sich die Honorare der fachlich Beteiligten nach den o.a. Phasen und deren Leistungsbildern, dem Schwierigkeitsgrad des Objektes, festgelegt in sogenannten Honorarzonen und nach der Höhe der anrechenbaren Kosten des Objektes. Die HOAI ist ein amtliches Dokument und wird in zeitlichen Abständen inhaltlich und in der Höhe der Honorare den Gegebenheiten angepaßt.

Projektsteuerung

In §31 HOAI werden unter dem Begriff „Projektsteuerung" Leistungen umschrieben, die Funktionen des Auftraggebers bei der Steuerung von Projekten mit mehreren Fachbereichen betreffen. Mit steigendem Bauvolumen und komplexeren Bauten wachsen die Anforderungen an die Auftraggeber. Auftraggeber sind in diesen Fällen oftmals nicht mehr in der Lage, sämtliche notwendige Steuerungsleistungen selbst zu übernehmen. So werden delegierbare Bauherrenfunktionen heute durch ein in letzter Zeit sich stark entwickelndes Dienstleistungsangebot wahrgenommen, das unter Begriffen wie Baucontrolling, Baumanagement, vorwiegend als Projektsteuerung Leistungen anbietet (siehe Abbildung 1.8-10, die freien Felder werden in der Vertragsverhandlung durch Leistungsanteile spezifiziert und durch Prozentanteile bewertet).

Projektsteuerung			
Organisation und Funktionen	Qualität und Quantitäten	Kosten und Finanzmittel	Termine und Kapazitäten
• Projektstruktur • Aufbauorganisation • Ablauforganisation • Bauverträge • Planerverträge • Information • Dokumentation	• Qualitätsstandards • funktionale, technische, wirtschaftliche und gestalterische Anforderungen • Mengen	• Kostenermittlung • Deckungsbestätigung • Kosteneinsparung • Budgetplanung • Mittelbewirtschaftung • Buchhaltung • Zahlungsverkehr	• Rahmentermine • Grob-/ Vertragstermine • Detail- und Steuerungstermine • Anpassungsmaßnahmen für Termine und Kapazitäten • Koordinierung

Abbildung 1.8-10: Aufgabengebiete der Projektsteuerung

Es hat sich somit aus der Sicht vieler Architekten eine Konkurrenzsituation für diese delegierbaren Bauherrenfunktionen entwickelt, die zu Kontroversen mit den Anbietern dieser Leistung führte, insbesondere auch deshalb, weil nicht immer Architekten zum Anbieterkreis zählen.

1.8 Projektphasen und -lebenszyklus

Der Deutsche Verband der Projektsteuerer (DVP) und die GPM haben gemeinsam eine Ausarbeitung zur Honorierung der Projektsteuerungsleistungen erarbeitet, die sich methodisch stark an die HOAI anlehnt (Projektsteuerung AHO 1996) (siehe Abbildung 1.8-11).

Phasenmatrix DVP

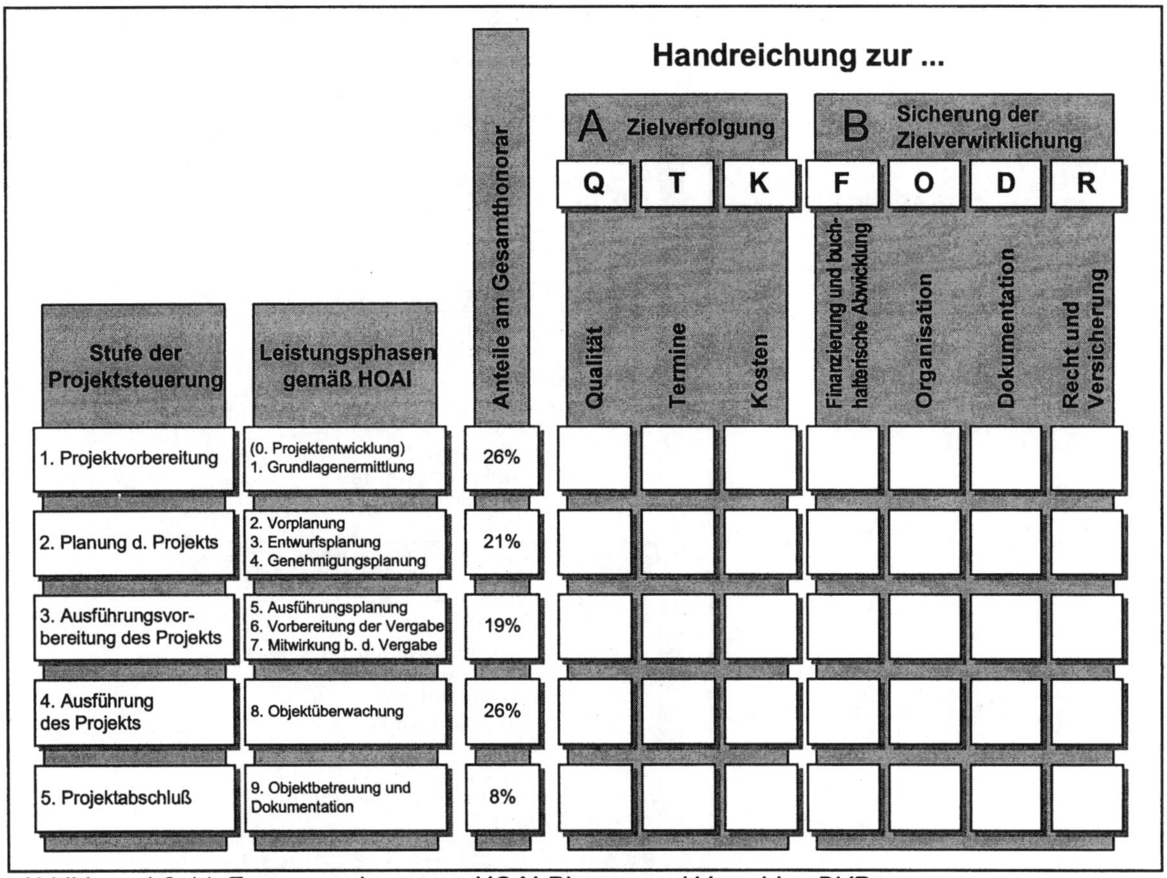

Stufe der Projektsteuerung	Leistungsphasen gemäß HOAI	Anteile am Gesamthonorar	A Zielverfolgung			B Sicherung der Zielverwirklichung			
			Q Qualität	T Termine	K Kosten	F Finanzierung und buchhalterische Abwicklung	O Organisation	D Dokumentation	R Recht und Versicherung
1. Projektvorbereitung	(0. Projektentwicklung) 1. Grundlagenermittlung	26%							
2. Planung d. Projekts	2. Vorplanung 3. Entwurfsplanung 4. Genehmigungsplanung	21%							
3. Ausführungsvorbereitung des Projekts	5. Ausführungsplanung 6. Vorbereitung der Vergabe 7. Mitwirkung b. d. Vergabe	19%							
4. Ausführung des Projekts	8. Objektüberwachung	26%							
5. Projektabschluß	9. Objektbetreuung und Dokumentation	8%							

Abbildung 1.8-11: Zusammenhang von HOAI-Phasen und Vorschlag DVP

1.8.3.2 Beispiel Wehrtechnik

Ein weiteres standardisiertes Phasenmodell existiert im Bereich der Wehrtechnik, dessen Projekte mit innovativem Charakter zur Kategorie der Entwicklungs- und Forschungsprojekte zählen.

Phase	Meilenstein / Inhalte
	Taktisches Problem
Phasenvorlauf	• Aufgabe • Lösungsidee • Realisierbarkeit • Studien • Marktsichtung
	Taktische Forderung
Konzeptphase	• Systemanalyse • Parametr. Studien • Alternativen • Marktsichtung • Vorentwürfe • Experi. Studien • Schlüsselkomponenten • Bewertungskriterien • Auswahl
	Militärtechnische Zielsetzung
Definitionsphase	• Projektanalyse • Durchführungsplan • Studien- und Definitionspläne • Unters. krit. Komponenten • Vorabentwicklungen • Bewertungskriterien • Auswahl • endgültige Spezifikation • Auswahl Hauptauftragnehmer • AZF-Plan
	Militärtechn./wirtschaftl. Forderung
Entwicklungsphase	• Entwicklungsvertrag • Entwurf/Detailkonstr. • Beginn Mat. Grdl. Arbeit • Genehmigung der Konstruktion • Fertigungsfreigabe Prototyp • Freigabe zum Bau (z.B. Schiffe) • Prototypbau • Firmenversuche • ggf. Auftragsvorserie • ggf. Vorserienfertigung • Techn. Erprobung • Erklärung Technische Einführungsreife • Erklärung Funkt. und Betriebssicherheit • Truppenversuch • Erklärung Truppenverwendbarkeit
	Indienststellung, Inbetriebnahme
	Einführungsgenehmigung
Beschaffungsphase	• Festlegen Gütesicherung • Beschaffungsvertrag • Abnahme • Versorgungsreife Auslieferung
	Billigung des Abschlußberichtes
Nutzungsphase	
	Verwendung in der Truppe

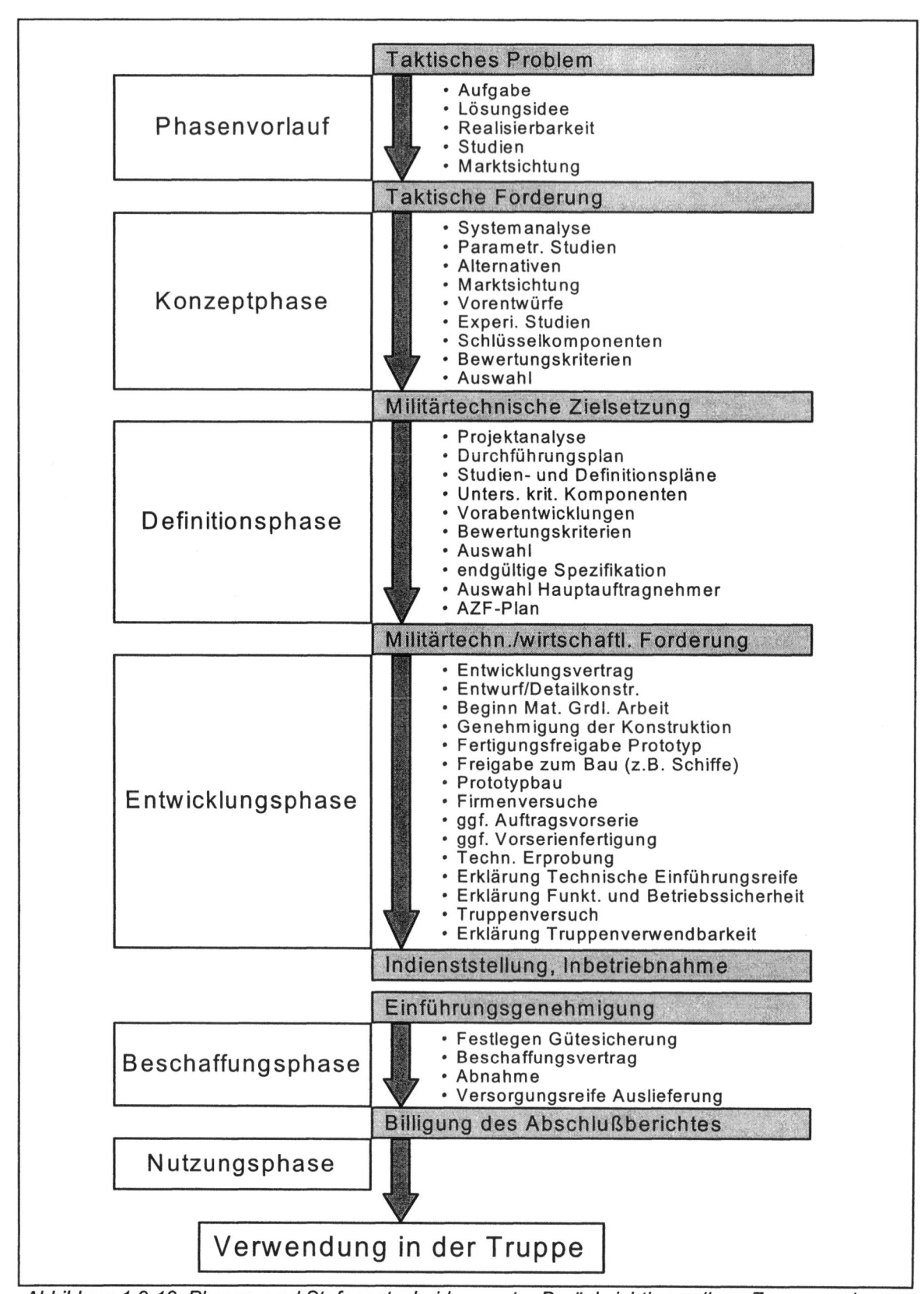

Abbildung 1.8-12: Phasen- und Stufenentscheidung unter Berücksichtigung ihres Zusammenhanges mit der Bundeswehrplanung

1.8 Projektphasen und -lebenszyklus

In Abbildung 1.8-12 sind die Phaseninhalte bzw. Phasenziele und die Phasenergebnisse am Ende der jeweiligen Phase herausgestellt. Außerdem sind die Zusammenhänge zur Bundeswehrplanung und zu den federführenden Organisationseinheiten in Abhängigkeit des Vorhabens deutlich herausgestellt. Die weitergehende Beschreibung der Phaseninhalte gibt die Abbildung 1.8-13.

1. PHASENVORLAUF
- Bedrohungsanalyse
- Erarbeitung von Abwehrvorstellungen
- Feststellung von Ausrüstungslücken
- Suche nach Lösungen
- Realisierbarkeitsuntersuchungen (Studien)
- Marktanalyse
- Taktische Forderung (TaF)

2. KONZEPTPHASE
- Erarbeitung von Struktur- und Durchführungsplänen des Berichtsverfahrens
- Parametrische Studien
- Prüfung internationaler Zusammenarbeit
- Voruntersuchungen
- Konzeptstudien
- Auswahl der Konzepte
- Militärisch-Technische Zielsetzung (MTZ)

3. DEFINITIONSPHASE
- Überarbeitung der Struktur- und Durchführungspläne des Berichtsverfahrens
- Militärische Einzeluntersuchungen
- Technische Einzeluntersuchungen
- Erstellung von Bewertungskriterien
- Auswahl der Lösung
- Endgültige Spezifikationen
- Auswahl des GU
- Militärisch - Technisch - Wirtschaftliche Forderung (MTWF)

4. ENTWICKLUNGSPHASE
- Fortschreibung der Struktur- und Durchführungspläne des Berichtsverfahrens
- Vorbereitung der Entwicklung
- Entwicklungsvertrag
- Entwurf und Konstruktion
- Genehmigung der Konstruktion und Freigabe zur Fertigung des Firmenversuchsmusters
- Truppenversuchsplan
- technischer Erprobungsplan
- Erprobung des Firmenversuchsmusters
- Freigabe zur Fertigung von Firmenversuchsmuster für die Erprobung
- ggf. Vorserienfertigung
- techn. Erprobung
- Erklärung der Funktionsbereitschaft und Betriebssicherheit
- Truppenversuch
- Erklärung der Truppenverwendbarkeit
- Erklärung der technischen Einführungsregelungen
- Einführungsgenehmigung (EFG)

5. BESCHAFFUNGSPHASE
- Feststellung des Leistungsumfanges und der Sicherung
- Beschaffungsvertrag
- abschließende Bearbeitung militär. Anteil
- Freigabe zur Fertigung der Serie
- Fertigung
- Güteprüfung
- Abnahme
- versorgungsreife Auslieferung des Wehrmaterials
- Vereinnahmung
- Abschlußbericht (ABS)

6. NUTZUNGSPHASE

Abbildung 1.8-13: Stufen- und Phasenentscheidung im Entscheidungsgang des Deutschen Wehrmaterials

Es wird erkennbar, daß innerhalb der Phasen sogenannte Stufenentscheidungen anstehen, die für den Fortgang des Vorhabens zwingend sind. Das Phasenergebnis am Ende jeder Phase schließt eine Planung der nächsten Phase hinsichtlich Kosten, Zeit und Qualität ein, ebenso eine Risikoabschätzung hinsichtlich der Realisierbarkeit mit Bezug zu den definierten Leistungskennzahlen des zu entwickelnden Systems. Es ist in der Vergangenheit öfters vorgekommen, daß Vorhaben an Phasenenden abgebrochen wurden, weil sich entweder die Bundeswehrplanung geändert hat oder weil andere Vorgaben, wie vor allem der Kostenrahmen oder System-Leistungskennzahlen gesprengt bzw. nicht erreicht wurden.

Der schematisch starre Phasengang hat hier seine Berechtigung aufgrund der komplexen Entscheidungssituation, die von unterschiedlichen Organisationseinheiten zu bewältigen ist. Dazu kommen die relativ langen Zeiten im Entstehungsgang, die eine wiederholte Prüfung mit der militärstrategischen Planung erforderlich macht. All dies bedeutet, daß eine reine sequentielle „Anstoßplanung" vorgegeben wurde.

Abschließend ist darauf hinzuweisen, daß auf diesem Gebiet internationale Verflechtungen praktiziert werden, so daß in solchen Fälle die wehrtechnischen Entstehungsgänge der beteiligten Länder aufeinander abgestimmt werden müssen. *Internationale Zusammenarbeit*

1.8.3.3 Beispiel Softwareentwicklung

Software-Projekte gehören im Prinzip zu den Entwicklungsprojekten (SAYNISCH 1989b). Zum Teil haben sich firmenspezifizierte Ausprägungen zu den in Abschnitt 1.8.2.2 beschriebenen, allgemeinen Lebensphasen für Softwareentwicklungen bewährt, die wegen ihres innovativen Charakters und den daraus resultierenden Unwägbarkeiten einen revolvierenden Phasenverlauf aufweisen. Ein solches bewährtes Modell wird bei der Fa. IBM angewendet. Es praktiziert einen fließenden Übergang innerhalb der Zeiteinschnitte von Phase zu Phase (vgl. Abbildung 1.8-14).

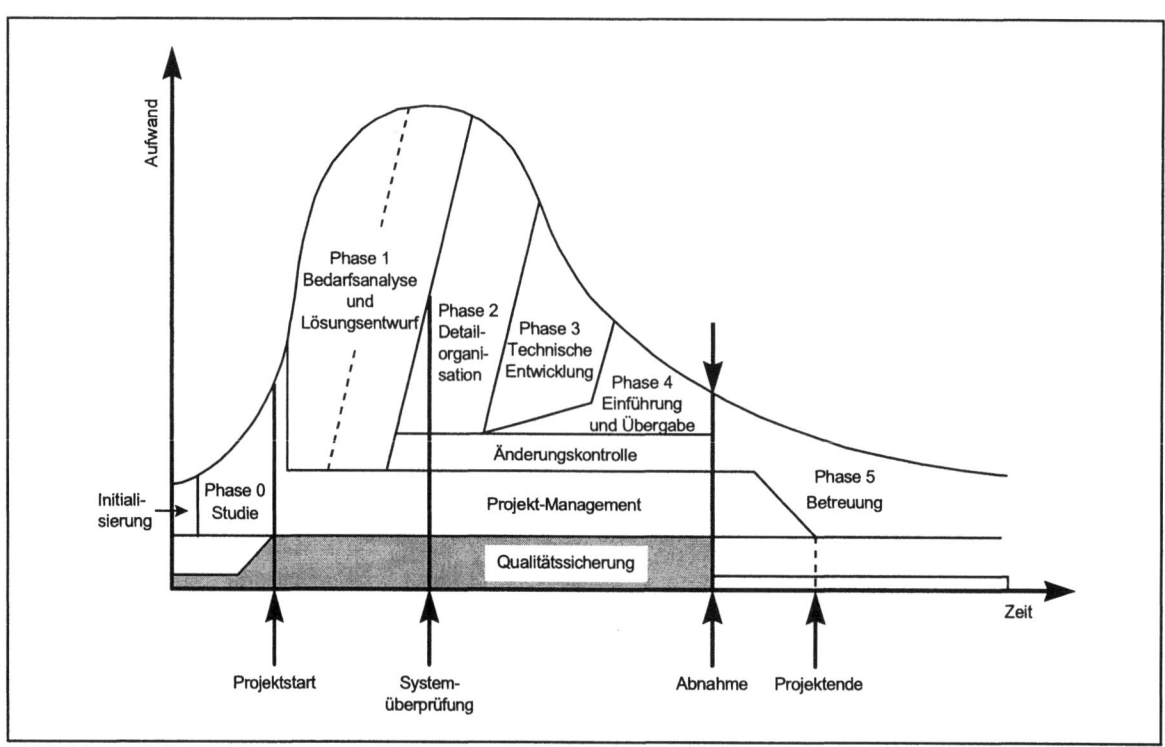

Abbildung 1.8-14: Phasenmodell für Informationssysteme (SAYNISCH 1989b)

ALLGEMEINE LEBENSPHASE	PROBLEM	KONZEPTIONELLE GRUNDLEGUNG		DETALIERTE GESTALTUNG	REALISIERUNG			NUTZUNG
PHASEN FÜR SOFTWARE-PROJEKTE	ANSTOSS	STUDIE	PROJEKTIERUNG	ENTWURF	IMPLEMEN-TIERUNG	SYSTEMINTEGR. / TEST	ABNAHME	BETREUUNG
PHASENZIEL	Projekt/Produkt-zielsetzung festlegen	Systemanforderungen und Randbedingungen festlegen	Systemgrobstrukturen und Systemeigenschaften festlegen	System und Testsystem fertigstellen	Systemkomponenten und Testsystem fertigstellen	Abnahmereife des Produktes herstellen	Einsatzreife des Produktes erreichen	Produkteinsatz sichern
PHASEN-ENTSCHEIDUNG	◇	◇	◇	◇	◇	◇	◇	
PHASENERGEBNIS produktbezogen	• Anwendungs-katalog	• Anforderungs-katalog - Pflichtenheft (System als Black Box)	• Leistungs-beschreibung (Subsysteme als Black Box)	• Entwurfsspezifi-kation(Komponenten als Black Box)	• Komponenten-spezifikation - Kodierte Komponente (Modul) - Getestete Komponente	• Integriertes und getestetes Produkt • Übergabepro-tokoll	• Einsatzreifes Produkt	• Produkt-protokoll
	—	• Manual - Grobplan	• Manual - Feinplan	—	• Manual (Manuskript)	• Manual (Druckfertig)	• Übersichts-dokument	—
	—	• Abnahme-bedingungen	• Testkonzept	• Testplan • Testsystem-spezifikation	• Komponenten-testbericht • einsatzfähiges Testsystem	• System-Testbericht	• Abnahme-bericht	• Testbericht
projektbezogen	• Projektplan 0, • QS - Plan 0, • Phasenplan 1,	• Projektplan 1, • QS - Plan 1, • Phasenplan 2, • Phasenbericht 1	• Projektplan 2, • QS - Plan 2, • Phasenplan 3, • Phasenbericht 2	• Projektplan 3, • QS - Plan 3, • Phasenplan 4, • Phasenbericht 3	• Phasenplan 5, • Phasenbericht 4	• Phasenplan 6, • Phasenbericht 5	• Betreuungsplan, • Projektbericht • Phasenbericht 6	• Betreuungsplan, • Phasenbericht
REFERENZ-KONFIGURATION		↑ DER ANFORDERUNG	↑ DER ORDER	↑ DES ENTWURFES		↑ DER INTEGRATION	↑ DES PRODUKTES	

Abbildung 1.8-15: Phasenorganisation für Software-Projekte (SAYNISCH 1989b)

Gleichzeitig wird der glockenähnliche Verlauf des Arbeitsaufwandes deutlich.

Ein weiteres Beispiel ist in der Abbildung 1.8-15 wiedergegeben, das auf Konzepten von Siemens beruht. Zusätzlich ist hier der Bezug zu einem allgemeinen Phasenmodell (SAYNISCH 1989a) aufgezeigt. Außerdem sind bei diesem Beispiel die Meilensteine der Phasenentscheidungen hervorgehoben und es sind die Phasenergebnisse, bezogen auf das Projekt und auf das Produkt, aufgeführt.

1.8.4 Kostenverteilung und Arbeitsaufwand von Phasenmodellen

Alle Phasenmodelle aus den drei Projektarten Investition, Entwicklung und Organisation haben eine zweigeteilte Problemlösungsfindung gemeinsam. Sie umfaßt zum einen die theoretische Bearbeitung der Aufgabe und zum anderen die praktische Umsetzung der Aufgabe. Der erste Schritt ist hauptsächlich eine „Papierphase", der zweite Schritt befaßt sich mit der Erstellung und Nutzung des Produktes bzw. bei den Organisationsprojekten mit der Erledigung der Aufgabe. Es ist naheliegend, daß z. B. für ein Investitionsprojekt der Hauptanteil der Projekt-/Objektkosten in der praktischen Umsetzung der Aufgabe, also in der Produktion, Erstellung, Nutzung bzw. Durchführung der Aufgabe, anfällt.

Wagt man eine tendenzielle Aussage der **Phasenkosten** zueinander, so führt diese Prognose zu einem stark **progressiven Kostenverlauf**, der etwa das dreifache an Produktionskosten ausmacht, im Vergleich zu den vorauslaufenden theoretischen Phasen. Die an die Produktion anschließende Nutzung kann in etwa mit dem doppelten Betrag der Produktion veranschlagt werden, wie es in Abbildung 1.8-16 vereinfacht dargestellt ist.

Phasenkosten

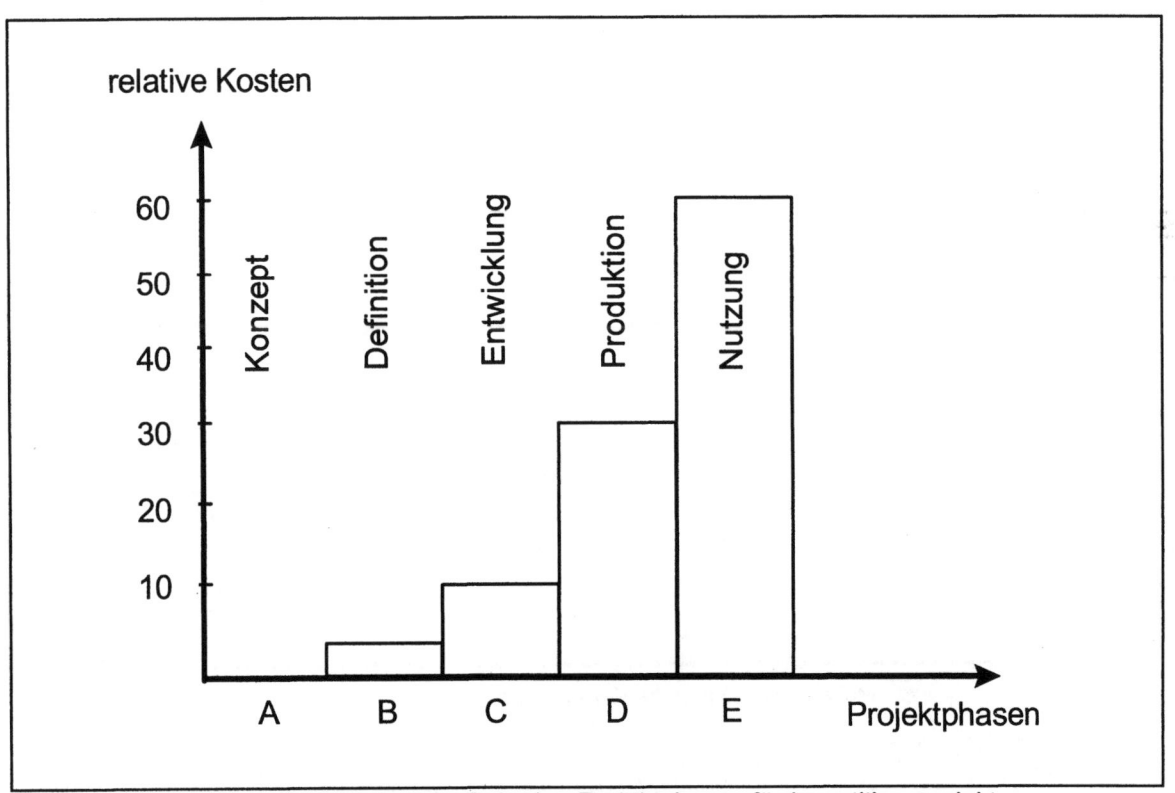

Abbildung 1.8-16: Relative Kostenanteile in den Projektphasen für Investitionsprojekte

Diese mehr theoretischen Überlegungen haben den praktischen Hintergrund, daß man sich darüber im Klaren sein sollte, daß die „papiermäßige" Bearbeitung der Aufgabe einen relativ hohen Arbeitsaufwand mit relativ geringen Kosten erfordert. Diesen Arbeitsaufwand sollte man auch unbedingt veranschlagen, denn in diesen frühen Phasen werden die Weichen des Projektes gestellt, die sorgfältig und alternativ zu untersuchen sind. In diesen Phasen Geld zu sparen und den Aufwand zu verringern bedeutet, zum falschen Zeitpunkt Kostenreduzierung vorzunehmen.

1.8.5 Phasenmodell und Meilensteinplanung

Trennung der Phasen

Aus der sachlichen Trennung der Projektphasen entwickelt sich ein über der Zeitachse aufeinanderfolgender Phasenablauf. Dessen Phasenübergänge bedeuten wichtige, ereignisorientierte Zeitpunkte. Diese Schnittstellen der Phasen sind **Entscheidungspunkte**, die als „Zäsur" über die Fortsetzung des Projektes von zentraler Bedeutung sind. Der Entscheidungsakt wird auf der Grundlage formaler, im Voraus festgelegter Dokumente vom Auftraggeber oder anderen neutralen, übergeordneten Organisationen vorgenommen und ergibt bei positiver Bewertung die Freigabe für die nächste Phase. Die Dokumente haben als Projektzwischenergebnis der vorangegangenen Phase und als Ausblick auf die folgende Phase einen verbindlichen Charakter, der nur durch eine formalisierte Änderungssteuerung den möglichen Veränderungen angepaßt werden kann.

Meilensteine

Aufgrund dieser für das Projekt markanten Zeitpunkte (Schlüsselereignisse) ist es aus übergeordneter Sicht zwingend erforderlich, sie als Meilensteine zu Beginn der Projektplanung festzuschreiben und diese laufend zu kontrollieren und zu steuern. Im Sinne der DIN 69900, Teil 1 gilt:

> Meilensteine sind Ereignisse besonderer Bedeutung.

Dabei ist zuerst einmal von einem zeitlich aufeinanderfolgenden Ablauf auszugehen, wie es in Abbildung 1.8-17 an den Phasenübergängen gezeigt wird. Diese Meilensteinplanung ist in ihrer Bedeutung gleichzusetzen mit der am Anfang des Projektes stehenden Ziel- und Projektstrukturplanung.

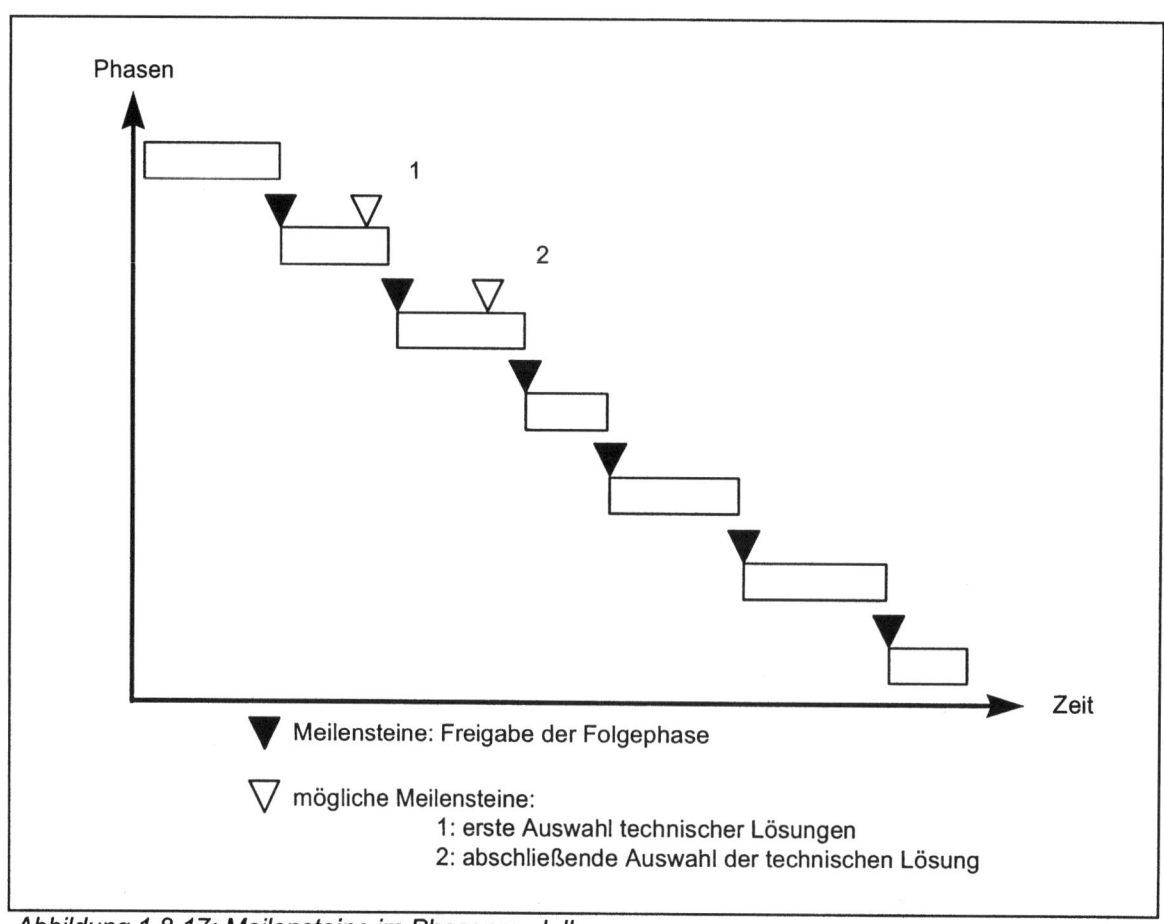

Abbildung 1.8-17: Meilensteine im Phasenmodell

1.8 Projektphasen und -lebenszyklus

Meilensteine können sein:

- Beginn / Ende einer Projektphase
- wichtige Ergebnisse

wesentliche Entscheidungen

Zur Kontrolle und Steuerung des Projektphasenverlaufes bietet sich die **Meilenstein-Trendanalyse** an (vgl. Kapitel 3.3, 3.6, 3.7). *Meilenstein-Trendanalyse*

Im Interesse der Anschaulichkeit wird ein linear zeitlicher Ablauf angestrebt. In der Praxis jedoch lassen sich **zeitliche Überlappungen der Phasen** oftmals nicht vermeiden. Dies kann daran liegen, daß nicht alle vorgesehenen Ergebnisse zum Zeitpunkt des Phasenendes vorliegen, wenn z.B. Teilergebnisse bei innovativen Entwicklungsprojekten trotz überlegter Planung nicht vorliegen. Aufgrund langfristiger Bestellzeiten von Komponenten ist zeitlich vielleicht keine Übereinstimmung mit dem Phasenende herzustellen. Aufgrund unternehmensbezogener, periodenorientierter Entscheidungsprozesse ist eventuell keine Harmonisierung mit dem Projektphasenverlauf herbeizuführen. Diese realen Schwierigkeiten können aber kein Grund dafür sein, Phasenübergänge nicht formal dokumentarisch zu trennen oder den Entscheidungsvorgang aufzuweichen. In solchen Fällen muß ein zeitlicher Nachlauf, überlappend zur nächsten Phase, organisiert werden, so daß bei der Phasenentscheidung für die Folgephase entsprechende Vorbehalte in bezug auf die nachlaufenden Ergebnisse festgelegt werden (vgl. Abbildung 1.8-14). *Phasenüberlappung*

Zur Reduzierung der Projektlaufzeit wird häufig eine **geplante Überlappung** („simultaneous engineering") gefordert. Sie ist dann entsprechend sorgfältig zu planen und zu dokumentieren. Der formale Charakter der Phasentrennung sollte aber in allen Fällen strikt beachtet werden.

1.8.6 Stellung des Phasenmodells in der Projektplanung

Zu Beginn des Projektes ist die Planung des Phasenmodells von gleicher Bedeutung wie die Zielfindung und die Projektstrukturierung. Das Phasenmodell informiert in grober Teilung frühzeitig über den Projektablauf. Es gibt damit die Leitlinie für die wichtigsten Meilensteine und die detaillierte Ablaufplanung im Rahmen von Netz- und Balkenplänen.

1.8.6.1 Zusammenhang von Phasenmodell, Projektstruktur- und Ablaufplanung

In zeitlicher Folge entwickeln sich diese Planungsschritte wie in der Abbildung 1.8-18 dargestellt. Vor diesem Prozeß sind die wichtigsten Ergebnisziele festzulegen und parallel zum ersten und zweiten Planungsschritt, also dem Phasenmodell und der Projektstrukturierung, ist die Organisationsstruktur zu beschließen.

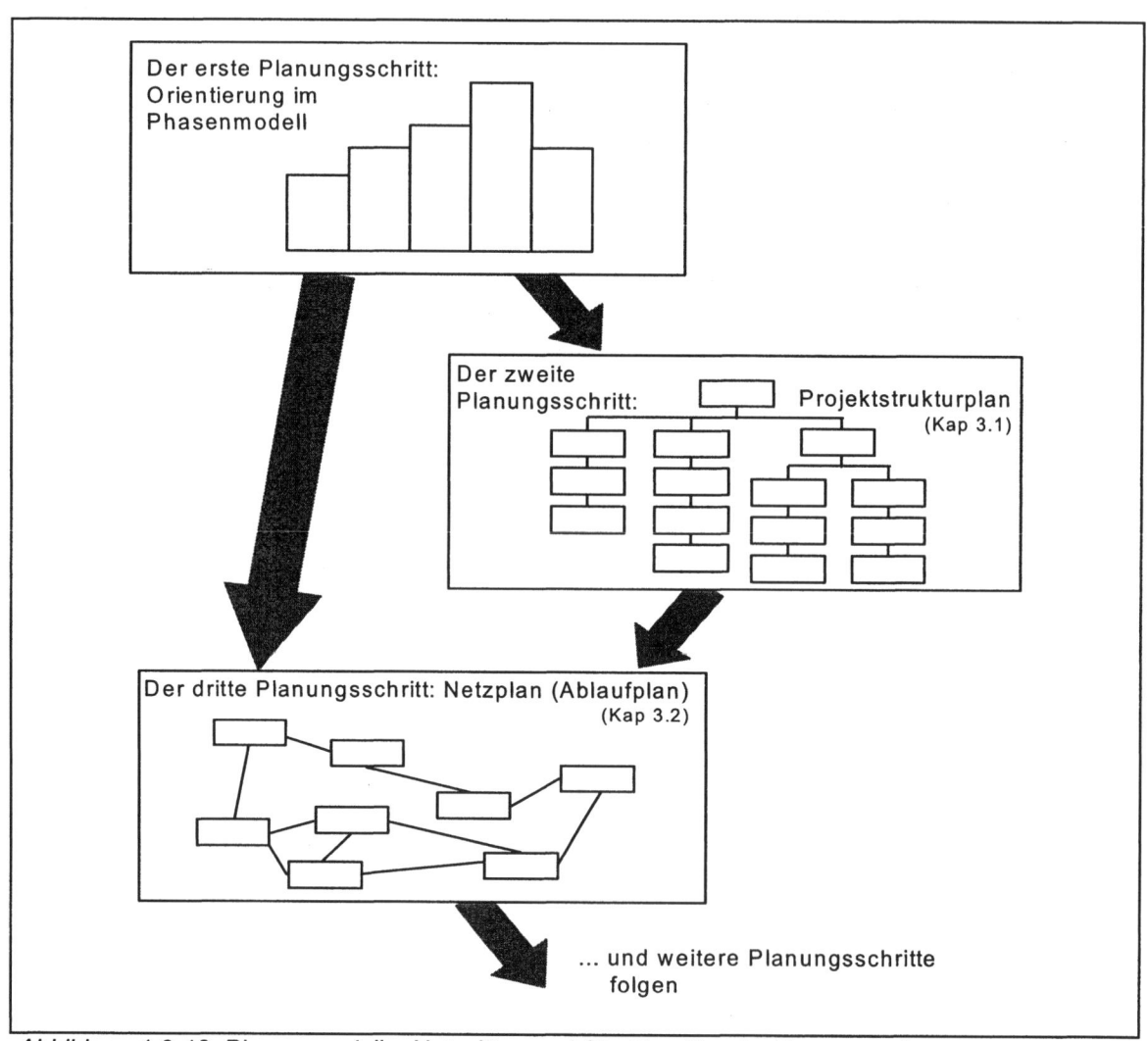

Abbildung 1.8-18: Phasenmodelle, Netzpläne und Strukturpläne im Zusammenhang

Jeder dieser PM-Planungsschritte hat seine dynamische Entwicklung während des Projektverlaufes, und es ist insbesondere an den Phasenübergängen zu prüfen, welche Auswirkungen die Projektergebnisse und -anforderungen auf die Ziele, auf die Organisations- und auf die Projektstruktur sowie auf die Ablaufplanung haben.

1.8.6.2 Entwicklung der Projektorganisation während der Projektphasen

Von der anfänglich theoretischen bis zur späteren praktischen Umsetzung der Aufgabenstellung verändern sich die Schwerpunkte der organisatorischen Verantwortungen erheblich. Während beispielsweise das Projekt-Controlling in der Definitionsphase zusätzliche Aufgaben, wie z.B. die Konfigurationskontrolle, verantwortlich übernehmen kann (siehe Kapitel 4.4), ist diese Kontrollfunktion mit fortlaufendem Projektverlauf wegen seiner zunehmenden Bedeutung einer eigenständigen Organisationseinheit zu übertragen.

Nähert sich der Projektablauf der eigentlichen Realisierung, so sind zusätzliche organisatorische Einheiten zur Vorbereitung dieses Projekthauptabschnittes aufzubauen. Andere Aufgaben wie die innerhalb der Systemtechnik verringern sich, personeller Abbau dieser oder anderer Abteilungen kann die Folge sein.

Abbildung 1.8-19 stellt diesen organisatorischen Zusammenhang in Abhängigkeit zu den Konzept-, Definitions- und Entwicklungsphasen exemplarisch dar.

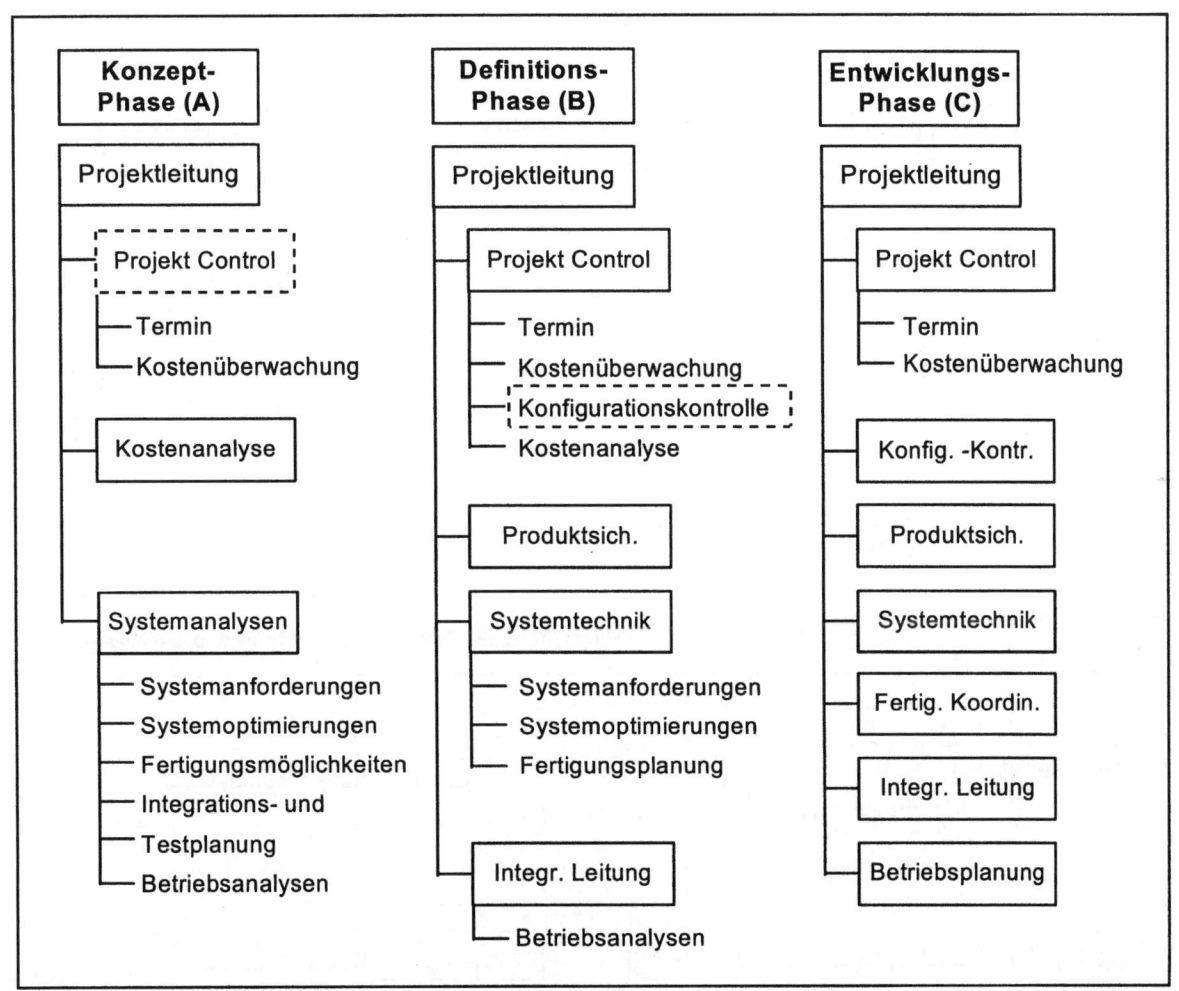

Abbildung 1.8-19: Organisationsänderung in den Phasen (Beispiel) (MADAUSS 1984)

1.8.6.3 Projektstruktur- und Ablaufplanung in Abhängigkeit von den Projektphasen

Die Verfahrensweise für die Erstellung der Projektstruktur- und der Ablaufpläne entwickeln sich bei lang laufenden, umfangreichen Projekten wegen der kaum überschaubaren Verläufe fast immer von der groben Struktur zur feineren Struktur. Dies kommt der menschlichen Denkweise entgegen, zuerst das zeitlich Näherliegende zu untersuchen (vgl. Kapitel 3.1.3.2.2 und 3.2).

Dieses Vorgehen vermindert Unsicherheiten, die entstehen könnten, wenn zu früh detailliert vorgegangen wird, ohne Ergebnisse zu berücksichtigen, die erst im Laufe des Prozesses erzielt werden. Schematisch wird dies in Abbildung 1.8-20 und Abbildung 1.8-21 gezeigt.

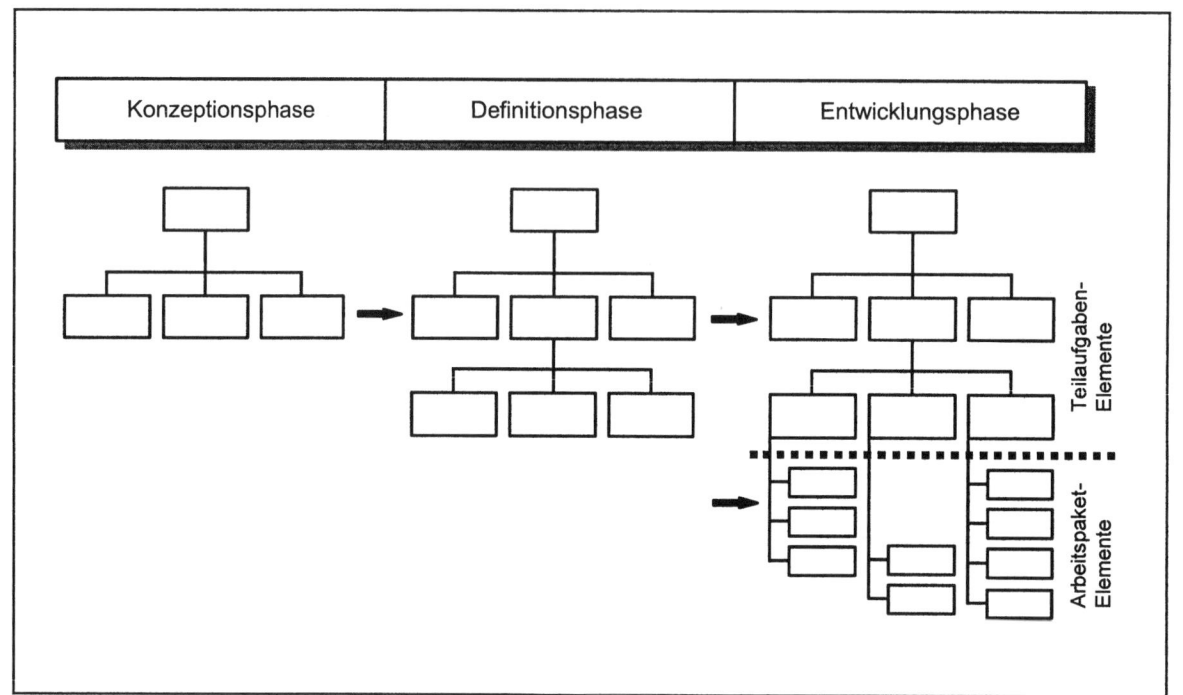

Abbildung 1.8-20: Projektstrukturplan und Projektlebensphasen (MADAUSS 1984)

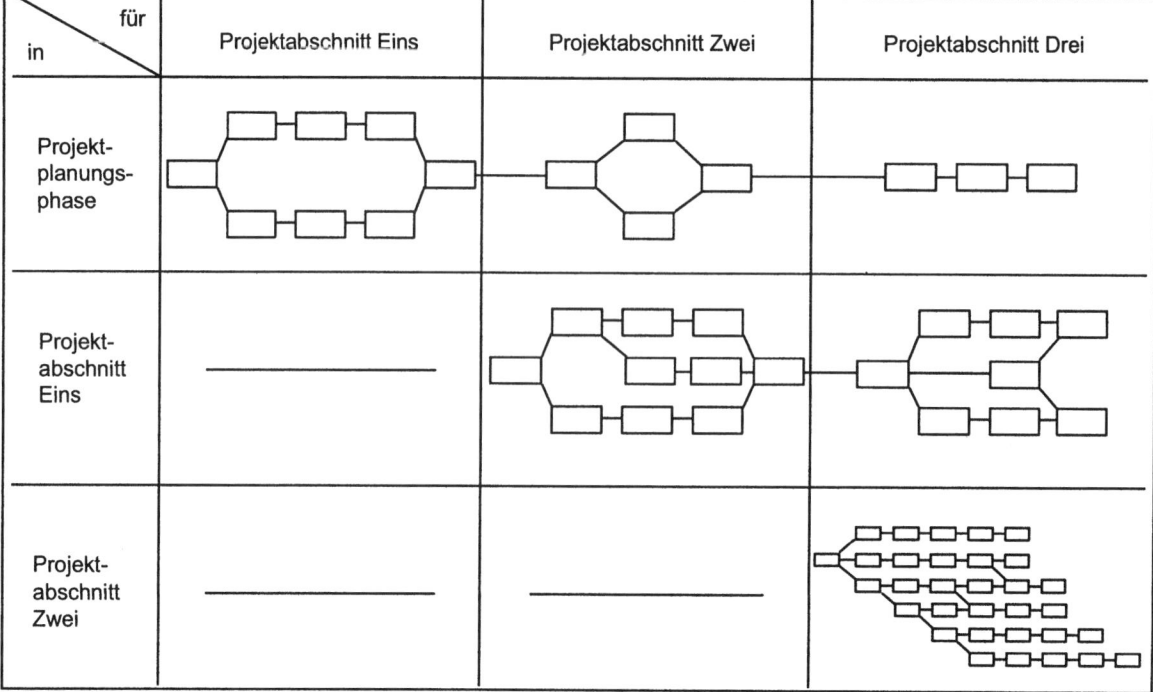

Abbildung 1.8-21: Fortschreitende Detaillierung der Planung im Projektverlauf (SAYNISCH 1989a)

1.8.7 Problematik der Phasenmodelle

Diese generellen und ideal-typischen Ausprägungen, wie sie im folgenden gezeigt werden, sollten als erste Leitlinie gelten, die auf die projektspezifische Gegebenheiten zu projizieren ist.

Phasen-Hauptabschnitte	Allgemeine Lebensphasen	Investitionsprojekte	Entwicklungsprojekte		Organisationsprojekte
			allg. Forschung/ Entwicklung	EDV (Hard/ Software)	
theoretische Bearbeitung	Problemerkennung	Vorstudien	Machbarkeitsstudien	Anstoß/Studie	Aufgabenvorbereitung
	Konzeptionelle Lösung	Konzept/ Definition	Konzept/ Definition	Projektierung	
	Detaillierte Lösung	Entwicklung	Entwicklung	Entwurf	
praktische Umsetzung	Realisierung	Produktion	Erstellung	Implementierung / Test / Abnahme	Aufgabendurchführung
	Nutzung	Nutzung	Nutzung	Nutzung / Betreuung	
		u.U. Außerdienststellung	u.U. Wiederverwendung	Auswertung	

Abbildung 1.8-22: Ideal-typische und projektartspezifische Ausprägungen (vgl. 1.8-2)

Die lineare Ordnung, die den standardisierten Phasenmodellen anhaftet, verführt dazu, die praktischen Schwierigkeiten im Einzelfall zu übersehen und zu schnell während der Phasenplanung auf ein Standardmodell zurückzugreifen. Diese können lediglich als Orientierungshilfe und nicht als Rezept dienen, denn nur das auf den konkreten, projektspezifischen Bedarf ausgerichtete Phasenkonzept überdauert effektiv die Lebensdauer des Projektes.

Standardphasenmodelle

Im Sinne der Standardisierung und Rationalisierung der Projektarbeit ist es natürlich verlockend, über möglichst viele, immer wieder verwendbare Werkzeuge, Methoden und Verfahren zu verfügen. Der Einsatz eines Standardphasenmodells wäre dabei im Projektmanagement eine erhebliche Erleichterung für den Projektleiter. Ein Projekt ist allerdings wesentlich durch seine **Einmaligkeit** und damit auch die Neuartigkeit der Rahmenbedingungen gekennzeichnet. *Anpassung*

Die erste **Anforderung an den Einsatz eines Phasenmodells** lautet daher: Das Phasenmodell muß sowohl von seinen Phasen als auch von den Tätigkeiten her auf das jeweilige Projekt ausgerichtet sein. Der Projektleiter und sein Team haben sich daher bei einem Standardphasenmodell zu fragen: *Einsatz eines Phasenmodells*

- Welche Projektphasen muß ich für diesen Projektauftrag wirklich durchlaufen?
- Kann ich Standardphasen zusammenfassen oder muß ich weiter unterteilen?
- Kann ich vorgegebene Tätigkeiten der Standardprojektphasen streichen oder muß ich noch zusätzliche Tätigkeiten in einzelne Projektphasen einbringen?

Problematik der Phasenmodelle

Probleme, die auf Phasenmodelle generell zutreffen, lassen sich als **Fragen der Abgrenzbarkeit** bezeichnen:

- Können wirklich die Tätigkeiten einer Projektphase so bestimmt werden, daß zu einem bestimmten Zeitpunkt alle Tätigkeiten dieser Projektphase mit ihren Ergebnissen abgeschlossen sind?
- Ist es möglich, die Tätigkeiten einer Projektphase so zu bestimmen, daß alle Tätigkeiten frühestens nach der Freigabe dieser Projektphase beginnen?
- Kann ausgeschlossen werden, daß einzelne Tätigkeiten einer Projektphase zu einem späteren Zeitpunkt, nach Freigabe der Folgephase, wiederholt werden müssen?
- Kann ausgeschlossen werden, daß klar definierte Tätigkeiten gleichmäßig über mehrere oder alle Projektphasen anfallen?

In aller Regel sind diese Fragen mit „nein" zu beantworten.

Phasenabschluß

Zumindest für **nicht projektentscheidende Tätigkeiten** wird auf deren **Fertigstellung verzichtet** werden, wenn die Freigabe der nächsten Projektphase zu beschließen ist. Insbesondere im Falle eines Projektabbruchs kann diese Vorgehensweise sogar noch meßbare Kostenvorteile bringen. Ebenso können **Tätigkeiten** einer Projektphase soviel Zeit in Anspruch nehmen, daß sie schon **frühzeitig während der vorgelagerten Projektphase** begonnen werden müssen. Für solche Tätigkeitsfreigaben müssen bereits mitten in einer Projektphase die Entscheidungen getroffen werden, die nach dem Phasenmodell eigentlich erst zum Schluß einer Phase möglich sind. Bei diesen Entscheidungen ist immer der Risikogesichtspunkt mit zu berücksichtigen. Auch der **Rücksprung auf Tätigkeiten einer früheren Projektphase ist normal.** Im Phasenmodell Typ 2 Entwicklungsprojekte wäre die Modifikation oder komplette Neukonstruktion eines Teils oder Teilsystems während des Prototypenbaus ein Rücksprung aus der Realisierungsphase in die Phase der Systementwicklung. **Kontinuierliche Tätigkeiten über mehrere oder alle Projektphasen** sind ebenso normal. Im Phasenmodell Typ 2 wäre z.B. **die begleitende Dokumentation** zu einer bestimmten Fragestellung des Projektes eine solche Aufgabe. Dies könnte die Frage nach der Verwendbarkeit oder dem Einsatz eines Werkstoffes im Rahmen des Projektes sein. Phasenmodelle gehen im Prinzip von einer **sequentiellen** (hintereinander abfolgenden) **Abarbeitung** der Projektphasen und der Tätigkeiten in den Projektphasen aus. Berücksichtigt wird in Phasenmodellen bestenfalls, daß Tätigkeiten in aufeinander folgenden Projektphasen unter anderem Blickwinkel oder in größerer Detaillierung zu wiederholen sind.

In Abbildung 1.8-23 sind noch die wichtigsten Abhängigkeiten zwischen dem Phasenmodell und anderen Projektbereichen bzw. Parametern zusammengefaßt.

1.8 Projektphasen und -lebenszyklus

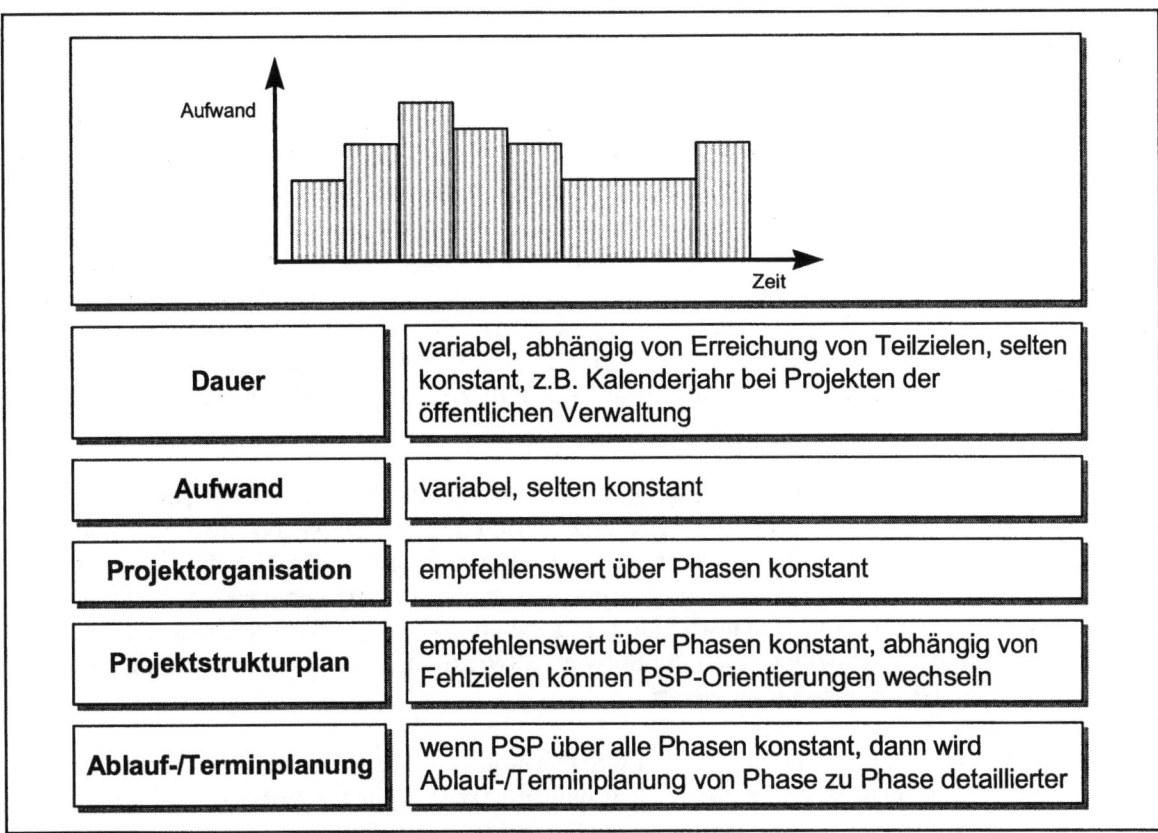

Dauer	variabel, abhängig von Erreichung von Teilzielen, selten konstant, z.B. Kalenderjahr bei Projekten der öffentlichen Verwaltung
Aufwand	variabel, selten konstant
Projektorganisation	empfehlenswert über Phasen konstant
Projektstrukturplan	empfehlenswert über Phasen konstant, abhängig von Fehlzielen können PSP-Orientierungen wechseln
Ablauf-/Terminplanung	wenn PSP über alle Phasen konstant, dann wird Ablauf-/Terminplanung von Phase zu Phase detaillierter

Abbildung 1.8-23: Phasenmodelle mit weiteren Abhängigkeiten

Zusammenfassung

Die Definition und die Merkmale der Projektphasen sind herausgearbeitet worden. Dabei ist deutlich geworden, welche Bedeutung den Merkmalen der Phasen und der Phasenteilung zukommt, nämlich die konsequente Planung und Durchführung der zeitlichen Begrenzung der Phasen mit ihren Leistungsbildern und Zielsetzungen sowie die Dokumentation der Phasenergebnisse und der Phasenprognosen, auf deren Grundlage die Phasenentscheidung über Fortgang oder Abbruch des Projektes von einer übergeordneten Kommission zu fällen ist. Weiter werden der zeitliche sequentielle und der zeitlich überlappende Phasenverlauf beschrieben, die auch als „Anstoßplanung" bzw. als „revolvierende Planung" bezeichnet werden. Der erstgenannte Planungsverlauf ist typisch für Investitionsprojekte, der zweitgenannte typisch für den Verlauf von Forschungs- und Entwicklungsvorhaben.

Konkretisiert werden im folgenden dann typische Phasenmodelle für die Projektarten Investitionsprojekte, Forschungs- und Entwicklungsprojekte sowie für die Organisationsprojekte. Dabei wird deutlich, daß bei den Investitionsprojekten ein in der Regel typischer Projektverlauf mit gleichen Phasenbenennungen vorherrscht. Bei den Forschungs- und Entwicklungsprojekten dagegen ist zu unterscheiden zwischen Produktentwicklung einerseits und Systementwicklung andererseits. Daneben sind in dieser Projektart noch die Softwareentwicklungen zu unterscheiden, die einen eigenen spezifischen Prozeßverlauf aufweisen.

Anders stellt sich die Phasenteilung bei den Organisationsprojekten dar, bei denen kein typisches Phasenmodell zu nennen ist, da in diesem Fall human-soziale Systeme gesteuert werden, die von Fall zu Fall angepaßte Phasenteilungen erforderlich machen.

Veranschaulicht werden dann die bis dahin mehr grundsätzlichen Abhandlungen durch in der Praxis bewährte Branchenbeispiele aus dem Bausektor, der Wehrtechnik und aus der Softwareentwicklung. Für die Baubranche ist eine verpflichtende Phasenteilung festgelegt, die in der HOAI, der Honorarordnung für Architekten und Ingenieure, detailliert mit Leistungsbildern beschrieben ist. Gleiches gilt für die Entwicklung Wehrtechnischer Systeme, deren Entstehungsgang mit ihren Inhalten und Phasenentscheidungen ebenfalls vorgegeben ist. Zwei firmenspezifische Beispiele einer Softwareentwicklung vervollständigen das Bild von phasenweisen Projektverläufen in der Praxis.

Kosten und Arbeitsaufwand sind über den Projektverlauf unterschiedlich verteilt. In den ersten Phasen, den „Papierphasen" bzw. den Konzept-, Definitions- und Entwicklungsphasen, sind die Kosten verhältnismäßig gering. Dort muß aber mit relativ hohem Arbeitsaufwand gerechnet werden. Wegen der Bedeutung der frühen Phasen, hinsichtlich wichtiger Weichenstellung für das Projekt, soll er aber nicht gemindert werden.

Die Phasenübergänge sind als eine „Zäsur" für das Projekt anzusehen. Für diese ereignisorientierten Zeitpunkte wird eine Meilensteinplanung vorgeschlagen. In Abfolge der Phasen verändern sich die Organisations- und Projektstrukturen. Die Ablaufplanung konkretisiert sich von Phase zu Phase.

Trotz bewährter Standardablaufmodelle müssen die Phasenfolgen projektspezifisch angepaßt, sorgfältig mit ihren Zielen und Inhalten geplant und bei den Phasenübergängen die Ergebnisse mit den Vorgaben verglichen werden.

Literaturverzeichnis

BRAMSEMANN, R.: Handbuch für Controlling, Hanser (Studienbücher der Wirtschaft), München, Wien 1987

DIEDERICHS C.J.: Projektsteuerung im Bauwesen, Fachtagung in Berlin 1990

KAESTNER, R.: Ziele, Abläufe und Phasen von Projekten. In: RKW/GPM (Hrsg.): Projektmanagement-Fachman, 2. Aufl., Eschborn 1994

MADAUSS, B.: Projektmanagement, 2. Auflage, Stuttgart: Poeschel, 1984

MOTZEL, E. (Hrsg): Projektmanagement in der Baupraxis, Berlin: Ernst, 1993

PFEIFFER, U.: , in: Motzel, E. (Hrsg.): Projektmanagement in der Baupraxis, Berlin: Ernst, 1993

RESCHKE, H., Syoboda, M.: PM: Konzeptionelle Grundlagen; Beitrag der Artikelreihe in der Frankfurter Allgemeinen Zeitung. Gesellschaft für Projektmanagement INTERNET Deutschland, 1984

SCHELLE, Reschke, Schnopp, Schub (Hrsg.): Projekte erfolgreich managen, Band 1 und Band 2 (Loseblattsammlung), Verlag TÜV Rheinland, 1994-1997

Schriftreihe des AHO Nr. 9, Untersuchungen zum Leistungsbild des §31 HOAI und zur Honorierung für die Projektsteuerung, Bundesanzeiger, Bonn 1996

WÖHE, G.: Einführung in die allgemeine Betriebswirtschaftslehre, 18. überarb. u. erw. Aufl., München: Verlag Franz Vahlen, 1993

Weiterführende Literatur

PLATZ, J., Schmelzer, H.J.: Projektmanagement in der industriellen Forschung und Entwicklung, Berlin/Heidelberg/New York: Springer, 1986

RESCHKE, H., Schelle, H., Schnopp, R. (Hrsg.): Handbuch Projektmanagement, Gesellschaft für Projektmanagement, 2 Bände, TÜV Rheinland, 1989

SAYNISCH, M.: Phasenweiser Projektablauf und Phasenorganisation - Lebensphasenkonzept und ablaufstrategische Grundlagen, in: Reschke H. u.a., (Hrsg.) „Handbuch Projektmanagement", S. 705-744 Verlag TÜV-Rheinland, Köln 1989a

SAYNISCH, M.: Anwendungsbeispiele des Phasenweisen Projektablaufes in der Praxis - Branchen- und funktionsspezifische Ausprägungsformen; in: Reschke H. u.a., (Hrsg.) „Handbuch Projektmanagement", S. 745-764 Verlag TÜV-Rheinland, Köln 1989b

SCHELLE, H. (Hrsg.): Phasenorientierte Projektmanagement, Arbeitstexte der GPM, Verlag TÜV Rheinland, Köln 1989
Für Abb. 1.8-12 und 1.8-13 - Autor KRAUSE (IABG)

Autorenportrait

Dipl.-Ing. Joachim Hoehne

Joachim Hoehne, Jahrgang 1939. Nach dem Abitur eine Ausbildung als Berufsoffiziersanwärter bei der Bundesmarine, danach Studium des Maschinenbaus an der Technischen Universität in Aachen. Von 1970 bis 1983 tätig in Forschung und Entwicklung für die Wehrtechnik. In dieser Zeit in allen Bereichen des Projektmanagements verantwortlich involviert. Ab 1983 selbständiger Unternehmer auf dem Sektor Projektmanagement in beratender, schulender und unterstützender Funktion. Branchenschwerpunkt ist seit 1992 die Bauindustrie.

Abbildungsverzeichnis

Abbildung 1.8-1: Sequentielle und revolvierende (überlappende) Planung (BRAMSEMANN) 220

Abbildung 1.8-2: Übersicht Phasenmodelle 222

Abbildung 1.8-3: Objektlebensweg I 223

Abbildung 1.8-4: Phasenmodell für die Objekt-Erstellung eines Investitionsprojekts (Bau) 223

Abbildung 1.8-5: Objektlebensweg II 224

Abbildung 1.8-6: Phasenmodell für eine System-/ Produktentwicklung eines Forschungs-/ Entwicklungsprojekts (KAESTNER 1994) 224

Abbildung 1.8-7: Lebensphasenmodell für ein System mit Phasenergebnissen (RESCHKE) 225

Abbildung 1.8-8: Phasenmodell für Entwicklungsprojekte von Softwareprogrammen 227

Abbildung 1.8-9: Leistungsphasen nach HOAI - §15 228

Abbildung 1.8-10: Aufgabengebiete der Projektsteuerung 230

Abbildung 1.8-11: Zusammenhang von HOAI-Phasen und Vorschlag DVP 231

Abbildung 1.8-12: Phasen- und Stufenentscheidung unter Berücksichtigung ihres Zusammenhanges mit der Bundeswehrplanung 232

Abbildung 1.8-13: Stufen- und Phasenentscheidung im Entscheidungsgang des Deutschen Wehrmaterials 233

Abbildung 1.8-14: Phasenmodell für Informationssysteme (SAYNISCH 1989b) 234

Abbildung 1.8-15: Phasenorganisation für Software-Projekte (SAYNISCH 1989b) .. 234

Abbildung 1.8-16: Relative Kostenanteile in den Projektphasen für Investitionsprojekte 235

Abbildung 1.8-17: Meilensteine im Phasenmodell 236

Abbildung 1.8-18: Phasenmodelle, Netzpläne und Strukturpläne im Zusammenhang 238

Abbildung 1.8-19: Organisationsänderung in den Phasen (Beispiel) (MADAUSS 1984) 239

Abbildung 1.8-20: Projektstrukturplan und Projektlebensphasen (MADAUSS 1984) 240

Abbildung 1.8-21: Fortschreitende Detaillierung der Planung im Projektverlauf (SAYNISCH 1989a) 240

Abbildung 1.8-22: Ideal-typische und projektartspezifische Ausprägungen (vgl. 1.8-2) 241

Abbildung 1.8-23: Phasenmodelle mit weiteren Abhängigkeiten 243

Lernzielbeschreibung

Der Teilnehmer soll:

- Einsicht bekommen, warum der Phasenplanung so große Bedeutung im PM zukommt.

- Einsicht entwickeln, welche Abhängigkeiten zwischen der Organisations- und Projektstrukturierung sowie der Ablaufplanung einerseits und den Projektlebensphasen andererseits bestehen.

- Einsicht gewinnen, daß der Arbeitsaufwand in den ersten Phasen nicht minimiert werden darf.

- Kenntnis haben, welche typischen Standard-Phasenmodelle in welchen Projektarten üblich sind.

- Kenntnis über die Merkmale der Phaseneinteilung erhalten.

- Kenntnis nachweisen, daß Standardlösungen für Phasenmodelle problematisch sind.

- Einen Überblick über praktizierte Lösungen von Phasenmodellen in verschiedenen Branchen erhalten.

- Die Fähigkeit erlernen, Phasenmodelle nach vorgegebenen Szenarien zu erstellen.

1.9 Normen und Richtlinien

von

Gernot Waschek

Relevanznachweis

"Normung ist die planmäßige, durch die interessierten Kreise gemeinschaftlich durchgeführte Vereinheitlichung von materiellen und immateriellen Gegenständen zum Nutzen der Allgemeinheit." (DIN 820 Teil 1). Diese Regeln dienen der Rationalisierung, der Qualitätssicherung, der Sicherheit, dem Umweltschutz und der Verständigung in Wirtschaft, Technik, Wissenschaft, Verwaltung und Öffentlichkeit.

Die Verwendung einheitlicher Begriffe unter den Projektbeteiligten erleichtert die Arbeit ungemein und vermeidet Fehler aus Mißverständnissen sowie Zeitverluste durch sonst notwendige Klärungen. Auch standardisierte Regelungen und Abläufe sparen Zeit und Arbeitskraft, weil das berühmte Rad nicht immer wieder neu erfunden werden muß.

Die in dreißigjähriger Arbeit beim DIN entwickelten Normen zur Projektwirtschaft werden heute in Lehre und Praxis weitgehend akzeptiert. Viele Normbegriffe, wie z. B. die von DIN 69905 "Projektabwicklung", wurden bewußt für die tägliche Arbeit definiert.

Diese und andere Festlegungen sind Grundlagen für die Aus- und Weiterbildung im Projektmanagement (PM), für die Entwicklung und Nutzung von Projektmanagementsystemen und Handbüchern, für das Aufstellen betriebsinterner PM-Regelungen, für die Projektmanagement-Zertifizierung, für klare Vertragstexte und - dank internationaler Kontakte bei der Normung - für die Förderung der Zusammenarbeit bei internationalen Projekten.

Inhaltsverzeichnis

1.9.1 Normen zu Projektmanagement — **251**
    1.9.1.1 Organisation der Normung — 251
    1.9.1.2 Arbeitsweise eines Normenausschusses — 251
    1.9.1.3 Historische Entwicklung der Projektmanagement-Normen — 252
    1.9.1.4 Sammelausgaben — 259
    1.9.1.5 Zukünftige Entwicklung — 259

1.9.2 Zusätzliche übergreifende Regelungen — **259**
    1.9.2.1 Project Management Body of Knowledge (PMBOK) — 259
    1.9.2.2 Wissensspeicher Projektmanagement-Fachmann — 259

1.9.3 Verbandsspezifische Richtlinien und Regelungen — **260**
    1.9.3.1 Verdingungsordnung für Leistungen (VOL) und Verdingungsordnung für Bauleistungen (VOB) — 260
    1.9.3.2 Honorarordnung für Architekten und Ingenieure (HOAI) — 261
    1.9.3.3 Vorgehensmodell — 262

1.9.4 Unternehmensspezifische Regelungen — **262**
    1.9.4.1 Projektmanagement-Regelungen des Bundesamtes für Wehrtechnik und Beschaffung, Koblenz — 262
    1.9.4.2 Projektmanagement-Regelungen der Deltalloyd Gruppe — 263
    1.9.4.3 Projektmanagement-Regelungen der Siemens VDO Automotive AG — 263

1.9.5 Akzeptanz und Grenzen der Normenanwendung — **263**

1.9.1 Normen zu Projektmanagement

In diesem Kapitel werden die in Deutschland für Projektmanagement relevanten Normen behandelt.

1.9.1.1 Organisation der Normung

In fast allen Ländern der Welt gibt es eine vom Staat beauftragte Institution, die für die Normung in diesem Land zuständig ist. In Deutschland ist dies das Deutsche Institut für Normung e.V. (DIN) als ein eingetragener Verein mit Sitz in Berlin (Kontaktadresse: DIN Deutsches Institut für Normung e.V., Burggrafenstraße 6, 10787 Berlin, Telefon: 030-26010, Fax: 030-26011231). *Nationale Normungsorganisation*

Neben dem DIN gibt es auch einflußreiche Verbände wie den VDE (Verein Deutscher Elektrotechniker) oder den VDI (Verein Deutscher Ingenieure), von denen Richtlinien mit Normencharakter herausgegeben werden. Ein weiteres Beispiel aus dem Bausektor folgt in einem späteren Teil dieses Beitrags. *Verbände*

Die deutschen Normen für Projektmanagement werden im DIN vom „Arbeitsausschuß Netzplantechnik und Projektmanagement" (NQSZ-4) entwickelt. Organisatorisch ist der NQSZ-4 ein selbständiger Arbeitsausschuß im „Normenausschuß Qualitätsmanagement, Statistik und Zertifizierungsgrundlagen" (NQSZ), welcher der offizielle Herausgeber der Normen seiner Arbeitsausschüsse ist. *Normungsausschuß zu PM*

1.9.1.2 Arbeitsweise eines Normenausschusses

Die Normungsarbeit des DIN ist eine technisch-wissenschaftliche Dienstleistung für alle Bürger unseres Landes. Das DIN ist der runde Tisch, an dem sich Hersteller, Handel, Verbraucher, Handwerk, Dienstleistungsunternehmen, Wissenschaft, technische Überwachung, Staat, jedermann, der ein Interesse an der Normung hat, zusammensetzen, um den Stand der Technik zu ermitteln und in Deutschen Normen niederzuschreiben. *Beteiligte*

Prinzipiell sollten demnach in einem Normenausschuß „alle interessierten Kreise" vertreten sein. Bei seiner Gründung, die von einem gewünschten Normungsvorhaben ausgeht, das in keinen der schon existierenden Normenausschüsse paßt, achtet man also darauf, daß die maßgeblichen Fachleute, Firmen, Hochschulen, Verbände usw. um Mitwirkung gebeten werden. Durch spätere Fluktuation ändert sich die Zusammensetzung häufig, dennoch muß weiterhin auf ausgewogene Beteiligung geachtet werden. Die Normungsarbeit wird in 4300 Arbeitsausschüssen mit 33800 ehrenamtlichen Mitarbeitern geleistet. Fertige Normen werden mindestens alle fünf Jahre auf ihre Aktualität hin überprüft.

Das geplante Normungsvorhaben wird bei der ersten Sitzung zunächst umrissen (Zweck, Inhalt, Umfang, Zeitvorstellung usw. wie bei einem Projekt), dann werden Vorschläge zum Inhalt gesammelt (z. B. durch Brainstorming), geordnet und in einem ersten Entwurf niedergelegt. Dieser Entwurf wird in mehreren Sitzungen so lange überarbeitet, bis er veröffentlichungsreif ist. Die letzte Fassung, das Manuskript, geht dann beim DIN in die Normenprüfstelle. Dort wird sie u. a. auf Redundanzen oder Widersprüche mit anderen Normen oder Normungsvorhaben kontrolliert und schließlich zum Druck als „Entwurf DIN..." (auf gelbem Papier, daher auch die Bezeichnung „Gelbdruck") im Beuth-Verlag, einer DIN-Tochter, freigegeben. Danach hat die Öffentlichkeit - z.B. bei Projektwirtschaftsnormen auch die Deutsche Gesellschaft für Projektmanagement e.V. (GPM) und ihre Mitglieder - mehrere Monate Zeit für Stellungnahmen. Nach Ablauf der Einspruchsfrist werden alle eingegangenen Stellungnahmen vom Normenausschuß diskutiert, wobei die wichtigsten Einsprecher zur Sitzung eingeladen werden, um ihre Stellungnahme persönlich zu *Entstehung einer Norm*

Verlag der Normen

vertreten. Nach entsprechender Überarbeitung, bei der ein Teil der Stellungnahmen verworfen, der andere Teil aber in vorgeschlagener oder abgeänderten Form berücksichtigt wird, kann die endgültige Ausgabe der Norm (als „Weißdruck") erfolgen. Später wird die Norm bei Bedarf ab und zu noch aktualisiert.

Auf die gleiche Weise bearbeitet der Normenausschuß auch weitere Normungsvorhaben, die in sein Gebiet passen und von einem Mitglied oder von außen an ihn herangetragen werden.

Der Beuth Verlag ist einer der größten technisch-wissenschaftlichen Verlage der Bundesrepublik Deutschland. Unter diesen Verlagen hat Beuth eine Sonderstellung, da seine Überschüsse zur Finanzierung der Gemeinschaftsaufgaben des DIN verwendet werden. Seit 1992 sind das Österreichische Normungsinstitut (ON) und die Schweizerische Normen-Vereinigung (SNV) Teilhaber am Beuth Verlag. Damit hat sich seine verlegerische Tätigkeit auf den gesamten deutschsprachigen Raum ausgeweitet. Alle Normen, auch ausländische, können über folgende Kontaktadresse bezogen werden: Beuth Verlag GmbH, Burggrafenstraße 6, 10787 Berlin, Telefon: 030-26011, Fax: 030-26011231 oder über Internet: http://www.din.de.

1.9.1.3 Historische Entwicklung der Projektmanagement-Normen

Anstoß durch Begriffsklärung

1965 gründete der „Arbeitskreis Operational Research" (AKOR) eine Arbeitsgruppe zur „Vereinheitlichung der Bezeichnungen in der Netzplantechnik", weil auf diesem neuen Gebiet eine große Begriffsverwirrung herrschte. Aus dieser Arbeitsgruppe entstand 1967 der „Ausschuß für Netzplantechnik im DNA". (Damals nannte sich das DIN noch DNA, Deutscher Normenausschuß.)

	68	70	72	74	76	78	80	82	84	86	88	90	92	94	96	98	00
DIN 69900-1 Netzplantechnik	E	NE	NE	N	E	N	N		N								
DIN 69900-2 Netzplantechnik/D		E	E	N	E	N		N									
DIN 69901 Projektmanagement					E	E	N		N								
DIN 69902 Einsatzmittel								E		N							
DIN 69903 Kosten ...								E		N							
DIN 69904 PM-Systeme																E	N
DIN 69905 Projektabwicklung											E	N		E	N		
Jahre	68	70	72	74	76	78	80	82	84	86	88	90	92	94	96	98	00

E = Entwurf;   N = Norm

Abbildung 1.9-1: Zeitliche Entwicklung der deutschen Projektwirtschafts-Normen

1.9 Normen und Richtlinien

1970 erschien als erste Norm eine Begriffsnorm über Netzplantechnik (DIN 69900, Teil 1), der 1974 eine ergänzende Norm für Netzplan-Darstellungen folgte (DIN 69900, Teil 2). Da der Titel Netzplantechnik zu eng wurde, wurden darüberhinausgehende Begiffe um weitere ergänzt und 1980 als eigene Begriffsnorm für Projektmanagement herausgebracht (DIN 69901). 1987 erschienen dann noch spezielle Begriffsnormen für Einsatzmittel- (DIN 69902) und Kostenplanung (DIN 69903) sowie - in 1990 - über Projektabwicklung (DIN 69905) und - in 2000 - über Projektmanagementsysteme (DIN 69904). *Ausgabefolge deutscher PM-Normen*

Als Oberbegriff für alle diese Gebiete wurde die Benennung Projektwirtschaft gewählt, denn der Begriff Projektmanagement deckt eigentlich nicht mehr alles ab, was im Zusammenhang mit einem Projekt zu beachten ist. Dieser neue Ausdruck setzt sich allerdings erst langsam durch, vor allem auch, weil es international für ihn noch keine Alternative anstelle des Begriffs Projektmanagement gibt. *Projektwirtschaft*

Bei der Internationalen Organisation für Normung (ISO) entstanden ebenfalls Normen, die für das Projektmanagement nicht nur bei internationalen Projekten, sondern auch in Deutschland von Bedeutung sind, wo sie meist in die DIN-Normen übernommen werden. Dies gilt erst recht für EN-Normen des Comité Européen de Normalisation (CEN), für deren Übernahme ein gesetzlicher Zwang aufgrund einer EU-Vereinbarung besteht (z.B. bei der DIN EN ISO 10007). *Internationale Normen*

Auf ausländische Normen soll hier nicht näher eingegangen werden. Es sei nur erwähnt, daß unter anderem unsere Nachbarn Großbritannien, Frankreich und Österreich Normen für Projektmanagement besitzen. *Ausländische Normen*

Insgesamt gelten in Deutschland also für Projektmanagement (bzw. Projektwirtschaft) folgende Normen, deren Relevanz für Teilgebiete des Projektmanagements einleitend in Abbildung 1.9-2 dargestellt ist:

PM-Gebiete	Begriffsnormen	Verfahrensnormen
Grundbegriffe	DIN 69901	
Organisation	DIN 69901	
Information	DIN 69901	
Systeme, Elemente		DIN 69904
Struktur	DIN 69901	
Ablauf, Termine, Netzplantechnik	DIN 69900-1	DIN 69900-2
Einsatzmittel, Kapazität	DIN 69902	
Kosten	DIN 69903	
Finanzmittel	DIN 69903	
Konfiguration		DIN EN ISO 10007
Qualität im Projektmanagement		ISO 10006
Projektabwicklung: Projekte allgemein / automatisierungstechn. Projekte	DIN 69905 / DIN 19246	
PM-Einführung		DIN 69904

Legende: ▓▓▓ international der Normenfamilie ISO 9000 ff. Qualitätsmanagement zugerechnet

Abbildung 1.9-2: Projektmanagement-Gebiete und relevante Normen

Weitere hier zu erwähnende Normen sind in den angegebenen Kapiteln zu finden:

- DIN 276 „Kosten im Hochbau" in den Kapiteln 1.8 und 3.1
- DIN 6779 „Kennzeichnungssystematik für technische Produkte und technische Produktdokumentation" in Kapitel 4.5
- DIN EN ISO 8402 „Qualitätsmanagement" in Kapitel 4.2
- Normenreihe DIN EN ISO 9001 zum Qualitätsmanagement und zur Qualitätssicherung in Kapitel 4.2
- DIN ISO 10011 „Leitfaden für das Audit von Qualitätssicherungssystemen" in Kapitel 4.2
- ISO 14001 „Umweltmanagementsysteme" in Kapitel 4.1
- DIN 18960 „Baunutzungskosten von Hochbauten" in Kapitel 3.4
- DIN 19226 „Leittechnik - Regelungstechnik und Steuerungstechnik" in Kapitel 1.1
- DIN V EN V 26385 „Prinzipien der Ergonomie in der Auslegung von Arbeitssystemen" in Kapitel 3.1
- DIN EN 45013 „Allgemeine Kriterien für Stellen, die Personal zertifizieren" in Kapitel 4.2
- DIN 55350 „Begriffe der Qualitätssicherung und Statistik" in Kapitel 4.2
- DIN 66001 „Informationsverarbeitung; Sinnbilder und ihre Anwendung" in Kapitel 4.1

DIN 69900 Teil 1: Projektwirtschaft, Netzplantechnik, Begriffe

Zeit- und Termin-management

Diese historisch gesehen älteste Norm behandelt das Zeit- und Terminmanagement mittels Netzplantechnik bei Projekten. Sie kann selbstverständlich auch für Terminüberlegungen angewendet werden, die nicht auf Netzplänen beruhen. Wegen des Schwerpunktes - und auch aus historischen Gründen - wurde aber der Titel Netzplantechnik beibehalten. (Die aktuelle Ausgabe wurde 1987 in überarbeiteter Form herausgegeben und umfaßt 8 Seiten).

Hier werden Begriffe von Formen der Netzplantechnik definiert (wie Mehrnetz- und Teilnetztechnik), Netzplanarten (wie Vorgangspfeil- und Vorgangsknoten-Netzplan, Grobnetzplan, Feinnetzplan, Meilenstein-Netzplan), sodann die Darstellungselemente (wie Pfeil und Knoten) und die Ablaufelemente (wie die verschiedenen Arten von Ereignissen, Vorgängen und Anordnungsbeziehungen). Bei den Begriffen der Strukturplanung werden unter anderem Weg, Schleife, Kritischer Weg, Netzplanverdichtung und -verfeinerung sowie Netzplanzerlegung und -verknüpfung beschrieben. Danach folgen Begriffe der Zeitplanung wie Dauer, Zeitabstand, Zeitpunkt, Termin und Lage, woraus sich die Begriffe für die verschiedenen Arten von Zeitpunkten, Terminen und Pufferzeiten als Ergebnis der Netzplanberechnung ergeben. Die Norm schließt mit einem Abschnitt über Entscheidungsnetzplantechnik.

Stichwortverzeichnis der Norm (DIN 69900-1, 1987): Ablaufelement, Anfangsfolge, Anordnungsbeziehung, Ersatz-, Anschlußknoten, Anschlußverbindung, Aufbaustruktur, Netzplan-A., Begleitvorgang, Bestimmender Weg, Betriebskalender, Betriebstag, Darstellungselement, Dauer, häufigste, maximale, minimale, mittlere, optimistische, pessimistische D., Endfolge, Entscheidungsereignis, -knoten, -netzplan, -netzplantechnik, -vorgang, Ereignis, Nach-, Start-, Vor-, Ziel-E., Ereignisknoten-Netzplan, Ereignisorientierter Netzplan, Ersatz-Anordnungsbeziehung, Ersatzvorgang, Feinnetzplan, Folge, Anfangs-, End-, Normal-, Sprung-F., Freie Pufferzeit, Freie Rückwärtspufferzeit, Früheste Lage, Gemischt orientierter Netzplan, Gesamte Pufferzeit, Gesamtnetzplan, Grobnetzplan, Häufigste Dauer, Kalender, Kalendertag, Knoten, Anschluß-, Sammel-, Start-, Verzweigungs-, Ziel-K., Kritischer

1.9 Normen und Richtlinien

Weg, Lage, früheste, späteste L., Maximale Dauer, Maximaler Zeitabstand, Mehrnetztechnik, Meilenstein-Netzplan, Meilenstein (Schlüsselereignis), Methode, Netzplan-M., Minimale Dauer, Minimaler Zeitabstand, Mittlere Dauer, Modul, Netzplan-M., Modularnetzplantechnik, Nachereignis, Nachfolger, Netzplan, -Ablaufstruktur, -Aufbaustruktur, -Methode, -Modul, -Verfahren, Ereignisknoten-, ereignisorientierter N., Fein-, gemischt orientierter, Gesamt-, Grob, Meilenstein-, Rahmen-, Standard-, Teil-, Vorgangsknoten-, vorgangsorientierter N., Vorgangspfeil-, Netzplantechnik, Modular-, Standard-, Netzplanverdichtung, Netzplanverfeinerung, Netzplanverknüpfung, Netzplanzerlegung, Normalfolge, Optimistische Dauer, Pessimistische Dauer, Pfeil, Projektkalender, Projekttag, Pufferzeit, freie, freie Rückwärts-, gesamte, unabhängige P., Rahmennetzplan, Rang eines Knotens, Sammelknoten, Scheinvorgang, Schleife, Schlüsselvorgang, Späteste Lage, Sprungfolge, Standardnetzplantechnik, Standardnetzplan, Startereignis, Startknoten, Startvorgang, Struktur, Teilnetzplan, Teilnetztechnik, Termin, Unabhängige Pufferzeit, Verfahren, Netzplan-, Verflechtungszahl, Verzweigungsknoten, Vorereignis, Vorgänger, Vorgang, Begleit-, Ersatz-, Schein-, Schlüssel-, Start-, Ziel-, Vorgangsknoten-Netzplan, Vorgansorientierter Netzplan, Vorgangspfeil-Netzplan, Weg, bestimmender, kritischer, Zeitabstand, Maximaler, Minimaler, Zeitpunkt, Zielereignis, Zielknoten, Zielvorgang

DIN 69900 Teil 2: Projektwirtschaft, Netzplantechnik, Darstellungstechnik

Die Norm enthält keine Begriffsdefinitionen, sondern als Ergänzung zu Teil 1 Hinweise zum manuellen oder maschinellen Zeichnen von Netzplänen. Außer graphischen werden auch tabellarische Darstellungen behandelt. (Aktuelle Ausgabe von 1987 umfaßt 6 Seiten) — *Netzplantechnik*

Sie geht ein auf die Grundformen der Darstellungselemente Knoten und Pfeil, auf ihre Anwendung zur Darstellung der Ablaufelemente Ereignis, Vorgang und Anordnungsbeziehung, auf die Beschriftung der Darstellungselemente im Netzplan und weitere Regeln für die graphische Darstellung. Wichtig sind auch die Abschnitte über graphische Vereinfachungen wie Sammel- und Verzweigungslinie, über besondere Kennzeichnungen z.B. für den kritischen Weg und den Ausführungsstand und über Ergänzungen in Entscheidungsnetzplänen (für diejenigen, die damit arbeiten). Hinweise über die Mindestangaben in tabellarischen Netzplänen runden die Norm ab.

DIN 69901: Projektwirtschaft, Projektmanagement, Begriffe

Diese Norm ist eigentlich die zentrale Norm der Reihe DIN 69900, weil sie die Grundbegriffe und darüber hinaus diejenigen Definitionen enthält, die in der Projektwirtschaft von allgemeiner Bedeutung sind und sich einer der anderen, spezielleren Normen nicht zuordnen lassen. (Die aktuelle Ausgabe von 1987 umfaßt 4 Seiten.) — *Projektmanagement*

Sie definiert die Grundbegriffe Projekt, Projektwirtschaft und Projektmanagement und behandelt sodann ausführlich Begriffe der Projektgliederung wie Projektstruktur, Projektstrukturplan, Projektstrukturebene, Teilaufgabe, Arbeitspaket und Projektphase. Es sei ausdrücklich darauf hingewiesen, daß - entgegen mancher Expertenmeinung - dort nicht nur eine einzige Art von Projektstrukturplan beschrieben wird, sondern mehrere Darstellungen nach verschiedenen Gliederungskriterien (auch als Mischformen) durchaus zugelassen sind. Zu den weiter dort aufgeführten Begriffen der personalen Führungsorganisation zählen Projektorganisation, Projektleitung und Projektleiter(in). Unter Begriffen der Führungsinformation sind Projektziel, Projektdefinition, Projektinformation, Projektbericht, Projektdokumentation sowie Schranke, Sperrintervall, Sollintervall (die nicht nur bei zeitlichen Betrachtungen, sondern auch in bezug auf Einsatzmittel und Kosten verwendet werden können) und Fertigstellungsgrad zu finden. — *Projekt, Struktur, Organisation, Information*

Stichwortverzeichnis der Norm (DIN 69901, 1987): Ablaufstruktur, Arbeitspaket, Aufbaustruktur, Entscheidungsstruktur, Fachprojektleiter, Fertigstellungsgrad, Grundstruktur, Mehrprojekttechnik, Projekt, -abschlußbericht, -gliederung, -bericht, -definition, -doku-

mentation, -information, -informationssystem, -leiter, -leitung, -management, -organisation, -phase, -struktur, -strukturebene, -strukturplan, -wirtschaft, -ziel, Schranke, Sollintervall, Sperrintervall, Spezifikation, Standardablaufstruktur, Standardaufbaustruktur, Standardstruktur, Struktur, Teilaufgabe, Wahlstruktur.

DIN 69902: Projektwirtschaft, Einsatzmittel, Begriffe

Einsatzmittel

Hier geht es um Personal und Sachmittel, die zur Durchführung eines Projektes benötigt werden. Dabei beschränkte man sich bei Personen bewußt auf die zahlenmäßige Betrachtung, so wie man sie bei einer integrierten Einsatzmittel-Planung braucht, die sowohl Personen als auch Sachmittel umfaßt. (Die aktuelle Ausgabe von 1987 enthält 5 Seiten). Das heutige Verständnis von „Human Ressources", d.h. der Rolle von Menschen im Arbeitsprozeß, veranlaßt auch die Problematisierung, „Personen" als Einsatz-„Mittel" zu bezeichnen und zu verstehen (siehe Kapitel 1.2.5.4).

Um das sonst geläufige Fremdwort „Ressourcen" zu vermeiden, wurde als übergeordneter Begriff die Benennung Einsatzmittel gewählt. Zu den definierten Grundbegriffen gehören Einsatzmittel, Einsatzmittelart und Einsatzmittel-Planung (häufig auch nicht ganz korrekt als Kapazitätsplanung bezeichnet). Im Kapitel Einsatzmittel-Disposition und -Nutzung wird der größte Teil der dort beschriebenen Definitionen auch in ihrem Zusammenhang in Diagrammen dargestellt, von denen eines die Plandaten und eines die Ist-Daten behandelt. Dadurch wird der Sinn der Anwendung dieser Begriffe leichter verständlich. Hier stehen auch die Definitionen für so wichtige Begriffe wie Arbeitsmenge, Einsatzmittel-Bedarf und Einsatzmittel-Aufwand. Des weiteren sind die wichtigen Begriffe des Einsatzmittel-Abgleichs, der Bedarfsbegrenzung und der Bedarfsglättung zu finden. Die Norm schließt mit Begriffen der Einsatzmittel-Verwaltung.

Stichwortverzeichnis der Norm (DIN 69902, 1987): Abgang, Arbeitsergebnis, Arbeitsmenge, Bedarfsbegrenzung, Bedarfsglättung, Einsatzmittel, -Abgleich, -art, -Aufwand, -Auslastung, -Auslastungsgrad, -Bedarf, -Bestand, -Bereitstellung, -Disposition, -Dokumentation, - Einheit, - Einsatzdauer, -Freigabe, -Gruppe, -Instandhaltung, -Kapazität, kritisches E., -Leistungsvermögen, -Nutzungsdauer, -Planung, -Übergabe, -Verwaltung, -Vorrat, -Zuteilung, Leistungsbedarf, Leistungsergebnis, Stoffmenge, Zugang.

DIN 69903: Projektwirtschaft, Kosten und Leistung, Finanzmittel, Begriffe

Kosten und Leistung

Dieses Gebiet wird häufig auch als Kostenmanagement bezeichnet, wäre mit dieser Benennung aber zu eng gefaßt.

Das bekannte Begriffspaar Kosten und Finanzmittel wurde noch um den Begriff Leistung erweitert, der in diesem Zusammenhang nicht vernachlässigt werden darf. Man bemühte sich, nicht Begriffe der allgemeinen Kostenrechnung zu definieren (hier gibt es genügend Definitionen in der betriebswirtschaftlichen Literatur), sondern sich auf die projektbezogenen Begriffe zu beschränken. Unter anderem wurden definiert: Fertigstellungswert, Kostenbegrenzung, Kostenglättung, Kostenplan, Kostenstrukturplan, Projektkostenrechnung, -kostenart, -kostenstelle, -kostenträger.

Finanzmittelmanagement

Unter den projektbezogenen Finanzmittelbegriffen findet man Projektbudget, Finanzmittelbereitstellung, -freigabe, -einsatz, -glättung und -verwaltung.

Stichwortverzeichnis der Norm (DIN 69903, 1987): Beschleunigungskosten, Budgetausschöpfung, Budgetausschöpfungsgrad, Fertigstellungswert, Finanzieller Aufwand, - Bedarf, Finanzmittel, -abgleich, -begrenzung, -bereitstellung, -bestand, -disposition, -dokumentation, -einsatz, -freigabe, -freistellung, -glättung, -überwachung, -verfügbarkeit, -verwaltung, -zuteilung, Finanzplanung, Kostenabgleich, -abrechnung, -anfall, - aufteilung, -begrenzung, -belastung, -belastungsgrad, -dokumentaion, -glättung, -plan, -planung, -rahmen, -struktur, -strukturplan, -verwaltung, -wert, kritische Kostenart, kritisches Fi-

nanzmittel, Projektbudget, -Controlling, -finanzierung, -kostenarten, -kostenrechnung, -kostenstelle, -kostenträger, -kostenüberwachung, -leistungsart, -leistungsbewertung, -leistungserfassung, -leistungsabrechnung, Verfügbare Finanzmittel.

DIN 69904: Projektwirtschaft, Projektmanagementsysteme, Elemente und Strukturen

Diese Norm ist keine Begriffsnorm, sondern beschreibt die Gestaltung von Projektmanagement-Systemen, die Projektmanagement-Elemente, Regeln für Projektmanagement-Prozesse sowie die Nutzung von Erfahrung und Fachwissen.(Die Ausgabe von 2000 umfaßt 12 Seiten). *PM-Systeme, PM-Elemente*

Die darin aufgeführten Projektmanagement-Elemente (eigentlich: Projektmanagementsystem-Elemente) sind: Zeildefinition, Strukturierung, Organisation, Personalmanagement, Vertragsmanagement, Nachforderungsmanagement, Konfigurationsmanagement, Änderungsmanagement, Aufwandsermittlung, Kostenmanagement, Einsatzmittelmanagement, Ablauf- und Terminmanagement, Multiprojektkoordination, Risikomanagement, Informations- und Berichtswesen, Controlling, Logistik, Qualitätsmanagement und Dokumentation.

DIN 69905: Projektwirtschaft, Projektabwicklung, Begriffe

Diese erst kürzlich wesentlich erweiterte Norm definiert 116 Begriffe, die vor allem das Zusammenwirken zwischen Auftraggebern und Auftragnehmern bei der Gestaltung und Abwicklung von Projektaufträgen behandeln. (Die Ausgabe von 1997 umfaßt 8 Seiten.) *Projektabwicklung*

Sie enthält Begriffe zu der Abnahme von Lieferungen und Leistungen, dem Angebot, dem Auftrag, der Gewährleistung und Kulanz, sowie u. a. Definitionen für Lastenheft, Pflichtenheft, Projektantrag, Projektanalyse, Projektabschluß, Projekthandbuch, Projektmanagementhandbuch, Projektkultur, Projektpolitik, Übergabe und Übernahme.

Besonderes schwierig war es, den Begriff „Abnahme" zu verwenden, ohne ihn neu zu definieren. Unter Juristen und in der VOL/B, die nicht nur bei Projekten der öffentlichen Hand, sondern oft auch bei anderen Vorhaben die Vertragsgrundlage bildet, wird darunter nur die Bestätigung durch den Abnahmeberechtigten verstanden, daß vereinbarte Lieferungen und Leistungen erbracht sind. In DIN 69905 wird dies als „Abnahmeerklärung; Abnahmebestätigung" bezeichnet. Im allgemeinen Sprachgebrauch des Projektmanagement jedoch meint man mit Abnahme den gesamten Abnahmeprozeß, also auch die Prüfungshandlungen **vor** der Abnahmeerklärung. Da man sich über die als zu einseitig betrachteten VOL/B-Vorschriften nicht hinwegsetzen wollte, mußte also beiden Ansichten Rechnung getragen werden. *Abnahme*

Obwohl der Ausdruck „Lebenszyklus" weit verbreitet ist, wurde für den Werdegang einer Betrachtungseinheit (wie z. B. ein Produkt) die Benennung „Lebensweg" gewählt, weil man doch gerade bei Projekten die Einmaligkeit von Abläufen betont und Zyklen dabei nicht vorkommen dürfen. Projekt der Software-Entwicklung und der F&E zeigen allerdings - z.B. beim Prototyping phasenweise Rückkopplungseffekte. *Lebenszyklus*

In diese Norm wurden auch einige Begriffe allgemeiner Art - wie Projektkultur - eingebracht, die nicht direkt zur Projektabwicklung gehören, für deren begriffliche Klärung aber in letzter Zeit Interesse entstand, so daß man sie als normungswürdig betrachtete, aber deshalb nicht gleich die DIN 69901 als Entwurf neu herausgeben wollte. Sie werden dann bei der nächsten redaktionellen Überarbeitung der gesamten Normenreihe DIN 69900 sicherlich neu zugeordnet werden. *Projektkultur*

Stichwortverzeichnis der Norm (DIN 69905, 1997): Abnahmebereitschaft, - des Auftragnehmers, - des Auftraggebers, Abnahmebestätigung, -dokument, -erklärung, -phase, -protokoll, -prozeß, -prüfung, -vereinbarung, Abwicklungsmanagement, Alternativangebot,

Anforderungskatalog, Angebot, -abgabefrist, -anfrage, -aufforderung, -bewertung, -bindefrist, -kalkulation, -vergleich, Annahme, Aufgabenanalyse, Auftrag, -abbruch, -abschluß, -abwicklung, -bestätigung, -erteilung, -kalkulation, -unterbrechung, -verhandlung, Aufwandsnachweis, Bestellung, claim management, Erfolgsnachweis, Erklärung der Abnahmebereitschaft, Freigabe, Gewährleistungsanspruch, -bedingungen, -frist, -kosten, -phase, Kulanz, -kosten, -phase, Lastenheft, Lebensweg, Lebenswegkosten, Leistungsnachweis, Lieferung, Nachbesserung, Nachforderungsmanagement, Parallelangebot, pending points, Pflichtenheft, Phasenabschlußprüfung, project management tool, project monitoring, Projektabbruch, -ablauf, -ablaufananlyse, -abschluß, -abwicklung, -analyse, -antrag, -assistent, -audit, -begründung, -beobachtung, -beteiligter, -bewertung, -gegenstand, -gründung, -gutachten, -handbuch, -informationssystem, -infrastruktur, -kalkulation, -kostenanalyse, -kultur, Projektmanagement-Instrumentarium, -Coaching, -audit, -handbuch, -plan, -system, -werkzeug, Projektphilosophie, -plan, -politik, -prüfung, -risiko, -risikoanalyse, -sekretariat, -strukturanalyse, -studie, -unterbrechung, -verwaltung, -ziel, Restleistungen, Richtangebot, Risikoanalyse, -bewertung, faktor, -management, Rückweisung, -Rückweisungspflicht, Rückweisungsrecht, Schätzangebot, Sistierung, Teilabnahme, Teilübergabe, Teilübernahme, Übergabe, -verhandlung, Übernahme, -verhandlung, Vergleichsangebot, Vertragsmanagement, Vorabangebot, Wagnis, Zwischenabnahme.

DIN 19246: Messen, Steuern, Regeln, Abwicklung von Projekten, Begriffe

Als Ergänzung zu DIN 69905 werden hier branchenspezifische Begriffe über die Abwicklung von automatisierungstechnischen Projekten mit programmierbaren elektronischen Einrichtungen definiert.

ISO 10006: Quality Management, Guidelines to Quality in Project Management

Diese ISO-Norm der Familie 9000 sollte ursprünglich - wie alle bisherigen ISO-Normen auf dem Gebiet des Qualitätsmanagements (siehe Kapitel 4.2) - auch als DIN-Norm übernommen werden. Das Deutsche Institut für Normung hat jedoch auf eine deutsche Übersetzung verzichtet. (Die englische Fassung von 1997 umfaßt 30 Seiten.) Es handelt sich hier um keine Projektmanagement-, sondern um eine Qualitätsmanagement-Norm, die den Qualitätsgedanken bei den Projektmanagement-Prozessen fördern soll. Die Prozeßgliederung, der die relevanten Qualitätsregeln zugeordnet sind, richtet sich ungefähr nach dem US-amerikanischen Guide to the Project Management Body of Knowledge (US-PMBOK).

DIN EN ISO 10007: Qualitätsmanagement, Leitfaden für Konfigurationsmanagement

Diese Norm (im Umfang von 30 Seiten) ist zwar auch in der Familie ISO 9000 erschienen, hat aber über das Qualitätsmanagement (s. Kapitel 4.2) hinaus einen allgemeinen Charakter, ist also auch für Zwecke des Projektmanagements direkt anwendbar. Sie enthält nicht nur Definitionen, sondern vor allem auch Regeln für das Konfigurationsmanagement. Es werden das Konfigurationsmanagement-System, der -Prozeß, die -Organisation und die -Verfahren beschrieben (Konfigurationsidentifizierungs-Verfahren, Konfigurationsausschuß, Konfigurationsüberwachungs-Verfahren, Konfigurationsbuchführungs-Verfahren, Konfigurationsaudit-Verfahren, Konfigurationsmanagement-Plan) und das Konfigurationsmanagementsystem-Audit.

1.9.1.4 Sammelausgaben

Eine vom Arbeitsausschuß Netzplantechnik und Projektmanagement im Beuth Verlag herausgegebene Broschüre „Begriffe der Projektwirtschaft" (1989 erschienen, inzwischen vergriffen) umfaßt auf 136 Seiten den Inhalt der Normen DIN 69900-69903 und darüber hinaus eine Vielzahl ergänzender Definitionen, die bei der Arbeit des Normenausschusses festgelegt, dann aber nicht in die Normen übernommen wurden, um ihren Umfang klein zu halten. Sie sind aber Bestandteile des gesamten Begriffssystems und passen daher gut zu den genormten Begriffen.

Das im Jahr 2000 erschienene DIN-Taschenbuch 114 „Kosten im Hochbau, Flächen, Rauminhalte, Normen, Gesetze, Verordnungen" enthält die Normblätter DIN 69900-1 und -2, 69901, 69902, 69903, 69904 (noch als Entwurfsfassung) und 69905. Und das alles als Zugabe zu einer Reihe von Baunormen und –richtlinien.

1.9.1.5 Zukünftige Entwicklung

Nach Veröffentlichung der stark erweiterten DIN 69905 „Projektabwicklung" und der neu hinzugekommenen DIN 69904 „Projektmanagementsysteme" betrachtet der NQSZ-4 seine Hauptarbeit für vorläufig abgeschlossen. Das gesamte Werk der Projektwirtschaftsnormen ist nun noch redaktionell zu überarbeiten und in den einzelnen Teilen aufeinander abzustimmen. Dazu passend ist die Broschüre „Begriffe der Projektwirtschaft" zu aktualisieren oder durch eine entsprechende andere Veröffentlichung zu ersetzen. Danach dürfte es aber für längere Zeit nur noch Anpassungen an die Weiterentwicklung des Fachgebietes Projektwirtschaft geben. Aber bei der Normung ist es wie beim Wetter: Es kann nur verhältnismäßig kurzfristige Voraussagen geben. Änderungen kommen oft schneller als erwartet!

1.9.2 Zusätzliche übergreifende Regelungen

1.9.2.1 Project Management Body of Knowledge (PMBOK)

Bei den PM-Fachleuten der ganzen Welt bekannt ist der US-amerikanische Guide to the Project Management Body of Knowledge, den das Project Management Institute (PMI) herausgegeben hat. Er wurde in den USA vom ANSI (American National Standards Institute) als Standard anerkannt, obwohl er in Umfang und Detaillierungsgrad eine übliche Norm weit überschreitet. Da er in der überall verstandenen englischen Sprache verfaßt ist, wird er als Informationsgrundlage für Schulungen, projektinterne Regelungen und Verträge gern auch in anderen Ländern verwendet (z. B. in Mexiko, Kanada und vielen Entwicklungsländern.)

Als eine Zwischenstufe zwischen Normen und ausführlicher Fachliteratur bzw. Lern- und Lehrmaterial, jedoch nicht so detailliert wie der nachfolgend beschriebene Wissensspeicher für den Projektmanagement-Fachmann, würde auch in Deutschland ein ähnliches Standardwerk wie in den USA gebraucht, das gerade den richtigen Detaillierungsgrad hat - ohne einerseits zu knapp und andererseits zu ausführlich zu sein.

1.9.2.2 Wissensspeicher Projektmanagement-Fachmann

Für die standardisierte Ausbildung zum „Projektmanagement-Fachmann (RKW/GPM)" hat die GPM zusammen mit dem RKW das hier vorliegende Lehrgangsmaterial herausgegeben. Als umfangreiches Gesamtwerk behandelt es den Stand des Wissens auf diesem Gebiet, ohne auf Spezialgebieten allzusehr in die Einzelheiten zu gehen. Diese sollen nach wie vor der Spezialliteratur vorbehalten bleiben. Der sogenannte Wissensspeicher muß als Standardwerk und Basis für Lehrgänge nicht den hohen Neuheitsgrad besitzen wie z. B. Beiträge in Fachzeitschriften oder die Loseblattsammlung „Projekte erfolgreich managen" der GPM. Statt dessen muß er auf lange Sicht aktuell bleiben.

```
                    Normen
           Bewertungsunterlagen
               "PM-KANON"
          Project Management
           Body of Knowledge
      ausführliche Fachliteratur, Lern- und
    Lehrmaterial, z.B. Projektmanagement-Fachmann
```

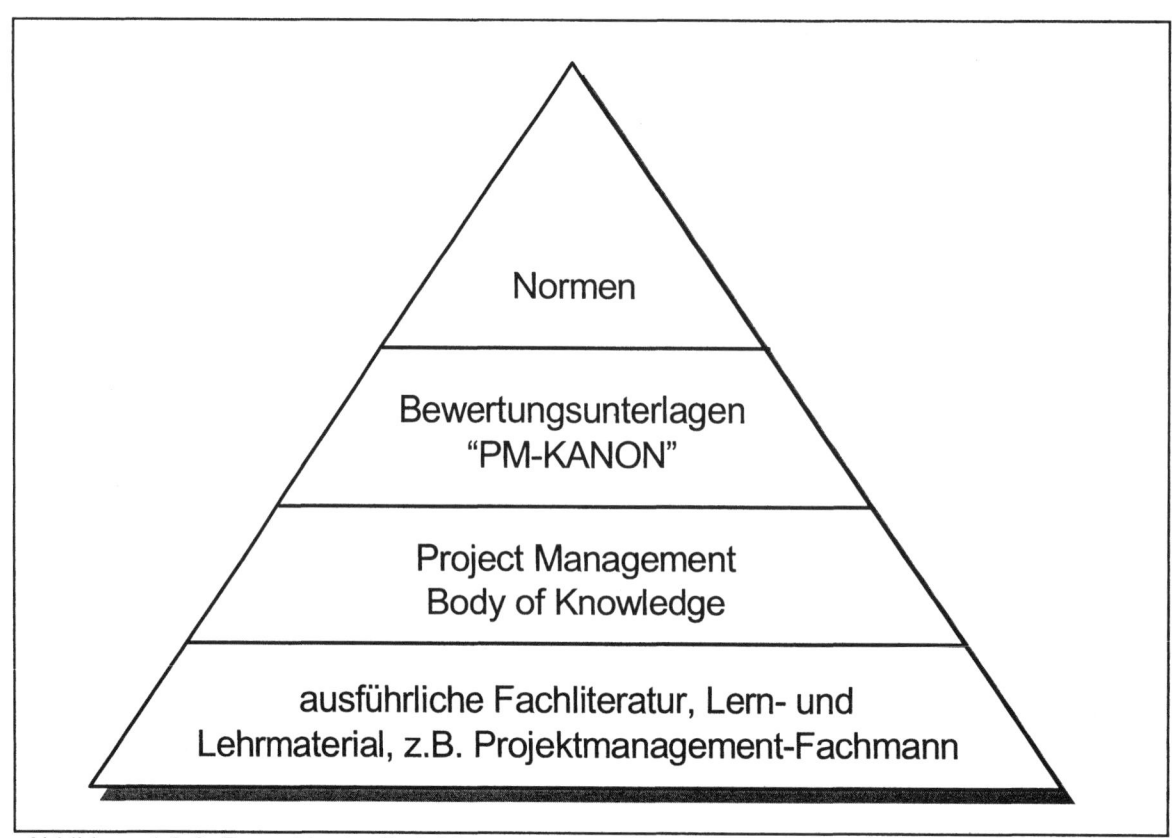

Abbildung 1.9-3: Pyramide der Projektmanagement-Unterlagen nach Detaillierungsgrad

Hinsichtlich des Detaillierungsgrads der verschiedenen Unterlagen ergibt sich eine Pyramide, deren Schichten im Idealfall aufwärts und abwärts kompatibel sein sollten.

1.9.3 Verbandsspezifische Richtlinien und Regelungen

Einige Branchen und zahlreiche Unternehmen haben für das Projektmanagement eigene Standards entwickelt, die wesentlich über Umfang und Tiefe der DIN-Normen hinausgehen.

In den folgenden Abschnitten einige Beispiele.

1.9.3.1 Verdingungsordnung für Leistungen (VOL) und Verdingungsordnung für Bauleistungen (VOB)

Für Projekte, die als Aufträge der öffentlichen Hand vergeben werden, spielen diese beiden Verdingungsordnungen auch für das Projektmanagement eine wichtige Rolle.

VOL/B   In der „Verdingungsordnung für Leistungen" findet man in Teil B die schon erwähnte wichtige Definition der Abnahme im Sinne von Abnahmeerklärung.

Für Bauprojekte ist besonders die vom DIN herausgegebene „Verdingungsordnung für Bauleistungen" von großer Bedeutung:

Der erste Teil (VOB/A) enthält die Ausschreibungsregeln der öffentlichen Hand (und trägt auch die Bezeichnung DIN 1960).

1.9 Normen und Richtlinien

Für das Projektmanagement besonders bedeutend ist der zweite Teil (VOB/B bzw. DIN 1961), der *VOB/B* die allgemeinen Geschäftsbedingungen bei Bauaufträgen beschreibt. Er ist für die öffentliche Hand bindend und wird auch in der Privatwirtschaft gern verwendet, wo seine Anwendung allerdings vertraglich vereinbart werden muß und statt zu einem Werkvertrag gemäß Bürgerlichem Gesetz (BGB) dann zu einem VOB-Vertrag führt. Behandelt werden die Themen: Art und Umfang der Leistung, Vergütung, Ausführungsunterlagen, Ausführung, Ausführungsfristen, Behinderung und Unterbrechung der Ausführung, Verteilung der Gefahr, Kündigung durch den Auftraggeber, Kündigung durch den Auftragnehmer, Haftung der Vertragsparteien, Vertragsstrafe, Abnahme, Gewährleistung, Abrechnung, Stundenlohnarbeiten, Zahlung, Sicherheitsleistung, Streitigkeiten.

Der dritte Teil (VOB/C bzw. DIN 18 300 ff) enthält schließlich eine Reihe von technischen DIN-Normen mit Relevanz für Vermessungs- und Abrechnungsfragen.

1.9.3.2 Honorarordnung für Architekten und Ingenieure (HOAI)

Auf der Basis eines Gesetzes zur Regelung von Ingenieur- und Architektenleistungen hat der Ausschuß der Ingenieurverbände und Ingenieurkammern für die Honorarordnung e.V. (AHO) die „Honorarordnung für Architekten und Ingenieure" entwickelt und herausgegeben (Honorartabellen: LOCHER 1996, Textausgabe in Euro-Werten: LOCHER 2002). Sie gilt nicht nur für öffentliche, sondern auch für private Architektenleistungen. Dort werden nach den allgemeinen Vorschriften die Honorare für eine Reihe von Leistungen behandelt wie Leistungen bei Gebäuden, Freianlagen und raumbildenden Ausbauten, städtebauliche Leistungen, Leistungen bei Ingenieurbauwerken und Verkehrsanlagen, Gutachten und Wertermittlungen usw.

Für das Projektmanagement besonders wichtig ist in Teil III „Zusätzliche Leistungen" der §31 *HOAI §31 Pro-* „Projektsteuerung", der acht typische Leistungen der Projektsteuerung aufzählt: *jektsteuerung*

1. Klärung der Aufgabenstellung, Erstellung und Koordinierung des Programms für das Gesamtprojekt,

2. Klärung der Voraussetzungen für den Einsatz von Planern und anderen an der Planung fachlich Beteiligten (Projektbeteiligte),

3. Aufstellung und Überwachung von Organisations-, Termin- und Zahlungsplänen, bezogen auf Projekt und Projektbeteiligte,

4. Koordinierung und Kontrolle der Projektbeteiligten, mit Ausnahme der ausführenden Firmen,

5. Vorbereitung und Betreuung der Beteiligung von Planungsbetroffenen,

6. Fortschreibung der Planungsziele und Klärung von Zielkonflikten,

7. Laufende Information des Auftraggebers über die Projektabwicklung und rechtzeitiges Herbeiführen von Entscheidungen des Auftraggebers,

8. Koordinierung und Kontrolle der Bearbeitung von Finanzierungs-, Förderungs- und Genehmigungsverfahren.

Zur detaillierten Behandlung dieses Paragraphen hat der AHO eine eigene Fachkommission „Projektsteuerung" eingerichtet, die in Form von Kommentaren zu § 31 ein ausführliches Leistungsbild und ein Schema für eine angemessene Honorierung dieser komplexen Leistungen erarbeitet hat (AHO 1996). Dabei wurden die Projekte in Projektstufen (sie entsprechen groben Phasen) und Handlungsbereiche eingeteilt.

Man unterscheidet die Projektstufen:

1. Projektvorbereitung
2. Planung
3. Ausführungsvorbereitung
4. Ausführung
5. Projektabschluß

Jede Projektstufe wird kommentiert hinsichtlich der Handlungsbereiche:

a) Organisation, Information, Koordination und Dokumentation
b) Qualitäten und Quantitäten
c) Kosten und Finanzierung
d) Termine und Kapazitäten

Das Honorar basiert auf den „anrechenbaren Kosten" und wird nach bestimmten Formeln als Prozentsatz ermittelt. Die Veröffentlichung der Fachkommission enthält nicht nur viele Hinweise zur Honorarermittlung, sondern auch zur Projektmanagement-Anwendung bei Bauprojekten.

1.9.3.3 Vorgehensmodell

Ein anderer im öffentlichen Bereich weitverbreiteter Standard ist das sogenannte „Vorgehensmodell" (auch „V-Modell") für die Software-Entwicklung, in dem als Submodelle auch Projektmanagement, Konfigurationsmanagement und Qualitätsmanagement behandelt werden. Er entstand auf Bundesebene aus Vorschriften der Bundeswehr. Das Modell ist allgemeingültig und kann durch „Tailoring" jeweils an die konkreten Projekte angepaßt werden. Es unterstützt auch das Einbinden von fertiger Software sowie das Ändern und Pflegen von Software.

1.9.4 Unternehmensspezifische Regelungen

Die folgenden unternehmensspezifische Regelungen sind exemplarisch ausgewählt worden.

1.9.4.1 Projektmanagement-Regelungen des Bundesamtes für Wehrtechnik und Beschaffung, Koblenz

Verteidigung Für die Entwicklung und Beschaffung von Ausrüstung der Bundeswehr verwendet das Bundesamt für Wehrtechnik und Beschaffung (BWB), die zentrale Beschaffungsstelle des deutschen Verteidigungsministeriums, die Regelungen eines „Projekt-Steuerungs- und Informations-Standardverfahrens (PROSIS)", nach denen sich alle Lieferanten zu richten haben.

Dabei erfolgt die Entwicklung, Beschaffung und Erprobung der Ausrüstung nach einem vorgegebenen, schrittweisen Ablauf in Phasen. Der Hauptauftragnehmer muß dazu ein EDV-gestütztes PM-System installieren, das aus Modulen von PROSIS besteht. Die entsprechenden Vorgaben/Forderungen des BWB sind bereits Bestandteil der Ausschreibung und sind vom Anbieter im Rahmen seines Angebotes zu akzeptieren. Vereinbart werden die einzurichtenden und anzuwendenden Maßnahmen/Verfahren zur Planung, Steuerung und Überwachung des Projektes hinsichtlich Realisierung der Technik, Einhaltung des vertraglich vereinbarten Termin- und Kostenrahmens sowie der Berichterstattung an den Auftraggeber. Dazu liefert das BWB die PROSIS-Module für ein Planungskonzept, Standardstrukturen, Standard-Teilaufgaben-/Arbeitspaketbeschreibungen, Standardabläufe und Formblätter.

1.9.4.2 Projektmanagement-Regelungen der Deltalloyd Gruppe

Die Delta Lloyd Gruppe, ein Finanzdienstleister in Wiesbaden, hat eine Leitlinie für die Anwendung des unternehmensspezifischen Projektmanagement herausgegeben, die für alle Gesellschaften in Deutschland verbindlich ist.

Finanzdienstleistung

Darin ist festgelegt, daß

- Projekte nach festgelegten Kriterien von einem Führungskreis des Unternehmens bewertet und priorisiert werden,
- in Abhängigkeit von der Projektgröße bestimmte Planungsschritte einzuhalten sind,
- die Methoden zur Identifikation aller Stakeholder (Kunden, Vertrieb, interne Organisation usw.) und ihrer Anforderung angewendet werden,
- die Vorgehensweisen zur Festlegung von Maßnahmen zum Risikomanagement, Projektcontrolling und dem Multi-Projektmanagement einzuhalten sind,
- die während der Durchführung gesammelten Erfahrungen nach Projektabschluß ausgewertet und anderen Projektteam verfügbar gemacht werden.

Kennzahlen zur Wirtschaftlichkeit von Projekten werden ebenso wie die Überwachung der Zielerreichung genutzt, um Projekte effizient zu kontrollieren.

Im Hause Delta Lloyd werden Geschäftsstrategien in Projekten umgesetzt. Projektteams werden als Garanten für den wirtschaftlichen Erfolg betrachtet.

1.9.4.3 Projektmanagement-Regelungen der Siemens VDO Automotive AG

Der Automobilzulieferer Siemens VDO Automotive AG hat ein mehrstufiges Regelwerk für die Methodenanwendung und die Abwicklung von Produktentwicklungsvorhaben implementiert. Im **PM-Handbuch** werden die Anwendung der Methoden zur Projektplanung und -steuerung hinsichtlich Einsatz, Durchführung und Ausprägungsformen festgelegt und beschrieben. Neben der prinzipiellen Vorgehensweise werden auch weiterführende Empfehlungen und Verweise auf Schnittstellen zu anderen betrieblichen Methoden gegeben. Darüber hinaus wird der Bezug zur Geschäftpolitik hergestellt sowie die institutionelle Einbettung des Projektmanagements in die Stammorganisation erläutert.

Das Kerngeschäft wird projektorientiert in Form von kundenspezifischen Forschungs- und Entwicklungsvorhaben abgewickelt, deren Hauptprozesse im einer betrieblichen und mehreren untergeordneten geschäftsorientierten **Produktentwicklungs-Richtlinien** abgebildet und verbindlich festgelegt sind. Neben Meilensteinergebnissen und Phasenaktivitäten sind auch Aufgaben, Kompetenzen und Verantwortungen aller Projektbeteiligten für die jeweiligen Projektabschnitte beschrieben. Dabei ist auf die Integration der Projektmanagement-Prozesse in die Entwicklungsprozesse besonderer Wert gelegt. Für die Abwicklung interner Projekte werden äquivalente Regelungen getroffen und angewendet.

Alle PM-Regelungen können ausdrücklich durch bereichs-, kunden- oder produktgruppenspezifische Regelungen ergänzt oder erweitert werden. Der dafür vorgesehene zentral gesteuerte Prozeß prüft die Widerspruchsfreiheit und regelt ggf. Abweichungen.

1.9.5 Akzeptanz und Grenzen der Normenanwendung

Auch die beste Norm wird weder überall akzeptiert, noch ist es immer sinnvoll, sie ohne Einschränkungen in jedem Fall anzuwenden. Die folgenden Ausführungen beziehen sich vor allem auf

Begriffsnormen, hauptsächlich der Reihe DIN 69900ff, gelten aber meist sinngemäß auch für andere Festlegungen.

Auf Redundanzen, Widersprüche und Überlappungen mit anderen Normen achtet sehr genau die Normenprüfstelle des DIN, wo jede Norm vor ihrer Veröffentlichung kontrolliert wird. Für Qualität und Aussagekraft der Definitionen sorgt allerdings weniger dieses Kontrollorgan, sondern vor allem das Heer der Fachleute und künftigen Anwender durch die Möglichkeit, zu veröffentlichten Normentwürfen Stellungnahmen abzugeben.

Folgende Punkte, bei denen es sich naturgemäß nur um eine Auswahl handelt, beeinflussen hauptsächlich die Akzeptanz einer Norm:

Umfang

Zu wenig — Da gibt es zunächst den Einwand, die Norm sei lückenhaft und würde - z. B. als Begriffsnorm - nicht alle Begriffe enthalten, die man benötige.

Zu viel — Andererseits bemängelt man aber oft, daß sie zu umfangreich sei und Begriffe behandle, die nicht normungswürdig seien.

Zeitpunkt

Zu früh — Wichtig ist auch der Zeitpunkt, zu dem eine Norm erscheint. Normt man Begriffe zu früh, werden sie als akademisch und weltfremd abgetan.

Zu spät — Normt man sie dagegen zu spät, müssen sie mit inzwischen längst gebräuchlichen Definitionen konkurrieren, gegen die sie sich dann manchmal nicht mehr durchsetzen können. Als Notlösung muß man dann oft den am weitesten verbreiteten Begriff zur Norm erheben, obwohl er nicht in das Begriffssystem paßt, an dem sich die anderen Normbegriffe orientieren.

Übersetzungen

Solche konkurrierende Standards entstehen oft durch Computerprogramme, die aus dem Englischen ins Deutsche übertragen werden und Begriffe, die bei uns schon längst genormt sind, nicht berücksichtigen oder anders benennen bzw. definieren. Ein typisches Beispiel ist hier die nicht auszurottende Benennung „Aktivität", die häufig immer noch anstelle von „Vorgang" verwendet wird.

Praxisorientierung

Zu praxisnah — Auch die Praxisorientierung kann zum Problem werden. Ist eine Definition ausführlich und praxisnah, kann sie durch die technische, organisatorische oder wissenschaftliche Entwicklung schnell veralten.

Zu praxisfern — Wenn man sie aber knapp und abstrakt hält, hat sie zwar längeren Bestand, wird aber von Anwendern in der Praxis oft nicht richtig verstanden.

Veralten

Manche Begriffe werden benötigt, um eine bestimmte Vorgehensweise zu beschreiben. Wenn diese Vorgehensweise mit der Zeit veraltet und durch eine neue ersetzt wird, werden auch die damals festgelegten Begriffe als veraltet betrachtet, auch solche, die durchaus noch gültig sind.

Brauchbarkeit

Bei der Anwendung von Normen spielt auch die unter Fachleuten über ihre Brauchbarkeit verbreitete Meinung eine wichtige Rolle. Oft werden unberechtigte Negativmeinungen über Teile der Norm kritiklos übernommen und weitergegeben und erschweren dadurch die Nutzung.

Abstimmung

Die Entwicklung und Anwendung jeder Norm beruht auf einer möglichst weitgehenden Übereinstimmung zwischen den Nutzern. Deshalb legt der DIN-Arbeitsausschuß „Netzplantechnik und Projektmanagement" NQSZ-4 großen Wert auf die Mitarbeit kompetenter Fachleute und - da natürlich nicht alle potentiellen Interessenten direkt an der Ausschußarbeit beteiligt werden können - auf eine breite Abstimmung durch die übliche Veröffentlichung von Entwürfen und Pressehinweisen sowie die Diskussion innerhalb der Deutschen Gesellschaft für Projektmanagement e.V. (GPM). Hier hat dann jeder - als Person oder Organisation - die Möglichkeit, durch eine Stellungnahme die Gestaltung der Norm zu beeinflussen.

Kompromiß

Eine Norm kann niemals hundertprozentig alle Bedürfnisse eines Anwenders abdecken. Sie ist immer ein Kompromiß. Trotzdem sollte man sich auch dann an sie halten, wenn man in einzelnen Punkten eine andere Meinung hat. Man braucht dann zu Projektbeginn nicht erst eine begriffliche Basis für die Kommunikation der Projektbeteiligten zu schaffen, sondern kann sich ergänzend auf jene Begriffe beschränken, die man zusätzlich zur Norm noch braucht. Sie erspart auch Arbeit und Verwirrung bei Veröffentlichungen und bei der Aus- und Weiterbildung, wenn man das Verständnis bei den meisten Begriffen voraussetzen oder auf die Norm verweisen kann. Nur in einzelnen Ausnahmefällen sollte man (und nur für den eigenen Bedarf!) genormte Definitionen ändern, z. B. bei internationalen Projekten zur gegenseitigen sprachlichen Anpassung. Wer aber mit einer deutschen PM-Norm generell nicht einverstanden ist, sollte einen entsprechenden Verbesserungsvorschlag an das DIN (Arbeitsausschuß NQSZ-4) schicken, damit dort darüber beraten und gegebenenfalls die entsprechende Norm geändert werden kann.

Zusammenfassung

Um vor allem Begriffe auf dem Gebiet des Projektmanagements bzw. der Projektwirtschaft zu vereinheitlichen, hat der „Arbeitsausschuß Netzplantechnik und Projektmanagement" (NQSZ-4) im Deutschen Institut für Normung (DIN) seit 1970 eine Reihe von Normen herausgegeben (DIN 69900ff):

- DIN 69900 Teil 1: Projektwirtschaft, Netzplantechnik, Begriffe

- DIN 69900 Teil 2: Projektwirtschaft, Netzplantechnik, Darstellungstechnik

- DIN 69901: Projektwirtschaft, Projektmanagement, Begriffe

- DIN 69902: Projektwirtschaft, Einsatzmittel, Begriffe

- DIN 69903: Projektwirtschaft, Kosten und Leistung, Finanzmittel, Begriffe

- DIN 69904: Projektwirtschaft, Projektmanagementsysteme, Elemente und Strukturen

- DIN 69905: Projektwirtschaft, Projektabwicklung, Begriffe

Diese werden ergänzt durch eine weitere Norm:

- DIN 19246: Messen, Steuern, Regeln, Abwicklung von Projekten, Begriffe

sowie durch internationale Normen, die auch in Deutschland gelten:

- ISO 10006: Quality Management, Guidelines to Quality in Project Management

- DIN EN ISO 10007: Qualitätsmanagement, Leitfaden für Konfigurationsmanagement

Zusätzliche Regelungen der Wirtschaft wie die Verdingungsordnung für Leistungen (VOL) und für Bauleistungen (VOB), dazu GPM-Regelungen wie der PM-KANON und der Wissensspeicher des Projektmanagement-Fachmanns sowie branchenspezifische Regelungen wie die Honorarordnung für Architekten und Ingenieure (HOAI) und unternehmensspezifische Regelungen wie das Projektmanagement-System des Bundesamtes für Wehrtechnik und Beschaffung ergänzen die Normen.

Um eine weitgestreute Akzeptanz der Normen zu erreichen, ist eine schwierige Gratwanderung erforderlich, bei welcher der Grundsatz: „So wenig wie möglich und so viel wie nötig," unbedingt zu beachten ist. Dabei ist die Meinung möglichst vieler Fachleute mit einzubeziehen.

Literaturverzeichnis

DIN Deutsches Institut für Normung (Hrsg.), Begriffe der Projektwirtschaft, Berlin/Köln 1989

DIN 19246: Messen, Steuern, Regeln, Abwicklung von Projekten, Begriffe

DIN 69900 Teil 1: Projektwirtschaft, Netzplantechnik, Begriffe

DIN 69900 Teil 2: Projektwirtschaft, Netzplantechnik, Darstellungstechnik

DIN 69901: Projektwirtschaft, Projektmanagement, Begriffe

DIN 69902: Projektwirtschaft, Einsatzmittel, Begriffe

DIN 69903: Projektwirtschaft, Kosten und Leistung, Finanzmittel, Begriffe

DIN 69904: Projektwirtschaft, Projektmanagementsysteme, Elemente und Strukturen

DIN 69905: Projektwirtschaft, Projektabwicklung, Begriffe

ISO 10006: Quality Management, Guidelines to Quality in Project Management

DIN EN ISO 10007: Qualitätsmanagement, Leitfaden für Konfigurationsmanagement

AUSSCHUß Netzplantechnik und Projektmanagement im DIN: Begriffe der Projektwirtschaft, Berlin/Köln 1989

WASCHEK, G., Normen im Projektmanagement. In: Schelle, H.; Reschke, H.; Schnopp, Schub (Hrsg.): Projekte erfolgreich managen, Loseblatt-Sammlung, Köln 1994, Kapitel 1.6

DIN Deutsches Institut für Normung (Hrsg.): Verdingungsordnung für Leistungen, Berlin/Köln

DIN Deutsches Institut für Normung (Hrsg.): Verdingungsordnung für Bauleistungen, Berlin/Köln

LOCHER, H. (Einleitung): HOAI, Verordnung über die Honorare für Leistungen der Architekten und der Ingenieure, Düsseldorf 1996/2002

AHO Ausschuß der Ingenieurverbände und Ingenieurkammern für die Honorarordnung e.V. (Hrsg.): Projektsteuerung, Bonn 1996

Autorenportrait

Dipl.-Ing. Gernot Waschek

Geboren 1935 in Jägerndorf, CSR. Diplom im Wirtschaftsingenieurwesen (TU Berlin). Einführung der Netzplantechnik im Bosch-Konzern. Verschiedene Leitungsaufgaben im DV-Bereich der Deutschen Lufthansa AG, insbesondere in der Software-Entwicklung. Dabei konzernweite Förderung der Projektmanagement-Anwendung. Zahlreiche Publikationen auf diesem Gebiet. Daneben Obmann des DIN-Ausschusses Netzplantechnik und Projektmanagement sowie Mitarbeiter bei verschiedenen DIN- und ISO-Gremien in der Normung für Qualitätsmanagement. In der Aufbauphase Geschäftsführer von PM-ZERT (Zertifizierungsstelle der GPM) und Leiter der GPM-Regionalgruppe Frankfurt a. M.

Abbildungsverzeichnis

Abbildung 1.9-1: Zeitliche Entwicklung der deutschen Projektwirtschafts-Normen 252

Abbildung 1.9-2: Projektmanagement-Gebiete und relevante Normen 253

Abbildung 1.9-3: Pyramide der Projektmanagement-Unterlagen nach Detaillierungsgrad 260

Lernzielbeschreibung

Anhand dieses Kapitels soll der Lehrgangsteilnehmer lernen,

- wie die historische Entwicklung der PM-Normen in Deutschland verlief,
- welche nationalen und internationalen PM-Normen in Deutschland zur Anwendung empfohlen werden und
- welche genormten PM-Begriffe verfügbar sind.

Darüber hinaus soll er

- weitere, für das Projektmanagement wichtige Richtlinien,
- wesentliche branchenspezifische und
- beispielhaft einige firmenbezogene Regelungen kennenlernen.

2.0 Soziale Kompetenz

Von ehemaligen Teilnehmern der bisherigen Kurse zum Projektmanagement kam recht häufig der Hinweis, daß der Themenbereich „soziale Kompetenz", „Teamfähigkeit" u.ä. zu den Gesichtspunkten gehöre, die in Zukunft das Kursangebot ergänzen sollten.

Eine Reihe der aus diesem Kreis gestellten praktischen Fragen mag das kurz verdeutlichen:

- Wie können Alleingänger / Einzelkämpfer aufgehalten / dem Team zugeführt werden?
- Welche nicht nur fachlichen Kriterien sollte ich als Projektleiter beachten, wenn ich mein Team zusammenstelle?
- Wie halte ich meine Projektarbeit aktuell im Gespräch?
- Wie kann ich einen Fachabteilungsleiter der Firma dazu bringen, mich als Projektleiter zu unterstützen?

Sicherlich lassen sich auf diese (und ähnliche) praktischen Fragen nur dann angemessene Antworten finden, wenn zuvor die hinter jeder Einzelfrage stehende konkrete Situation näher abgeklärt wird. Gerade die Gesichtspunkte oder Kriterien, unter denen die Situation des Fragenden genauer betrachtet und analysiert werden sollte, gehören allerdings zu dem, was sich in einem „Wissensspeicher zur sozialen Kompetenz" vermitteln läßt.

Soziale Kompetenz als zusammenfassendes Konzept

Nur im sozialen Kontakt, in der ständigen Auseinandersetzung mit den Erwartungen, Wünschen, Forderungen und Rückmeldungen über das eigene Verhalten kann der Mensch u.a. einigermaßen realistische Kenntnisse über sich selbst, seine Handlungsmöglichkeiten und das Ausmaß seiner - stets relativen - Autonomie gegenüber anderen Personen oder Organisationen erwerben.

So gesehen sind Entwicklung und Erwerb sozialer Kompetenz(en) ein grundlegender, die gesamte Lebensspanne des Menschen umfassender Vorgang. **Soziale Kompetenz** ist nicht eine feste Eigenschaft, Begabung oder Fähigkeit, über die jemand verfügt und die andere in diesem Sinne in Rechnung stellen können, wenn sie mit ihm zu tun haben. Sie läßt sich vielmehr nur - je nach Situation - in einzelnen ihrer vielen Aspekte beobachten bzw. unter Beweis stellen. Der Begriff beschreibt ein heute in den Sozialwissenschaften weithin verwendetes Sammelkonzept für eine größere Gruppe von Merkmalen, unter denen sich menschliches Handeln in sozialen Situationen betrachten läßt, und die im weiteren Verlauf in einzelnen Unterkapiteln dargestellt werden.

Soziale Kompetenz

Soziale Kompetenz läßt sich (nach ULLRICH & ULLRICH DE MUYNCK 1978, S. 10) definieren als Verfügungsgewalt über Lösungsstrategien für die in einer konkreten sozialen Situation vorgefundenen Probleme. Hierzu gehören

- soziale Fertigkeiten,
- eine Art sozialer Diagnose und
- die Verfügbarkeit eines nicht durch Ängste blockierten Repertoires an Handlungsmöglichkeiten.

Sie zeigt sich aber darüber hinaus auch

- im Übertragenkönnen früherer Erfahrungen - und der für den Erfolg dabei maßgeblichen Bedingungen - auf neue, unter Umständen mit langfristigen Zukunftszielen in Verbindung stehende Problemkonstellationen, und
- im Erkennen und Ändern unzureichender Strategien.

Die notwendige flexible Anpassung an die jeweils konkret vorgefundenen Bedingungen erfolgt dabei sowohl „nach außen", als Berücksichtigung der dortigen sozialen Gegebenheiten, wie auch „nach innen", d.h. in der Art, wie die eigenen Wünsche, gelernten Erwartungen und Werthaltungen mit ins Spiel gebracht und wirksam werden.

> Der Begriff „soziale Kompetenz" betrifft im Kern die Frage nach dem der jeweiligen Situation angemessenen **Verhältnis** zwischen Selbstbehauptung und Erreichen der eigenen Ziele und gleichzeitiger Beachtung der persönlichen Integrität und Autonomie der anderen an der Situation beteiligten Personen.

Aufs Ganze gesehen ist „soziale Kompetenz" ein **Potential**, das demjenigen, der darüber verfügt, ein ganzes Bündel unterschiedlicher Verhaltensweisen ermöglicht, die aber eines gemeinsam haben:

- sie basieren auf einer zutreffenden Selbsteinschätzung;
- sie berücksichtigen die Auffassungen und Absichten anderer Beteiligter;
- sie führen zu einem Ergebnis, das nach Ansicht aller Beteiligten als Erfolg gelten kann.

Komponenten der sozialen Kompetenz

Im einzelnen läßt sich „soziale Kompetenz" in eine Reihe wichtiger Einzelkomponenten aufgliedern, die sich folgendermaßen charakterisieren lassen:

1. **Einfühlungsvermögen** (Empathie): Dies meint die Fähigkeit und Bereitschaft, sich in die Lage anderer Menschen zu versetzen, mit denen man kommuniziert oder kooperiert; fremde Standpunkte einzunehmen oder durchzuspielen, so z.B. aus der Perspektive anderer argumentieren zu können und auf dieser Grundlage die eigene Argumentation auf die der anderen abzustimmen.

2. Bereitschaft zum **Rollenwechsel**: Die Kooperation mit anderen erfordert die Übernahme bestimmter Rollen, die mit bestimmten Aufgaben und Erwartungen an den jeweiligen Rolleninhaber verbunden sind. Der gemeinsame Erfolg hängt davon ab, daß jeder seine Rolle erfüllt. Wechselnde Umstände können aber auch einen - und sei es vorübergehenden - Rollenwechsel erfordern. Die tatkräftige Bereitschaft, u.U. unaufgefordert auch Aufgaben von geringem Status oder solche mit unangenehmen physischen oder psychischen Nebeneffekten zu übernehmen, ist daher von großer Bedeutung für alle Beteiligten.

3. Fähigkeit zur **Konsensfindung**: Die Fähigkeit und Bereitschaft, bei Auseinandersetzungen vermittelnd zu wirken, einen für alle Beteiligten annehmbaren Ausweg aus einem Konflikt zu finden, eine der Sache abträgliche Eskalation zu vermeiden. Dies dient der Aufrechterhaltung der gemeinsamen Arbeitsfähigkeit.

4. **Konfliktfähigkeit**: Genauso wichtig ist es allerdings, in sachlicher Weise die eigene Position gegenüber anderen Personen einnehmen und verteidigen zu können. Die Fähigkeit zur Konsensfindung meint nicht Konfliktscheu und Ausweichen, sondern ist geradezu erst dann ein Merkmal sozialer Kompetenz, wenn sie mit Konfliktfähigkeit gepaart ist. Dies heißt auch, daß „Autorität", soweit sie dem Vorankommen aller Beteiligten dient, zu den positiven Merkmalen sozialer Kompetenz zählt, ebenso wie Kritik u.U. zu den unverzichtbaren Formen sozialer Rückmeldung zu zählen ist.

5. Die **Unterstützung nicht-konformer Mitglieder** einer Arbeitsgruppe (d.h. auch solcher, die sich „unvorteilhaft" von der Gruppe unterscheiden) gehört weiter zu den bedeutsamen Merkmalen sozialer Kompetenz. Sie wirkt vorbeugend gegenüber den Gefahren einer durch Konformitätsdruck erzeugten negativen Gruppendynamik, sichert die Vorteile der auf ein gemeinsames Ziel ausgerichteten unterschiedlichen Sichtweisen und erhöht damit die Wahrscheinlichkeit, daß Teamleistungen wirklich mehr sind als „die Summe der Einzelleistungen".

6. Schließlich ist es wichtig, daß möglichst alle Mitglieder einer Gruppe daran interessiert sind, den gemeinsamen Qualifikationsstand zu steigern. Die **Sorge um die kollektive Qualifikation** ist somit ein weiteres Merkmal sozialer Kompetenz, das besondere Aufmerksamkeit verdient. Dies impliziert die Orientierung an einem gemeinsamen Lernprozeß und die Bereitschaft, anderen die eigenen Kenntnisse zu vermitteln, anstatt sie als Mittel zur persönlichen Profilierung aufzufassen.

Diese und weitere Gesichtspunkte der „sozialen Kompetenz" werden in den einzelnen Unterkapiteln im Sinne des erforderlichen Basiswissens näher dargestellt. Nur indem Sie versuchen, entsprechendes Wissen dann auch in Ihre persönliche Praxis umzusetzen und die dabei gemachten Erfahrungen zu überdenken, kann dies auch Ihre Kompetenz unterstützen. *Kapitel*

Verallgemeinernd können wir festhalten: Unter „sozialer Kompetenz" verstehen wir die Möglichkeit eines Individuums, in Abhängigkeit von seinen Lebensbedingungen seine kognitiven, sozialen und verhaltensmäßigen Fähigkeiten so zu organisieren und einzusetzen, daß es seine Wünsche, Ziele und Interessen verfolgen kann. Die Umgebungen, in der Menschen ihr Leben verbringen, und die Art der Erfahrungen, die sie dort machen können, variieren oft erheblich bezüglich der Aktivitäten, Möglichkeiten, Ressourcen und Belohnungen, die dem Einzelnen für den Erhalt und die Weiterentwicklung seines Potentials zur Verfügung stehen. Insbesondere kann die berufliche Arbeit in Organisationen eine Herausforderung darstellen, neue Dinge zu lernen und neue Kompetenzen zu entwickeln. Kompetenzen charakterisieren damit auch, wie Handlungsspielräume vom einzelnen Menschen erkannt und genutzt werden. Umgekehrt gilt aber auch: Ein Unternehmen, das an der fortlaufenden Kompetenzentwicklung seiner Mitarbeiter interessiert ist, wird seine Organisation auch unter dem Gesichtspunkt des Angebots von Handlungsspielräumen zu konzipieren haben. *Fazit*

2.1 Soziale Wahrnehmung

von

Marion Wittstock

Johannes Triebe

Relevanznachweis

Bereits zu Beginn eines Projekts müssen sich alle Beteiligten über Ausgangslage, Randbedingungen und den Personenkreis der Projektmitarbeiter Klarheit verschaffen. Auch im weiteren Projektverlauf, bis zum Projektabschluß, sind immer wieder Fakten zu erfassen, aussagekräftige Kenngrößen auszuwählen und zu bewerten.

Schon bei diesen elementaren Schritten müssen die Beteiligten immer wieder feststellen, daß ihre Sichtweise der Realität höchst unterschiedlich ist, ja daß es die **eine** (zweifelsfrei dingfest zu machende) Realität offensichtlich so unmittelbar nicht gibt. Es kann äußerst schwierig sein, sich auf eine gemeinsame Sichtweise zu verständigen.

Im vorliegenden Kapitel wird beschrieben, wie Daten und Fakten wahrgenommen werden, welche Rolle dabei Erwartungshaltungen und überkommene Sichtweisen spielen. Der Einfluß von zum Teil unterschwellig wirksamem Gruppendruck auf unsere Urteilsbildung wird geschildert. Es wird erörtert, in welchem Maße unsere Wahrnehmung auch scheinbar harter Fakten immer schon sozial beeinflußt ist. Aber es wird auch begründet, wieso es durchaus vernünftig sein kann, sich in bestimmten Situationen auf sein Gefühl zu verlassen.

Inhaltsverzeichnis

2.1.1 Wahrnehmen: Grundlegende Merkmale — **275**

2.1.2 Wahrnehmung und Problemlösen — **280**

2.1.3 Soziale Aspekte des Wahrnehmens — **281**

    2.1.3.1 Annahmen zur Erklärung des Verhaltens anderer (Kausalattribution) — 281

    2.1.3.2 Stereotype und Vorurteile — 283

    2.1.3.3 Einstellungen — 284

    2.1.3.4 Umgang mit kognitiver Dissonanz — 285

    2.1.3.5 Konformität und soziale Beeinflussung — 286

    2.1.3.6 Perspektivenwechsel und soziale Rollen — 288

2.1.1 Wahrnehmen: Grundlegende Merkmale

Mit **Wahrnehmung** wird die Gesamtheit unseres sinnlichen Zugangs zur Welt bezeichnet. Wir sehen, ob es dunkel oder hell ist, hören Geräusche, riechen und schmecken Düfte und Aromen, ertasten feinste Oberflächenstrukturen.

Wahrnehmung ist der sinnliche Zugang zur Welt

Unsere Wahrnehmung erlaubt uns aber nicht nur zu erfahren, was um uns herum vorgeht, sie sagt uns auch, wie es in uns aussieht, ob wir hungrig oder satt, müde oder aktiv sind, ob wir gerade einen Kopfstand machen oder an einem Besprechungstisch sitzen.

Diese kurze Aufzählung verdeutlicht bereits zweierlei:

1. Wir verfügen über mehr Möglichkeiten zur Wahrnehmung von uns und unserer Welt als die klassischen fünf Sinne: Hören, Sehen, Riechen, Schmecken, Tasten.
2. Ganz ohne Wahrnehmung wüßten wir weder, daß eine Außenwelt existiert, noch daß wir selbst sind.

Die **Rezeptoren** in unserer Haut lassen uns spüren, ob es um uns herum kalt oder heiß ist. Unser Gleichgewichtsorgan (im Innenohr) informiert uns über unsere Lage im Raum und ihre Veränderung. Die Rezeptoren an unseren Muskeln melden uns Bewegungen, und weil diese fast immer gegen die Erdanziehungskraft erfolgen, können wir so auch etwas über das Gewicht von Gegenständen erfahren, die wir tragen. Rezeptoren, die ungleichmäßig über unsere Haut und in fast allen unseren Körperteilen verteilt sind, melden uns Schmerzen, wenn sie besonders stark gereizt werden; sie vermitteln uns aber auch angenehme Empfindungen bei weniger starker Stimulierung.

Das sind nur einige der erstaunlichen und uns meist unbewußten **Sinnesleistungen**, die im Laufe der psycho-physiologischen Wahrnehmungforschung entdeckt wurden und die offensichtlich die Basis unserer komplexen Welterfahrung bilden.

Sinnesleistungen

Bedenkt man die primäre Rolle, die unsere Wahrnehmung in dem Prozeß spielt, der uns einen sinnlichen Zugang zu uns und unserer Welt verschafft, so könnte man denken, Descartes mit seinem berühmten Satz „Ich denke, also bin ich" sei widerlegt. Aber das trifft nur teilweise zu.

Im Gegensatz besonders zu primitiven Tieren, die häufig nur über wenige hoch spezialisierte Sinne verfügen, deren Reizung eine einfache und eindeutige Reaktion auslöst, sind unsere Sinne einerseits wenig spezifisch und andererseits meist nur mittelmäßig leistungsfähig. Der Holzbock verfügt über exakt **eine** nachgewiesene Sinnesleistung mit einer automatisch ablaufenden Reaktion: Er kann die Milchsäure in der Haut von Säugetieren riechen; streift eines die Pflanze, auf der er sitzt, läßt er sich fallen und saugt sich fest.

Sinnesleistungen bei Tieren

Schon bei höheren Säugetieren sind die Sinnesleistungen und Reaktionen komplexer, aber viele Tiere erscheinen in ihrer Wahrnehmung leistungsfähiger als wir. Der Hund kann besser riechen, die Katze besser hören, das sprichwörtliche „Adlerauge" sieht besser. Die instinktive Reaktion, die von der spezifischen Reizung des jeweils leistungsfähigsten Sinnes ausgelöst wird, erklärt auch, warum dies so ist. Hunde riechen den Duft ihrer bevorzugten Nahrung auch in kleinsten Konzentrationen, und die Katze wird durch das Rascheln einer Maus von jeder anderen Aktivität abgelenkt. Tiere sind mit ihren Sinnesleistungen und instinktgesteuerten Reaktionen an eine bestimmte Lebensweise in ihrer natürlichen Umwelt angepaßt.

Beim Menschen sind fast keine derartigen Spezialisierungen seines Wahrnehmungsapparates nachweisbar, und noch weniger werden von aufgenommenen Reizungen der Sinne eindeutige (instinktive) Reaktionen ausgelöst. So scheinen die meisten Menschen den Frequenzbereich des Sprechens relativ gut zu hören und dort besonders die hohen Töne. Das erklärt, warum wir dazu neigen, in Auseinandersetzungen nicht nur lauter zu sprechen, sondern auch die Stimme zu heben. So stel-

Wahrnehmung ist relativ unspezifisch

len wir sicher, daß wir zwar gut gehört werden, aber noch lange nicht, daß unsere Argumente auch auf mehr Verständnis und Zustimmung treffen.

Mit dem Sehen verhält es sich ähnlich, auch hier sind nur wenige Spezifizierungen erkennbar. So sehen wir am differenziertesten in der Mitte unseres Gesichtsfeldes und sind dort nicht besonders empfindlich für Bewegungen. Das erleichtert uns die eingehende Betrachtung sowohl einer gefangenen Heuschrecke, die noch zappelt, als auch das Lesen im Flugzeug, das wackelt. Im peripheren Sehen am Rande unseres Gesichtsfelds reagieren wir demgegenüber sensibel und rasch auf bewegte optische Reize. Das war für unsere Vorfahren nützlich, wenn sie bei der Betrachtung der Heuschrecke von einem Raubtier gestört wurden, und es nützt uns heute im Straßenverkehr, wenn wir aus den Augenwinkeln wahrnehmen, wer beim Abbiegen von der Seite auf uns zukommt.

In dem Maße, in dem unsere Wahrnehmung unspezifisch ist und keinem Lebensraum besonders angepaßt erscheint, unsere Reaktionen instinktunsicher sind, d.h. die Stimulierung durch bestimmte Reize uns nicht zu stabilen, quasi automatisch ablaufenden Handlungsketten zwingt, haben wir keine „natürliche", uns von Geburt an vorbestimmte Umwelt. Zum Ausgleich dafür verfügen wir über besonders flexible Mechanismen, uns mit den Anforderungen aus unserer Umwelt auseinanderzusetzen, uns immer neuen Lebensräumen anzupassen oder diese an uns (z.B. indem wir die Leistungsfähigkeit unserer Sinne durch technische Erfindungen erweitern).

Abbildung 2.1-1: Ein verstecktes Tier

Durch Forschungen und technische Entwicklungen auf den Gebieten Optik, Fotografie und technische Bildverarbeitung entdeckte man z.B., daß wir im Verhältnis zu dem, was wir mit unseren

2.1 Soziale Wahrnehmung

wenig leistungsfähigen Augen optisch wahrnehmen, erstaunlich viel und differenziert erkennen können.

Unsere Fähigkeit, das versteckte Tier unter all den zusammenhanglosen Flecken auf dem Bild (siehe Abbildung 2.1-1) zwar mit etwas Mühe auszumachen, läßt sich mit der mittelmäßigen optischen Leistungsfähigkeit unserer Augen allein nicht erklären. Dazu brauchen wir zusätzlich die Möglichkeiten der höheren Informationsverarbeitung. Nur weil uns das Erscheinungsbild eines gefleckten Hundes vertraut ist, können wir ihn auch unter erschwerten Bedingungen (hier Licht und Schatten) erkennen; kennten wir keine solchen Hunde, würden wir nur irgend ein Tier sehen; kennten wir gar keine Tiere, wäre das Fleckenmuster für uns entweder bedeutungslos oder wir würden eine ganz andere Deutung vornehmen.

Werden wir mit verwirrenden, schwer verständlichen Eindrücken konfrontiert, so suchen wir offensichtlich unwillkürlich nach geschlossenen, uns bekannten Gestalten und interpretierbaren Formen, die in den jeweiligen Zusammenhang passen. So verfahren wir nicht nur bei der Wahrnehmung einfacher Sinnesreize, sondern auch bei der von Personen und sozialen Konstellationen. *Suche nach Gestaltung*

Damit Eindrücke sich aus der Vielfalt von Reizen abheben, müssen sie nicht nur prinzipiell in den Wahrnehmungsbereich unserer Sinnesleistungen passen, sondern wir müssen auch in der Lage sein, uns mit ihnen auseinanderzusetzen. Bei gegenständlichen Dingen, indem wir sie anfassen und im wörtlichen Sinne „begreifen"; bei abstrakten Sachverhalten, indem wir uns gedanklich mit ihnen beschäftigen, sie mit Hilfe der Sprache benennen, sie realisieren und dadurch für uns wirklich werden lassen.

Nun kann es aber auch passieren, daß ein komplexer Sinnesreiz für uns durchaus wahrnehmbar und begreifbar wäre, wir ihn aber einfach nicht beachten. Auch hier gibt uns die Alltagssprache einen entscheidenden Fingerzeig. Wenn uns jemand auf die Frage: „Hast du eben den Fußballer erkannt, der das Tor geschossen hat?" zur Anwort gibt: „Nein, Sport bedeutet mir nichts!", so kann er den Ausschnitt des Fußballspiels in den Fernsehnachrichten durchaus gesehen, vielleicht sogar den Namen auf dem Trikot des Spielers gesehen haben, er hatte aber möglicherweise diesen beiden flüchtigen Eindrücken keine Aufmerksamkeit geschenkt, sondern nur auf den Wetterbericht gewartet. *Wahrnehmung ist selektiv*

> Wir nehmen vorzugsweise das bewußt wahr, dessen Bedeutung wir schon kennen und dessen Auftreten wir im jeweiligen Kontext erwarten.

Die Vorstellung, die uns hilft, den Hund in der Abbildung 2.1-1 zu erkennen, nennt man **Schema**. Ein Schema enthält ein ganzes Geflecht zusammenhängender Informationen, z.B. zum Hund im allgemeinen, ohne dabei unsere Vorstellung auf einige konkrete Hunde, die wir kennen, zu beschränken. Schemata versetzen uns in die Lage, die meisten Hunde (von wenigen, bizarren Grenzfällen einmal abgesehen) als solche zu identifizieren, auch wenn wir diese eine spezielle Promenadenmischung noch nie vorher gesehen haben. Worte wie 'Schema', 'Vorstellung', 'Bedeutung' und 'Begriff von etwas' legen zwar nahe, daß viele unserer höheren Funktionen der Informationsverarbeitung eng **mit Sprache** im umfassenden Sinne verbunden sind. Sie lassen sich aber nicht auf Sprache reduzieren, sondern sie haben zusätzlich noch einen engen Bezug zu **bildlichen Vorstellungen** und **praktischem Handeln**. *Wir bilden Schemen zur Wahrnehmung*

So sind unsere Vorstellungen z.B. vom Tisch in ihrer Art und Differenziertheit auch dadurch geprägt, wie wir sie erworben haben, also je nach unserem Umgang mit Tischen, ob wir im Büro daran schreiben, sie als Tischler herstellen oder als Möbeleinkäufer mit ihnen disponieren, u.ä.

Schemata sind erworben

Die Schemata sind uns nicht angeboren wie die Basiseigenschaften unserer Sinnesorgane, wir erwerben sie vielmehr im Verlauf unserer persönlichen Entwicklung durch unser Tun, wir erlernen sie (PIAGET 1975). Damit sind sie geformt durch alle Einflüsse, die auch auf unser Lernen einwirken. Und so unfertig, wie der menschliche Säugling geboren wird, ist er lange Zeit auf die Fürsorge seiner sozialen Bezugsgruppe angewiesen. Daher findet sein Lernen von Anfang an im sozialen Kontext statt, zunächst durch unwillkürliche Beobachtung, durch Spiel und Imitation, später durch gezieltes Lernen am Modell, durch Unterricht und Rollenübernahme. Insofern sind bei der Beschreibung der menschlichen Wahrnehmungsleistungen von Anfang an diese sozialen Lernprozesse zu beachten. Darauf werden wir später noch näher eingehen.

Doch zurück zum Beispiel aus der Bildverarbeitung. Wie gelangen wir von den zusammenhanglosen Flecken auf unserer Netzhaut zu der Erkenntnis eines gefleckten Hundes? Dazu benötigen wir offenbar mehrere, meist unbewußt ablaufende Zwischenschritte, die wir uns oft nur unter bestimmten experimentellen Bedingungen bewußt machen können.

Abbildung 2.1-2: Unvollständige Konturen und Kippfigur

Formenerkennung

Grundsätzlich verfügen wir über die Fähigkeit, geschlossene Formen zu erkennen und sie optisch von sie überlagernden Umgebungsmustern zu trennen. Das zeigen Untersuchungen mit versteckten Mustern (wie z.B. dem gefleckten Hund). An einfacheren Formen läßt sich zeigen, wie wir automatisch unvollständige Konturen ergänzen (vgl. Abbildung 2.1-2, linke Hälfte) und zweideutige Figuren probeweise auf die eine und dann auf die andere Weise wahrnehmen (rechte Hälfte), um erst auf dieser Grundlage zu entscheiden, welche besser zu den Informationen der Umgebung paßt. Gibt es keine Umgebung als Deutungshilfe, dann kippt die Figur - je nachdem, welchen Teil wir fixieren - hin und her und macht uns so die Flexibilität unserer **Wahrnehmung** erfahrbar.

Diese Flexibilität ermöglicht es uns, Formen aus ihrem jeweils konkreten Zusammenhang herauszulösen, Ähnlichkeiten zu erkennen und so schrittweise zu Verallgemeinerungen zu gelangen, die dann die Bausteine unserer Schemata bilden. Dabei handelt es sich offensichtlich um eine Fähigkeit, die all unseren Sinnen zukommt. Wenn die aufgeführten Beispiele sich überwiegend auf das Sehen beziehen, so nur deshalb, weil sie sich in einer gedruckten Unterlage am besten veranschaulichen lassen. Es ist die gleiche Fähigkeit zum Herauslösen von Mustern, die uns z.B. beim Hören ermöglicht, feste Bestandteile wie Melodie und Rhythmus zu erkennen, und die es uns ermöglicht hat, eine gesprochene Sprache zu entwickeln.

Die Flexibilität unserer Wahrnehmung macht uns aber auch anfällig für **Täuschungen**. Weil wir immer schon unbewußt Umgebungsinformationen heranziehen müssen, um Formen richtig erkennen und deuten zu können, verleiten uns bestimmte Konstellationen von Umgebungsinformationen (vgl. Abbildung 2.1-3) fast zwingend zu Fehleinschätzungen und Mißdeutungen.

2.1 Soziale Wahrnehmung

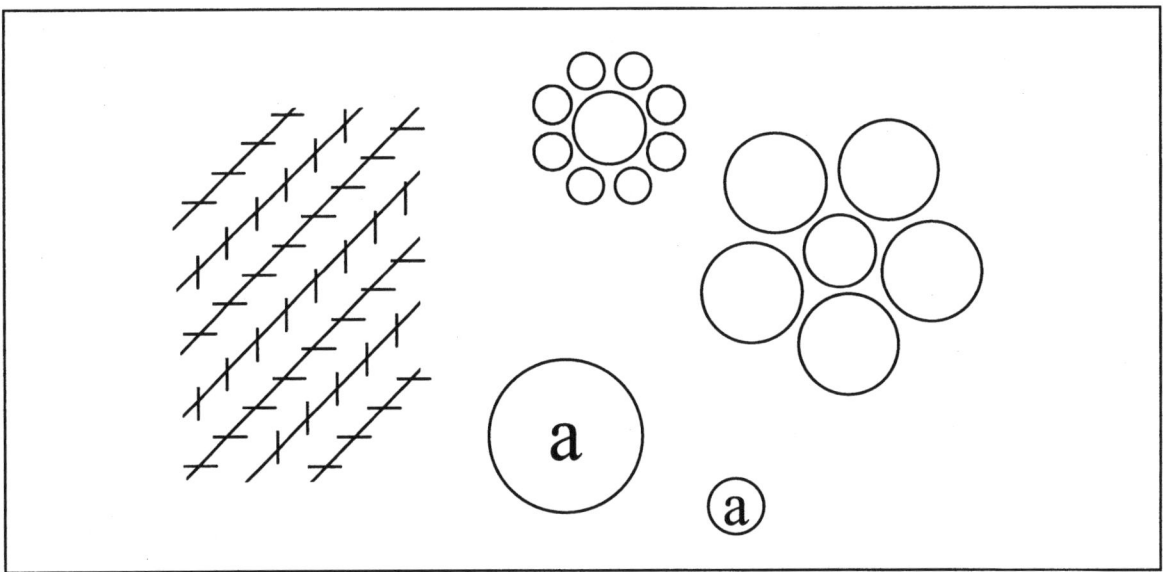

Abbildung 2.1-3: Optische Täuschungen

Werden schräg verlaufende Parallelen durch kleine horizontal und vertikal gelegte Linien gleichmäßig unterteilt (linke Hälfte der Abbildung), so erscheinen sie uns auch dann noch von der Parallele abzuweichen, wenn wir den Mechanismus der optischen Täuschung durchschauen. Ähnlich verhält es sich mit der Kontrasttäuschung (rechte Hälfte): Weil die Verarbeitung der Umgebungsinformation zur Einschätzung und Interpretation wahrgenommener Reize weitgehend unbewußt und automatisch abläuft, sind die oben gezeigten Verzerrungen kaum bewußt aufzulösen.

Optische Täuschung

Bereits diese einfachen Beispiele zeigen, daß es sich bei unserer Wahrnehmung um einen mehrstufigen komplexen Verarbeitungsprozeß handelt, in dessen Verlauf primäre Sinnesreize und erworbene Deutungsmuster, Umgebungsinformationen und Erwartungen zusammenwirken, und in dem wir immer wieder entscheiden müssen, ob die vorläufige Deutung zu unseren jeweiligen Absichten und in den Zusammenhang unserer Handlungen passen könnte.

Menschliche Wahrnehmung ist gerade kein zufälliger Prozeß, den wir passiv erleben, in dessen Verlauf wahllos Sinneseindrücke auf uns einstürzen und unsere Rezeptoren reizen. Unsere Wahrnehmung läßt sich zutreffender als ein aktiver, wenn auch größtenteils unbewußt ablaufender, **Auswahlprozeß** beschreiben, in dessen Ablauf wir unsere Sinne wie Richtantennen nutzen, um aus dem uns umgebenden Geschehen die für uns bedeutsamen Eindrücke herauszufiltern, sie probeweise zu integrieren, wieder zu filtern, evtl. nochmals zu integrieren und so fort - bis wir entscheiden, daß es sich im Rahmen unseres praktischen Handelns lohnt, dieses „Etwas" zu beachten.

Welche Eindrücke prinzipiell von uns wahrnehmbar sind, wird zwar von den biologischen Eigenschaften unserer Sinne bestimmt, aber es bleibt uns überlassen, welche diese Schwelle überschreitenden Reize wir zu einer potentiell bedeutungshaltigen Form integrieren, wie wir das Ergebnis dieser Integrationsleistung mit erlernten komplexeren Wahrnehmungsmustern vergleichen und es schließlich mit bereits vorhandenen Gedächtnisinhalten verknüpfen.

> Die Konsequenz ist, daß wir zu einer uns umgebenden objektiven Realität keinen unmittelbaren sinnlichen Zugang haben. Wir erleben vielmehr einen rekonstruierten Ausschnitt, der weitgehend davon bestimmt wird, welche Informationen wir im Fortgang unserer Handlungen als nächstes benötigen. Das zieht im folgenden eine allgemeine Bestätigungstendenz nach sich, d.h. weil wir unbewußt solche Deutungen von Sinneseindrücken bevorzugen, die in unseren jeweiligen Handlungszusammenhang passen, fällt es uns schwer, abweichende Informationen überhaupt zuzulassen.

Wahrnehmung ist ein aktiver Prozeß von Assimilation und Akkommodation

Den Prozeß, vorzugsweise die Reize zu verarbeiten, die in vorhandene Schemata passen, nennt man **Assimilation**. Bei Kindern ist er so dominant, daß Ereignisse, die entwicklungsbedingt noch nicht verarbeitet werden können, einfach ausgeblendet werden. Aber es gibt auch das komplementäre Prinzip der **Akkommodation**, das immer dann zum Einsatz kommt, wenn Ereignisse vorhandene Schemata sprengen würden und sich auch bei hartnäckigem Bemühen nicht völlig ignorieren lassen. Im Prozeß der Akkomodation werden neue Schemata erzeugt (PIAGET 1975).

Bevor Sinnesreize in ein komplexes Schema integriert werden können, müssen wir erst einmal lernen, sie untereinander zu integrieren und mit unseren Bewegungen zu koordinieren, denn diese Fähigkeit ist uns nicht angeboren, wir müssen sie vielmehr im Verlauf unserer Entwicklung zum Erwachsenen entdecken und üben.

Nicht nur während unserer Entwicklung zum intelligenten Menschen spielen solche Reifungs-, Lern- und Übungsprozesse eine wichtige Rolle, in deren Verlauf wir Ziele, Vorstellungen, Handlungsabläufe und Bewegungsmuster zu komplexen Fähigkeiten integrieren. Vielmehr durchlaufen wir diese Prozesse immer wieder bei jedem Lernanlaß, ob in der Schule oder Berufsausbildung, beim Wechsel in eine neue Abteilung oder bei der Übernahme einer neuen Projektaufgabe.

2.1.2 Wahrnehmung und Problemlösen

Die Begrenzungen und Einschränkungen, denen unsere Wahrnehmung unterliegt, bilden auch die Grundlage vieler unserer Schwierigkeiten beim Lösen von Problemen (DÖRNER 1976). Dies soll hier nur an zwei einfachen Denksportaufgaben veranschaulicht werden, die einige von Ihnen vielleicht schon kennen (siehe Abbildung 2.1-4). In beiden Fällen spielt das Quadrat als prägnante, sozusagen „ausgezeichnete Figur" eine Rolle: Es lenkt und begrenzt Wahrnehmung und Denken und muß in seiner Dominanz erst überwunden werden, bevor uns eine Lösung des Problems gelingt.

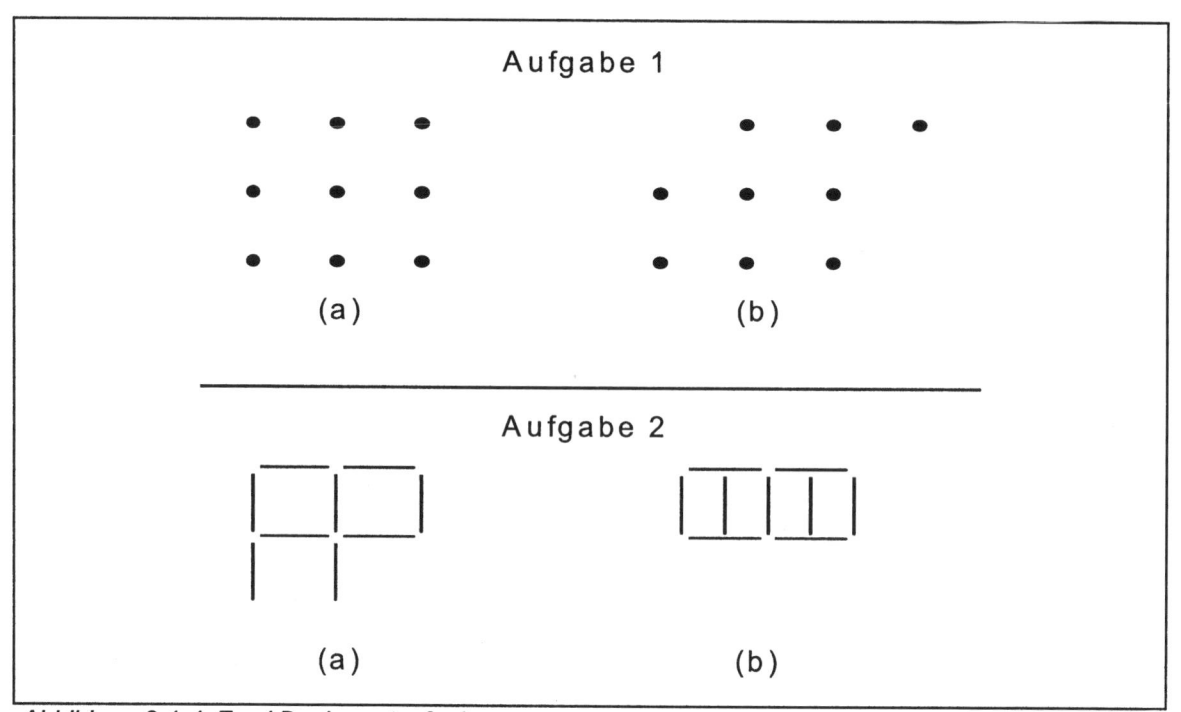

Abbildung 2.1-4: Zwei Denksportaufgaben

Bei Aufgabe 1 geht es darum, die in (a) dargestellten, quadratisch angeordneten neun Punkte in einem Zuge (ohne abzusetzen) so durch vier gerade zusammenhängende Linien zu verbinden, daß jeder der Punkte nur einmal durchfahren wird. Wir werden Ihnen die Lösung nicht verraten. In (b) sind aber neun Punkte in einer etwas anderen, nicht-quadratischen Anordnung dargestellt - die Aufgabe und die Lösung sind ansonsten identisch. Eventuell hilft Ihnen dies bei der Suche nach einer Lösung.

Aufgabe 2 ist eine der vielen bekannten Streichholzaufgaben. Ausgangspunkt ist die in (a) gezeigte Anordnung der Streichhölzer. Die Frage ist, wie durch Umlegen von nur zwei Streichhölzern eine Konfiguration gefunden werden kann, bei der drei vollständige, gleich große Quadrate zustande kommen. In (b) wird hier die Lösung gezeigt. Die meisten Menschen lassen die Möglichkeit, die Quadrate sozusagen „ineinanderzuschieben", zunächst vollkommen unberücksichtigt - u.a. wohl deshalb, weil dazu die „Unversehrtheit" der prägnanten „quadratischen Gestalt" überwunden werden muß.

Viele **Denksportaufgaben** nutzen die **Schemata** der menschlichen Wahrnehmung, um uns die Aufgabe zu erschweren. Das dahinterstehende allgemeine Prinzip hat schon Dunker als „funktionale Gebundenheit" bezeichnet (DUNCKER 1935). Dies meint im Grunde nichts anderes, als daß fast alles, was wir wahrnehmen, von vornherein eingebunden ist in unsere bisherigen Erfahrungen und Handlungszusammenhänge. Wenn wir vor neuartigen Aufgaben stehen, müssen wir diese Einbindung erst auflösen, müssen das Wahrgenommene „neu" sehen und im Hinblick auf die Zielstellung neu bewerten.

Bei der Bewältigung derartiger Anforderungen hilft es dem Einzelnen oft, wenn er die Sichtweise anderer Menschen kennt. Andererseits gibt es auch „soziale Mechanismen" - z.B. den **Konformitätsdruck** in Gruppen - die dazu beitragen können, daß die zur Lösung bestimmter Probleme notwendigen Wahrnehmungsveränderungen und Neuinterpretationen einer Situation erschwert oder ganz verhindert werden. Gerade auch aus diesem Grunde umfaßt **soziale Kompetenz** zwingend beides: Sowohl die Fähigkeit, sich mit der Sichtweise anderer offen und ohne Abwehrhaltung auseinanderzusetzen, als auch die Fähigkeit, der eigenen Position ruhig und bestimmt Geltung zu verschaffen, wo dies der Zielerreichung dient.

2.1.3 Soziale Aspekte des Wahrnehmens

Wenn wir uns im folgenden mit einigen wichtigen Mechanismen der „sozialen" Wahrnehmung beschäftigen, so ist damit nicht eine besondere Form des Wahrnehmens gemeint, sondern nur eine Akzentverschiebung. Unser Zusammenleben und -arbeiten mit anderen Menschen bringt es mit sich, daß wir die meisten unserer Wahrnehmungen nicht einfach für uns behalten, sondern uns darüber mit anderen verständigen. Von anderen werden wir auch nach Gründen für unser Tun gefragt, und wir erläutern es u.a., indem wir unsere Wahrnehmungen einer bestimmten Situation, eines Problems, einer Aufgabenstellung erklären. Analog erwarten wir von anderen Erklärungen, und wo uns diese fehlen, legen wir uns selbst Erklärungen zurecht. Dabei folgen wir bestimmten Mustern - auch dies sind **Schemata** -, deren Brauchbarkeit wir im sozialen Umgang erlernt haben. In unsere Erklärungen fließen sowohl Annahmen über uns selbst als auch über andere mit ein; und von anderen erfahren wir, wie sie uns sehen. Dies wiederum kann - bewußt oder unbewußt - zu einer veränderten Wahrnehmung unserer selbst führen. All diese komplizierten Zusammenhänge und Wechselwirkungen sind gemeint, wenn wir uns mit Themen der sozialen Wahrnehmung beschäftigen.

Soziale Wahrnehmung

2.1.3.1 Annahmen zur Erklärung des Verhaltens anderer (Kausalattribution)

Zu den wichtigsten Formen unserer Wahrnehmung und Orientierung in sozialen Zusammenhängen gehört die Art und Weise, auf die wir uns um Erklärungsmuster für das eigene Verhalten und das der anderen bemühen. Heider, der zu den wichtigsten Vertretern sog. „attributionstheoretischer" Ansätze gehört, hat darauf hingewiesen, daß wir dabei im Grunde wie „naive Psychologen" vorgehen (HEIDER 1977). Weniger systematisch und rational-analytisch als der mit wissenschaftlichen Methoden arbeitende Psychologe suchen wir in einem Prozeß des „intuitiven Schlußfolgerns"

Menschen erklären wie naive Psychologen

nach den Gründen des von uns beobachteten Verhaltens. Wir gelangen dabei zu einer „Zuschreibung" von Ursachen - dies wird mit dem Fachausdruck **Kausalattribution** bezeichnet.

Self-fulfilling prophecy

Anders als der Wissenschaftler stehen wir dabei meist unter Zeitdruck. Die Notwendigkeit zu handeln führt zu Vereinfachungen und der vorschnellen Annahme von Hypothesen, deren Gültigkeit uns im Falle erfolgreichen Handelns nachträglich hinreichend bewiesen erscheint. Aufgrund der gerade auch im Sozialverhalten besonders ausgeprägten Wechselwirkungen kann es dabei leicht zu Phänomenen der „sich selbst erfüllenden Prophezeiung" (engl.: self-fulfilling prophecy) kommen, die wir geflissentlich übersehen.

Als Beispiel kann der als „faul" eingeschätzte Mitarbeiter dienen (Kausalattribution für schlechte Leistungen), der sich „in Wirklichkeit" durch die ihm übertragenen Aufgaben ständig qualitativ unterfordert sieht und immer mehr die Motivation verliert. Welcher Vorgesetzte geht schon das Risiko ein, die Hypothese qualitativer Unterforderung mittels Aufgaben- und Verantwortungserweiterung zu überprüfen, selbst wenn er sie (z.B. aufgrund der Ausbildungsabschlüsse dieses Mitarbeiters) mit in Erwägung ziehen könnte?

Die Kausalattribution vollzieht sich in folgenden Schritten (BIERBRAUER 1996):

1. **Situationswahrnehmung:** Wir beobachten eine Situation mit einem oder mehreren Akteuren (z.B. der Chef kritisiert einen Mitarbeiter);

2. **Verhaltenserwartung:** Wir haben aufgrund unserer persönlichen Erfahrung, unserer Sozialisation und unseres kulturellen Hintergrunds bestimmte Erwartungen darüber, wie jemand sich in dieser Situation „typischerweise" verhält (z.B. normalerweise müßten die Leistungen des Mitarbeiter als akzeptabel gelten);

3. **Verhaltenskategorisierung:** Der Beobachter benutzt von seinen Erwartungen beeinflußte Bewertungskriterien, anhand derer er das beobachtete Verhalten kategorisiert (z.B. der Chef bringt es einfach nicht fertig, irgend jemanden zu loben);

4. **Attribution:** Der Beobachter stellt fest, inwieweit das wahrgenommene Verhalten seinen eigenen Erwartungen zuwiderläuft (s.o.) und schließt u.U. auf eine „Charaktereigenschaft" (stabile Verhaltensdisposition) des Akteurs (z.B. der Chef ist ein Kritikaster, Unterdrücker, Karriereverhinderer etc.).

Ursachenzuschreibung

Damit hat sich eventuell eine stabile Verhaltenserwartung für die Zukunft aufgebaut, da der Person des beobachteten Akteurs bestimmte überdauernde Eigenschaften zugeschrieben wurden. Wird das wahrgenommene Verhalten dagegen als situationstypisch eingeschätzt (z.B. jeder Chef müßte hier so reagieren), so wird der Beobachter auf eine dispositionelle Schlußfolgerung verzichten. Nach Heider und anderen Attributionsforschern sind es primär:

- **internale**, d.h. Personen zugeschriebene Ursachenfaktoren (vor allem „Können" und „Wollen"),

- **externale**, d.h. nicht-personalen Situations- und Umweltfaktoren zugeschriebene Gründe (wie „Aufgabenschwierigkeit", „Glück", „Zufall") oder

- eine Kombination aus beiden, anhand deren sich verschiedene Attributionsformen beschreiben lassen (HEIDER 1977).

Unterstellen wir einem Akteur persönliche Verantwortung und beurteilen sein Verhalten auch nach moralischen Kategorien, so ist Voraussetzung, daß wir sein Handeln als gewollt und absichtlich wahrnehmen.

Weiner stellte fest, daß für die Bewertung von Handlungen unter dem **Leistungsaspekt** neben externalen und internalen Faktoren vor allem die Einschätzung der **zeitlichen** (situationsüberdauernden) **Stabilität** eine wichtige Rolle spielt (WEINER 1972). Daraus ergibt sich eine Matrix:

2.1 Soziale Wahrnehmung

Verhaltenseinschätzung	Kausalattribution
Internal - Stabil	Fähigkeit(en)
Internal - Instabil	Anstrengung
External - Stabil	Aufgabenschwierigkeit
External - Instabil	Glück, Zufall

Eine zusammenfassende Darstellung weiterer Attributionsmodelle, auf die wir hier nicht eingehen können, findet sich bei Bierbrauer (BIERBRAUER 1996).

2.1.3.2 Stereotype und Vorurteile

Noch mehr als schon bei den einfachen Sinnesleistungen prägt unsere kontext-abhängige **Erwartungshaltung** das, was wir an einer Person zuerst wahrnehmen, und das gilt sowohl in positiver wie in negativer Hinsicht. Da wir - wie bereits erwähnt - sowieso nicht alle wahrnehmbaren Reize bewußt verarbeiten können, laufen unsere komplexeren Formen der Wahrnehmung und Informationsverarbeitung nach einem ähnlichen Muster ab wie die einfachen. Wir vergleichen einzelne, unbewußt ausgewählte wahrnehmbare Eigenschaften einer Person mit den von uns erwarteten. Stellen wir Übereinstimmung fest, so ersparen wir uns die mühsame Aufnahme jedes einzelnen Merkmals dieser Person, nehmen vielmehr unsere Erwartung als bestätigt an und ergänzen aus ihr die noch fehlenden Eindrücke.

Entsprechen die gewonnenen Eindrücke nicht unseren Erwartungen, so setzt nur selten ein zeitraubender Prozeß schrittweiser Aufnahme einzelner Eigenschaften unseres Gegenübers ein. Wir wechseln nur rasch - und von uns meistens nicht bewußt registriert - das Erwartungsmuster und prüfen wieder sehr selektiv, ob es diesmal besser paßt. Solche Schablonen der sozialen Wahrnehmung werden **Stereotype** genannt, ein Fachausdruck, der ursprünglich aus der Drucktechnik stammt und dort die Zusammenfassung ganzer Seiten beweglicher Lettern zu festen, wiederverwendbaren Einheiten bezeichnet. In der Sozialpsychologie steht er seit den 20er Jahren für die Zusammenfassung einer Vielzahl von Eigenschaften zu allgemeingültigen Beschreibungen von Personenklassen, die wir unbewußt wie Referenzmodelle bei der Personenwahrnehmung nutzen.

Schablonen der Wahrnehmung

Die Stereotype sind in der sozialen Wahrnehmung die Entsprechung zu unseren **Schemata** in der allgemeinen Wahrnehmung. Auch sie dienen uns zur Entlastung unserer bewußten Aufmerksamkeit und helfen dadurch, unsere kognitiven Leistungen zu beschleunigen. Sie ermöglichen erst die komplexe und flexible soziale Wahrnehmung, die es uns z.B. erlaubt, in Bruchteilen von Sekunden zu entscheiden, ob wir eine Person schon einmal gesehen haben, in welcher Stimmung sie vermutlich ist und in welcher Eigenschaft sie uns begegnet, beispielsweise ob uns heute die freundliche Empfangsdame einläßt, die wir schon kennen, oder ein grimmig blickender neuer Wachschutzmann.

Gleichzeitig sind unsere Stereotype der sozialen Wahrnehmung auch Ansatzpunkte für ihre vielfältige Verzerrung. So haben z.B. wahrgenommene positive oder negative Eigenschaften einen Ausstrahlungseffekt auf andere, von uns ebenso beurteilte Eigenschaften, die wir der Person zuschreiben oder an ihr zu entdecken meinen. Sattsam bekannt sind unsere Stereotype über unsere ausländischen Kollegen im Betrieb: Ein pünktlicher Italiener oder ein humorloser Brite hätten Mühe, von uns als solche auch wirklich wahrgenommen zu werden. Aber wir bedienen uns der Stereotype auch bewußt und aktiv, wenn wir einen bestimmten Eindruck erzielen wollen.

Verzerrung von Wahrnehmung

Da beispielsweise Frauen in Führungspositionen immer noch die Ausnahme sind, nähern sich Berufskolleginnen in Aufmachung und Habitus ihren männlichen Standesgenossen um so mehr an, je höher sie in der Hierarchie steigen.

Eine besondere Art der Stereotype in der sozialen Wahrnehmung stellen die **Vorurteile** dar. Wir verstehen darunter ungerechtfertigte, abwertende oder negative Einstellungen gegenüber Personen

Vorurteile

(oder Personengruppen), die sich allein auf die Zugehörigkeit zu einer bestimmten sozialen Gruppe stützen und unabhängig davon sind, ob wir jemanden überhaupt kennen. Vorurteile haben den gleichen positiven Effekt wie alle Stereotypen: sie entlasten unsere Informationsverarbeitungsprozesse und machen dadurch Leistungen in der uns gewohnten Komplexität und Schnelligkeit erst möglich. Beim Vorurteil enthält die Stereotypisierung aber stets eine affektiv-negative Komponente der Wahrnehmung bzw. des Urteils über andere.

Das Gefährliche an Vorurteilen sind nicht allein die unzulässigen **Verallgemeinerungen**, sondern auch deren Tendenz, sich in der Situation, die sie widerlegen könnten, immer wieder von neuem zu bestätigen, da die negative Gefühlskomponente von vornherein zur Abwehr widersprechender Wahrnehmungen führt. Aus Vorurteilen - als **negativen Sichtweisen** - können schließlich **Diskriminierungen** werden, d.h. u.U. bis zur Aggression führende negative Verhaltensweisen.

Normen und Werte

Häufig entwickeln Gruppen gerade während der ersten Phasen ihrer Entwicklung Vorurteile gegenüber Außenstehenden - besonders wenn sie dabei auch noch mit anderen konkurrieren. Was in der Eigengruppe geschieht, wird als „natürlich" und „richtig" empfunden, und die eigenen Werte und Normen werden verabsolutiert. Die Welt wird nach „Wir" und „Nicht-wir" sortiert. Dies dient zunächst dem Zusammenwachsen der Gruppe und verstärkt das Identitäts- und Selbstwertgefühl ihrer Mitglieder.

Wenn es im weiteren Verlauf dann aber darum geht, daß mehrere Gruppen miteinander kooperieren, können die entstandenen Vorurteile große Schwierigkeiten bereiten. Wenn die Bearbeitung größerer Projekte mehreren kleineren Projektteams übertragen wird, muß deshalb schon frühzeitig darauf geachtet werden, daß diese Teams offen miteinander kommunizieren und Vorurteile gar nicht erst aufkommen können. Gruppenegoismen fördernde Anreizsysteme (wie z.B. Profitcenter unter bestimmten Bedingungen) können in diesem Sinne geradezu kontraproduktiv wirken.

2.1.3.3 Einstellungen

Einstellungen sind Bewertungen

Eine weitere Entsprechung zu den Schemata unserer Wahrnehmung bilden **Einstellungen**. „Der Begriff Einstellung (...) kann auf folgende Weise definiert werden: Einstellungen sind positive oder negative Bewertungen und Reaktionen gegenüber Personen, Objekten, Situationen oder Sachverhalten, einschließlich abstrakter Ideen oder sozialer Konstrukte" (BIERBRAUER 1996). Ähnlich wie Persönlichkeitseigenschaften werden Einstellungen als relativ stabil und zeitlich überdauernd angesehen und zur Erklärung oder Voraussage von Verhalten herangezogen.

In vielen Meinungsumfragen z.B. werden Einstellungen zu Politikern und Parteien erfragt und zur Prognose des Wahlerfolgs oder der -chancen herangezogen. Große Unternehmen schalten Anzeigen zur Imagepflege in der Annahme, dadurch die Einstellung bestimmter Bevölkerungsgruppen zu ihrem Unternehmen positiv zu beeinflussen. Und in der Werbung wird versucht, eine positive Einstellung zu bestimmten Produkten aufzubauen, um dadurch das Käuferverhalten in die gewünschte Richtung zu lenken.

Zahlreiche psychologische Untersuchungen haben gezeigt, daß die Annahme, Einstellungen könnten unser Verhalten beeinflussen, unter bestimmten Bedingungen durchaus zutrifft, sich als pauschale Aussage allerdings nicht aufrechterhalten läßt. Vor allem soweit Einstellungen in grundlegenden Werthaltungen und Überzeugungen wurzeln, mehr noch wenn verschiedene Einstellungen zu einem in sich schlüssigen „Glaubens"-System zusammengewachsen sind, bilden sie tatsächlich einen zentralen (auch unbewußt wirksamen) Wahrnehmungsbestandteil unserer Welt.

Auch im täglichen Leben benutzen wir - im Sinne des weiter oben schon erwähnten „naiven Psychologen" - das Einstellungskonzept, um uns das Verhalten anderer Menschen verständlich zu machen. Und wenn wir selbst anderen Menschen gegenüber unser Verhalten zu begründen oder gar zu rechtfertigen haben, greifen wir auch auf Einstellungen und Überzeugungen als Erklärungsmuster zurück. Die unseren sozialen Umgang miteinander prägende Annahme eines Zusammenhangs zwischen Einstellungen und Verhalten wird besonders deutlich in Situationen, in denen wir Wider-

2.1 Soziale Wahrnehmung

sprüche zwischen Einstellung und Verhalten zu erkennen glauben, die einer Erklärung oder Auflösung bedürfen, weil sie sonst Zweifel an der Glaubwürdigkeit des so Handelnden wecken und zu Mißtrauen Anlaß geben.

Die im folgenden erläuterte „Theorie der kognitiven Dissonanz" (FESTINGER 1957) soll dies verdeutlichen. Sie zeigt zugleich, daß Verhalten auch Einstellungen beeinflussen kann.

2.1.3.4 Umgang mit kognitiver Dissonanz

Das Phänomen und die Wirkungen der kognitiven Dissonanz sollen an einem Experiment veranschaulicht werden, das von Festinger und Carlsmith durchgeführt wurde (FESTINGER 1959; vgl. BIERBRAUER 1996, S. 76 ff.):

> *Den studentischen Versuchsteilnehmern wurde zunächst erklärt, es gehe um eine Untersuchung ihrer Fingerfertigkeit. Eine Stunde lang mußten sie Spulen auf ein Brett stecken - eine sehr langweilige und monotone Aufgabe. Danach wurden sie vom Untersuchungsleiter gebeten, in einer gleichartigen Untersuchung mit anderen Teilnehmern als (freiwilliger) Assistent tätig zu werden, da der dafür vorgesehene Mitarbeiter ausgefallen sei. Den Teilnehmern dieser Untersuchung sollten sie berichten, daß es sich beim Aufstecken der Spulen um eine sehr interessante, herausfordernde Tätigkeit handele. Als Belohnung für ihre Aufgabe erhielt die eine Teilgruppe derartiger Assistenten einen Dollar, eine andere zwanzig Dollar. Nachdem die Assistenten ihre Aufgabe wunschgemäß erledigt hatten, sollten sie in einer Nachbefragung angeben, wie interessant sie das Aufstecken der Spulen tatsächlich gefunden hatten. Es ergab sich: Die wirklich monotone Tätigkeit wurde von jenen „Assistenten", die nur einen Dollar erhalten hatten, als ganz wesentlich (signifikant) interessanter beurteilt als von denen, die stattliche zwanzig Dollar dafür erhalten hatten.*

Dieses Ergebnis erscheint auf den ersten Blick vielleicht paradox, verdeutlicht aber die Annahmen von Festingers Dissonanztheorie, die in zahlreichen weiteren Untersuchungen bestätigt und ausdifferenziert wurden: Gerade für diejenigen, die eine niedrige Belohnung erhalten hatten, ergab sich ein krasser Widerspruch (eine kognitive Dissonanz) zwischen dem, was sie öffentlich vertreten hatten (es gehe um eine interessante, herausfordernde Tätigkeit), und ihrer eigenen Erfahrung. Um die mit diesem Diskrepanzerleben verbundene Spannung zu reduzieren, findet sich nur ein Ausweg: Die zuvor ausgeführte Tätigkeit wird als „eigentlich doch ganz interessant" erlebt bzw. nachträglich so umgedeutet. Man hat dadurch sich selbst und anderen gegenüber eine Rechtfertigung dafür, trotz der geringfügigen Entlohnung eine Behauptung vertreten zu haben, die ursprünglich dem eigenen Empfinden und Erleben widersprach.

Menschen versuchen kognitive Dissonanz zu reduzieren

Wie viele weitere Untersuchungen gezeigt haben, wäre es kurzschlüssig, im Mechanismus der Dissonanzreduktion einfach einen gezielten Selbstbetrug oder ein „Umlügen" der Realität als Rechtfertigung gegenüber anderen zu sehen. Die Theorie der kognitiven Dissonanz zeigt vielmehr in exemplarischer Weise, „wie auf der Basis des Zusammenwirkens von Kognitionen, Motivationen und Affekten Menschen aktiv ihre Umweltbedingungen interpretieren und sie in Gesamtzusammenhänge betten, die für sie sinnvoll sind" (BIERBRAUER 1996, S. 78). Kognitive Dissonanz ist ein Spannungszustand, der als unangenehm erlebt wird und über kurz oder lang nach einer Auflösung drängt.

Dies gilt vor allem,

- wenn das im Widerspruch zur Einstellung stehende Verhalten nicht erzwungen wird, sondern freiwillig ist und

- wenn der Handelnde sich für das, was er tut, persönlich verantwortlich fühlt. Aus diesem Grunde ist das Erleben und Verarbeiten kognitiver Dissonanz insbesondere im sozialen Kontext von Bedeutung.

2.1.3.5 Konformität und soziale Beeinflussung

Soziale Beeinflussung von Wahrnehmung

Wir erleben uns zwar - je nach Situation - als mehr oder weniger autonom handelnde und für unser Verhalten auch weitgehend selbst verantwortliche Einzelpersonen, dennoch haben wir selbst schon viele Male die Erfahrung gemacht, daß wir uns von anderen beeinflussen lassen. Dies ist im Menschen von vornherein so angelegt: Er lernt schon von Kindheit an, indem er die Erfahrungen anderer Menschen - auch in der schriftlichen Überlieferung - übernimmt, er lernt aktuell aus der Beobachtung anderer Personen, er sucht in uneindeutigen Situationen die Verständigung darüber, wie sich die Dinge deuten lassen, und er kann mit anderen Menschen nur kooperieren, indem er sich auf sie einstellt und sein Verhalten mit dem der anderen koordiniert.

Entsprechend hat sich die Psychologie in einer kaum noch überschaubaren Fülle von Untersuchungen mit den Mechanismen und der Dynamik sozialer Beeinflussungsprozesse beschäftigt. Im folgenden soll wenigstens exemplarisch an zwei klassischen Experimenten veranschaulicht werden, wie der soziale Kontext unsere Wahrnehmungen und Beurteilungen verändert.

Sherif untersuchte die Entstehung sozialer Normen und bediente sich in seinen Experimenten der Wirkung des sog. „autokinetischen Effekts" (SHERIF 1936): Beobachten wir in einem völlig dunklen Raum einen feststehenden Lichtpunkt, so ergibt sich aufgrund des Fehlens fester Bezugspunkte als Wahrnehmungstäuschung die Wirkung eines sich bewegenden Punkts. Sherif behauptete seinen Versuchspersonen gegenüber, ihre Aufgabe bestehe in Schätzungen der Schwankungsbreite eines sich bewegenden Lichtpunkts.

1. In einem Teil der Experimente gab jeder Teilnehmer seine Schätzungen für sich allein ab, und Sherif konnte aus der dabei festgestellten erheblichen Schwankungsbreite jeweils eine individuelle Norm errechnen.

Gruppennorm beeinflußt die Wahrnehmung

2. In einem zweiten Teil hatten die Beobachter nunmehr ihre Schätzungen gemeinsam mit anderen öffentlich bekanntzugeben, wobei sie nicht wußten, daß alle anderen Mitglieder der jeweiligen Versuchsgruppe Sherifs Mitarbeiter waren, die ganz gezielt Schätzungen von größerer oder geringerer Schwankungsbreite abgaben. Tatsächlich zeigte sich, daß dabei so etwas wie eine **Gruppennorm** entstand. Die naiven Teilnehmer paßten ihr Urteil bezüglich der Schwankungsbreite dem der anderen an.

3. Ja mehr noch, auch in einem dritten Teil der Experimente, in dem sie ihr Urteil nunmehr wieder für sich allein abzugeben hatten, blieben sie im Rahmen der Gruppennorm. Sie hatten diese für sich übernommen und verinnerlicht (internalisiert). Da es sich bei dieser Schätzaufgabe um eine von vornherein uneindeutige Situation handelte, erscheint das Verhalten der Versuchsteilnehmer durchaus verständlich. Es ist keinesfalls unvernünftig, sich in derartigen Fällen auf das Urteil anderer zu stützen und nach dem Sprichwort zu verfahren: „Vier Augen sehen mehr als zwei".

Diese Untersuchungen wurden von Asch aufgegriffen, nunmehr aber in einer Situation mit eindeutigem Schätzmaterial (siehe Abbildung 2.1-5) (ASCH 1956). Den Versuchsteilnehmern wird gesagt, es gehe um ein Experiment zur Prüfung ihrer **Wahrnehmungsfähigkeit**. Der naive Teilnehmer sitzt mit fünf bis neun Personen, von denen alle anderen (ohne daß er es weiß) Mitarbeiter des Ver-

2.1 Soziale Wahrnehmung

suchsleiters sind, um einen Tisch. Der Reihe nach werden jeweils zwei Karten gezeigt: Karte A mit einer senkrechten schwarzen Linie, der sogenannten Standardlinie, und Karte B mit drei senkrechten schwarzen Linien, bezüglich derer alle Teilnehmer der Reihe nach laut bekannt geben, welche davon in ihrer Länge mit der Standardlinie übereinstimmt. Der Ablauf ist so arrangiert, daß der naive Teilnehmer sein Urteil jeweils als letzter bekanntgibt.

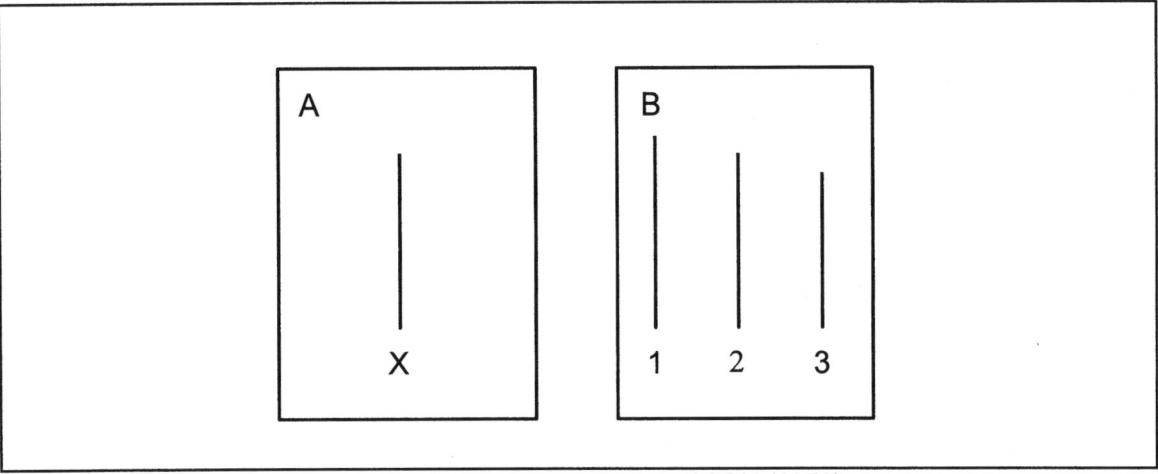

Abbildung 2.1-5: Linienschätzen in den Experimenten von ASCH (1956)

Bei insgesamt jeweils 18 Durchgängen lief der Versuch so ab, daß in sechs (in ihrer Abfolge variierten) Durchgängen ein der Realität entsprechendes Urteil abgegeben wurde, in zwölf der Durchgänge dagegen alle Mitarbeiter des Versuchsleiters übereinstimmend ein zuvor abgesprochenes falsches Urteil abgaben. Der naive Teilnehmer erlebte also immer wieder, daß er sich mit seinem Urteil plötzlich als einzelner sah, während er in anderen Fällen mit den übrigen völlig übereinstimmte. In einer Kontrollbedingung ging es um die gleiche Aufgabenstellung, doch gab dort jeder der Teilnehmer sein Urteil für sich allein ab.

Die Ergebnisse zeigten, daß trotz der objektiv eindeutigen Gegebenheiten eine soziale Beeinflussung stattgefunden hatte: ca. 50-80% der naiven Teilnehmer paßten sich mindestens einmal dem falschen Urteil der anderen an, und in ca. einem Drittel der kritischen Durchgänge stimmten die naiven Teilnehmer mit dem Urteil der Mehrheit überein. Die Konformitätsrate lag damit bei gut 30%, während zum Vergleich bei den für sich allein abgegebenen Urteilen eine Fehlerrate von ca. 5% festgestellt wurde.

Es gab in dieser Situation keinen eindeutigen Gruppendruck außer dem der bloßen Mehrheit. Sanktionen selbst subtilerer Art (wie z.B. Sympathieentzug) waren nicht zu erwarten, denn im Grunde kann man den zufällig zu einem einmaligen Experiment um den Tisch herum sitzenden Personenkreis noch nicht einmal als Gruppe bezeichnen. Dennoch zeigte sich, daß selbst unter solchen Bedingungen bereits ein sozialer Konformitätsdruck wirksam wird, der zu Verzerrungen und gezielten Abweichungen von der „objektiven" Realität führt.

Viele Untersuchungen haben inzwischen die informative und normative Wirkung sozialer Einflüsse auf den einzelnen bestätigt. Es hat sich dabei aber auch gezeigt: Wenn wir - was in den Untersuchungen von ASCH nicht der Fall war - „als einzelne Anhaltspunkte dafür haben, aus welchen Gründen die Mehrheit anders denkt oder handelt als wir, dann vermindert dies den unlösbaren kognitiven Konflikt in unserer Minderheitenposition, und wir gewinnen Kraft und Selbstsicherheit, um dem Druck der Mehrheit zu widerstehen" (BIERBRAUER 1996, S. 135). Im Sinne sozialer Kompetenz ist von daher ein Verhalten zu interpretieren, das Mehrheitsmeinungen nicht jederzeit ungefragt übernimmt, sondern im geduldigen Nachfragen herauszufinden versucht, welche Gegebenheiten es sind, die die Sichtweise der Mehrheit begründen, und ob diese Sicht der Zielerreichung dient.

2.1.3.6 Perspektivenwechsel und soziale Rollen

Solange der Mensch im Laufe seiner kindlichen Entwicklung noch kein Bild von sich selbst hat, nimmt er die Welt auch nicht als abgegrenzte Außenwelt wahr. Erst nachdem sich sein Selbstbild ausreichend gefestigt hat, kann er begreifen, daß seine Aktionen positive oder negative, gewollte oder ungewollte Auswirkungen auf andere Personen haben können. Und erst dann, wenn er zu abstrakten geistigen Operationen in der Lage ist, kann er begreifen, daß andere Personen die gleiche Situation aus einer anderen als seiner eigenen Perspektive betrachten. Solange z.B. ein Kind noch den magischen Erklärungsmustern der bildbezogenen Phase verhaftet ist, kann es nicht bewußt lügen; bevor es den Perspektivenwechsel nicht beherrscht, kann es nicht absichtlich beim Spiel betrügen.

Entwicklungs-stadien von Kindern

Erst allmählich lernen Kinder, daß

- Verhaltensweisen anderer grundsätzlich personen- und situationsabhängig sind;

- sie die Lust zum Mitmachen bei ihrem Gegenüber wecken müssen, bevor sie eine bestimmte Verhaltensantwort erwarten können;

- sie in der Lage sein müssen, Stimmung und Charakter ihres Gegenübers zutreffend einzuschätzen, wenn sie seine Reaktionen richtig antizipieren und ihr eigenes Verhalten präventiv darauf abstimmen wollen;

- sie eigene Wünsche auch einmal zurückstellen müssen, um sich mit einem potentiellen Kooperationspartner zu koordinieren;

- sie schließlich die Integration aller genannten Einzelwahrnehmungen soweit beherrschen müssen, daß sie sie in eine eigene Strategie und Taktik im Umgang mit anderen umsetzen können (SILBEREISEN 1975).

Schon die bloße Aufzählung verdeutlicht, wie komplex dieser Lernprozeß ist, und es verwundert daher nicht, daß wir ihn nicht mit dem Ende unserer Kindheit abschließen, sondern unser ganzes Leben über fortführen, unsere Erfahrungen erweitern und unser Verhaltensrepertoire vervollkommnen.

Die komplexe Fähigkeit, sich in seiner Vorstellung darüber hinaus in die Rolle eines **unbeteiligten Beobachters** zu begeben und aus dieser Warte die **eigene Wirkung in der Interaktion mit anderen aus wechselnden Perspektiven** zu betrachten, stellt ein wichtiges Entwicklungsstadium der sozialen Wahrnehmung dar, das nicht automatisch von jedem erreicht wird. Gerade diese Fähigkeit ist aber als Voraussetzung für die Ausprägung einer allgemeinen sozialen Kompetenz von besonderer Bedeutung. Sie gibt uns (in Kombination mit unserer Fähigkeit zu abstrakten geistigen Operationen) die Möglichkeit, über allgemeine Regeln der menschlichen Interaktion nachzudenken, Regeln für Regeln (sog. Metaregeln) abzuleiten und moralische Urteile zu entwickeln.

Die Fähigkeit zum Perspektivenwechsel bezieht sich in sozialen Zusammenhängen wesentlich auch auf die Fähigkeit zu verstehen, in welcher Rolle andere in bestimmten Situationen agieren, und uns in unserer Vorstellung in die Rolle des anderen zu versetzen (Fähigkeit zur Rollenübernahme). Unter **Rolle** versteht man ein Bündel von Verhaltensweisen mit jeweils sehr unterschiedlichen Charakteristiken, die seitens bestimmter Bezugsgruppen von den Inhabern bestimmter Positionen erwartet werden.

Verschiedene Rollen verbinden uns mit verschiedenen sozialen Strukturen und führen dort jeweils zu bestimmten Erwartungen bezüglich unseres Verhaltens. Im täglichen Leben sind wir meist Inhaber unterschiedlicher Rollen: z.B. der Rolle eines Projektleiters, der wiederum sowohl die Rolle des Kontrollierenden übernehmen soll, als auch diejenige eines den Teamzusammenhalt fördernden verständnisvollen Ansprechpartners, und sich überdies den eigenen Vorgesetzten gegenüber in der

2.1 Soziale Wahrnehmung

Rolle eines Untergebenen befindet; daneben z.B. der Rolle des Vorstands in einem Verbraucherschutzverein; u.a.m. Aufgrund derartiger Rollen haben wir verschiedene soziale Bezugsgruppen und teilen deren Anschauungen, Normen und Wertvorstellungen - zumindest in einem gewissen Maße.

Es liegt auf der Hand, daß dies uns immer wieder in Situationen bringen kann, in denen es zu einem „Rollenkonflikt" kommt. Der Projektleiter, der zu einer von ihm selbst einberufenen Besprechung zu spät kommt, weil er seinen über Nacht erkrankten Sohn zum Arzt bringen mußte, wird mit dem Hinweis auf seinen Rollenkonflikt wohl ohne weiteres Verständnis finden. Schwierig dagegen sind Rollenkonflikte anderen zu erklären, wenn z.B. die mit einer Rolle verbundenen Wertvorstellungen in Konflikt mit denjenigen einer anderen Rolle geraten. Dies könnte z.B. passieren, wenn der Vorstand eines Verbraucherschutzvereins die Leitung einer Projektgruppe übernehmen soll, deren Aufgabe darin besteht, die Absatzstrategie für ein Produkt zu entwickeln, das aus Sicht des Verbraucherschutzes völlig nutzlos erscheint. (Schwierige Rollenkonflikte beinhalten auch die in Kap. 2.8 beschriebenen Krisen).

Rollenkonflikt

Rollenkonflikte können sich aber nicht nur aus gegensätzlichen Anforderungen ergeben, die zwei verschiedene Rollen aus unterschiedlichen Zusammenhängen an uns stellen, sondern auch dadurch entstehen, daß es nie von einer Person allein abhängig ist, wie gut sie eine Rolle ausfüllen kann. Denn wie es der Begriff „Rolle" nahelegt, muß sich die Glaubwürdigkeit ihrer Darstellung gegenüber dem Publikum erweisen. Eine Rolle ist im Gegensatz zum Selbst nichts Individuelles, sondern entsteht in bestimmten Zusammenhängen erst im Zusammenspiel zwischen den Beteiligten. Kann jemand die ihm zugedachte Rolle nicht ausfüllen, wird seine Interpretation von den anderen Mitspielern nicht akzeptiert oder kann er sie nicht für eine Kooperation gewinnen, so entsteht eine Rollendissonanz. In dem Maße, in dem Rollen unseren Bezug zu einem bestimmten Kontext darstellen, hängt die Definition der Rolle ganz entscheidend von den übrigen Beteiligten ab.

> *So fordern unselbständige Projektteammitglieder vom Projektleiter geradezu die Übernahme einer autoritären Führungsrolle, während ein gut eingespieltes Team von Spezialisten einen ähnlichen Führungsanspruch vielleicht einfach übergehen bzw. ignorieren würde.*

Zu den Charakteristika einer Rolle gehören die „Anführungsstriche", die bei einer Rolle mitgedacht sind und verhindern, daß der Inhaber einer Rolle mit der Person selbst gleichgesetzt wird. Im Falle von Schwierigkeiten und Konflikten hat der Rolleninhaber stets die Möglichkeit darauf hinzuweisen, sein Verhalten sei der Rolle geschuldet und „er selbst" verfüge durchaus auch noch über andere Verhaltens- und Handlungsmöglichkeiten.

Zusammenfassung

Im Kapitel über die „soziale Wahrnehmung" wurde dargestellt, daß wir einerseits über mehr als die klassischen fünf Sinne (Sehen, Hören, Riechen, Schmecken, Tasten) verfügen und andererseits viel mehr erkennen können, als unsere meist nur mittelmäßigen und weitgehend unspezifischen Sinnesleistungen erwarten lassen. Biologische und technische Beschreibungen unserer Sinnesleistungen reichen nicht aus, dieses Phänomen zu erklären. Erst die Kombination von Sinneseigenschaften mit vor- und nachgeschalteten Prozessen spezifisch menschlicher Informationsverarbeitung erlaubt uns ein einigermaßen zutreffendes Verständnis unseres sinnlichen Zugangs zur Welt und zu uns selbst.

Das Einbetten unserer Wahrnehmung in komplexe Prozesse menschlicher Informationsverarbeitung bedingt, daß wir keinen unmittelbaren Zugang zu einer für alle Menschen gleichermaßen gültigen Realität haben. Unsere Sinneseindrücke sind vielmehr von Anfang an durch erlernte Sichtweisen, bildliche Vorstellungen, sprachlich geprägte Begriffe und praktische Erfahrungen vermittelt.

Realität wird in einem mehrere Schritte umfassenden Prozeß erwartungsgesteuert von uns entworfen, mit komplexen Schemata selektiv verglichen und aus den so herausgefilterten Eindrücken (re-)konstruiert, statt von uns bloß passiv über Sinneseindrücke aufgenommen zu werden. Da ein solch komplexes Vorgehen unsere beschränkten Kapazitäten bewußter Informationsverarbeitung heillos überfordern würde, läuft der weitaus größte Teil in Form automatisierter, d.h. unbewußter Routinen ab, deren Existenz und Funktionsweisen wir uns überhaupt nur in eingeschränktem Maße bewußt machen können. Damit sind die Routinen der wahrnehmungsbezogenen Informationsverarbeitung zugleich die Basis der Leistungsfähigkeit unseres Wahrnehmungssystems, wie auch Ansatzpunkt für Verzerrungen, Ergänzungen und Erfindungen von Eindrücken.

Die beschriebenen wahrnehmungsbezogenen Routinen werden im Laufe von Entwicklungs-, Lern- und Übungsprozessen erworben, geformt, differenziert und gehen auch wieder verloren; diese drei Prozesse laufen für den Menschen als Gruppenwesen immer in einem sozialen Kontext ab. Menschliche Wahrnehmung ist ohne soziale Einflüsse nicht denkbar.

Unsere Wahrnehmung von Personen bedient sich grundsätzlich der gleichen Funktionsprinzipien des routinierten Zusammenfassens, Ergänzens und Erfindens. Die entsprechenden Bezugsmuster in der Personenwahrnehmung werden u.a. Stereotype, Einstellungen und Rollen genannt. Unsere soziale Wahrnehmung ist ebenfalls einerseits erstaunlich leistungsfähig, andererseits anfällig für bewußt nur schwer auflösbare Verzerrungen, die sich unter bestimmten Bedingungen zu ebenfalls nur schwer wieder aufzulösenden Vorurteilen und sogenannten „sich selbst erfüllenden Prophezeiungen" verfestigen können.

Die Stärken und Schwächen unserer sozialen Wahrnehmung wurden skizziert, und der Einfluß anderer Personen auf unsere Urteilsbildung wurde in seinen unterschiedlichen Formen dargestellt. Die Notwendigkeit, die eigene - selektive und lückenhafte - Sichtweise der Realität im Austausch mit anderen zu überprüfen und zu vervollständigen, wurde betont. Abschließend ist festzuhalten, daß sich eine zutreffende gegenseitige Personenwahrnehmung und eine gemeinsame Sicht der Realität am erfolgreichsten beim Arbeiten an einem gemeinsamen Ziel herstellen lassen.

Literaturverzeichnis

ASCH, S.: Studies of independence and conformity: A minority of one against a unanimous majority. Psychological Monographs 1956, 70 (9, Whole No.416), 1-70

BIERBRAUER, G.: Sozialpsychologie. Stuttgart: Kohlhammer, 1996

DÖRNER, D.: Problemlösen als Informationsverarbeitung. Stuttgart: Kohlhammer, 1976

DUNCKER, K.: Zur Psychologie des produktiven Denkens. Berlin: Springer, 1935 (Neuauflage 1963)

FESTINGER, L. & Carlsmith, J.M.: Cognitive consequences of forced compliance. Journal of Abnormal & Social Psychology 1959, 58, 203-210

FESTINGER, L.: A theory of cognitive dissonance. Stanford, Ca.: Stanford University Press, 1957

HEIDER, F.: Psychologie der interpersonalen Beziehungen. Stuttgart: Klett, 1977

KOHLBERG, L.: Zur kognitiven Entwicklung des Kindes. Frankfurt a.M.: Suhrkamp, 1974

KRECH, D., et al.: Grundlagen der Psychologie. Band 2: Wahrnehmungspsychologie. Weinheim: Beltz, 1985

KRECH, D. et al.: Grundlagen der Psychologie. Band 4: Kognitionspsychologie. Weinheim: Beltz, 1985

PIAGET, J.: Das Erwachen der Intelligenz beim Kinde. Stuttgart: Klett, 1975

SHERIF, M.: The psychology of social norms. New York: Harper, 1936

SILBEREISEN, R.K.: Antezendente Bedingungen der Rollenübernahme bei Kindern. Phil. Dissertation. Berlin: Technische Universität, 1975

WEINER, B.: Theories of motivation. Chicago: Markham, 1972

Autorenportrait

Dipl.-Psych. Marion Wittstock

Studierte Psychologie an der Universität Hamburg. Arbeitete als wiss. Projektmitarbeiterin an der TU Berlin, wissenschaftliche Mitarbeiterin am Arbeitswissenschaftlichen Forschungsinstitut GmbH Berlin und in Software-Entwicklungsprojekten bei der Nixdorf-Software-Engineering GmbH. Daneben Lehraufträge an den Universitäten Kiel, Hamburg, Leipzig und den Fachhochschulen Kiel und Hochschule der Künste Berlin. Arbeitet inzwischen freiberuflich mit den Schwerpunkten Arbeits- und Organisationspsychologie und Software-Ergonomie.

Dr.-Phil., Dipl.-Psych. Johannes K. Triebe

Studierte Psychologie an der Technischen Universität Berlin. War wissenschaftlicher Mitarbeiter am Lehrstuhl für Arbeits- und Organisationspsychologie der ETH Zürich und Assistent an der TU Berlin, dann wissenschaftlicher Mitarbeiter am Arbeitswissenschaftlichen Forschungsinstitut GmbH Berlin. Daneben Lehraufträge an der Universität Bern und der TU Berlin. Arbeitet inzwischen freiberuflich mit den Schwerpunkten Arbeits- und Organisationspsychologie und Software-Ergonomie.

Lösungshilfe

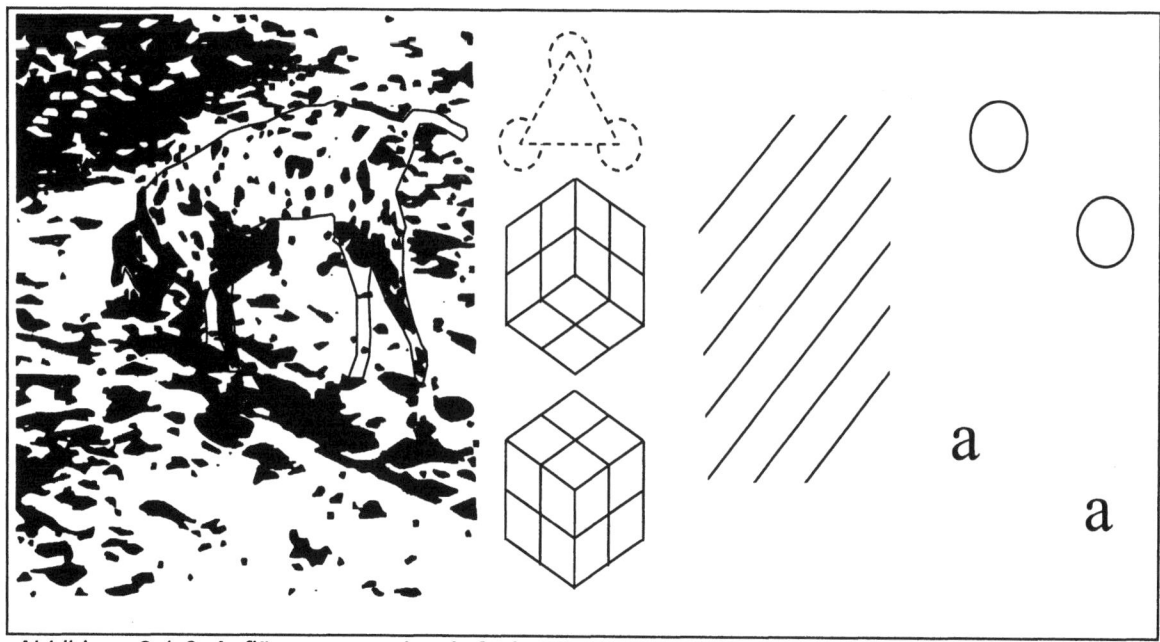

Abbildung 2.1-6: Auflösungen zu den Aufgaben in den Abbildungen 2.1-1 und 2.1-3

Abbildungsverzeichnis

Abbildung 2.1-1: Ein verstecktes Tier 276

Abbildung 2.1-2: Unvollständige Konturen und Kippfigur 278

Abbildung 2.1-3: Optische Täuschungen 279

Abbildung 2.1-4: Zwei Denksportaufgaben 280

Abbildung 2.1-5: Linienschätzen in den Experimenten von ASCH (1956) 287

Abbildung 2.1-6: Auflösungen zu den Aufgaben in den Abbildungen 2.1-1 und 2.1-3 292

Lernzielbeschreibung

Das Ziel dieses Kapitels besteht darin, zukünftigen Projektmanagern deutlich zu machen, daß alle Prozesse sozialer Interaktion (und Projektmanagement ist eine soziale Interaktion) von Wahrnehmungsprozessen bestimmt werden. Diese Wahrnehmungsprozesse selbst unterliegen bestimmten psychologischen Gesetzmäßigkeiten. Die Leser sollen lernen, daß Wahrnehmung kein Abbilden oder Erkennen einer Umwelt ist, sondern ein subjektiver aktiver (nicht immer bewußter) Denkprozeß.

2.2 Kommunikation

von

Wolfgang Milszus

Annegret Rohwedder

Relevanznachweis

„Gerade bei der Projektarbeit spielt die Kommunikation eine ganz entscheidende Rolle. Die Arbeit im Projektteam verläuft fast ausschließlich über Kommunikationsprozesse." (LITKE 1995) – Es müssen Absprachen getroffen, gemeinsame Entscheidungen vorbereitet und gefällt oder auch „einsame" Entscheidungen begründet und verteidigt werden. Dabei ist Kommunikation selten „eindeutig"; Mißverständnisse oder versteckte persönliche Angriffe in scheinbar oder wirklich „sachlichen" Beiträgen erschweren die Arbeit im Team.

Um die geltenden „Spielregeln" der Kommunikation erkennen und beurteilen zu können, ist es nötig, verschiedene Kommunikationsformen sowie die verschiedenen Mitteilungsebenen der Kommunikation zu kennen. Auf der Basis dieses Kapitels können Kommunikationsprobleme leichter erkannt und gelöst werden.

Inhaltsverzeichnis

2.2.1	Das klassische „Sender-Nachricht-Empfänger"- Modell der Kommunikation	297
2.2.2	Interpretationsbedürftigkeit von Information	298
2.2.3	Mitteilungsebenen der Kommunikation	299
2.2.4	Kommunikationsspielregeln im Innen- und Außenverhältnis	300
2.2.5	Nonverbale Kommunikation	301
2.2.6	Verbale Kommunikation	304
2.2.7	Medial vermittelte Kommunikation	306
2.2.8	Lösungen von Kommunikationsproblemen	308
2.2.9	„Kommunikationstypen" und der Umgang mit ihnen	310

2.2.1 Das klassische „Sender-Nachricht-Empfänger"- Modell der Kommunikation

„Ich hatte es Dir (Ihnen) doch gesagt!?" – Jeder kennt diesen Satz, mehr vorwurfsvoll oder mehr verzweifelt. Man hat etwas nicht oder nicht so getan, wie es der Verzweifelte (der „Sender") **wollte**, dabei hatte er es doch **gesagt**. Der Vorwurf lautet, Sie, der „Empfänger", haben die gesendete „Nachricht" nicht beachtet – bekommen haben Sie sie schließlich. Vielleicht haben Sie die „Nachricht" vergessen? Oder Sie waren nicht in der Lage, die mitgeteilte Forderung zu erfüllen?

Vielleicht haben Sie aber auch die Nachricht einfach anders verstanden, als sie der „Sender" gesendet zu haben glaubt?

Das klassische „Sender-Nachricht-Empfänger"- Modell der Kommunikation (Abbildung 2.2-1) sieht z. B. ein „Mißverständnis" nicht vor: Der Sender schickt ein Signal, das der Empfänger bekommt. Eventuell gibt es ein „Medienproblem": ein Gewitter beeinträchtigt die Übertragung des Signals zu ihrem Empfänger und auf ihrem Bildschirm sehen Sie nur noch Schemen. – Die dem klassischen „Sender-Nachricht-Empfänger"- Modell entsprechende Wirklichkeit ist die des Fernsehens (siehe Kapitel 4.8).

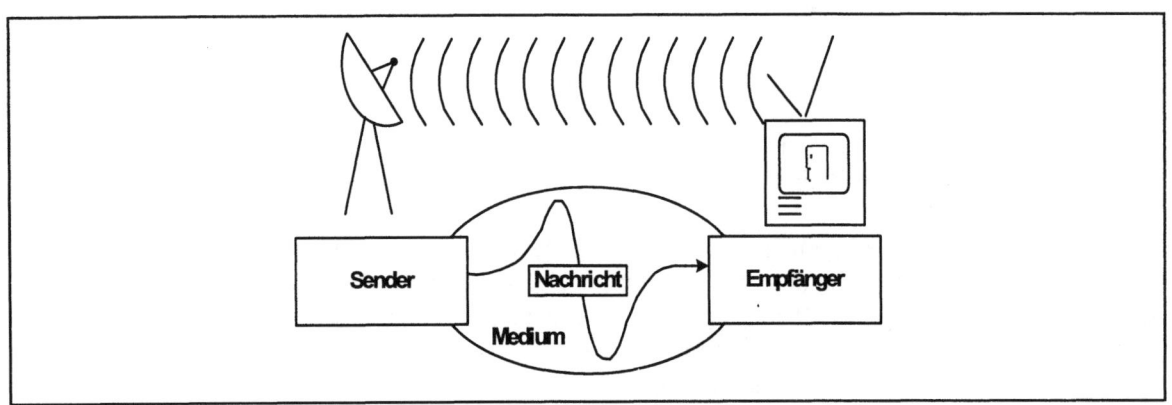

Abbildung 2.2-1: „Sender-Nachricht-Empfänger"- Modell der Kommunikation

Wir wollen zeigen, daß dieses Modell trotz seiner Verbreitung nicht geeignet ist, sich eine zutreffende Vorstellung über menschliche Kommunikation zu schaffen. Anschließend wird der Unterschied von Information und Kommunikation verdeutlicht. Schließlich werden wir aufzeigen, daß bereits die Information und erst recht die Kommunikation prinzipiell mehrdeutig und daher interpretationsbedürftig ist. Die Schlußfolgerungen aus dieser Prämisse, ihre Darlegung auf den verschiedenen Kommunikationsebenen und daraus resultierende praktische Hinweise werden folgen.

Das „Sender-Nachricht-Empfänger"-Modell unterstellt die Einseitigkeit des Datenflusses (nur ein Part kann senden); technisch gesprochen ist dies bedingt durch die Einkanaligkeit des Übertragungsweges. Das Medium, der Signalträger, war in früherer (physikalisch falscher) Sicht der „Äther", heute ist es zumeist das Kabel. Als „TV-Konsument" besteht die unmittelbare Einflußnahme nur in der Modifikation des Empfangs (Um- oder Ausschalten, z. B.), nicht aber in der Modifikation der Sendung („Wie meinen Sie das, können sie das mal mit anderen Worten sagen?") *TV als Kommunikationsmetapher*

Im Gegensatz zum „Sender-Nachricht-Empfänger"-Modell geht es bei der für das Projektmanagement vorliegenden menschlicher Kommunikation um **Interaktion** und damit um mehr als bloßen Informationsaustausch (oder gar nur Informationsübermittlung) (siehe Kapitel 1.1.2.2, 1.1.4) *Kommunikation als Interaktion*

Findet in der Projektarbeit anstatt Kommunikation nur Informationsübermittlung oder Informationsaustausch statt, d.h. es wird nur berichtet über Ereignisse, Entscheidungen, vollzogene Entwicklungen, ist der Gebrauchswert dieser Informationen für die Projektmitarbeiter relativ gering:

Gefragt ist hier allenfalls die historische Bewertung, und der Anlaß/die Notwendigkeit zur Kommunikation ist ebenfalls gering (Fall B in Abbildung 2.2-2).

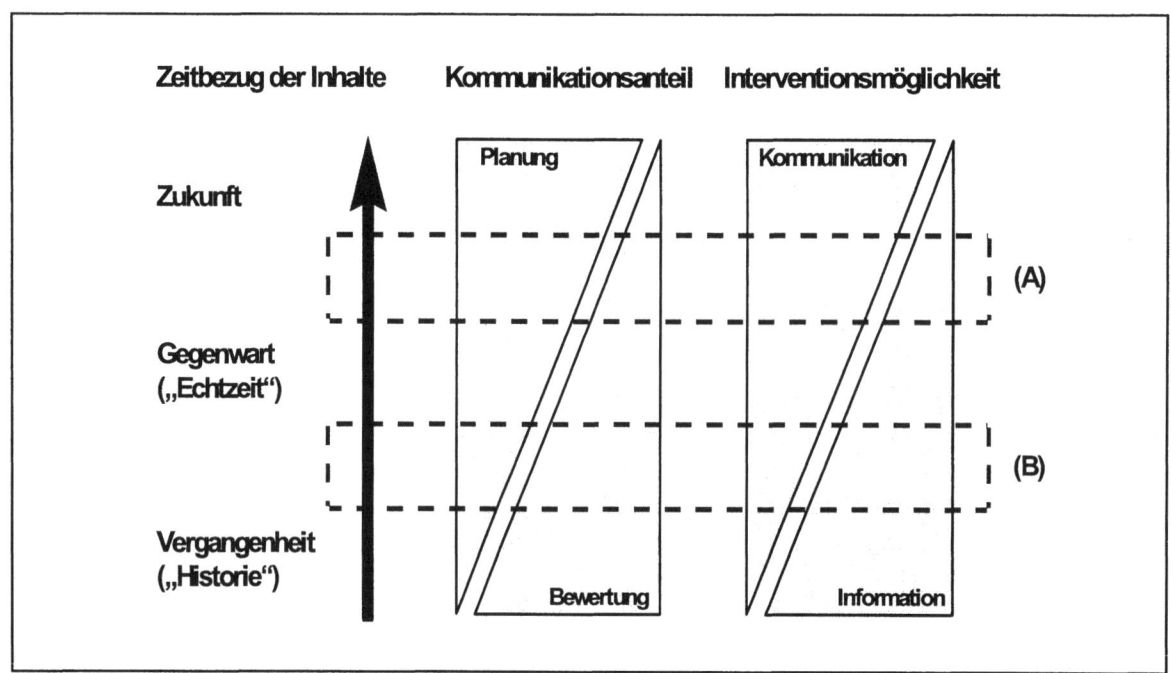

Abbildung 2.2-2: Von der Information zur Kommunikation

Informationen müssen - statt „nice-to-have" „need-to-have" sein, die Inhalte müssen also für die Mitarbeiter in der Gegenwart einen zwingenden Gebrauchswert haben.

Information über Zukünftiges
Erst wenn der Zeithorizont geöffnet wird und die historische Bewertung in laufende Prozesse und aktuelle Zukunftsplanung Eingang finden kann, ergibt sich für die Projektmitarbeiter eine praktische **Interventionsmöglichkeit** in Gegenwart und Zukunft (Fall A in Abbildung 2.2-2).– Anlaß und Möglichkeit für wirkliche Kommunikation ist hier gegeben, anstelle von bloßer Bewertung oder „Kenntnisnahme" steht die **Einbeziehung in die Planung des Zukünftigen**.

Das bedeutet: die Struktur der Projektarbeit darf keinesfalls linear/einkanalig (Modell Fernsehen) als bloße Information über vergangene Entwicklungen und Delegation von Aufgaben gestaltet werden, sondern sie muß als Kommunikation konzipiert werden. Das wiederum bedeutet, daß die Projektmitarbeiter tatsächlich als **Mit**arbeiter behandelt werden müssen und an Ideenfindung und Zielbestimmung beteiligt sein müssen. Dies geht über die Vergabe von „Diskussionsrechten" weit hinaus und erfordert die aktive Einbeziehung der Projektmitarbeiter; von Projektleitern erfordert diese Prämisse, daß sie etwa Leitungsfunktionen abgeben oder delegieren (vgl. Kapitel 2.7).

2.2.2 Interpretationsbedürftigkeit von Information

In unserem Eingangsbeispiel „Ich hatte **es** Dir (Ihnen) doch gesagt!?" geht es um das „**es**": Offenkundig ist, daß beide Beteiligten eine Vorstellung über das **es** hatten, für beide hatte **es** eine Bedeutung und einen Sinn. Nur: Es waren nicht dieselbe Bedeutung und derselbe Sinn.

Mehrdeutigkeit
Da die Gegenstände menschlicher Kommunikation prinzipiell mehrdeutig und daher interpretationsbedürftig sind, müssen Menschen eine gemeinsame Bedeutung im kommunikativen Prozeß erst herstellen: Menschen, die sich „blind" verstehen, treffen selten aufeinander (sollten Sie solche Menschen mit einer „Antenne" füreinander in Ihrem Team haben, so pflegen Sie sie: Bei hinreichender Offenheit gegenüber dem restlichen Team sind diese ein Garant für Synergie).

2.2 Kommunikation

Jedoch: Nicht alle Probleme der Kommunikation liegen in der Kommunikation begründet; sie haben ihre Wurzeln anderswo, und also können diese Probleme nicht in der Kommunikation gelöst werden (allerdings kann mittels Kommunikation die Ursache und ein Lösungsweg gefunden werden). „Wovon man nicht sprechen kann – darüber muß man schweigen" (WITTGENSTEIN 1994). Kommunikation kann zum Selbstzweck werden, aber in der Regel sollte gelten: **Sprechen ist, was dem Denken folgt und dem Handeln vorausgeht.** Einen Sachverhalt, den man selbst nicht genug durchdacht und verstanden hat, wird man schwerlich anderen erklären können. Die Fähigkeit, gedanklich (schneller) zu sortieren etc., läßt sich trainieren. Darüber hinaus existieren Techniken, sich die eigenen Gedanken zu vergegenwärtigen (vgl. Kapitel 2.6 und 3.9).

Reichweite der Kommunikation: Denken, Sprechen, Handeln

Vorausgesetzt, daß Ihnen der Inhalt dessen, was Sie sagen wollen, hinreichend klar ist, sollten Sie dafür sorgen, daß Sie leicht verständlich sind. Verwenden Sie Metaphern und Modelle, vergegenständlichen oder visualisieren Sie den Inhalt Ihrer Mitteilung.

Verständlichkeit der Rede erreichen Sie durch

- einfache und konkrete Sprache
- kurze und prägnante Sätze
- eine geordnete Darstellung
- lebendige Beispiele
- anschauliche Bilder
- Visualisierung
- gute Artikulation und Modulation der Stimme

2.2.3 Mitteilungsebenen der Kommunikation

Wir hatten festgestellt, das nicht alle Probleme der Kommunikation in der Kommunikation selbst begründet sind und daher auch nicht in der Kommunikation gelöst werden können. So kann eine Rede vielleicht widerspruchsfrei aufgebaut sein und gehalten werden – die Dinge, über die geredet wird, werden keinesfalls frei von Mehrdeutigkeiten oder gar Widersprüchen sein.

Die Schwierigkeit, die Mehrdeutigkeiten und Widersprüche der Realität in der Kommunikation möglichst eindeutig darzustellen, ist bereits ein kompliziertes Unterfangen. Es wird noch zusätzlich kompliziert durch die mehrdeutigen (und gelegentlich auch widersprüchlichen) **Mitteilungsebenen der Kommunikation**, von denen im folgenden die Rede sein wird.

Die sprachwissenschaftliche Unterscheidung zwischen „Denotation" (Bezeichnung) und „Konnotation" (Zusatz- oder Schattenbedeutung, „Bedeutungshof") benennt die bereits in der Sprache liegende Mehrdeutigkeit. „Hinzu" kommt nun noch der Umstand, daß Kommunikation zwischen Menschen geschieht, die interpretieren (müssen).

Inhalts- und Beziehungsaspekte als Mitteilungsebenen der Kommunikation

Watzlawick hat Axiome zur Kommunikation formuliert (WATZLAWICK 1969). Das **erste Axiom** heißt: „Man kann nicht **nicht** kommunizieren" und ist die Grundlage für die Beschäftigung mit nonverbalem Verhalten, Körpersprache etc. Es bringt zum Ausdruck, daß etwa auch ein Schweigen oder Abwenden eine kommunikative Funktion und/oder Wirkung hat.

Das **zweite Axiom** lautet: „Jede Kommunikation hat einen Inhalts- und einen Beziehungsaspekt" und spricht die Mehrschichtigkeit des Verhältnisses der kommunizierenden Menschen an.

Gemeint ist bei den Unterscheidungen in beispielsweise Ausdrucks-, Darstellungs- und Appellfunktion der Kommunikation immer, daß in Mitteilungen o.ä. nicht nur sachlich-inhaltliche Ebenen thematisiert werden, sondern auch immer **emotionale „Tönungen"** jenseits der sachlichinhaltlichen Ebene mitschwingen, wenn nicht gar dominieren (Verliebten etwa ist gegebenenfalls gleichgültig, worüber sie reden – Hauptsache, sie vergewissern sich wechselseitig ihrer Zuneigung).

Der Charakter dieser emotionalen „Tönungen" wird je nach Autor und dessen analytischer Präzision als Offenbarung, Appell (und - zusätzlich und daher unnötig - Beziehungsaspekt) benannt. Wir werden diese Unterscheidung in Abschnitt 2.2.7 für die Praxis der Projektarbeit genauer darstellen.

Interpretation als „Ökonomie der Kommunikation"

Man wird versucht sein, die in menschlicher Kommunikation liegende Mehrdeutigkeit für problematisch zu halten und die Mehrdeutigkeit zu reduzieren. Dies ist nicht zuletzt ein Anliegen dieses Kapitels.

In jeder Kommunikation/Interaktion liegen auf beiden Seiten Vorannahmen und Vermutungen vor: über den anderen, seinen Kontext, seine Absichten etc. Darüber hinaus wird jeweils unterstellt, daß der andere über den Gegenstand der Kommunikation, dessen Kontext etc. etwas weiß. Nicht zuletzt liegen auf jeder Seite der Kommunikationspartner Annahmen darüber vor, welche Annahmen der andere wiederum einem selbst unterstellt etc. All diese Vorannahmen werden in der Regel nicht zum Ausdruck gebracht, weil sie sonst nicht „zur Sache" selbst kämen; und in der Regel funktioniert das.

Vielleicht kennen Sie das Spiel, daß jemand einen Begriff erklären soll, ohne auf wiederum erklärungsbedürftige Begriffe zurückzugreifen: Lassen sie jemanden „Computer" oder „Projekt" erklären, stellen sich dumm (sie kommen vom Mars und kennen nichts und niemanden auf der Erde) und intervenieren bei jedem für sie neuen Begriff.

Scheinbare „Selbstverständlichkeit"

„Selbstverständliche" Annahmen werden so deutlich als eben nicht „von selbst" verständlich, sondern als Resultat von (stillschweigenden) Übereinkünften und als **Interpretationsleistungen** der Beteiligten.

Der Punker, der Sie an der U-Bahnstation mit „Hassemaneneuro?" („Hast Du mal einen Euro?") anspricht, hat seine Intentionen. Würden Sie seine Frage wörtlich nehmen (nämlich, ob Sie einen Euro besitzen), mit „Ja" antworten und weitergehen, wäre er, gelinde gesagt, irritiert. Sie aber machen Vorannahmen über seine Intentionen und „übersetzen" seine Frage als Frage danach, ob Sie ihm einen Euro geben. Wenn Sie einen Euro in Ihrem Besitz haben, geben Sie ihn ihm vielleicht. Wenn Sie Ihren Euro aber nicht hergeben wollen, sagen Sie freundlich „Nein" und gehen weiter. Der Punker wiederum wird Ihre Antwort nicht wörtlich nehmen: Schließlich sehen Sie nicht so aus, als hätten Sie noch nicht einmal einen Euro. Er wird Ihre Antwort seinerseits „übersetzen": Der hat zwar Geld, will mir aber (heute?) nichts geben. Es ist alles in Ordnung.

2.2.4 Kommunikationsspielregeln im Innen- und Außenverhältnis

Auch in der Projektarbeit berücksichtigen wir in der Regel den sozialen Kontext und passen unsere Kommunikationsmechanismen und -spielregeln den unterschiedlichen Anforderungen an. Projektleiter und -mitarbeiter arbeiten zum einen im Projekt zusammen und treten zum anderen mit dem Projektgegenstand in eine Welt ein, deren Gesetze und Konventionen von wirtschaftlichen Gesichtspunkten geprägt werden.

„Innen" und „Außen"

Daß die Konventionen „innen" und „außen" unterschiedlich sind, ist leicht nachvollziehbar: Bei einer Präsentation eines Zwischenergebnisses beim Kunden wird der Projektleiter auch „repräsentativ" angezogen sein, während er bei einer Projektsitzung eher leger gekleidet erscheinen wird.

Die Kommunikation wird bestimmt sein von den verschiedenen Zielen, die das Innenverhältnis von der Kundenpräsentation oder der Verhandlung mit dem Zulieferer unterscheiden: Während im Verhandlungsbeispiel (im günstigen Fall) die Ziele bereits bestimmt sind und durchgesetzt oder vermittelt werden müssen, sollen sie in der Projektarbeit (ebenfalls im günstigen Fall) gemeinsam gefunden und umgesetzt werden (vgl. Kapitel 2.9). Man mag die „Härte" des im Außenverhältnis wirtschaftlich diktierten Verhaltens bedauern, aber man muß seine Existenz konstatieren. Ein Fehler wäre es jedoch, würden diese Zwänge in das Innenverhältnis transportiert: Wo niemand die Geheimhaltung von wichtigen Akquisitionsvorgängen oder gescheiterten Projekten unter Konkurrenten kritisieren würde, braucht die Projektarbeit hingegen schonungslose **Offenheit** und **Transparenz** über Zwischenergebnisse oder Fehler. Man wird vielleicht versteckte Drohungen und angedeutete Allianzen in der Verhandlung mit einem Wettbewerber akzeptieren; in der Kommunikation im Team sollten solche Mechanismen jedoch im Interesse einer offenen und konstruktiven Atmosphäre unterbunden bzw. unnötig gemacht werden.

Natürlich wäre es sinnvoll, den Transfer in die umgekehrte Richtung zu versuchen und die Umgangsformen in der wirtschaftlichen Sphäre zu entkrampfen, zu „humanisieren". Dies ist jedoch nicht allein auf der Ebene der Kommunikation zu leisten. Vielmehr muß strategisch geplant werden, Kooperation an die Stelle von Konkurrenz (oder, ihr zur Seite) zu stellen. Dies ist sogar mit engsten Wettbewerbern möglich (KOHN 1989).

In diesem Sinne sind die folgenden Regeln, Ratschläge oder Tips nicht kontextfrei anzuwenden: wenn etwa in Abschnitt 2.2.7 „Regeln bei (wichtigen) Telefonaten", empfohlen wird: „Behalten Sie die Initiative und geben Sie die Verantwortung für die Gesprächsführung nicht ab", so gilt diese Empfehlung keinesfalls uneingeschränkt für ein Telefonat mit einem Projektmitarbeiter. Vielmehr kann es für den Fortschritt der Projektarbeit entscheidend sein, im richtigen Moment die richtige Verantwortung abzugeben.

2.2.5 Nonverbale Kommunikation

Analytisch wird bei zwischenmenschlicher Kommunikation zwischen

- schriftlicher Kommunikation
- verbaler Kommunikation und
- nonverbaler Kommunikation unterschieden.

Als Elemente nonverbalen Verhaltens gelten vor allem körper- und sprachbezogene Merkmale:

- Mimik (Gesichtsausdruck), Blickkontakt
- Gestik (Bewegungen der Arme und Hände)
- Körperhaltung, -bewegung und -distanz
- „Outfit" (Kleidung, Accessoires, Parfum etc.)
- Farbe, Klang und Lautstärke der Stimme
- Ebenfalls Tempo, Rhythmus sowie Dialektbenutzung

Schätzungen gehen davon aus, daß etwa 35% der sozialen Wirkung in der Kommunikation auf die Bedeutung von Worten entfallen (GROS 1994). Umgekehrt gilt: **Es ist wichtiger, wie Sie etwas sagen, als was Sie sagen.**

Wirkung nonverbalen Verhaltens

Das nonverbale Verhalten unterstützt i.d.R. die verbale Kommunikation. Es kann sie unterstreichen, flankieren und betonen. Allerdings kann das nonverbale Verhalten auch im krassen Gegensatz zu dem „Gesagten" stehen.

Ein mit gelangweiltem Gesichtsausdruck gesprochenes „Interessant" wird bestenfalls zweideutig, wenn nicht gar eindeutig als „völlig uninteressant" wirken.

Angesichts der Bedeutung nonverbalen Verhaltens ist es zum einen „diagnostisch" interessant, das nonverbale Verhalten seiner Gesprächspartner, Sitzungsteilnehmer etc. zu beachten und darauf zu reagieren. Zugleich ist es wichtig, die eigenen nonverbalen Signale wahrzunehmen, „auszuwerten" und gegebenenfalls zu korrigieren.

Achten auf Signale

Versuchen Sie zuerst, die eigenen nonverbalen Signale wahrzunehmen: wann lehnen Sie sich in einer Besprechung zurück, wann verschränken Sie Ihre Arme, was machen Ihre Beine, Ihre Füße, Ihre Hände? Wohin blicken Sie, wenn Person A oder B redet? Wohin blicken Sie, wenn Sie selbst reden?

Beachten Sie die Blicke und Körpersprache der anderen Teilnehmer und versuchen Sie, deren Reaktionen mit Ihren Wahrnehmungen ihrer eigenen nonverbalen Signale in Beziehung zu setzen: Sie werden zunehmend ein Gespür dafür entwickeln, was diese oder jene Haltung oder Bewegung zum Ausdruck bringt. Schließlich können Sie versuchen, sich zu korrigieren, wenn Sie etwa bemerken, daß Sie immer bei Diskussionsbeiträgen von Müller-Lüdenscheidt in ihren Sitz zurücksinken. Vielleicht wird sich ihr bis dahin gespanntes Verhältnis entkrampfen?

Körpersprache

Die zuletzt dargestellten nonverbalen Ebenen werden als „Körpersprache" bezeichnet. Unter Körpersprache wird unterschieden:

- **Gebärden** (in Begleitung von Sprache)
- **Körperhaltungen** (nicht in Verbindung mit der Sprache)
- **Gesten** (nicht in Verbindung mit der Sprache)

Während Gebärden Gesagtes in der Regel unterstützen sollen („Nein!" in Verbindung mit der ausgestreckten, nach vorne weisenden, offenen Hand), sind Gesten und Körperhaltungen nicht in derselben Weise an Sprache gebunden. Gesten, die sprachähnliche Funktionen innehaben und in Sprache übersetzbar sind (z.B. „Ja", „Nein"), werden als **Embleme** bezeichnet. Gesten und Körperhaltungen sind von ihrem sozialen Zusammenhang, in dem sie stattfinden, geprägt; sie können nur mit seiner Berücksichtigung interpretiert werden. So macht die Betrachtung der **Distanz** (s.u.) zwischen Personen nur Sinn bei mindestens zwei Menschen. Die **Orientierung** zum Partner (Hin-, Abwendung des Körpers, des Kopfes und/oder der Augen) ist eine weitere sozialbezogene Betrachtungsebene der Körpersprache; komplettiert wird die Auflistung durch die **Lokalisation** (die Verortung im Raum, etwa der Kopf-, Eck- oder Türplatz eines Tisches).

Kulturspezifika

Schließlich berücksichtigen wir auch den sozialen Kontext etwa bei unseren Begrüßungsriten, ohne vielleicht Knigge-geschult zu sein: Man wird nichts daran irritierend finden, auf der Wanderung durch den Harz jeden entgegenkommenden Wanderer zu grüßen und von ihm gegrüßt zu werden; keinesfalls aber kämen wir auf die Idee, auf der morgendlichen U-Bahnfahrt zur Arbeit jeden Mitinsassen zu grüßen, obwohl man doch so eng beieinander sitzt. Wie erklären wir das unserem Marsmenschen?

Daß z. B. die Nähe-Distanz-Regulation sehr abhängig ist von dem Kulturkreis, aus dem man stammt, ist bei internationalen (Geschäfts-)Kontakten wichtig: So suchen etwa US-Amerikaner bei Begegnungen eine größere Nähe und pflegen eher körperlichen Kontakt; werden Japaner mit diesem Verhalten konfrontiert, werden diese ständig „in die Enge" getrieben. Es gilt unter hiesigen Kommunikationstrainern als ein zwar ein wenig unseriöser, aber sehr wirksamer Trick, dem Verhandlungspartner bei der Begrüßung zu nahe „auf die Pelle" zu rücken, um zu sehen, wie er reagiert: zeigt er „standing", weiß ich, woran ich bin, weicht er zurück, habe ich die erste Runde gewonnen.

2.2 Kommunikation

Für unseren Kulturraum können folgende Distanzzonen festgehalten werden:

Zone	Entfernung
intime Distanz	0.60 cm
persönliche Distanz	0,6-2 m
gesellschaftlicher Distanzraum	2-4 m
öffentliche Distanz (Ansprache-Distanz)	> 4 m

Abbildung 2.2-3: Distanzzonen (ZUSCHLAG 1989; nach GROS 1994)

Verschiedene Körperhaltungen geben u.a. Hinweise darauf, welche Kommunikationsform jeweils vorliegt. Die illustrierenden Grafiken (siehe Abbildung 2.2-4 bis 2.2-7) (nach SCHLIPPE 1986) sind überpointiert – gleichsam als „Denkmäler" – dargestellt. Sie wirken wie Karikaturen: Stören Sie sich nicht daran – es soll der „Ausdruck" betont werden. Sie werden sicher manche Personen aus Ihrem Umfeld einer Haltung „zuordnen" können.

Körperhaltungen

Form: versöhnlich besänftigend, entschuldigend

Wortgebrauch: Einschränkungen ("wenn") und Konjunktiv

Abbildung 2.2-4: Die versöhnliche Haltung

Form: anklagend, fordernd

Wortgebrauch: beschuldigend; häufige Verallgemeinerungen ("Jeder")

Abbildung 2.2-5: Die anklagende Haltung

	Form: intellektualisierend
	Wortgebrauch: erklärend, rechtfertigend; wenig aktive Verben ("Es ist störend" statt "Es stört mich")

Abbildung 2.2-6: Die rationalisierende Haltung

	Form: ablenkend, ausweichend
	Wortgebrauch: oft ohne Beziehung, häufiger Thema- und Akzentwechsel

Abbildung 2.2-7: Die irrelevante Haltung

2.2.6 Verbale Kommunikation

Die verbalen Kommunikationsformen lassen sich unterscheiden nach Art und Richtung der intendierten Kommunikation: Einer redet zu mehreren (1:N), zwei reden miteinander (1:1), mehrere reden miteinander (N:N).

Richtung der Kommunikation	Beispiel
1:N	Rede, Präsentation, Monologe
1:1	Dialog, Gespräch, Streit
N:N	Gruppendiskussion, Diskussionsleitung und -moderation

Abbildung 2.2-8: Richtung verbaler Kommunikation

Handreichungen und Checklisten zu Rede und Präsentation (1:N), Gespräch und Streit (1:1) sowie zur Gruppendiskussion, Diskussionsleitung und -moderation (N:N) finden Sie in den Kapiteln 2.4, 2.8 und 2.9.

Mitteilungsebenen

Die allgemeinste Grundlage für alle diese Kommunikationsformen ist das bereits erwähnte zweite Axiom von Watzlawick (WATZLAWICK 1969): „Jede Kommunikation hat einen Inhalts- und einen Beziehungsaspekt." Eine griffige Darstellung der unterschiedlichen Mitteilungsebenen (vgl. Abschnitt 2.2.3) und Funktionen der Kommunikation für die Praxis der Projektarbeit findet sich bei Neuberger (NEUBERGER 1982): In jeder Kommunikation wird über Tatsachen (T) geredet, sagt jemand etwas über sich selbst (A), signalisiert jemand, was er haben will (L) und sagt etwas über den anderen (K).

T	Tatsachen	"es ist"
A	Ausdruck	"ich bin"
L	Lenkung	"du sollst"
K	Klima	"wir sind"

Abbildung 2.2-9: „TALK"-Mitteilungsebenen (NEUBERGER 1982; nach ROSENSTIEL 1995)

Bildlich stellt Schulz von Thun diese Mehrkanaligkeit und Vielschichtigkeit der menschlichen Kommunikation dar, indem er jedem Hauptaspekt ein Ohr zuordnet, was auf den entsprechenden Teil einer Mitteilung gerichtet ist (SCHULZ VON THUN 1981). Da von vier Mitteilungsebenen ausgegangen wird, erhalten wir auch vier Ohren. Je nachdem, auf welches wir uns konzentrieren, erscheint uns ein Gespräch z.B. eher sachbezogen oder mehr statusbezogen. Aber auch unser Gesprächspartner verfügt über die vier Ohren und schenkt seine vorrangige Aufmerksamkeit einem bestimmten Aspekt, der nicht mit dem von uns gewählten identisch sein muß. Entsprechend viele Möglichkeiten der Ungleichzeitigkeit und des Mißverstehens gibt es. Wir haben das „TALK"-Modell auf die „vier Ohren" aufgesetzt (Abbildung 2.2-10).

Tatsachen
„es ist!"
‚Ist es?'

Lenkung
„du sollst!"
‚Will ich?'

Ausdruck
„ich bin!"
‚Ist er so?'

Klima
„wir sind!"
‚Ist mir wohl dabei?'

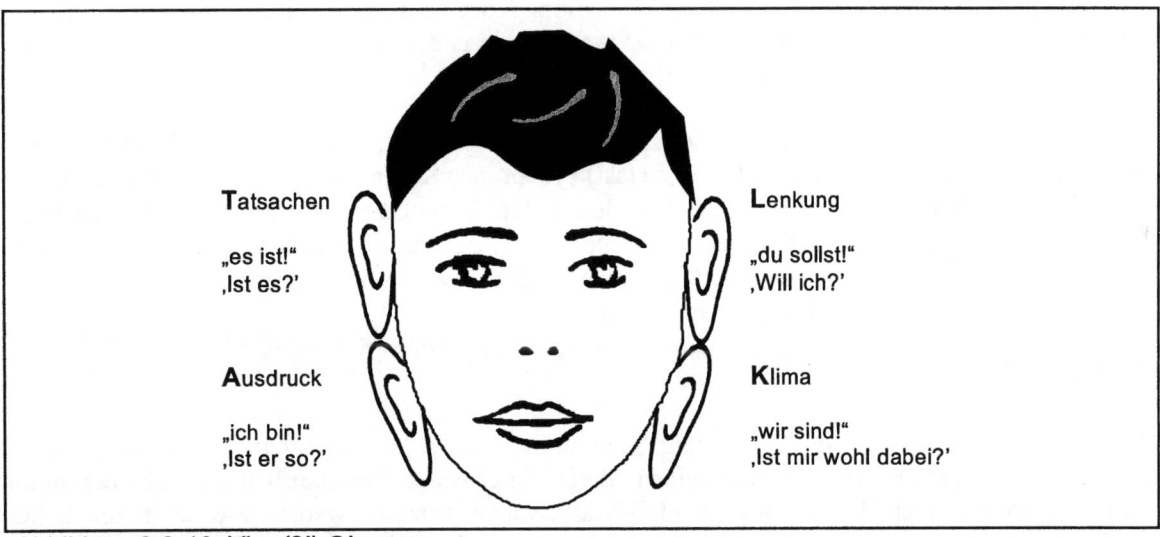

Abbildung 2.2-10: Vier (?!) Ohren

Unser Beispiel vom Anfang („Ich hatte es Dir (Ihnen) doch gesagt!?") lautet dann:

Tatsachen: „Sie haben es nicht getan!" – 'Ich habe es gemacht, aber anders.'

Ausdruck: „Ich bin unzufrieden mit Ihnen!" – 'Sie ist wirklich unberechenbar in ihren Launen.'

Lenkung: „Sie sollen mich besser verstehen!" – 'Warum läßt sie mir nicht mehr Spielraum?'

Klima: „Ich sehe für uns wenig Hoffnung." – 'Ob ich mir einen anderen Job suche?'

Um zu beurteilen, mit welcher „Wirkung" welche Ebene Ihr Gesprächspartner wahrnimmt, müssen Sie gegebenenfalls auch auf körpersprachliche Signale achten (vgl. Abschnitt 2.2.5).

Projektbesprechungen

Wir wollen an dieser Stelle einen allgemeinen Hinweis zu einem wichtigen Instrumentarium der Projektarbeit geben, der Projektbesprechung.

Projektbesprechungen

Oftmals sind Mitarbeiter mit Besprechungen unzufrieden, die Sitzungshäufigkeit („Meeting-Flut") wird beklagt und als „Zeitdiebstahl" angesehen. Natürlich kann diese Unzufriedenheit ihre Ursache in schlechter Sitzungsleitung und/oder in dahinter liegender unangemessener „Projektphilosophie" liegen. Zur Leitung von Projektbesprechungen etc. sollten Sie entsprechende Regeln der Moderation kennen und berücksichtigen (vgl. Kapitel 2.4). Unabhängig davon sollten Sie jedoch prüfen, ob die geplante Sitzung oder Besprechung nötig und sinnvoll ist: Gibt es vielleicht Alternativen, um dasselbe Ziel zu erreichen (Abstimmung in wenigen Zweiergesprächen, E-Mail an alle)? Überprüfen Sie den Aufwand für die Alternativen im Verhältnis zu den Kosten, die eine Besprechung bedeutet. Nur wenn die Besprechung eine wichtige soziale Funktion erfüllt oder die kollektive Kreativität der Projektgruppe erforderlich ist, sollten Sie sie den anderen Alternativen vorziehen. Achten Sie auf die Regeln in Abschnitt 2.2.9.

2.2.7 Medial vermittelte Kommunikation

Schriftliche Kommunikation

Bei schriftlicher Kommunikation ist die zusätzliche Unterscheidung von synchroner und asynchroner Kommunikation nützlich.

Briefe können als klassisches Beispiel für asynchrone Kommunikation gelten. Sie werden hier angeführt, um eine Hintergrundfolie zur Betrachtung „moderner" asynchroner und (para-)synchroner schriftlicher Kommunikationsformen zu erhalten.

Bei wirklich synchroner Kommunikation reden alle gleichzeitig; das ist in der Regel nicht erwünscht und unpraktisch. Schriftliches und (fast) synchrones Kommunizieren in annähernder Echtzeit („**Chatten**") ist ein Phänomen der digitalen Netze: Zwei oder mehr Personen „unterhalten" sich via Tastatur und sehen ihre Eingabe und die Texte ihrer Partner auf dem Bildschirm. Demgegenüber ist E-Mail als PC-gestützte Kommunikation auf Asynchronität ausgerichtet: Der Empfänger muß nicht sofort auf die Nachricht reagieren.

E-Mail

„E-Mail" als kommunikativer Sonderfall

Elektronisch vermittelte und PC-gestützte Kommunikation (E-Mail) zieht in immer mehr Unternehmen ein, insbesondere in Unternehmen, deren Gegenstand Projektarbeit erlaubt oder nötig macht. Wenn sie nicht bereits mit einem E-Mail-System arbeiten, werden Sie damit mit hoher Wahrscheinlichkeit in absehbarer Zukunft konfrontiert werden. Die Form der Kommunikation über E-Mail hat ihre eigenen Besonderheiten: Zum einen ist die Form der Kommunikation über E-Mail gezwungenermaßen schriftlicher Natur, daher gegenüber der alltäglich-mündlichen direkten Kommunikation reduziert. Entsprechend gibt es Bemühungen in der E-Mail-Kommunikation, „Mimik" – als emotionale Zustandsanzeiger – über „Smilies" in elektronisch vermittelte Kommunikation hereinzuholen: entsprechend kommentierende Gesichter werden über den beschränkten Zeichenvorrat des Alphabets „gezeichnet".[1]

> :-)   ;-)   :-(:-o

Zum anderen ist das Medium dann sinnvoll gegenüber direkten Kommunikationsbeziehungen, wenn es schneller zu bewältigen ist als die Aufnahme von direkten Kommunikationsbeziehungen,

---

[1] Sie müssen den Kopf auf die linke Schulter legen.

2.2 Kommunikation

die ja gewisse Bedingungen (gemeinsamer Ort, Zeit etc.) und Rituale (Einleitung, Hauptteil, Schluß etc.) benötigen.

Zugleich kann man wegen dieser Anforderung an die Schnelligkeit nicht auf die herkömmlichen Konventionen schriftlicher Kommunikation zurückgreifen. In der „Briefkultur", die ja ein Reflex auf die Notwendigkeiten der wechselseitigen Bezugnahme aufeinander bei asynchroner Kommunikation ist, ist quasi „vorgeschrieben", daß man auf Mitteilungen des vorangegangenen Briefes eingeht und sich darauf bezieht. Diese Bezugnahme geschieht i.d.R. höflicherweise durch reformulieren. („Du schriebst mir, daß Paul inzwischen besser mit Sybille zurechtkommt, daß aber...") Das kostet zu viel Zeit! Oft ist man beim Schreiben oder Beantworten von E-Mail „online", dann kostet es auch Telefongebühren. Dieser Umstand führte zur Einführung vieler Abkürzungen in online-Kommunikation, wie „cu" (für „see you") oder „rtfm" („read the following manual") als Kurzantwort auf eine als durch Handbuchlektüre vermeidbar klassifizierte Anfrage :-).

Schnelligkeit und Verkürzungen

Statt der Reformulierung ist das direkte Zitieren der E-Mail, auf die man antwortet, üblich. Das Zitat wird als solches kenntlich gemacht (z.B. durch vorangestelltes „>").

Zitierkonvention

Diese Zitierweise kann also als Versuch angesehen werden, die Reduktion von schriftlicher Kommunikation aufzuheben, indem aus asynchroner Kommunikation wieder eine „Kette" (thread"), ein Quasi-Dialog, gemacht wird, ohne die Aufwände und damit „Langsamkeit" der herkömmlichen Briefkultur in Kauf zu nehmen. (Darüber hinaus ist man i.d.R. - als Seiteneffekt - auch toleranter gegenüber Tippfehlern als in der klassischen Briefkultur:-) Dies liegt vermutlich daran, daß man dem Absender - als reziproke Unterstellung eigener Motive und Erfahrungen - unterstellt, daß auch er schnell geschrieben und so leichter etwas übersehen hat.

Da die elektronisch vermittelte Kommunikation ohne Mimik, Gestik etc. auskommen muß, ist sie stärker anfällig für Mißverständnisse: Nuancen sind nicht so leicht zu vermitteln; Ironie z. B. ist schwerer erkennbar als in der direkten Kommunikation.

Regeln bei E-Mail

- Achten Sie beim Verfassen von E-Mail darauf, keine Formulierungen zu treffen, die den anderen beleidigen könnten: Die Schwelle liegt niedriger als „normal".

- Verkneifen Sie sich Bemerkungen über Rechtschreib- oder Tippfehler in der E-Mail, auf die Sie sich beziehen. Der Empfänger wird sich darüber ärgern, und das lenkt von dem kommunikativen Ziel ab, das Sie mit Ihrer E-Mail verfolgen.

- Versuchen Sie, Rechtschreib- oder Tippfehler in Ihrer E-Mail nicht zu vermeiden: Der Vorteil der E-Mail liegt gerade darin, auf ungezwungene und unkonventionelle Weise zu kommunizieren.

- Wenn sie sich über den „Ton" einer E-Mail ärgern, die Sie erhalten haben: Antworten Sie nicht sofort! Lassen Sie sie einige Zeit liegen, wenn es geht, einen Tag. Antworten Sie erst dann; Ihre Antwort wird moderater ausfallen.

- Zitieren Sie Passagen der E-Mail, auf die Sie sich beziehen: der Adressat wird schneller einordnen können, worum es geht. Aber: Zitieren sie nicht zuviel! Es ist unhöflich, eine E-Mail, die 30 Zeilen umfaßt, zu zitieren und einen Satz („Ist o.k. so") anzuhängen. Als Richtwert gilt, daß das Verhältnis von Zitat und eigenem Text das Verhältnis 1:1 nicht überschreiten sollte.

Telefonate sind vor allem dadurch gekennzeichnet, daß komplexe Sachverhalte in kurzer Zeit ohne Visualisierungsmöglichkeit vermittelt werden. Die fehlende Visualisierungsmöglichkeit schränkt zum einen die Möglichkeiten der eigenen Erläuterung ein, zum anderen empfängt man nur entsprechend eingeschränkte Rückmeldungen darüber, wie die eigenen Darlegungen bei dem Gesprächspartner ankommen. Zusätzlich muß die eigene begrenzte Aufnahmekapazität wie die des Gesprächspartners konstatiert werden: Sie sollten **nicht** davon ausgehen, daß der Gesprächspartner sich Notizen macht.

Regeln bei (wichtigen) Telefonaten

Vorher:

- Notieren Sie Ihr(e) Gesprächsziel(e)!
- Formulieren Sie den Problemkreis und Ihr Anliegen in drei Sätzen (im Kopf) vor!

Beim Gespräch:

- Machen Sie nichts nebenbei; konzentrieren Sie sich auf das Gespräch!
- Führen Sie das Gespräch im Stehen: Ihre Atmung wird besser sein und Ihre Stimme wird besser klingen!
- Setzen Sie Gestik und Mimik ein: Ihr Gesprächspartner wird sie nicht sehen, aber er wird die Freundlichkeit in Ihrer Stimme hören, wenn Sie bei dem Gespräch lächeln!
- Folgen Sie Gesprächsabweichungen nur eine Zeitlang, und führen Sie dann das Gespräch wieder vorsichtig zurück!
- Behalten Sie die Initiative, und geben Sie die Verantwortung für die Gesprächsführung nicht ab!
- Machen Sie sich Notizen!
- Fassen Sie am Ende des Gespräches die Vereinbarungen zusammen, und bitten Sie Ihren Gesprächspartner um Bestätigung!

2.2.8 Lösungen von Kommunikationsproblemen

Kommunikations-, Beziehungs- oder Sachproblem?

Bevor Sie ein auftauchendes Problem als Kommunikationsproblem „behandeln", sollten Sie abzuklären versuchen, ob es sich wirklich um ein Kommunikationsproblem handelt. Es kann als Kommunikationsproblem erscheinen, was in Wirklichkeit ein Sachproblem ist, etwa eine ausbleibende Leitungsentscheidung, die für Unruhe und ein gereiztes Diskussionsklima sorgt.

Regen Sie eine „Metakommunikation" (eine Kommunikation über die Kommunikation) an; sprechen Sie von sich („Ich habe ein ungutes Gefühl") statt von anderen. Sie werden im Ergebnis dieser Diskussion ein klareres Bild des Problems haben. Handelt es sich tatsächlich um eine Kommunikationsstörung, berücksichtigen Sie gegebenenfalls die nachfolgenden Hinweise zum Feedback, zu Fragetechniken und zum Einhalten von Regeln (vgl. 2.2.9).

Feedback geben und holen

Versuchen Sie, in Ihrem Team ein „geschütztes" Klima zu schaffen, in dem die Teilnehmer leicht Feedback geben und es andererseits auch annehmen können. Ermuntern sie zur **Kritik**, die auch persönlich, aber nicht verletzend sein darf. Gehen Sie mit eigenem Beispiel voran und beachten Sie, daß Feedback

- zeitnah
- direkt
- persönlich
- positiv

ist (NEUMANN 1996).

Das Feedback sollte allerdings in jedem Falle konstruktiv sein. Es ist durch folgende Punkte gekennzeichnet (nach NEUMANN 1996)

- persönliche Stellungnahme („Die Frage hat mich zum Nachdenken angeregt")

- konkrete Aussagen („Ihr Beispiel hat deutlich gemacht, daß..."")
- wesentliche Punkte ansprechen – nicht alle Aspekte vortragen
- Verbesserungsvorschläge und Anregungen
- nicht nur Kritik, sondern auch (und vor allem) Lob

Fragen können nötigend sein; strukturell bringt sich der Fragende in eine abfordernde Position: Nur wenigen Menschen gelingt es, wenn ihnen eine Frage gestellt wird, „aus dem Muster zu springen", über die Legitimation der Frage nachzudenken und gegebenenfalls zu entscheiden, die Frage zurückzuweisen. Wir haben zuallererst die (sozialorientierte) Tendenz, auf eine Frage auch zu antworten und ignorieren das Unbehagen, das uns vielleicht ergreift.

Fragen und nachfragen

Je mehr ein Gespräch einseitig durch Fragen charakterisiert ist, um so mehr hat das Gespräch Rapportcharakter. Eine Diskussion, die Sie durch ein **Ich-Statement** einleiten („Ich habe über unsere Vermarktungsstrategie nachgedacht, und einige Zweifel bekommen: …. Ich bin mir aber nicht sicher, ob ich von den richtigen Prämissen ausgegangen bin."), verspricht produktiver zu werden, als wenn Sie Meinungen abfragen („Also, Leute, wie denkt Ihr eigentlich über unsere Vermarktungsstrategie?").

Wenn Sie fragen, berücksichtigen Sie, daß sich Frageformen nach Art ihrer „nötigenden" Wirkung differenzieren lassen (vgl. auch die ausführlichere Darstellung in NEUMANN 1996).

Frageform	Frageansatz	Frageverhalten	Fragewirkung
Geschlossene Frage	Sind Sie der Meinung, daß...?	beherrschend	eingehend ☹
Fangfrage	War nicht eben Ihre Meinung, daß...?	mißtrauisch	klimazerstörend ☹
Suggestivfrage	Sie sind doch der Meinung, daß...?	fremdbestimmend	von außen steuernd ☹
Offene Frage	Was sagen Sie dazu?	partnerschaftlich	befreiend ☺
Reflektierende Frage	Wenn ich recht verstehe, meinen Sie, daß...?	vertrauend	klimaverbessernd ☺
Richtungsweisende Frage	Sie sagten demnach, daß...?	Selbstbestimmung initiierend	Innensteuerung bewirkend ☺

Abbildung 2.2-11: Frageformen (nach LITKE 1995)

Vereinbaren von Regeln

Sie sollten Regeln der **Kommunikation im Team** möglichst gemeinsam (finden und) vereinbaren; Es ist nicht so sehr wichtig, wie sie genau lauten (soll man alle 45 oder 60 Minuten eine Pause machen?); entscheidender ist, daß Sie dafür sorgen, daß sie auch eingehalten werden (auch von Ihnen, wenn Sie der Projektleiter sind). Momente der Regelvereinbarung können etwa das rotierende Protokollieren, das Führen einer Rednerliste, wechselnde Moderation, früheste Anfangs- und späteste Endzeiten von Besprechungen etc. sein.

Als Projektleiter sind Sie dafür verantwortlich, daß diese Regeln auch eingehalten werden. Gleichzeitig müssen Sie ein Gespür dafür entwickeln, welche Regeln faktisch nicht mehr gelten, weil durch den faktischen Zwang der Arbeitsabläufe Regeln nicht eingehalten werden können: Thematisieren Sie den neuen Regelungsbedarf, und finden Sie eine neue Regel.

2.2.9 „Kommunikationstypen" und der Umgang mit ihnen

Ihre Mitarbeiter in Ihrem Projekt werden unterschiedlichste Persönlichkeiten sein, und Sie werden sich auf jeden einzelnen von ihnen einzustellen wissen (Kapitel 2.4). Auch wenn Ihnen das Reden über „Typen" in diesem Zusammenhang nicht behagen mag, ist es sinnvoll, einige „Kommunikationstypen" vorzustellen; Sie müssen (und sollten) mit Ihren Kollegen/Mitarbeitern/Projektleitern nicht schematisch umgehen.

Frauen und Männer

Sollten Sie als Projektleiter auf die Zusammenstellung Ihrer Projektgruppe Einfluß haben und darüber hinaus in Ihrem Unternehmen die personellen Voraussetzungen überhaupt bestehen, sollten Sie prüfen, ob Sie in Ihr Projektteam Frauen und Männer berufen.

Stärkere Tendenz bei ... in bezug auf ...	Frauen	Männer
Inhalte der Kommunikation	Kommunikation über Gefühlsinhalte	Orientierung auf Sachebene
Verhalten in Entscheidungsituationen	Bemühungen um Konsens; innerer Rückzug bei Nichtbeachtung	Orientierung auf (vermutete) Mehrheitsposition

Abbildung 2.2-12: Tendenzen des Kommunikationsstils (nach ROSENSTIEL 1995)

Es kann festgehalten werden, daß Frauen sich im allgemeinen stärker um die Pflege der Beziehungen und des Arbeits- und Projektklimas bemühen (ROSENSTIEL 1995).

Der Vergleich mag etwas klischeehaft sein; die Dimensionen sind aber durch empirische Beobachtungen gewonnen (vgl. etwa SCHMIDBAUER 1991; TANNEN 1991).

Frauen	Männer
Beziehungssprache	Berichtssprache
Herunterspielen der eigenen Kompetenzen, um Distanz zu Zuhörern abzubauen	Fehlende Betonung oder Beachtung von Beiträgen anderer, insb. Frauen, daher Eindruck von „Aufschneiden"
Warten eher auf Gelegenheit	Unterbrechen öfter
Beziehen sich eher auf Vorredner, dann eher positiv-zustimmend	Beziehen sich weniger auf Vorredner, dann eher negativ-abgrenzend
Nehmen nonverbale Signale besser wahr	Selten „Antenne" für nonverbale Signale

Abbildung 2.2-13: Semantik der Geschlechter

2.2 Kommunikation

Eine vielzitierte „Klassifizierung" finden Sie in Abbildung 2.2-14.

Diskussionstypen

Typ	Beschreibung	Empfohlenes Verhalten
Der Streitsüchtige	Destruktives Kritisieren	Sachlich und ruhig bleiben; zu konstruktivem Beitrag auffordern
Der Allwissende	Weiß alles besser	Geschlossene Fragen stellen
Der Redselige	Redet um des Redens willen	Taktvoll unterbrechen; Redezeiten festlegen
Der Träge	Uninteressiert, wortkarg	Direkt nach Meinung fragen; Erfolgserlebnisse geben
Der Ablehnende	Will sich nicht integrieren	Geduld haben, seine Erfahrungen anerkennen und Ehrgeiz wecken
Der Schüchterne	Schweigt	Leichte, direkte Fragen stellen, ihn im Team zitieren
Der Schlaue	Überheblich und dominierend	Geschlossene Fragen stellen; „Ja, aber"-Technik beim Antworten
Der Erhabene	Wartet darauf, Sie hereinzulegen	Wenig direkte Antworten geben, Fragen an Team weiterleiten

Abbildung 2.2-14: Diskussionstypen (nach LITKE 1995)

Zusammenfassung

Um die geltenden Kommunikationsspielregeln erkennen, beurteilen und beherrschen zu können, ist es von großer Bedeutung, die verschiedenen Mitteilungsebenen der Kommunikation zu kennen. Auf dieser Basis kann das klassische „Sender-Nachricht-Empfänger"-Modell der Kommunikation zugunsten einer Sichtweise aufgegeben werden, welche die Interpretationsbedürftigkeit von Information anerkennt. Sie entspricht besser den praktischen Anforderungen der Kommunikation in der Projektarbeit. Anhand von prototypischen Kommunikationsmißverständnissen wie auch anhand von nonverbalen Kommunikationsformen werden Probleme und deren Lösungsmöglichkeiten aufgezeigt.

Literatur

BÜHLER, K.: Theorie der Sprache. Fischer: Jena 1934

CRANACH, M. v.: Die nichtverbale Kommunikation im Kontext des kommunikativen Verhaltens. In: Moscovici, S. (Hg.): Forschungsgebiete der Sozialpsychologie 1. Frankfurt a.M.: Fischer, 1975, S. 307-343

GROS, E. (Hrsg.): Anwendungsbezogene Arbeits-, Betriebs- und Organisationspsychologie - Eine Einführung. Göttingen: Verlag für Angewandte Psychologie, 1994

GRUBITZSCH, S.; REXILIUS, G. (Hrsg.): Psychologische Grundbegriffe. Reinbeck: Rowohlt, 1987 (2. Aufl.)

KOHN, A.: Mit vereinten Kräften. Warum Kooperation der Konkurrenz überlegen ist. Beltz, Weinheim 1989. (Original: No contest. The case against competition. Boston: Houghton Mifflin, 1986)

LITKE, H-D.: Projektmanagement – Methoden, Techniken, Verhaltensweisen. München, Wien: Hanser, 1995 (3. Aufl.)

NEUBERGER, O.: Miteinander arbeiten – miteinander reden? Bayrisches Staatsministerium für Arbeit und Sozialordnung: München 1982

NEUMANN, R; BREDEMEIER, K.: Projektmanagement von A-Z – Das Handbuch für Praktiker. Franfurt/M.;New York: Campus, 1996

ROSENSTIEL, L. v.: Kommunikation und Führung in Arbeitsgruppen. In: Schuler, Heinz (Hrsg.): Organisationspsychologie. Bern; Göttingen; Toronto; Seattle: Huber, 1995, S. 321-351

SCHLIPPE, Arist v.: Familientherapie im Überblick. Paderborn: Jungfermann Verlag, 1986

SCHMIDBAUER, Wolfgang: Du verstehst mich nicht! Die Semantik der Geschlechter. Rowohlt: Reinbeck 1991

SCHULZ VON THUN, F.: Miteinander Reden, Störungen und Klärungen. Psychologie der zwischenmenschlichen Kommunikation, Reinbeck bei Hamburg, Rowolt, 1981

TANNEN, D.: Du kannst mich nicht verstehen. Warum Männer und Frauen aneinander vorbeireden. Kabel: Hamburg 1991

WATZLAWICK, P.; et. al.: Menschliche Kommunikation. Bern; Göttingen; Toronto; Seattle: Huber, 1969

WITTENGENSTEIN, L.J.: Tractatus logico-philosophicus, §7 letzter Satz, 1994 S. 85

ZUSCHLAG, B; THIELKE, W.: Konfliktsituationen im Alltag. Verlag für Angewandte Psychologie: Stuttgart 1989

Autorenportrait

Dipl.-Psych. Wolfgang Milszus

Dipl.-Psych. Wolfgang Milszus hat nach einer Elektrikerlehre über den zweiten Bildungsweg Psychologie und Soziologie in Bielefeld und Berlin studiert. Nach einer mehrjährigen Lehrtätigkeit in der psychologischen Methodenlehre an der FU Berlin arbeitet er als Projektleiter bei der a&o research GmbH in Berlin.

Dr. Annegret Rohwedder

Dr. Annegret Rohwedder hat nach dem Abitur 1977 bis 1981 Volkswirtschaft in Berlin studiert. Nach Abschluß des Studiums folgte eine mehrjährige Assistenz am Lehrstuhl Demografie der Hochschule für Ökonomie Berlin. 1988 promovierte sie zum Dr. oec. Seit 1991 arbeitet sie als Projektleiterin bei der a&o research GmbH Berlin - Institut für arbeitspsychologische und organisationswissenschaftliche Forschung.

Abbildungsverzeichnis

Abbildung 2.2-1: „Sender-Nachricht-Empfänger"- Modell der Kommunikation 297

Abbildung 2.2-2: Von der Information zur Kommunikation 298

Abbildung 2.2-3: Distanzzonen (ZUSCHLAG 1989; nach GROS 1994) 303

Abbildung 2.2-4: Die versöhnliche Haltung 303

Abbildung 2.2-5: Die anklagende Haltung 303

Abbildung 2.2-6: Die rationalisierende Haltung 304

Abbildung 2.2-7: Die irrelevante Haltung 304

Abbildung 2.2-8: Richtung verbaler Kommunikation 304

Abbildung 2.2-9: „TALK"-Mitteilungsebenen (NEUBERGER 1982; nach ROSENSTIEL 1995) 305

Abbildung 2.2-10: Vier (?!) Ohren 305

Abbildung 2.2-11: Frageformen (nach LITKE 1995) 309

Abbildung 2.2-12: Tendenzen des Kommunikationsstils (nach ROSENSTIEL 1995) 310

Abbildung 2.2-13: Semantik der Geschlechter 310

Abbildung 2.2-14: Diskussionstypen (nach LITKE 1995) 311

Lernzielbeschreibung

Die Leser sollen kritikfähig gegenüber mechanistischen Kommunikationsmodellen werden und die Interpretationsleistungen in menschlicher Kommunikation wahrnehmen können. Indem sie einen Eindruck von der Vielfalt und Vielschichtigkeit menschlicher Kommunikation bekommen und ihnen gleichzeitig „technische" Möglichkeiten angeboten werden, diese Vielschichtigkeit zu reduzieren, sollen sie zugleich Akzeptanz und Toleranz in kommunikativen Konflikten gegenüber anderen wie auch Aufmerksamkeit und Reflexion in bezug auf sich selbst entwickeln können.

2.3 Motivation

von

Frank Glowitz

Relevanznachweis

Für jeden Projektleiter stellt sich zu Beginn und während des Projektverlaufs die Frage, wie er Mitglieder des Projektteams dazu bewegen kann, die an das Projektteam gestellten Aufgaben erfolgreich zu bewältigen. Manche mögen sich darüber hinaus fragen, wie sie selbst die Motivation aufbringen, schwierige Aufgabenstellungen mit schon vorherzusehenden Schwierigkeiten als Herausforderung zu begreifen.

Im folgenden Kapitel wird daher das Thema „Motivation" aus unterschiedlichen Blickwinkeln näher beleuchtet. Neben der Kenntnis verschiedener Motivationskonzepte ist es für Projektleiter und Teammitglieder insbesondere relevant, die Arbeit in den Projektteams so zu gestalten, daß sie selbst als motivierend erlebt wird.

Es wird aber auch deutlich werden, daß es **das** Patentrezept der Motivierung nicht gibt. Dies sollte jedoch nicht entmutigen, sondern vielmehr den Blick dafür schärfen, das Besondere an den Personen, mit denen wir zu tun haben, und der Situationen, in denen sie sich (und wir uns mit ihnen) befinden, zu erhellen.

Inhaltsverzeichnis

2.3.1 Was ist Motivation?	**319**
2.3.2 Das Motivieren von Menschen	**319**
2.3.3 Menschenbilder	**321**
2.3.3.1 economic man / Taylorismus	321
2.3.3.2 social man / Human Relations	321
2.3.3.3 selfactualizing man / intrinsische Motivation	322
2.3.3.4 complex man	322
2.3.3.5 Auswirkungen unterschiedlicher Menschenbilder	322
2.3.4 Bedeutung monetärer Anreize für die Motivation	**323**
2.3.5 Motivation und Aufgabenorientierung	**326**
2.3.5.1 Leistungsmotivation	327
2.3.5.2 Anschlußmotivation	327
2.3.5.3 Machtmotivation	328
2.3.5.4 Motivationsförderung durch Aufgabenstellung	328
2.3.6 Motivationsförderliche Ansätze zur Arbeitsgestaltung	**329**
2.3.7 Differentiell-dynamische Arbeitsgestaltung	**330**
2.3.8 Motivation durch Bedürfnisbefriedigung	**331**
2.3.8.1 Die Bedürfnispyramide	331
2.3.8.2 Die Zwei-Faktoren-Theorie der Motivation	333
2.3.9 Enttäuschungen als Demotivatoren	**334**

2.3.1 Was ist Motivation?

Wenn wir im Alltag über Motivation sprechen, hat dies in unterschiedlichen Zusammenhängen unterschiedliche Bedeutungen. Daher sei zunächst eine Definition des Begriffs zur allgemeinen Verständigung genannt:

> **Motivation** ist eine aktivierte Verhaltensbereitschaft einer Person im Hinblick auf die Erreichung bestimmter Ziele.

Motivation ist ein Sammelbegriff für vielerlei Prozesse und Effekte. Sie umfassen die Zielgerichtetheit im Verhalten und den Aufwand, den ein Mensch zur Zielerreichung betreibt. Unter dem Gesichtspunkt der Motivation sind in Organisationen, Teams etc. in der Regel vor allen Dingen zwei zusammenhängende Fragen von Bedeutung. Welche Bedürfnisse versuchen Menschen in Organisationen zu befriedigen? Welche Bedingungen haben Anreiz-Charakter für die in der Organisation tätigen Personen, damit sie die gewünschte Motivation für eine gestellte Aufgabe aufbringen?

Motivation ist ein Sammelbegriff

Die Motivation der Mitarbeiter wird durch die Bedingungen, unter denen sie arbeiten, beeinflußt. Es macht daher für den Vorgesetzten, den Projektleiter und den Kollegen Sinn, nicht den motivierten bzw. unmotivierten Menschen in den Mittelpunkt der Betrachtung zu stellen. Vielmehr sollten sie sich **Gedanken über die Bedingungen** machen, die dazu führen, daß Menschen etwas in einer bestimmten Art und Weise tun, oder die es auch sinnvoll erscheinen lassen, Handlungen zu unterlassen.

Motive als Beweggründe des Handelns entstehen z.B. aus Bedürfnissen, Interessen, Einstellungen, Werten, Emotionen und Überzeugungen, die in Wechselwirkung miteinander zu begreifen sind. Diese werden in Auseinandersetzung mit den äußeren Gegebenheiten (Arbeitsbedingungen etc.) entwickelt und gedanklich bewertet, inwiefern die Bedürfnisse, Werte etc. mit den an die Person gestellten Aufgaben unter den jeweiligen besonderen Bedingungen in Einklang gebracht werden können. Hier liegt auch der Ansatzpunkt für unterschiedliche, heute in der Praxis auffindbare Motivierungskonzepte, die weiter unten erläutert werden.

Beweggründe des Handelns

Motivation bezeichnet also die **Eigen**steuerung eines Individuums. Wir unterscheiden sie von der **Motivierung** als **Fremd**steuerung eines Menschen durch andere Menschen, Systeme etc., die im anschließenden Abschnitt behandelt wird.

2.3.2 Das Motivieren von Menschen

Motivierung ist von der Motivation abzugrenzen. Motivierung bedeutet beispielsweise das Handeln eines Projektleiters mit dem Ziel, die Leistung eines Mitarbeiters zu steigern. Mit Motivierung ist in der Regel für Linienvorgesetzte oder auch Projektleiter das „Wie" gemeint.

Wie motiviere ich ein Teammitglied bzw. einen Mitarbeiter?

Die Frage nach dem Motiv und dem Motivieren von Kollegen, Mitarbeitern, Teammitgliedern ist ganz besonders in der Arbeitswelt allgegenwärtig. Wir können nicht einfach davon ausgehen, daß die Leistungen, die von den Menschen im Arbeitsprozeß erwartet werden, sich mit ihren eigenen Absichten decken. Dies führt vermutlich zu der Annahme, daß Menschen motiviert werden müssen.

Die Antwort auf das „Wie" schlägt sich meist in Motivationstrainings (bzw. Motivierungstrainings!) und Management-Ansätzen (siehe Kapitel 1.1.3) nieder oder in Lohn- und anderen Anreizen, wie Reisen, Dienstwagen usw.

Sprenger schreibt „Alles Motivieren ist Demotivieren!" und weist mit diesem Slogan darauf hin, daß langfristig die Arbeitsmotivation der Mitarbeiter in dem Maße sinkt, in dem man versucht, sie durch Motivierungstricks zur engagierten Arbeit zu bewegen (SPRENGER 1996).

Motivieren heißt: Motivationslücken schließen!

Motivieren bedeutet, ein Defizit an Motivation eines Mitarbeiters zu beheben, eine Motivationslücke zu schließen. Er soll also etwas tun, was er nach Einschätzung des Vorgesetzten aus freien Stücken nicht bereit ist zu tun.

Die fünf großen B

Hierzu finden sich in den meisten Unternehmen fünf gängige „Techniken" und vier „Strategien". Dies sind die fünf großen 'B' (Bedrohen, Bestrafen, Bestechen, Belohnen, Belobigen), die sich auf die Strategien „Zwang", „Ködern", „Verführung" und „Vision" verteilen (vgl. Abbildung 2.3-1).

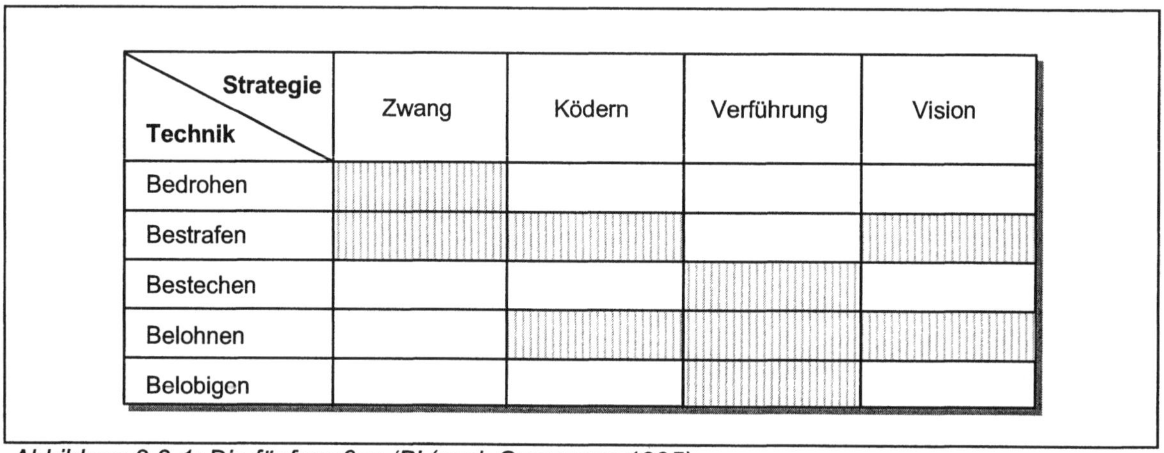

Technik \ Strategie	Zwang	Ködern	Verführung	Vision
Bedrohen	■			
Bestrafen	■	■		■
Bestechen			■	
Belohnen		■		■
Belobigen			■	

Abbildung 2.3-1: Die fünf großen 'B' (nach SPRENGER 1995)

Die oben genannten Strategien schlagen sich z.B. in folgendem Denken und Verhalten nieder:

Strategie	Beispiel	Motto
„Zwangs-Strategie"	motivierende Abmahnung	„Tu, was ich sage, sonst werde ich Dich bestrafen." „Wenn Du machst, was ich sage, bleibst Du ungeschoren."
„Köder-Strategie"	Bonus-Systeme	„Tu, was ich Dir sage, sonst schadest Du Dir selbst." „Streng Dich an, dann bekommst Du, was Dir zusteht."
„Verführungs-Strategie"	Corporate-Identity-Programme	„Wir sind die Nummer eins, und Du bist auch der Größte, wenn Du Dich mit uns identifizierst."
„Visions-Strategie"	Motivieren durch Visionen	„Mit uns wirst Du das Licht am Ende des Tunnels entdecken."

Abbildung 2.3-2: Motivationsstrategien

Allen diesen Strategien gemein ist, daß sie über kurz oder lang Wirkungen nach sich ziehen können, die gerade **nicht** erzielt werden sollten:

- Die innere Motivation der Mitarbeiter, d.h. das lustvolle Tun, z.B. weil die Arbeit interessant ist und Spaß macht, sinkt. Dafür wandelt sie sich in eine durch äußere Faktoren (s.o.) bestimmte Motivation.

- Das Arbeitsklima verschlechtert sich.
- Die Kooperationsbereitschaft nimmt bei individuellen Boni ab; bei Gruppenboni nehmen Abteilungsegoismen zu.
- Das Mißtrauen der Vorgesetzten gegenüber ihren Mitarbeitern wird zur „sich selbst erfüllenden Prophezeiung" („self-fulfilling-Prophecy"); Mitarbeiter verhalten sich so, wie sie meinen, daß der Vorgesetzte es von ihnen verlangt.

Motivieren kann also genau das Gegenteil bewirken, nämlich eine Demotivierung der Mitarbeiter!

2.3.3 Menschenbilder

In der Praxis herrscht die Vorstellung, Mitarbeiter müssen motiviert werden, damit sie etwas tun, was sie ohne das Zutun von Vorgesetzten bzw. Projektleitern nicht tun würden. Dies ist auch mit ganz bestimmten Menschenbildern verbunden.

2.3.3.1 economic man / Taylorismus

Eines der bekanntesten Menschenbilder ist das des „economic man". Taylors Konzept der „wissenschaftlichen Betriebsführung" liegt ein technisch-nüchternes Menschenbild zugrunde. Er war davon überzeugt, „daß die wahren Interessen beider Parteien (Arbeitnehmer und Arbeitgeber, d. Verf.) ganz in der selben Richtung liegen, daß Prosperität des Arbeitgebers auf lange Jahre hinaus nur bei gleichzeitiger Prosperität des Arbeitnehmers bestehen kann und umgekehrt; es muß möglich sein, gleichzeitig dem Arbeiter seinen höchsten Wunsch - nach höherem Lohn - und dem Arbeitgeber sein Verlangen - nach geringen Herstellungskosten seiner Waren - zu erfüllen". (TAYLOR 1913, ULICH 1992)

Technisch-nüchternes Menschenbild

Taylor ging davon aus, daß der Mensch hauptsächlich durch monetäre Anreize zu motivieren sei. Dieses Motiv sei auch zu unterstützen, da Autonomie der Arbeiter und menschengerechtes Leben auf finanzieller Absicherung basierten. Um dem Arbeiter dies zu ermöglichen und ihn vor seinen natürlich-menschlichen Bedürfnissen (Faulheit, Trinksucht etc.) zu schützen, bedurfte es nach Taylor entsprechender Kontrolle des Arbeiters und minutiöser Planung seiner (Teil-)Tätigkeit.

Auswirkungen des **Taylorismus** sind heute noch allgegenwärtig: hohe Automation, Trennung von Kopf- und Handarbeit, Zerstückelung von Arbeitsabläufen in kleinste Elemente (z.B. Fließbandarbeit), Monotonie etc.

2.3.3.2 social man / Human Relations

Ausgelöst durch die „Hawthorne-Studien" [1] Ende der zwanziger und zu Beginn der dreißiger Jahre, wurde ein neues Menschenbild - des „social man" - entworfen. Arbeitsorganisatorische Strukturen tayloristischen Zuschnitts blieben dabei zwar fast unberührt, jedoch wurden die Gruppendynamik (vgl. LEWIN 1948), das Betriebsklima, Führungsstile etc. von der „Human-Relations-Bewegung" in der Folgezeit stärker in den Vordergrund der Betrachtung gestellt, wenn es darum ging, Leistung zu untersuchen und zu steigern. Der Mensch als soziales Wesen war entdeckt. Motivierende Arbeitsgestaltung konnte die Wirkung zwischenmenschlicher Beziehungen auf den „Output" also nicht

Der Mensch ist ein soziales Wesen

---

[1] Die Studien wurden in den Hawthorne-Werken der Western Electric Company von Mayo (1930, 1933) und Roethlisberger und Dickson (1939) durchgeführt. Der Effekt war, daß durch jedwede experimentelle Variation - gleich, ob Verbesserung oder Verschlechterung - der Bedingungen die Leistungen ständig zunahmen. Es wurde vermutet, daß alleine die Tatsache, daß man sich mit ihrer Arbeit beschäftigte, sie ernst nahm etc. die Arbeiter zu mehr Leistung stimulierte.

länger ignorieren. Auswirkungen dieses Menschenbildes sind alle Bemühungen um ein angenehmes Betriebsklima, ergonomische Arbeitsplätze, eine angenehme Arbeitsumgebung, usw.

2.3.3.3 selfactualizing man / intrinsische Motivation

Der Mensch neigt zur Selbstverwirklichung

Zu den Initiatoren einer weiteren Entwicklung des Menschenbildes zählen die amerikanischen Psychologen Maslow und Herzberg (Kapitel 2.3.7). Sie formulierten in den fünfziger Jahren weitere auf die Arbeitsleistung einwirkende Motive des Menschen, wie Selbstverwirklichung und psychologisches Wachstum („selfactualizing man"). Vor diesem Hintergrund untersuchte Herzberg, warum Menschen in der Arbeit zufrieden bzw. unzufrieden sind. Aufgrund seiner Befunde entwickelt Herzberg die sogenannte „Zwei-Faktoren-Theorie der Arbeitszufriedenheit", auf die in Kapitel 2.3.9 noch ausführlicher eingegangen wird. Kernpunkt seiner Theorie ist die Unterscheidung zwischen der **extrinsichen** und der **intrinsichen Motivation**.

- Als **intrinsisch** motiviert (im Gegensatz zu extrinsisch) wird ein Verhalten dann bezeichnet, wenn das Verhalten nicht Mittel zum Zweck ist, sondern Selbstzweck-Charakter hat.

- Als **extrinsisch** wird eine Handlung bezeichnet, deren **Vollzug** (unabhängig vom Ergebnis) lustvoll ist, wobei der Handelnde zugleich auch der Bewertende ist (nach MOLT 1974).

Die Folge dieser Forschungsarbeiten waren die Gestaltungskonzepte Job Rotation, Job Enlargement und Job Enrichment, die in Kapitel 2.3.6 weiter ausgeführt werden. Das Gemeinsame an den drei bisher genannten, qualitativ sehr unterschiedlichen Konzepten ist die arbeitsorganisatorische Abkehr von tayloristischen Strukturen.

2.3.3.4 complex man

Der Mensch ist ein sehr komplexes Wesen

Mit dem „complex man" wird in der neueren Zeit eine Auffassung vom Menschen vertreten, in der sich das spezifisch Menschliche durch Dynamik und Komplexität ausdrückt. **Der Mensch wird als entwicklungs-, lern- und wandlungsfähig angesehen, der sich je nach Anforderung der Situation verschieden und kaum planbar verhält.** Er hat individuelle Wünsche, Werte, Ziele und Vorstellungen. Mit dieser Auffassung vom Menschen wird versucht, die Komplexität des Zusammenwirkens von Technik, Organisation und Mensch nicht mehr zu reduzieren. Es wird vielmehr angestrebt, sich der Komplexität zu nähern, indem man diesem Entwicklungsgedanken Rechnung trägt und entsprechende Gestaltungskonzepte entwickelt, in denen diese Spezifika des Menschen betont werden. Diese Entwicklung zog vor allen Dingen seit den siebziger Jahren eine Vielzahl von menschorientierten Konzepten nach sich, die die motivations- und persönlichkeitsförderliche Gestaltung von Arbeit mit Blick auf die Produktivität in den Mittelpunkt stellten.

2.3.3.5 Auswirkungen unterschiedlicher Menschenbilder

Welche Funktion Menschenbilder bzw. Annahmen über menschliches Verhalten für das Verhalten von Managern und Mitarbeitern haben, machte Mc Gregor mit seinen Theorien „X" und „Y" deutlich (MC GREGOR 1960). Diese Theorie veranschaulicht auch, wie Annahmen wiederum im Zirkelschluß durch das gezeigte Verhalten des anderen bestätigt und verstärkt werden.

Die Auswirkungen von unterschiedlichen Menschenbildern seien an einem Beispiel verdeutlicht.

Herr Schwarz ist Geschäftsführer der Kohle GmbH und Vertreter der Theorie X. Ihr liegt das Menschenbild zugrunde "Menschen sind grundsätzlich faul und verantwortungsscheu". Es veranlaßt ihn konsequenterweise zu strengen Vorschriften und Kontrolle. Da sowieso alles vorgeschrieben ist und kontrolliert wird, verhalten sich die Mitarbeiter eher passiv in der Arbeit und versuchen den Kontrollen zu entgehen bzw. ihre Ergebnisse zu manipulieren und arbeiten letztlich einzig und alleine im Hinblick auf ihren Lohn. Daher übernehmen sie keine Verantwortung und zeigen kaum Initiative, die immer wieder auftretenden Beanstandungen seitens des Chefs und der Kunden zu beheben, da sie ja ohnehin nichts

2.3 Motivation

mitzureden haben. Herr Schwarz hat sich das nun lange genug mit angesehen und wird in seiner Annahme über die Mitarbeiter voll bestätigt, so daß er beschließt, die Kontrollen zu verschärfen.

Herr Weiß, der Nachfolger von Herrn Schwarz, ist hingegen Vertreter der Theorie „Y": Ihr liegt das Menschenbild zugrunde, „Menschen sind unter bestimmten Arbeitsbedingungen von sich aus bereit, Aufgaben engagiert auszuführen". Er denkt sich, daß das Unternehmen ja schließlich selbst die passenden Mitarbeiter nach strengen Auswahlverfahren ausgesucht hat. Er traut ihnen und denkt, daß sie nur bisher keine Verantwortung übernahmen, da sie schlechte Erfahrung gemacht hatten bzw. keine Gelegenheit hatten, welche zu übernehmen. Was die fachlichen Kenntnisse angeht, geht er davon aus, daß sie die Experten an ihrem Arbeitsplatz sind, nicht er. Er überläßt ihnen Handlungsspielraum und Selbstkontrolle, was das Engagement für die Arbeit begünstigt. Er weiß, daß sie schließlich privat auch dazu in der Lage sind, Vereine zu führen, Häuser zu bauen etc. Warum sollten sie diese Fähigkeiten und Kenntnisse nicht auch bei ihm einsetzen wollen? Dies führt wiederum bei den Mitarbeitern zur Übernahme von Initiativen und Verantwortungsbereitschaft. Sie lernen kontinuierlich dazu und übernehmen dadurch noch mehr Verantwortung und optimieren die Prozesse zunehmend, womit die Annahme, die Theorie „Y" von Herrn Weiß bestätigt wäre.

Projektmanager sollten sich daher in der Zusammenarbeit mit dem Projektteam immer wieder selbst fragen, wenn sie zwischen stärkerer „Kontrolle" und „laissez-faire" (siehe Kapitel 2.7.1.3) entscheiden müssen, welche Annahmen, welches Wissen und welche Erfahrungen das ein oder andere Verhalten im Umgang mit ihren Mitarbeitern - konkret auf diese Personen und Situationen bezogen - rechtfertigen.

Menschenbilder	Auswirkungen auf Motivierung
Economic man	monetäre Anreize, Kontrolle
Social man	im Mittelpunkt steht soziales Klima, um Arbeitsmotivation zu stärken
Selfactualizing man	Selbstmotivation durch Verantwortung für Arbeitsausführung (Theorie Y)
Complex man	Selbstregulierung in der Arbeitsgruppe; Vorgesetzter als Koordinator

Abbildung 2.3-3: Menschenbilder und ihre Auswirkungen

Menschenbilder haben sich im Lauf der Zeit zwar immer wieder verändert, erhielten sich aber über alle Phasen hinweg im Denken der Menschen. Deutlich ist heute immer noch die Wirkung der Vorstellung vom „economic man" in den Unternehmen zu erkennen.

2.3.4 Bedeutung monetärer Anreize für die Motivation

Im folgenden Abschnitt befassen wir uns mit den Möglichkeiten, vor allen Dingen aber den Grenzen **extrinsischer** Motivierung. Hierzu zählt neben der **Entlohnung** zwar auch Anerkennung der Arbeit durch mündliche Bestätigung, Lob und Ermutigung etc., wir konzentrieren uns hier jedoch auf das Motiv, Geld zu verdienen sowie Lohnfragen. In unserer Gesellschaft ist es für die meisten Menschen notwendig, Geld zu verdienen, da sie ihre Existenz „finanzieren" müssen.

Mancher Arbeitgeber fragt sich, wie er dieses grundlegende Erwerbsmotiv noch mehr für sich nutzen kann – etwa durch Lohnerhöhungen, leistungsabhängige Entlohnung (z.B. Akkord, Prämien) oder anderen Zuwendungen, um mehr oder bessere Leistungen zu erhalten. Dabei ist es heute unbestritten, daß Prämien, Gehaltserhöhungen, Incentives nur kurzfristig wirken, sie können zwar ein

Geld als Motivator wirkt nicht dauerhaft

„Strohfeuer" entzünden, sie sind aber nicht dauerhaft als Motivatoren geeignet. Sprenger behauptet sogar, damit genau das Gegenteil zu bewirken: Je mehr versucht wird mit extrinsischen Motivatoren die Leistungsbereitschaft zu erhöhen, desto mehr demotiviert man die Menschen. Denn kaum läßt die „motivierende" Wirkung der letzten Prämie nach, macht sich Unzufriedenheit breit, die wiederum mit neuen „Geschenken" zu überdecken sein wird.

Auch wenn Projektleiter in der Regel nicht über die Möglichkeit der monetären Anreizgestaltung verfügen, so sollten doch wenigstens die Prinzipien einer adäquaten Lohngestaltung geklärt werden, bevor wir zu anderen im Erwerbsleben wirksamen Motiven übergehen.

Klassische Entlohnungssysteme vs. Neuere Entwicklungen der Arbeitsorganisation

Ausgehend von sich ändernden Menschenbildern, neuen wirtschaftlichen und gesellschaftlichen Anforderungen an neue Produktions- und Organisationsstrukturen, werden auch neue Lohnsysteme immer wichtiger. Die meisten Lohnsysteme für gewerbliche Arbeitnehmer sind auf der Grundlage tayloristischer Arbeitsgestaltung entstanden. Sie berücksichtigen jedoch nicht die neuen Anforderungen, die sich z.B. aus Konzepten wie dem „just-in-time" (JIT), dem „total quality management" (TQM), dem „simultanious engineering" oder dem „lean management" ergeben.

Die Frage der Lohngestaltung sollte nicht alleine heißen: „Wieviel soll gezahlt werden?", sondern lauten:

- „Was soll durch die Entlohnung belohnt werden?", d.h.
- „Wozu soll sie motivieren, bzw. welche Motivation geht von der Art des Lohnsystems aus?" und
- „Inwiefern kann sie den Zielen der Organisation entsprechen?"

Angenommen, als zentrales Kriterium der Lohnsystemgestaltung gelte die Entwicklung von Beschäftigten hinsichtlich Qualifikation, Problemlösefähigkeit von komplexen Sachverhalten etc., dann muß ein Lohnsystem nicht nur berücksichtigen, **wieviel** und **was** jemand arbeitet, sondern auch was er **kann**. In amerikanischen Firmen wird diese Lohnform **„Pay for Knowledge"** genannt.

Eine solche Form der Lohngestaltung motiviert Mitarbeiter, sich weiter zu qualifizieren und Kenntnisse in den Arbeitsprozeß einzubringen. Mitarbeiter verfügen in der Regel über viele Fähigkeiten, Kenntnisse und Fertigkeiten, die sie sich im Laufe des Lebens, vielleicht im Privatbereich, in der Auseinandersetzung mit Widerständen, Problemen etc. angeeignet haben. Wenn durch ein Lohnsystem gefördert wird, solche Kompetenzen einzubringen und (weiter) zu entwickeln, dann wird das Motiv „Wissen, Kenntnisse, Erfahrungen äußern und entwickeln" stimuliert.

Merkmale der Lohnsystemgestaltung sind (nach FREI 1996)

1. Das Lohnsystem sollte die Identifikation mit den Zielsetzungen der **Systemeffizienz** fördern.

2. Das Lohnsystem sollte Interesse an und Bemühungen zur Erreichung von **Produktqualität** fördern.

3. Das Lohnsystem sollte effiziente **Gruppenzusammenarbeit** fördern.

4. Das Lohnsystem sollte **Kompetenzentwicklung** im Bereich von Systemproduktivität, Qualität und Gruppenverhalten fördern.

Menschen wollen gerecht entlohnt werden

Entlohnung darf demnach den Anforderungen, die an die Mitarbeiter im Zuge von Reorganisationsprojekten neuerdings mehr und mehr gestellt werden (Qualität, Flexibilität, Bereitschaft zur Kompetenzentwicklung, Innovationsbereitschaft etc.), letztlich nicht entgegenstehen, indem nach wie vor der quantitative Aspekt der Leistung ausschlaggebend ist. Unter diesen Umständen ist es auch verständlich, warum sich Mitarbeiter bei einem den Produktions- und Organisationszielen

2.3 Motivation

entgegenstehendem Lohnsystem mit aller Vehemenz neuen Unternehmenszielen gegenüber verschließen. Auf diese Weise wird die Konzentration der Mitarbeiter zunehmend auf das außerhalb der Arbeit liegende Motiv, nämlich Geld zu verdienen, gelenkt.

> Lohnsysteme sind weder vor- noch nachrangig zu betrachten, sie sind in direktem Zusammenhang mit den Unternehmenszielen und den davon abgeleiteten Anforderungen an die Mitarbeiter sowie unter Berücksichtigung ihrer Ziele zu planen und umzusetzen.

Ausschließlich finanzielle Anreize unter Vernachlässigung der Arbeitsinhalte haben bestenfalls kurzfristige Motivationseffekte. Dies spricht nicht gegen das Faktum, daß viele Beschäftigte - vor allem im gewerblichen Bereich - als Hauptmotivator das „Geld" angeben. Im Gegenteil: Je weniger eine Arbeit an intrinsischen Motivatoren (herausfordernde Tätigkeit, Lernanreize etc.) aufweist, desto stärker werden in der Regel Motivatoren tayloristischen Typs (Lohnanreiz, Druck der Vorgesetzten etc.) in den Vordergrund gestellt.

Lohngerechtigkeit

Eine Frage, die im Zusammenhang mit der Einführung neuer Lohnsysteme häufig aufgeworfen wird, ist die Frage nach der Lohngerechtigkeit. Ein objektives Maß hierfür zu finden, ist angesichts verschiedenen Einflußfaktoren kaum möglich. Es ist vor allen Dingen **nicht** die absolute Höhe des Einkommens, die eine Lohngerechtigkeit bestimmt.

Nach Adams (ADAMS 1963) wird davon ausgegangen, daß der Mensch seine Arbeit als Tauschverhältnis erlebt. Er wägt ab, ob er für die eingebrachte Leistung gerecht oder ungerecht entlohnt wird. Diese Bewertung erzeugt entweder eine Zufriedenheit oder, wenn der Ertrag gegenüber dem Aufwand als zu niedrig eingeschätzt wird, in der Regel eine Unzufriedenheit. Dieser Bewertungsprozeß ist mitentscheidend für die Motivation. In die Bewertung fließen jedoch auch Vergleiche ein, wie z.B. mit Kollegen, außerbetrieblichen Freunden, mit vorherigen Arbeitsstellen mit Linien- und Projektstellen. In jedem Fall führt ein ungerecht empfundenes Verhältnis zwischen Ertrag und Aufwand zu einem Spannungszustand. Für seine Auflösung kommen folgende Möglichkeiten in Frage:

- die **faktische Veränderung** der Situation: z.B. durch eine erfolgreiche Gehaltsverhandlung, bessere Arbeitsbedingungen etc.

- eine **psychologische Umstellung**: der Betroffene verändert seine Einstellung gegenüber der Situation.

Konkret bedeutet dies:

- Der Mitarbeiter reduziert seinen Einsatz als Antwort auf die zu geringe Gegenleistung.

- Die eigene Leistung wird im Verhältnis zur Gegenleistung durch „Verzerrung" neu bewertet („So schlecht werde ich für meine Leistung ja auch wieder nicht bezahlt.").

- Er tritt die „Flucht aus dem Felde" an: Krankmeldung oder gleich durch Kündigung.

Für die Verantwortlichen gilt es aber gerade heute andere Wege zu finden, wie ein solches Gleichgewicht herzustellen ist. Der erste Schritt hierzu wäre, Signale von Mitarbeitern, wie sie oben geschildert wurden, zu erkennen und darüber zu kommunizieren anstatt sie zu ignorieren. Im Gespräch ist dabei auszuloten, welche Möglichkeiten für beide Parteien attraktiv sein könnten, um die Situation zu verbessern. Dies sind nicht immer nur - oder in den seltensten Fällen - individuelle Lösungen. Es sollte vielmehr z.B. dem Projektmanager gelingen, zusammen mit dem Team die Aufgaben so zu gestalten, daß aus ihnen eine Kraft entsteht, die Aufgabe um ihrer selbst Willen anzugehen, auszuführen und zu beenden.

2.3.5 Motivation und Aufgabenorientierung

Neben dem Erwerbsmotiv spielt eine Reihe anderer Motive im (Erwerbs-)Leben eine Rolle. Bei der Gestaltung von Aufgaben sollten wir darum wissen und dies entsprechend berücksichtigen. Es wäre ja z.B. unsinnig bzw. demotivierend, wenn wir einen Menschen mit einem ausgeprägten Bedürfnis danach, mit Menschen zusammen zu arbeiten, mit einer Arbeit betrauen würden, in der Kontakt mit anderen Menschen nicht vorgesehen, ja weitgehend gar nicht möglich ist (z.B. beim Kranführer).

Aufgaben motivieren

Wenn die Menschen also auf die Aufgabe orientiert werden sollen, muß sie Merkmale aufweisen, die das Interesse einer Person aktivert, den Einsatz von Wissen, Fähigkeiten und Fertigkeiten fördert und durch das entsprechende Arbeitsumfeld Unterstützung erfährt.

Der Motivbildung des Menschen liegen für eine Handlung (Erledigung einer Arbeitsaufgabe) folgende Gedankenprozesse zugrunde (VROOM 1964):

a) Erwartung

   Wird die Bemühung (ein bestimmtes Verhalten) zu einer hohen Arbeitsleistung (Erfolg) führen?

b) Instrumentalität

   Wird eine hohe Arbeitsleistung („Ergebnis erster Ebene") zu einer Belohnung führen (z.B. Beförderung)?

c) Valenz

   Wie wichtig sind die Endergebnisse („Ergebnisse zweiter Ebene") - Beförderung, Lohnerhöhung etc. - für mich?

Demnach entscheidet sich ein Mensch zwischen mehreren Handlungsalternativen für diejenige, die den größten Nutzen verspricht und mit der größten Wahrscheinlichkeit eintritt. Er wird die jeweiligen Ergebnisse, die einer Handlungsalternative zugeordnet werden, miteinander in Beziehung setzen, wobei in der Regel das größte Produkt ausgewählt wird. So würde die Alternative mit einem „Traumergebnis", jedoch einer niedrigen Eintrittswahrscheinlichkeit gegenüber derjenigen, die aussichtsreicher, aber als weniger attraktiv angesehen wird, ausgeschlossen werden. Der Handelnde verhält sich in dieser Denkweise wie ein Ökonom: Er wird dann investieren, wenn es sich für ihn lohnt.

Dies gilt ebenfalls für negative Sachverhalte, wie das folgende Beispiel zeigt.

Ein Angestellter einer Datenverarbeitungsfirma in Hamburg erwartet z.B. die Versetzung in das schleswig-holsteinische Norderstedt, um einem aufstrebenden Kollegen von der Niederlassung Platz zu machen. Um das negativ erwartete Ergebnis (Versetzung) nicht eintreten zu lassen, unternimmt er rechtzeitig Anstrengungen, um seine Entwicklungsabsichten am jetzigen Standort zu unterstreichen. Für Vroom wäre dieses aus zwei negativen Faktoren entstandene positive Produkt die Motivation des Angestellten, etwa sich an Weiterbildungsaktivitäten zu beteiligen.

Im folgenden werden drei Motivationstypen ausgewählt, bei denen davon ausgegangen wird, daß sie mehr oder minder bei allen Menschen vorhanden sind und daher auch im Arbeitsleben befriedigt werden wollen:

1. Die Leistungsmotivation

2. Die Anschlußmotivation

3. Die Machtmotivation

2.3.5.1 Leistungsmotivation

Bei der Leistungsmotivation geht es um die Auseinandersetzung mit einem Gütemaßstab von Leistung und der Chance, sich an diesem Maßstab zu bewähren. Ein Indikator hierfür ist die Höhe des Anspruchsniveaus als Widerspiegelung der Anforderungen, die eine Person an die eigene Leistungsfähigkeit stellt. Sie hängt eng zusammen mit den Erfolgs- und Mißerfolgserfahrungen, die ein Mensch in leistungsbezogenen Situationen in seinem Leben gemacht hat.

Zwei generelle Tendenzen lassen sich zunächst dabei feststellen. Es wird unterschieden zwischen

Erfolgsmotivation und Vermeidung von Mißerfolgen

a) Menschen, die durch die „**Hoffnung auf Erfolg**" motiviert sind und

b) Menschen, denen es bei der Übernahme von Aufgaben primär um die „**Vermeidung von Mißerfolg**" geht.

Sie lassen sich entsprechend in erfolgs- und mißerfolgsorientierte Personen klassifizieren. Durch diese Unterscheidung kann man (nach WEINERT 1987) erklären, warum gleiche Aufgaben ungleichen Anreizwert für unterschiedliche Personen haben.

Erfolgsmotivierte bevorzugen eher einen mittleren Schwierigkeitsgrad von Aufgaben, mißerfolgsorientierte Personen hingegen tendenziell sehr leichte oder sehr schwierige Aufgaben.

Es ist demnach nicht zu erwarten, daß die schwierigsten zu vergebenden Aufgaben von den Erfolgsmotivierten übernommen werden, da diese sich zwar hohe, aber erreichbare Ziele setzen, wohingegen sie unrealistische Ziele meiden. Personen, die Mißerfolge vermeiden möchten, sind bei ihrer Wahl der leichten Aufgaben entweder erfolgreich oder sie liefern bei der Wahl der schwierigsten Aufgaben das Alibi für ihr Versagen gleich mit.

Auch wenn diese generellen Aussagen mit Vorsicht zu genießen sind, könnten diese Erkenntnisse in der Praxis insofern von Nutzen sein, als eine realistische Einschätzung der Erreichbarkeit von Zielen ein wesentlicher Bestandteil des Projektmanagements sein sollte.

Leistungsmotivation kann aber auch zu negativen Konsequenzen für den einzelnen führen. Wenn extreme Leistungsmotivation z.B. zusammen auftritt mit extremem Rivalitätsverhalten, so kann dies dazu führen, daß Personen (nach FRIEDMAN 1974 auch „Typ-A"-Personen genannt) sich ihrer Umwelt gegenüber permanent ungeduldig, explosiv, aggressiv und unterdrückend verhalten. Dieses Verhalten wird auch als Bewältigungsstrategie eines Menschen in Situationen erklärt, die er als bedrohlich erlebt.

Für die erfolgreiche und angenehme Zusammenarbeit in Teams sind u. a. weiterhin die zwei weiteren Motive ausschlaggebend:

2.3.5.2 Anschlußmotivation

Anschlußmotivation meint, daß Menschen danach streben, mit anderen Menschen Kontakt aufzunehmen, der von beiden, dem Anschlußsuchenden und der Anschlußperson befriedigend, anregend und bereichernd erlebt wird.

Der Anschlußsuchende muß also seinen Kontaktwunsch zu erkennen geben und diesen für den anderen als attraktiv erscheinen lassen. Er muß außerdem dem anderen vermitteln, daß er ihn als gleichberechtigt respektiert und daß er selbst für den anderen auch als Anschlußperson zur Verfügung steht. Die Kontaktaufnahme hat dann kaum Chancen, wenn einer den anderen versucht zu manipulieren.

Menschen sind motiviert, Kontakt aufzunehmen

Verschiedene Autoren haben für das Anschlußmotiv im Prinzip eine ähnliche Klassifikation gewählt wie beim Leistungsmotiv, das wir im vorangegangenen Abschnitt behandelt haben.

Zunächst werden „Hoffnung auf Anschluß (kurz: HA)" und die „Furcht vor Zurückweisung (kurz: FZ)" unterschieden. Diese hat man nun für die Anschlußkonstellation über Kreuz nach ihrer Ausprägung miteinander kombiniert (siehe Abbildung 2.3-4):

HA hoch und FZ niedrig	der Anschlußmotivierte
HA niedrig und FZ hoch	der Zurückweisungsmotivierte
HA hoch und FZ hoch	der Konflikthaft-Anschlußmotivierte
HA niedrig und FZ niedrig	der Wenig-Motivierte

Abbildung 2.3-4: Hoffnung auf Anschluß und Furcht vor Zurückweisung

Situationen der Kontaktaufnahme - die sich beispielsweise über die Phase der Projektgruppenkonstituierung erstrecken kann - sollten durch den Projektleiter also durch ein offenes Zugehen auf die Teammitglieder gestaltet werden, so daß Mitglieder des Teams die Furcht vor Zurückweisung als unbegründet erleben.

2.3.5.3 Machtmotivation

Wie bei der Anschlußmotivation kann ein Machtmotiv eines Menschen nur in der Auseinandersetzung mit mindestens einem anderen Menschen wirksam werden. Er muß also auch beim anderen ein Motiv wecken, sonst würde jeder Versuch der Machtausübung verpuffen.

> **Macht** kann beschrieben werden als eine bereichsspezifische, asymmetrische Beziehung zwischen mindestens zwei Parteien, die ein Gefälle aufweist in den Dimensionen „soziale Kompetenz", „Zugang zu Ressourcen" und „Status" (SCHMALT 1979).

Hoch- und niedrig machtmotivierte Menschen

Generelle Aussagen im Umgang mit hoch und niedrig machtmotivierten Menschen sind kaum zu treffen. Eines läßt sich jedoch ähnlich wie bei der Leistungs- und Anschlußmotivation feststellen: Machtmotivation besitzt auch einen hohen Anteil von Vermeidungstendenz. Beispielsweise kann die Vermeidung von Gefühlen eigener Machtlosigkeit eine Rolle spielen. Daher werden hoch machtmotivierte Menschen in der Regel ungern kontrolliert: dabei könnten Unterlegenheitsgefühle ausgelöst werden. Andererseits könnte man vermuten, daß kaum ein Mensch von sich aus gerne kontrolliert wird. Dies trifft nach Meinung von verschiedenen Forschern aber nicht zu: niedrig machtmotivierte Menschen sind zufriedener, wenn sie sehr stark kontrolliert werden.

2.3.5.4 Motivationsförderung durch Aufgabenstellung

All diese bisher beschriebenen Motive können durch eine entsprechende Aufgabengestaltung angesprochen werden und sollten daher Bestandteil jeder Aufgabenplanung sein. Entsprechend den oben genannten Beispielen sollte der Leistungsmotivierte in der Aufgabe eine Herausforderung, der Anschlußmotivierte Kooperationsmöglichkeiten mit anderen Kollegen und der Machtmotivierte Dispositions- und Entscheidungsmöglichkeiten erkennen.

Aufgaben sollten motivationsfördernd sein

Die Arbeitsaufgabe sollte darüber hinaus für sich so gestaltet sein, daß aus ihr heraus eine Motivation entsteht bzw. durch sie die „Verhaltensbereitschaft" aktiviert (vgl. Kap. 2.3.2.) werden kann. Arbeitsmotivation im Sinne von intrinsischer Motivation und **Aufgabenorientierung** kann zusammenfassend nur unter folgenden Voraussetzungen entstehen:

2.3 Motivation

Die motivationsförderliche Aufgabe sollte (nach FREI 1996):

- für sich genommen einen Sinn machen
- einen Bezug zur Hauptaufgabe (der Gruppe etc.) haben
- selbständig zu organisieren, auszuführen und zu kontrollieren sein
- Selbständigkeit und Zusammenarbeit in einem ausgewogenen Verhältnis zulassen
- in Abhängigkeit der jeweiligen Person weder zu einfach noch zu schwierig sein
- einen Lernanreiz bieten
- Monotonie und zu hohe Komplexität ausschließen
- einseitige körperliche oder geistige Beanspruchung vermeiden
- Entwicklungsmöglichkeiten beinhalten

Aufgabenorientierung bezeichnet also einen Zustand des Interesses und des Engagements seitens der Mitarbeiter, die durch bestimmte Merkmale der Aufgabengestaltung realisiert werden kann.

2.3.6 Motivationsförderliche Ansätze zur Arbeitsgestaltung

Job Rotation

Job Rotation meint die Möglichkeit des Arbeitsplatzwechsels zwischen gleichartigen Arbeitstätigkeiten. Dies ist der Fall, wenn eine Person z.B. an verschiedenen Maschinen bestückt. Ein aktuelles Beispiel ist die Teilzeitarbeit oder der Wechsel zwischen Linienarbeitsplatz und Projekt-Team-Mitarbeit. *Arbeitsplatzwechsel*

Dadurch soll die Arbeit abwechslungsreicher werden und Monotonie, Reizarmut und Streß für die Arbeitenden vermieden werden.

Job Enlargement

Mit Job Enlargement werden Arbeitstätigkeiten bezeichnet, die verschiedene Inhalte haben (z.B. drehen und schleifen). Diese Form der Arbeitsgestaltung hebt sich bezüglich des Anspruchs an eine motivationale Verbesserung nicht wesentlich von der letztgenannten ab. Der Unterschied besteht darin, daß die Arbeit lediglich **erweitert** wird, d.h. andere Tätigkeiten zu den bisher bereits ausgeführten hinzukommen. *Arbeitserweiterung*

Job Enrichment

Das Konzept des Job Enrichment (der Arbeitsanreicherung) sieht vor, Tätigkeiten in der Art zu gestalten, daß sowohl planende, vorbereitende als auch kontrollierende Teiltätigkeiten in die Gesamttätigkeit mit aufgenommen werden. Damit hebt sich dieses Konzept auch **qualitativ** von den beiden erstgenannten (Job Rotation, Job Enlargement) ab und setzt neue Maßstäbe für die Arbeitsgestaltung, da dem Menschen nicht nur ausführende Tätigkeiten überlassen bleiben, sondern er für die Aufgabenausführung verantwortlich gemacht wird. Dieser Zuwachs an Verantwortungsübernahme schlägt sich positiv auf die Motivation und mithin auf die **Persönlichkeitsentwicklung** nieder. Es wird in diesem Ansatz nämlich davon ausgegangen, daß der Mensch sich nicht nur im Idealfall weiterentwickelt, sondern daß es dem Wesen des Menschen entspricht, sich zu entwickeln und sich an kooperativen Prozessen zu beteiligen. *Arbeitsanreicherung*

(teilautonome) Gruppenarbeit

Gruppenarbeit Die oben besprochenen Gestaltungsansätze gehen in der Praxis häufig in der Gruppenarbeit auf. Da aber Gruppenarbeit mehr als nur das Zusammenarbeiten - etwa eines Teams in einem Raum - bedeutet und zu einem eigenen Konzept entwickelt wurde, wird dies kurz dargestellt.

„Mit Gruppenarbeit wird eine Arbeitsform bezeichnet, bei der mehrere Personen gemeinsam eine Aufgabe bzw. einen Aufgabenbereich bearbeiten. Dabei wird unterstellt, daß die betroffenen Personen sich als Gruppe verstehen, in aufgabenbezogener Interaktion stehen und Interessen haben, denen durch die Gruppenarbeit entsprochen wird" (ALIOTH 1981). Jedes Mitglied der Gruppe besitzt eine eigene Rolle (z.B. durch die unterschiedlichen Aufgaben).

Ein frühes Beispiel hierfür sind die Reorganisationsmaßnahmen von Volvo im Jahr 1974, die konsequenterweise auf stark arbeitsteilige Fließbandarbeit verzichtet und sämtliche Montagebereiche der Verantwortung von Arbeitsgruppen unterstellt hatten.

Zusammenfassend zeichnen sich teilautonome Arbeitsgruppen durch die folgenden Merkmale aus (nach DENISOW 1996):

- kollektive Selbstregulation
- Aufgabenvollständigkeit
- abgeschlossener Aufgabenbereich zur Erledigung in eigener Verantwortung
- erweiterte Handlungs- und Entscheidungsspielräume (bzgl. Zeit und Mittel!)
- Integration von indirekten und planerischen Funktionen/ Dezentralisierung von Angestellten und anderen Spezialistenfunktionen
- intensiver Aufbau von Kooperations- und Kommunikationsstrukturen
- Rollenwechsel der Vorgesetzen vom Kontrolleur zum Moderator und Koordinator
- Anstieg der Arbeitsanforderungen
- Anstieg des Kompetenzentwicklungsbedarfes hinsichtlich der Problemlösung
- Abkehr von der Fließbandfertigung hin zu z.B. Montage- und Fertigungsinseln

Auch die Mitarbeit in Projektgruppen bietet eine Chance, mehrere dieser Funktionen und Vorteile zu nutzen.

2.3.7 Differentiell-dynamische Arbeitsgestaltung

Mit dem Menschenbild des „complex man" (vgl. Abschnitt 2.3.3) wird der Verschiedenheit der Menschen und ihrer Komplexität im Denken, Handeln und Fühlen Rechnung getragen. Wenn wir uns dessen bewußt sind, daß das, was für den einen gut ist, nicht zwangsläufig für den anderen gut sein muß, sollte dies auch bei der Arbeitsgestaltung berücksichtigt werden.

Um also die unterschiedlichen Werte, die Menschen haben, Fähigkeiten, Fertigkeiten, Ziele und Bedürfnisse zu berücksichtigen, sollten zwei weitere Gestaltungsprinzipen im Projektmanagement beachtet werden:

Die differentielle Arbeitsgestaltung

Arbeitsplätze sollten so gestaltet sein, daß Menschen zwischen verschiedenen Möglichkeiten wählen können, zum Beispiel: *Menschen sind unterschiedlich*

- Arbeitsplätze mit mehr oder weniger Verantwortung
- Arbeitsplätze, die mit unterschiedlicher Technik ausgestattet sind
- Arbeitsplätze, mit anspruchsvoller und weniger anspruchsvoller Arbeit
- Arbeitsplätze, an denen alleine oder mit anderen zusammen gearbeitet wird

Die Bedürfnisse können sich aber in bestimmten Lebensphasen verändern, so daß das, was gestern für einen Menschen noch gut war, nicht für alle Zeit Gültigkeit haben muß.

Die dynamische Arbeitsgestaltung

Das Prinzip der dynamischen Arbeitsgestaltung berücksichtigt die Entwicklung von Bedürfnissen, aber auch die Entwicklung von Fähigkeiten und Fertigkeiten etc. Es könnte ja der Fall sein, daß sich eine Person zu einem bestimmten Zeitpunkt an ihrem Arbeitsplatz mit weniger Verantwortung genau richtig eingesetzt fühlt, jetzt aber, da sie die an ihrem Arbeitsplatz ausreichend Kenntnisse erworben hat, gerne auch mehr Entscheidungsbefugnisse wünscht. Eine solche Entwicklung im Denken sollte als Chance für die Organisation wie für den Menschen selbst angesehen werden. Die Berücksichtigung des Wunsches nach Veränderung wird sich positiv auf die Motivation des Betroffenen auswirken. *Menschen entwickeln sich*

Projektorganisation und Projektarbeit in interdisziplinären Teams bieten Freiräume, sich flexibel auf die Verschiedenheit der Menschen einzustellen. Differentielle und dynamische Arbeitsgestaltung verlangen aber Freiwilligkeit der Betroffenen, z.B. auch freie Bewerbung um ausgeschriebene Stellen in betriebsinternen Projektteams. Die Arbeitsgestaltung sollte so weit wie möglich gemeinsam mit den Menschen, die es betrifft, realisiert werden.

2.3.8 Motivation durch Bedürfnisbefriedigung

In den vorangegangenen Abschnitten haben wir uns damit beschäftigt, wodurch Menschen motiviert sind bzw. motiviert werden können. In der Praxis werden ganz besonders zwei Ansätze aus den fünfziger und sechziger Jahren noch heute herangezogen, wenn es z.B. darum geht, ein Motivierungssystem in einer Organisation einzuführen und sich einen Ein- oder Überblick in die menschlichen Bedürfnisse zu verschaffen. Zum einen ist dies der Bedürfnishierarchieansatz von Maslow und die „Zwei-Faktoren-Theorie" von Herzberg.

2.3.8.1 Die Bedürfnispyramide

Zu den bekanntesten Motivations-Ansätzen zählt die der "Bedürfnispyramide" von Maslow (MASLOW 1954). Die Bedürfnispyramide (vgl. Abbildung 2.3-5) gruppiert bildlich fünf Klassen von menschlichen Bedürfnissen, die in einer definierten Hierarchie zueinander stehen. Die ersten vier Bedürfnisklassen nennt Maslow **Defizitmotive**, da diese nur bei Mangelzuständen und Störungen aktiviert werden, um nach dem Homöostase-Prinzip[2] einen Ausgleich zu schaffen (daher

---

[2] Homöostase-Prinzip bezeichnet die Tendenz von Organismen gegenüber ihrer Umwelt, ihr Gleichgewicht zu erhalten oder es bei Abweichungen wiederherzustellen. So versucht der menschliche Organismus z.B. trotz schwankender Außentemperaturen seine Körpertemperatur konstant zu erhalten oder bei Abweichungen (Fieber etc.) möglichst schnell wiederherzustellen.

auch Homöostase-Bedürfnisse genannt). Die fünfte Bedürfnisklasse dagegen hat nicht Ausgleich eines Defizits zum Ziel, sondern Wachstum und Selbstverwirklichung. Dieser Klasse werden demzufolge die **Wachstumsmotive** zugeordnet.

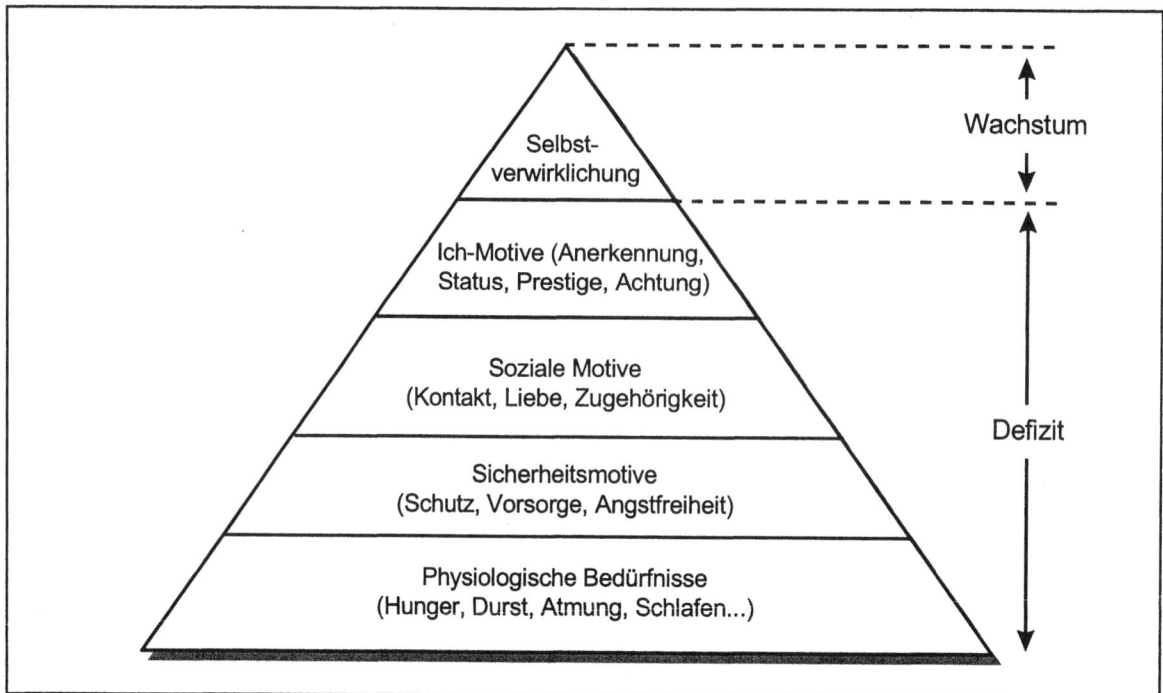

Pyramide mit Ebenen von unten nach oben:
- Physiologische Bedürfnisse (Hunger, Durst, Atmung, Schlafen...)
- Sicherheitsmotive (Schutz, Vorsorge, Angstfreiheit)
- Soziale Motive (Kontakt, Liebe, Zugehörigkeit)
- Ich-Motive (Anerkennung, Status, Prestige, Achtung)
- Selbstverwirklichung

Die untersten vier Ebenen sind mit "Defizit" gekennzeichnet, die Spitze mit "Wachstum".

Abbildung 2.3-5: Bedürfnispyramide (MASLOW 1954)

Hierarchie von Bedürfnissen

Maslows Theorie entsprechend streben die jeweils unteren Bedürfnisse zuerst nach Befriedigung, da sie die mächtigeren sind. Erst wenn die Bedürfnisse der unteren Klasse befriedigt seien, werde die nächst höhere Klasse aktiviert. Wird die Befriedigung der nächst höheren Klasse jedoch durch die situativen Bedingungen verweigert, erfolgt ein Rückschritt auf die jeweils untere Ebene. Während die unteren vier Bedürfnisklassen jeweils nacheinander befriedigt werden müssen, sind Wachstumsmotive (fünfte Klasse) nie gänzlich zu befriedigen und daher für stete individuelle und gesellschaftliche Entwicklung „verantwortlich". Im Arbeitszusammenhang wird z.B. der Gewährung eines größeren Handlungsspielraumes Anreizcharakter zugeschrieben.

Es hat sich gezeigt, daß dieses Modell nicht auf alle Menschen zu übertragen ist. Menschen gewichten ihre Bedürfnisse sehr unterschiedlich. So kann für einen die Befriedigung sozialer Bedürfnisse den höchsten Wert haben, für einen anderen die Selbstverwirklichung. Es ist bekannt, daß Menschen bereit sind zu hungern, mit dem Ziel etwas zum Ausdruck zu bringen. Dennoch kann das Modell der Bedürfnispyramide Hilfen für einen Projektmanager bieten.

- Bezüglich der sozialen Motive kann er z.B. Einfluß darauf ausüben, wie die Projektgruppe zusammengesetzt wird (unterschiedliche Charaktere, die zueinander passen etc.) und ein Wir-Gefühl durch die Betonung des gemeinsam anzustrebenden Projektziels erzeugen.

- Bezüglich der Ich-Motive kann er z.B. bei der Aufgabenverteilung darauf achten, daß einige Teammitglieder wegen ihres Status' anderen gegenüber weder bevorteilt noch benachteiligt werden und für ein respektvolles Miteinander sorgen.

- Bezüglich der Selbstverwirklichung hat er die Möglichkeit, sich im Sinne der Aufgabenorientierung und der differentiell-dynamischen Arbeitsgestaltung so auf die einzelnen Teammitglieder einzustellen, daß er weiterer „Motivierungstricks" nicht bedarf.

Damit kann er Arbeitsbedingungen schaffen, die aus sich heraus („intrinsisch") motivieren.

2.3.8.2 Die Zwei-Faktoren-Theorie der Motivation

Ein weiterer Ansatz zur Erklärung von Motivation ist die "Zwei-Faktoren-Theorie der Arbeitszufriedenheit" (HERZBERG, MAUSER, SUYDERMANN 1959).

Sie unterscheidet zunächst zwischen Bedingungen im Arbeitsleben, die zufrieden machen ("Motivatoren") und solchen, die Unzufriedenheit allenfalls verhindern können ("Hygienefaktoren"). Während sie die Motivatoren in den Arbeitsinhalten wie einer herausfordernden Aufgabe, ganzheitlichen Problemlösungen in Zusammenarbeit mit Kollegen und Verantwortungsübernahme lokalisiert, fand sie die sogenannten "Unzufriedenheitsmacher" in Umgebungsbedingungen wie Klima im Betrieb, Lohn und auch Beziehungen zu den Vorgesetzten. Sie ging also davon aus, daß die Unzufriedenheitsmacher keinesfalls - auch bei hoher Ausprägung nicht - Arbeitszufriedenheit bewirken können. Sie sind allerdings notwendige Bedingungen, die ohnehin gegeben sein müssen, um Unzufriedenheit und Resignation etc. zu verhindern. Dagegen bietet die Beschäftigung mit den „Zufriedenheitsmachern", den Motivatoren, die Grundlage für Gestaltungsansätze zur Erhöhung der Motivation. Der Begriff „Hygienefaktoren" aus der Gesundheitslehre veranschaulicht dies um so deutlicher, als Hygiene nur Krankheiten verhindern kann, nicht aber für den Heilprozeß eine hinreichende Bedingung darstellt.

Motivationsfaktoren und Hygienefaktoren

Wie Arbeitsmotivation entstehen kann:	
„Arbeitsumgebung"	**„Arbeitsinhalte"**
äußere Arbeitsbedingungen	Tätigkeit selbst
Beziehungen zu Arbeitskollegen und zu den Vorgesetzten	Möglichkeit, etwas zu leisten
Firmenpolitik und Administration	Möglichkeit, sich weiter zu entwickeln
Entlohnung einschließlich der Sozialleistungen	Möglichkeit, Verantwortung zu übernehmen
Krisensicherheit des Arbeitsplatzes	Aufstiegsmöglichkeiten
„Hygienefaktoren"	**„Motivatoren"**
wenn +: verhindern Unzufriedenheit	wenn +: motivieren zu Leistung
wenn - : erzeugen Unzufriedenheit	wenn - : demotivieren

Abbildung 2.3-6: Entstehungsbedingungen der Arbeitsmotivation

Projektmanager müßten demnach einerseits die Aufgaben z.B. so strukturieren, daß

- jedes Teammitglied eigene Verantwortungsbereiche delegiert bekommt;
- die Tätigkeiten etwas Neues enthalten, was die einzelnen Mitarbeiter noch nicht in dieser Form selbständig bearbeitet haben und sie zu Leistung **motiviert**;
- Mitarbeiter zusammen arbeiten können;
- die Gestaltung des Arbeitsumfeld Unzufriedenheit verhindert, (z.B. Gestaltung des Gruppenraumes durch das Team etc.).

Die Theorie der hierarchischen Bedürfnisbefriedigung und die „Zwei-Faktoren-Theorie" betonen beide die Bedeutung der Befriedigung bestimmter Bedürfnisse zur Entstehung von Zufriedenheit in der Arbeitswelt als Resultat und Voraussetzung für Motivation. Eine problematische Form der „Zufriedenheit" wird nun noch zum Schluß behandelt.

2.3.9 Enttäuschungen als Demotivatoren

Erfahrungen beeinflussen Motivation

Wir alle kennen aus dem Privaten oder dem Arbeitsbereich Aussagen wie z.B. „man kann zufrieden sein, daß es einem nicht schlechter geht" oder „ich bin zufrieden, wenn ich bei der Arbeit meine Ruhe habe" etc. Solche Aussagen sollten den Projektleiter mißtrauisch stimmen. Sie sind nämlich häufig ein Signal dafür, daß die Betreffenden nicht tatsächlich zufrieden sind, sondern daß sie das Anspruchsniveau, das sich die Person selbst gesetzt hat, gesenkt haben.

Werden jahre- bzw. jahrzehntelang Erfahrungen gemacht, daß man gewisse Wünsche und Ansprüche, die mit der Arbeit verbunden sind, nicht realisieren kann, tendieren viele Menschen dazu, sich auf niedrigerem Niveau mit den vorgefundenen Bedingungen zufriedenzugeben. Durch das andauernde Erlebnis, Ziele und Wünsche in der Arbeit nicht umsetzen zu können, wird die Konzentration dementsprechend auf die äußeren, außerhalb der Arbeit gelegenen Faktoren verlagert. Im Extremfall können massive Enttäuschungen zur inneren Kündigung führen (BRUGGEMANN 1974).

Innere Kündigung

Innere Kündigung beschreibt einen Zustand und einen Prozeß, in dem sich Menschen von der engagierten Arbeit abwenden, da sie keinen Sinn mehr darin sehen, sich mehr als nötig zu verausgaben. Sie versuchen nicht mehr, ihre Situation zu verändern und lassen in der Regel auch niemanden an sich heran. Für sie ist der Fall abgeschlossen. In diesem Zustand ist es sehr schwierig, die Situation von außen zu verändern. Um die Gründe für einen solchen Rückzug zu erfahren, bedarf es selbstverständlich der Kommunikation.

Möglichkeiten für Projektleiter und Vorgesetzte, die Betroffenen wieder zu motivieren, liegen in der oben beschriebenen Art der Aufgabengestaltung, der Herstellung des Gleichgewichts von „Ertrag und Leistung" und in einer emphatischen Zuwendung zum Betroffenen („ansprechen und zuhören"!).

Sprenger empfiehlt in solchen Fällen nicht Motivationsgespräche, in denen herausgefunden werden soll, wie man die Betroffenen wieder motiviert, sondern **„Demotivationsgespräche"** zu führen, durch die gemeinsam geklärt werden kann, wodurch die Personen überhaupt demotiviert wurden. Anschließend gilt es Wege zu finden, wie die blockierte Energie wieder freigesetzt werden kann.

„Zufriedenheit" der Mitarbeiter kann also nicht in jedem Fall Anlaß zur „Zufriedenheit" des Managements geben. Sie kann im Vorfeld von Reorganisationsmaßnahmen ebenfalls ein Hinweis auf „systembewahrende Kräfte" im Unternehmen sein, die durch Einbezug in die Maßnahmen erst ihre Chancen und eigenen Ziele entdecken und entwickeln müssen.

In Zusammenhang mit Reorganisationsmaßnahmen sei auf einen ähnlichen Effekt hingewiesen (FREI 1996, S. 133 ff): Wurden die Mitglieder einer Organisation durch Information über anstehende Veränderung, Aushandeln von Zielen etc. für Veränderungsziele gewonnen, muß der Prozeß - ohne Überstürzung - permanent in Gang gehalten, Veränderungsaktivitäten umgesetzt und transparent gehalten werden, Teilschritte ausgewertet und notfalls modifiziert werden, damit die Beteiligten nicht durch hochgesteckte Ziele und überzogene Erwartungen in Resignation und Passivität verfallen. Die Betroffenen müssen das Gefühl der Kontrolle über den Veränderungsprozeß behalten, damit ihr aus der Veränderungsbereitschaft entwickeltes Veränderungsbedürfnis befriedigt wird.

Zusammenfassung

Das Thema Motivation bzw. Motivierung hat für die betriebliche Praxis einen zentralen Stellenwert. Es galt aufzuzeigen, wie unterschiedlich und komplex Motive von Menschen sein können, die sich ihrerseits bekanntermaßen ja selbst durch Unterschiedlichkeit und Komplexität auszeichnen. Dies wurde durch die Darstellung der verschiedenen Menschenbilder und ihrem Einfluß auf die „motivierende" Arbeitsgestaltung veranschaulicht. Es lassen sich verschiedene Motive voneinander abgrenzen, die jedoch keine allgemeingültigen Rezepte der Motivierung erlauben. Vielmehr gibt es Möglichkeiten, die in der Aufgabe selbst liegen, motivationsförderliche Bedingungen herzustellen. Des weiteren werden diejenigen Konzepte erfolgreicher sein, die die Individualität von Menschen und ihre Entwicklungsfähigkeit berücksichtigen. Die in der Praxis angewandten Ansätze sind darauf hin zu prüfen. Fehlende Motivation ist in der Regel eine Demotivation, die aus Enttäuschungen, unerfüllter Erwartungen etc. herrührt. Daher ist der Weg zurück zur Motivation nur über die Gründe vorausgegangener Demotivation zu finden.

Für das Studium des Projektmanagements sollte dieses Kapitel als Überblickswissen dienen. Auch wenn der Praktiker sich oftmals eindeutigere Motivierungsmodelle wünschen mag, so sei hier abschließend darauf hingewiesen, daß die Motivationsforschung zwar sehr detaillierte theoretische Modelle anbietet, die aber leider viel zu selten für die Praxis direkt nutzbar sind. Dies ist jedoch auch dem vielschichtigen Phänomen menschlichen Denkens und Handelns geschuldet.

Zur Vertiefung der Inhalte sei die im Anschluß genannte Literatur empfohlen, auf die sich der Kapiteltext bezieht.

Literatur

ADAMS, J. S. (1963). Towards an understanding of inequity. Journal of Abnormal and Social Psychology, 67, 422-436

ALIOTH, A., Ulrich, E.: Gruppenarbeit und Mitbestimmung. In: Stoll, F. (Hrsg.): Die Psychologie des 20. Jahrhunderts Bd. 12: Anwendungen im Berufsleben, Zürich, Kindler, 1981

BRUGGEMANN, A. (1974). Zur Unterscheidung verschiedener Formen von Arbeitszufriedenheit. Arbeit und Leistung 28, S. 281-284

DENISOW, K.; Glowitz, F. (1996). Personalentwicklungsstrategien bei der Einführung von Gruppenarbeit. QUEM – Qualifikations-Entwicklungs-Management, Berlin 1996

FREI, F. et al. (1996). Die kompetente Organisation. Qualifizierende Arbeitsgestaltung - die europäische Alternative. 2. Auflage. Zürich: Verlag der Fachvereine

FRIEDMAN, M.; Rosenman, R.H. (1974). Type-A behavior and your heart. New York: Knopf

HERZBERG, F., Mausner, B.; Snyderman, B. (1959). The Motivation to Work. Newy York: Wiley

HECKHAUSEN, H. (1989). Motivation und Handeln. Berlin; Heidelberg; New York u.a: Springer

LEWIN, K.: Resolving social conflicts. New York 1948

MASLOW, A. (1954). Motivation and Personality. New York: Harper & Row

MAYO, E.: The Human effect of mechanisation. Paers and Proceeding of the 42th Annual Meeting of the American Economic Association Vol. XX, Nr. 1, S. 156-176, 1933

MC GREGOR, D. (1960). The Human Side of Enterprise. New York: Mc Graw-Hill

MOLT, W., Rüttinger, B.; Rosenstiel, L. v. (1974). Motivation wirtschaftlichen Verhaltens. Stuttgart: Kohlhammer

NEUBERGER, O. (1978). Motivation und Zufriedenheit. In: A. Mayer (Hrsg.). Organisationspsychologie. Stuttgart: Poeschel, S. 201-235

ROETHLISBERGER, F., Dickson, W.: Management and Worker. Cambridge, Mass. Harvard University Press, 1939

SCHMALT, H.-D. (1979). Leistungsthematische Kognitionen II: Kausalattribuierungen, Erfolgserwartungen und Affekte. Zeitschrift für experimentelle und angewandte Psychologie, 26, S. 509-531

SPRENGER (1996): Mythos Motivation. Wege aus einer Sackgasse. Frankfurt/M./New York: Campus

TAYLOR, F.W.: Die Grundsätze wissenschaftlicher Betriebsführung, München, Oldenburg, 1913

ULICH, E. (1992). Arbeitspsychologie. 2. Auflage. Zürich: vdf; Stuttgart: Poeschel

WIENERT, A.B.: Lehrbuch der Organisationspsychologie, 2. Aufl., München, Psychologische Verlagsunion, 1987

WOTTAWA, H.; Gluminski, I. (1995). Psychologische Theorien für Unternehmen. Göttingen: Verlag für angewandte Psychologie

VROOM, V. (1964). Work and Motivation. New York: Wiley

Autorenportrait

Dipl.-Psych. Frank Glowitz

Frank Glowitz, Diplom-Psychologe, ist seit 1995 wissenschaftlicher Mitarbeiter bei der a&o research GmbH, einem arbeitspsychologischen und organisationswissenschaftlichen Forschungs- und Beratungsinstitut. Zu seinen Forschungsschwerpunkten zählen u.a. Personalstrategien, Kompetenzentwicklung und ökologisches Bewußtsein.

Abbildungsverzeichnis

Abbildung 2.3-1: Die fünf großen 'B' (nach SPRENGER 1995) 320

Abbildung 2.3-2: Motivationsstrategien 320

Abbildung 2.3-3: Menschenbilder und ihre Auswirkungen 323

Abbildung 2.3-4: Hoffnung auf Anschluß und Furcht vor Zurückweisung 328

Abbildung 2.3-5: Bedürfnispyramide (MASLOW 1954) 332

Abbildung 2.3-6: Entstehungsbedingungen der Arbeitsmotivation 333

Lernzielbeschreibung

Die Leser sollen einen Einblick in die gängigen, praxisrelevanten Motivationskonzepte erhalten und sie auf ihre Arbeitssituation übertragen können. Darüber hinaus sollen sie Möglichkeiten der praktischen motivationsförderlichen Gestaltungsansätze kennenlernen, um sie in der Projektarbeit nutzen zu können. Ein weiteres Lernziel ist es, selbstkritisch für den Umgang mit Menschen hinsichtlich der Motivierungsmöglichkeiten zu machen.

2.4 Soziale Strukturen, Gruppen und Team

von

Karin Denisow

Relevanznachweis

Der Erfolg der Projektarbeit hängt häufig davon ab, wie ganz unterschiedliche Menschen arbeitsteilig und doch gemeinsam als Gruppe die ihnen gestellte Aufgabe bewältigen. Für die begrenzte Dauer des Projektes muß ein soziales Gruppenklima in einer Weise organisiert und gesteuert werden, das Vielfalt zuläßt und die Erfüllung der Aufgabe bestmöglich sichert. Kooperation in einer Gruppe, um ein gemeinsames Ziel anzustreben, ruft immer wieder typische gruppendynamische Effekte hervor. Zu beobachten sind Leistungsansporn und Leistungsdruck, das Bedürfnis nach sozialer Nähe und Abgrenzung, Ermutigung und Angst durch die Gruppe, Innovation und Beharrung, Rollenerwartungen und Rollenzuschreibungen.

Je länger ein Projekt andauert, desto intensiver entstehen soziale Strukturen eines Teams. Diese gezielt auf eine optimale Aufgabenrealisierung auszurichten, ist eine entscheidende Aufgabe des Projektmanagers, unterstützt durch die Projektteam-Mitglieder.

Inhaltsverzeichnis

2.4.1 Entwicklung von Gruppen	**341**
2.4.1.1 Charakteristik einer Gruppe	341
2.4.1.1.1 Zielbildung	341
2.4.1.1.2 Gruppenzusammensetzung	342
2.4.1.2 Typische Phasen der Gruppenentwicklung	344
2.4.1.2.1 Auftauen	345
2.4.1.2.2 Gärung / Klärung	346
2.4.1.2.3 Arbeitslust und Produktivität	347
2.4.1.2.4 Ausstieg	347
2.4.2 Gruppendynamik	**348**
2.4.2.1 Leistungsfördernde Mechanismen der Gruppendynamik	348
2.4.2.1.1 Zusammenführen von Kräften	348
2.4.2.1.2 Gemeinsam Probleme lösen	349
2.4.2.1.3 Bestimmen und Entscheiden	350
2.4.2.1.4 Bedingungen für die Leistungsvorteile der Gruppe	351
2.4.2.1.5 Außenseiter- und Zuschauereffekt	351
2.4.2.2 Leistungsgefährdende Mechanismen der Gruppendynamik	352
2.4.2.2.1 Not invented here Syndrom (NIH) und gatekeeper-Funktion	352
2.4.2.2.2 Groupthink	353
2.4.2.2.3 Nachahmer und Neinsager	354
2.4.3 Soziale Strukturen innerhalb der Gruppe	**354**
2.4.3.1 Rollen in Gruppen	354
2.4.3.1.1 Rollen als Erwartungshaltungen	354
2.4.3.1.2 Formelle Rollen	355
2.4.3.1.3 Informelle Rollen	356
2.4.3.2 Status in Gruppen	357
2.4.3.2.1 Formeller Status	357
2.4.3.2.2 Informeller Status	357
2.4.3.3 Stereotype	358
2.4.4 Regeln in Gruppen	**359**
2.4.4.1 Aufstellen von eigenen Regeln	359
2.4.4.2 Hinweise zur Regelbildung	360
2.4.4.3 Ausgrenzung und Mobbing	362

2.4 Soziale Strukturen, Gruppen und Team

2.4.1 Entwicklung von Gruppen

2.4.1.1 Charakteristik einer Gruppe

Die Führung und Steuerung einer (Projekt-)Gruppe ist ein wesentlicher Faktor, der zum Gelingen oder Mißlingen eines Projektes beiträgt. Zunächst ist es wichtig, sich vor Augen zu führen, was eine Gruppe wirklich zu einer Gruppe macht, um davon ausgehend Gruppenphänomene, Einfluß- und Steuerungsmöglichkeiten zu diskutieren.

Eine Gruppe ist dadurch gekennzeichnet, daß

Was kennzeichnet die Gruppe?

- eine bestimmte Anzahl von Personen
- in direkter Interaktion
- über einen längeren Zeitraum
- bei Rollendifferenzierung
- gemeinsam geteilten Normen
- verbunden durch ein „Wir-Gefühl"

die gemeinsame (Projekt-) Aufgabe realisiert (ROSENSTIEL 1992). Im Mittelpunkt steht dabei die Notwendigkeit, daß die Gruppenmitglieder über die Aufgabe in direkter **Interaktion** stehen, weil unterschiedliche Fähigkeiten in die Realisierung der Aufgabe eingehen müssen. Die Gruppenmitglieder müssen miteinander kooperieren, kommunizieren und eine gemeinsame Aufgabe mit gemeinsamen Zielsetzungen besitzen.

2.4.1.1.1 Zielbildung

Der formale Zusammenschluß verschiedener Personen zu einer Projektgruppe ist erst der Beginn der **Gruppenbildung**. Dazu reicht allein der Sachbezug, d.h. die gemeinsame Aufgabe, noch nicht aus. Die einzelnen Gruppenmitglieder müssen zu der Überzeugung gelangen, daß gemeinsam geteilte Ziele und Annahmen vorliegen, so daß die gestellte Aufgabe zusammen besser bewältigt werden kann als in Einzelarbeit.

Projektleiter gehen häufig davon aus, daß bereits die Mitteilung des Themas des Projektes ausreicht, um diese gemeinsame Aufgabe zu definieren. Dies birgt zwei Gefahren:

- die Gefahr **unterschiedlicher Interpretation** der Aufgabe, die gebrochen ist durch die unterschiedlichen Assoziationen und Erfahrungen mit dem Thema (vgl. Kapitel 2.1)
- die Gefahr zu verkennen, daß ganz unterschiedliche **individuelle Bedürfnisse** mit der Projektzusammenarbeit verbunden werden.

Es empfiehlt sich deshalb:

1. Mitarbeiter für Projektgruppen so früh wie möglich in den Problemerkennungsprozeß einzubeziehen. Auf diese Weise gestalten sie die Phase der Problemerkennung und Zielerarbeitung mit und können ihre Probleme und Interessen deutlich machen. Später auftretende Reibungsverluste und Identifikationsprobleme werden vermieden.

Mitarbeiter einbeziehen

2. So früh wie möglich zu überlegen, wer von den Ergebnissen der Projektarbeit betroffen sein wird und wer als Experte die Projektarbeit unterstützen könnte. Davon sollte die Zusammensetzung der Gruppe vorrangig abhängig gemacht werden.

Betroffene und Experten möglichst früh einzubeziehen garantiert jedoch noch nicht, daß alle Projektgruppenmitglieder die gleichen Ziele verfolgen. Deshalb sollte mit der endgültigen Bestätigung der Projektgruppenzusammensetzung ein Abgleich der Aufgabe der Projektgruppe mit den Erwartungen (Wünschen) der Mitarbeiter erfolgen.

Ziele gemeinsam festlegen

Zunächst ist deshalb eine Verständigung über die **Zielsetzungen** in der Projektgruppe sinnvoll. Die Frage „Was wollen wir erreichen?" wird zunächst von den einzelnen Personen ganz individuell interpretiert. Gebrochen durch jeweils unterschiedliche Erfahrungen, Bedürfnisse, Fähigkeiten und Arbeitsweisen sowie Vorinformationen wird zunächst eher die Frage beantwortet „Was will ich erreichen?". Für eine solche Verständigung können Instrumente eingesetzt werden, die der Erfassung der Einzelmeinungen, unbeeinflußt durch die anderen Projektgruppenmitglieder, dienen. (z.B. Kartenabfrage und Auswertung mit Metaplan) (siehe Kapitel 3.9, 3.10).

Die Diskussion über diese jeweils individuell unterschiedlichen Verständnisse des Projektzieles führt dazu, daß Informationen über die einzelnen Personen ausgetauscht werden können, daß ein Abgleich der jeweiligen Interpretationen des Projektzieles erfolgt und auf dieser Basis gemeinsames Handeln vereinbart werden kann. Außerdem führt die offene Diskussion sowohl über die Vorstellungen, Erwartungen als auch über die Ängste und Zweifel der einzelnen Gruppenmitglieder dazu, daß individuelle Vorstellungen akzeptiert und gegenseitiges Vertrauen wächst. Dies muß sicher zu Beginn eines Projektes intensiv erfolgen, sollte jedoch regelmäßig wiederholt werden.

Damit sind **wichtige Fragen** angesprochen, die sich eine Projektgruppe immer wieder stellen muß:

- Gibt es gegenseitige Akzeptanz und Vertrauen in der Gruppe?
- Reichen die Informationen aus, die die Mitglieder der Gruppe übereinander und über das Projekt besitzen?
- Ist die gemeinsame Zielstellung klar und richtig?
- Funktioniert die Organisation der Arbeit? (vgl. LANGMAACK und BRAUNE-KRICKAU 1995, 65f.)

2.4.1.1.2 Gruppenzusammensetzung

Wer gehört in die Gruppe?

Gruppenzusammensetzung und Gruppendynamik hängen eng miteinander zusammen. Projektgruppen können nach ganz unterschiedlichen Kriterien und auf unterschiedliche Art und Weise zusammengesetzt werden.

Kriterien können sein:

- Erfahrungen, Kenntnisse, Fähigkeiten der Mitarbeiter
- Einstellungen und Verhaltens- bzw. Arbeitsweisen
- Sympathie, Ähnlichkeiten

Häufig gibt es in Unternehmen auch ganz **rationale Zwänge**, die zu der Zusammensetzung von Projektgruppen führen, z.B. die Notwendigkeit, bestimmte Funktionsträger oder Experten in einem Projektteam zusammenzuführen oder die Absicht, alle Fachbereiche durch ein Teammitglied vertreten zu haben. Somit wird nicht immer gewährleistet sein, daß die günstigsten Kriterien der Gruppenzusammensetzung erfüllt sind.

Die Art und Weise der Gruppenzusammensetzung wird im Normalfall eine Mischung von zielgerichteter Auswahl, zufälliger Zugehörigkeit, Anweisung und Abstimmung sein. Auch mit innerbetrieblicher Ausschreibung und freier Bewerbung liegen schon positive Erfahrungen vor.

Wir gehen also davon aus, daß sowohl hinsichtlich der Auswahlkriterien als auch Zusammensetzung der Gruppen häufig nicht das Wunschbild einer Gruppe entsteht. Deshalb ist es wichtig, sich ein Bild über den **Ausgangszustand** der Gruppe zu verschaffen, um die Entwicklung der Gruppe gezielt beeinflussen zu können.

2.4 Soziale Strukturen, Gruppen und Team

Bei der Begriffsbestimmung der Gruppe wurde gesagt, daß die direkte Interaktion der Gruppenmitglieder das wichtigste Kriterium für das Funktionieren der Gruppe darstellt. Insofern muß man sich bei der Überlegung über den Ausgangszustand der Gruppe ein Bild über die Möglichkeiten dieser direkten Interaktion verschaffen. Die direkte Interaktion ist in dem Maße umso besser möglich, wie sich die Gruppenmitglieder kennen und akzeptieren. Ein Modell zur Darstellung dieser gegenseitigen Wahrnehmungsmöglichkeiten ist das Johari-Fenster (INGHAM, LUFT 1991).

Andere und sich selbst erkennen

	Dem Selbst bekannt	Dem Selbst nicht bekannt
Anderen bekannt	**A** Bereich der freien Aktivität (Öffentliche Person)	**B** Bereich des blinden Flecks
Anderen nicht bekannt	**C** Bereich des Vermeidens und Verbergens (Privatperson)	**D** Bereich der unbekannten Aktivität

Abbildung 2.4-1: Das Johari - Fenster

Der **Bereich A** gibt an, in welchem Ausmaß Verhaltensweisen und Motivationen einem Gruppenmitglied selbst und den anderen Gruppenmitgliedern bekannt sind. Beispiel: Alle wissen (auch er selbst), daß ein Gruppenmitglied sehr zurückhaltend in Diskussionen ist, aber über sehr gute Ideen verfügt. Er wird deshalb häufig gezielt nach seiner Meinung gefragt. Er fühlt sich geachtet und akzeptiert.

Der **Bereich B** gibt an, was einem Gruppenmitglied selbst nicht bewußt ist, aber die anderen Gruppenmitglieder sehen können. Abgewehrtes, Vorurteile und nicht mehr bewußte Gewohnheiten gehören dazu. Beispiel: Es ist allen Gruppenmitgliedern (nur ihm selbst nicht) klar, daß ein Mitglied sich bei Kritik häufig beleidigt fühlt. Niemand möchte mehr mit ihm zusammenarbeiten. Er versteht es nicht und fühlt sich aus der Gruppe ausgegrenzt.

Der **Bereich C** umfaßt die Dinge, die andere nicht von dem einzelnen Gruppenmitglied wissen sollen. Beispiel: Ein Gruppenmitglied hat Probleme bei der Lösung mathematischer Aufgaben. Um dies zu verbergen, wendet er sich zur Unterstützung an einen Freund; jedoch nicht an ein Mitglied der Projektgruppe.

Der **Bereich D** stellt die Verhaltensweisen oder Motive dar, die weder das jeweilige Gruppenmitglied noch die anderen Gruppenmitglieder erkennen. Ihr Vorhandensein wird in Situationen deutlich, die unerwartet kommen und scheinbar „irrational" sind. Beispiel: Ein Gruppenmitglied hat Angst vor großen Frauen. Das ist weder ihm noch den anderen bewußt. Niemand kann sich erklären, warum eine Aufgabe nicht realisiert wird, bei der mit einer großen Frau zusammengearbeitet werden muß.

Je nach den Kriterien der Auswahl der Projektgruppenmitglieder und der Art und Weise der Entscheidungsfindung über die Projektgruppenzusammensetzung ist das Verhältnis dieser Bereiche zueinander unterschiedlich. In Gruppen, die ausschließlich nach fachlichen Kriterien ausgewählt oder die einer Gruppe direktiv zugeordnet wurden, werden die Bereiche B, C und D zu Beginn der Gruppenentwicklung großen Raum einnehmen; der Bereich A wird sehr klein sein.

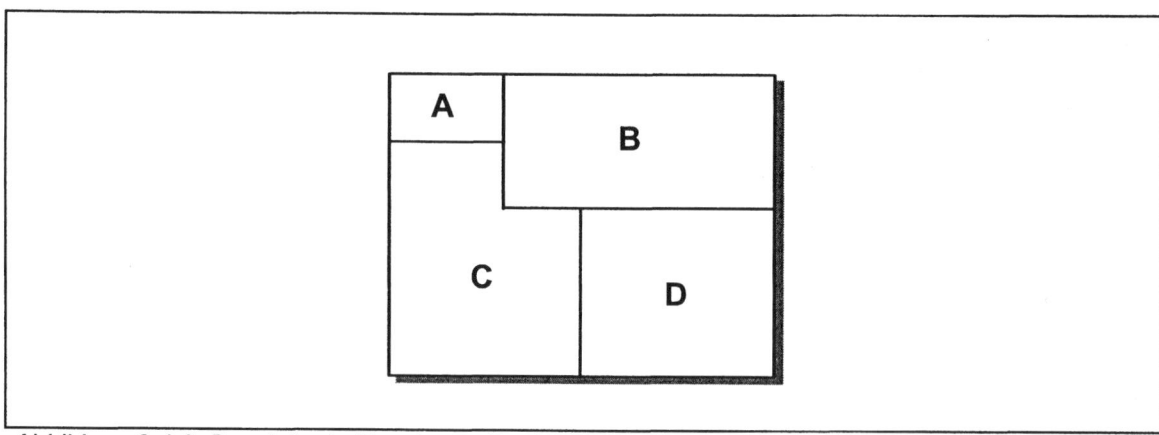

Abbildung 2.4-2: Das Johari - Fenster zu Beginn der Gruppenentwicklung

Das heißt, daß das Ausmaß spontaner und freier Interaktion bei der Aufgabenrealisierung noch sehr klein ist und eher Zurückhaltung, gegenseitiges Beobachten und Warten auf die Aktivitäten des Projektleiters vorherrschen. In Gruppen, die nach Ähnlichkeiten, Sympathie und demokratischen Verfahrensweisen zusammengesetzt wurden, wird zwar der Bereich A größer sein als in den anderen; dennoch werden auch hier zu Beginn der Arbeit in der Gruppe vielfältige Einflußmöglichkeiten auf die Vergrößerung des Bereiches A vorliegen.

Ziel der Gruppenentwicklung ist es, den Bereich A zu vergrößern, B und C zu verkleinern. Es gibt im Rahmen der Gruppenentwicklung wenig Möglichkeiten, den Bereich D zu verkleinern.

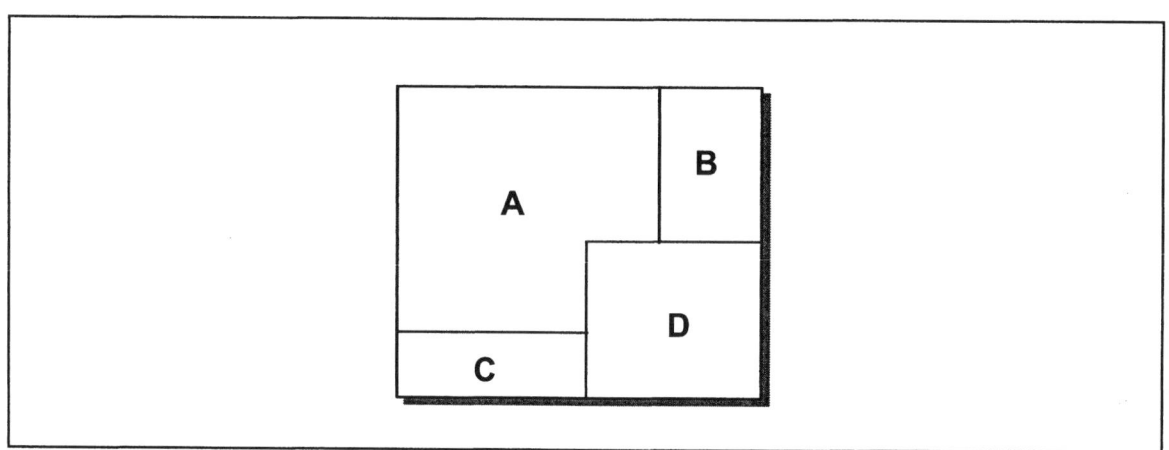

Abbildung 2.4-3: Das Johari - Fenster im Zuge erfolgreicher Gruppenentwicklung

Der **Projektleiter** kann diese Entwicklung fördern, indem er deutlich macht, daß er Vertrauen in die Projektgruppe hat und hohe Erwartungen in deren Leistungsfähigkeit setzt. An welchen Verhaltensweisen des Projektleiters wird das deutlich?

Er sollte hilfsbereit und freundlich sein, umgänglich, aber entschlossen. Er sollte Drohungen vermeiden und den Interessen, Erwartungen, Zweifeln und Ängsten der Mitarbeiter gegenüber aufgeschlossen sein. Mitarbeiter, die nicht sofort die in sie gesteckten Erwartungen erfüllen, sollten dabei unterstützt werden, ihre Aufgabe dennoch zu erfüllen. Dabei kann der Projektleiter auch auf die Kraft der Gruppe zurückgreifen.

2.4.1.2 Typische Phasen der Gruppenentwicklung

Das Verhältnis dieser Wahrnehmungsbereiche zueinander verändert sich im Verlaufe der Gruppenentwicklung. Damit verbunden ist eine Veränderung der sozialen Beziehungen innerhalb der Gruppe. Diese Beziehungsänderungen werden als **Gruppendynamik** bezeichnet.

2.4 Soziale Strukturen, Gruppen und Team

Gruppendynamische Prozesse weisen typische Phasen auf, die folgendermaßen bezeichnet werden (nach LANGMAACK, BRAUNE-KRICKAU 1995):

- Auftauen - Sich orientieren
- Gärung und Klärung
- Arbeitslust und Produktivität
- Ausstieg[1]

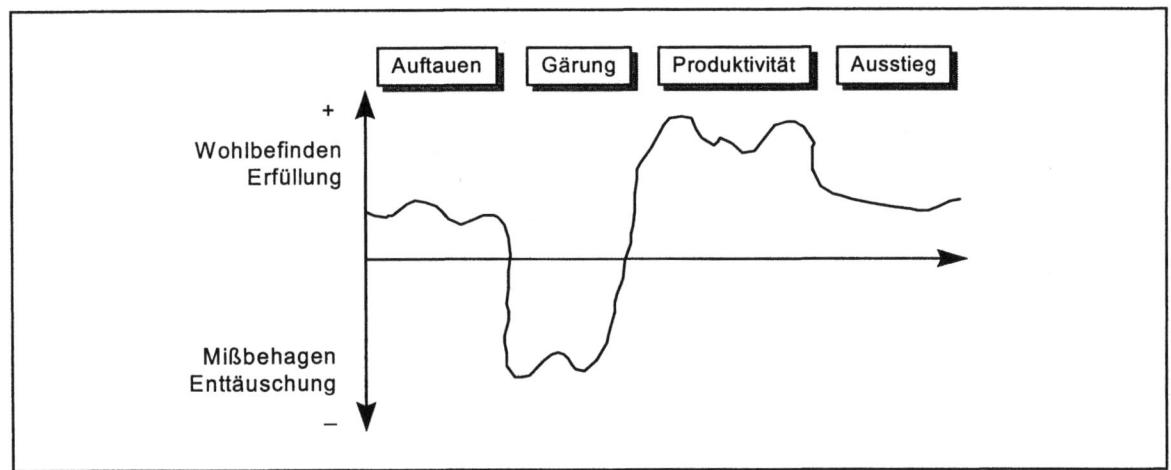

Gruppendynamische Prozesse beachten!

Abbildung 2.4-4: Phasen der Gruppenentwicklung

2.4.1.2.1 Auftauen

In der ersten Phase ist häufig erst einmal abwartendes Verhalten der Gruppenmitglieder zu beobachten.

Sie müssen sich auf der Sachebene über Aufgaben und Ziele verständigen, auf der Beziehungsebene erfolgt eine eher oberflächliche Etikettierung der anderen Gruppenmitglieder, um sich zunächst eine vorläufige Ordnung zu verschaffen. Es wird vorsichtig agiert (Vermeiden und Verbergen) und es sind viele Unsicherheiten vorhanden, wie denn die Gruppe in Zukunft funktionieren wird (Bereich der unbekannten Aktivität).

Auf Widerstände eingehen

In dieser Phase hat der **Projektleiter** die Aufgabe, Raum zu geben für gegenseitige Informationen über Erwartungen, Wünsche und Zielstellungen, für Darstellungen der unterschiedlichen ICHs. Wenn dies ermöglicht wird, erhalten alle Gruppenmitglieder die Möglichkeit, den anderen wahrzunehmen (Vergrößerung des Bereiches der freien Aktivität) und übereinander erste Feedbacks austauschen zu können (Verkleinerung des Bereiches des blinden Flecks).

---

[1] Als ein anderes Phasenmodell wird in der Sozialpsychologie auch die Abfolge des Forming (Gruppenbildung), Storming (Auseinandersetzung), Norming (Einigung auf gemeinsame Zielstellungen und Performing (Leistungserbringung) ausgeführt. (WITTE 1989, S. 443)

Der Projektleiter besitzt in dieser Phase eine unbestrittene Autorität; er ist der Helfende bei der gegenseitigen Orientierung der Gruppenmitglieder. Das heißt für ihn konkret, daß er zu Beginn des Projektes Möglichkeiten intensiver Kommunikation schaffen muß (häufige Projektgruppensitzungen). Er sollte diese so vorbereiten, daß sowohl ein intensiver Austausch über die Projektaufgabe und die Arbeitsorganisation im Projekt erfolgen kann als auch Möglichkeiten gegeben sind, sich kennenzulernen.

Dazu ist es hilfreich, immer wieder offene Fragen in die Gruppe zu geben (Wie, was, warum, wann ? ...) oder auch informelle Rahmen für Gespräche zu schaffen. (z.B. Projektauftakt im Restaurant, Einplanen längerer Pausen in den Projektsitzungen). Der Projektleiter sollte davon ausgehen, daß sich die dafür investierte Zeit in der Phase hoher Produktivität der Gruppe wieder „auszahlt".

2.4.1.2.2 Gärung / Klärung

Die Gruppenmitglieder beginnen dann, mehr von ihrem eigenen Ich zu zeigen. Der Zeit des gegenseitigen eher vorsichtigen Abtastens schließt sich die Phase offenerer Darstellung eigener Interessen, Zielstellungen und Erwartungen an.

Sich Zeit lassen Dies kann durchaus zu Konfrontationen führen, da immer sehr unterschiedliche Personen in einer Gruppe zusammenkommen. Es geht bei diesen Auseinandersetzungen um den Platz in der Gruppe, die einzunehmende Rolle, Status und Prestige. Diese Auseinandersetzungen finden meist auf der Sachebene statt, sind aber Ausdruck gruppendynamischer Prozesse. Das kostet zwar auch Zeit, da es oft mühselige Diskussionen um „Kleinigkeiten" und ein Ringen um Entscheidungen sind. Diese „Störungen" sollten jedoch sehr ernst genommen und einbezogen werden, da sie der Gruppenbildung dienlich sind.

Die Autorität des **Projektleiters** ist nun nicht mehr unbestritten, ihm wird häufig die Schuld für diese Prozesse zugeschoben. Er sollte jedoch nicht versuchen, diese Zeit der Konfusion und gegenseitiger Blockaden zu verhindern, indem er autoritär „durchgreift" und die Entscheidungen selbst trifft.

Dieses „Gären" ist ein entscheidender Prozeß der Gruppenentwicklung, weil sich einerseits die Gruppenmitglieder in ihrer Unterschiedlichkeit besser erkennen können und akzeptieren lernen. Andererseits bildet sich damit auch die Überzeugung, daß Regeln des Miteinanders und der Entscheidungsfindung zu vereinbaren sind und Rollen sowie Funktionen zu verteilen sind. Es beginnt das Verständnis, sich als Gruppe zu fühlen. Die Gruppe wird funktionsfähig und unabhängiger vom Handeln des Projektleiters. Immer mehr Bereiche freier Aktivitäten der Gruppenmitglieder werden erkannt, weil in diesen Auseinandersetzungen sehr viel Feedback erfolgt. Die Gruppenmitglieder sind herausgefordert, mehr von sich zu zeigen und ihre Potentiale zu aktivieren.

Das gemeinsame Durchleben dieser negativen Spannungen erzeugt letztendlich Nähe und ein **Zusammengehörigkeitsgefühl**. Projektgruppen müssen Wege finden, diese Gärungs- und Klärungsprozesse offen mit allen Gruppenmitgliedern auszutragen. Gibt es diese Gelegenheit nicht (z.B. weil der Projektleiter nur individuelle Klärungsgespräche durchführt), vollziehen sich die Prozesse im Hintergrund; es bilden sich informelle Bünde (Untergruppen); es gibt immer wieder „Frustdiskussionen" und der Projektleiter wird in seinen Fähigkeiten angezweifelt.

Es ist für den Projektleiter empfehlenswert, diesen Gärungs- und Klärungsprozeß in frühen Projektphasen (wie z.B. der Zielfindungs- und der Konzeptionsphase) zuzulassen und zu Ende zu führen, so daß das höchstmögliche Leistungspotential der Gruppe in der aufwendigsten, der Realisierungsphase, erreicht wird. Er sollte sich nicht scheuen, Verzögerungen in der Zielfindung und Konzeptionierung des Projektes zuzulassen. Die auf diese Weise gefestigte Gruppe wird alles daran setzen, die gesetzten Ziele und Termine der Realisierung auch einzuhalten.

2.4.1.2.3 Arbeitslust und Produktivität

Diese konfliktreiche und anstrengende Phase der Auseinandersetzung und des Aushandelns gemeinsamer Normen ist aber nur ein Schritt zum eigentlichen Ziel: der Erreichung der Leistungs- und Produktivitätsphase.

Das Erkennen der Unterschiede, der Stärken und Schwächen der Einzelnen führt zu der Überzeugung, daß die gestellte Aufgabe nur gemeinsam zu lösen ist, daß man voneinander lernen kann. Die Gruppe hat sich als soziale Organisation etabliert. Die Gruppenmitglieder konzentrieren sich nun fast ausschließlich auf die Sachaufgaben, die Kommunikation erfolgt ohne immer wiederkehrende „Mißverständnisse"; selbst komplizierte Sachverhalte werden konstruktiv diskutiert. *Arbeitsfähigkeit der Gruppe herstellen*

Im nun großen Rahmen der freien Aktivitäten entstehen immer wieder neue Ideen durch einzelne Gruppenmitglieder. Diese werden nun nicht mehr beargwöhnt, denn Rollen, Status und Beziehungen sind geklärt. Sie werden vielmehr als Bereicherung der Gruppe verstanden.

Der **Projektleiter** kann sich nun auf planende und beratende Funktionen „zurückziehen".

Sicherlich ist auch diese Phase der Gruppenentwicklung nicht frei von Konflikten und Stimmungsschwankungen. Die Gruppe hat jedoch gelernt, damit umzugehen, so daß deren Arbeitsfähigkeit nicht in Frage gestellt wird. Dennoch sollte auch in dieser Phase - wenn auch in größeren Zeitabständen als in den ersten beiden Phasen durch die Gruppe überprüft werden, ob die vereinbarten Normen noch „passen", ob sich nicht neue Konfliktfelder auftun und ob immer noch eine Paßfähigkeit zwischen den Sachaufgaben und ihrer psychosozialen Bewältigung besteht (Vgl. Rollen und Regeln, 2.4.3.1).

2.4.1.2.4 Ausstieg

Bei Projektgruppen ist die Auflösung der Gruppe „vorprogrammiert". Ist die Projektaufgabe abgeschlossen, hat die Gruppe ihren Sachbezug verloren.

Dennoch kommt es auch vor, daß eine Gruppe vorzeitig aufgelöst oder - häufiger - in ihrer Zusammensetzung verändert werden muß. Dies ist der Fall, wenn die Gruppe nicht in der Lage ist, neue Ziele, veränderte Bedingungen, andere Interessen der Mitglieder und neue Aufgaben zu bewältigen. Dies wird v.a. daran deutlich, daß die Anforderungen der Sachebene und die Möglichkeiten ihrer psychosozialen Regulierung nicht mehr übereinstimmen. Wenn die daraus resultierenden Spannungen nicht mehr aufgelöst werden können, erodiert die Gruppe. Der Bereich der freien Aktivitäten wird wieder kleiner, Vermeidungs- und Verbergungstendenzen treten auf, die Gruppe verliert ihre soziale Struktur. Dem kann zwar mit einer Veränderung der Gruppenzusammensetzung entgegengewirkt werden; dennoch sind dann wiederum die Phasen der Orientierung, sowie der Neuvereinbarung der gemeinsamen Normen zu vollziehen. *Jedes Projekt hat einen Abschluß*

Das Wissen um gruppendynamische Prozesse sollte den Projektleiter, aber auch die Teammitglieder, anregen, die Zielfindungs- und Konzeptionsphase des Projektes mit Maßnahmen zur Gruppenbildung, Konfliktaustragung und gegenseitigem Kennenlernen zu verbinden. Dann kann er sich auf seine Gruppe in der Leistungs- bzw. Realisierungsphase auch verlassen und erhält verläßliche Informationen zum Projektcontrolling. Die Auflösung der Gruppe ist dann die Chance der Eröffnung neuer Perspektiven, wenn gegenseitige Anerkennung deutlich gemacht werden kann und Fehler als Lernchancen für die Zukunft diskutiert werden.

2.4.2 Gruppendynamik

2.4.2.1 Leistungsfördernde Mechanismen der Gruppendynamik

Entfaltung von Potentialen

Nicht unumstritten ist die Behauptung, daß die Gruppenleistung mehr ist als die Summe der darin enthaltenen Einzelleistungen. In diese Zweifel mündet eine Reihe von Erfahrungen, die zeigten, daß bestimmte Leistungen durch Einzelpersonen in kürzerer Zeit und mit besserem Erfolg realisiert worden sind als durch Gruppen. Unter welchen Bedingungen kann eine Gruppe Potentiale entfalten, die durch Einzelpersonen nicht realisierbar sind?

Ein erstes Kriterium besteht in dem Typus von Aufgabe, der einer Gruppe übertragen wird. Es muß eine Aufgabe sein, die allein nicht zu leisten ist bzw. allein nicht die erwarteten Ergebnisse erbringen kann.

Hofstätter unterscheidet **drei Typen von Aufgaben**, die mit den Wirkungsmechanismen von Gruppen bei jeweiliger Beachtung der gruppendynamischen Prozesse besser zu realisieren sind als durch Einzelpersonen (HOFSTÄTTER 1986).

2.4.2.1.1 Zusammenführen von Kräften

Das sind erstens Aufgaben vom Typus des Tragens und Hebens, die in der Gruppe nach dem Prinzip der **Kräfte-Addition** realisiert werden. Es ist klar, daß der Transport eines Klaviers nicht durch einen Einzelnen bewältigt werden kann. Es bedarf der Unterstützung durch weitere Personen. Demgegenüber ist es nicht notwendig, weitere Personen zur Unterstützung heranzuziehen, wenn nur ein Stuhl transportiert werden muß. Es dauert länger (eine weitere Person muß gerufen werden, die erste wartet) und der Aufwand ist ein mehrfacher (Zeit mehrerer Personen).

Ergänzung unterschiedlicher Fähigkeiten

Für eine Projektgruppe muß das heißen, daß es zur Realisierung seiner Aufgaben der gegenseitigen Unterstützung und der Ergänzung unterschiedlicher Fähigkeiten und Kenntnisse bedarf. Insbesondere bei der Verteilung von Teilaufgaben im Projekt sollte aber auch bedacht werden, daß Unterstützungsleistungen stets mit einem erhöhten Koordinierungsaufwand verbunden sind. Deshalb müssen Aufgaben, die allein zu schaffen sind, auch durch einzelne Gruppenmitglieder erfüllt werden.

> Nicht jede Aufgabe kann in der Gruppe vorteilhafter gelöst werden als in Einzelarbeit.
>
> Dem erhöhten Aufwand muß ein entsprechender Nutzen gegenüberstehen.

Zusätzlich wirkt in der Gruppe der **Koaktionseffekt** (BAITSCH 1994). Diese Koaktionseffekte entstehen bereits, wenn mehrere Menschen in relativer Nähe mit dem Ausführen von Aufgaben beschäftigt sind (auch ohne eigentliche Kooperation). Sie arbeiten intensiver, als wenn sie diese Aufgaben in einer Einzelsituation ausführen müßten. Zur Unterstützung dieses Effektes empfiehlt es sich, Projektgruppen für die Realisierung ihrer gemeinsamen Aufgabe auch eigene Räumlichkeiten zur Verfügung zu stellen.

2.4.2.1.2 Gemeinsam Probleme lösen

Eine zweite Gruppe von Aufgaben, die in der Gruppe mit größerem Vorteil realisiert werden kann als in Einzelarbeit, sind Aufgaben des Suchens und Beurteilens. Bei ihnen wird das Prinzip des **Fehlerausgleichs** in der Gruppe wirksam. Beispielsweise ist es für mehrere Personen leichter, einen Ring auf einer Wiese zu suchen. Einige werden in eine völlig falsche Richtung gehen, aber einige werden sich dem richtigen Punkt schnell nähern. Die Richtigkeit des Weges wird deutlich, wenn der Ring gefunden ist. Dies ist das von allen akzeptierte Ergebnis (Ring gefunden).

Damit sind vor allem solche Problemlöseprozesse angesprochen, deren Ergebnis durch die Gruppe als falsch oder richtig anerkannt werden kann. Bei diesen Problemen kann eine Gruppe ganz unterschiedliche Lösungsvorschläge zusammentragen (Suchen) und sich, unter gemeinsamen Abwägen von Vor- und Nachteilen der jeweiligen Lösungsvorschläge, auf eine Vorgehensweise einigen (Beurteilen). Damit ist in höherem Maße gewährleistet, daß individuelle Einseitigkeiten (keine Fehler!) im Suchen und Beurteilen von Prozessen ausgeschaltet und eine von verschiedenen Gesichtspunkten aus geprüfte Lösung umgesetzt wird. Dies nennen wir **Kooperationseffekt** (BAITSCH 1994).

Durch den Projektleiter ist jedoch zu beachten, daß Gruppen in Beurteilungsprozessen zu Übereinstimmung neigen. Diese Konvergenzneigung ist um so größer, wenn die Überprüfung des gefundenen Urteils auf Stimmigkeit schwer oder gar nicht durchgeführt werden kann. Unter dem **Konformitätsdruck** lassen sich dann leicht einzelne Gruppenmitglieder durch die Urteile der Mehrheit beeinflussen, selbst wenn das Urteil den eigenen Überzeugungen und Werthaltungen widerspricht.

Gruppen neigen zur Konvergenz

Ebenso beachtenswert ist in Such- und Beurteilungsprozessen der gruppendynamische Effekt des **risky shift** (BAITSCH 1994). Das heißt, daß Entscheidungen, die in einer Gruppe fallen, häufig ein erheblich größeres Risiko enthalten als analoge Entscheidungen, die durch Einzelne gefällt würden.

Drei Möglichkeiten, durch den Projektleiter diese Gefahren zu reduzieren, seien im folgenden aufgezeigt:

1. Er kann bei Problemen mit keiner eindeutigen Beurteilungsmöglichkeit den Prozeß der Ideensuche und des Beurteilens trennen. Ideen können in der Gruppe gesammelt und verschiedene Alternativen durch einzelne Projektgruppenmitglieder unter unterschiedlichen Gesichtspunkten geprüft werden.

2. Er sollte bei Beurteilungsprozessen Störungen zulassen. Mit Zwischenbemerkungen, Körperhaltung oder Nebengesprächen wird häufig deutlich gemacht, daß andere Meinungen in der Gruppe vorhanden sind.

3. Es kann eine getrennte Risikoabschätzung jeweils in der Gruppe und durch einzelne Gruppenmitglieder vorgenommen werden. Ist die Gruppe auch nach diesem Prozeß der Meinung, das besprochene Risiko auf sich zu nehmen, dann spricht das für den Willen der Gruppe, durch gegenseitige Unterstützung und Kräfteausgleich eine erfolgreiche Umsetzung der Lösung anzustreben.

> Die gleichzeitige Bearbeitung falscher und richtiger Wege bei der Suche nach einer Lösung ist ein klarer Leistungsvorteil der Gruppe. Voraussetzung ist ein klarer Maßstab zur Beurteilung der gefundenen Lösungen. Konvergenzneigung in Gruppen und risky shift sollten dabei berücksichtigt werden.

2.4.2.1.3 Bestimmen und Entscheiden

Eine dritte spezifische Art von Gruppenaufgaben sind Aufgaben des Bestimmens oder Entscheidens. Damit ist die Frage des **Setzens von Leistungsmaßstäben**, von Normen und Regeln in der Gruppe angesprochen. Die Aufgabe des Bestimmens bzw. des Entscheidens ist darauf ausgerichtet, daß die Gruppe den Akt des Festlegens eigener Werte, Normen und Leistungsmaßstäbe selbst vollzieht.

Gruppen entscheiden schneller

Durch die Gruppe selbst getroffene Entscheidungen werden schneller und effektiver realisiert, weil sie mit verschiedenen Gruppenentwicklungen verbunden sind. (BAITSCH 1994).

1. In der Gruppe wird ein kollektiver Denkstil ausgebildet.

   Das beinhaltet die Gruppenentscheidung, welche Ereignisse, Prozesse und Informationen in der Projektarbeit einbezogen und wie sie interpretiert werden. Die von mehreren Projektgruppenmitgliedern relativ einheitlich vorgenommene Beschreibung und Interpretation von Phänomenen gibt Sicherheit, daß man mit seiner Meinung nicht alleine steht, Bestätigung findet und deshalb mit noch größerem Nachdruck die vorgenommenen Interpretationen verfolgt (z.B. wagen es Mitglieder von Gruppen häufiger, Arbeitsbelastungen anzusprechen, um sich selbst Sicherheit in der eigenen Interpretation der Belastungen zu verschaffen).

2. In der Gruppe stabilisiert sich Gruppenverhalten.

   Das Verhalten der Gruppenmitglieder wird reguliert. Abweichendes Verhalten wird sanktioniert, konformes Verhalten wird belohnt. In bezug auf das Leistungsverhalten entsteht deshalb die Situation, daß extreme Leistungsunterschiede nivelliert werden, so daß zwar weniger Spitzenleistungen erreicht werden, aber auch viel weniger schwache Leistungen.

3. Die Gruppenmitglieder engagieren sich für die Gruppe und fühlen sich ihr verpflichtet.

   Je spezifischer die Überzeugungen, Arbeitsweisen und Leistungen einer Gruppe sind, desto schwieriger ist der Zugang zu einer Gruppe. Je schwieriger der Zugang zu einer Gruppe ist, desto verpflichtender („ehrenvoller") ist die erreichte Mitgliedschaft. Die Projektgruppenmitglieder werden all ihre Möglichkeiten einsetzen, sich der Mitgliedschaft „würdig" zu erweisen, sie werden die vereinbarte bzw. die zur Erhaltung der Gruppenmitgliedschaft erforderliche Leistung freiwillig erbringen.

   Wenn zusätzlich von außen der Gruppe Anerkennung gewährt wird, werden die Mitglieder der Gruppe ihr Engagement weiter verstärken, die in der Gruppe bestimmten Merkmale, Normen und Regeln zu verstärken.

4. Es bildet sich Gruppenidentität heraus.

Die Interaktionen und Leistungen der Gruppe führen zu einem Bild der Gruppenmitglieder von ihrer Gruppe (Selbstbild) und zu vermuteten Vorstellungen darüber, wie die Gruppe von außen wahrgenommen wird (Fremdbild). Daraus entwickelt die Gruppe ihre Gruppenidentität und erhält sich diese über die Projektlaufzeit. Bezieht sich diese Gruppenidentität auch auf ein bestimmtes Leistungsniveau und Leistungsanforderungen, wirken die unter 1-3 genannten Dynamiken auf die Erhaltung einer hohen Leistungsbereitschaft und auf ehrlichen, offenen Umgang mit Abweichungen davon (z.B. im Projektcontrolling).

Häufig sind jedoch Projektleiter (wie auch andere Führungskräfte) der Meinung, Leistungsmaßstäbe selbst vorgeben und kontrollieren zu müssen. Damit wird jedoch die Wirksamkeit dieser Prozesse stark eingeschränkt.

> Insbesondere in schwierigen Situationen kann die Gruppe am besten über die Bewältigung dieser Situationen entscheiden. Der Projektleiter sollte die aktuelle Situation des Projektes offen darlegen und mit der Gruppe über neue bzw. veränderte Leistungsanforderungen oder -ziele sowie die zu deren Erreichung notwendigen Maßnahmen entscheiden. Die Gruppe wird Leistungsmaßstäbe bestimmen, die der Erreichung der Projektziele dienen.

Bestimmungs- resp. Entscheidungsleistungen von Gruppen bewirken eine Festigung der Gruppe wie aber auch umgekehrt gefestigte Gruppen solche Bestimmungsleistungen besser vollziehen können als instabile Gruppen. Dieser Fakt wird vor allem dann interessant, wenn es darum geht, daß die Umfeldbedingungen eine Erhöhung des Leistungsmaßstabes erfordern.

Gefestigte Gruppen, die über eine hohe Anziehungskraft für ihre Mitglieder verfügen, sind in der Lage, zum Überleben der Gruppe durch Vereinbarungen höherer Leistungen beizutragen. Es werden Energien mobilisiert, die ein Einzelner nicht hervorbringen würde. Außerdem wird dann auch der Gruppenvorteil beim Suchen und Beurteilen deutlich, weil die Gruppen dann Überlegungen anstellen können, wie der vereinbarte Maßstab am besten zu erreichen sei. Dies wird durch empirische Erfahrungen mit Gruppenarbeit bestätigt. Auch Lewin beobachtete bereits 1947, daß Verhaltensänderungen in Gruppengesprächen mit abschließenden Bestimmungsleistungen leichter zu erreichen seien als in Einzelgesprächen, in denen der Leiter dem Mitarbeiter bzw. einzelnen Mitarbeitern „gut zuredete" (LEWIN 1953).

2.4.2.1.4 Bedingungen für die Leistungsvorteile der Gruppe

Hofstätter spricht von drei Bedingungen, die notwendig sind für die Realisierung des aufgezeigten Leistungsvorteils der Gruppe.

Es ist erstens die Bedingung, daß in der Gruppe miteinander kommuniziert wird, also ein Ideen- und Meinungsaustausch stattfindet (**Kommunikationsbedingung**). *Kommunikation ermöglichen*

Zweite Bedingung ist die gegenseitige Akzeptanz der Gruppenmitglieder, d.h. sie müssen die Unterschiede anerkennen und gegenseitige Lernmöglichkeiten sehen (**Akzeptanzbedingung**). *Unterschiede erkennen*

Drittens muß die Unabhängigkeit der Gruppenmitglieder gewährleistet sein (**Unabhängigkeitsbedingung**). Jedes Gruppenmitglied muß die Möglichkeit haben, seine spezifischen Ideen, Einstellungen und Verhaltensweisen offen in die Gruppe einbringen zu können (vgl. „Neinsager" und „Nachahmer"). *Unabhängigkeit gewährleisten*

> Kommunikation, gegenseitige Akzeptanz und Unabhängigkeit der Gruppenmitglieder sind grundlegende Bedingungen für die Leistungsfähigkeit von Gruppen.

2.4.2.1.5 Außenseiter- und Zuschauereffekt

Eine Gruppe als eigenständiger sozialer Organismus kann sich nur dann von ihrer Umwelt unterscheiden, wenn sie ein eigenes Selbstverständnis entwickelt, das die Mitglieder der Gruppe teilen. Der Zusammenhalt der Gruppe (Gruppenkohäsion) ist auf der Sachebene durch die gemeinsame Aufgabe bestimmt. *Eigenes Selbstverständnis entwickeln*

Auf der psychosozialen Ebene ist die Gruppenkohäsion davon bestimmt, in welchem Maße die Gruppenmitglieder die vereinbarten sozialen Regeln und Rollenverteilungen akzeptieren und eine Übereinstimmung mit den eigenen Erwartungen und Interessen sowie denen der Gruppe empfinden. Es geht um die „gleiche Wellenlänge" der Gruppenmitglieder, um das „Ziehen am gleichen Strang".

Bedeutung der Gruppengeschichte

Die Erreichung des Gruppenzusammenhangs ist mit dem Schreiben einer eigenen (Gruppen-) Geschichte verbunden. Diese setzt sich zusammen aus Ereignissen, die mit gegenseitigem Kennenlernen, Konflikten, Bewältigung von Herausforderungen und symbolischen Akten verbunden sind. Der Projektleiter sollte Bedingungen dafür schaffen, daß solche gemeinsamen Ereignisse stattfinden können.

In stark kohärenten Gruppen nimmt die Notwendigkeit für Einigungsprozesse immer mehr ab. Das kann u.U. auch zu einem Mangel an Austausch und Kommunikation führen.

Ist jedoch in solchen Gruppen jemand vertreten, der extrem andere Meinungen vertritt und diese auch beibehält, so hat er in gefestigten Gruppen eher positiven Einfluß auf den Gruppenzusammenhalt. Verschiedene Experimente haben gezeigt, daß die Meinung dieser „Außenseiter" von diesen Gruppen zwar stark kommuniziert, aber meist abgelehnt wird (HOFSTÄTTER 1986, S. 93). Somit unterstützt ein solcher „Extremist" den Gruppenzusammenhalt und fördert den Meinungsaustausch der Gruppenmitglieder untereinander. Dieses Phänomen sollte im Umgang mit Außenseitern beachtet werden.

Veränderungsblockaden sind auch mit Hilfe des **Zuschauereffektes** (BAITSCH 1994) überwindbar. Dieser besteht darin, daß die bloße Anwesenheit eines anderen Menschen anregend wirkt und zur Veränderung einer in der Gruppe schon gewohnten Situation führt. Je nach Situation besteht diese besondere Anstrengung in erhöhter Leistungsbereitschaft, größerer Genauigkeit, größerer Sorgfalt, mehr Freundlichkeit usw. Insbesondere in Situationen mit Veränderungsblockaden sollte der Projektleiter versuchen, diesen Zuschauereffekt auch zu nutzen, indem fremde Personen eingeladen werden, die für den vom Projektleiter (und der Gruppe) erwünschten Veränderungseffekt am besten geeignet erscheinen.

> Außenseiter und fremde Personen können zur Festigung von Gruppen und zu ihrer Veränderung beitragen.

2.4.2.2 Leistungsgefährdende Mechanismen der Gruppendynamik

2.4.2.2.1 Not invented here Syndrom (NIH) und gatekeeper-Funktion

Stabile Gruppen werden überleben

Katz und Allen stellten fest, daß sich in stabilen Arbeitsgruppen die Tendenz entwickelt zu glauben, sie besäßen in ihrem Arbeitsbereich ein Wissens- und Könnensmonopol. Diese Tendenz steigt mit der Dauer der Gruppenexistenz. Das führt dazu, daß Informationen und Ideen, die von außen an die Gruppe herangetragen werden, zunehmend stärker abgelehnt werden. Sie bezeichneten dieses als **Not invented here Syndrom** (NIH). Durch NIH sinkt die Leistungsfähigkeit der Gruppe (KATZ 1982).

Zwar zeigte sich in den Untersuchungen von Katz und Allen, daß in diesen zeitstabilen Gruppen die projektinterne Kommunikation nicht zurückging und den Leistungsabfall bewirkte. Es gab vielmehr die Tendenz der Gruppenmitglieder, sich nach Möglichkeit von gruppenexternen Informationsquellen zu isolieren, insbesondere wenn von diesen Quellen eine kritische Bewertung der eigenen Arbeit erwartet werden konnte. Solche Tendenzen sind z.B. daran zu erkennen, daß Konferenz- und Bibliotheksbesuche eingeschränkt, neue Literatur und Zeitschriften ignoriert werden oder Desinteresse bei der Aufnahme von Expertenkontakten besteht.

Diese Tendenz verstärkt sich noch, wenn die Kommunikation nach außen durch ein einzelnes Gruppenmitglied oder gar nur den Projektleiter vorgenommen wird - in der sogenannten **gatekeeper-Funktion**.

Gruppen, in denen es eine solche gatekeeper-Funktion gibt, sind weniger erfolgreich als Gruppen, in denen die Kommunikation nach außen durch mehrere oder sogar alle Gruppenmitglieder wahrgenommen wird.

> Abgrenzungen der Gruppe nach außen sind überlebenswichtig für die Identität und Leistungsfähigkeit der Gruppe. Außenkontakte sollten jedoch durch möglichst viele Gruppenmitglieder wahrgenommen werden, damit die Grenzen zwischen der Gruppe und ihrer Umwelt durchlässig bleiben.

2.4.2.2.2 Groupthink

Ebenfalls blockierend wirkt ein Gruppenphänomen, das Janis als groupthink bezeichnet hat (JANIS 1972). Groupthink bedeutet, daß in einer Gruppe von Fachleuten erstaunliche und irrationale Entscheidungen getroffen werden.

In solchen Gruppen ist der Problemlöseprozeß überlagert von einem Gefühl der Unverwundbarkeit und einer Orientierung der Gruppenmitglieder auf Lösungen und Handlungen, die mit den Wünschen der Gruppenleitung übereinstimmen. Das führt dazu, daß mit den Gruppennormen und -auffassungen inkonsistente Informationen ignoriert oder abgewertet werden; konsistente Informationen werden jedoch überbetont.

Intraindividuell (d.h. bei jedem einzelnen Gruppenmitglied) wirkt in diesen Gruppen Selbstzensur bei der Wahrnehmung und Bewertung von Informationen sowie beim Äußern von Beiträgen. **Interindividuell** wirkt Gruppendruck zur Wahrung der Homogenität der Gruppe.

Das Phänomen groupthink tritt in Gruppen auf, die hoch kohäsiv und von anderen Informationsquellen abgeschlossen sind und in denen eine starke Gruppenleitung ganz offen bestimmte Lösungen favorisiert.

Groupthink beeinträchtigt die Leistungsfähigkeit der Gruppe. Mit folgenden Maßnahmen kann dem jedoch vorgebeugt werden (BAITSCH 1994):

Groupthink schwächt

1. Der Leiter sollte ausdrücklich zur Kritik auffordern.

2. Der Leiter und andere starke, wichtige Gruppenmitglieder sollen ihre Meinungen nicht zu früh äußern.

3. Wichtige Entscheidungen können in zwei Gruppen vorbereitet werden.

4. Mitglieder der Gruppe sollen das Problem mit anderen Nicht-Gruppenmitgliedern zuvor diskutieren.

5. Bestimmung eines Gruppenmitgliedes zum „advocatus diaboli", das im Problemlöseprozeß kompromißlos die Gegenmeinung zur Mehrheitsmeinung vertritt.

6. Die Gruppe sollte nicht ständig zusammenarbeiten. Zeitweilig sollten Untergruppen, auch in unterschiedlichen Zusammensetzungen, gebildet werden.

7. Nach Einigungsprozessen in der Gruppe sollte das Ergebnis noch einmal bewußt gänzlich in Frage gestellt werden.

2.4.2.2.3 Nachahmer und Neinsager

Die Leistungsvorteile der Gruppe können durch Gruppenmitglieder, die keine eigene Meinung äußern („Nachahmer") und durch prinzipielle Gegner („Neinsager") in Frage gestellt werden. Die Bedingung der Unabhängigkeit wird durch Nachahmer ebenso verletzt wie durch prinzipielle Neinsager. (HOFSTÄTTER 1986, S. 196)

Nachahmer sind nicht mehr unabhängig von der Meinung des anderen. Sie geben keine eigenen Ideen in die Gruppe, so daß ein Austausch (Kommunikation) über unterschiedliche Interessen, Anschauungen und Ideen nicht mehr stattfinden muß. Die Gruppe beraubt sich so ihrer Potenz, in Such- und Beurteilungsprozessen zu neuen Lösungen und Entwicklungsanstößen zu gelangen. Es findet keine Entwicklung mehr statt.

Prinzipielle Neinsager lassen keine unabhängigen Meinungen anderer Gruppenmitglieder und den Austausch darüber zu. Sie beeinträchtigen die Unabhängigkeit der anderen und akzeptieren deren Standpunkte nicht. Auch in diesem Falle ist kein gemeinsamer Such- und Beurteilungsprozeß zu realisieren, Bestimmungs- und Entscheidungsleistungen der Gruppe werden blockiert.

Nachahmen und Verneinen behindert die Gruppenentwicklung

Gruppen müssen erkennen, daß Nachahmen und prinzipielles Verneinen die Gruppenentwicklung behindern. Jedes Gruppenmitglied muß herausgefordert werden, seine eigene Meinung öffentlich zu machen und einen Beitrag zur Entscheidungsfindung der Gruppe zu leisten. Insbesondere Nachahmer sind sich ihrer negativen Wirkung auf die Gruppenentwicklung jedoch häufig nicht bewußt. Deshalb ist es notwendig, dies in der Gruppe zu besprechen und den Nachahmern die Möglichkeit zu geben, mehr über sich selbst und ihr eigenes ICH zu erfahren. Werden sie sich ihrer eigenen Wünsche und Zielstellungen stärker bewußt (Bereich der freien Aktivität), können sie einen eigenen Beitrag zur Gruppenleistung erbringen und tragen so zur Überwindung der Stagnation bei.

Neinsager sollten herausgefordert werden, sich in stärkerem Maße mit den Interessen und Zielstellungen der anderen Gruppenmitglieder auseinanderzusetzen. Dadurch kann Akzeptanz entstehen, die dazu führt, daß sich der Neinsager zunehmend an Abstimmungsprozessen innerhalb der Gruppe beteiligt.

2.4.3 Soziale Strukturen innerhalb der Gruppe

2.4.3.1 Rollen in Gruppen

Die Gruppe ist mehr als die Summe der einzelnen Persönlichkeiten, weil es zwischen den Menschen Beziehungen gibt. Antons spitzt daraus die Schlußfolgerung zu, daß die Gruppe das ist, was zwischen ihren Mitgliedern geschieht. Diese Beziehungen, die zwischen den Gruppenmitgliedern entstehen, unterliegen eigenen Gesetzmäßigkeiten, deren Kenntnis zu einer besseren Einschätzung von Gruppensituationen und den Potentialen von Gruppen führen kann (ANTONS 1992).

2.4.3.1.1 Rollen als Erwartungshaltungen

Mit der Bildung einer Gruppe beginnt ein Prozeß der gegenseitigen Orientierung der Gruppenmitglieder übereinander. Mit zunehmender Kenntnis der unterschiedlichen Persönlichkeiten entstehen Erwartungen, die man an den jeweils anderen hat. Diese sind jedoch nicht nur von den jeweiligen Persönlichkeitseigenschaften bestimmt, sondern werden auch ganz entscheidend von der Position geprägt, die der Einzelne in der Gruppe, z.B. durch die Aufgabenverteilung, erhält.

Diese Erwartungen, die die Mitglieder der Gruppe an das Verhalten der Inhaber jeweils unterschiedlicher Positionen stellen, wird als Rolle bezeichnet (ANTONS 1992, S. 97).

Mit dieser Begriffsbestimmung wird deutlich, daß sich die Positionsinhaber ihre Rollen nicht aussuchen können; sie werden mit den jeweiligen Erwartungen der anderen Gruppenmitglieder über diese Rolle konfrontiert.

2.4.3.1.2 Formelle Rollen

Die mit der Aufgabe verbundenen Rollen sind formeller Art und entweder in der Organisation bereits definiert (wie z.B. Geschäftsführer, Betriebsrat) oder definierbar. So kann z.B. die Rolle des Projektleiters in unterschiedlichen Projekten auch unterschiedlich festgelegt werden. Zur Vermeidung von unerwünschten Eingriffen von Linienvorgesetzten in die Projektarbeit sollten diese formellen Rollen und Zuständigkeiten vor Projektbeginn vereinbart werden. Dies ist insbesondere bei einer Matrix-Projektorganisation notwendig (vgl. Kapitel 4.1).

Formelle Rollen erleichtern den Umgang der Gruppenmitglieder untereinander. Sie führen zu einer Strukturierung der Gruppe. Die Gruppenmitglieder wissen, was sie vom Rolleninhaber erwarten können und der Rollenträger weiß, welche Erwartungen die Gruppenmitglieder an ihn haben.

Deshalb ist es in der Klärungsphase der Gruppe sehr wichtig, die Erwartungen der Gruppenmitglieder an die jeweiligen Rollenträger zu diskutieren und sich auf ein Rollenbild zu einigen. Geschieht dies nicht, kann es zu Diskrepanzen zwischen der Rollenwahrnehmung durch den Rollenträger und den Rollenerwartungen der Mitglieder kommen. Das führt zu Konflikten, Situationen von Enttäuschung und zu Zweifeln an der Arbeitsfähigkeit der Gruppe. *Erwartungen der Rollenträger klären*

Person und Rolle sind nicht identisch. Es gibt Personen, denen die ihnen zugewiesenen Rollen liegen und es gibt Personen, denen sie nicht liegen.

Wenn Rollen den jeweiligen Gruppenmitgliedern liegen, dann sind sie nah an den ihnen eigenen Interessen und Verhaltensdispositionen und hinter der Rolle „schimmert die Person durch". Für die anderen Gruppenmitglieder entsteht das Gefühl, daß der Rolleninhaber diese gern wahrnimmt und sehr viel von sich und seinen Möglichkeiten einbringt. Ähnliches passiert, wenn sich der Rolleninhaber mit seiner Rolle so stark identifiziert, daß Person und Rolle nicht mehr auseinanderzuhalten sind. „Der Kollege X geht in seiner Arbeit auf" oder „Er lebt für seine Arbeit" sind typische Wahrnehmungsmuster für eine solche Konstellation.

In dem Falle, daß eine Rolle der Person nicht liegt, gibt es mehrere Handlungsalternativen für die Gruppenmitglieder. Eine Möglichkeit besteht darin, daß sich das Gruppenmitglied an die Situation gewöhnt und aus zweckrationalen Gründen akzeptiert. Solche zweckrationalen Gründe können z.B. Einkommenssicherung oder die Gewährleistung harmonischer Beziehungen zu den Kollegen und Vorgesetzten sein.

Es kommt jedoch auch vor, daß sich Gruppenmitglieder den Rollenerwartungen nicht „ergeben" und gegen diese offen protestieren. Das führt immer zu eingeschränkter Teilnahme des Gruppenmitgliedes an der Gruppenleistung. Diese Verweigerungshaltungen können dann von Ausgrenzungen der betreffenden Mitglieder begleitet sein.

Damit sich möglichst viele Gruppenmitglieder mit ihren Rollen identifizieren können, sollten Projektleiter folgende Maßnahmen vorsehen:

1. Die Gruppe entscheidet über Verteilung von Aufgaben und Positionen.

2. Der Projektleiter macht deutlich, daß jede Position in der Gruppe von Bedeutung ist.

3. Bei Verweigerungshaltungen kann ein Rollenwechsel, z.B. bei Projektgruppensitzungen, erprobt werden.

2.4.3.1.3 Informelle Rollen

Neben der aufgabenbezogenen formellen Rollenverteilung vollzieht sich in den Gruppen auch eine informelle Rollenverteilung, die sich eher auf der psychosozialen Ebene vollzieht.

Wer spielt den Sündenbock?

Informelle Rollen beziehen sich auf die Erwartungen an den Beitrag der jeweiligen Gruppenmitglieder zum Funktionieren der zwischenmenschlichen Beziehungen in den Gruppe. Damit sind solche Rollen verbunden, wie z.B. Meinungsmacher, ausgleichendes Element, Vermittler, Sündenbock. Diese Rollenverteilung ist mehr oder minder deutlich, wird aber in den Gruppen meist nicht kommuniziert. Zur Beobachtung und zum stärkeren bewußten Durchdringen der informellen Rollenverteilung und Beziehungsgestaltung können folgende Aktivitäten in bezug auf die einzelnen Gruppenmitglieder erfaßt bzw. diskutiert werden (LUFT 1991, S. 43):

1. Zeigt Solidarität, hebt den Status anderer, hilft und belohnt
2. Zeigt eine Lösung von Spannung, scherzt, lacht, zeigt Befriedigung
3. Stimmt zu, zeigt passive Annahme, versteht, wirkt mit, willigt ein
4. Gibt anderen Hinweise, Anleitung, wobei er ihre Autonomie voraussetzt
5. Gibt seine Meinung, sein Urteil, seine Analyse bekannt
6. Gibt Orientierung, Information, Wiederholung, Bestätigung
7. Bittet um Orientierung, Information, Wiederholung, Bestätigung
8. Bittet um Äußerungen von Meinungen, Beurteilungen, Analyse, Gefühlen
9. Bittet um Hinweise, Anleitung, mögliche Aktionsweisen
10. Widerspricht, zeigt passive Ablehnung, Förmlichkeit, verweigert Hilfe
11. Zeigt Gespanntheit, bittet um Hilfe, zieht sich aus dem Feld zurück
12. Zeigt Feindseligkeit, mindert den Status anderer, verteidigt oder behauptet sich

Zur Interpretation:
- Die Punkte 1-3 weisen auf die Rolle des Vermittlers hin.
- Die Punkte 4-6 charakterisieren den aktiven Mitgestalter.
- Die Punkte 7-9 sind Zeichen für die Rolle des aktiven Mitmachers.
- Die Punkte 10-12 weisen Gruppenmitglieder aus, die sich im Gruppenverband nicht wohl fühlen, dennoch in ihm verbleiben wollen.

Bei der Anwendung dieser Checkliste sollte darauf geachtet werden, daß Gruppen unterschiedliche informelle Rollen brauchen. D.h. jede dieser Rollen hat ihre Berechtigung. Die Liste sollte auf keinen Fall „hinter dem Rücken" der Gruppenmitglieder mißbraucht werden. Werden diese Punkte jedoch offen kommuniziert, erhält die Gruppe die Möglichkeit, Verhaltensweisen zu diskutieren, die auf der informellen Rollenverteilung beruhen und möglicherweise zu Konflikten geführt haben.

Projektleiter können die Entstehung informeller Rollen nicht verhindern. Sie sollten versuchen, dieses Rollengefüge für die Realisierung der Projektaufgabe nutzbar zu machen. So können z.B. „Quertreiber" in Fachdiskussionen die Rolle des „advocatus diabolos" einnehmen, Vermittler auch Projektgruppensitzungen moderieren. So verdeutlichen sie gleichzeitig, daß sie die informellen Beziehungen kennen und in die Arbeit der Gruppe einbeziehen.

2.4 Soziale Strukturen, Gruppen und Team

Rolle und Person sind nicht identisch. Dies ist vor allem bei Beurteilungsprozessen über andere Gruppenmitglieder zu beachten. Es kommt häufig vor, daß Menschen als Persönlichkeit danach beurteilt werden, wie sie sich in ihrer Rolle verhalten. Das führt jedoch zu Fehlbeurteilungen bzw. fundamentalen Attributionsfehlern (nach ARONSON 1994). Diese resultieren daraus, daß das Verhalten der Menschen in ihren Rollen nur einen spezifischer Ausschnitt aus ihren vielfältigen Verhaltensdispositionen darstellt.

> *Es ist deshalb beispielsweise überhaupt nicht überraschend, daß ein angelernter Akkordarbeiter im Unternehmen „seine Stunden schrubbt" und in seiner Freizeit für die Finanzen eines großen Vereins verantwortlich sein kann. Dieser Mitarbeiter realisiert die ihm im Unternehmen zugewiesene Rolle: er hat die Aufgaben auszuführen, die ihm übergeben werden, und je schneller er das schafft, desto höher ist sein Einkommen. Mehr wird von ihm nicht erwartet. Eine Übernahme anderer Aufgaben, wie z.B. die Unterstützung eines Kollegen oder das Nachfragen beim Meister nach den betriebswirtschaftlichen Kenngrößen des Unternehmens, würde das vereinbarte Rollenverständnis eines Akkordarbeiters durchbrechen und das entstandene soziale System stören. Im Verein ist ihm die Rolle zugewiesen worden, Verantwortung für die Finanzen zu übernehmen, Vorschläge zu entwickeln und Entscheidungen zu treffen. Es ist ein und dieselbe Person, die aufgrund der an sie gestellten Rollenerwartungen ganz unterschiedlich handeln kann.*

2.4.3.2 Status in Gruppen

Das Zusammenspiel der Entwicklung von formellen und informellen Rollen in der Gruppe beeinflußt den Status der einzelnen Gruppenmitglieder.

Der **Status** ist das Ausmaß an Ansehen, was das einzelne Gruppenmitglied in der Gruppe genießt. Er hängt davon ab, in welchem Maße das einzelne Gruppenmitglied durch das Wahrnehmen der ihm zugewiesenen Rolle zur Entwicklung und Leistungsfähigkeit der Gruppe beiträgt.

Rollen beeinflussen den Status in Gruppen

Wie auch bei Rollen ist der Status viel weniger von den Persönlichkeitseigenschaften und Dispositionen der Menschen abhängig, als landläufig angenommen wird. So ist z.B. ein Gruppenmitglied, das nach gegenseitiger Übereinkunft ständig die unbeliebten Tätigkeiten ausführt ebenso angesehen, wie der Meinungsführer der Gruppe. Voraussetzung dafür ist, daß alle Mitglieder wissen, wie wichtig ihr Beitrag zum Erbringen der Gruppenleistung ist.

Der Status von Gruppenmitgliedern sinkt jedoch, wenn er aus der jeweiligen Stellung heraus versucht wird, anderen ihre Rolle streitig zu machen und die eigene Bedeutung den anderen gegenüber zu überhöhen. (Typische Aussage für ein solches Verhalten: „Wenn ihr mich nicht hättet, ginge gar nichts in der Gruppe").

2.4.3.2.1 Formeller Status

Den formellen Status vergibt die Gruppe mit der Zuerkennung von Funktionen und Aufgaben und mit offizieller Anerkennung. Insofern ist der formelle Status sehr stark von der Vergabe der formellen Rollen abhängig, d.h. von den Erwartungen, die die Organisation offiziell an den Funktionsträger vergibt. (Projektleiter, Schriftführer usw.) Diese formellen Rollen werden meist auch anderen Gruppen oder Hierarchieebenen mitgeteilt, d.h. öffentlich gemacht. Deshalb haben diese Funktionsträger die besondere Aufgabe, diese Rolle auch nach außen entsprechend der Gruppenerwartungen zu vertreten. Gelingt ihnen das in hohem Maße und gewinnt damit das Ansehen der Gruppe, so genießen sie einen entsprechenden Status in der Gruppe.

2.4.3.2.2 Informeller Status

Informellen Status gewinnen die Gruppenmitglieder durch das tatsächliche alltägliche Verhalten der Einzelnen, wie es durch die anderen Gruppenmitglieder erlebt wird.

Dabei mißt sich das jeweilige Ansehen daran, in welchem Maße das Gruppenmitglied zum Erhalt und der Entwicklung der Gruppe beiträgt. „Neinsager" und „Nachplapperer", die Gruppenentwicklung behindern können, werden häufig intuitiv mit einem niedrigen informellen Staus belegt, da sie, wie bereits ausgeführt, die Gruppenentwicklung entscheidend hemmen oder zum Stillstand bringen können.

Selbst wenn diese über einen hohen formellen Status (z.B. wegen ihrer fachlichen Stärken) verfügen, ist ihr informeller Status sehr niedrig. Sie werden aus den Gruppen ausgegrenzt; z.B. nicht in wichtige informelle Gespräche einbezogen, zu Treffen eingeladen oder ihre Meinung wird in der Gruppe zunehmend ignoriert.

Als Projektleiter besitzen Sie die Möglichkeit, den Status der einzelnen Gruppenmitglieder zu beeinflussen. Dazu sind Maßnahmen vorstellbar, wie z.B.:

- Öffentliche Anerkennung oder Kritik in der Projektgruppe
- Präsentationen oder Berichterstattungen vor der Gruppe
- Gezielte Berücksichtigung der jeweiligen Stärken der Projektgruppenmitglieder.

> Prinzipiell sollten Rollen und Status einzelner Personen in Gruppenprozessen nicht in unmittelbaren Zusammenhang mit ihrer Gesamtpersönlichkeit gebracht werden. Rollen und Status spiegeln Verhalten von Menschen in sozialen Beziehungen wider, weil der Einzelne versucht, den Erwartungen anderer an seine Funktion und sein Verhalten gerecht zu werden. Das ist keine reine Anpassung, sondern das Einbringen des Teils der jeweiligen Persönlichkeit, der zu der spezifischen Gruppensituation paßt. Das sollten Projektleiter beachten, wenn sie Beurteilungen über Gruppenmitglieder abgeben oder sich um die Versetzung dieser bemühen.

2.4.3.3 Stereotype

Stereotype sind Annahmen von Charakterbildern, die für die Mehrzahl der Vertreter einer Gruppe als gültig betrachtet werden. (HOFSTÄTTER 1986, S. 124) Es sind also vorgefaßte Meinungen bzw. Vorurteile über Menschen, die einer bestimmten Gruppe zugeordnet werden.

Stereotype beeinflussen die Gruppenentwicklung

In Gruppen sind solche Stereotypen vorzufinden, wenn über andere Gruppenmitglieder geurteilt wird, ohne den Einzelnen bereits gut zu kennen. So schreibt man z.B. Frauen andere Charaktereigenschaften zu als Männern, von Ingenieuren hat man ein anderes Bild als von Psychologen, von gewerblichen Mitarbeitern erwartet man etwas anderes als von Führungskräften usw.

Stereotype können bei der internen Strukturierung von Gruppen eine Rolle spielen, wenn die Phase der Orientierung, des persönlichen Kennenlernens der Gruppenmitglieder zu kurz oder zu oberflächlich gestaltet wird. Dann kann es passieren, daß Gruppenmitgliedern Rollen zugewiesen werden, die zwar dem Stereotyp entsprechen, aber nicht den persönlichen Verhaltensdispositionen der jeweiligen Person.

Solche häufig anzutreffenden Aussagen wie „Du bist doch Ingenieur, das mußt Du doch können" unterstreichen das Wirken von Stereotypen und setzen die jeweilige Person unter Druck, diesem auch zu entsprechen. Die Gruppe zwingt dann ein Gruppenmitglied in eine Rolle, die ihm möglicherweise gar nicht paßt. Deshalb sollte in einer Gruppe versucht werden, die ganz persönlichen Stärken und Schwächen, Wünsche und Vorstellungen der Gruppenmitglieder kennenzulernen und auf dieser Basis die Aufgaben- und Rollenverteilung vorzunehmen. Aufgrund von Stereotypen vollzogene Gruppenstrukturierungen können schnell zu Fehlbesetzungen, Spannungen und Frustrationen führen und behindern die Gruppenentwicklung.

Insbesondere in der Anfangsphase des Projektes muß der Projektleiter deshalb eine Vielzahl von Möglichkeiten zum gegenseitigen Kennenlernen der Gruppenmitglieder schaffen. Dazu gehören:

2.4 Soziale Strukturen, Gruppen und Team

- Projektgruppensitzungen mit Pausen
- Projektbesprechungen innerhalb und außerhalb der Arbeitsräume
- gemeinsames Essen
- Dienstreisen mit wechselnder Besetzung.

Der Projektleiter sollte sich bei der Besetzung der Positionen in der Projektgruppe an den persönlichen Vorstellungen und Erfahrungen der Gruppenmitglieder orientieren und nicht an den Berufsbildern.

2.4.4 Regeln in Gruppen

Rollenverhalten und Status der Gruppenmitglieder werden sehr stark davon bestimmt, welche Normen (Regeln) und Rituale (immer wiederkehrende Ereignisse) sich die Gruppe zu eigen macht und in welchem Maße sich die einzelnen Gruppenmitglieder daran orientieren.

2.4.4.1 Aufstellen von eigenen Regeln

Die Gruppen einigen sich in manifestierender Weise (und sie müssen sich auch einigen können) über Leistungsmaßstäbe, Umgangsformen (z.B. zwischen Führendem und Geführten), Informationsbeziehungen usw. Das sollte ein wesentlicher Bestandteil der Klärungsphase sein, da hier zumindest bereits einige Erfahrungen im Umgang miteinander vorliegen und die Gruppenmitglieder wissen, in welchen Punkten eine Einigung herbeigeführt werden muß. Dies betrifft dann z.B. solche Fragen wie:

Gruppen entwickeln Regeln und Rituale

- Wie sollte eine Entscheidung herbeigeführt werden?
- Wer übermittelt wem Informationen?
- Wie gehen wir mit Störungen um?
- Wer ist wofür verantwortlich?
- Was wollen wir erreichen?

Diese Normen sind protokollierbar und einklagbar. Dennoch bestimmen sie bei weitem nicht allein das Verhalten der Gruppenmitglieder. Neben diesen offiziellen Normen existieren inoffizielle Normen des Gruppenverhaltens (sie werden im weiteren Regeln genannt), die sich „einpegeln" und manchmal nicht einmal allen Gruppenmitgliedern bewußt sind. Diese Regeln besitzen große Macht über die Bestimmung von Gruppenzugehörigkeit oder nicht. Dazu sei ein Beispiel von Hofstätter angeführt.

In einem Laboratoriumsversuch wurden Gruppen von Kindergartenkindern zusammengestellt, die möglichst homogen hinsichtlich ihres Alters, Geschlechts, Temperaments usw. waren. Diese zeigten nach kurzer Zeit Leistungen des Bestimmens, z.B. hinsichtlich ihrer Sitzanordnung, Spielzeugverteilung, Spielfolge usw. Sie hatten sich (natürlich unbewußt) Regeln ihres Gruppenzusammenlebens geschaffen. Dann wurde diesen Gruppen ein jeweils älteres Kind hinzugefügt mit der Erwartung, daß dieses Kind a priori die Führungsposition übernehmen könne. Zwar übernahmen diese Kinder die Führungspositionen der Gruppe, aber auf eine völlig andere Art und Weise als erwartet. Zunächst versuchten diese älteren Kinder ihre Vorstellungen von Spielen und Abstimmen in die Gruppen hineinzutragen, ja zu befehlen. Da diese Vorstellungen aber meist konträr zu den bereits entwickelten Gruppenregeln standen, wurden sie blockiert. Am Ende des Tages standen die großen „Neuankömmlinge" allein da, sie waren von der Kindergruppe isoliert worden. Nun begannen die großen Kinder anders vorzugehen. Sie ließen zwar nicht ab, Befehle zu erteilen, aber diese entsprachen genau dem, was die Kinder ohnehin getan hätten. Sie unterstützten mit ihrem Handeln die von der ursprünglichen Gruppe geschaffenen Ordnung, und diese akzeptierten nun die großen Kinder als ihre Führungsperson. Die Führungsperson nutzt die Ideen und Spielregeln der vorhandenen Gruppe (ahmt sie nach) und läßt die Ideengeber ihren eigenen Ideen Folge leisten. (HOFSTÄTTER 1986, S. 160)

An diesem Beispiel wird deutlich, welch enormen Stellenwert die in den Gruppen implizit entwikkelten Regeln auf die Funktionsfähigkeit der Gruppe besitzen. Deshalb wehrt sich die Gruppe auch so intensiv, anderen Regeln Folge zu leisten. Daraus ist die Konsequenz abzuleiten, daß nicht diejenigen die erfolgreichen neuen Führungskräfte sind, die „alles anders machen", sondern diejenigen, die versuchen, die informellen Spielregeln zu erkennen, ihnen zunächst zu folgen und bei Veränderungsbedarf behutsam zu verändern.

In neu geschaffenen Gruppen ist es auch möglich, sich über Regeln des Miteinanders zu verständigen und damit die Schaffung informeller Regeln zu beeinflussen.

2.4.4.2 Hinweise zur Regelbildung

Langmaack und Braune-Krickau führen in Anlehnung an Cohn einige solcher Werte auf, die dazu beitragen, in Gruppen eine Balance zwischen den Personen (den ICHs), der Gruppe (dem WIR) und der zu bearbeitenden Aufgabe (dem Thema) herzustellen (LANGMAACK, BRAUNE-KRICKAU 1995). Die Verständigung über diese Werte und einige Einigung darüber im Sinne von Regeln des Verhaltens miteinander kann es befördern, daß die Probleme der Gruppe nicht nur auf der intellektuellen Ebene abgehandelt werden; auch Gefühle und der Körper mit einbezogen werden. COHN verweist auf folgende Postulate (COHN 1975):

1. „Sei dein eigener Chairman!"

   Dies sagt sinngemäß aus, daß jeder Verantwortung für sich selbst übernehmen muß. Jedes Gruppenmitglied muß selbst entscheiden, auf welche Weise und wann es sich in die Gruppe einbringen will. Es muß wissen, wann es reden will und was es sagen will. Damit führt dieses Postulat weg von einem Verhalten, das darauf ausgerichtet ist, sich Erwartungen anderer vorzustellen und nur darauf zu reagieren bzw. nur auf Anforderungen anderer zu warten und dann zu handeln, wie es vorgegeben ist. Wenn alle Gruppenmitglieder, einschließlich der Leiter der Gruppe so handeln, entsteht bei jedem Gruppenmitglied das Gefühl von Selbstbestimmtheit und Authentizität.

2. „Störungen angemessenen Raum geben"

   Häufig kommt es vor, daß der Fortgang der Arbeit in einer Gruppe behindert wird, weil sich ein oder mehrere Gruppenmitglieder unwohl fühlen oder unkonzentriert sind. Diese beteiligen sich dann ungenügend an der Arbeit der Gruppe; es gibt Störungen. Diese sollten in einer Gruppe angesprochen werden können, um den eher unbeteiligten Teil der Gruppe wieder in die Arbeit hereinzuholen. Natürlich bindet das Zeit. Aber die Klärung von Ängsten, Unbehagen oder Vorurteilen führt dann wiederum zu einer Beschleunigung oder Intensivierung der Arbeit, weil alle Gruppenmitglieder „an einem Strang ziehen".

   Weitere Regeln beziehen sich auf die Art und Weise der Kommunikation in der Gruppe und sollen den Umgang der Gruppenmitglieder in Diskussionen erleichtern.

3. „Vertritt Dich selbst in Deinen Aussagen: Sprich per 'ich', nicht per 'wir' oder per 'man'

   Sobald jemand beginnt, per 'wir' oder 'man' zu sprechen, z.B. „Wir sollten jetzt etwas tun", „Man müßte sich mit etwas beschäftigen", versteckt er sich hinter einer nicht näher bezeichneten Meinung der Gruppe. Die Person übernimmt dann nicht die volle Verantwortung für seine Aussage, sondern erhofft sich Bestätigung aus der Gruppe. Damit zwingt derjenige jedoch die Gruppenmitglieder, die anderer Meinung sind, in die Abwehr. Sie müssen größere Hindernisse überwinden, gegenteilige Meinungen zu äußern, denn wer stellt sich schon gerne gegen Mehrheitsmeinungen?

4. „Stelle möglichst keine Fragen, es sei denn, Du erläuterst den Hintergrund"

Hiermit sind keine Informationsfragen gemeint. Die sind nötig, um etwas zu verstehen. Häufig werden jedoch Fragen gestellt, hinter denen Aussagen oder Annahmen stehen, die der Gesprächspartner jedoch nicht kennt. Es ist besser, den Gesprächspartner mit einer Aussage zu einer Meinung herauszufordern als mit einer Frage. Dann werden die beiderseitigen Positionen viel deutlicher.

5. „Seitengespräche haben Vorrang"

Seitengespräche finden in Gruppen dann statt, wenn ein Gruppenmitglied unsicher ist, seine Meinung in der Gruppe zu äußern, wenn jemand nicht zu Wort kommt oder wenn das Gruppengespräch langweilig wird. All das sind wichtige Gründe, auf Seitengespräche einzugehen. Wenn sie nicht wichtig wären, würden sie nicht stattfinden.

6. „Nur einer spricht"

Diese Regel ist ganz wichtig, damit ein konzentriertes Interesse aller Gruppenmitglieder füreinander entsteht. Mehreren Äußerungen kann niemand gleichzeitig folgen. Wollen mehrere Gruppenmitglieder gleichzeitig sprechen, verständigt man sich kurz über die Stichworte und die Reihenfolge der Sprechenden. So wird gewährleistet, daß alle gehört werden.

7. „Sei authentisch und selektiv in Deiner Kommunikation. Mache Dir bewußt, was Du denkst und fühlst, und wähle aus, was Du sagst und tust!"

Authentisch bin ich dann, wenn ich zu meinen Gedanken und Gefühlen stehe. Aber nicht alles, was gedacht und gefühlt wird ist wichtig für die Gruppe, für die Beziehungen und die Arbeit. Deshalb sollte jeder sorgfältig auswählen, was er sagt und damit in die Gruppe zur Bearbeitung gibt. Selektiv und authentisch sein heißt einen Weg zu finden zwischen undifferenzierter Offenheit und ängstlicher Anpassung.

8. „Beachte Signale aus Deinem Körper und achte auf solche Signale auch bei anderen!"

Körpersprache signalisiert häufig noch vor dem Verbalisieren bestimmte Gedanken und Gefühle. Wer seine eigene Körpersprache und die der anderen aufmerksam beobachtet und in seiner Kommunikation berücksichtigt, trägt zum gegenseitigen Verständnis der Gruppenmitglieder bei.

9. „Sprich Deine persönlichen Ansichten aus und stelle Interpretationen über andere möglichst zurück"

Interpretationen anderer erregen häufig Abwehr oder verhindern persönliche Aussagen der Gruppenmitglieder selbst. Deshalb sollten die persönlichen Ansichten über Aussagen anderer im Vordergrund stehen, nicht die Interpretation der Ansichten.

Selbst wenn sich die Gruppe auch auf solche Regeln des Umgangs offiziell miteinander einigt, kann es vorkommen, daß inoffiziell dennoch etwas anderes gilt. So kann es zwar offiziell gelten, daß man offen miteinander redet und sich gegenseitig auch die persönliche Meinung sagt. Wenn aber inoffiziell die Meinung in der Gruppe vorherrscht, das lieber nicht zu tun, weil der Leiter diese Aussagen für die Beurteilung der Gruppenmitglieder gegenüber anderen verwendet, so wird sich die Gruppe nach der inoffiziellen Regel richten.

Stehen offizielle und inoffizielle Regeln im Widerstreit, so richtet sich die Gruppe in erster Linie nach der inoffiziellen Norm. Will man jedoch erreichen, daß das Handeln der Gruppe nach den vereinbaren und allen bewußten Regeln erfolgen sollte, so müssen die Differenzen in der Gruppe besprochen werden.

Das Geflecht aus formellen und informellen Rollen und Regeln in einer Gruppe ist bestimmend für das Kooperations- und Kommunikationsverhalten einer Gruppe. Dabei muß jede Gruppe selbst entscheiden, was offiziell geregelt werden muß und was inoffiziell an Regeln gelten soll. Je ausgewogener und harmonischer eine Gruppe handelt, desto weniger offizielle Regeln sind notwendig. Eine dann eher unbewußte Regelbefolgung und Rollenübernahme erfolgt deshalb, weil sich die einzelnen Gruppenmitglieder nach ihren Vorstellungen in einer Gruppe einordnen und dort handeln können. Treten jedoch Spannungen und Reibungsverluste auf, so muß versucht werden, die „heimlichen Spielregeln und Rollen" der Gruppe zu analysieren. Die Regeln oder Rollenzuschreibungen, die die Gruppe hemmen, müssen dann thematisiert und offizielle Einigungen erzielt werden.

2.4.4.3 Ausgrenzung und Mobbing

Gruppenmitglieder, die keine Übereinstimmung zwischen ihren persönlichen Interessen und Erwartungen und den in der Gruppe geltenden Annahmen über die Ziele und Aufgaben der Gruppe gefunden haben, werden häufig ausgegrenzt (outgrouping). Dies ist ein Zeichen für den Überlebenswillen der Gruppe, da nur eine arbeitsfähige Gruppe in der Lage ist, sich als soziales Gebilde vor der Umwelt zu beweisen.

Mobbing ist Ausdruck eines ungelösten Problems in der Gruppe

Der Projektleiter sollte bei Ausgrenzungstendenzen versuchen, Ursachen dieser Tendenz herauszufinden. Diese könnten bei vielen der beschriebenen gruppendynamischen Phänomene liegen, z.B. in:

- mangelnder Rollenidentifizierung
- Stereotypisierung
- groupthink

Es kann jedoch auch daran liegen, daß der „Außenseiter" zuwenig von sich in die Gruppe hineingibt, sie zuwenig von ihm wahrnehmen kann (vgl. Johari-Fenster). Sind gruppendynamische Phänomene Ursache der Ausgrenzung, so sollte die Projektgruppe dies zum Anlaß nehmen, um gefährlichen Tendenzen entgegenzuwirken. Individuelle Dispositionen sind weit schwieriger zu bearbeiten. Deshalb kann der Projektleiter vor der Aufgabe stehen, ein Projektgruppenmitglied wieder versetzen zu müssen.

Ausgrenzungen, die Formen des Mobbing annehmen, sind jedoch Ausdruck ungelöster, eskalierter Konflikte der Gruppe.

Mobbing ist mehr als ein Konflikt, Streiterei oder Unverschämtheit am Arbeitsplatz. Mobbing ist ein Prozeß der Binnenstrukturierung einer Gruppe, in dem ein Gruppenmitglied, meist ein schwaches, mit dem Ziel des Ausschlusses aus der Gruppe über längere Zeiträume attackiert wird.

Ursachen des Mobbing können u.a. Mängel in den Organisationsstrukturen und Führungsdefizite sein. In Gruppen kann es sehr schnell aufgrund der gruppendynamischen Prozesse zu Mobbing kommen.

LEYMANN hat folgende Merkmale von Mobbing herausgearbeitet (LEYMANN 1995):

1. Mobbing ist ein Prozeß und vollzieht sich als solcher in mehreren Phasen über längere Zeit.

2. Die angegriffene Person ist den Angreifern unterlegen.

3. Die Attacken erfolgen systematisch und oft.

4. Ziel des Mobbing ist der Ausstoß des Angegriffenen aus dem Arbeitsverhältnis.

In seiner ersten Phase setzt Mobbing nur einen Konflikt voraus. Kann dieser Konflikt eskalieren, setzt sehr schnell die zweite Phase des Mobbing ein. Der Angegriffene kommt in die Position des Unterlegenen und findet keine Hilfe in seinem Arbeitsumfeld mehr. Häufig ist die Situation anzutreffen, daß Vorgesetzte solche Entwicklungen hinnehmen, obwohl sie die Arbeitsfähigkeit ganzer Arbeitsgruppen einschränken. Mit zunehmender Dauer des Mobbing wird die betreffende Person stigmatisiert und an den Rand gedrängt bzw. ausgegrenzt. Meist ist dann auch die Arbeitsfähigkeit des Mobbingopfers nicht mehr gewährleistet. Die Vorgesetzten reagieren in dieser Situation in der dritten Phase aufgrund der entstandenen Situation (mangelnde Arbeitsfähigkeit, geringer Beitrag zur Leistung der Gruppe) mit negativen Sanktionen und zum Schluß mit Entlassung. Das Ziel des Mobbing ist erreicht.

Mobbing in der Gruppe ist zu verhindern, indem Konflikte offen angesprochen und in der Gruppe gelöst werden. In der Gruppendiskussion kann eine Öffentlichkeit hergestellt werden, die eine Lösung des Konfliktes erzwingt. Somit kann der Konflikt nicht „weiterwuchern" und eskalieren. Ein zweites zu beeinflussendes Element ist die Verhinderung von Unterlegenheit in einer Gruppe. Alle Gruppenmitglieder müssen gleichberechtigt an Diskussionen teilhaben und ihre Meinung einbringen können. Persönliche Unverträglichkeiten sollten angesprochen werden. Damit können Gruppen durchaus leben. Die Gruppenentwicklung wird ja nicht mit einer Veränderung von Personen verbunden, sondern mit der Ausgestaltung und Veränderung der Beziehungen zwischen den Gruppenmitgliedern. Deshalb können solche offen angesprochenen Unverträglichkeiten bei der Gestaltung der Beziehungen in der Gruppe Berücksichtigung finden.

Zusammenfassung

Gruppen sind Zusammenschlüsse von Menschen, die zur Realisierung bestimmter Ziele arbeitsteilige und soziale Beziehungen eingehen. Die Entwicklung dieser Beziehungen zueinander, die Strukturierung der Gruppe nach formellen und informellen Rollen, die Entwicklung von formellen und informellen Regeln des Umgangs miteinander ist die Gruppendynamik. Gruppendynamik ist darauf ausgerichtet, das Ausmaß selbstbestimmter Aktivitäten aller Gruppenmitglieder auszudehnen. Dies ist nur möglich, wenn die Gruppenmitglieder sich kennen und akzeptieren.

Die besondere Leistungsfähigkeit von Gruppen kommt bei drei Typen von Aufgaben besonders zum Tragen. Das sind erstens Aufgaben, bei denen die physischen Kräfte verschiedener Personen zusammengeführt und koordiniert werden müssen. Das sind zweitens Aufgaben des Suchens und Beurteilens, insbesondere komplexer und komplizierter Sachverhalte. Drittens sind es Aufgaben des Bestimmens von Leistungs- und Verhaltensmaßstäben.

Gruppenentwicklung ist von drei Bedingungen abhängig:

- von der Kommunikationsbedingung
- der Akzeptanzbedingung
- der Unabhängigkeitsbedingung.

Werden diese Bedingungen verletzt, ist die Gruppe blockiert; die Entwicklung kommt zum Stillstand.

Die Gruppenentwicklung verläuft in den Phasen: Auftauen - Sich orientieren, Gärung und Klärung, Arbeitslust und Produktivität, Ausstieg. Jede dieser Phasen trägt zur Entwicklung der Gruppe bei, wobei die ersten beiden Phasen besonderer Aufmerksamkeit und Steuerung durch den Projektleiter bedürfen. In diesen beiden Phasen vollzicht sich die interne Strukturierung der Gruppe. Rollen werden den einzelnen Gruppenmitgliedern zugeschrieben, Regeln vereinbart. Dies ist auch die Phase, in der darauf geachtet werden muß, daß eine möglichst gute Übereinstimmung zwischen der persönlichen Interessen und Dispositionen sowie den Rollen und Funktionen hergestellt wird. Es sollte vermieden werden, Stereotype in Anwendung zu bringen.

Durch die engen sozialen Beziehungen in Gruppen können häufig Konflikte entstehen. Diese anzusprechen und auszuräumen, ehe sie eskalieren, ist besonders wichtig, um Mobbing in Gruppen zu verhindern.

Literaturverzeichnis

ANTONS, K.: Praxis der Gruppendynamik. Göttingen: Hogrefe, 1992

ARONSON, E.: Sozialpsychologie. Heidelberg: Spektrum, 1994

BAITSCH, C.: Vorlesungsmanuskripte. Hochschule Sankt Gallen 1994

COHN, R.: Von der Psychoanalyse zur themenzentrierten Interaktion. Stuttgart: Klett, 1975

HOFSTÄTTER, P. R.: Gruppendynamik. Hamburg: Rowohlt, 1986

INGHAM, H.; LUFT, J.: The Johari window, a graphic model für interpersonal relations. Western Training laboratory in Group Development. Los Angeles: University of California, Extension Office, 1955

JANIS, I.L.: Victims of groupthink. Boston: Houghton, 1972

KATZ, C. : The effect of group longevity on project communication and perforrmance. Administrative Science Quarterly, 27, 81 - 104, 1982

KATZ, C. & ALLEN, T.J.: Investigating the Not Invented Here (NIH) Syndrome. Look at the performance, tenure and communication patterns of 50 R&D project groups, R&D Management 12, 7 - 19, 1982

LANGMAACK, B.; BRAUNE-KRICKAU, M.: Wie die Gruppe laufen lernt (5. Auflage). Weinheim: Psychologie Verlags Union, 1995

LEWIN, K.: Die Lösung sozialer Konflikte. Bad Nauheim 1953

LUFT, J.: Einführung in die Gruppendynamik. Frankfurt am Main: Fischer, 1991

LEYMANN, H. (Hg.): Der neue Mobbing-Bericht. Hamburg: Rowohlt, 1995

ROSENSTIEL, L. von: Grundlagen der Organisationspsychologie (3.Auflage). Stuttgart: Poeschel, 1992

WITTE, E.H.: Sozialpsychologie. Ein Lehrbuch. München: Psychologie Verlags-Union, 1989

Autorenportrait

Dr. Karin Denisow

Dr. Karin Denisow, geb. 1960, ist seit 1991 Mitarbeiterin und seit 1994 Leiterin sozialwissenschaftlicher Projekte im Institut für arbeitspsychologische und organisationswissenscahftliche Forschung, der a&o research GmbH Berlin. Sie betreute und betreut innovative Reorganisationsprojekte, in denen die Gestaltung von Organisationsstrukturen und von damit verbundenen sozialen Prozessen im Mittelpunkt steht. (Dezentralisierung, Beteiligung, Gruppenarbeit, soziale Aspekte des Projektmanagements).

Abbildungsverzeichnis

Abbildung 2.4-1: Das Johari - Fenster 343

Abbildung 2.4-2: Das Johari - Fenster zu Beginn der Gruppenentwicklung 344

Abbildung 2.4-3: Das Johari - Fenster im Zuge erfolgreicher Gruppenentwicklung 344

Abbildung 2.4-4: Phasen der Gruppenentwicklung 345

Lernzielbeschreibung

Das Ziel dieses Bausteins besteht darin, Leser mit den sozialen eigenen Gesetzen von Gruppen vertraut zu machen und ihm Möglichkeiten zu vermitteln, diese für eine produktive Projektarbeit zu nutzen.

2.5 Lernende Organisation

von

Uwe Hasenbein

Relevanznachweis

Hohe Innovationsrate, neue Technologien, anspruchsvolle Kunden, Globalisierung der Märkte zwingen Individuen wie Organisationen in Wissenschaft, Wirtschaft und Verwaltung schnell hinzu zu lernen. Aufgrund der dynamischen Umwelt ist die „lernende Organisation" als Leitbild für viele Unternehmen attraktiv geworden: 56% aller deutschen Unternehmen entwickeln sich nach eigenem Bekunden derzeit dorthin (GERSEMANN 1996). Kein Projekt verläuft wie das andere, die Erfahrungen beteiligter Mitarbeiter lassen sich nur begrenzt übertragen, die Deutung des Leitbilds unterscheidet sich von Unternehmung zu Unternehmung. Projektgruppen und Organisationen können als eigenständig handlungsfähige Akteure aufgefaßt werden. Sie bilden eine eigene Identität, Sinngrenzen gegenüber ihrer Umgebung und spezifische Regeln des soziales Austausches aus. Das entstandene Ganze ist dabei mehr als die Summe seiner Teile.

Im Gegensatz zur Linienorganisation gelten **Projektgruppen** als besonders lernbereite und -fähige soziale Gebilde; zum Teil wird Projektarbeit sogar direkt als **Strategie der Organisations- und Personalentwicklung** eingesetzt (vgl. NEUBERGER 1991, S. 228). Oft erwarten Organisationen von Projektgruppen, Unzulänglichkeiten der eigenen Lernfähigkeit kompensieren zu können. Projektgruppen scheinen zunehmend als Mittel gegen Betriebsblindheit und Ressortgeist, als Zergliederer komplexer Probleme zur problemspezifischen Zusammenführung von Expertise geeignet zu sein. Dabei müssen Organisationen, die Projektgruppen ins Leben rufen, aber auch bedenken, daß

- spezifische Bedingungen vorhanden sein müssen, damit Lernprozesse von Projektgruppen auch organisationale Früchte tragen;

- Lernen in Gruppen zwar selbstorganisierend, aber nicht komplikationslos erfolgt;

- die Lernformen und -ergebnisse von Projektteams den Zielen und Interessen anderer Teams, der gesamten Organisation oder ihrer Führung nicht immer entsprechen müssen.

Die Veränderungsbereitschaft kann durch Einzelpersonen von innerhalb und außerhalb von Organisationen in die Wege geleitet werden, die sich als sog. **Change Agents** engagieren.

Inhaltsverzeichnis

2.5.1 Lernsubjekte und Lerntypen — **369**

    2.5.1.1 Merkmale lernfähiger und lernender Organisationen — 369

    2.5.1.2 Lernen im Entscheidungszyklus — 372

    2.5.1.3 Lerntypen — 374

2.5.2 Analyse des Veränderungsbedarfs — **376**

2.5.3 Suche nach Handlungsfeldern — **378**

    2.5.3.1 Aufbau von Lernfähigkeiten — 379

    2.5.3.2 Initiieren von organisationalem Lernen — 380

2.5.4 „Change Agents" - und wie man sie erkennt — **381**

2.5.5 Umgang mit Widerständen — **384**

2.5.6 Möglichkeiten des Einbezugs der Mitarbeiter — **386**

2.5.1 Lernsubjekte und Lerntypen

2.5.1.1 Merkmale lernfähiger und lernender Organisationen

In der Fachliteratur wird häufig zwischen lernfähigen und lernenden Organisationen unterschieden (vgl. REINHARDT 1995). Dies erscheint unter zwei Aspekten sinnvoll:

1. Das Potential zum Lernen muß sich nicht zwangsläufig in (beobachtbaren) Lernprozessen wiederfinden lassen.

2. Andererseits bildet sich Lernfähigkeit nur heraus, wenn die Organisation Lernfähigkeit zum Überleben in ihrer Umwelt auch benötigt. Zudem ist Lernfähigkeit nur eines von mehreren Potentialen, die eine Organisation herausbilden kann.

Wenn oftmals auch Innovativität und Lernfähigkeit synonym verwendet werden und ein Zusammenhang zwischen beidem auch nicht geleugnet werden kann, bestehen doch Unterschiede. Lernfähigkeit muß sich nicht zwangsläufig in Innovationen niederschlagen. Denkbar wäre auch das Lernen von Rückzug, Verleugnung, Abschotten, Neudefinition der Veränderungsanreize, Widerstand, Wechsel des Organisationsumfeldes oder Resignation (Hilflosigkeit) (vgl. WAGNER & SAAR 1995). Umgekehrt entstehen aus Innovationsergebnissen nicht automatisch höhere Lernfähigkeiten.

Woran erkennt man nun eine lernende Organisation?

Steinmann und Schreyögg charakterisieren die lernende Organisation idealtypisch als ein permanent 'unruhiges' System, in dem alle Vorkommnisse problematisiert und lernend aufgegriffen werden (STEINMANN 1993). Die Organisationsmitglieder sind relativ autonom und Probleme werden innovativ gelöst. Solche 'Strukturlosigkeit' kann in Organisationen, deren Wesen gerade die Struktur ist, jedoch nicht vollständig auftreten. **Praktisch sind lernende Organisationen solche, die strukturelle Vorkehrungen für die Anpassung ihrer Wissensbasis an neue Erfordernisse getroffen haben.** Derartige Vorkehrungen sind u.a. (vgl. FRIELING 1993):

- klare Vision, gemeinsame Zielsetzungsprozesse, Orientierung am Nutzen der Kunden;

- Kooperations- und Konfliktlösungsfähigkeit, wechselseitiges Vertrauen und Teamgeist;

- dezentrale Spielräume und Verantwortung, ganzheitliche Arbeitsvollzüge;

- Prozeßorientierung und Selbstregulation in Gruppen;

- demokratischer und partizipativer Führungsstil, Unterstützung neuer Ideen (v.a. durch die Führung), Ideenmanagement, Integration von Personal- und Organisationsentwicklung;

- Belohnung von Engagement und Fehlertoleranz bei riskanten Vorhaben;

- Fähigkeit zur (Selbst-)Beobachtung und Prognose (gut funktionierende Informations- und Kommunikationssysteme - rascher und genauer Überblick über die Wirkungen der wichtigsten Prozesse).

Eine 'Disziplin' ist nach Senge ein Entwicklungspfad einer Organisation, um sich bestimmte Fähigkeiten und Fertigkeiten anzueignen (SENGE 1990).

Die fünf Disziplinen sind:

1. Selbstdisziplin (personal mastery),

2. Denkmodelle (Vorstellungen über die Funktionsweise der Welt),

3. gemeinsame Vision
   (gemeinsames Bild in einer Organisation über die angestrebte Zukunft),

4. Teamlernen (Prozeß zur Entwicklung und Ausrichtung der Kapazitäten einer Gruppe),

5. Denken in evolutiven Systemen (außer kurzfristigen, monokausalen Ereignissen auch langfristige, komplexe Entwicklungen erkennen können) (siehe Kapitel 1.3 und 1.4)

Lernfähigkeit als mentale Haltung

Der Hauptweg zur lernenden Organisation liegt darin, 'mentale Modelle' (gemeinsame Vorstellungen über grundlegende Zusammenhänge bezüglich der Wirkungsweise der Organisation), die traditionelle Organisationen in ihrer bisherigen Entwicklung hervorgebracht haben, zu überwinden (SENGE 1996). Auch im Projektmanagement gilt es zu berücksichtigen, daß nach Senge solche Auffassungen zu überwinden sind, wie:

- „Ich bin meine Position"
  (funktionale Position (Projektleiter) als Identitätsquelle zählt mehr als Ziele und Inhalte der Arbeit),

- „Der Feind da draußen"
  (die Projektgruppe fühlt sich durch die umgebende Organisation (Fachabteilungen, Controlling-Abteilung) bedroht oder gestört),

- „Angriff ist die beste Verteidigung"
  (aus Angst, die Kontrolle zu verlieren, wird oft überreagiert, z.B. Schuldzuweisung an Unterauftragnehmer bei Terminverzug),

- Fixierung auf Ereignisse
  (Kurzfristiges wird überbetont gegenüber langfristigen Prozessen),

- „Aus Erfahrung lernen"
  (abweichende Informationen nicht verdrängen, sondern auswerten, z.B. vergleichende Auswertung von Projektabschlußberichten),

- Mythos vom Management-**Team**
  (Mitglieder der Führungscrew behaupten aus einem falsch verstandenen Corpsgeist heraus, sie wären alle einer Meinung, z.B. bezogen auf Handlungsalternativen bei notwendigen Änderungen im Projekt).

Lernen zur Optimierung des Austausches mit der Umwelt

Einzelne Menschen ebenso wie Organisationen können nicht aus sich selbst heraus existieren. Sie brauchen den natürlichen, sozialen und ökonomischen Austausch mit ihrem Umfeld. Die Art, wie sich Menschen und Organisationen mit ihrer Umwelt austauschen, ist sehr unterschiedlich. Je komplexer und dynamischer Umwelten für Menschen und Organisationen werden, desto weniger kann der Austausch durch feste Regeln oder langfristige Handlungsprogramme erfolgen.

In der Psychologie und Organisationstheorie wird die Lösung dieses Problems im individuellen und kollektiven Lernen gesehen. **Lernen** gestattet es dem Akteur (Mensch, Gruppe, Organisation), seine Wissensbasis inhaltlich und strukturell zu verändern. Während Tieren genetische Grenzen gesetzt sind, kann es psychischen und sozialen Systemen in gewissem Maße aus sich selbst heraus

2.5 Lernende Organisation

gelingen, durch Lernen bisher vorhandene Kompetenzen zu verändern, zu erweitern oder zu ersetzen. Lernen und Verlernen vollziehen sich sowohl bewußt als auch unbewußt, sowohl geplant als auch ungeplant. Man kann durch das 'Lernen von Lernen' das Maß bewußter Lernprozesse erhöhen.

Lernen beinhaltet innovative Selbstveränderungen. Diese sind in drei Bereichen feststellbar: *Lerninhalte*

1. veränderte implizite Vorannahmen (Wahrnehmung und Relevanz der Selektion von Eindrücken aus der Umwelt - z.B. Signale für Veränderungen von Märkten);

2. verändertes Verhalten / Handeln (Herausbilden modifizierter Handlungsmuster - z.B. Treffen von Entscheidungen nicht mehr zentral, sondern in Teams);

3. verändertes Fühlen / Denken, neue Wertorientierungen (bisheriges Wissen und Einstellungen neu einordnen und sogar sich selbst neu entdecken).

Organisationale Lernresultate sind (vgl. WIESENTHAL 1995, S. 147ff.): *Lernergebnisse*

- Erfahrungsgewinn (bessere Fähigkeit, künftige Ereignisse aus der Beobachtung früherer Ereignisse zuverlässig ableiten zu können),

- Personalaustausch (insbesondere bewußte (Um-)Besetzung von Führungspositionen),

- Orientierungswandel (Infragestellung und Veränderung der kognitiven und normativen Grundannahmen),

- multiple Identität (Verzicht auf ein integriertes, verbindliches Orientierungssystem).

Wie man bereits an den o.g. Resultaten organisationalen Lernens erkennen kann, unterscheidet sich jedoch individuelles und kollektives bzw. organisationales Lernen in einigen Merkmalen. Unterschiede sind u.a. darauf zurückzuführen, daß Organisationen zeitgleich an verschiedenen Orten und in bezug auf verschiedene Gegenstände handeln (und lernen) können. Während Organisationen nur durch ihre Mitglieder lernen können, benötigen letztere für ihr individuelles Lernen nicht unbedingt eine Organisation (WILLKE 1993). Wenn sich als Lernergebnis der **gemeinsam geteilte** Wissensstand der Organisationsmitglieder verändert haben soll, so ist die Voraussetzung hierfür der kommunikative Austausch (siehe Kapitel 2.2). *Individuelles und organisationales Lernen*

Damit sind auch drei Grundprobleme von Organisationslernen angesprochen:

1. die Verkoppelung des Lernens der Individuen bzw. von Gruppen (Teams, Abteilungen) mit dem der Organisation;

2. die Verkoppelung unterschiedlichen Lernens in unterschiedlichen Organisationen (z.B. beim Überführen von Grundlagenforschung an Universitäten in praktikable Neuentwicklungen in KMU);

3. die Veränderung des Lernmodus über die Zeit hinweg (z.B. Wechsel vom schrittweisen Lernen zum Lernen in Etappen; Wechsel vom gesamt-organisationalen zum individuellen bzw. gruppenbezogenen Lernen).

Die Probleme (1) und (2) werden im nächsten Kapitel, das dritte Problem im Abschnitt 2.5.1.3 behandelt.

2.5.1.2 Lernen im Entscheidungszyklus

Sehr verbreitet ist die Auffassung, daß sich erfolgreiches Lernen in einem Erfahrungszuwachs niederschlage. March und Olsen stellten sich die Frage, ob unter Bedingungen des Entscheidens in mehrdeutigen Situationen Lernprozesse tatsächlich Voraussetzung und Resultat von Erfahrungen sind (MARCH 1976, vgl. BERGER 1993). Ausgangspunkt ihrer Überlegungen ist ein vollständiger Entscheidungs- und Lernprozeß (Abbildung 2.5-1), in dem organisationales Lernen aus Erfahrung zu Verbesserungen führt. Individuelle Wahrnehmungen und Präferenzen beeinflussen individuelle Handlungen (1), die dann in Organisationshandeln transformiert werden (2), welches wiederum Ereignisse in der Umwelt auslöst (3). Diese sind dann erneut Gegenstand individueller Wahrnehmung und Interpretation (4) usw.

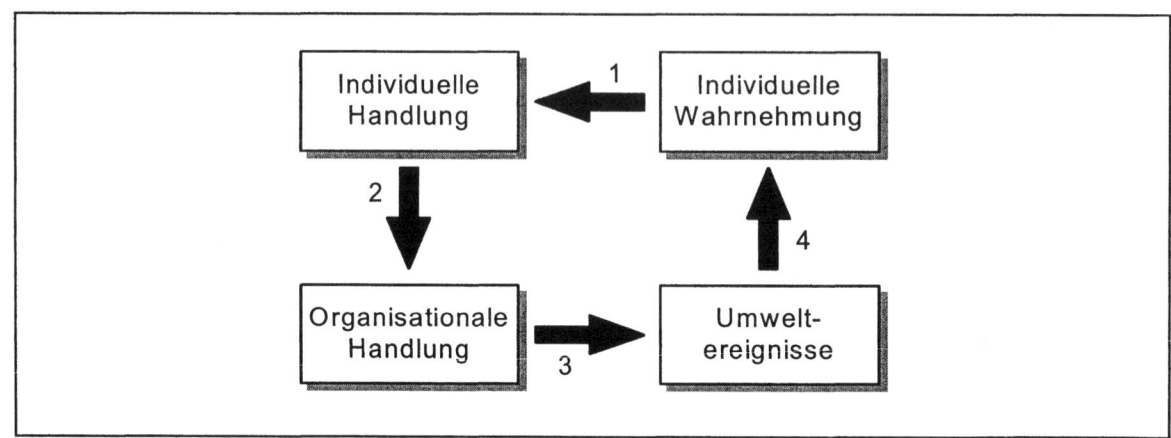

Abbildung 2.5-1: Vollständiger Entscheidungszyklus (nach MARCH 1976, S. 148)

An jeweils einer der vier Kontaktstellen kann dieser vollständige Entscheidungs- und Lebenszyklus in mehrdeutigen Situationen unterbrochen sein:

(1) Rollenbeschränktes Erfahrungslernen:

Problembereich ist die Übersetzung individueller Wahrnehmungen, u.a. aufgrund definierter Rollen und standardisierter Verfahren.

> *Beispiel: Die Buchhalterin eines Unternehmens trägt aufgrund ihrer Ausbildung, Berufserfahrung und Funktion eine „betriebswirtschaftliche Brille". Ein technischer Mitarbeiter wird wahrscheinlich die Welt aus technischer Sicht sehen. Sollen beide ein gemeinsames Problem lösen (z.B. Kosten-Nutzen-Bewertung einer technischen Lösung), wird organisationales Lernen behindert, da beide Beteiligte ihre individuellen Wahrnehmungen des zu lösenden Problems nicht unvermittelt handlungswirksam einsetzen können. Solange sich beide allein ihrem Fach verpflichtet fühlen („das ist nicht meine Funktion/Rolle"), wird ein gemeinsamer Lernprozeß erschwert.*

(2) Prä-organisatorisches Erfahrungslernen:

Organisationsmitglieder erkennen zwar einen Handlungsbedarf, dieser kann jedoch nicht in organisationales Handeln umgesetzt werden, weil ihre Erkenntnisse und Erfahrungen innerhalb der Organisation nicht aufgegriffen werden.

> *Beispiel: Der Buchhalterin und dem Techniker gelingt eine gemeinsame Lösung. Sie schlagen die Investition in eine neue technische Anlage vor. Lernen wird behindert, wenn ihr Vorschlag von der Organisation zurückgewiesen wird, weil die Argumentationen der Organisation fremd ist oder andere Probleme bestehen.*

2.5 Lernende Organisation

(3) Abergläubisches Erfahrungslernen:

Obwohl organisationales Handeln keinen Einfluß auf das Umfeld einer Organisation hat, werden vom Individuum jedoch fälschlicherweise Umfeldveränderungen auf organisationales Handeln zurückgeführt.

Beispiel: Der Absatz eines Produkts steigt und wird als Unternehmenserfolg „verbucht". Tatsächlich jedoch hat sich das Kaufverhalten der Abnehmer (von der Organisation unvorhergesehen) geändert. Lernen wird behindert, indem von falschen Kausalitätsaussagen ausgegangen wird.

(4) Erfahrungslernen bei Unklarheit:

Obwohl ein Zusammenhang zwischen organisationaler Handlung und Umfeldreaktion besteht, können Kausalitäten von den Handlungsmitgliedern nicht festgestellt werden, Erfahrungen werden herangezogen, um den Zusammenhang zu klären bzw. zu interpretieren.

Beispiel: Wie eine Kundenbefragung zeigt, ist aufgrund von Maßnahmen zur Erhöhung der Qualität eines Produktes die Nachfrage nach diesem Produkt gestiegen. Die Marketingabteilung kennt jedoch weitere Variablen (z.B. Preisanstieg von gleichartigen Importprodukten), die zum Verkaufserfolg beigetragen haben könnten. Es bleibt aber letztlich unklar, ob allein die Qualitätssteigerung verkaufsfördernd gewirkt hat. Die Mitarbeiter der Marketingabteilung ziehen ihre Erfahrungen heran bei der Deutung der Verkaufserfolge.

Jedes der vier Lernhindernisse kann durch organisationale und personelle Vorkehrungen gemindert werden. Der Entscheidungszyklus verläuft dann „reibungsloser", weil jede der Barrieren lernend überwunden werden kann. Das Finden von Entscheidungen ist also weniger an Rollen (1), am Ignorieren individueller Erfahrungen (2), an die Überhöhung organisationaler Handlungsmacht gegenüber dem Umfeld (Umfeldignoranz) (3) und/oder an den Rückgriff auf erfahrungsfundierte Interpretationen neuer komplexer Situationen (4) gebunden. Die Organisation wird anpassungsfähiger (MARCH 1976).

Lernen kann durch Erfahrung nur mit angepaßten (**adaptiv**) rationalen Entscheidungen verbunden sein. **Rein rationale Entscheidungen**, bei denen also alle Voraussetzungen, Folgen und Nebenfolgen bedacht und an den Handlungszielen abgewogen werden, kann es durch Erfahrungslernen also nicht geben.

Adaptive Rationalität beim Entscheiden

Ein weiterer Grund für die begrenzte Rationalität des Entscheidens in komplexen Situationen besteht, daß organisationales Lernen nicht von allen Mitgliedern und Einheiten einer Organisation gleichermaßen praktiziert wird. Beispielsweise kann Lernen in der Verwaltung eines Unternehmens langsamer oder schneller erfolgen als in der Produktionsabteilung. Während die eine Organisationseinheit gelernt hat, Wissen als relativ unveränderlich anzusehen, kann in einer anderen Einheit ein Drang nach neuem Wissen dominieren: 'Je mehr Informationen, um so sicherer kann man entscheiden'. Die Energie, die von Einzelnen oder Gruppen aufgewandt werden muß, um Lernerfolge in der gesamten Organisation zu erzielen, hängt vor allem ab (vgl. GEIßLER, 1996, 94): vom gruppen- bzw. organisationsinternen Synergiegrad, von der fachlichen Qualifikation der Gruppenmitglieder, von ihren Macht- und Einflußfaktoren innerhalb der Organisation, vom „Leidensdruck" (erkannte Notwendigkeit und Dringlichkeit von Veränderungen).

Umgekehrt weist Wiesenthal auf den so einleuchtenden wie praktisch höchst bedeutsamen Umstand hin, daß Lernfortschritte einer Organisation durchaus **auf Kosten** von individuellen Lernfortschritten ihrer Mitglieder erfolgen können (WIESENTHAL 1995). Dies ist beispielsweise dann der Fall, wenn ein Unternehmen den erforderlichen Wissenszuwachs nicht durch Weiterbildungsmaßnahmen, sondern durch eine Politik von Neueinstellungen und Entlassungen regelt.

Weil man weiß, daß ein Projekt nicht wie das andere sein wird, ist Projektarbeit so organisiert, daß Erfahrungswissen zwar genutzt, aber v.a. durch die Besetzung einer Projektgruppe unterschiedlich kombiniert wird. Dadurch soll verhindert werden, daß sich Routinen bei der Wahrnehmung und Bewertung von Sachverhalten einschleichen. Aus dieser Sicht ist nur das Erfahrungslernen bei Unklarheit (vgl. oben) ein ernstzunehmendes Hemmnis auf dem Weg zu halbwegs rationalen Entscheidungen.

Den Lern-Vorteil, den Projektgruppen gegenüber Hierarchien bieten, muß sich eine Organisation allerdings mit Schwierigkeiten bei der „Sicherung" des Projektgruppenwissens für andere Projekte quasi erkaufen. Beispielsweise besteht die Gefahr, daß bei Ausscheiden eines bereits in vielen Projektzusammenhängen erfahrenen Ingenieurs dessen Wissen für die Organisation verlorengeht. Bei mangelnder Dokumentation seiner Kenntnisse (z.B. über bisherige Unterauftragnehmer) kann dies zu ernsthaften Schwierigkeiten führen.

2.5.1.3 Lerntypen

In neueren Modellen organisationalen Lernens wird eine Organisation als Wissenssystem aufgefaßt. **Organisationales Lernen** ist der Prozeß, „in dem das Wissen um spezifische Wirkungsweisen und -zusammenhänge entwickelt, in der organisatorischen Wissensbasis verankert und für zukünftige Problemlösungserfordernisse hin organisiert wird" (STEINMANN 1993, S. 445). Die organisationale Wissensbasis ist - als das „Gedächtnis" einer Organisation - ein (relativ) personenunabhängiges Phänomen (z.B. gemeinsam geteilte Erfahrungen, Normen und Werte; gespeicherte Unternehmensdaten).

Man kann hierbei unterscheiden zwischen

1. **Situationswissen** - Beschreibungen, Bezeichnungen und Definitionen einer Organisation;

2. **Rezeptwissen** - problemspezifisches Lösungswissen einer Organisation;

3. **Basiswissen** - allseitig verankerte Begründungen und Erklärungen einer Organisation.

Lerntypen als Ausdruck unterschiedlicher Qualität von Lernen

Lernresultate sind abhängig davon, wie Wissen zustande kommt bzw. neu strukturiert wird. Üblich ist heute die Vorstellung, Lernen in drei Qualitätsstufen (Typen) einzuteilen (vgl. Abbildung 2.5-3) (nach ARGYRIS 1978; SATTELBERGER 1996, S. 14). Beim reflexiven Lernen werden die Lerntechniken und -mechanismen selbst zum Lerngegenstand. Empirisch konnte es bisher zwar bei Individuen, aber kaum bei Organisationen nachgewiesen werden (WIESENTHAL 1995).

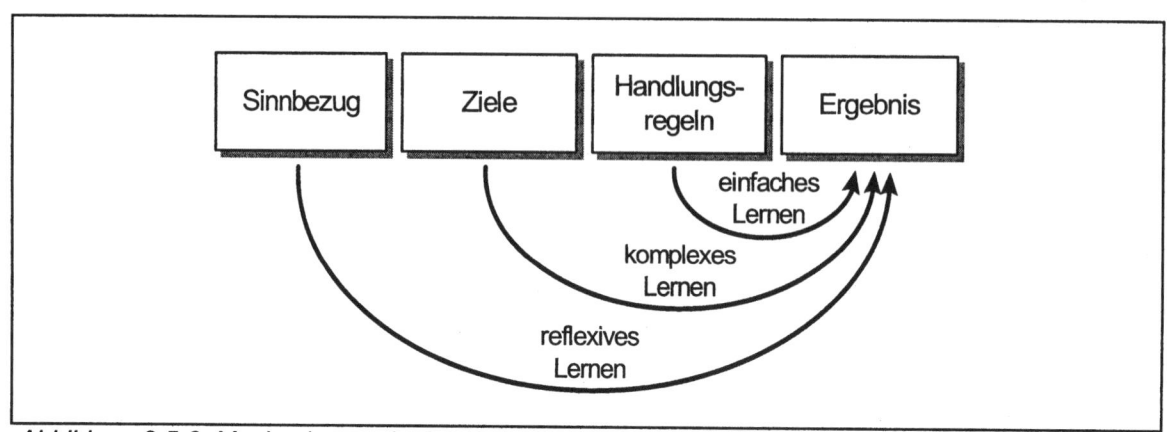

Abbildung 2.5-2: Mechanismen der Lerntypen (nach: PROBST 1993, S. 477)

2.5 Lernende Organisation

Typus	Mechanismus	Ergebnis	Beispiel
single-loop learning (einfaches Lernen, adaptives Lernen)	Reduzierung der Abweichung von Soll und Ist	erneuerte Regeln und Normen; Organisatorische Änderung, Handlungsoptimierung	Die Durchlaufzeit eines Produktes muß minimiert werden. Die Organisation ändert ihre Regeln bzgl. Lagerhaltung und Arbeitszeit (Schichtbetrieb)
double-loop learning (komplexes Lernen, generatives Lernen)	Modifizierung der Handlungsnormen (Soll)	gewandelte Annahmen über Programme und Strategien; Organisationsentwicklung; Zieländerung	Die Organisation reagiert auf einen starken Anstieg der Mitarbeiterabwesenheit mit einem Programm zur Mitarbeitermotivation (z.B. Workshops zur Ursachenfindung)
deutero learning (reflexives Lernen):	Veränderung der Sinnbezüge organisationalen Handelns	veränderte Kultur und Vision; Transformation der Organisation; Sinnänderung	Beim Wandel von einer Behörde zu einem Unternehmen stellt eine Organisation ihre Steuerungsmechanismen und Sinnbezüge durch Strategiediskussionen, organisationale Maßnahmen (z.B. Profit-Center-Bildung) und verstärkte Einstellung aus der Wirtschaft um.

Abbildung 2.5-3: Lerntypen

Die Lerntypen unterscheiden sich nach Anforderungen an die Organisation, Aufwand und Zeitrahmen. Reflexives Lernen schließt die beiden anderen Lerntypen ein: Die Veränderung von Sinnbezügen hat nur dann „Sinn", wenn die Organisation auch ihre Ziele und handlungswirksamen Regelungen daran ausrichtet. Dieses reflexive Lernen tritt kaum bei Organisationen auf, weil die Gefahr besteht, daß sich die Organisation grundsätzlich in Frage stellt (z.B. Zweifel an bisherigen eigenen Produkten oder ethische Probleme bei F&E-Projektteams). Reflexives Lernen ist daher stark abbruchgefährdend.

In Organisationen, die sich intern maßgeblich durch Projekte strukturieren, werden allerdings unkonventionelle Formen des Organisationslernens bedeutsam (WIESENTHAL 1995, S. 145ff.), wie:

Unkonventionelle Lernformen

- **Dissidenz** (absichtliche Verletzung der Organisationsnormen durch einzelne Personen - z.B. Personen, die bewußt Normen ihrer früheren Projektgruppe in die neue Gruppe übertragen)[1];

- **Invasion** (Nichtmitglieder der Organisation erhalten Quasi-Organisationsrechte - z.B. enge externe Kooperationspartner eines Software-Entwicklungsprojekts);

- **Intersektion** (Präsenz externer Orientierungen, die als bedeutsam für die Erfüllung zentraler Organisationsfunktionen gelten - z.B. die Orientierungen der Kunden bei größeren, längerfristigen Projekten).

---

[1] Zu diesen Personen zählen z.B. sogenannte **Intrapreneure**. Als Wortschöpfung von PINCHOT (1985) sind dies Unternehmer (entrepreneur) im Unternehmen ('intra'), die für die Verwirklichung ihrer Ideen in einem Unternehmen mit großer Entschlossenheit - bis zum Verlust des Arbeitsplatzes - eintreten.

2.5.2 Analyse des Veränderungsbedarfs

Unter Veränderungsbedarf aufgrund erwünschter Lernprozesse verstehen wir die von bzw. in einer Organisation subjektiv erkannten Erfordernisse zum eigenen Wandel. Darin sind Bedürfnisse zur Veränderung der Organisationsumwelt eingeschlossen. Die Fähigkeit und Bereitschaft einer Organisation, Veränderungsbedarf zu diagnostizieren, ist Ausdruck von Lernvermögen und zugleich ein weiterer Entwicklungsschritt hin zu einer lernenden Organisation.[2] In der Praxis findet die Analyse des Veränderungsbedarfs meist auf sehr unterschiedliche, oft nicht gerade konzeptionelle Weise statt: Bekannte Probleme werden zunehmend als unlösbar eingestuft, ein Gefühl der Unzufriedenheit macht sich breit, Neuerungen bringen nicht den erwarteten Erfolg etc.

Eine systematische Analyse setzt daran an, sich bewußt zu werden über

- die Kriterien, nach denen der Veränderungsbedarf bewertet werden soll;
- den Weg, zu diesen Kriterien zu gelangen und Analyseinstrumente einzusetzen.

Analysekriterien des Veränderungsbedarfs

Grundsätzlich läuft der Einsatz von Analyseinstrumenten darauf hinaus, Abweichungen eines Ist-Wertes von einem Soll-Wert festzustellen. Entscheidend ist nun zunächst, nach welchen Kriterien der Inhalt des Soll-Werts gebildet wird. So ist z.B. denkbar, daß die **eigene** Organisation in ihrem jetzigen Entwicklungsstadium den Soll-Wert (gegenüber früheren Stadien) bildet, oder daß **andere** Organisationen als Soll-Wert (gegenüber der eigenen Organisation) herangezogen werden[3]. Die umfangreiche Fachliteratur zur Diagnose von Veränderungsbedarf weist auf die in Abbildung 2.5-4 zusammengestellten Analysekriterien hin (vgl. BÜSSING 1995).

Instrumente zur Analyse des Veränderungsbedarfs

Betriebswirtschaft und Arbeits- und Organisationspsychologie warten mit einem umfangreichen Repertoire von Analyseinstrumenten auf. Beispielhaft genannt seien hier häufig angewandte Verfahren wie: Stärken-Schwächen-Profil, Portfolio, Benchmarking, (regelmäßige) Mitarbeiterbefragung oder Aufgabenkritik (in der öffentlichen Verwaltung).[4]

---

[2] Ein organisationaler Veränderungsbedarf könnte durchaus auch stärker auf die Lernfähigkeit selbst konzentriert sein - im Sinne von Verbesserung von Lernfähigkeit. Solche Prozesse werden nachfolgend durchaus eingeschlossen, weil Lernen immer auch das Lösen ganz praktischer Probleme bedeutet. Damit ist allerdings noch nichts über die Qualität der Veränderung der Lernfähigkeit - etwa im Sinne der o.g. Lerntypen - gesagt.

[3] Ein Beispiel: Unternehmen lernen von ihren Kunden, indem sie ihnen z.B. eigene Forschungskapazitäten zur Verfügung stellen und am gemeinsam erarbeiteten Know-how partizipieren (SIMON 1996).

[4] Hierzu sind sehr vielfältige Instrumente bekannt, die gerade bei mehrfachem Einsatz im zeitlichen Verlauf aufschlußreiche Veränderungsbedarfe aufdecken: Subjektive Tätigkeitsanalyse (STA), Subjektive Arbeitsanalyse (SAA), Bewertungsbogen zur Arbeit und Arbeitszufriedenheit, Arbeitsprozeßanalyse (vgl. FREI et al. 1996); Checklisten zur betrieblichen Situation (z.B. Konkurrenzanalyse, Chancen-Gefahren-Profil, Analyse von Gruppenklima und Führungsverhalten usw. - (SATTES et al. 1995)).

Kriterium	beispielhafte Operationalisierung
Ziel (Was soll herausgefunden werden?)	Problemsuche Problemdefinition Problemlösung
Gegenstand (Worauf bezieht sich die Analyse?)	Subjekte (Personen, Gruppen, Abteilungen,...) Objekte (Arbeitsmittel,...) Ziele (Aufgabeninhalte, Normvorgaben,...)
Dynamik	Strukturen Prozesse
Prozeßbezug	Bedingungen Ursachen/ Anlässe Funktionsweisen (un-) beabsichtigte Folgen
Zeitbezug	Vergangenheit Gegenwart Zukunft
Analysemethoden	Interview Dokumentenanalyse Beobachtung Gruppengespräche
Analysevorgehen	quantitativ (meist viele Fälle) vs. qualitativ (meist Einzelfall), top-down vs. bottom-up, ohne / mit externer Unterstützung, testend vs. inventarisierend

Abbildung 2.5-4: Analyse des Veränderungsbedarfs

Analyse des Veränderungsbedarfs durchläuft folgende Phasen: (1) Zielbestimmung - (2) Erkundung - (3) Planung/ Vorbereitung - (4) ggf. Voruntersuchung - (5) Hauptuntersuchung - (6) Auswertung - (7) Interpretation - (8) Zusammenfassung, Ergebnispräsentation.

Praxis der Analyse des Veränderungsbedarfs

Bei der Diagnose von Veränderungsbedarf sind folgende Sachverhalte zu beachten:

- Nicht erst bei der Ergebnisinterpretation, sondern bereits bei der Zieldefinition, der Auswahl von Analyseinstrumenten und ggf. Untersuchungspersonen spielt das Interesse des Auftraggebers eine nicht zu unterschätzende Rolle. Dies erfordert, sich möglichst über die unterschiedlichen (auch eigenen) Interessen klar zu werden und sie zu berücksichtigen (siehe Kapitel 1.1.4 und 1.3).

- Gerade bei Organisationsanalysen erwarten die einbezogenen Mitglieder Auswirkungen der Untersuchung z.B. auf ihre Arbeitsbedingungen oder gar auf ihre Person. Dies erfordert Zielklarheit und -transparenz.

- Besonders quantitative Erhebungsverfahren führen bei den Untersuchten oftmals zu einem Gefühl des Ausgeliefertseins. Sie sollten deshalb weitgehend bereits in die Planung und Zielbestimmung einbezogen werden und über Datensicherheit und den Umgang mit den Daten (z.B. Anonymität und Rückmelden) umfassend informiert werden.

- Bereits in den Fragestellungen einer Analyse drücken sich Haltungen aus. Sie werden von den untersuchten Personen (unterschiedlich) interpretiert. Damit lösen bereits Fragen (zunächst kognitive) Veränderungsprozesse aus, die vor Analysebeginn daraufhin geprüft werden sollten, ob sie den eventuell angestrebten Zielen des geplanten Wandels nicht entgegenstehen.

Ebenen des Veränderungsbedarfs

Aufgrund der Analyseergebnisse kann Veränderungsbedarf auf vier Ebenen festgestellt werden:

1. Verhältnis der Organisation zur Umwelt (z.B. als Berücksichtigung neuer Kundenwünsche);

2. Verhältnis der Organisation zu ihren Subeinheiten (z.B. als neue räumliche Verbindung);

3. Verhältnis der Organisation zu ihren Mitgliedern (z.B. als neue Formen der Personalrekrutierung und -entwicklung);

4. Verhältnis der Organisation zu sich selbst (z.B. als neue Kultur, Struktur, Leitbild, Strategie).

2.5.3 Suche nach Handlungsfeldern

In der Praxis herrscht oftmals die Meinung vor, Handlungsfelder ergäben sich und man habe keine Wahl, ob (und wie) man handelt. Tatsächlich bestätigt dies Weick und erklärt provokativ: „Die Ziele sind so verschieden, die Zukunft ist so ungewiß, und die Handlungen, auf die sich Zielaussagen beziehen könnten, sind so unbestimmt, daß Zielaussagen nur einen relativ kleinen Teil der Handlungsvarianz erklären können." (WEICK 1995, S. 341) Statt dessen würden Ziele eher im Handeln und im Nachhinein interpretativ und legitimierend hinzugefügt. Gerade Projektarbeit scheint dem rechtzugeben (vgl. WELTZ 1992). Das umfangreiche Änderungsmanagement in Projekten weist in die gleiche Richtung.

Handlungsfeld als Strategiekorridor

Handlungsfelder lassen sich als 'Strategie-Korridor' auffassen. Sie ergeben sich idealerweise aus der Schnittstelle von Bedarf und Potential (vgl. Abbildung 2.5-5) - sowohl für organisationale Veränderungen im allgemeinen wie auch für die Steigerung der Lernfähigkeit im besonderen. Eine klassische Technik zur Bestimmung von Handlungsfeldern ist das Portfolio.

		Bedarf	
		niedrig	hoch
Potential	niedrig	nicht handeln	zunächst Potentiale ausbauen
	hoch	nach neuen Anforderungen suchen oder /und vorhandene Potentiale transformieren oder neu kombinieren	handeln: Potentiale entfalten und einsetzen

Abbildung 2.5-5: Bestimmung von Handlungsfeldern nach Veränderungsbedarf und -potential

Handlungsfelder als Strategiekorridor ordnen sich dann auf einer Zeitachse ein zwischen aktuellem Ist-Zustand und künftigem strategischen Ziel (Abbildung 2.5-6). D.h., daß konkrete Ziele zwar durchaus vorhanden sind, innerhalb des Handlungskorridors aber Abweichungen von der kürzesten Verbindung (einer geraden Linie) zwischen Ist- und Soll-Zustand zugelassen werden, ohne im voraus wissen zu können, um welche Abweichungen es sich konkret handeln wird.

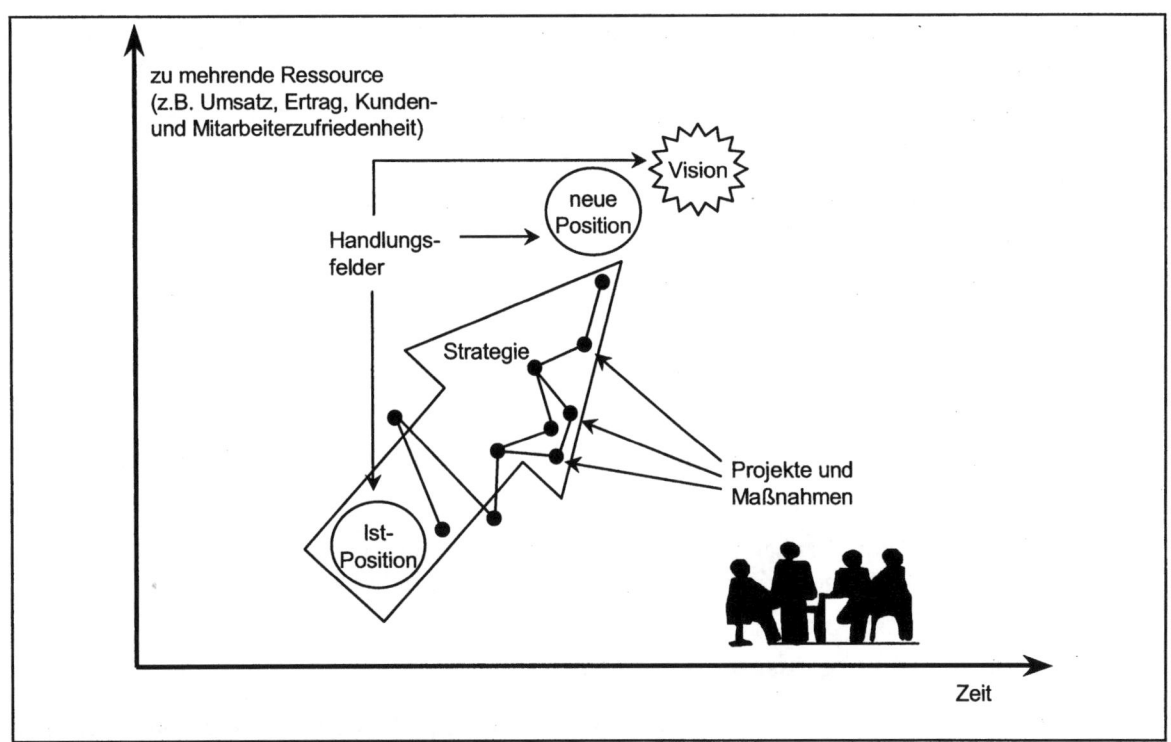

Abbildung 2.5-6: Handlungsfelder im strategischen Kontext

2.5.3.1 Aufbau von Lernfähigkeiten

Unter Lernfähigkeiten verstehen wir die Eigenschaften, die die Umstrukturierung der organisationalen Wissensbasis begünstigen (vgl. Abschnitt 2.5.1.1). Man erkennt **organisationale Lernfähigkeiten**, wenn man danach fragt, wie Informationen in organisationales Wissen transformiert werden. Solche Fragen sind z.B.: Wer/was entscheidet über die organisationale Bedeutung von Informationen? Wie geht die Organisation mit **Verbesserungsvorschlägen** um? Wie planvoll kommen Verbesserungen zustande? Werden aus Erfolgen und Mißerfolgen gleichermaßen Lehren gezogen?

Wie kann die Lernfähigkeit einer Organisation verbessert werden? In der Fachliteratur gibt es durchaus unterschiedliche Meinungen darüber, ob es überhaupt gelingen kann, Organisationen als sich selbst nach den eigenen Präferenzen immer wieder reproduzierende Systeme planvoll zu verändern (WOLLNICK 1994). Derzeit besteht zumindest hinsichtlich folgender Prämissen weitgehende Übereinstimmung:

- Organisationen sind durch Trägheit gegenüber Umweltveränderungen charakterisiert. Sie tendieren dazu, ihre Umwelt für sich „zurechtzulegen" - z.B. durch die Bildung „zuständiger" Abteilungen oder organisationsgenehme Uminterpretation der Umweltereignisse. Abwehr und Annahme (Lernen) sind zwei Seiten einer Medaille (vgl. HEINTEL 1994b).

- Dennoch entwickeln Organisationen die Regeln für ihre Weiterentwicklung in relativer Unabhängigkeit von ihrer Umwelt. Die Implementierung neuer Regeln kann im Grunde nur unter Mitwirkung der zu verändernden Organisation geschehen.

- Die Eignung vorhandener Lernfähigkeiten ist allein mit Bezug zu den gegenwärtigen und künftigen Anforderungen an die Verarbeitung von Informationen festzustellen (primär orientiert am bedeutsamsten Organisations-Umwelt-Austausch). Das Kriterium, ob bzw. inwiefern eine Organisation lernfähig ist, ändert sich also.

- Begünstigende Bedingungen für die Entwicklung von Lernfähigkeit sind v.a. auf Veränderung ausgerichtete Visionen, Ziele und Werte sowie ihr Verankern in allen Managementebenen.

Lernfähigkeiten entstehen im Prozeß des Lernens. Für den Aufbau von Lernfähigkeiten sind deshalb Lernprozesse begünstigend, in denen gilt:

- Das **Lernziel** sollte von allen akzeptiert sein. Doch oftmals gilt: Der Appetit kommt beim Essen.
- Es gibt verschiedene Wege zum Lernziel. Lernen muß Herausforderungen auf verschiedenen Gebieten bieten.
- Nicht allein auf Defizite konzentrieren; Lernschwerpunkte sollen von Stärken aus ins Neuland führen.
- Lernen soll Spaß machen. Dafür braucht es Unterstützung, Freiräume und Spielwiesen.
- Lernen soll praxisrelevant erfolgen und Lernergebnisse sollten ausprobiert werden können.
- Lernen soll zum Nachahmen anregen. Imitation ist einer der einfachsten und wirksamsten Wege der Verbreitung von Lernprozessen in Organisationen.

2.5.3.2 Initiieren von organisationalem Lernen

Menschen wie Organisationen lernen am besten dann, wenn praktische und drängende Probleme einer Lösung zugeführt werden sollen (vgl. Abschnitt über Handlungsfelder). Lernen darf also insofern nicht als Selbstzweck verstanden werden. Andererseits gehört zum Lernen mehr als lediglich Probleme zu lösen. Die Anregung von Lernprozessen zielt darauf, in einer Organisation einen sich selbst verstärkenden Prozeß der Aufnahme, Verarbeitung und Speicherung von neuartigen Informationen in Gang zu setzen. **Der entscheidende Schritt zur lernenden Organisation ist nichts mehr und nichts weniger, als daß die Organisationsmitglieder erkennen, daß Veränderungen ernsthaft gewollt sind.**

Der Erwerb von neuen organisationalen Kompetenzen erstreckt sich auf Wissen, Fähigkeiten, Motivationen und Regeln zugleich. Es ist z.B. nicht möglich, nur Wissen zu vermitteln, ohne damit Einfluß auf die Motive zu nehmen. Ein Konzept, durch das organisationales Lernen dauerhaft initiiert werden kann, ist die **qualifizierende Arbeitsgestaltung** (vgl. FREI 1996, S. 139ff.). In allen vier Schritten - „Vorbereitung", „Auftauen", „Verändern", „Konsolidieren" - geht es darum,

- Qualifikationen im Tätigkeitsvollzug zu entwickeln und dabei über die entsprechenden individuellen wie organisationalen Entwicklungs- bzw. Lernbedingungen zu reflektieren;
- Widersprüche aus der täglichen Erfahrungswelt zu entdecken und darzustellen;
- dialogischen Austausch zwischen allen Ebenen und Bereichen zu mobilisieren;
- kollektive Vorstellungen über gemeinsame Ziele und wünschbare Alternativen zu entwickeln.

Damit soll deutlich gemacht werden, daß sich alles um eine Verbesserung der Kommunikationsprozesse unter Einbau von Feedback-Schleifen dreht. Solche Feedback-Schleifen dienen im wesentlichen dazu, die inneren Prozesse wechselseitig zu verbessern (Erhöhung der Handlungsfähigkeit) und den Austausch mit der Umwelt zu erhöhen (vgl. KIRSCH 1992).

Folgende Regeln haben sich beim Initiieren von Neuerungen bewährt und können auch auf die Einführung bzw. Ausdehnung von Organisationslernen angewandt werden (WEICK 1995):

- Suche nach **Promotoren**, die offen für Veränderungen (lernbereit) sind und förderliche Aspekte beitragen können.
- Arbeite **niemals gegen den Strom**. Kräfte der Organisation gilt es zu nutzen.

- Hole die Menschen dort ab, wo sie stehen, und nicht dort, wo man meint, daß sie stehen sollten.
- Entzünde viele Feuer gleichzeitig.
- Nur was in Bewegung ist, läßt sich steuern.
- Erkenne Unvereinbarkeiten (z.B. widerstrebende Tendenzen) an.
- **Der beste Botschafter für eine gute Sache ist Erfolg.** Prototypen sind gefragt.
- Lerne mit einem Test.

2.5.4 „Change Agents" - und wie man sie erkennt

„Change Agents" (Agenten der Veränderung) sind Personen, die organisationalen Wandel „von Innen heraus" maßgeblich fördern. Sie stellen gewissermaßen neben dem betrieblichen Vorschlagswesen, Innovationszirkeln und -seminaren personale Anregungspunkte außerhalb bzw. neben der Hierarchie dar. Es ist ihre vordringlichste Aufgabe, Promotoren in verschiedenen Organisationsbereichen für ihre Ziele zu finden. Mitunter gehören sie aber auch selbst zu einer der vier hauptsächlichen Promotorengruppen:

Machtpromotor	**Sozialpromotor**
Ressource: hierarchisches Potential	Ressource: soziales Ansehen
Fachpromotor	**Business Innovator/Promotor**
Ressource: spezifisches Fachwissen	Ressource: Geld

Abbildung 2.5-7: Promotoren

Funktion	Inhalt
interne „Change Agents"	
Patron	grundsätzliche Einverständniserklärung und Unterstützung
Initiator	kennt Systemprobleme, hat Veränderungsidee, initiiert Diskussion
Promotor	unterstützt die Idee des Initiators
Anwalt	schafft betriebliches Problembewußtsein, verteidigt Idee
Projektleiter	sorgt für Umsetzung der Idee im eigenen Bereich
Pionier	verändert eigenes Verhalten gemäß der Idee, praktiziert neues Denken
Loyale	übernehmen das neue Verhalten, Denken aufgrund ihrer Loyalität
Anwender	praktizieren Umsetzung tagtäglich, materialisieren die Idee zur Tatsache
externe „Change Agents"	
externer Berater	sucht gemeinsam mit Mitarbeitern nach Konkretisierungsmöglichkeiten
Koordinator / Moderator	überblickt das System und wirkt vermittelnd

Abbildung 2.5-8: Funktionen des Change Agents (nach BAITSCH 1986)

Funktionen

Innerhalb von Veränderungsprozessen lassen sich die in Abbildung 2.5-8 zusammengestellten Funktionen des Change Agent unterscheiden. Sollten sich interne Change Agents nicht finden lassen oder ist ihr Wirken nicht erfolgversprechend, können externe Veränderungspromotoren hinzugezogen werden.

Vorteile **interner** Change Agents sind (STAEHLE 1991, S. 897):

- Vertrautheit mit der Organisation und Identität der Werte,
- leichtere Anerkennung auf unteren Ebenen,
- eher evolutionäres Vorgehen.

Vorteile **externer** „Change Agents" sind:

- unbefangene Sicht ohne „Betriebsblindheit",
- Erfahrungen aus verschiedenen Organisationen und Marktkenntnis,
- Bereitschaft auch zu radikalen Veränderungsvorschlägen.

Aufgrund der mittlerweile vorliegenden Erfahrungen geht man davon aus, daß die Vorteile von externen und internen Agenten der Veränderung sich ergänzen und durch ihre Kooperation in Veränderungsprojekten komplementär wirken können.

Change Agents können (müssen aber nicht zwangsläufig) in den Leitungsebenen einer Organisation angesiedelt sein. Auf jeden Fall ersetzen sie **nicht** die Führungskräfte; deren Aufgaben sind übergeordneter Natur und in drei Feldern angesiedelt:

1. Erkennen vorhandener Change Agents;

2. Entwicklung von (neuen) Change Agents
   (Personalentwicklung, Ermunterung, Kompetenzentwicklung);

3. Soziale Unterstützung für Change Agents (Coaching; richtige Plazierung im Team, Ausstattung mit Ressourcen, Zugang zu Informationen, emotionale Wärme).

Punkt (1) wollen wir uns hier etwas ausführlicher zuwenden. Mitunter lassen sich in der Belegschaft bereits Mitarbeiter erkennen, die mit den o.g. Merkmalen ausgestattet sind, jedoch noch nicht in der Rolle des Change Agent aufgetreten sind, oder deren bisheriges Handeln nicht in diesem Licht interpretiert wurde. Solche Mitarbeiter sind zu identifizieren und zu aktivieren. Dabei ist zu berücksichtigen, daß „Change Agent" eine informelle Rolle ist, die sich nur selten auf alle möglichen Handlungsfelder des betreffenden Mitarbeiters erstreckt. Vielmehr handeln Mitarbeiter als Change Agents dort, wo sie denken

- die größte Wirkung zu erzielen (am fähigsten zu sein; die geringsten Widerstände zu haben);
- keine nachteiligen Folgen für sich in Kauf nehmen zu müssen und
- wo sie am stärksten motiviert sind und/oder die größte Unterstützung erhalten.

Werden Change Agents nicht erkannt oder als Störenfriede verkannt, kann sich ihre produktive in eine destruktive Haltung verwandeln. Nicht selten verlassen sie dann enttäuscht die Organisation oder versuchen, ihre Innovationsabsichten auf „Schleichwegen" durchzusetzen.

2.5 Lernende Organisation

Einige Wege, um Change Agents zu erkennen, sind:

1. Analyse von Fähigkeiten, Wissen und Motivation eines Organisationsmitgliedes in bestimmten Handlungsfeldern, sowohl aus dessen eigener Sicht als auch aus der Sicht anderer Mitglieder (sowohl funktionaler als auch überfunktionaler Bezug der Kompetenzen);

2. Analyse von Persönlichkeitseigenschaften (v.a. Kritik- und Konfliktfähigkeit, Ausdauer, Offenheit und Kontaktfreudigkeit, Eigenständigkeit);

3. Analyse bisherigen Verhaltens bei Veränderungsprozessen (Innovationen);

4. Analyse der Stellung zur Organisation (z.B. soziale Stellung und sozialer Einfluß, Eintritts- und Mitgliedschaftsmotivation, eigene Sicht auf die Entwicklungsperspektiven in der Organisation);

5. probeweises Übertragen von Aufgaben (z.B. durch Integration in ein F+E-Team, eine Stabsabteilung oder eine Projektgruppe für Organisationsentwicklung).

Koalitionen und Zweckbündnisse

Besonders einflußreiche Agenten des organisationalen Wandels können Koalitionen oder Zweckbündnisse über verschiedene Hierarchieebenen eines Unternehmens sein. Derartige Bündnisse können zeitlich schon **vor** Veränderungsprozessen vorhanden sein. Sehr oft sorgen jedoch antizipierte Veränderungen für die Entstehung neuer oder die Aktivierung schon vorhandener Koalitionen. Die Chancen einer Koalitionenbildung zwischen zwei Akteuren (A und B) wachsen, wenn

- A und B sich bereits kennen oder mühelos miteinander kommunizieren (können);
- ein Thema für A und B gleichermaßen bedeutsam ist;
- A und B gemeinsame Interessen erkennen;
- die Durchsetzung dieser Interessen für A und B besser gemeinsam als allein durchsetzbar erscheint.

Koalitionen können sowohl Veränderungen vorantreiben als auch torpedieren. Wie erfolgreich sie damit sind, hängt davon ab,

- über welche Ressourcen sie verfügen (z.B. Macht in Form von Drohpotential, soziale Verankerung, innerer Zusammenhalt, Artikulationsvermögen);
- wie geschickt sie vorgehen (z.B. Wechsel des Handlungsrepertoirs/ taktische Flexibilität, Ausnutzung schon vorhandener Stimmungen, Formen des Argumentierens);
- welche Wirkung sie bei den anderen Akteuren erzeugen können (v.a. bei Schlüsselpersonen wie z.B. maßgeblichen Entscheidungsträgern und deren Vertrauenspersonen).

Interessenbündelung durch Koalitionen hat große Vor- wie auch Nachteile in organisationalen Veränderungsprozessen. Gebündelte Interessen fallen frühzeitig auf, konzentrieren sich auf die gemeinsame Schnittmenge von Themen und vernachlässigen dadurch andere Themen. Nachteilig aus Sicht einer sich verändernden Organisation ist die Gefahr der informellen Hintertreibung oder des Ersatzes offizieller Ziele sowie der Verhärtung von Positionen.

Bildung, Wirken und Auflösung von Koalitionen ist Ausdruck der natürlichen Dynamik in Organisationen und prinzipiell weder völlig zu kontrollieren noch ganz zu vermeiden. Lernende Organisationen machen sich Koalitionen eher zunutze, als daß sie sie zu behindern versuchen.

Dabei haben sie darauf zu achten, daß

- sich verschiedene Koalitionen austauschen und ihre gegenseitigen Standpunkte kennenlernen;
- Verfestigungen von Standpunkten und Interessen nur themenabhängig akzeptiert werden (eine Koalition, die sich jedem Thema sperrt, wird geächtet);
- Koalitionen sich nicht verstecken müssen und ein Forum in der Organisation finden;
- Koalitionen an der konstruktiven Gestaltung der Organisation beteiligt und in Verantwortung eingebunden werden.

2.5.5 Umgang mit Widerständen

Lernergebnisse stören die Organisation zunächst, weil sie Bekanntes und Gewohntes implizit kritisieren. Dabei kommt es meist zu vielfältigen Widerständen: Ignorieren eines Problems, ein Problem schnell vom Tisch bringen, zeitliches Aufschieben, Problem auf andere Personen abschieben, die Belästigung ertragbar machen (z.B. Suche nach einer risikoarmen Lösung), Innovationshektik und unausgegorene Lösungen anbieten (vgl. HAUSCHILDT 1993, S. 107; GRÄSER 1996, S. 155).

Littke unterscheidet Widerstandsformen nach dem Grad der Härte der Konfrontation (LITTKE 1995, S. 242ff.): **Aggression** (z.B. Androhung von Gewalt, Mobbing, Beschimpfung, Sticheln), **Restriktion** (Unbeherrschtheit, Unterwürfigkeit, mangelnde Urteilsfähigkeit) und **Kompromiß** (Verfolgung eines Ersatzzieles, Rechtfertigung von Mißerfolg mit Scheinargumenten).

Widerstand gegen Neuerungen (Lernergebnisse), gegen Lernen und Einführung von Lernformen kann seitens Personen, Inhalten und Strukturen oder kombiniert erfolgen (vgl. Abbildung 2.5-9).

	Symptome	**Beispiel**
lernresistente Personen	offene oder verdeckte Ablehnung oder Vermeidung von Neuem, gering entwickelte Lernfähigkeit	Herr R. glaubt, seine Position wolle ihm Herr S. mit seinen neuen Vorschlägen streitig machen.
lernresistente Inhalte	komplexe und sich ständig verändernde Sachverhalte	Das Projektteam Y. hat große Mühe, die Wünsche und Organisationsstruktur des neuen Kunden kurzfristig zu durchschauen.
lernresistente Strukturen	hohe Arbeitsteilung, Standardisierung, Zentralisierung, Programmiertheit, Hierarchisierung und Formalisierung	Die Organisation M. ist so angelegt, daß sich die Projektteams ausschließlich um ihre Projekte kümmern und nicht an der Gestaltung von M. beteiligt werden.

Abbildung 2.5-9: Widerstandstypen

Über die spezifischen Widerstände (Verniedlichung, Ressourcenbindung, Verweigerung von Unterstützung), die eine Organisation Projektgruppen entgegenbringt, berichten Heintel und Krainz (HEINTEL 1994a, S. 141ff.). Den Grund sehen sie darin, daß „Projektmanagement (...) der Anlaß für Systemreflexion und die Aufhebung von Denkverboten (ist), wodurch die Systemabwehr der Hierarchie herausgefordert wird, obwohl sie selbst Projektmanagement eingerichtet hat" (HEINTEL 1994a, S.145).

2.5 Lernende Organisation

Widerstände gegen Lernergebnisse sollen häufig überwunden werden, indem man eine Gegenmacht zur Brechung des Widerstandes formiert. **Heute wissen wir, daß konfrontative Strategien oft das Gegenteil vom beabsichtigten Resultat erreichen (vgl. SENGE 1996). Vielmehr sollte versucht werden, Widerstände als Widersprüche mit einer längeren Geschichte, vielfältigen Ursachen und Wirkungen zu begreifen.**

Einige Wege, um mit Widerständen umzugehen, sind folgendermaßen zu charakterisieren (vgl. STEINMANN 1993, S. 429; STAEHLE 1991, S. 900):

1. **Widerstände „einplanen"** - Bevor Neuerungen vom Entwurf in die Realität umgesetzt werden, ist zu fragen, welche Organisationsmitglieder aus welchen Gründen die Realisierung vermutlich unterstützen oder abschwächen können.

2. **Widerstände vermeiden** - Gemeint ist damit nicht der Versuch, es allen recht zu machen, als vielmehr von vornherein eine lernfähige Organisation zu entwickeln und hierfür die strukturellen, personellen und prozessualen Bedingungen zu schaffen.

3. **Widerstände erkennen wollen** - Gerade in der ersten Phase geplanten Wandels sind Widerstände oftmals diffus und schwer zu erkennen. Existieren dazu noch stark normativ geprägte Bilder von der Organisation, ist die Wahrscheinlichkeit gering, frühzeitig Widerstände wahrzunehmen.

4. **Widerstände eingestehen** - Nicht ausgetragene Konflikte können eine Organisation auf Dauer enorm schädigen. Die von Change Agents als Veränderungsinteresse implizit geäußerte Kritik am Bestehenden sollte in konstruktive, kollektiv anerkannte Tatsachen transformiert werden.

5. **Soziale Unterstützung aktivieren** - Wandelprozesse werden in Gruppen als weniger beängstigend empfunden. Hilfreich ist hier auch, einen Zusammenhang zwischen kollektiv geteilten Werten und Zielen und den Inhalten und Zielen des Neuerungsvorhabens aufzuzeigen.

6. **Veränderungsprozesse sequentiell aufteilen** - Das bedeutet einerseits, ein verarbeitbares Maß an Veränderung für eine bestimmte Etappe vorzusehen. Andererseits vollziehen sich Wandelprozesse zyklisch und brauchen Auflockerungs-, Veränderungs- und Stabilisierungsphasen.

7. **Widerstände transformieren** - In jedem Widerstand steckt eine produktive Kraft. Diese sollte ausfindig gemacht und zur Geltung gebracht werden. Der erste Schritt hierzu ist die Veränderung kollektiver mentaler Modelle über die Veränderungsprozesse und/oder die Person der Change Agents. Das heißt, daß zuerst die Bedeutung von Widerständen deutlich gemacht werden sollte. Widerstände zeigen nämlich sehr gut mögliche Konflikte und Hindernisse an. Insofern sollte nicht einfach versucht werden, Widerstände zu brechen. Indem zugleich allen Betroffenen die Akteure bekannt gemacht werden sowie deren jeweiligen Motive, können die möglichen zwischenmenschlichen Barrieren deutlich gemacht und damit überwunden werden.

Abbildung 2.5-10 zeigt vier hauptsächliche Formen des Umgangs mit Widerständen.

	de-eskalierend	**eskalierend**
präventiv	z.B. Vereinbarung von Kommunikationsregeln	z.B. Konfrontationssitzung
kurativ	z.B. Beschreibung unterschiedlicher Standorte und Wahrnehmungen	z.B. dramatisierende Rollenspiele

Abbildung 2.5-10: Umgang mit Widerständen (nach GLASL 1990)

2.5.6 Möglichkeiten des Einbezugs der Mitarbeiter

Partizipation ist die Teilhabe der Belegschaft an Entscheidungen des Managements, die die Ziele, Inhalte, Mittel, und/oder Bedingungen der Arbeit grundlegend beeinflussen (vgl. KISSLER 1990; KÜHL 1995). Partizipation ist **Voraussetzung für Neuerungsprozesse,** insofern

- die Einführung von Neuem die Überleitung des Wissens der betroffenen Organisationseinheiten in das Management bzw. beauftragte Stäbe und Projektgruppen erfordert;

- die frühzeitige Einbeziehung von Betroffenen bei Innovationen hilft, Akzeptanzprobleme zu verringern und Widerstand zu vermeiden;

- Partizipation ein gemeinsames Zielverständnis, Teamgeist und Vertrauen fördert, welches gerade in relativ unsicheren Innovationsprozessen wertvolle Güter sind.

Allerdings zeigen sich auch **Grenzen von Partizipation** bei Innovationsprozessen:

- **Verknappung von Ressourcen**: hohes Informationsaufkommen („von unten") muß gerade dann bewältigt werden, wenn die Organisation ihre Kraft auf die Innovation selbst konzentrieren muß;

- **Braten im eigenen Saft**: Tendenz, die Mitarbeiterinteressen gegenüber der Optimierung des Organisations-Umwelt-Austausches überzubetonen;

- **gestreute Verantwortung**: Erfolge und Mißerfolge lassen sich einzelnen Akteuren nur schwer zuschreiben, da viele an Innovationsentscheidungen beteiligt waren;

- **Politisierung**: Trend zu minimalistischen Lösungen, weil besonders radikale und riskante Ideen nicht alle Interessen der Akteure berücksichtigen können; Gefahr von Schein-Innovationen.

In der Praxis sind lernfähige Organisationen bestrebt, den Spielraum von Partizipation für Organisationslernen selbst zu begrenzen. Folgende Strategien werden dabei u.a. entwickelt (vgl. BERGER 1993, S. 142f):

1. Bereitstellung von Überschußkapazitäten (Ressourcen, die nicht überlebensnotwendig sind) für Innovationsprozesse, um Kämpfe um knappe Ressourcen zu minimieren;

2. sequentielle Zielverfolgung, d.h. Lern- und Veränderungsziele werden schrittweise verfolgt oder verschiedenen Gremien (oft auch Projektgruppen) übertragen;

3. Anstreben befriedigender anstelle optimaler Lösungen, d.h. brauchbare Lösungen dominieren, um Kompromisse zu erleichtern;

4. Entwicklung von Rollen (z.B. „der Zuständige für...") und Regeln, wodurch der Gemeinschaftscharakter des Lernens und Veränderns betont und von Anfälligkeiten individueller Beziehungen unabhängiger wird;

5. Einsatz von Führungskräften, die situationsspezifisch - sowohl partizipativ als auch autoritär - vermittelnd agieren können.

Zusammenfassung

Über bloße Anpassungsleistungen hinausgehend sind lernende Organisationen in der Lage, ihre Fähigkeiten eigenständig entsprechend neuen Erfordernissen zu verändern. Lernende Organisation bedeutet, von der Möglichkeit gemeinsam geteilten Wissens und gemeinsamer Werte sowie von der Möglichkeit ihrer bewußten und gezielten Entwicklung auszugehen. Für die herkömmliche Praxis bedeutet das u.a. die Förderung von

- neuen Lerninhalten (nicht nur Fach-, sondern auch soziales und Methodenwissen);
- neuen Lernformen (z.B. training on the job, job rotation, interdisziplinären Projektgruppen, Strategieentwicklung);
- neuen Formen des Interessenausgleichs (Partizipation);
- neuen Gestaltungsräumen („Teststrecken", „Spielplätze").

Bei aller gegenwärtigen Euphorie zum Organisationslernen muß jedoch einschränkend gesagt werden, daß dieses relativ anspruchsvoll bezüglich seiner Voraussetzungen ist. Mitunter ist es effektiver und effizienter, Veränderungen durch Anordnung, Ablösung, Abstimmung (Wahlakt), Sozialisation, Nachahmung oder Probieren (trial and error) anstelle durch Lernprozesse einzuführen. Dennoch muß eine Organisation zunächst erst einmal gelernt haben, wann die eine oder die andere Strategie sinnvoll ist.

Neben dem Glauben daran, daß Lernen nicht nur individuell möglich ist, gehören zum Aufbau einer bewußt lernenden Organisation also auch sehr handfeste Bedingungen. Diese drücken sich weniger in statischen Merkmalen wie Material, Strukturen oder Umsatz bzw. Rendite aus, als vielmehr in Rückkopplungsprozessen. Von besonderem Nutzen kann sich dabei das Engagement und der Einfluß von (internen oder externen) 'Change Agents' oder Promotoren erweisen.

Prinzipiell kann jede durch einen Akteur (Individuum, Gruppe, Organisation) ausgeführte Handlung als Veränderung und damit als Lerngegenstand aufgefaßt werden. Dafür bietet die Arbeit in eher organisch-themenzentrierten Projektgruppen (im Vergleich zu eher hierarchisch für alles zuständigen Organisationen) gute Bedingungen. Der Widerspruch, daß Projektgruppen einerseits von Organisationen hervorgebracht werden, diese andererseits jedoch in Frage stellen, ist nicht lösbar. Er sollte vielmehr für Organisationslernen fruchtbar gemacht werden. Entscheidend ist, daß zwischen den Gruppen einer Organisation ein kommunikativer Austausch und Verständigungsprozeß darüber in Gang gebracht und gehalten wird, wie Projekterfahrungen verallgemeinert und organisational gespeichert werden können.

Literatur

ARGYRIS, C. & Schön, D. A.: Organizational Learning. A Theorie of Action Perspective. Mass: Addison-Wesley, 1978.

BAITSCH, C.: Agenten der Veränderung. In: Duell, W. (Hrsg.). Arbeit gestalten - Mitarbeiter beteiligen, 118 - 130. Frankfurt a.M.: Campus, 1986.

BAITSCH, C.: Was bewegt Organisationen? Selbstorganisation aus psychologischer Sicht. Frankfurt a.M.: Campus, 1993.

BERGER, U. & Bernhard-Mehlich, I.: Die verhaltenswissenschaftliche Entscheidungstheorie. In: Kieser, A. (Hrsg.) Organisationstheorien, 127- 159. Stuttgart: Kohlhammer, 1993.

BÜSSING, A.: Organisationsdiagnose. In: Schuler, H. (Hrsg): Organisationspsychologie, 445-479. Bern: Huber, 1995.

FREI, F. et al.: Die kompetente Organisation (2. Auflage). Zürich: vdf Hochschulverlag, 1996.

FRIELING, E. & Reuther, U. (Hrsg.): Das Lernende Unternehmen. Dokumentation einer Fachtagung am 6. Mai 1993 in München. (Reihe: Studien der betrieblichen Weiterbildungsforschung). Bochum: NERES Verlag, 1993.

GEIßLER, H.: Vom Lernen in der Organisation zum Lernen der Organisation. In: Sattelberger, Th. (Hrsg.) Die lernende Organisation (3. Auflage), 81 - 96. Wiesbaden: Gabler, 1996.

GERSEMANN, O.: Lernen liftet Leistung. Handelsblatt, 27./28.9.1996, K1 - K2.

GLASL, F.: Konfliktmanagement. Bern: Haupt, 1990.

GRÄSER, W.: Das Management von Innovation - oder: Wie helfen wir Ideen auf die Beine? In: Wagner, R. H. (Hrsg.) Praxis der Veränderung in Organisationen, 145 - 166. Göttingen: Hogrefe, 1996.

HAUSCHILDT, J.: Innovationsmanagement. München: Vahlen, 1993.

HEINTEL, P. & Krainz, E. K.: Projektmanagement. Eine Antwort auf die Hierarchiekrise? (3. Auflage). Wiesbaden: Gabler, 1994 (a).

HEINTEL, P. & Krainz, E. K.: Was bedeutet „Systemabwehr"? In: Götz, K. (Hrsg.) Theoretische Zumutungen. Vom Nutzen der systemischen Theorie für die Managementpraxis, 160 - 193. Heidelberg: Carl-Auer-Systeme, 1994 (b).

KIRSCH, W.: Kommunikatives Handeln, Autopoiesis, Rationalität. Sondierungen zu einer evolutionären Führungslehre. München: Kirsch, 1992.

KISSLER, L. (Hrsg.): Partizipation und Kompetenz. Beiträge aus der empirischen Forschung. Opladen: Westdeutscher Verlag, 1990.

KÜHL, S.: Wenn die Affen den Zoo regieren. Die Tücken der flachen Hierarchie. Frankfurt a.M.: Campus, 1995.

LITTKE, H.-D.: Projektmanagement: Methoden, Techniken, Verhaltensweisen (3. Auflage). München: Hanser, 1995.

MARCH, J. G. & Olsen, J. P.: Ambiguity and Choice in Organizations. Bergen 1976.

NEUBERGER, O.: Personalentwicklung. Stuttgart: Enke, 1991

PINCHOT, G.: Intrapreneuring. Wiesbaden: Gabler, 1985.

PROBST, G.J.B.: Organisationen, Landberg, Moderne Industrie 1993

REINHARDT, R. & Schweiker, U.: Lernfähige Organisationen: Systeme ohne Grenzen?. Theoretische Rahmenbedingungen und praktische Konsequenzen. In: Geißler, H. (Hrsg.): Organisationslernen und Weiterbildung: Die strategische Antwort auf die Herausforderungen der Zukunft, 269 - 307. Neuwied: Luchterhand, 1995.

SATTELBERGER, T.: Die lernende Organisation im Spannungsfeld von Strategie, Struktur und Kultur. In: Sattelberger, Th. (Hrsg.) Die lernende Organisation (3. Auflage), 11 - 56. Wiesbaden: Gabler, 1996.

SATTES, I. et al. (Hrsg.): Erfolg in kleinen und mittleren Unternehmen. Ein Leitfaden für die Führung und Organisation in KMU. Zürich: vdf, 1995.

SENGE, P.: Die fünfte Diszplin (2. Auflage). Stuttgart: Klett-Kotta, 1996 (1.Aufl. 1990).

SIMON, H. & Tacke, G.: Lernen von Kunden und Konkurrenz. In: Sattelberger, Th. (Hrsg.): Die lernende Organisation (3.Auflage), 167 - 182. Wiesbaden: Gabler, 1996.

STAEHLE, W.: Management. Eine verhaltenswissenschaftliche Einführung (6. Auflage). München: Vahlen, 1991.

STEINMANN, H. & Schreyögg, G.: Management. Grundlagen der Unternehmensführung. Wiesbaden: Gabler, 1993.

STIEFEL, R. T.: Innovationsförderliche Personalentwicklung in Klein- und Mittelbetrieben. Lernen vom Großbetrieb oder eigene Wege gehen? Neuwied: Luchterhand, 1991.

WAGNER, R.H. & Saar, G.W.: Im Handgepäck des Innovators - eine Auswahl von Werkzeugtheorien für den Alltag des Managers. In: Wagner, R.H. (Hrsg.), 59-70. Göttingen: Hogrefe, 1995.

WEICK, K. E.: Der Prozeß des Organisierens. Frankfurt/M.: Suhrkamp, 1995.

WELTZ, F. & Ortmann, R.G.: Das Software-Projekt. Frankfurt/ Main: Campus, 1992.

WIESENTHAL, H.: Konventionelles und unkonventionelles Organisationslernen: Literaturreport und Ergänzungsvorschlag. Zeitschrift für Soziologie, 24. Jg., 1995, Heft 2, 137 - 155.

WILLKE, H.: Systemtheorie (4. Auflage). Stuttgart: Fischer, 1993.

WOLLNICK, M.: Interventionschancen bei autopoietischen Systemen. In: Klaus Götz (Hrsg.): Theoretische Zumutungen: Vom Nutzen der systemischen Theorie für die Managementpraxis. Heidelberg: Carl-Auer-Systeme, 1994

Weiterführende Literatur

HEINTEL, P.: Projektmanagement. Eine Antwort auf die Hierarchiekrise? (3. Auflage). Wiesbaden: Gabler, 1994.

PEDLER, M., Burgoyne, J. & Boydell, T.: Das lernende Unternehmen. Frankfurt a.M.: Campus, 1994

SACKMANN, S. A.: Die lernfähige Organisation: Theoretische Überlegungen, gelebte und reflektierte Praxis. In: Fatzer, G. (Hrsg.) Organisationsentwicklung für die Zukunft, 227-254. Köln: Edition Humanistische Psychologie, 1993.

Autorenportrait

Dipl.-Soz. Uwe Hasenbein

Jahrgang 1965. Er studierte Jura in Potsdam, anschließend Sozialwissenschaften mit den Schwerpunkten Organisationssoziologie, Betriebswirtschaft und Empirische Methoden in Berlin. 1996 arbeitete er als Wissenschaftlicher Mitarbeiter bei der a&o research GmbH in Berlin und seit 1997 als Wissenschaftlicher Mitarbeiter an der TU Chemnitz.

Abbildungsverzeichnis

Abbildung 2.5-1: Vollständiger Entscheidungszyklus (nach MARCH 1976, S. 148) 372

Abbildung 2.5-2: Mechanismen der Lerntypen (nach: PROBST 1993, S. 477) 374

Abbildung 2.5-3: Lerntypen 375

Abbildung 2.5-4: Analyse des Veränderungsbedarfs 377

Abbildung 2.5-5: Bestimmung von Handlungsfeldern nach Veränderungsbedarf und -potential 378

Abbildung 2.5-6: Handlungsfelder im strategischen Kontext 379

Abbildung 2.5-7: Promotoren 381

Abbildung 2.5-8: Funktionen des Change Agents (nach BAITSCH 1986) 381

Abbildung 2.5-9: Widerstandstypen 384

Abbildung 2.5-10: Umgang mit Widerständen (nach GLASL 1990) 385

Lernzielbeschreibung

Das Ziel dieses Kapitels besteht darin, dem Leser einen Überblick über eine wesentliche zukünftige Herausforderung und Anforderung an Unternehmen zu geben: die Organisation lernender Unternehmen. Zugleich lernt der Leser Prozesse und Akteure von Veränderungsprozessen zu identifizieren, um sie für Projektziele zu nutzen.

2.6 Selbstmanagement

von

Annegret Rohwedder

Wolfgang Milszus

Relevanznachweis

Es gibt ein altes Märchen vom „Rübchen"; einige von Ihnen kennen es vielleicht. Ein Großvater geht in den Garten, um die Rübe - überdimensional groß geworden - zu ernten. Allein reicht seine Kraft nicht; er ruft die Großmutter, dann den Enkel, dann die Haustiere zu Hilfe. Alle ziehen gemeinsam, aber ohne Erfolg. Erst durch die Kraft der Maus - nachdem sie noch hinzugekommen war - kann dann die Rübe letztendlich geerntet werden.

In unseren heutigen Sprachgebrauch übertragen, hat sich zum Ernten der Rübe ein Team gebildet mit dem Sinn, „den Gruppeneffekt, also die kumulierten Kompetenzen der einzelnen Mitglieder zu nutzen" (STRASSER 1987). Hätte die Maus nicht auf ihre vergleichsweise spärliche Kraft vertraut und um sie gewußt, wäre sie wohl freiwillig nie dem Team „beigetreten". In diesem Kapitel geht es um den Umgang des einzelnen Menschen mit seinen eigenen Ressourcen. Dabei stehen die (Er-)Kenntnis der Ressourcen, ein zielgerichteter Umgang damit und effektive Methoden ihrer Nutzung im Fokus. Das Selbstmanagement (engl. self management) ist dafür ein wissenschaftlich fundiertes und praktisch erprobtes Instrumentarium, es „ist eine Arbeits- und Lebenstechnik, sich selbst so zu führen und zu organisieren (= zu managen), daß man Erfolg hat." (SEIWERT 1992 (b))

Das Projektmanagement lehrt die zeitweilige Notwendigkeit hochqualifizierter, aber unterschiedlich zusammengesetzter, interdisziplinärer Projektteams. Erfolg in der Projektarbeit wird jedoch erst dann möglich, wenn sich auch die einzelnen Mitglieder eines Teams ihrer jeweiligen Verschiedenartigkeit bewußt sind, diese suchen und akzeptieren und sie wechselseitig bzw. gemeinsam nutzen. Dies bedarf der Selbstkenntnis, Selbstachtung, des Selbstvertrauens und nicht zuletzt eines ressourcenbewußten Umgangs mit sich selbst.

Eine Aufgabe des Projektleiters ist es (häufig), sinnvoll Teams zusammenzusetzen und dann mit den heterogener Teams erfolgreich zu arbeiten. Darüber hinaus steht er selbst vor der Herausforderung, seine eigenen Kräfte und seine Zeit effizient zu nutzen. In diesem Sinne ist das hier zu besprechende Thema des Umgangs oder besser des bewußten Umgangs mit den eigenen Ressourcen wichtiges Wissen bzw. Instrumentarium für einen erfolgreichen Umgang mit sich selbst und mit den Mitarbeitern.

Inhaltsverzeichnis

2.6.1 Was alles sind unsere eigenen Ressourcen?	**393**
2.6.2 Veränderbarkeit eigener Ressourcen	**394**
2.6.3 Zielbestimmung als wesentliches Moment des Selbstmanagements	**395**
2.6.4 Selbstverständnis als Voraussetzung für ein wirksames Selbstmanagement	**396**
2.6.4.1 Stärken- und Schwächenanalyse	398
2.6.4.2 Umgang mit der Zeit	399
2.6.4.3 Zeitinventur	399
2.6.5 Angebote und Techniken der Selbstqualifizierung	**404**
2.6.5.1 Mind Map	406
2.6.5.2 Schnell lesen	407
2.6.5.3 Gedächtnis trainieren	407

2.6.1 Was alles sind unsere eigenen Ressourcen?

Ganz allgemein sind Ressourcen Quellen, aus denen man schöpfen kann. Sie können versiegen, sich reproduzieren oder sich vermehren. Um Ressourcen zu nutzen, bedarf es immer eines Zwecks. Kohle z.B. wird abgebaut, um mit einem möglichst hohen Wirkungsgrad Energie zu erzeugen. Erst durch diese menschliche Zweckbestimmung wird sie zur Ressource[1].

Hier geht es um die wirkungsvolle Nutzung eigener Ressourcen, um letztendlich sein Leben im Zusammenspiel aller Lebensbereiche (Arbeit, Familie, Freizeit usw.) erfolgreich zu führen. Gemessen an seinen Ansprüchen muß sich jeder selbst Rechenschaft ablegen. Demzufolge ist auch alles folgende lediglich ein Angebot an Wissen und Methoden zum Umgang mit sich und seinen Ressourcen.

Zuerst soll vergegenwärtigt werden, über welche Ressourcen ein Mensch verfügt bzw. verfügen kann. Unserer Logik folgend (vgl. Abbildung 2.6-1), lassen sich materielle und immaterielle Ressourcen unterscheiden, und diese wiederum existieren in der Person selbst bzw. außerhalb von ihr. Systematisiert dargestellt: Ein Mensch verfügt über seine körperliche Konstitution und Kondition, lebt in und mit seinem sozialen Umfeld (Familie, Arbeitskollegen und Vorgesetzte, Freunde, Nachbarn usw.) und kann zurückgreifen auf seine Ausstattung (Wohnung, Auto, Kleidung, Arbeitsplatz, Geld usw.), Werkzeuge usw. All dies sind seine materiellen Ressourcen, seine materiellen Quellen, aus denen er schöpfen kann.

Verfügbarkeit von Ressourcen

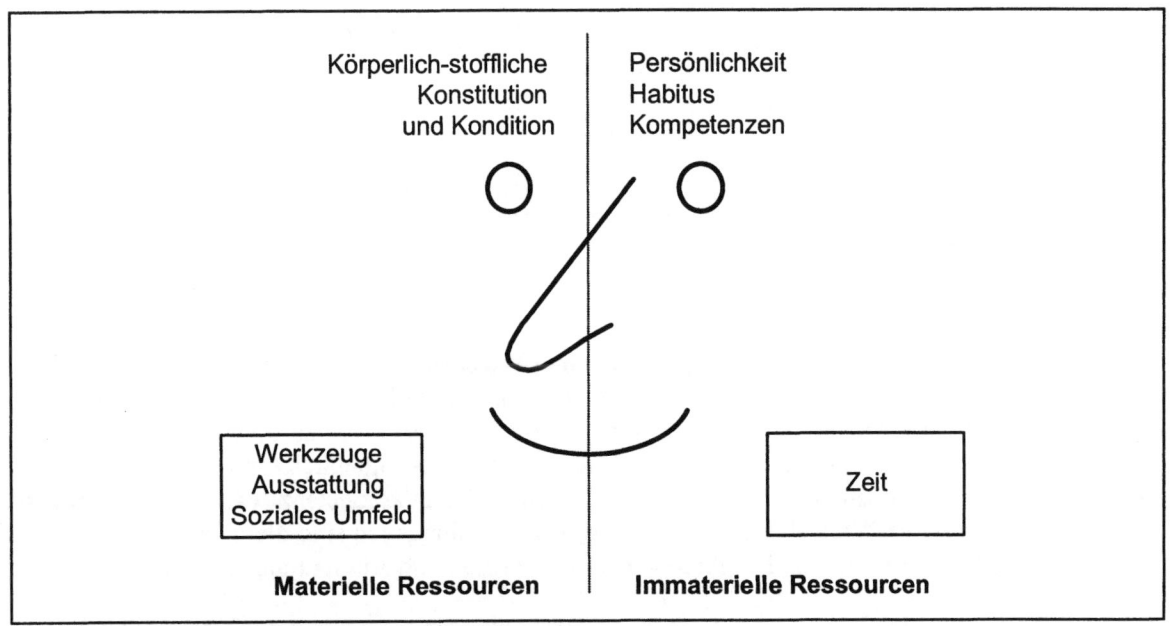

Abbildung 2.6-1: Die Ressourcen eines Menschen

Demgegenüber stehen ihm seine immateriellen Ressourcen zur Verfügung: seine Persönlichkeit, sein Habitus, seine (Sozial-, Methoden- und Fach-) Kompetenzen sowie die Zeit.

Für einen bewußten Umgang mit den eigenen Ressourcen ist es unabdingbar, diese einerseits zu kennen und sich andererseits bewußt zu machen, in welchem Maße man (überhaupt) Einfluß hat auf deren Veränderbarkeit. Wie in bezug auf Naturressourcen bekannt ist, daß es reproduzierbare und erschöpfliche gibt, trifft dies auch auf unsere eigenen zu. In dem einen Fall kann man die Ressource erweitern, vermehren oder sie effizient nutzen, im anderen Fall (lediglich) den Wirkungsgrad verändern bzw. die Effizienz erhöhen oder sparsam damit umgehen.

---

[1] Der Begriff Ressource wird in der Projektwirtschaft bisweilen unscharf und synonym mit Einsatzmittel verwendet (vgl. Kapitel 3.3)

2.6.2 Veränderbarkeit eigener Ressourcen

Kinder lernen in der Schule, Sportler trainieren, Politiker schulen bewußt ihre Rhetorik, Führungskräfte qualifizieren sich im Projektmanagement usw. Dies alles sind alltägliche Prozesse, die letztlich dazu beitragen, Kapazität der Ressourcen zu erweitern. Demzufolge läßt sich da etwas tun.

Sie bekommen einen neuen Computer an Ihrem Arbeitsplatz, Sie beziehen eine neue Wohnung, Sie sparen Geld, um einem bestimmten Ziel näher zu kommen, Sie fahren täglich Rad, um Ihre Kondition zu erhöhen, Sie heiraten oder lassen sich scheiden, lernen neue Menschen kennen .... Also auch die eigenen materiellen Ressourcen sind veränderbar.

Variabilität von Ressourcen

Dennoch gibt es graduelle Unterschiede. Wir haben diese Unterschiede in der Veränderbarkeit der eigenen Ressourcen zwischen den Polen „keine Variabilität" und „hohe Variabilität" gefaßt (vgl. Abbildung 2.6-2).

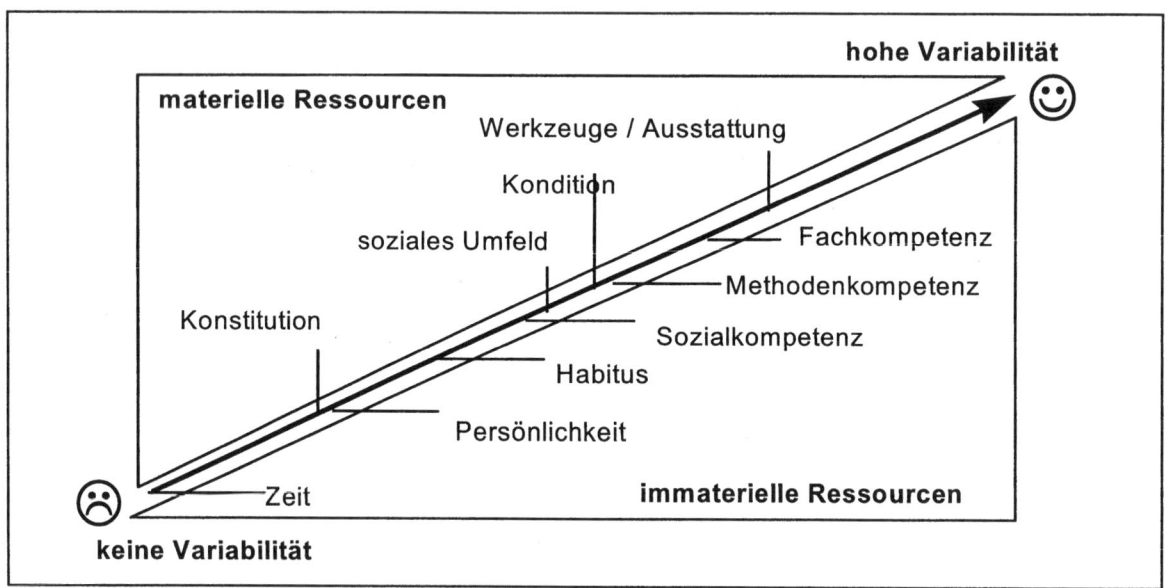

Abbildung 2.6-2: Veränderbarkeit der eigenen Ressourcen

Die Zeit ist die einzige eigene Ressource, die in keiner Weise variabel ist. „Tag für Tag steht jedem dieselbe Menge zu. Sie kann nicht gespeichert werden. Sie muß in einer Geschwindigkeit von sechzig Sekunden pro Minute verbraucht werden." (HAYNES 1991) Demzufolge kann es im weiteren nicht darum gehen, sich mit der Zeit zu befassen, sondern ausschließlich um Fragen der eigenen Nutzung der Zeit. Konstitution, Persönlichkeit, Habitus, Sozialkompetenz, das soziales Umfeld sind zwar prinzipiell variabel, aber doch relativ konstant. Dahingegen sind die eigenen Ressourcen Kondition, Methodenkompetenz, Fachkompetenz, Werkzeuge und Ausstattung leichter änderbar.

Fragen des bewußten Umgangs mit eigenen Ressourcen können sich auf jede einzelne beziehen.

Im folgenden Kapitel wollen wir jedoch nicht alle Ressourcen im einzelnen aufgreifen. Wir konzentrieren uns auf Ziele (Soll), Bedingungen (Ist) und Mittel (Weg) im Umgang und deren Qualifizierung mit eigenen Ressourcen:

- bewußte Zielbestimmung als wesentliches Moment des Selbstmanagements
- sich selbst (er)kennen - Voraussetzung für ein wirksames Selbstmanagement
- Umgangsformen mit „der eigenen" Zeit - Zeitmanagement
- Umgangsformen mit sich selbst - Angebote/Techniken der Selbstqualifizierung

2.6.3 Zielbestimmung als wesentliches Moment des Selbstmanagements

Ziele in Projekten sind notwendig und haben im Projektmanagement eine hohe Bedeutung (vgl. Kapitel 1.6). Während jedoch ein Projekt nicht ohne ein explizites Ziel zustandekommt, kann ein Mensch durchaus ohne bewußte Ziele leben. Dies birgt jedoch die Gefahr in sich, eher fremdbestimmt oder reaktiv zu handeln, den eigenen Lebensumständen „ausgesetzt" zu sein. („Termine drücken/treiben mich. Die Familie fordert mich. Das Schicksal fordert es. Die Arbeit erzwingt es. Der Alltag erdrückt mich.") Dies ist nicht nur ineffizient, sondern führt zur Unzufriedenheit und Demotivation.

Fremd- vs. Selbstbestimmung

Der bewußte und effiziente Umgang mit den eigenen Ressourcen erfordert die Beantwortung der Frage nach den eigenen Zielen, weil

1. die Ausrichtung des eigenen Tuns bzw. Handelns auf eigene Ziele Selbstbestimmtheit bedeutet und

2. daraus Identifikation und Motivation erwächst.

Beides ist Voraussetzung für Erfolg.

„Ziele setzen heißt

- unsere Bedürfnisse und Wünsche sowie die Aufgaben, die wir haben, als konkrete Absichten zu formulieren und

- unsere Handlungen und unser Tun auf diese Ziele und ihre Erfüllung hin auszurichten." (SEIWERT 1992 (b))

Im Selbstmanagement lassen sich verschiedene Zielperspektiven unterscheiden, die hierarchisch aufeinander aufsetzen (vgl. Abbildung 2.6-3).

Zielperspektiven

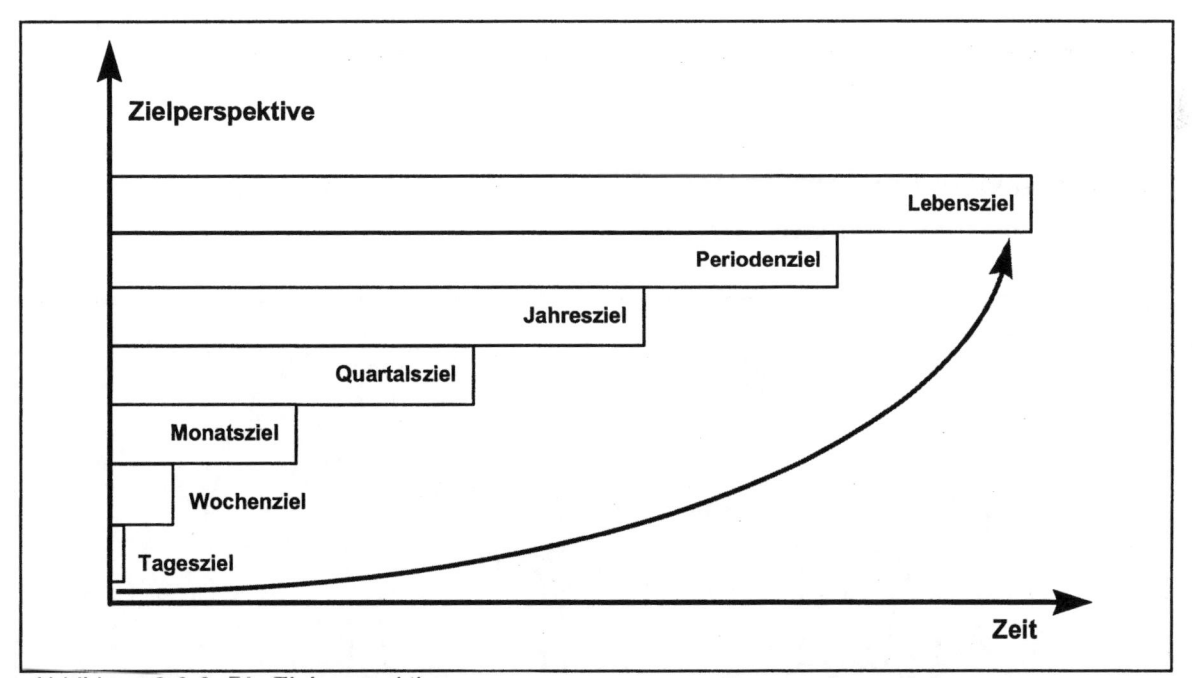

Abbildung 2.6-3: Die Zielperspektiven

Bei der eigenen Zielfindung sind demnach lang-, mittel- und kurzfristige Ziele formulierbar, die sowohl aufeinander aufbauen als auch natürlich von der eigenen Identität und den persönlichen Werten geprägt und getragen sind.

1. Ein **Ziel** muß **anspruchsvoll** sein.
   Es soll eine Herausforderung darstellen, die nicht selbstverständlich und nur durch eine größere Anstrengung zu erreichen ist.
2. Ein **Ziel** muß **erreichbar** sein.
   Es sollte ein realistisches Ziel sein, weil unrealistische Ziele frustrieren und die Motivation untergraben.
3. Ein **Ziel** sollte **spezifisch und meßbar** sein.
   „Mehr Zeit für die Familie haben" ist kein ausreichend spezifisches Ziel. Man kann diesen Wunsch nicht auf seine Verwirklichung überprüfen. Besser wäre es, sich das Ziel zu stecken: „An vier Abenden in der Woche rechtzeitig zum Abendessen mit den Kindern wieder zu Hause zu sein."
4. Ein **Ziel** muß **mit einer Frist versehen** sein.
   Durch die Terminierung eines Zieles entsteht ein Gefühl der Dringlichkeit. Dies mobilisiert Lebensreserven. Außerdem wird so der Zeitpunkt der Prüfung festgelegt, ob das Ziel erreichbar wurde.
5. Ein **Ziel** muß mit denjenigen **vereinbart** sein, die für die Verwirklichung zuständig sind.
6. Ein **Ziel** sollte **schriftlich** festgehalten sein.
   Ein schriftlich fixiertes Ziel gerät weniger leicht in Vergessenheit.
7. Ein **Ziel** sollte **flexibel** sein.
   Ziele müssen an den Realitäten überprüft werden und jeweils nach oben oder unten korrigiert werden.

Abbildung 2.6-4: Regeln für eigene Zielsetzungen (BONITZ 1994, MACKENZIE 1991)

Sollten Sie für sich selbst eine Zielformulierung vornehmen wollen, so unterteilen Sie diese in berufliche und private Ziele und planen langfristig (Karriere-/Lebensziele), mittelfristig (5 Jahre) und kurzfristig (innerhalb dieses Jahres).

2.6.4 Selbstverständnis als Voraussetzung für ein wirksames Selbstmanagement

Über Stärken und Schwächen

"Damit es gerecht zugeht, erhalten Sie alle die gleiche Prüfungsaufgabe: Klettern Sie auf diesen Baum!"

Abbildung 2.6-5: Die Notwendigkeit, Unterschiede zu berücksichtigen ! (DISG 1995)

2.6 Selbstmanagement

In der Arbeitswelt haben Aussagen über eigene Stärken und Schwächen große Bedeutung, etwa in Beurteilungen oder Arbeitszeugnissen. Solche Aussagen können Zukunftsperspektiven eröffnen, aber auch verbauen.

Dazu ein Beispiel: G. ist in der Erledigung ihrer schulischen Aufgaben außerordentlich gewissenhaft und sorgfältig. In ihrer ruhigen, besonnenen Art hat sie positiven Einfluß auf das Klassenklima. Sie muß es aber lernen, schneller zu werden.

Dieses Zitat entstammt dem Schulzeugnis einer jetzt erwachsenen Frau; jährlich wiederkehrend, wurden beide Seiten ihrer Persönlichkeit gelobt bzw. beklagt. Ganz offensichtlich passen beide Seiten recht gut zueinander: Ruhe, Sorgfalt, Gewissenhaftigkeit, Besonnenheit auf der einen Seite, Langsamkeit auf der anderen. Nur daß erstere Eigenschaften positiv - als Stärken -, letztere eher negativ - also als Schwäche - gewertet werden. Im Falle von Besonnenheit und Langsamkeit liegt die Interpretationsmöglichkeit auf der Hand, daß beide Seiten verschiedene Seiten *einer* Medaille sind, sich also wechselseitig bedingen und voraussetzen. Der Umkehrschluß liegt nahe: würde man die Schwäche beseitigen, könnte mit ihr die Stärke verloren gehen.

Zwei Seiten einer Medaille

Übrigens ist die besagte Frau heute erfolgreiche Frauenärztin. Das Operieren liegt ihr besonders; hier kommen ihr Ruhe, Sorgfalt und Gewissenhaftigkeit zugute, auf besondere Schnelligkeit wiederum kommt es selten an ... .

Stärke zu haben, bedeutet etwas bündeln zu können oder konzentriert zu haben; Konzentration wiederum bedeutet immer, von Unwesentlichem abzusehen. In diesem Verständnis kann es also nicht darum gehen, Schwächen beseitigen zu wollen und neue Stärken auszubauen – das ist illusorisch. Wichtig hingegen ist, sich seiner Stärken und Schwächen bewußt zu sein, um mit ihnen sinnvoll umgehen zu können.

Ein weiteres Moment in der Einheit von Stärken und Schwächen ist bedenkenswert:

„Stärken werden bei Übertreibung zu Schwächen. (...), wenn man eine Stärke bis ins Extrem ausschöpft, wird sie zur Schwäche. (...) Die Stärke der Entschlußfreudigkeit ist nahe an der Schwäche der Voreiligkeit. Die Stärke einer natürlichen Autorität kann schnell in autoritäres Verhalten abgleiten." (DISG 1995)

Im Projektmanagement sollte bewußt auf unterschiedliche Stärken der einzelnen Projektmitglieder orientiert werden und das sowohl in bezug auf fachliche und methodische wie auch soziale Kompetenzen. Diese Orientierung nimmt die verschiedenen Schwächen durchaus in Kauf. Dies ist im oben genannten Sinne - Stärken können kippen und zu Schwächen werden - und auf Gruppen übertragen nicht nur sinnvoll, sondern auch notwendig.

Synergie durch Unterschiede

„Unter dem Namen 'Apollo Syndrom' ist ein Versuch bekannt geworden, in dem in einem Unternehmen Teams aus unterschiedlichen Intelligenz- und Bildungsgraden zusammengesetzt wurden. Das Team, in dem die 'fähigsten' Mitarbeiter zusammengefaßt waren, wurde als Apollo-Team bezeichnet und sollte aufgrund seiner Zusammensetzung die besten Leistungen erzielen. Anstatt aber die besten Leistungen zu erzielen, brachte das Team die schlechtesten Ergebnisse hervor. Grund hierfür war, daß jeder im Team den anderen überzeugen wollte und daher zu viel debattiert, anstatt gearbeitet wurde." (LITKE 1995)

Der Exkurs zu den Stärken und Schwächen auf Gruppenebene hat insofern Sinn, als daß individuelle Stärken und Schwächen letztlich erst in der sozialen Interaktion zu solchen werden. Sich selbst zu (er)kennen und zu akzeptieren, heißt auch, sich seine Wirkung auf andere bzw. in der Gruppe bewußt zu machen und andererseits anderen gegenüber größere Toleranz und Akzeptanz aufzubringen.

2.6.4.1 Stärken- und Schwächenanalyse

Versuchen sie, sofern sie Lust haben, sich ihre drei größten Stärke und Schwächen klar zu machen. (Wenn Sie dies tun, lesen Sie bitte erst danach weiter)

Im Selbstmanagement folgt auf die individuelle Zielbestimmung, die im Abschnitt 2.6.3 kurz erörtert wurde, die eigene Stärken- und Schwächenanalyse. Dabei geht es um die Selbst(er)kenntnis, um das Bewußtmachen und letztlich um das Annehmen der eigenen Persönlichkeit. Es bedarf dazu jedoch einer gewissen Überwindung. Es gibt eine Art „moralisches Verbot" des Selbst- bzw. Eigenlobes. Wir müssen also mit einem Tabu brechen, das sprichwörtlich benannt ist: „Eigenlob stinkt." Schwächen zu benennen, fällt in aller Regel leichter, als Stärken zu formulieren. (Möglicherweise sind Ihnen auch zuerst Ihre Schwächen eingefallen?)

Analyseverfahren können diesbezüglich hilfreich sein: Sie bieten einen Algorithmus, geben also ein schematisches Lösungsverfahren vor und entheben (damit) des „moralischen Verbotes". Im folgenden werden einige (wenige) Anregungen zur Selbstanalyse gegeben.

Meine größten Erfolge, Leistungen etc.	Wie habe ich sie errungen? Fähigkeiten ..., die dafür notwendig waren:
1.	
2.	
3.	
4.	
5.	
6.	
7.	
8.	
9.	
10.	

Meine größten Mißerfolge, Niederlagen etc.	Fähigkeiten ..., die hier gefehlt haben:	Wie habe ich die Mißerfolge überwunden?
1.		
2.		
3.		
4.		
5.		
6.		
7.		
8.		
9.		
10.		

Abbildung 2.6-6: Stärken- und Schwächenanalyse

Um sich Ihrer Begabungen bewußt zu werden, jener Stärken also, die Ihnen „natürlich" (mit)gegeben sind, eignen sich folgende Fragen (DISG® 1995):

- Was tue ich gerne?
- Was tue ich gut?

- Was schätzen andere an mir?

Die Antworten auf diese, jederzeit erweiterbaren Fragen geben Aufschluß über eine Menge an Stärken. Darüber hinaus bieten die persönliche Erfolgsbilanz und persönliche Negativbilanz ein weiteres Instrument, um eigene Stärken und Schwächen besser zu erkennen (Abbildung 2.6-6).

2.6.4.2 Umgang mit der Zeit

Zeit- und Termindruck ist allgegenwärtiger Begleiter unserer Arbeit. Das Tempo unseres Lebens hat sich erhöht, Zeit ist damit zur knappen Ressource geworden. Solche Begriffe wie „Entschleunigung des Lebens" und „Verlangsamung der Zeit" haben in unsere Sprache Aufnahme gefunden - in gewisser Weise als Reaktion auf das (sich erhöhende) Tempo.

Zeitmanagement

Die Entwicklung des Zeitmanagements ist eine logische Antwort auf diese Tendenzen: Vor allem für Manager, aber auch zunehmend für „Jedermann", werden Methoden des Umgangs mit der eigenen Zeit entwickelt, die helfen sollen, sie effizienter und zur höheren eigenen Zufriedenheit zu nutzen. Das Zeitmanagement ist ein in sich abgestimmtes Konzept bzw. eine Technik, die die typischen Managementphasen und Führungsfunktionen: 1. Zielsetzung, 2. Planung, 3. Entscheidung, 4. Reorganisation und Organisation, 5. Kontrolle und 6. (übergreifend) Information und Kommunikation umfaßt (siehe Kapitel 1.1.2.2).

Der Nutzen für bzw. der Bezug zum Projektmanagement liegen auf der Hand. Zeit ist gerade in der Projektarbeit eine der begrenzten und begrenzenden Ressourcen, geht es doch darum, in einer bestimmten Zeit Aufgaben zu lösen, die mit herkömmlichen Organisations- und Managementprinzipien nicht lösbar sind. Sie selbst als Projektleiter oder -mitarbeiter werden durch eine geeignete, effiziente Zeitplanung bzw. -einteilung wichtige Zeiträume für Ihre Projektarbeit erschließen. Gleichwohl können Prinzipien des Zeitmanagements im Rahmen der Projektarbeit kollektiv angewendet werden und ermöglichen dadurch eine Effektivierung der Arbeitsweise der Projektgruppe.

In diesem Abschnitt kann einerseits Anstoß zur weiteren Beschäftigung mit dem Zeitmanagement gegeben werden. Andererseits werden einige methodischen Angebote für Sie unterbreitet, sich (möglicherweise erstmalig) systematisch mit Ihrem Umgang mit der Zeit zu beschäftigen.

2.6.4.3 Zeitinventur

Die Zeitinventur dient dazu, die Realität mit den eigenen (häufig falschen) Vorstellungen über die Nutzung seiner Zeit gegenüberzustellen, sich Klarheit über den eigenen Arbeitsstil zu verschaffen und Reserven aufzudecken. Sie umfaßt drei Stufen:

Tätigkeits- und Zeitanalyse

Diese Selbstanalyse sollte an mindestens drei typischen Arbeitstagen erfolgen, an denen lückenlos der Tagesablauf protokolliert wird (vgl. Abbildung 2.6-7).

Für die Auswertung dient die Betrachtung des jeweiligen Verhältnisses:

- Waren mehr als 10% der Tätigkeiten nicht unbedingt notwendig [$A_N/GD \times 100$], ist das ein Indiz dafür, daß Sie entweder beim Delegieren von Aufgaben oder beim Setzen von Prioritäten Probleme haben.

- War in mehr als 10% der Fälle der Zeitaufwand zu groß [$B_N/GD \times 100$], dann müssen Sie die Ursachen suchen (z. B. Fehleinschätzung, Arbeitstechniken, Selbstdisziplin etc.).

- War in mehr als 10% der Fälle die Ausführung nicht zweckmäßig [$C_N/GD \times 100$], sind Planung, Organisation und Selbstrationalisierung ein Problem.

- War in mehr als 10% der Fälle der gewählte Zeitpunkt nicht sinnvoll, dann sind Planung und Disposition Ihrer Arbeitszeit zu verändern.

Tätigkeits- und Zeitanalyse								
Nr.	Tätigkeit Beschäftigung	von	bis	Dauer (in Min.)	A War die Tätigkeit notwendig? (J/N)	B War der Zeitaufwand gerechtfertigt? (J/N)	C War die Ausführung zweckmäßig? (J/N)	D War der Zeitpunkt der Ausführung sinnvoll? (J/N)
1.								
2.								
...								
				Ermitteln Sie die Gesamtdauer =	Ermitteln Sie jeweilig die Gesamtdauer aller Tätigkeiten, die Sie mit Nein beantwortet haben =			
-				GD	A_N	B_N	C_N	D_N

Abbildung 2.6-7: Tätigkeits- und Zeitanalyse (nach SEIWERT 1994)

Störungen und Unterbrechungen

Als zweite Stufe der Zeitinventur wird nach Seiwert das Tagesstörblatt vorgeschlagen (vgl. Abbildung 2.6-8).

Tagesstörblatt					
Nr.	Störung		Dauer (in Min.)	Telefonat oder Besuch	Wer?	Bemerkung, z.B. Gründe der Störungen
	von	bis				
1.						
2.						
3.						
4.						
5.						
6.						
7.						
8.						
9.						
10.						

Abbildung 2.6-8: Tagesstörblatt (nach SEIWERT 1994)

Die Auswertung erfolgt anhand der Frage nach der Unnötigkeit bzw. Effizienz.

2.6 Selbstmanagement

Ähnlich intendiert, jedoch mit dem Fokus auf Unterbrechungen und nicht Störungen (d.h. weniger negativ gerichtet), ist die Prüfung der Arbeitsunterbrechungen. Durch die Vorgaben möglicher Unterbrechungen ist sie ggf. leichter handhabbar.

Unterbrechung durch:	Auslöser		Folgerung
	fremd-verursacht	selbst-verursacht	[a] vermeidbar [b] reduzierbar [c] unvermeidbar
- Telefongespräch (hausintern)			
- Ferngespräch			
- Vorzimmer			
- Besucher			
- Mitarbeiter/-innen			
- Vorgesetzte			
- unvorhersehbarer Termin			
- Sucharbeit			
- Rückfrage			
- Terminkollision			
- unvorhergesehene Arbeit			
- Sitzung / Besprechung			
- persönliches Gespräch			
- Absprache			
- Besorgungsarbeit			
-			
-			
-			
-			
-			

Abbildung 2.6-9: Prüfliste von Arbeitsunterbrechungen

Die Auswertung nach (a) vermeidbaren, (b) reduzierbaren und (c) unvermeidbaren Unterbrechungen (siehe Abbildung 2.6-9) läßt Sie rasch einen Überblick gewinnen, auf welchen Feldern Sie Unterbrechungen durch andere Organisationsprinzipien abstellen bzw. minimieren können.

Die Zeitinventur, die nach Seiwert darüber hinaus noch eine dritte Stufe - die Zeitfresseranalyse - umfaßt, orientiert auf Veränderung im Umgang mit der eigenen Zeit, und sie bietet den möglichen Schlüssel, nötige Veränderungsfelder und Probleme offenkundig zu machen.

Analyse des eigenen Arbeitsverhaltens

Sinnvoll ist es auch, die Zeitinventur durch eine Selbstanalyse des eigenen Arbeitsverhaltens zu vervollständigen. Es hilft, eigene Schwächen (und Stärken) zu erkennen, die wesentlich sind für den eigenen Umgang mit der Zeit, die also auch Ursachen sein können für das eigene Zeitdefizitempfinden (Abbildung 2.6-10).

Ich ...	nein	ja	Belastung daraus:		
			oft	zuweilen	kaum
... bevorzuge vielfältige Aufgaben					
... vereinbare kurzfristige Termine					
... bewältige unerwartete Anforderungen					
... erledige auch Nebensächliches					
... stelle die Ziele dem Tun voran					
... dulde Abweichungen vom Plan					
... gebe Dringlichkeiten nach					
... sage ungern „nein"					
... unterschätze den Zeitbedarf					
... finde Dringliches störend					
... stelle Wichtiges gern zurück					
... bevorzuge Routinearbeiten					
... erledige Probleme später					
... arbeite ungern konzentriert					
... stelle mir gern Fragen					
... fühle mich unter Zeitdruck					
... verlasse mich besser aufs Selbsttun					
... trete entscheidungsfreudig auf					
... werte Initiative vor Ergebnis					
... verwende wenig Zeit auf Alternativen					

Abbildung 2.6-10: Prüfliste zum eigenen Arbeitsverhalten

Zeitplanung

Neben der lang-, mittel- und kurzfristigen Planung (siehe Abschnitt 2.6.3) kommt im Zeitmanagement der Tagesplanung eine wichtige Funktion zu. Dazu wurde u.a. die ALPEN-Methode entwickelt, die helfen soll, „mehr Zeit für das Wesentliche zu gewinnen" (SEIWERT 1992 (a)).

ALPEN steht für die Prinzipien einer Tagesplanung, eines Tagesablaufes und seiner Kontrolle:

- **A**ufgaben, Aktivitäten und Termine aufschreiben

Fünf Hauptregeln für Terminplaneintragungen:

1. Sämtliche Termine eintragen (auch wiederkehrende)!
2. Nicht nur Termine, auch Fristen festlegen!
3. Vorwarnungen eintragen!
4. Reserven einplanen!
5. Regelmäßige Agenda-Kontrolle!

Abbildung 2.6-11: Regeln für Terminplaneintragungen

2.6 Selbstmanagement

- **L**änge der Aktivitäten schätzen

Die geplante Gesamtzeit wird häufig überschätzt. Vorsicht vor der Tendenz, daß man sich mehr vornimmt, als man schaffen kann. Das erzeugt Frustration.

- **P**ufferzeiten reservieren (Regel 4 für Zeitplanungen)

> **Goldene Regel der Zeitplanung:**
>
> 60% geplante Aktivitäten
> 20% Reserven für unerwartete Aktivitäten (Pufferzeit)
> 20% spontane Aktivitäten

Abbildung 2.6-12: Regeln für Zeitplanungen

Man sollte lediglich 60% der Arbeitszeit verplanen, um 20% für unerwartete Aktivitäten und 20% für spontane und soziale Aktivitäten verwenden zu können.

- **E**ntscheidungen über Prioritäten, Kürzungen und Delegationsmöglichkeiten treffen

Zum Setzen von Prioritäten kann die ABC-Analyse helfen. Nach dem Eisenhower-Prinzip werden Aufgaben nach Wichtigkeit und Dringlichkeit unterschieden! (vgl. Abbildung 2.6-13)

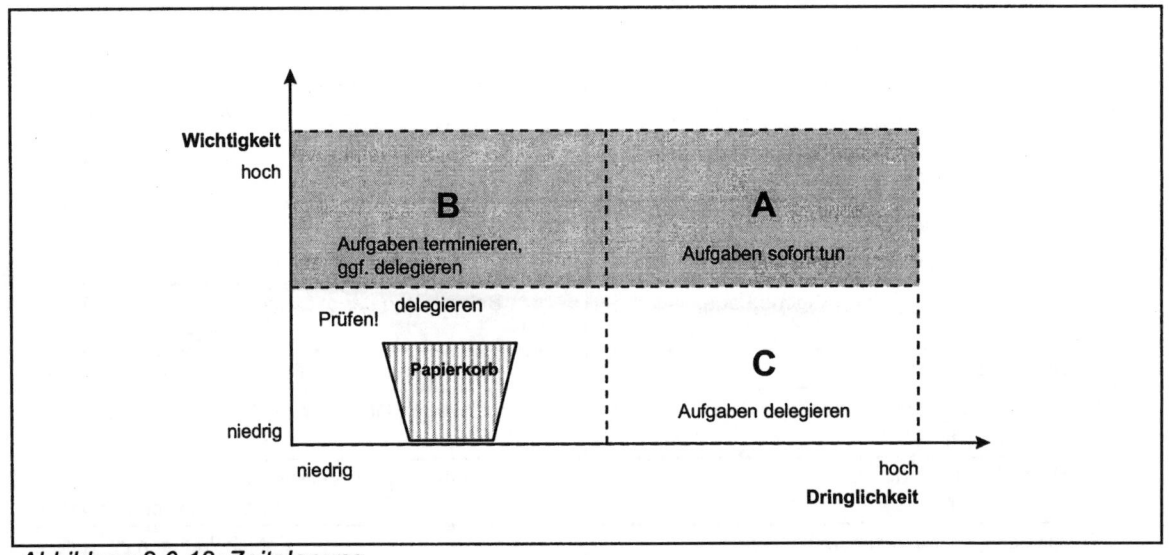

Abbildung 2.6-13: Zeitplanung

A-Aufgaben sind wichtig und dringlich. Sie müssen sofort und selbst erledigt werden (ca. 3 Stunden pro Tag einplanen).B-Aufgaben sind wichtige, weniger dringliche Aufgaben. Sie sind auch delegierbar. (Im Tagesplan ca. 1 Stunde vorsehen.) C-Aufgaben sind dringlich, jedoch weniger wichtig (ca. 45 Minuten planen). Nach der Kombinationsmöglichkeit gibt es noch Aufgaben die weder wichtig, noch dringlich. Das ist der Bereich, wo Kürzungen denkbar sind.

- **N**achkontrolle - Unerledigtes übertragen

Unerledigtes geht ein in den Tagesplan des nächsten Tages.

2.6.5 Angebote und Techniken der Selbstqualifizierung

Denk' positiv!

Motivation (siehe Kapitel 2.3) hat maßgeblichen Anteil am eigenen Erfolg und ist eng verbunden mit Zufriedenheit. Auch eigene Einsichten, Prinzipien und Haltungen prägen die Motivation, die die innere Ausrichtung auf konkrete Ziele der Bedürfnisbefriedigung darstellt.

Es ist hier nicht die Motivation an sich, die interessiert, sondern die Frage in welchem Maße ein Mensch sich selbst motivieren kann.

> *Sie kennen das Beispiel vom halb leeren oder halb vollen Glas. Der eine Mensch beklagt, daß er nur noch ein halbes Glas Wein hat und ist deshalb unzufrieden; der andere Mensch freut sich darüber, noch ein halbes Glas Wein trinken zu können, weil seines noch halb voll ist. Sachlich gesehen, sind beide Zustände gleich, nur die Sichtweise macht den Unterschied!*

Im Selbstmanagement wird der Selbstmotivierung im Sinne von „Positivem Denken" zentrale Bedeutung beigemessen.

> *„Sie sollten versuchen, jedem neuen Tag etwas Positives abzugewinnen, denn unsere Grundeinstellung zu unserer Umwelt, also auch die Einstellung, wie wir an die anstehenden Aufgaben herangehen, hat einen maßgeblichen Anteil an unserem Erfolg oder Mißerfolg. Alle Lebenshilfeschulen und Autoren von Erfolgsratgebern sind einhellig der Auffassung, daß Erfolg stark von der persönlichen Einstellung, den eigenen Gedanken, Gefühlen und Gemütszuständen abhängt und durch positives Denken und Handel entsprechend beeinflußt werden kann."* (SEIWERT 1992 (b))

Sich dies bewußt machend, hat es Sinn, sich eigener demotivierender und motivierender Haltungen zu vergegenwärtigen, um gegebenenfalls gegenzusteuern.

demotivierend wirken:	motivierend wirken:
… das Gefühl, ein Opfer seiner Herkunft oder seiner Umgebung zu sein.	… das Gefühl, sein Schicksal in den eigenen Händen zu haben.
… Hängen in der Vergangenheit.	… Hoffnung auf die Zukunft.
… Träumerei von einem besseren Leben.	… Aufmerksamkeit für den heutigen Tag.
… ständiges Jammern über die eigene Lage.	… Betrachtung der aktuellen Lage als Chance und als Herausforderung.
… Vorwürfe gegenüber anderen.	… Hilfe, die ich anderen anbiete.
… Entschuldigungen und Rechtfertigungen. „Es ging nicht anders."	… konstruktive Selbstkritik. „Wie kann ich es in Zukunft besser machen?
… Angst und Vermeidungsverhalten. „Ich muß das tun."	…Übernahme der Verantwortung für alles, was im eigenen Leben geschieht.
… Entscheidungen vor sich herzuschieben.	… Entscheidungen zu treffen.
… Meckerei an sich selbst.	… Akzeptieren seiner eigenen Stärken und Schwächen
… Grübeln.	… Denken und Planen.

Abbildung 2.6-14: Haltungen und Einstellungen, die motivieren oder demotivieren (nach BONITZ 1994)

Man kann durchaus eigene Haltungen bzw. Sichten korrigieren, um sich damit selbst zu motivieren. Möglicherweise bedarf es dazu einiger Hilfestellungen und der Selbstdisziplin häufiger Korrekturen (z.B. für den Mann mit dem halbleeren Glas, der sich - der Verfänglichkeit seiner Haltung bewußt geworden - fortan vornimmt, sich an seinem halbvollen Glas zu erfreuen, anstatt das halbleere zu beklagen). Eine Hilfe kann sein, sich die Regeln für „positives Denken" zu eigen zu machen.

2.6 Selbstmanagement

> **3 Positiv-Regeln:**
>
> Um eine positive Einstellung zum neuen Tag zu erhalten, sollten Sie drei Regeln beachten:
>
> - Jeden Tag etwas tun, das Ihnen sehr viel Freude bereitet.
> - Jeden Tag etwas tun, das Sie spürbar Ihren persönlichen Zielen näher bringt.
> - Jeden Tag etwas tun, das Ihnen einen Ausgleich zur Arbeit schafft (Sport, Spiel, Hobby...).

Abbildung 2.6-15: Regeln für positives Denken (nach SEIWERT 1992 (a))

Kreativität ist ein hochgeschätztes Gut. Jeder Projektleiter braucht kreative Mitarbeiter (und sollte nicht zuletzt selbst kreativ sein). Kreativität kann eine Gabe sein. In bestimmtem Umfang läßt sie sich jedoch - partiell bzw. mehr oder minder bei jedem ausgeprägt - entwickeln bzw. erweitern. *Eigene Blockaden überwinden*

Man kann sich also in Kreativität „üben". Dies verlangt aber häufig, sich über eigene Grenzen hinweg zu bewegen. Dessen muß man sich bewußt sein. Insofern sollen die aufgeführten kreativitätshemmenden und kreativitätsfördernden Merkmale (Abbildung 2.6-16) zum Denken anregen und ein Verständnis dafür schaffen, daß es in vielen Situationen klug ist, bewußt herkömmliche Wege der Problemlösung zu verlassen.

einige Kreativitätsblockaden	kreativitätsfördernde Momente
Konventionen	Offenheit
Konformitätsneigung	Lust zum Widerspruch
Konfliktvermeidung	Akzeptanz von Konflikten
Autoritätsprinzip	Partizipation
Sicherheitsbestreben	Risikobereitschaft
Gleichförmigkeit und Routine	Abwechslung
Angst vor Irrtümern	Akzeptanz von Fehlern
Expertenvertrauen	Bewahren des Zweifels
Passivität	Aktivität
...	...

Abbildung 2.6-16: Kreativitätshemmende und -fördernde Merkmale

Innerhalb der Kommunikationstechniken (siehe Kapitel 2.2) haben kollektive Kreativitäts- bzw. Problemlösetechniken wie das Brainstorming („Gedankensturm" das Brainwriting („Gedankenschreiben"), die Reizwortanalyse („erzwungene Beziehungen") usw. eine Bedeutung. Individuelle Kreativitätstechniken dahingegen sind weniger verbreitet (siehe Kapitel 3.9 und 3.10).

2.6.5.1 Mind Map

Die Methode Mind Map („Landkarte der Gedanken") soll dazu dienen, die Vorgänge des Denkens, so wie sie in unserem Gehirn stattfinden, abzubilden (siehe Abbildung 3.9-17).

> *„Mind Maps sind Gedankenlandkarten, die mit dem Prozeß ihrer Entstehung unsere Ideen anregen und sie gleichzeitig sichtbar abbilden, wie es den Gedankengängen in unserem Gehirn entspricht."* (LANGNER-GEISSLER 1996)

Vorgegangen wird, indem von einem zentralen Thema ausgehend, alle Einfälle, die kommen, als Schlüsselbegriffe, Bilder oder Symbole um das Thema herum festgehalten werden. Dabei entstehen Haupt-, Nebenäste und weitere Verästelungen, zwischen denen gesprungen werden kann und jederzeit neue Verbindungen hergestellt werden können. Prinzip ist: Die Gedanken werden „aufs Papier fallengelassen". Auf diese Art gehen keine Gedanken verloren, und man verhindert, daß man sich vorschnell Gedanken „verbietet".

---

1. Thema
Setzen Sie das zentrale Thema wie einen Baumstamm als Kreis oder Ellipse in die Mitte des Blattes.

2. Hauptgedanken
Vom zentralen Thema lassen Sie die Hauptgedanken wie Äste abgehen bzw. «hinauswachsen».

3. Zweige
Halten Sie weitere Gedanken als Zweige fest. Natürlich können Sie auch Zweige beliebig weiter untergliedern.

4. Kernaussagen
Arbeiten Sie nur mit «Ein-Wort-Kernaussagen» statt mit ganzen Sätzen. Schreiben Sie diese Wörter auf Äste und Zweige oder in den Kreis.

5. Pfeile
Zeigen Sie Verbindungen zwischen den Aussagen durch Pfeile an.

6. Ideen
Ideen, die nicht sofort zuzuordnen sind, halten Sie am Blattrand fest.

Abbildung 2.6-17: Regeln für Mind-Mapping

Mind Maps eigenen sich für vielerlei Aufgaben- bzw. Problemstellungen des Einzelnen und der Gruppe. Probieren Sie sie einfach aus. Erst bringen Sie die Gedanken, die Ihnen kommen, auf das Papier (auch ungeordnet). Dann, wenn die Gedanken versiegen, lassen Sie sich von dem entstandenen Bild zu neuen Ideen inspirieren, stellen Verbindungen her, systematisieren … .

Jedes Mind-Map wird Ihren persönlichen Stil, Ihre ganz eigene Handschrift tragen; Sie werden mit denen, die Sie selbst „angelegt" haben, gut arbeiten können, während Sie ein „fremdes" Mind-Map nicht ohne weiteres zugänglich finden werden. Daher haben wir auf die grafische Darstellung eines Mind-Map verzichtet: Die, die wir in der Literatur vorgefunden hatten, sagten uns nicht zu, und von denen, die wir selber machten, vermuteten wir, daß sie Ihnen nicht zusagen … . Der Software-Markt bietet interaktive Hilfen für Mind-Map an, deren Nützlichkeit individuell zu beurteilen wäre.

2.6.5.2 Schnell lesen

Nach wie vor ist Lesen eine der Hauptquellen, um sich Wissen anzueignen, Informationen zu beziehen und nicht zuletzt um sich zu entspannen. Wenn wir Literatur bzw. Lektüre als Wissens- und Informationsquelle nutzen, sind wir darauf angewiesen, möglichst Wesentliches des gelesenen Textes im Gedächtnis zu behalten. Man kann dafür Merktechniken trainieren, um eine höhere „Ausbeute" des Gelesenen zu gewährleisten. Benutzen Sie die Regeln für effizientes Lesen, die Sie sich vergegenwärtigen sollten und im Alltag (ab sofort) üben können, indem Sie sie anwenden.

1. **Gehen Sie im Text nicht zurück**
   Es kostet Zeit und läßt Sie Wichtiges vergessen!
2. **Lesen Sie nicht bewußt langsam.**
   Man schweift gedanklich ab.
3. **Lesen Sie also bewußt schnell.**
   Das bewirkt höhere Konzentration.
4. **Aber passen Sie die schnelle Lesegeschwindigkeit der jeweiligen Lektüre und damit dem Ziel Ihres Lesens an.**
   Eine Zeitung etwa erfordert es geradezu, sich des Lese-Ballastes zu entledigen, also Unwichtiges zu überspringen. Ein Fachbuch dahingegen verlangt demgegenüber höhere Aufmerksamkeit; hier bedeutet schnelles Lesen eine andere, langsamere Art als bei der Zeitung.
5. **Trainieren Sie es, Ihre Lesespanne zu erweitern.**
   Die meisten Menschen haben eine Spanne von ca. 1 cm, was zum Erfassen eines drei- bis vierbuchstabigen Wortes gerade ausreicht. Steigerungsfähig ist die Blickspanne auf 8 cm.
   Für effektives Lesen reichen 3-7 cm.
6. **Vermeiden Sie:**
   • zu lesen, wenn Sie sich doch nicht konzentrieren können,
   • das „Wort für Wort"Lesen,
   • das gedankliche Mitsprechen,
   • das Mitformen der Worte mit dem Mund.

Abbildung 2.6-18: Regeln für effizientes Lesen (nach BOHLEN 1991)

2.6.5.3 Gedächtnis trainieren

Haben Sie schon einmal mit einem Vorschulkind Memory gespielt und erstaunt feststellen müssen, daß Sie nicht in der Lage sind, mit Ihren eigenen Gedächtnisleistungen nur annähernd die Fähigkeiten des Kindes zu erreichen? In Ihrem Alter angekommen, wird das Kind selbst diese erstaunliche Merkfähigkeit verloren haben, es sei denn, es wird fortan seine (in dem Falle gegebene) Fähigkeit kultivieren, indem es sie permanent trainiert.

Merk- und Kombinationsfähigkeit, Flexibilität der Gedanken und Ausdauer im Denken kann man bewußt fördern.

> *„Eine weitverbreitete Unsitte ... besteht in der Absicht, uns mit Wissen zu »mästen«, und diejenigen, die abgespeichertes Wissen schneller und umfassender reproduzieren, als besonders intelligent zu bezeichnen. Dabei sind viele, die man um ihr Wissen beneidet, nicht intelligenter als man selbst und besitzen zumeist auch kein besseres Gedächtnis. Was diese Menschen aber auszeichnet, ist ihr Spaß am Lernen, weil sie über effektive Lernmethoden verfügen." (BIERACH 1986)*

Gedächtnistraining, das Aneignen bestimmter Lern- und Merktechniken ist **eine** Möglichkeit, unser eigenes Methodeninventar des Lernen zu erweitern. Darüber hinaus dient das Gedächtnistraining dem systematischen Leistungserhalt bzw. (auch) der Leistungssteigerung des Gedächtnisses.

Bekannt ist, daß der Mensch innerhalb einer Stunde 40 bis 50 % des Gelernten vergißt. Dieser Logik des Vergessens kann man entgegenwirken: Gelerntes wird zuerst schnell und nach Wiederholung immer langsamer vergessen. Wenn also das Wiederholen der Vergessenheitsdynamik angepaßt ist, ist ein **ökonomisches Lernen** möglich (vgl. Abbildung 2.6-19).

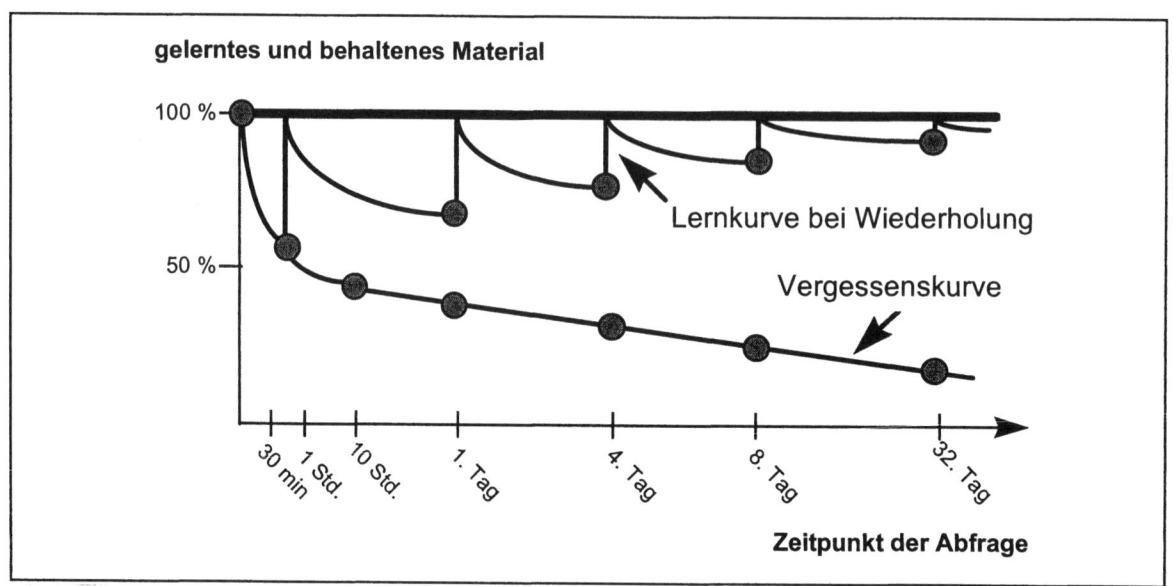

Abbildung 2.6-19: Lerneffekt durch an die Vergessensdynamik angepaßten Wiederholrhythmus

Im Zusammenhang mit dem Selbstmanagement bzw. der Selbstqualifikation werden verschiedene geeignete Techniken (Zahl-Merk-Technik, Bilder-Vorstellung, Sprechdenken...) angeboten (vgl. weiterführende Literatur), um Namen, Zahlen, Begriffe, Situations- und Handlungsabläufe etc. besser lernen und behalten zu können. Letztlich ist die „Eselsbrücke" wohl die bekannteste Merktechnik, die jeder anwendet. Sinn machte es in jedem Fall, die für einen Selbst geeigneten Gedächtnistrainings und **Merktechniken** zu finden und zu probieren. Wesentlich dabei ist zu wissen, daß Zahlen am schwersten zu behalten sind, gefolgt von Gesichtern, Namen, Sätzen und Worten. Dagegen kann man sich Bilder am leichtesten merken, man behält sie am schnellsten.

Zum Abschluß dieses Abschnitts drei Übungsbeispiele, die Sie animieren sollen.

Zahl-Merk-Technik

Um sich Zahlen merken zu können, sucht man in der Regel nach einer Logik. Finden Sie eine, so dient diese fortan als Weg zur Zahl. Diese Logik kann eine mathematische, aber auch eine rhythmische (Sprechrhythmus) sein.

Die folgenden 15 Ziffern werden Sie sich, sobald Sie die Logik gefunden haben, fehlerfrei merken können:

714212835424956

Einen anderen Weg, um sich Zahlen zu merken, kann man beschreiben, sofern sich die Zahl nicht über Logik oder Rhythmus erschließt. Verknüpfen Sie die einzelnen Ziffern mit Bildern; schaffen Sie sich Ziffernbilder und versuchen Sie sich eine Zahlen- als Bildfolge zu merken.

Versuchen Sie es:

$$521974$$

Flexibles Gedächtnis

Was denken Sie hat das Wort „Projekt" mit den Wörtern Oper, Poet bzw. Tor zu tun? Ganz einfach, jedes dieser drei Worte besteht aus Buchstaben, die im Wort „Projekt" enthalten sind. Es gibt darüber hinaus eine Reihe weiterer Wörter, die sich aus den Buchstaben kombinieren lassen. (Wir sind auf insgesamt 16 gekommen. Bestimmt sind wir nicht vollständig...) Wählen sie nun ein beliebiges Wort. (Tip: Der Reiz liegt in Wörtern mit nicht zu vielen Buchstaben. Sechs bis acht sind gut.) Vielleicht eignet sich Ihr Vorname. Dann versuchen Sie, soviele Worte aus den enthaltenen Buchstaben zu bilden, wie Ihnen einfallen. Dabei müssen nicht alle Buchstaben verwendet werden.

Assoziative Lern- und Merktechnik

Versuchen Sie bitte, sich folgende 10 Wörter in der richtigen Reihenfolge zu merken. Sie haben zwei Minuten Zeit!

Tisch - Dias - Katze - Zelt - Computer - Steckdose - Bier - Porträt - Steuerberater - Hemd

Nach einer kurzen Unterbrechung versuchen Sie nun, sich in der richtigen Reihenfolge an alle zehn Wörter zu erinnern!

Für alle, die nicht auf Anhieb alle zehn Worte in der richtigen Reihenfolge reproduzierten, nun eine kurze Geschichte:

> *„Auf dem **Tisch** sitzt vergnüglich die **Katze** am **Computer** und wirft dabei mein **Bier** um, während mein **Steuerberater** sich **Dias** im **Zelt** ansehen will, was logischerweise nicht klappt, da keine **Steckdose** vorhanden ist, woraufhin sich das gedruckte **Porträt** auf seinem **Hemd** vor Lachen krümmt."*

Lesen Sie diese skurrile Geschichte in Ruhe durch und versuchen Sie, sich diese dabei bildhaft vorzustellen! Wahrscheinlich sind Sie jetzt in der Lage, sich ohne größere Probleme an alle zehn Wörter in der richtige Reihenfolge zu erinnern. Und nicht nur das: Sie werden ebenso in der Lage sein, auf Anhieb alle zehn Wörter rückwärts aufzulisten, indem Sie die Geschichte nämlich gedanklich rückwärts durchgehen.

Versuchen Sie es!

Zusammenfassung

Umgang mit eigenen Ressourcen umfaßt ein vielfältiges Spektrum an Themenstellungen: Was sind die eigenen Ressourcen, mit denen wir umgehen können? Welche von diesen Ressourcen sind durch uns selbst veränderbar? Welche Möglichkeiten der Einflußnahme stehen uns dabei zur Verfügung? Diese Fragen stehen im Mittelpunkt des Kapitels. Da es eine Vielzahl von Ressourcen gibt, auf die ein Mensch zurückgreifen kann (materiellen Ressourcen: körperliche Konstitution und Kondition, soziales Umfeld, Ausstattung, Werkzeuge ...; immateriellen Ressourcen: Persönlichkeit, Habitus, (Sozial-, Methoden- und Fach-)Kompetenzen, die Zeit), beinhaltet das Kapitel eine „bunte", scheinbar heterogene Auswahl an Abhandlungen. Neben kurzer Polemik und Erörterung stehen (Selbst-)Analyseverfahren und Techniken im Umgang mit den eigenen Ressourcen im Fokus. Aufgegriffen werden vor allem jene Ressourcen, die nicht speziell an die Fachkompetenz (also fachliche Qualifikation) gebunden sind und damit nicht durch die „normale" berufliche Aus- und Weiterbildung abgedeckt werden.

Selbstbestimmung - bewußte Zielbestimmung; Stärken und Schwächen; Umgangsformen mit „der eigenen" Zeit sowie Umgangsformen mit sich Selbst - Angebote und Techniken der Selbstqualifizierung sind dementsprechend hier diskutierte Themen.

Literaturverzeichnis

BOHLEN, F.: Selbst-Management: Lesetechnik. In: Loseblatt Sammlung 1991

BONITZ, D.: Zeit- und Selbstmanagement. Kassel 1994

DISG®-Persönlichkeitsprofil. 6. Auflage. Offenbach: GABAL-Verlag, 1995

GROS, E.: Analyse von Arbeitstätigkeiten. In: Gros, Eckhard (Hrsg.): Anwendungsbezogene Arbeits-, Betriebs- und Organisationspsychologie, Göttingen: Verlag für Angewandte Psychologie, 1994, S. 95-122

HAYNES, M. E.: Persönliches Zeitmanagement. So entkommen Sie der Zeitfalle. Wien: Ueberreuter, 1991

LANGNER-GEIßLER, T.: Mind Mapping - Ein Weg zum kreativen Arbeiten: Lesetechnik. In: Loseblatt Sammlung 1996

LEONARD, A.; Leonard, Joachim P.: Verbesserung der Selbstqualifikation durch Förderung der Arbeitsvariablen. In: Gros, Eckhard (Hrsg.): Anwendungsbezogene Arbeits-, Betriebs- und Organisationspsychologie, Göttingen: Verlag für Angewandte Psychologie, 1994, S. 57-72

LITKE, H.-D.: Projektmanagement. Methoden, Techniken, Verhaltensweisen. 3., überarbeitete und erweiterte Auflage. München/Wien: Carl Hansen Verlag, 1995

SEIWERT, L. J.: Das 1x1 des Zeitmanagement. 9. Auflage. München/Landsberg am Lech: mvg-Verlag, 1992 (a)

SEIWERT, L. J.: Mehr Zeit für das Wesentliche. Besseres Zeitmanagement mit der SEIWERT-Methode. 16., durchgearbeitete Auflage. Landsberg/Lech: verlag moderne industrie, 1994

SEIWERT, L. J.: Selbstmanagement. 4. Auflage. Speyer: GABAL-Verlag, 1992 (b)

STRASSER, J.: Im Projektteam spielt jeder eine Rolle. - In: io Management-Zeitschrift, Jg. 56 (1987), Nr.6, S. 291

Weiterführende Literatur

ALTMANN, H. C.: Gezielte Eigenmotivation und Positives Denken - die Schlüssel für erfolgreichen Verkauf. Würzburg: Schimmel, 1993

BIERACH, A.: Wege zu einem Supergedächtnis. München: Wilhelm Goldmann, 1986

MACKENZIE, A. R.: Die Zeitfalle. 10. völlig überarbeitet Auflage. Heidelberg: Sauer, 1991

SCHMIDT, J.: Der souveräne Unternehmer zur Jahrtausendwende. Philosophische Ethik - Grundlagen für dauerhaften wirtschaftlichen Erfolg. Bayreuth: Josef Schmidt Verlag, 1996

SEIWERT, L. J., Gay, F.: Das 1x1 der Persönlichkeit. 1. Auflage. Offenbach: GABAL Verlag, 1996

SVANTESSON, I.: Mind Mapping und Gedächtnistraining. Bremen: PLS, 1993

Autorenportrait

Dr. Annegret Rohwedder

Dr. Annegret Rohwedder hat nach dem Abitur 1977 bis 1981 Volkswirtschaft in Berlin studiert. Nach Abschluß des Studiums folgte eine mehrjährige Assistenz am Lehrstuhl Demografie der Hochschule für Ökonomie Berlin. 1988 promovierte sie zum Dr. oec. Seit 1991 arbeitet sie als Projektleiterin bei der a&o research GmbH Berlin - Institut für arbeitspsychologische und organisationswissenschaftliche Forschung.

Dipl.-Psych. Wolfgang Milszus

Dipl.-Psych. Wolfgang Milszus hat nach einer Elektrikerlehre über den zweiten Bildungsweg Psychologie und Soziologie in Bielefeld und Berlin studiert. Nach einer mehrjährigen Lehrtätigkeit in der psychologischen Methodenlehre an der FU Berlin arbeitet er als Projektleiter bei der a&o research GmbH in Berlin.

Abbildungsverzeichnis

Abbildung 2.6-1: Die Ressourcen eines Menschen 393

Abbildung 2.6-2: Veränderbarkeit der eigenen Ressourcen 394

Abbildung 2.6-3: Die Zielperspektiven 395

Abbildung 2.6-4: Regeln für eigene Zielsetzungen (BONITZ 1994, MACKENZIE 1991) 396

Abbildung 2.6-5: Die Notwendigkeit, Unterschiede zu berücksichtigen ! (DISG 1995) 396

Abbildung 2.6-6: Stärken- und Schwächenanalyse 398

Abbildung 2.6-7: Tätigkeits- und Zeitanalyse (nach SEIWERT 1994) 400

Abbildung 2.6-8: Tagesstörblatt (nach SEIWERT 1994) 400

Abbildung 2.6-9: Prüfliste von Arbeitsunterbrechungen 401

Abbildung 2.6-10: Prüfliste zum eigenen Arbeitsverhalten 402

Abbildung 2.6-11: Regeln für Terminplaneintragungen 402

Abbildung 2.6-12: Regeln für Zeitplanungen 403

Abbildung 2.6-13: Zeitplanung 403

Abbildung 2.6-14: Haltungen und Einstellungen, die motivieren oder demotivieren (nach BONITZ 1994) 404

Abbildung 2.6-15: Regeln für positives Denken (nach SEIWERT 1992 (a)) 405

Abbildung 2.6-16: Kreativitätshemmende und -fördernde Merkmale 405

Abbildung 2.6-17: Regeln für Mind-Mapping 406

Abbildung 2.6-18: Regeln für effizientes Lesen (nach BOHLEN 1991) 407

Abbildung 2.6-19: Lerneffekt durch an die Vergessensdynamik angepaßten Wiederholrhythmus 408

Lernzielbeschreibung

Das Thema „Umgang mit eigenen Ressourcen" verbindet zwangsläufig eine Vielzahl verschiedener Themenstellungen und dient damit vor allem dazu, einen Überblick zu verschaffen.

Die hier angebotenen Regeln, Techniken und Methoden für ein wirksames Selbstmanagement in bezug auf Stärken und Schwächen, Zielbestimmung, Umgang mit der Zeit und Selbstqualifizierung sollen einen Eindruck in die gegebene Vielfalt vermitteln. Darüber hinaus wird das Ziel verfolgt, den Leser für einen bewußt(er)en Umgang mit den eigenen Ressourcen zu sensibilisieren und ihn zu veranlassen, sich möglicherweise intensiver mit bestimmen Inhalten zu beschäftigen.

2.7 Führung

von

Evelyne Fischer

Relevanznachweis

*„... der erfolgreichste Führer von allen ist derjenige, der ein anderes, noch nicht verwirklichtes Bild sieht. Er sieht die Dinge, die in sein gegenwärtiges Bild gehören, aber noch nicht da sind ... . Vor allem sollte er seine Mitarbeiter davon überzeugen, daß es nicht seine Ziele sind, die es zu erreichen gilt, sondern **ein** gemeinsames Ziel, geboren aus den Wünschen und Aktivitäten der Gruppe."* (MARY PARKER FOLLETT)

Projektmanagement ist eine Organisationsform bereits der Gegenwart und erst recht mit Zukunft. Quer zu bisherigen Aufbau- und Ablaufstrukturen werden Möglichkeiten zum flexiblen Abarbeiten von Aufträgen geschaffen. Häufig besteht in einer Art Übergangsphase die alte Struktur neben der neuen weiter.

Die Komplexität einer Projektsteuerung, noch dazu unter sich erst entwickelnden Bedingungen (und häufig verbunden mit einer Matrixorganisation) stellt an Führungskräfte wie Mitarbeiter besondere Anforderungen. Für alle Beteiligten verändern sich vor allem die Formen der Zusammenarbeit.

Ob und wie dieser Prozeß gelingt, hängt in erster Linie von der Kompetenz des Projektleiters ab. Er ist im Besitz der größten Einflußmöglichkeiten auf das Projekt. Insbesondere seine Art, zu führen und soziale Beziehungen zu den Teammitgliedern zu gestalten, bestimmt wesentlich den Verlauf und das Ergebnis der Projektabwicklung.

Die Fragen danach, wie solche Prozesse gestaltet werden können, welche Aufgaben und welche Verantwortung, aber auch welche Probleme und Hindernisse auf den Führenden zukommen, stehen im Fokus des folgenden Kapitels.

Inhaltsverzeichnis

2.7.1 Führungsrolle, Führungstechniken und Führungsstile — **417**
    2.7.1.1 Führungstechniken — 419
    2.7.1.2 Management by-Ansätze — 420
        2.7.1.2.1 Management by Objectives — 420
        2.7.1.2.2 Management by Delegation — 421
        2.7.1.2.3 Management by Exception — 422
    2.7.1.3 Führungsstile — 422
        2.7.1.3.1 Autoritärer Führungsstil — 422
        2.7.1.3.2 Laissez-faire-Stil — 423
        2.7.1.3.3 Kollegialer bzw. Kooperativer Führungsstil — 423
        2.7.1.3.4 Führung durch die Gruppe selbst — 423
    2.7.1.4 Führung und Persönlichkeit — 423
        2.7.1.4.1 Der distanzierte Typ — 424
        2.7.1.4.2 Der Nähe brauchende Typ — 424
        2.7.1.4.3 Der ordnend-bewahrende Typ — 425
        2.7.1.4.4 Der überschwenglich-schwungvolle Typ — 426
        2.7.1.4.5 Zehn Gebote für Führungskräfte — 426
        2.7.1.4.6 Umgang mit eigenen Ressourcen — 428

2.7.2 Umgang mit Widerständen — **429**
    2.7.2.1 Warum rufen Veränderungen Widerstände hervor? — 429
    2.7.2.2 Positives am Widerstand — 432
    2.7.2.3 Umgang mit Widerständen — 435

2.7.1 Führungsrolle, Führungstechniken und Führungsstile

Das Verständnis von Führung befindet sich in permanentem Wandel. **Führung** verstehen wir dabei als „eine Handlung, die ein soziales System aufbaut, in dem der Führende und die Geführten zusammen eine Aufgabe oder ein Problem mit einem Minimum an finanziellem, zeitlichen, emotionalen, sozialen Aufwand optimal lösen oder doch zu lösen versuchen." (LAY 1990, S. 74)

Führung umfaßt die Beeinflussung der Einstellungen und des Verhaltens von Einzelpersonen und Gruppen, um bestimmte Ziele zu erreichen (STAEHLE 1991). Führung kann dabei ihrerseits von Einzelpersonen wie auch Gruppen wahrgenommen werden.

Wozu Führung?

Die Funktionen von Führung liegen primär im gezielten Prozeß der bewußten **Verhaltensbeeinflussung**. Mitarbeiter sollen motiviert und qualifiziert werden, ein Ziel der Organisation zu erreichen. Der Leiter steuert und begleitet dabei sowohl die sachlichen als auch die interaktiven Prozesse durch seine Interventionen. Langmaack und Braune-Krickau nennen fünf leitungsbezogene Aspekte von Interventionen (LANGEMAACK 1995):

1. **Strategie**
   Was beabsichtigt der Leiter? Was ist das Ziel? Was will er erreichen?

2. **Inhalt**
   Was will der Führende vermitteln? Was sollen die Geführten aufnehmen?

3. **Prozeß**
   Woran knüpfe ich an? Wie ist der Ausgangspunkt zu charakterisieren?

4. **Vorgehen**
   Auf welche Weise vermittelt der Führende seine Botschaft?

5. **Person**
   Der Führende wirkt mit seiner Person immer mit. Er ist Teil der Intervention.

Führer und Geführte

Entscheidend für den Erfolg von Führung ist die Führer-Mitarbeiter-Beziehung. Solche Beziehungen entstehen im Prozeß gegenseitiger Rollenerwartungen und -zuweisungen. Die Rollenerwartungen hängen vom Menschenbild vor allem des Vorgesetzten ebenso ab wie von den im bisherigen Arbeitsleben gemachten Erfahrungen mit Führen und Geführtwerden. Der Prozeß der gegenseitigen Rollenzuweisung verläuft in drei Phasen:

Führen heißt Beziehungen gestalten

1. Rollenerwartung

   Sowohl der Vorgesetzte als auch die Mitarbeiter gehen in eine neue Beziehung mit ihren Vorstellungen von Führen und Geführtwerden. Beide haben Erwartungen an sich selbst und an den anderen. Aus diesen Erwartungen resultieren Anforderungen.

2. Rollenbildung

In dieser Phase kommt es zum Austausch der gegenseitigen Erwartungen und Anforderungen. Ein Interaktionsprozeß setzt ein. Im Ergebnis kommen beide Seiten zu Vereinbarungen über ihre Arbeitsbeziehung. Diese Vereinbarungen können explizit, werden meist aber impliziter Natur sein. Jeder weiß, was er vom anderen zu erwarten hat.

3. Rollenstabilisierung

Es bilden sich Verhaltensmuster und -routinen heraus.

Die Qualität dieser Führer-Mitarbeiter-Beziehung kann beschrieben werden durch das Ausmaß an „Verhandlungsspielraum", der in Phase 2 erzielt wurde. Er bildet das Maß an Übereinstimmung bezüglich der gemeinsamen Tätigkeit ab. Somit kann die Qualität von Führer-Mitarbeiter-Beziehungen beschrieben werden durch das Ausmaß an (gegenseitigem) Vertrauen, der Delegation von Verantwortung, an Entscheidungsteilhabe sowie Art und Häufigkeit der Kommunikation mit dem Vorgesetzten (STAEHLE 1991).

Funktionen von Führern

Anforderungen an Führungskräfte

Prozesse werden über Menschen geführt. Ein solcher (Management-)Prozeß erfordert eine Reihe von Führungsfunktionen (siehe Kapitel 1.1). Führer sind von neuen Ideen begeistert und begeistern andere von neuen Ideen, arbeiten mit Visionen, haben eine empathische, zugewandte Einstellung zu ihren Mitarbeitern und treiben Veränderungen voran. Das Problem vieler Organisationen - insbesondere jener, die scheitern - besteht darin, daß sie zuviel verwaltet und zuwenig geführt werden. Die tägliche Routine mag bei ihnen wie am Schnürchen ablaufen, doch stellen sie nie in Frage, ob diese Routine überhaupt sinnvoll ist. Führen heißt beeinflussen, die Richtung und den Kurs bestimmen, Handlungen und Meinungen steuern.

Um solches tun zu können, lassen sich vier Anforderungen an Führer formulieren:

- mit Visionen Aufmerksamkeit wecken

- durch Kommunikation Sinn vermitteln

- einen Standpunkt einnehmen und Position beziehen

- Entfaltung der Persönlichkeit durch
    - positives Selbstwertgefühl
    - Lernen aus Fehlern
    - Erkennen von Stärken und Kompensation von Schwächen
    - Entwickeln von Talenten
    - Übereinstimmung von Qualifikationen und Anforderungen.

Solche Führer verstehen sich als Change Agents, sie vertrauen Menschen, handeln wertorientiert und agieren als soziale Architekten. Sie schaffen eine solche Struktur und derartige Prozesse, die es Mitarbeitern gestatten, sich mit ihrer gesamten Persönlichkeit in die Arbeitsprozesse einzubringen.

2.7.1.1 Führungstechniken

Wozu Führungstechniken?

Führungstechniken sind Hilfen für den Führenden, die die Ausübung der Führungsfunktionen unterstützen sollen. Ihnen ist gemeinsam, daß sie die vorherrschende Art und Weise und Hilfsmittel beschreiben, durch die eine Führungskraft die Ziele der Organisation in Aufgaben für Mitarbeiter umsetzt und deren Erfüllung kontrolliert.

Entscheidendes und unterscheidendes Merkmal solcher Führungstechniken ist das Ausmaß der Beteiligung an Entscheidungen, das Führungskräfte ihren Mitarbeitern zubilligen.

Entscheidung und Entscheidungsspielraum

Mit der Aufgabenübertragung wird die Verantwortung für die Erreichung der Ziele, heruntergebrochen auf Handlungserfordernisse, an die einzelnen Mitarbeiter übergeben. Dies kann auf sehr unterschiedliche Art und Weise geschehen. Je nachdem, in welchem Ausmaß Entscheidungen bereits durch die Führungskraft gefällt worden sind, bestehen für die Mitarbeiter unterschiedliche Identifikationsmöglichkeiten mit der übertragenen Aufgabe. Diese Identifikationsmöglichkeiten beeinflussen in hohem Maße deren Motivation und Engagement.

Der Zusammenhang von Entscheidung durch Führungskräfte und Entscheidungsspielraum für Mitarbeiter kann anhand des Delegations-Kontinuums dargestellt werden:

Ich habe entschieden:	und Sie sind eingeladen, mit mir zu besprechen:
gar nichts	ob etwas gemacht werden soll
daß etwas gemacht werden soll	was gemacht werden soll
was gemacht werden soll	wann, wie, wo und von wem es gemacht werden soll
wann, wie, wo und von wem es gemacht werden soll	die Beweggründe für meine Entscheidung
alles	nichts, sondern nur um zu hören, welche Konsequenzen für Sie damit verbunden sind
alles	gar nichts

Abbildung 2.7-1: Delegations-Kontinuum nach Mc Gregor (COMELLI 1985)

Die Art und Weise, wie eine Führungskraft Entscheidungen trifft, bestimmt in direkter Weise den Inhalt der Aufgabe für die Mitarbeiter. Während im Fall einer Partizipation die Mitarbeiter direkt an der Entscheidungsfindung beteiligt werden, haben sie bei vollständiger Entscheidungen durch den Leiter die zugewiesene Aufgabe nur noch auszuführen.

Entscheidungssituationen können verschieden geartet sein. So sind Situationen vorstellbar, in denen Entscheidungen nur noch durchgestellt werden können, da sie auf höherer Ebenen gefallen sind bzw. direkten Sachzwängen folgen. In solchen Fällen sollten Leiter jedoch darauf bedacht sein, den Mitarbeitern ihre Beweggründe für die getroffene Entscheidung mitzuteilen und somit Transparenz herstellen.

Als eine weitere einschränkende Bedingung für die Einbeziehung von Mitarbeitern in Entscheidungsprozesse wird in der Praxis häufig der Zeitdruck genannt (siehe Kapitel 2.6). Wenn solches öfter auftritt, ist die Frage sinnvoll, warum gerade die Einbeziehung von Mitarbeitern regelmäßig dem Zeitproblem zum Opfer fällt. In der Regel werden Aufgaben und Prozesse umgangen und vermieden, die man nicht gern ausführt bzw. von deren Erfolg man nicht überzeugt ist. Wenn ein Vorgesetzter aus Zeitknappheit wichtige Aufgaben nicht erfüllen kann, so besteht immer die Vermutung, daß es nicht zufällig ist, welchen Aufgaben er Zeit widmet und welche zu kurz kommen. Es gilt dann, ehrlich zu überprüfen, ob die persönliche Wertskala mit der tatsächlichen Wichtigkeit der Aufgaben für das Unternehmen übereinstimmt. Ist dies nicht der Fall, sind geeignete Maßnahmen erforderlich, z. B. Delegation von Aufgaben oder Zuständigkeiten.

Der erste Schritt zur Vermeidung von Nichteinbeziehung der Mitarbeiter besteht also in der Reflexion des Vorgesetzten über die Ursachen dieses seines Tuns. Darauf aufsetzend kann **Transparenz** und Überschaubarkeit der Gründe für das Vorgesetztenhandeln die negativen Auswirkungen von Zeitdruck minimieren helfen. Wenn Mitarbeiter wissen, warum etwas schnell und entgegen den Gewohnheiten bzw. ihren Ansprüchen geregelt werden muß, werden sie es eher akzeptieren als ohne dieses Wissen. Dazu gehört außerdem die Gewißheit, daß der Vorgesetzte „nachholend" eine Einbeziehung der Mitarbeiter in Entscheidungen praktiziert.

Das höhere Motivationspotential beinhaltet in jedem Fall solche Entscheidungen, die den Mitarbeitern weitgehende Mitsprache und Einbringung ihrer eigenen Standpunkte und Ideen ermöglicht.

2.7.1.2 Management by-Ansätze

Management by-Ansätze

Führungskonzepte haben im deutschen Sprachraum als sogenannte Management by-Ansätze weite Verbreitung und große Popularität gefunden (vgl. Kapitel 1.1). Dabei unterliegt die Erfindung immer neuer Management by-Ansätze einer geradezu inflationären Entwicklung. Dies geht hin bis zu den mittlerweile beinahe klassisch gewordenen Verballhornungen, wie z.B. - Management by Helicopter: Kommt mit Getöse, wirbelt viel Staub auf und verschwindet wieder. Oder Management by Mushrooms: Kaum steckt man den Kopf aus der Erde, ist er schon ab.

Ernsthaft diskutiert und von Bedeutung für die alltägliche Praxis von Führungskräften sind vor allem drei Management-by-Ansätze (vgl. Kapitel 1.1.3):

1. Management by Objectives

2. Management by Delegation

3. Management by Exception.

2.7.1.2.1 Management by Objectives

Management by Objectives

Beim Management by Objectives (MbO) oder Führen durch partizipative **Zielvereinbarung** liegt der Ansatzpunkt für die Arbeitsmotivation der Mitarbeiter in der herausragenden Bedeutung der Zielidentifikation. Die Leistungsbereitschaft der Mitarbeiter entwickelt sich in einem wechselseitigen Prozeß von Zielvereinbarung und Kontrolle der Zielerreichung.

MbO soll Mitarbeitern Handlungsspielräume und Möglichkeiten der Selbstverwirklichung eröffnen. Die Wege zur Erreichung eines vorgegeben Ziels bzw. weitgehend vereinbarter (Teil-) Ziele bleiben den Mitarbeitern selbst überlassen. Im Prozeß der Zielvereinbarung werden Oberziele bis hin zu individuellen Zielen hin operationalisiert, kommuniziert und akzeptiert. Die Leistungsmotivation wird dabei gefördert durch (nach STAEHLE 1991)

- die Vereinbarung realistischer, aber anspruchsvoller Ziele,
- die Vorgabe mittelschwerer Aufgaben,
- häufiges Feedback und
- ein ausgewogenes Verhältnis von Fremd- und Selbstkontrolle.

Management by Objectives ist ein Führungskonzept, das mit einem kooperativen Führungsstil zusammengeht. Es basiert auf der partizipativen Entwicklung und Vereinbarung von Zielen auf verschiedenen Hierarchiestufen einer Organisation sowie im Prozeßverlauf. Grundgedanke ist, daß die Beteiligung der von Entscheidungen des Managements Betroffenen an der Entscheidungsfindung zu einer bedeutend höheren Akzeptanz der Ziele und Entscheidungen führt als deren autoritäre Vorgabe ohne Diskussion.

Management by Objectives setzt Entscheidungsdezentralisierung voraus und schafft sie permanent selbst. Es ist die modernste, umfassendste und am weitesten entwickelte Managementkonzeption.

2.7.1.2.2 Management by Delegation

Das Management by Delegation (Führen durch Delegieren) stellt eine andere Form der Aufgabenübertragung dar. Delegation bedeutet die Abgabe von Macht für einen bestimmten Bereich und einen bestimmten Zeitraum. Dabei werden Verantwortung und Entscheidungen an Mitarbeiter übertragen. Lövenich nennt sieben Gründe für die Delegation von Verantwortung (LÖVENICH, 1994):

Management by Delegation

1. Delegieren spart Zeit.

   Der Mitarbeiter ist voll verantwortlich. Führungskräfte werden frei für eigentliche Führungsaufgaben: planen und entscheiden.

2. Delegieren verhindert Konflikte.

   Konflikte können entstehen, wenn Mitarbeiter infolge von Entscheidungen „von oben" Aufgaben ausführen sollen, die sie so gar nicht erfüllen können. Die Übergabe der Entscheidung „nach unten" in die gleiche Verantwortung wie die Aufgabendurchführung verhindert solche Konflikte von vornherein.

3. Delegieren sorgt für kompetente Entscheidungen.

   Entscheidungen werden am besten da getroffen, wo sie Auswirkungen haben. Die dortigen Mitarbeiter verfügen über die erforderliche Erfahrung, bessere Information, ein starkes Eigeninteresse und Kompetenz.

4. Delegieren motiviert Ihre Mitarbeiter.

   Selbständigkeit und Selbstverantwortung sind Anreize zu höherer Leistung.

5. Delegieren schafft Vertrauen.

   Das erworbene Selbstvertrauen der Mitarbeiter wird als Vertrauen in Sie und Ihren Führungsstil zurückgegeben. Die Folgen sind ein verbessertes Betriebsklima, gesteigerte Produktivität, größere Arbeitsfreude und stärkere Identifikation mit dem Unternehmen.

6. Delegieren gleicht Ausfälle aus.

   Delegationserfahrene Mitarbeiter kompensieren Ausfälle durch Krankheit o.ä. leichter.

7. Delegieren sichert den Bestand des Unternehmens.

   Es weckt die Initiative der Mitarbeiter und qualifiziert sie.

Was gehört zum Delegieren?

Delegation braucht den Leiter, der delegieren will, ebenso wie den Mitarbeiter, der Verantwortung übernehmen will und kann.

Halbherzige Delegation funktioniert nicht und erzeugt zusätzliche Konflikte. Voraussetzung ist, daß Führungskräfte Verantwortung auch wirklich abgeben und mit den Entscheidungen der Mitarbeiter leben können. Das setzt voraus, daß Mitarbeiter über klare Spielregeln verfügen, nach denen die Entscheidungen getroffen werden müssen. Dazu müssen sie fachlich qualifiziert, methodisch geschult und sozial kompetent sein.

2.7.1.2.3 Management by Exception

Management by Exception

Das Management by Exception beruht auf dem Grundgedanken, daß sich Führungskräfte nach vollzogener Delegation nur noch in Ausnahmesituationen in die Aufgabenbearbeitung einschalten.

Es basiert auf der Festlegung von Sollergebnissen und Informationsrückkopplung. Der Vorgesetzte greift nur bei Abweichungen ein. Dies ist dann der Fall, wenn Situationen auftreten oder Entscheidungen erforderlich werden, die nicht mehr im vorgesehenen Ermessensspielraum des Mitarbeiters liegen. Wichtig ist dabei die vorangegangene Vereinbarung und explizite Klärung, wie groß der Ermessensspielraum von Mitarbeitern ist.

Das Management by Exception ist damit auf programmierbare Entscheidungsprozesse ausgerichtet. Alle Beteiligten müssen Ziele, Abweichungstoleranzen sowie die Definition der Ausnahmefälle kennen. Zuständigkeiten müssen klar geregelt sein, die Informationsrückkopplung benötigt ein umfassendes Kontroll- und Berichtswesen.

Problematisch kann sich auswirken, daß bei dieser Führungstechnik die Führungskraft im Prinzip nur bei Negativereignissen eingreift und somit nahezu ausschließlich negativ besetzt erlebt wird.

Management by Exception kann als ein Spezialfall für klassische Überwachungstätigkeiten bei weitgehend automatisierten Anlagen und Systemen betrachtet werden, darüber hinaus ist es als Bestandteil umfassender Management by-Konzeptionen vorstellbar.

2.7.1.3 Führungsstile

Führungsstile

Führungsstile fassen ebenso wie Führungskonzepte Grundcharakteristika von Führung zusammen. Führungsstile betonen jedoch den Gesamtzusammenhang der Führungssituation und die Beziehungen zwischen Führungskräften und Mitarbeitern.

Es gibt verschiedene Arten der Klassifizierung von Führungsstilen, hier sollen die vier wesentlichen, in abgewandelter Form immer wieder beschriebenen Führungsstile in ihren Kennzeichen sowie den Auswirkungen auf die Arbeitssituation der Mitarbeiter dargestellt werden.

2.7.1.3.1 Autoritärer Führungsstil

Autoritärer Führungsstil

Der autoritäre Führungsstil ist gekennzeichnet durch eine strikte Kontrolle durch den Führenden. Er erteilt Anordnungen, setzt Ziele und überwacht die Durchführung der Arbeit.

Ein solcher Führungsstil erzielt zunächst ein günstiges, bald aber nachlassendes Leistungsergebnis.

An der Arbeitstätigkeit ansetzende Motivation der Mitarbeiter kann sich kaum ausbilden, da sie an Zielsetzungsprozessen nicht beteiligt werden und wenig Einblick in die Gesamtzusammenhänge der Arbeit erhalten. Diese passive Rezeption des vom Führenden Vorgegebenen kann dazu führen, daß Unzufriedenheit, entsteht, die sich in Aggression dem Führenden oder auch Gruppenmitgliedern gegenüber entladen kann.

2.7.1.3.2 Laissez-faire-Stil

Laissez-faire (machen lassen) ist im eigentlichen Sinne kein Führungsstil. Diese Führungshaltung läßt weitgehend passiv und nachgiebig alles zu, ohne einzugreifen. Mit einer solchen „Führung" gelingt es einer Gruppe entgegen der Annahme jedoch nicht, selbst ihre eigenen Kräfte zu entfalten. Die Gruppe erwartet von der Führungskraft die bewußte Setzung eines Rahmens, innerhalb dessen sie frei agieren kann. Beim Laissez-faire-Stil mißachtet der Führende dagegen seine Verantwortung und seine Beteiligung an einer Führer-Mitarbeiter-Beziehung. Hinter der scheinbaren absoluten Freizügigkeit verbirgt sich vielmehr Gleichgültigkeit bzw. Desinteresse und Unfähigkeit zu führen.

Laissez-faire-Stil

2.7.1.3.3 Kollegialer bzw. Kooperativer Führungsstil

Bei diesem auch als demokratisch bezeichneten Führungsstil behält der Führende weitgehend die Führung, führt aber mit den Mitarbeitern einen regen Aushandlungsprozeß über Ziele und Schritte zur Aufgabenlösung. Er versteht sich als Lenker der Diskussion mit dem Ziel, den Mitarbeitern soviel Freiräume wie möglich zu lassen. Sein Bestreben geht dahin, alle Mitarbeiter zu einer aktiven Mitarbeit an den betrieblichen Problemen zu bewegen.

Kollegialer bzw. kooperativer Führungsstil

Die kooperativ geführte Gruppe bildet ein starkes Wir-Gefühl aus. Sie entwickelt kollegiale Verhaltensweisen und sucht selbständig nach Möglichkeiten der Konfliktreduktion.

2.7.1.3.4 Führung durch die Gruppe selbst

Führung durch die Gruppe selbst stellt die höchstentwickelte Form von Führung dar. Dabei geht Führung in Selbstregulation über. Alle Mitglieder einer Gruppe oder eines Teams sind entsprechend ihren individuellen Voraussetzungen an Führung beteiligt. Voraussetzung dafür ist, daß alle Beteiligten bereit sind zur Wahrnehmung, aktiven Kommunikation und Akzeptanz der real vorhandenen unterschiedlichen Stärken und Schwächen der Gruppenmitglieder. Aus dieser Differenziertheit der individuellen Kompetenzen bezieht die Gruppe ihre Stärke. Was der eine nicht kann oder nicht gern tut, ist Stärke oder Vorliebe des anderen. Eine so konstituierte Gruppe ist in der Lage, ihre Konflikte integrativ zu lösen. Entscheidend ist immer das gemeinsame Ziel. Die individualdifferenzierten Stärken wirken als Rollenfunktionen. In ihren Rollen oder ihrer spezifischen Verantwortung für das Gesamtergebnis haben alle Gruppenmitglieder wechselseitig Führungsfunktionen inne. Damit sind alle an der Führung beteiligt.

Führung durch die Gruppe selbst

Zusammenfassend läßt sich feststellen, daß für die Führungspraxis reine, strikt voneinander abgrenzbare Führungstechniken nicht sinnvoll anwendbar sind. Jede Art zu führen vereinigt in sich Elemente verschiedener Führungstechniken und Führungsstile. Die Unterschiede liegen in der Prioritätensetzung und Akzentuierung.

2.7.1.4 Führung und Persönlichkeit

Führungsstile und Führungstechniken werden wesentlich durch die Einstellungen und Werte des Führenden bestimmt. Um erfolgreich zu führen, sind jedoch Kenntnisse über zu erwartende Verhaltensweisen von Mitarbeitern ebenso wichtig.

Langmaack und Braune-Krickau beschreiben vier Grundmuster menschlichen Verhaltens, die sich in zwei polaren Spannungsverhältnissen ausdrücken (LANGMAACK 1995). Das Grundstreben nach Distanz steht dem nach Nähe gegenüber; dem Grundstreben nach ordnenden, dauerhaften Strukturen entgegen steht das Grundstreben nach Wandel und Veränderung.

Grundmuster menschlichen Verhaltens

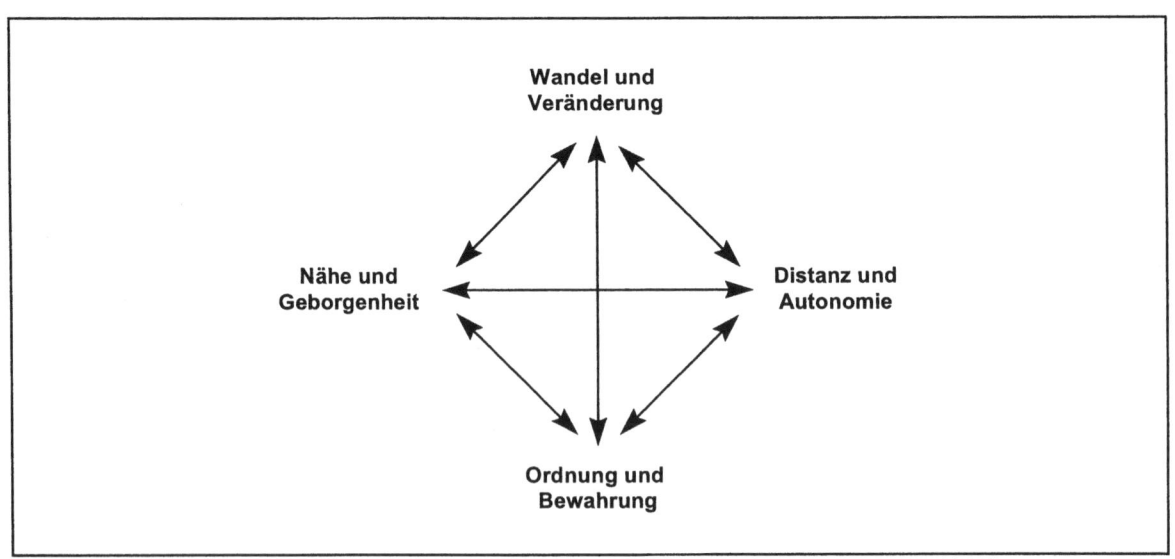

Abbildung 2.7-2: Grundelemente der menschlichen Persönlichkeit (LANGMAACK 1995)

Menschen, Führende und Geführte, unterscheiden sich danach voneinander, welche dieser Grundstrebungen bei ihnen besonders ausgeprägt ist und die anderen dominiert. Die Spezifik des dominierenden Grundstrebens im Verhältnis zu den anderen dreien macht in sozialer Hinsicht die Stärken und Schwächen eines Menschen aus. Jeder von uns hat in sich Elemente aller vier Grundstrebungen. Meist jedoch dominiert eine die anderen relativ stark. Dann sprechen wir von Typen.

Im folgenden sind die vier Typen kurz charakterisiert.

2.7.1.4.1 Der distanzierte Typ

Der distanzierte Typ

Er wirkt eher kühl und zurückhaltend und verbreitet eine gewisse Distanz. Beziehungen gestaltet er über Sachinhalte, die er mit anderen gemeinsam hat. Er strebt nach Eigenständigkeit und Unabhängigkeit. Nähe lehnt er weitgehend ab, aus Angst verletzlich zu werden. Der distanzierte Typ ist ein kritischer Beobachter und Analysator, der andere mit seinen klaren Äußerungen leicht verletzen kann. In der Zusammenarbeit mit anderen tut sich der Distanzierte oft schwer. Er braucht seinen Raum für sich; kann er sich nicht auf sich selbst zurückziehen, gerät er leicht in die Rolle des „Sündenbocks" und läuft Gefahr, aus der zu führenden Gruppe herauszufallen. Seine Stärken entfaltet er dagegen, wenn er konstant solche Kontaktangebote erhält, die es ihm gleichzeitig ermöglichen, Distanz zu halten.

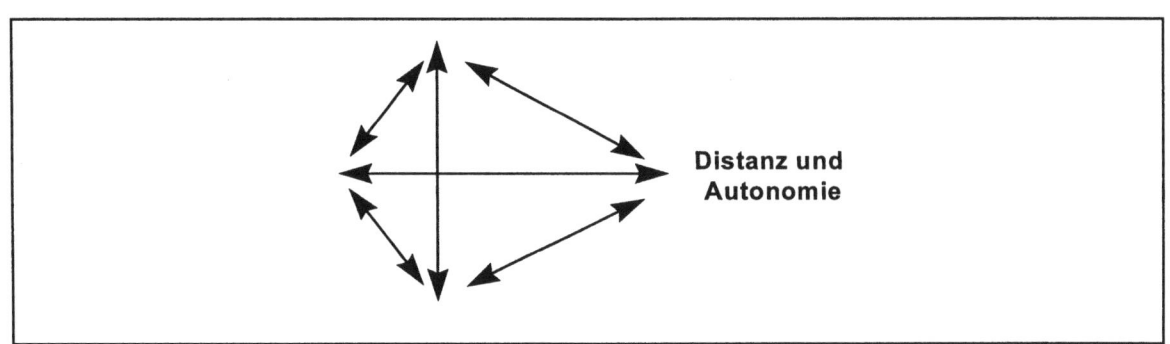

Abbildung 2.7-3: Der distanzierte Typ (LANGMAACK 1995)

2.7.1.4.2 Der Nähe brauchende Typ

Der Nähe brauchende Typ

Der Nähe brauchende Typ ist der Gegenpol zum distanzierten Typ. Er ist herzlich, offen und vertrauensvoll. Zugehörigkeit zu einer Gruppe und Beziehung zu anderen Menschen sind für ihn oberstes Ziel. Er geht auf Angebote von Führungskräften zur Mitarbeit freudig ein, wobei bei ihm der Wunsch nach Beziehung über das Interesse an Sachthemen (zunächst) dominiert. Menschen, die verstärkt Nähe und Geborgenheit suchen, sind außerordentlich hilfsbereit und allen, die Gruppe oder das Team betreffenden Fragen aufgeschlossen. Diese hohe Bereitschaft und Begeisterungsfähigkeit machen es Führungskräften leicht, in der Gruppe Verbündete zu finden und Aufgaben zu übertragen. Die Gefahr liegt hier in einer möglichen Überstrapazierung der Bereitschaft auf Grund mangelnden Nein-Sagens. Der Nähe brauchende Typ kann sich in seiner emotionalen Aktivität lange selbst überfordern, bevor es zum Konflikt kommt. Dann kann es passieren, daß die lange gezeigte Bereitschaft umschlägt in eine Klage- und Beschwerdehaltung auf Grund zu hoher Erwartungen an die anderen und an sich selbst. Führungskräfte sollten darauf achten, daß solche Personen nicht klammernd wirken und lernen, auch mal „nein" zu sagen. Wichtig ist es auch, dafür zu sorgen, daß die Sachebene nicht in den Hintergrund rückt und von der Beziehungsebene völlig verdrängt wird (siehe Kapitel 2.8).

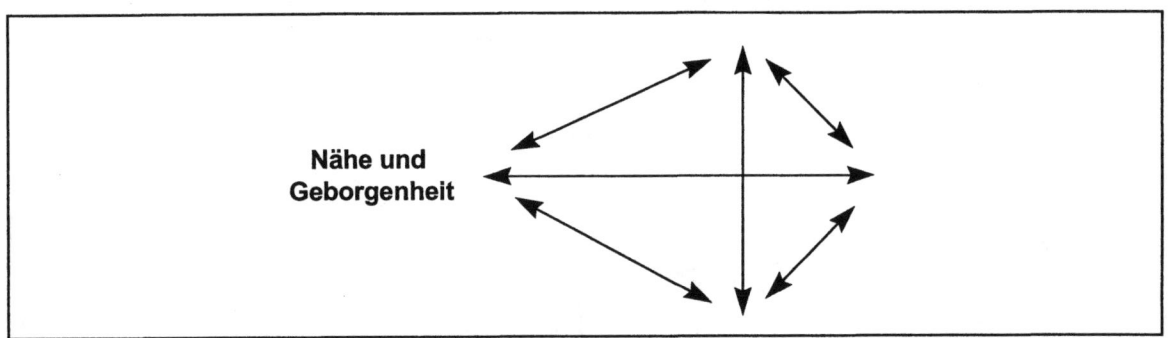

Abbildung 2.7-4: Der Nähe brauchende Typ (LANGMAACK 1995)

2.7.1.4.3 Der ordnend-bewahrende Typ

Menschen mit diesem Grundstreben treten uns sachlich und nüchtern gegenüber, sie erwarten ein klares Programm und wollen wissen, was sie erwartet. Sie lieben planvolles Arbeiten und klare Verabredungen, deren Einhaltungen sie erwarten. Sie bevorzugen Überschaubarkeit und Abwägbarkeit; spontane Ideen und risikoreiche Veränderungsvorschläge sind nicht ihre Welt. Das Potential solcher Menschen liegt in ihrer Fähigkeit, planend und ordnend zu agieren, den Überblick zu behalten und Diskussionen immer wieder auf ihren sachlichen Kern zurückführen zu können. Veränderungen gegenüber verhalten sie sich dann positiv, wenn diese in kleinen Schritten angeboten werden bzw. sie von Anfang an in das Erarbeiten von notwendigen Veränderungen einbezogen werden. Die Überzeugung von der Sinnhaftigkeit und - noch viel mehr - von einem geordneten Ablauf notwendiger Veränderungen braucht der ordnend-bewahrende Typ, um sich voll engagieren zu können.

Der ordnend-bewahrende Typ

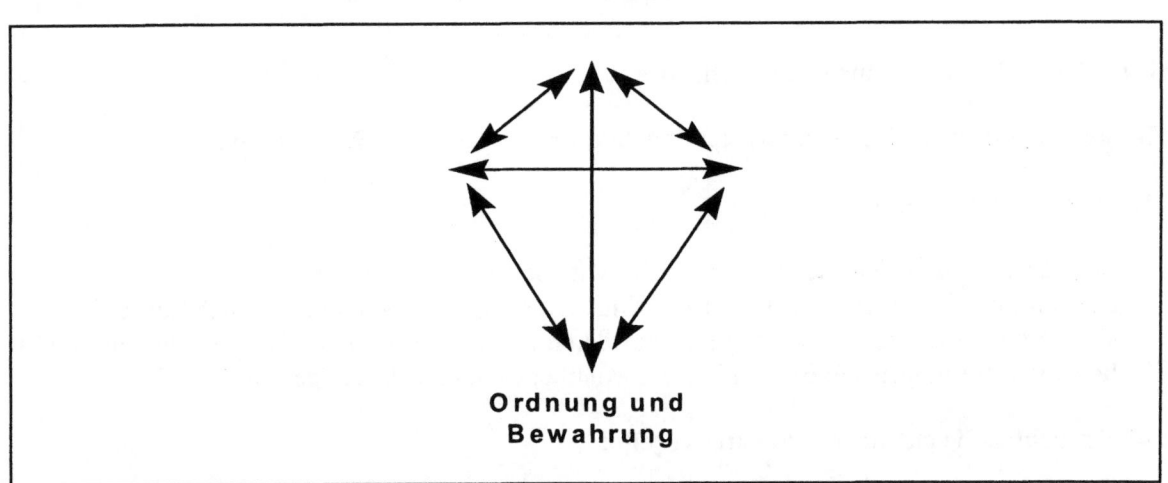

Abbildung 2.7-5: Der ordnend-bewahrende Typ (LANGMAACK 1995)

2.7.1.4.4 Der überschwenglich-schwungvolle Typ

Der überschwenglich-schwungvolle Typ

Dieser Typ ist ständig auf der Suche nach neuen Reizen und Herausforderungen. Er geht auf andere Menschen zu, ist liebenswert und charmant. Seine anregende Art hat durchaus positive Effekte. Er kann Mitarbeiter mitreißen, ebenso schnell aber auch vor den Kopf stoßen. Je ausgeprägter seine Begeisterungsfähigkeit und sein Schwung sind, um so größer werden seine Probleme sein, sich in ein Team einzuordnen und auch unterzuordnen. Er ist schnell für neue Aufgaben zu begeistern, dies hält oft jedoch nicht lange an. Eine gewisse Sprunghaftigkeit und Unzuverlässigkeit können seine Beziehung zu anderen Mitarbeitern wie auch zum Leiter belasten. Solche Menschen können Ihren Wert für ein Team dann voll erschließen, wenn sie konsequent mit den Realitäten konfrontiert werden.

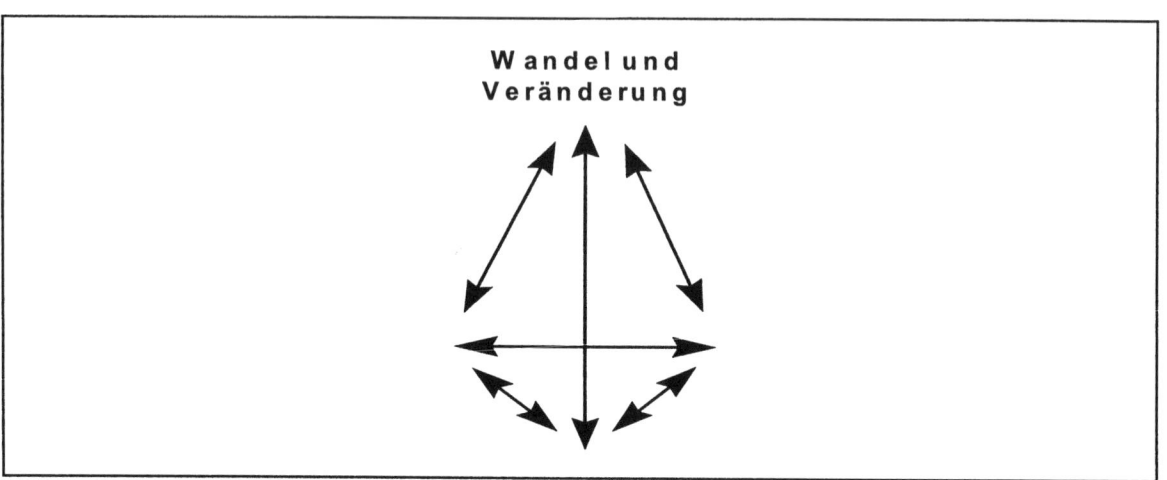

Abbildung 2.7-6: Der überschwenglich-schwungvolle Typ (LANGMAACK 1995)

Wie gesagt, in jedem von uns sind Elemente aller vier Grundstrebungen vereinigt. Doch wird es uns nicht schwerfallen, in uns selbst wie auch in anderen Personen unseres Umfeldes die eine oder die andere Dominanz, die Tendenz zu einer Typisierung zu entdecken. Die Kenntnis einer solchen Dominanz kann uns helfen, uns dem anderen gegenüber richtig zu verhalten. Unter dem Aspekt der Führung heißt „richtig" hier, den Mitarbeiter so anzusprechen und einzusetzen, daß er seine Stärken voll zur Anwendung bringen kann. Krisenhafte Situationen entstehen immer dann, wenn jemand zu abrupt, zu unmotiviert und zu einseitig auf Gebieten gefordert wird, die bei ihm nicht so stark entwickelt sind. Im Gegensatz dazu lassen sich „vom sicheren Ufer aus", d.h. aus einem dominierenden Grundstreben heraus, langsam und schrittweise neue Erfahrungen sammeln und Verhaltensänderungen in Richtung anderer Grundstrebungen in Gang setzen.

2.7.1.4.5 Zehn Gebote für Führungskräfte

Becker und Erlemann formulierten zehn Regeln für Führungskräfte (BECKER 1992):

1. Sie müssen führen wollen !

Wer führen will, muß diesen Willen für die Mitarbeiter täglich erkennbar bezeugen. Er muß gezielt und kontinuierlich Einfluß auf die Mitarbeiter nehmen — und zwar nicht nur auf deren sichtbares Verhalten, sondern zugleich auf deren Fühlen und Denken. Das verlangt ausdrücklich, die Erwartungen und Bedürfnisse der Mitarbeiter zu berücksichtigen.

2. Verzichten Sie auf starre Führungsregeln !

Es gibt keine Standardlösungen für das Führungsverhalten. Führungskräfte sollten daher versuchen, die Besonderheiten einer jeweiligen Situation zu erfassen um ihr Führungsverhalten darauf abzustimmen.

3. Fürchten Sie keine Führungsfehler!

Keine Angst vor Führungsfehlern. Es ist unmöglich zu führen, ohne dabei auch Fehler zu begehen. Das Bestreben jeder Führungskraft kann es lediglich sein, so wenig Führungsfehler wie möglich zu begehen und die innere „Logik" von Fehlern zu erkennen, um aus ihnen zu lernen.

4. Interessieren Sie sich für Ihre Mitarbeiter!

Führungskräfte müssen neugierig auf Menschen sein. Sie müssen bereit sein, sich intensiv damit zu befassen, was die Mitarbeiter bewegt: Wie empfindet der Mitarbeiter die Arbeitssituation? Fühlt er sich belastet? Welche Vorstellungen hat der Mitarbeiter von seiner Tätigkeit? Hat er Verbesserungsvorschläge zu machen? Was denkt er über den Vorgesetzten und seine Kollegen? Wie engagiert er sich? Wie verhält er sich gegenüber seinen Kollegen?

5. Üben Sie sich in Aufmerksamkeit, Achtung, Anerkennung und Aufrichtigkeit!

Nur wer sich für Mitarbeiter Zeit nimmt, kann erwarten, Einfluß auf deren Fühlen, Denken und Verhalten zu gewinnen. Akzeptanz und Respekt sind unabdingbare Voraussetzungen für eine vertrauensvolle und konstruktive Zusammenarbeit. Mitarbeiter haben ein feines Gespür dafür, wenn sie sich nicht geachtet fühlen. Ernsthafte und echte Anerkennung steigert das Selbstwertgefühl und verleiht Sicherheit für neue Aufgaben. Vertrauen kann aber nur durch Aufrichtigkeit hergestellt werden.

6. Erstreben Sie einen Ausgleich der Interessen!

Es gibt Firmen- und Kundeninteressen. Aber auch Mitarbeiter haben berechtigte Interessen, die sie in ihrer Arbeit berücksichtigt wissen wollen. Diese sind in der Regel ganz unterschiedlich. Erfolgreiches Führen heißt, wenn es gelingt, diese unterschiedlichen Interessen zu berücksichtigen und einen Ausgleich zwischen Firmen-, Kunden- und Mitarbeiterinteressen herzustellen.

7. Geben Sie Ihren Mitarbeitern Orientierung und vereinbaren Sie Ziele!

Den Mitarbeitern muß aufgezeigt werden, was war, was ist und wohin es gehen soll. Es muß für jeden einzelnen deutlich gemacht werden, was von ihm erwartet wird. Das verlangt die Transparenz der lang-, mittel- und kurzfristigen Unternehmensziele sowie eine umfassende und offene Information und Kommunikation. Mitarbeiter müssen von den Zielen überzeugt werden. Dies gelingt am besten, wenn von den eigenen Interessen einmal abgesehen und ganz auf die Interessen des anderen eingegangen wird; wenn die Emotionen oder Gefühle, die den anderen wirklich bewegen (z.B. Angst, Ärger, Enttäuschung...) angesprochen und wenn dem anderen so viel wie möglich Gelegenheit zum Reden gegeben wird. Das verlangt aber mehr zuzuhören, als zu reden.

8. Seien Sie Vorbild — selbst im Umgang mit eigenen Schwächen!

Mitarbeiter richten ihr Verhalten (fast) immer auch am Vorbild des Vorgesetzten aus. Führungskräfte müssen sich über Ihr eigenes Menschenbild im klaren werden und erkennen, inwieweit dieses Bild ihr Verhalten bestimmt und damit zum Vorbild für die Mitarbeiter wird. Entscheidend ist, daß der Vorgesetzte sich in jeder Hinsicht als Vorbild erweist. Eigene Fehler eingestehen, für konstruktive Kritik offen sein, höhere Kompetenzen einzelner Mitarbeiter anerkennen, ernsthafte Bemühungen, persönliche Schwächen zu beheben — all das signalisiert vorbildhaftes Verhalten und erleichtert das Führungshandeln.

9. Führen Sie Mitarbeitergespräche!

Wer Menschen führen will, muß kommunizieren. Regelmäßige Zielvereinbarungsgespräche, Konfliktgespräche und der tägliche small talk erleichtern wesentlich die Führungsaufgabe. Regelmäßige Gespräche helfen zudem, aufkommende Probleme in einem frühen Stadium zu bereinigen. Sie müssen nicht immer ausführlich und lang sein und finden oft mit Vorteil am Arbeitsplatz des Mitarbeiters statt. Zeitknappheit darf nie eine Entschuldigung für die Vernachlässigung von Mitarbeitergesprächen sein.

10. Üben Sie Selbstdisziplin!

Menschen mit dem Anspruch, andere führen zu wollen, müssen sich selbst während der Interaktion mit den Mitarbeitern kontrolliert verhalten. Auch in Konfliktsituationen sollte eine Führungskraft ihre Emotionen unter Kontrolle zu halten versuchen. Dies wird mal besser, mal schlechter gelingen. Wichtig ist, daß die Führungskraft an sich arbeitet und dieses Bemühen auch den Mitarbeitern gegenüber zum Ausdruck bringt.

2.7.1.4.6 Umgang mit eigenen Ressourcen

Im Prozeß der Arbeit leiten Führungskräfte immer. Ebensowenig wie es „Nicht-Kommunikation" gibt, gibt es auch kein „Nicht-Verhalten". Jede Tätigkeit, die eine Führungskraft ausführt, dient den Mitarbeitern als Modell von Führen - sowohl für Verhaltensweisen, die sie ansprechend finden und gern übernehmen würden als auch gerade für solche, die Mitarbeiter ablehnen (siehe Kapitel 2.6).

Beanspruchung und Ressourcen

Damit stehen Führungskräfte vor einer großen Aufgabe und unter enormer Beanspruchung (siehe Kapitel 2.2). Langmaack und Braune-Krickau fassen die Anforderungen zusammen:

> *Führungskräfte sollen teilnehmend sein können und trotzdem Distanz wahren,...Menschen mögen, obwohl sie ihnen zuerst einmal unsympathisch sind,...immer wieder mit Menschen in Kontakt treten, obwohl ihnen gar nicht danach ist, aufmerksam sein, auch wenn sie müde sind, stellvertretend für andere Groll auf sich ziehen und vieles andere mehr. Diese Anforderungen erfordern einen emotionalen und kognitiven Ausgleich. Dafür kommen Aktivitäten und Beschäftigungen infrage, die ein Gegengewicht zu den beschriebenen Anforderungen bilden. (LANGMAACK 1995)*

Im folgenden werden in Form von Fragen Anregungen zu einer solchen Form der Psychohygiene gegeben (LANGMAACK 1995):

- Welche äußeren Bedingungen der Arbeit will ich sicherstellen bzgl. Pausen, Ruhe usw.?
- Welche Hilfen brauche ich für meine Arbeit (personell, materiell)?
- Welche Belastungen von außen muß ich fernhalten oder ihre Bearbeitung delegieren?
- Wie habe ich den Prozeß meiner eigenen professionellen Weiterentwicklung und Weiterbildung organisiert?
- Wo bin ich überfordert, wo unterfordert?
- Welchen Kontakt habe ich zu meinem Freundes- und Bekanntenkreis?
- Mit wem kann ich offen und unbelastet über Dinge sprechen, die mir Mühe machen und Probleme bereiten?
- Was habe ich in den letzten Monaten gelesen oder getan, das nicht von der beruflichen Tätigkeit her bestimmt war?

- Wieviel Zeit habe ich überhaupt für mich, in der ich tun und lassen kann, was ich will?
- Welche Rolle spielt das Thema Ernährung oder Sport für mich?
- Wieviel Geld muß ich verdienen? Was muß ich dafür tun? Was nicht?

Das Nachdenken über diese und angelagerte Fragen kann einen Anstoß setzen, etwas (mehr) für sich selbst zu tun. Ziel einer solchen Reflexion ist es, das Gleichgewicht zwischen Geben und Nehmen zu halten bzw. wieder herzustellen.

2.7.2 Umgang mit Widerständen

Durch technologische und gesellschaftliche Entwicklungen oder veränderte Marktanforderungen sind Unternehmen laufend gezwungen, ihre Ziele mit diesen Veränderungen in Übereinstimmung zu bringen. Dadurch können die Ziele selbst verändert werden, z.B. Entwicklung neuer Produkte, Erschließung neuer Märkte, Veränderung der bestehenden Arbeitsorganisation und -aufgaben usw. Führung ist also im wesentlichen darauf gerichtet, neue Ziele zu vermitteln und dadurch bestehende Verhältnisse und Althergebrachtes zu verändern. Diese Veränderungen lösen überwiegend bei den Betroffenen Widerstand aus. Insofern ist es für die Führung wichtig, sich mit den Gründen und der Bewältigung von Widerständen zu beschäftigen.

2.7.2.1 Warum rufen Veränderungen Widerstände hervor?

Veränderungen sind ein wesentlicher Bestandteil des Lebens, insbesondere auch des Arbeitslebens. Häufigkeit, Tempo und Ausmaß dieser Veränderungen nehmen gegenwärtig laufend zu. Wer selber aktiv und geplant Veränderungen in einem sozialen System realisieren will, tut also gut daran, sich vor Augen zu halten, wie solche Veränderungen ablaufen und mit welchen Arten von Widerstand dabei zu rechnen ist. Wenn hier von Widerstand die Rede ist, so sind damit nicht objektive Hindernisse und Barrieren gemeint. Vielmehr geht es um ein psychisches Phänomen.

Veränderungen rufen Widerstände hervor

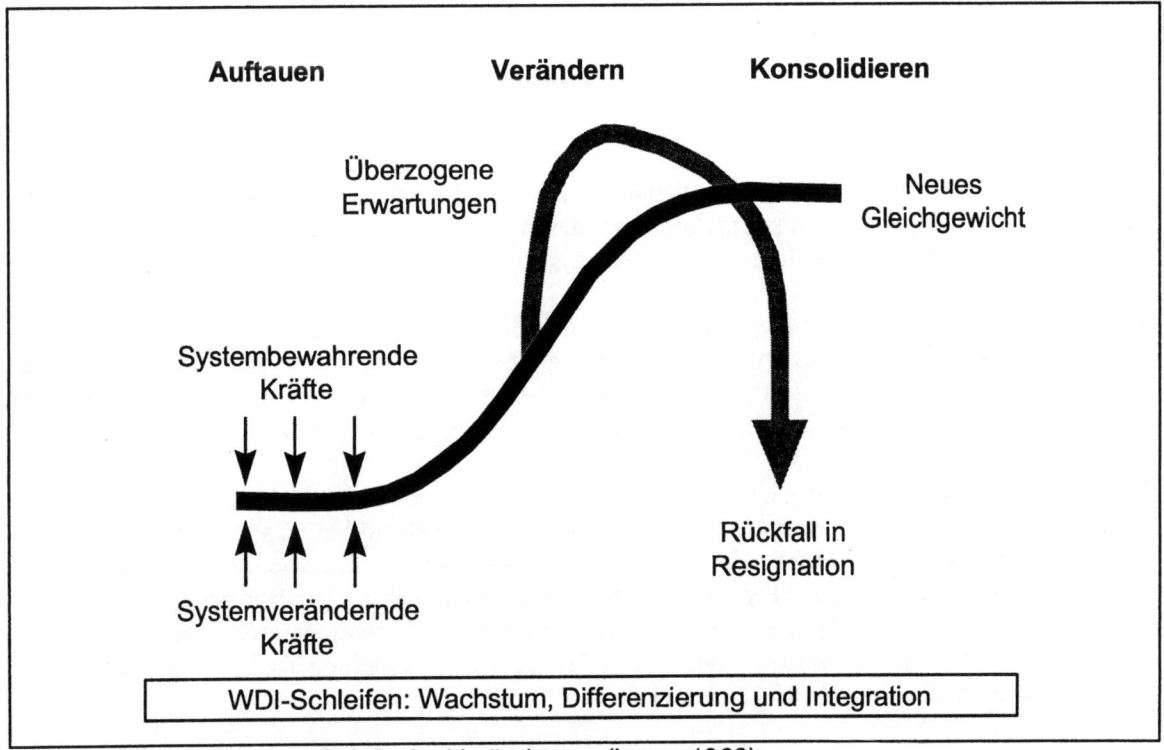

Abbildung 2.7-7: Der Drei-Schritt der Veränderung (LEWIN 1963)

Es hat sich in vielen Veränderungsprozessen gezeigt (FREI 1995), daß sich der Widerstand nur scheinbar gegen „die Sache" selbst richtet: Tatsächlich richtet sich der Widerstand meist gegen die Veränderung von sozialen Beziehungen, die im Gefolge technischer oder organisatorischer Veränderungen auftreten oder deren Auftreten zumindest befürchtet wird! Wie kommt das?

Soziale Systeme erscheinen im Normalfall, also wenn keine Veränderung vorgesehen ist – häufig als ziemlich stabile Gebilde: Eine Vielzahl von Gewohnheiten und Spielregeln sind allen Mitgliedern dieses Systems (eines Betriebs oder einer Abteilung o.ä.) absolut geläufig, und alle halten sich daran. Diesen Normalfall bezeichnete der Sozialpsychologe Lewin als ein **„quasi-stationäres" Gleichgewicht**. Mit diesem Begriff bringt er zum Ausdruck, daß ein solches **soziales System** nur scheinbar „ruhig" und „unbewegt" ist. Tatsächlich befindet es sich immer in Bewegung, denn die Kräfte, die Veränderung bewirken wollen und jene, die es verhindern wollen, gleichen sich gegenseitig aus. Die Gesamtheit aller Bewegungen ergibt sozusagen Null – das System verbleibt in einem stationär aussehenden Gleichgewicht.

Wie vollziehen sich Veränderungen?

Veränderung beginnt nach dem Modell von Lewin damit, daß Gedanken an Veränderung plötzlich zulässig werden. Veränderung wird gewissermaßen denkbar. Der Prozeß der Veränderung beginnt damit, den Kreis der Veränderungswilligen zu vergrößern. Dazu müssen Befürchtungen aus dem Weg geräumt und Vorurteile abgebaut werden.

Da Veränderungen Stabilität in Frage stellen und die Ungewißheit über einen Zustand oder einen Prozeß erhöhen, ist es nur natürlich, daß sie Widerstände hervorrufen.

Jede wirkliche Veränderung eines sozialen Systems bedroht dieses Gleichgewicht! Dies löst Angst aus, denn ein solches Gleichgewicht erfüllt eine wichtige psychologische Funktion: Solange es ungestört ist,

- wissen wir genau, was wir zu tun und zu lassen haben,
- ist klar, was man von uns wollen kann und darf,
- und was man von anderen zu erwarten hat und erwarten darf,
- kennen wir uns in dem System aus und fühlen uns zuhause,
- fühlen wir uns – kurz gesagt – sicher.

All dies und noch mehr ist in Gefahr, wenn das „quasi-stationäre Gleichgewicht" eines sozialen Systems gestört wird. Natürlich könnte die Veränderung uns auch Vorteile bringen und die genannte Sicherheit schlußendlich noch erhöhen, – aber das wissen wir ja noch nicht!

Auch in einem solchen Fall wird also die Störung des Gleichgewichts Angst auslösen und zu einem Gefühl von Kontrollverlust führen: In der Psychologie bezeichnet man mit „Kontrolle" das Gefühl, eine Sache oder Situation im Griff zu haben – eben unter Kontrolle. Verliert man dieses Gefühl wegen veränderter Bedingungen, dann kommt es zu sogenanntem Kontrollverlust.

Solche Widerstände sind häufig ein Zeichen dafür, daß die angestrebten Veränderungen die Erfahrungen und Bedürfnisse der Betroffenen nicht oder nur unzureichend berücksichtigen. Nur wenn es gelingt, möglichst viele und vielleicht alle von den angestrebten Veränderungen Betroffenen wirklich zu erreichen, sie einzubeziehen in die geplanten Veränderungen, ihre Wünsche, Interessen, aber auch Ängste und Befürchtungen zu akzeptieren und zu kommunizieren - kurz, wenn die Betroffenen zu Beteiligten werden, dann ist der Erfolg von Veränderungen dauerhaft möglich und gesichert. Diese Phase braucht viel Zeit und Geduld.

Neues schafft Ängste und Befürchtungen

Widerstände gegen Veränderungen sind etwas völlig Normales. Häufig werden alte Zustände nur deshalb verteidigt, weil es „schon immer so war". Derartige Widerstände finden sich auf allen Ebenen der betrieblichen Hierarchie. Die Befürchtungen, die zu Widerständen führen, gelten häufig gar nicht den Veränderungsmaßnahmen selbst, sondern den in ihrer Folge auftretenden und erwarteten Veränderungen der sozialen Beziehungen. Duell und Frei haben den Mechanismus der Entstehung von Widerständen und Konflikten wie folgt beschrieben (DUELL 1986):

Ängste und Befürchtungen

Den Ausgangspunkt bildet die Tatsache, daß Veränderungen die bisherigen Gewohnheiten stören. Damit ist das Sicherheit gewährleistende psychische Gleichgewicht gestört. Nun wird befürchtet, daß Unsicherheiten auftreten, daß neue Situationen nicht bewältigt werden können. Dies führt zu einem Gefühl der Angst.

Psychische Rationalisierung

Diese Angst wird in den seltensten Fällen selbst reflektiert und „nach außen" zugegeben. Sie versteckt sich hinter scheinbar logischen Argumenten, die einen rationalen Widerstand begründen sollen. Dieser Vorgang wird als „psychische Rationalisierung" bezeichnet.

```
Ankündigung einer Veränderung
              ↓
Störung des psychischen Gleichgewichts
z.B. durch Unsicherheit gegenüber dem Neuen -
Sorge, dieses mit den bisherigen Erfahrungen nicht
           bewältigen zu können
              ↓
           Widerstand
              ↓
   Psychische Rationalisierung
```

Abbildung 2.7-8: Psychische Rationalisierung (nach DUELL 1986)

Die scheinlogischen Argumente, hinter denen sich der Widerstand häufig versteckt, heißen dann etwa:

- Ich selbst möchte schon, aber ich glaube nicht, daß das geht!
- Es wäre schon gut, aber dafür haben wir einfach keine Zeit!
- Das haben wir bis jetzt noch nie gemacht!
- Das geht nie! usw.

Psychische Rationalisierung kann als solche identifiziert werden, indem wir unsere Aufmerksamkeit auf die Begleitsymptome richten, die sich bei Widerstand gegen Veränderung häufig zeigen.

Solche Begleitsymptome sind etwa:

- Mißtrauenskundgebungen,
- Cliquenbildung und Abschotten gegen „die anderen",
- plötzliche Leistungszurückhaltung,
- Zunahme von Fehlzeiten usw.

Derartige Symptome haben die Funktion von Warnsignalen: Personen oder Instanzen, die für die geplante Veränderung verantwortlich sind – oder vielleicht nur dafür gehalten werden! – haben offenkundig etwas falsch gemacht. Damit haben sie – natürlich unbeabsichtigt – Widerstand ausgelöst. Nun stehen sie vor der Aufgabe, den entstandenen Widerstand nicht einfach zu brechen, sondern angemessen damit umzugehen.

Angemessen mit Widerstand umzugehen heißt zuallererst, den Widerstand und die Menschen, die ihn äußern, ernst zu nehmen. Es kann nicht darum gehen, mit irgendwelchen psychologischen „Tricks" den Widerstand aus der Welt zu schaffen. Überwindung von Widerstand ist eine besondere Form von Konfliktlösungsverhalten (siehe Kapitel 2.8)

Den Veränderungsprozeß bewußt darauf abzustimmen heißt vor allem eines: Die Betroffenen zu Beteiligten machen!

Je früher und je gründlicher die von einer Veränderung Betroffenen in die Planung und Ausgestaltung einbezogen werden, je aktiver sie selbst also die Veränderung (mit-) betreiben können, desto weniger Widerstand werden sie zeigen.

- Das liegt nicht nur daran, daß die Betroffenen auf diese Weise den Prozeß mehr auf ihre Interessen abstimmen können, als wenn sie nicht beteiligt worden wären.
- Es liegt vor allem daran, daß das eingangs erwähnte Gefühl von Kontrollverlust viel weniger leicht entsteht und deshalb weniger psychische Rationalisierung notwendig ist.

Beteiligung hilft nur dann den Widerstand abzubauen (oder viel weniger aufkommen zu lassen), wenn sie echt und ernstgemeint ist. Das heißt nicht, daß jeder Entscheid demokratisch gefällt werden müßte. Es heißt aber, daß die Beteiligung vollständig auf „offene Karten" angewiesen ist. Insbesondere geht es nicht an, nur „ein bißchen Partizipation spielen" lassen zu wollen: Jede Pseudoform der Partizipation vermeidet Widerstand allenfalls vorübergehend, verstärkt ihn aber auf Dauer!

2.7.2.2 Positives am Widerstand

Widerstand hat auch eine wichtige „Sensor"- oder Indikatorfunktion: Die Art und Weise, wie sich Widerstand zeigt, der Anlaß dafür und die Möglichkeiten des Umgangs damit haben gewissermaßen organisationsdiagnostischen Wert. Sie zeigen auf, wie es um die Organisation bestellt ist, wo möglicherweise Stärken oder Schwächen liegen und wie damit führungsmäßig oder wie auch immer umgegangen werden kann. Dies kann nicht nur als Ansatzpunkt für Verbesserungen in der Organisation schlechthin genutzt werden, sondern es hilft auch, besser abschätzen zu können, wie sich eine geplante Veränderung denn wirksam durchsetzen und fruchtbar nutzen lassen wird.

Organisationen existieren ja nicht unabhängig von den Köpfen ihrer Mitglieder. Deshalb ist jede Veränderung der Organisation darauf angewiesen, daß sich etwas „in den Köpfen" dieser Mitglieder bewegt. Widerstand gegen Veränderung zeigt an, daß diese Bewegung eingesetzt hat, und er wird damit zum Zeichen des Anfangs einer substantiellen Veränderung in einem sozialen Gebilde. Problematischer ist, wenn der Widerstand gegen Veränderung sich nicht aktiv, sondern passiv äußert, etwa im Sinne von „mauern" oder von „zustimmen und dann doch nichts tun". Diese Form des Widerstandes gibt es vielleicht am häufigsten in der oberen Führungsebene, das heißt bei jenen (mehr oder weniger gleichgestellten) Führungskräften, auf deren „Mitziehen" der Initiator einer Veränderung dringend angewiesen wäre. Hier kann das Vorschieben scheinlogischer Argumente besonders ausgeprägt sein, und es dürfte nicht selten noch schwieriger als bei anderen betrieblichen Gruppen sein, angemessen darauf einzugehen. Auch hier gilt: Nur wenn ich die Werturteile meiner Konfliktpartner als ihre Werturteile wirklich akzeptiere, kann ich eine Basis schaffen, von der aus ihr passiver Widerstand überhaupt thematisiert und dann auch überwunden werden kann. Denn bevor etwas bewegt werden kann, muß es zunächst aus alten Verkrustungen gelöst und aufgeweicht werden. Das zeigt sich auch in unserem Verständnis von der „Logik" der Veränderung sozialer Systeme.

Ein Spezialfall: das Umgehen mit Sündenböcken

Was tun, wenn Mitarbeiter nicht mitmachen, „daneben" stehen, Außenseiter sind? Der erste Schritt zur Behebung dieses störenden Zustandes besteht im Hinterfragen der Gründe für diese Außenseiterrolle. Dabei ist das Augenmerk eines gruppendynamischen Zuganges zu einer Lösung dieses Problems nicht in erster Linie darauf gerichtet, zu analysieren, warum ein Individuum zum Außenseiter geworden ist. Entscheidend ist der Blick auf die Gruppe: Was geschieht in der Gruppe durch das Vorhandensein des „Sündenbocks"? Ja, wozu braucht die Gruppe einen „Sündenbock"?

Nach ANTONS war der „Sündenbock" bei den Alten Israeliten ein realer Hammel, der bei der rituellen Reinigung symbolisch mit den Sünden der Gemeinschaft beladen und in die Wüste gejagt wurde (ANTONS 1992). Dieser Vorgang beschreibt den Sachverhalt der Projektion. Dabei wird ein Motiv, ein Gefühl oder ein Verhalten, daß jemand bei sich selbst nicht akzeptiert, auf andere Personen übertragen. Bei dieser anderen Person wird das empfundene Mißverhalten noch vergrößert, verdeutlicht wahrgenommen. Dieser Schutzmechanismus gestattet es uns, das entsprechende Verhalten bei anderen Personen zu bekämpfen, ohne daß wir uns eingestehen müssen, selbst Träger dieses Verhaltens zu sein. Menschen sind durch solche Projektionen in der Lage, sich vor Auseinandersetzung mit den eigenen ungeliebten Eigenschaften zu schützen. Schon Goethe läßt Mephisto sagen: „Sprich, wovon Du willst - Du wirst immer von Dir selber reden!"

Was geschieht nun in Gruppen mit „Sündenböcken"? Wie gehen sie damit um? Gruppen haben einerseits ein gemeinsames Ziel. Dieses anzustrebende Ziel müssen sie jedoch gegen den Widerstand bisheriger Zustände durchsetzen. Diese „alten" Zustände können durch reale Personen besetzt sein, aber auch nur Sachverhalte darstellen. Schindler beschreibt ein gruppendynamisches Modell, nach dem die Spannung zwischen dem Ziel, das erreicht werden soll und dem Ausgangszustand die Rollenverteilung in der Gruppe beeinflußt. Mit dem Ziel identifizieren sich Menschen positiv, mit dem (ungenügenden) Ausgangszustand negativ. Sowohl für das (positiv besetzte) Ziel als auch für den (negativ besetzten) Ausgangszustand werden Repräsentanten gesucht. Diese Repräsentanten haben die Funktion, Stärke zu symbolisieren und als Stütze zu dienen bzw. die Möglichkeit der Zuweisung von „Sünden" und damit Abgrenzungsmöglichkeiten zu bieten.

Das Aufdecken solcher „Sündenbock"-Mechanismen bietet die Chance, sich mit den eigenen unbeliebten Verhaltensweisen auseinanderzusetzen und somit die eigentlichen Hemmnisse zur Erreichung neuer Ziele zu beseitigen. Diese Aufdeckung der Projektionen gelingt am ehesten durch eine neue Betrachtungsebene. Die involvierten Personen - Mitarbeiter wie Führungskräfte - sind durch ihren engen Bezug zueinander wie auch zu den Sachprozessen meist nicht in der Lage, solche Mechanismen zu erkennen und selbständig aufzulösen. Dazu bedarf es meist eines außerhalb des affektiven Prozesses stehenden Beraters. Er kann dem Leiter Anregungen geben, solche Mechanismen zu erkennen und die Mitarbeiter zu befähigen, sich mit ihren Schwächen auseinanderzusetzen und die Projektionen zurückzunehmen.

Symptome von Widerständen

Widerstand gegen Veränderungen kann sich darüber hinaus in verschiedenen anderen Symptomen äußern:

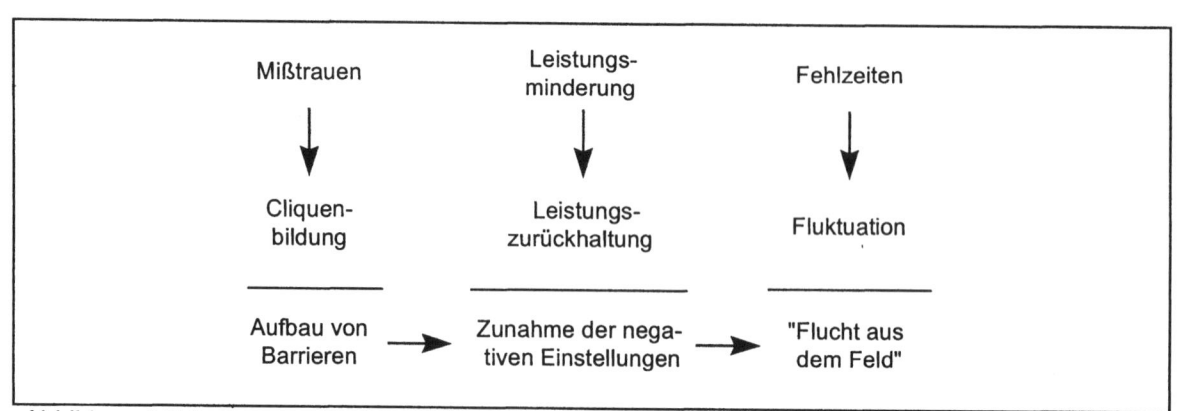

```
Mißtrauen          Leistungs-         Fehlzeiten
    ↓              minderung              ↓
                       ↓
Cliquen-           Leistungs-         Fluktuation
bildung            zurückhaltung
──────────         ──────────         ──────────
Aufbau von    →    Zunahme der nega-  →  "Flucht aus
Barrieren          tiven Einstellungen    dem Feld"
```

Abbildung 2.7-9: Symptome von Widerständen gegen Veränderungen (nach DUELL 1985)

Konflikte als Ursache von Widerständen

Derartige Symptome sind Ausdruck davon, daß Konflikte nicht oder unzureichend gelöst wurden. Das wiederum liegt häufig daran, daß diese Konflikte nicht erkannt bzw. falsch eingeschätzt wurden. Um dies zu vermeiden, ist es wichtig zu erkennen, welche Art von Konflikten die vorgefundenen Widerstände begründen (siehe Kapitel 2.8).

Konflikte

Der **Bewertungskonflikt**, bei dem die Beteiligten verschiedene, unvereinbare Wertvorstellungen haben, äußert sich im Zusammenhang mit dem Projektmanagement in der Praxis beispielsweise so:

Ein (neu berufener) Projektleiter und der (bisherige und weiter tätige) Leiter der Konstruktionsabteilung sind sich darüber einig, daß Einführung von Projektabwicklung die Kundenorientierung deutlich erhöhen und gleichzeitig zu Zuständigkeitsproblemen und Belastungserhöhungen bei den Mitarbeitern führen wird. Sie geraten in einen Bewertungskonflikt, weil der eine mehr Wert auf die Kundenorientierung, der andere als Disziplinarvorgesetzter mehr Wert auf geordnete Arbeitsbeziehungen legt.

Beim **Beurteilungskonflikt** schätzen die Beteiligten die Situation oder deren Ursachen unterschiedlich ein.

Angenommen, der Projektleiter und der Abteilungsleiter Konstruktion sind beide vor allem an der Erhöhung der Kundenorientierung interessiert. Sie geraten in einen Beurteilungskonflikt, wenn der Projektleiter meint, Projektabwicklung sei der beste Weg dorthin, der Abteilungsleiter Konstruktion dagegen der Ansicht ist, die heraufbeschworenen Störungen in der Arbeitsweise verhinderten Kundenorientierung eher.

Beim **Verteilungskonflikt** erheben die Beteiligten Anspruch auf etwas, von dem nicht genug für alle da ist.

Zwei Abteilungsleiter schätzen die Stelle des Geschäftsführers gleichermaßen hoch ein. Sie verbinden damit mehr Macht, Einfluß, Ansehen und Geld. Wenn die Stelle frei wird und einer von Ihnen befördert wird, wird es zwischen ihnen zu einem Verteilungskonflikt kommen.

(Beispiele nach RÜTTINGER 1977)

2.7.2.3 Umgang mit Widerständen

Die Menschen müssen von den Zielen und der Notwendigkeit der Veränderung überzeugt werden (FREI 1996). Hilfreich dafür sind drei Regeln, die der griechische Philosoph Plato schon vor mehr als 2000 Jahren aufgestellt hat:

Umgang mit Widerständen

1. „Stell Dich auf das Ziel und auf Deinen Gesprächspartner ein. Sieh ab von Deinen eigenen Interessen, Bedürfnissen und Erwartungen und versuche, Dich in die Situation des anderen hineinzuversetzen. Erst wenn Du seine Motive und Interessen kennst und verstehst, kannst Du versuchen, dein Ziel mit seinen Bedürfnissen in Übereinstimmung zu bringen.

2. Sprich die Emotionalität an. Versuche herauszufinden, welche Art von emotionalem Widerstand besteht. Es gibt drei Formen des Widerstandes, die zusammen oder einzeln auftreten:

    - **Antipathiewiderstand**: Man „mag" sich nicht. Wenn man das sofort anspricht, ist dieser Widerstand zwar nicht leicht, aber doch zu überwinden.

    - **Rationaler Widerstand**: Der Widerstand beruht auf unterschiedlichen logischen Einschätzungen der Partner. Er ist am leichtesten zu überwinden, wenn man „in der Logik des anderen" zu denken versucht.

    - **Interessenwiderstände**: Diese Widerstände sind wichtig und schwierig zu überwinden. Man sollte sie ansprechen und versuchen, auf den Sieg zu verzichten, um gewinnen zu können.

3. Beachte die kommunikative Absicht der Gesprächspartnerin oder des Gesprächspartners. In jedem Gespräch geht es darum, irgendwelche Informationen zu erhalten, Kontakte herzustellen und sich selbst darzustellen. Auf dieses Selbstdarstellungsbedürfnis sollte man eingehen, indem man sich z.B. Zeit nimmt, über andere Dinge zu reden, um eine persönliche Atmosphäre herzustellen. Man sollte der Gesprächspartnerin bzw. dem Gesprächspartner die Gelegenheit zur Selbstdarstellung geben. Versuche Klarheit über die Beziehung zur Gesprächspartnerin oder zum Gesprächspartner herzustellen und versuche, die Kommunikation angstfrei zu gestalten. Vermeide versteckte Appelle (z.B. „ich möchte, daß Du...") (FREI 1996, S.134/135).

Zusammenfassend läßt sich sagen:

1. Voraussetzung zur Identifizierung und Lösung solcher Konflikte ist die Beteiligung aller Betroffenen.

2. Frühzeitige und gründliche Information aller Betroffenen wirkt widerstandsvermeidend.

3. Betroffene schon im Stadium der Planung einer Veränderung einbeziehen!

4. Sicherheit und Perspektive bieten: „Besitzstände" bzgl. Lohn, Arbeitsplatzsicherheit, sozialer Zugehörigkeit u.a. sichern.

5. Betrieblich interessante und gewollte Veränderungen mit Verbesserungen für die Arbeitnehmer verbinden.

Widerstände haben also eine Funktion. Sie zeigen uns an, in welchem Zustand sich das System (die Arbeitsgruppe, das Projektteam, die Organisation) befindet. In dieser Indikatorfunktion liegt gleichzeitig der Schlüssel zum Umgang mit Widerständen.

Zusammenfassung

Das Verständnis von Führung befindet sich in permanentem Wandel. Die Funktionen von Führung werden heute primär im gezielten Prozeß der bewußten Verhaltensbeeinflussung gesehen. Mitarbeiter sollen motiviert und qualifiziert werden, ein Ziel der Organisation zu erreichen. Führer begeistern andere von neuen Ideen, arbeiten mit Visionen, haben eine empathische Einstellung zu ihren Mitarbeitern und treiben Veränderungen voran.

Je nachdem, in welchem Ausmaß Entscheidungen bereits durch die Führungskraft gefällt worden sind, identifizieren sich die Mitarbeiter unterschiedlich mit der ihnen übertragenen Aufgabe. Diese Identifikationsmöglichkeiten beeinflussen in hohem Maße deren Motivation und Engagement. Der den Mitarbeitern zugebilligte Entscheidungsspielraum findet seinen Ausdruck in verschiedenen Führungsstilen, Führungstechniken und Management-Ansätzen.

Beim Management by Objectives (MbO) oder Führen durch Zielvereinbarung wird angestrebt, Mitarbeitern durch selbstgesteckte Ziele die Möglichkeit zu intrinsischer Arbeitsmotivation zu bieten und somit eine hohe Leistungsbereitschaft zu entwickeln. Das Management by Delegation (Führen durch Delegieren) bedeutet die Abgabe von Macht für einen bestimmten Bereich und einen bestimmten Zeitraum. Dabei werden Verantwortung und Entscheidungen an Mitarbeiter übertragen. Das Management by Exception beruht auf dem Grundgedanken, daß sich Führungskräfte nach vollzogener Delegation nur noch in Ausnahmesituationen in die Aufgabenbearbeitung einschalten.

Führungsstile betonen jedoch den Gesamtzusammenhang der Führungssituation und die Beziehungen zwischen Führungskräften und Mitarbeitern. Beschrieben werden der autoritäre Führungsstil, der Laissez-faire-Stil, der kollegiale Führungsstil und die Führung durch die Gruppe selbst.

Führung sollte sich orientieren an den vier Grundmustern menschlichen Verhaltens, die sich in zwei polaren Spannungsverhältnissen ausdrücken. Das Grundstreben nach Distanz steht dem nach Nähe gegenüber; dem Grundstreben nach ordnenden, dauerhaften Strukturen entgegen steht das Grundstreben nach Wandel und Veränderung. „Richtig" führen heißt, den Mitarbeiter so anzusprechen und einzusetzen, daß er seine Stärken voll zur Anwendung bringen kann. Führungskräfte leiten immer. Ebensowenig wie es „Nicht-Kommunikation" gibt, gibt es auch kein „Nicht-Verhalten". Jede Tätigkeit, die eine Führungskraft ausführt, dient den Mitarbeitern als Modell von Führen - sowohl für Verhaltensweisen, die sie ansprechend finden und gern übernehmen würden als auch gerade für solche, die Mitarbeiter ablehnen.

Wer verändern will, wird auf Widerstände stoßen. Das ist ein ganz normaler Vorgang. Jede Veränderung eines bestehenden Systems, einer Organisationsform oder auch einer Lösung wird von Menschen stimuliert und getragen und von anderen Menschen mit Mißtrauen betrachtet und abgelehnt.

Da Veränderungen Stabilität in Frage stellen und die Ungewißheit über einen Zustand oder einen Prozeß erhöhen, ist es nur natürlich, daß sie Widerstände hervorrufen. Solche Widerstände sind häufig ein Zeichen dafür, daß die angestrebten Veränderungen die Erfahrungen und Bedürfnisse der Betroffenen nicht oder nur unzureichend berücksichtigen. Nur wenn es gelingt, möglichst viele und vielleicht alle von den angestrebten Veränderungen Betroffenen wirklich zu erreichen, sie einzubeziehen in die geplanten Veränderungen, ihre Wünsche, Interessen, aber auch Ängste und Befürchtungen zu akzeptieren und zu kommunizieren - kurz, wenn die Betroffenen zu Beteiligten werden, dann ist der Erfolg von Veränderungen dauerhaft möglich und gesichert.

Literaturverzeichnis

ANTONS, K.: Praxis der Gruppendynamik. 5. Auflage; Göttingen, Toronto, Zürich: Hogrefe Verlag für Psychologie, 1992

BAITSCH, C.: Was bewegt Organisationen? Selbstorganisation aus psychologischer Perspektive. Frankfurt a.M.; New York: Campus Verlag, 1993

BECKER, R. & Erlemann, H.-P.: 10 Führungsgebote für Manager. Harvard Business Manager, 14. Jahrgang, II. Quartal, 1992, S. 35-44

BENNIS W. & Nanus, B.: Führungskräfte: Die vier Schlüsselstrategien erfolgreichen Führens. München: Wilhelm Heyne Verlag GmbH & Co. KG, 1985

BIRKENBIHL, M.: Train the trainer. Arbeitshandbuch für Ausbilder und Dozenten. 9. Auflage; Landsberg/Lech: Verlag Moderne Industrie, 1991

COMELLI, G.: Training als Beitrag zur Organisationsentwicklung. München, Wien; Hanser, 1985

DUELL, W., Frei, F.: Leitfaden für qualifizierende Arbeitsgestaltung. Köln: Verlag TÜV Rheinland, 1986

FREI, F. Hugentobler, M., Duell, W., Alioth, A., Schurman, S. & Morf, M.: Developing Emloyee Skills and Competence. Quorum Books (1995).

FREI, F., Hugentobler, M. , Alioth, A., Duell, W., Ruch, L.: Die kompetente Organisation. 2. Auflage; Stuttgart und Zürich: Schäffer-Poeschel und Verlag der Fachvereine, 1996

LANGMAACK, B.; Braune-Krickau, M.: Wie die Gruppe laufen lernt: Anregungen zum Planen und Leiten von Gruppen. 5. Auflage; Weinheim: Psychologie-Verlags-Union, 1995

LAY, R.: Kommunikation für Manager. Düsseldorf: Eccon-Verlag, 1990

LEWIN, K.: Feldtheorie in den Sozialwissenschaften, Bern: Huber, 1963

LÖVENICH, F.: Delegation. In: Würtele, G. (Hrsg.): Management-Checklisten. Organisations- und Managementhilfen für die tägliche Betriebspraxis - von Praktikern für Praktiker - Köln (Marienburg): Verlagsgruppe Deutscher Wirtschaftsdienst, 1994

RÜTTINGER, B.: Konflikt und Konfliktlösen. München: Goldmann, 1977

STAEHLE, W.: Management: Eine verhaltenswissenschaftliche Perspektive. 6. Auflage; München: Verlag Franz Vahlen, 1991

ULICH, E.; Baitsch, C.; Alioth, A.: Führung und Organisation. Schriftenreihe „Die Orientierung" Nr. 81, 2. Auflage, Bern: Schweizerische Volksbank, 1987

Autorenportrait

Dr. Evelyne Fischer

1956 geboren in Leipzig, 1974 Abitur, 1974-75 Tätigkeit als Montiererin, 1975-80 Studium der Psychologie, Fachrichtung Arbeitspsychologie an der Humboldt-Universität, Berlin, Abschluß als Diplom-Psychologin, 1980-89 Tätigkeit als wissenschaftliche Mitarbeiterin am Zentralinstitut für Jugendforschung Leipzig mit dem Schwerpunkt Arbeit und Persönlichkeit, 1987 Promotion zum Dr. rer. nat. an der Technischen Universität Dresden, 1989-93 Tätigkeit am Institut für Sozialdatenanalyse e.V., Berlin, seit 1993 Wissenschaftliche Projektleiterin in der a&o research GmbH, Institut für arbeitspsychologische und organisations-wissenschaftliche Forschung.

Abbildungsverzeichnis

Abbildung 2.7-1: Delegations-Kontinuum nach Mc Gregor (COMELLI 1985) 419

Abbildung 2.7-2: Grundelemente der menschlichen Persönlichkeit (LANGMAACK 1995) 424

Abbildung 2.7-3: Der distanzierte Typ (LANGMAACK 1995) 424

Abbildung 2.7-4: Der Nähe brauchende Typ (LANGMAACK 1995) 425

Abbildung 2.7-5: Der ordnend-bewahrende Typ (LANGMAACK 1995) 425

Abbildung 2.7-6: Der überschwenglich-schwungvolle Typ (LANGMAACK 1995) 426

Abbildung 2.7-7: Der Drei-Schritt der Veränderung (LEWIN 1963) 429

Abbildung 2.7-8: Psychische Rationalisierung (nach DUELL 1986) 431

Abbildung 2.7-9: Symptome von Widerständen gegen Veränderungen (nach DUELL 1985) 434

Lernzielbeschreibung

Das Ziel dieses Kapitels besteht darin, dem Leser die Bedeutung von Führung deutlich zu machen und sie mit grundlegenden Führungstheorien und -praktiken vertraut zu machen.

2.8 Konfliktmanagement

von

Johannes K. Triebe

Marion Wittstock

Relevanznachweis

Indem ein Konflikt „den Widerstand gegen Neuerung und Veränderung (...) angreift und überwindet, trägt er dazu bei, daß das System nicht in der tödlichen Routine der Gewohnheit erstickt und daß in der planenden Tätigkeit schöpferisch Kraft und Erfindungsgeist Ausdruck finden können" (COSER 1967, S. 283).

Verfolgt eine Person oder mehrere Personen (etwa in einer Projektgruppe) gleichzeitig unterschiedliche Interessen, Ziele oder Handlungspläne können Konflikte entstehen. Konflikte begleiten unser tägliches (Arbeits-)Leben, und deshalb hat jeder von uns im Laufe der Zeit gelernt, auf die eine oder andere Art mit ihnen umzugehen. Inwieweit er sich dabei ein Repertoire von Verhaltensweisen angeeignet hat, das es ihm ermöglicht, Konflikte unterschiedlichster Art erfolgreich zu bewältigen, und inwieweit er darauf vertrauen kann, daß ihm dies auch in künftigen - eventuell völlig neuartigen - Konfliktsituationen gelingen wird, ist ein sehr wesentliches Merkmal seiner sozialen Kompetenz.

Wir alle kennen Menschen, die wir als „konfliktscheu" bezeichnen würden, die möglichst jeder Auseinandersetzung aus dem Wege gehen. Ebenso bekannt ist uns wahrscheinlich auch das andere Extrem, der sogenannte „Streithammel" - ein Mensch, der aus dem kleinsten „Mißverständnis" oder aus „Lappalien" eine große „Affäre" macht, der den Konflikt regelrecht sucht und größte Schwierigkeiten hat, einer Konfliktregelung zuzustimmen, bei der er nicht der alleinige „Sieger" ist. Beiden Extremen würden wir sicherlich das Merkmal sozialer Kompetenz absprechen.

Projektgruppen oder Projektteams werden zwischen kooperierenden Organisationen oder innerhalb bestehender Organisationen - je nach Aufgabenstellung verschiedene Fachabteilungen übergreifend - für Vorhaben von begrenzter Dauer eingesetzt. Sie haben ihre spezifische Projektorganisation selbst zu entwickeln. Es liegt auf der Hand, daß sie so schon ihrer Definition nach (vgl. DIN 69901) in besonderer Weise von Konflikten bedroht sind, die sich sowohl aus dem eingeschränkten Zeitrahmen als auch aus ihrer Abgrenzung gegenüber der sonstigen Unternehmensorganisation ergeben können.

Inhaltsverzeichnis

2.8.1 Konfliktmanagement — **443**

    2.8.1.1 Symptomatische Anzeichen für einen sich ankündigenden Konflikt — 443

    2.8.1.2 Verschiedene Konfliktarten — 444

    2.8.1.3 Struktur und Dynamik von Konflikten — 445

    2.8.1.4 Formale Beschreibungshilfen für Konflikte — 448

    2.8.1.5 Organisationale Aspekte des Konfliktpotentials — 450

    2.8.1.6 Psychologische Vielfalt des Konfliktgeschehens — 451

    2.8.1.7 Prozeßmodell einer kooperativen Konfliktregelung — 453

    2.8.1.8 Regeln der Themenzentrierten Interaktion — 457

2.8.2 Umgang mit Krisen — **459**

    2.8.2.1 Krisenform 1: Die sich selbst blockierende Gruppe — 459

    2.8.2.2 Krisenform 2: Die von außen blockierte Gruppe — 460

    2.8.2.3 Ansatzpunkte für eine Krisenbewältigung — 461

    2.8.2.4 Wichtige Regeln für konstruktives Streiten — 462

2.8.1 Konfliktmanagement

Projektmanagement kann in bestimmten Phasen eines Projekts - und manchmal äußerst überraschend - seinen vorübergehenden Schwerpunkt im Konfliktmanagement haben: Die Zusammenarbeit der Projektmitarbeiter funktioniert nicht mehr so wie sie soll, die Gründe dafür müssen herausgefunden und es muß eine neue, möglichst für alle akzeptable Basis des gemeinsamen Vorankommens in der Sache gefunden werden. Die termingerechte Zielerreichung ist ansonsten gefährdet, das Projekt könnte scheitern.

> Konflikt ist, wenn der Handlungsplan des einen den Handlungsplan des anderen einschränkt oder massiv behindert.

Wenn wir darüber nachdenken, was dazu beiträgt, das Auftreten von Konflikten auf ein vertretbares Maß zu begrenzen, werden wir darauf stoßen, daß es insbesondere **Regeln** sind, die uns den Umgang miteinander erleichtern. Sie wurden aufgestellt oder ausgehandelt/vereinbart, und wir haben uns vielfach so sehr daran gewöhnt, mit ihnen zu leben, daß sie uns nicht einmal mehr bewußt sind. Dies gilt gerade auch im Arbeitsalltag. Jedes kleinere oder größere Unternehmen hat eine Anzahl von Regeln, ja z.T. auch unausgesprochener „Selbstverständlichkeiten", die nicht nur die Arbeitsabläufe betreffen, sondern auch den Umgang der Beschäftigten miteinander steuern. Und das, was wir als eine **eingespielte Organisation** bezeichnen würden, ist in hohem Maße durch die Selbstverständlichkeit gekennzeichnet, mit der dort die Regeln beachtet werden und kaum mehr im Vordergrund der Aufmerksamkeit stehen.

Die Regeln ihrer Zusammenarbeit müssen die Mitglieder einer Projektgruppe erst entwickeln und über eine gewisse Zeit hin erproben. Das Bewußtsein, einem funktionierenden Team anzugehören, und das Gefühl, sich aufeinander verlassen zu können, müssen sich entwickeln. Deshalb ist für jedes Projekt gerade die Anfangsphase besonders kritisch. Schon die Auswahl der Mitarbeiter - z.B. ob sie „zum Projekt abkommandiert" wurden oder sich freiwillig gemeldet haben, usw. - kann kritisch sein. Hinzu kommt die Frage, wo sich der einzelne „Zuhause" sieht und seine Bezugsgruppe hat, an der er sich stillschweigend orientiert. Die zeitliche Begrenzung von Projekten kann dazu beitragen, daß einzelne Mitarbeiter weiterhin ihre alte Fachabteilung in der Linie als die eigentliche Bezugsgruppe behalten und sich im Zweifelsfall auch an deren Werten, Normen u.a.m. ausrichten, was zu Loyalitätskonflikten mit dem Projektteam führen kann.

Regeln erleichtern den Umgang mit anderen

Auch noch früher, in der Vorgeschichte des Projekts, kann schon Konfliktstoff verborgen sein. Im vermutlich schwierigsten Fall könnte das Projekt selbst seine Entstehung einem Konflikt verdanken und nur aus Gründen eines Kompromisses zustande gekommen sein, der zur vorübergehenden Beruhigung weiter andauernder Machtkämpfe gewählt wurde.

Wo, aus welchen Gründen und in welcher Form in Projekten Konflikte auftauchen könnten, läßt sich in verallgemeinerter Form nicht prognostizieren. Die folgenden Ausführungen sollen Ihnen Hinweise darauf geben, was im Konfliktfall besondere Beachtung verdient und Ihnen gegebenenfalls eine Beteiligung am Konfliktmanagement erleichtert. Rechtliche Aspekte des Konfliktmanagement im Projektmanagement behandelt das Kapitel 4.3.

2.8.1.1 Symptomatische Anzeichen für einen sich ankündigenden Konflikt

Eine Reihe allgemeiner Symptome, die als Warnzeichen für Konflikte in einer Gruppe anzusehen sind, lassen sich folgendermaßen umschreiben (vgl. ANTONS 1975, S. 218):

Konflikte sind Warnzeichen

- Ungeduld der Mitglieder im Umgang miteinander;
- Ideen werden schon attackiert, bevor sie ganz ausformuliert sind;
- Mitglieder sind nicht in der Lage, sich über Pläne und Vorschläge zu einigen;

- die Argumentation erfolgt mit großer Heftigkeit;
- Mitglieder bilden Parteien und sind nicht bereit nachzugeben;
- Mitglieder äußern sich abfällig über die Gruppe und deren Leistungen;
- Mitglieder können sich mit ihrem Gruppenleiter nicht auf eine gemeinsame Sichtweise einigen;
- Mitglieder werfen einander vor, daß es ihnen am Verständnis der eigentlichen Probleme mangele;
- Mitglieder verdrehen die Äußerungen anderer;
- unter den Mitgliedern herrscht eine Atmosphäre des Mißtrauens.

Treten derartige Symptome gehäuft auf, ist es allerhöchste Zeit, die Angelegenheit nicht länger auf sich beruhen zu lassen und die Bearbeitung des sich abzeichnenden Konflikts zur primären Aufgabenstellung zu machen.

2.8.1.2 Verschiedene Konfliktarten

In bezug auf eine Charakterisierung von Konfliktarten können wir zunächst unterscheiden zwischen (intra-)individuellen und interpersonalen (interindividuellen) Konflikten:

Konflikte in einer Person

Ein **intraindividueller** Konflikt spielt sich innerhalb einer Person ab. Er entsteht aus miteinander unvereinbaren - oder unvereinbar erscheinenden - Handlungstendenzen. Dies verweist darauf, daß sich der einzelne dabei vor eine Wahl oder Entscheidung gestellt sieht, die ihm Schwierigkeiten macht oder deren Unmöglichkeit ihn völlig blockieren kann. Zum Beispiel: Einem Spezialisten aus einer Stabsabteilung wird die Leitung einer Projektgruppe angeboten, weil deren Aufgabengebiet in besonderem Maße mit seinem Spezialwissen zu tun hat. Er fühlt sich von den dabei auf ihn zukommenden Führungsaufgaben eigentlich überfordert, andererseits reizt ihn der Wechsel, weil er sich hinsichtlich seines Spezialwissens bisher eher unterfordert fühlte. Was tun?

Im Zusammenhang mit derartigen Konflikten finden wir häufig einen (vorübergehenden) Orientierungsverlust, wie er auch in neuartigen und unübersichtlichen Situationen entstehen kann. Das Bedürfnis nach einer grundlegenden Neuorientierung wird besonders ausgeprägt sein, wenn für die Person besonders wichtige Bedürfnisse, Motive oder Werte in Frage gestellt sind. Der Konflikt kann heftige emotionale Reaktionen auslösen, zu erheblichem Streß führen, und sich in einer deutlich erkennbaren Desorganisation des Verhaltens manifestieren. Der in jedem Fall vorhandene Entscheidungsdruck verlangt von der Person die Suche nach einer Lösung, von deren Qualität es abhängt, inwieweit damit ihr inneres Gleichgewicht wiederhergestellt wird.

Unser Interesse gilt im folgenden jedoch interpersonalen Konflikten, die natürlich von intraindividuellen Konflikten nicht unabhängig sind und von diesen in ihrem Verlauf meist begleitet und beeinflußt werden.

Konflikte zwischen Personen

Von einem **interpersonalen** bzw. sozialen Konflikt wird beim Vorliegen einer Spannungssituation gesprochen, in der zwei oder mehr voneinander abhängige Parteien (Personen) hartnäckig unvereinbare Pläne verfolgen bzw. Ziele zu realisieren versuchen, wobei sie sich über ihre Gegnerschaft im klaren sind (vgl. RÜTTINGER 1980; ROSENSTIEL 1987).

In teilweiser Abwandlung und Ergänzung dieser Definition läßt sich festhalten:

- Ein Konflikt verlangt mindestens zwei Parteien, seien dies Personen, Gruppen oder auch größere Organisationen, Institutionen bzw. gar soziale Systeme.

2.8 Konfliktmanagement

- Diese müssen zumindest in einem gewissen Kontakt (Interaktion) miteinander stehen, meist aber konkurrieren sie und verfolgen Ziele, die zu Lasten der gegnerischen Partei gehen.

- Gründe für den Konflikt und Gegenstand des Konflikts können u.a. sein:

  - Interessen- und Meinungsgegensätze,

  - unterschiedliche Interpretationen als wichtig erachteter Informationen und Sachverhalte sowie gegensätzliche Auffassungen über die daraus sich ergebenden Konsequenzen (Entscheidungen),

  - unterschiedliche Einfluß-, Macht- bzw. Herrschaftsambitionen,

  - Knappheit der Ressourcen, auf die beide Parteien angewiesen sind,

  - Störungen der Tätigkeit der einen Partei durch das, was die andere tut.

- Ein **manifester Konflikt** setzt zumindest die Wahrnehmung bestimmter, das Konfliktpotential bildender Gründe oder Gegenstände seitens beider Parteien voraus; ansonsten kann allenfalls von einem **latenten Konflikt** gesprochen werden.

Anhand des Konfliktgegenstandes wird in der Literatur vielfach etwa nach Bewertungskonflikten, Beurteilungskonflikten, Entscheidungskonflikten, Herrschaftskonflikten, Verteilungskonflikten u.a.m. unterschieden. Weitere Gesichtspunkte zur Zusammenstellung einer „Konflikt-Typologie" beschreibt Glasl (GLASL 1992). Für viele Konflikte in der Praxis ist es allerdings charakteristisch, daß sie sich nicht so ohne weiteres auf einen einfachen Grundtypus reduzieren lassen.

Schließlich lassen sich auch **Konfliktverschiebungen** beobachten. Sie zeigen sich zum einen im Auseinanderfallen von eigentlicher Konfliktursache und dem Gegenstand des Konflikts, so z.B. wenn bei einem Verteilungskonflikt die Parteien unterschiedliche Beurteilungen zum Gegenstand des Streites machen, um damit eine andere Sichtweise und Bewertung des zu Verteilenden zu erreichen. Zum andern gibt es auch Fälle, in denen eine Partei einen anderen Gegner wählt als denjenigen, mit dem eigentlich der Konflikt besteht. In Unternehmen finden wir diesen Fall etwa dann, wenn Untergebene einen de facto mit ihrem Vorgesetzten bestehenden Konflikt ausschließlich untereinander austragen (z.B. weil die Positionsmacht dieses Vorgesetzten eine direkte Konfliktaustragung verhindert). In gewisser Weise lassen sich solche Verschiebungen sicherlich auch als Lösungsversuche charakterisieren; nur der unbeteiligte Außenstehende bemerkt u.U., daß der „eigentliche" Konflikt weiterhin besteht.

Dies macht bereits deutlich, daß eine sorgfältige **Diagnose** festgestellter Konflikte zu den wichtigsten Aufgaben eines erfolgreichen Konfliktmanagements gehört, und daß es von Nutzen sein kann, zur Konfliktbewältigung unbeteiligte Berater (Experten, Schlichter) heranzuziehen, wie dies in bestimmten Fällen (z.B. Tarifverhandlungen) von vornherein als formaler Bestandteil eines Einigungsverfahrens vorgesehen wird. Der unvoreingenommenen Sichtweise eines Außenstehenden gelingt es oft leichter, als selbstverständlich betrachtete Wahrnehmungsverschiebungen (vgl. Kapitel 2.1) aufzudecken und auch solche Lösungen ins Auge zu fassen, die die Konfliktparteien unbesehen von vornherein ausschließen.

2.8.1.3 Struktur und Dynamik von Konflikten

Konflikte brechen in vielen Fällen nicht völlig überraschend aus, sondern haben eine kürzere oder längere Vorgeschichte, die auch als ihre **Latenzphase** bezeichnet werden kann. Des weiteren werden Konflikte - auch wenn sie schließlich manifest werden, der Konflikt also durch offenes Verhalten ausgetragen wird - oft nicht in einem Durchgang ihrer Lösung zugeführt, sondern haben zwischenzeitliche Resultate, deren Auswirkungen dann im weiteren zu einer neuen **Konfliktepisode** beitragen können. Abbildung 2.8-1 zeigt die Grundstruktur einer Konfliktepisode und Abbildung 2.8-2 verdeutlicht den zyklischen Verlauf, der sich aus der Abfolge mehrerer Konfliktepisoden ergibt.

Konflikte haben eine Vorgeschichte

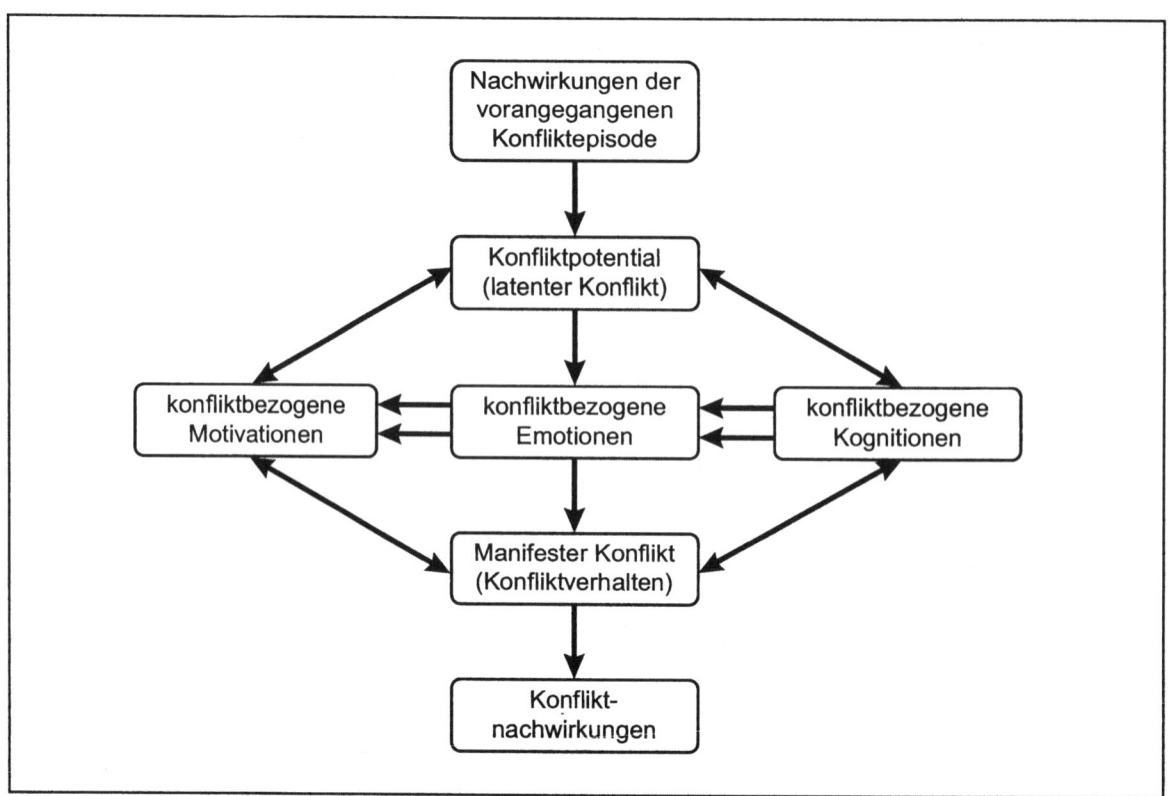

Abbildung 2.8-1: Grundstruktur einer Konfliktepisode (nach PONDY 1975, S. 306)

Im Zuge einer Konfliktanalyse sollten somit für jede Konfliktepisode die Vorbedingungen und das Konfliktpotential herausgearbeitet werden; es lassen sich die Besonderheiten der damit verbundenen Wahrnehmungen, Motive und Affekte charakterisieren; die Manifestation des Konflikts führt zu beobachtbarem Verhalten, anhand dessen sich die Konfliktaustragung beschreiben läßt; und die Nachwirkungen einer Konfliktepisode können zu den Ausgangsbedingungen einer folgenden Konfliktepisode zählen.

Es gibt eine Reihe struktureller Merkmale von Organisationen, denen von vornherein ein gewisses **Konfliktpotential** zuzurechnen ist und die deshalb besondere Beachtung verdienen (vgl. ROSENSTIEL 1987, S. 256f.):

- Eine **Überbewertung des „Rationalitätsprinzips"**, das in vielen Organisationen als alleinherrschende Ideologie herausgestellt und zur Abwehr und Abwertung unerwünschter Vorstellungen, Argumente und Handlungsweisen herangezogen wird. Damit wird dem (vermeintlichen) Gegner schon möglichst frühzeitig die Legitimation abgesprochen und verhindert, daß seine als „irrational" abgestempelten Verhaltenstendenzen sich in der Organisation verbreiten können.

- **Unklare Machtverhältnisse** oder eine **ausgeglichene Machtverteilung** können bewirken, daß für keine der voneinander abhängigen oder aufeinander angewiesenen Gruppierungen die Möglichkeit besteht, Zielvorstellungen oder Vorgehensweisen für verbindlich zu erklären bzw. vorzuschreiben.

- **Belohnungssysteme** und **Etats**: Sie bilden eine häufige Grundlage von Verteilungskonflikten, wenn sie - im Sinne eines Nullsummenspiels - dazu führen, daß das Verfügen über bestimmte Ressourcen für die eine Partei stets auf Kosten der anderen gehen muß.

- **Heterogenität** der Konfliktparteien: Grundlegende Unterschiede im Informationsstand, in Wertvorstellungen und moralischen Auffassungen, in der Motivation und in bezug auf Verhaltensnormen können ein ständig latent vorhandenes Konfliktpotential bilden, das bei geeigneter Gelegenheit zum Ausbruch kommt. Deshalb stellt sich auch jede Organisation bei der Aufnahme neuer Mitarbeiter zu Recht die Frage, ob jemand prinzipiell zu ihr paßt.

2.8 Konfliktmanagement

- **Koordinations- und Kooperationszwang**: Wenn verschiedene Gruppierungen aufgrund bestimmter Gegebenheiten ständig dazu gezwungen sind, sich mit anderen abzustimmen, ihr Vorgehen von dem der anderen abhängig zu machen bzw. schon in der Planung dem Verhalten der anderen Rechnung zu tragen, kann sich daraus ein Konfliktpotential aufbauen.

- Weitere starke **Einschränkungen des Handlungsspielraumes**, etwa durch ständige und überdies als ungerechtfertigt empfundene Vorschriften können Widerstände auslösen (sog. Reaktanz) und die Konfliktbereitschaft erhöhen.

- Schließlich kann auch eine **übertriebene Wettbewerbsorientierung** Konflikte herbeiführen, wenn sie zu einer falschen Einschätzung der Situation führt und - wie z.B. beim sog. Positivsummenspiel - eine Kooperation von Parteien dort verhindert, wo dies gerade die angemessene Strategie wäre. Charakteristisch für das Positivsummenspiel ist nämlich, daß es eine Lösung gibt, bei der beide Parteien kooperativ mehr profitieren als dann, wenn sie miteinander konkurrieren; sie ist aber meist nicht auf den ersten Blick zu erkennen und setzt gegenseitiges Vertrauen voraus.

Zu solchen strukturellen, nicht einzelnen Personen anzurechnenden Merkmalen treten dann individuelle Wahrnehmungen, Interpretationen, Interessen und emotionale Empfindungen, über die vermittelt der Konflikt in seine manifeste Phase eintritt. Die beteiligten Personen bilden sozusagen eine Art **Filter** für das Konfliktpotential. Der Konflikt muß ihnen auf die eine oder andere Art bewußt werden und sie müssen sich von ihm betroffen fühlen. Erst nach dem Überschreiten einer Schwelle der Konflikttoleranz kommt es zum offenen Konfliktverhalten.

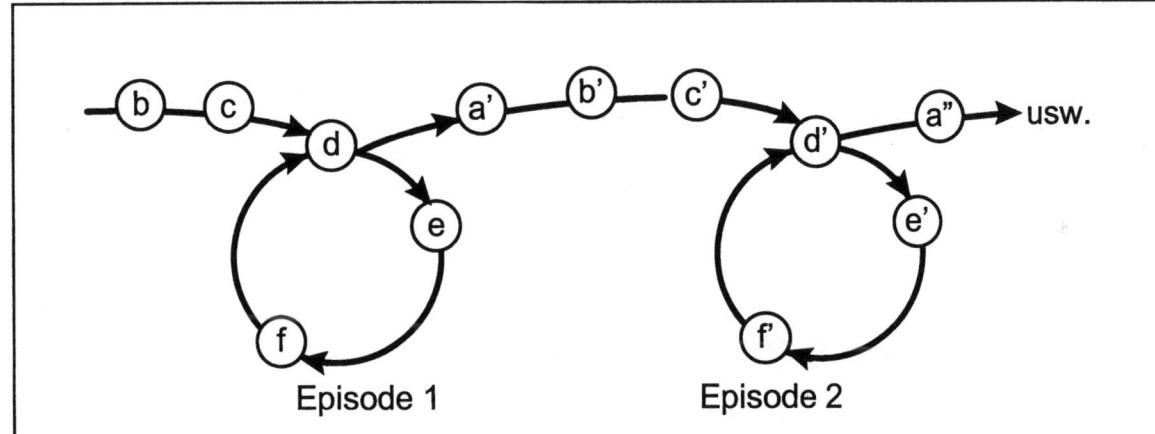

```
 b → c → d → a' → b' → c' → d' → a" → usw.
         ↓↑                    ↓↑
         e                     e'
         ↑↓                    ↑↓
         f                     f'
      Episode 1             Episode 2
```

- a Nachwirkungen der vorangegangenen Episode
- b Latenter Konflikt
- c Konfliktbezogene Motivationen, Emotionen, Kognitionen
- d Auslöser: subjektive Betroffenheit / psychischer Druck führen dazu, daß die Schwelle zum offenen Konfliktverhalten überschritten wird; Anstoß durch äußere Ereignisse; Einsicht / Entscheidung zum Eintritt in eine Konfliktregelung
- e Manifestierter Konflikt
- f Nachwirkungen des Konflikts

Abbildung 2.8-2: Zyklischer Konfliktepisodenverlauf (nach ESSER 1975, S. 27)

Mit der Darstellung des zyklischen Charakters von Konflikten soll vor allem auch verdeutlicht werden

1. daß Konflikte in Organisationen etwas durchaus „Normales" und Wiederkehrendes sind und eine Haltung, die ihr Auftreten von vornherein zu verhindern sucht, eher als problematisch gelten muß, auch wenn sie in vielen Unternehmen verbreitet ist (vgl. GEBERT 1992, S. 146);

2. daß es bei der Suche nach einer **Konfliktlösung** realistischer erscheint, nicht **die** alles umfassende, den Konflikt ein für alle Male beseitigende Lösung anzustreben, sondern ein Resultat, das in der jeweiligen Situation realisierbar erscheint und es allen Beteiligten erlaubt, die Erledigung ihrer Arbeitsaufgaben unter relativ konfliktfreien Bedingungen wieder aufzunehmen.

Die grundsätzliche Haltung einer Organisation - d.h. ihrer Mitglieder auf allen Hierarchieebenen - gegenüber dem Auftreten von Konflikten und der Art und Weise, wie sie auszutragen sind, ist ein wichtiges Kennzeichen ihrer Interaktions-"Kultur" und ihres Reifegrades. Konflikte beinhalten zwar stets auch eine Störung des Systemgleichgewichts und eine Unterbrechung des zielgerichteten Vorankommens. Sie sind aber andererseits die Chance für Veränderungen und Innovationen, auf deren möglicherweise schon seit längerem bestehende Notwendigkeit der Ausbruch eines Konflikts hinweist.

Damit ist nicht gemeint, daß Konflikte möglichst gesucht oder gar provoziert werden sollten. Eine grundsätzliche Offenheit gegenüber möglichen Konflikten und die Bereitschaft, sich ihnen konstruktiv zu stellen, ist jedoch für jede Organisation unverzichtbar, die das in ihr enthaltene Lernpotential wirklich nutzen will (vgl. Kapitel 2.5).

2.8.1.4 Formale Beschreibungshilfen für Konflikte

Bei der Bearbeitung eines konkreten Konflikts steht naturgemäß die inhaltliche Beschreibung der von den Konfliktparteien wahrgenommenen Interessen und Lösungsalternativen im Vordergrund. Zur Verdeutlichung der grundsätzlichen Schwierigkeiten sind aber auch formale Beschreibungshilfen geeignet, wie die beiden im folgenden dargestellten Ansätze zeigen.

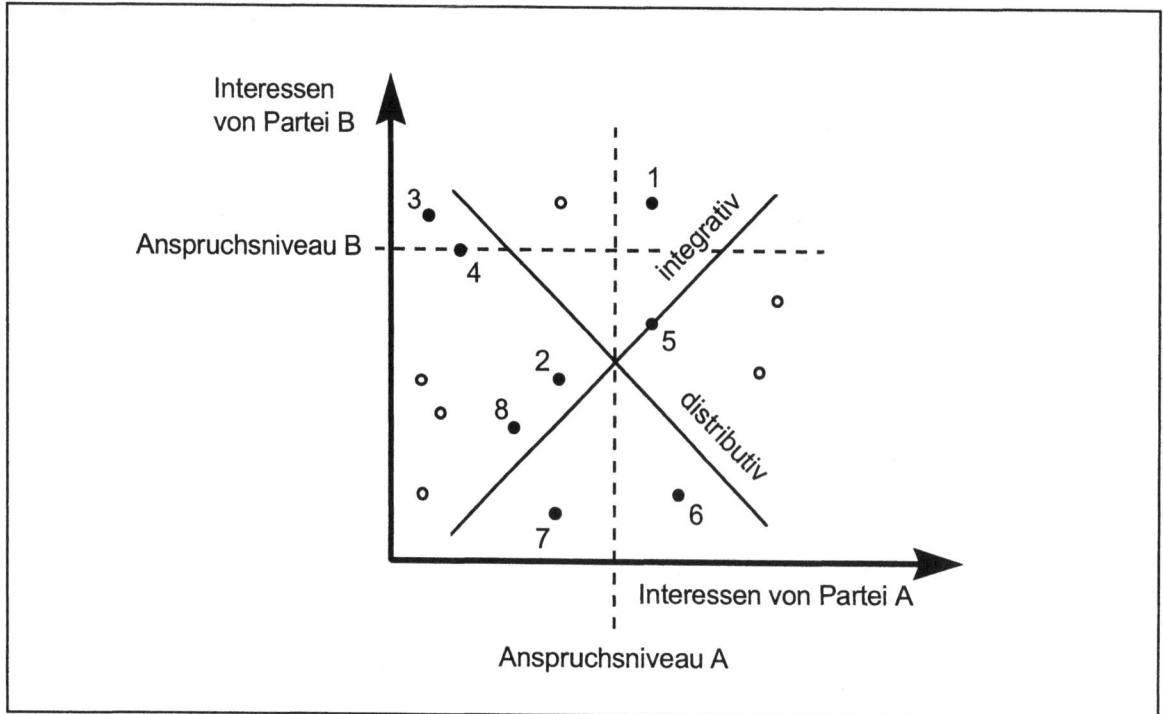

Abbildung 2.8-3: Darstellung von Lösungsalternativen (nach SCHOLL 1993, S. 435)

In Abbildung 2.8-3 ist für den Standardfall von zwei Konfliktparteien eine Reihe möglicher Lösungen bzw. von Vorschlägen, die von den Parteien ins Gespräch gebracht werden könnten, durch

2.8 Konfliktmanagement

z.T. numerierte Punkte in einem gemeinsamen Ergebnisraum dargestellt. Dabei wird die Stärke der Interessenausprägung von Partei A auf der x-Achse und die von Partei B auf der y-Achse dargestellt und im Bezug zum Anspruchsniveau der jeweiligen Partei veranschaulicht.

Punkt 1 entspräche z.B. einer Lösung, die von beiden Parteien wohl ohne weiteres akzeptiert würde, weil sie für keine von beiden mit einer Senkung des Anspruchsniveaus verbunden wäre. Sofern eine solche Lösung aber nicht existiert oder aber noch nicht ins Blickfeld beider Parteien geraten ist, gehen bestimmte Alternativen jeweils mehr oder weniger deutlich auf Kosten der einen oder anderen Partei. Bestimmte Vorschläge, die nur den Interessen der einen Partei dienen (vgl. Punkte 3 und 4 für B oder Punkt 6 für A), dürften deshalb von der anderen leicht als Unverschämtheit oder Ungerechtigkeit empfunden werden und können den Konflikt noch verschärfen. Eine Alternative wie bei Punkt 5 könnte als gerechte Gleichaufteilung charakterisiert werden, soweit Partei B sich bereit findet, ihr Anspruchsniveau neu zu definieren. Fühlt sich B aber dadurch in ihren Rechten verletzt oder meint, sie habe schon in der Vergangenheit erhebliche Vorleistungen gebracht, wird diese Alternative u.U. zurückgewiesen. Möglicherweise findet schließlich eine Alternative wie in Punkt 2 Zustimmung, weil beide Parteien bereit sind, ihre Ansprüche auf ein ihnen vertretbar erscheinendes Maß zurückzuschrauben.

„Bei all diesen Überlegungen muß betont werden, daß die Bündelung der Interessen, die Bestimmung der Anspruchsniveaus und die Konkretisierung und Lokalisierung der Alternativen subjektive soziale Konstruktionen der Beteiligten sind, die daher auch meist unterschiedlich wahrgenommen werden" (SCHOLL 1993, S. 435).

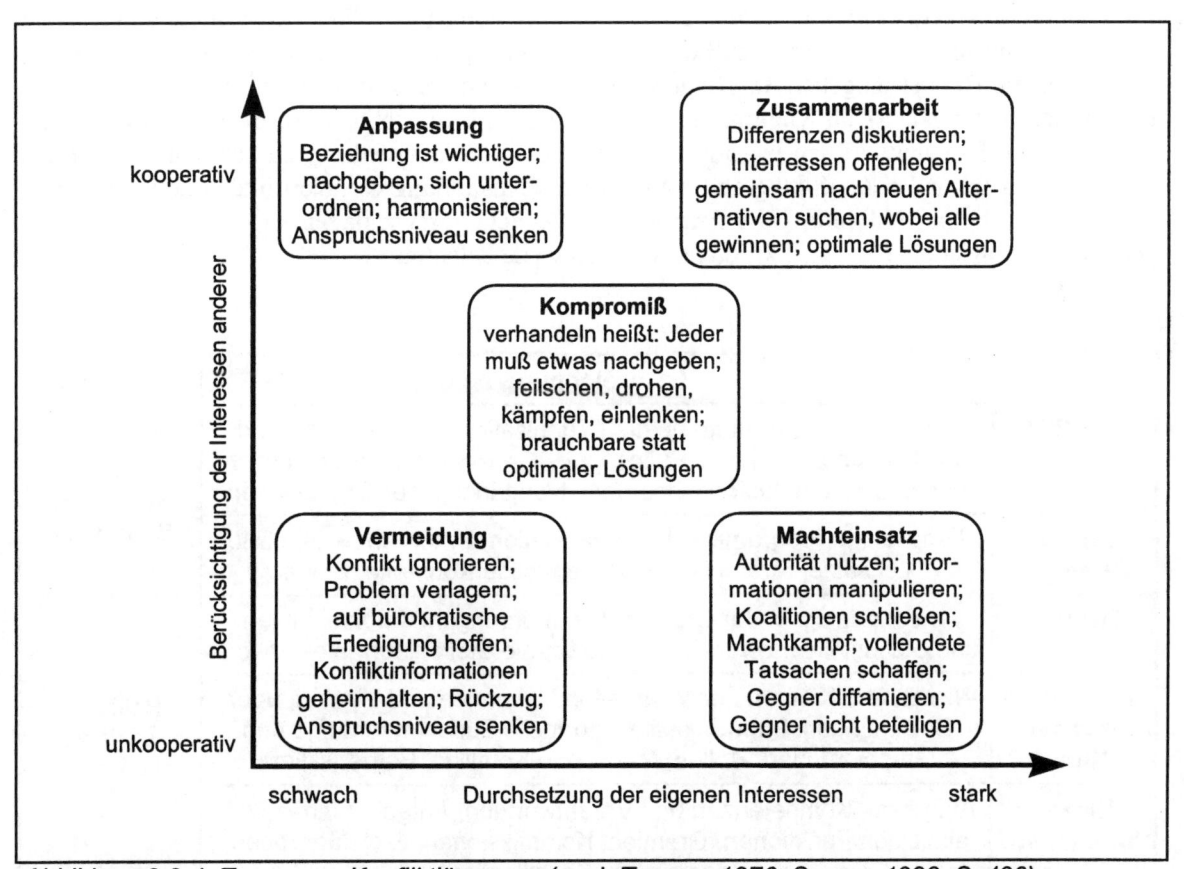

Abbildung 2.8-4: Typen von Konfliktlösungen (nach THOMAS 1976; SCHOLL 1993, S. 436)

In ähnlicher Weise lassen sich auch - wie Abbildung 2.8-4 zeigt - die wichtigsten **Strategien**, mit Konflikten umzugehen, in typisierender Weise verdeutlichen. Die Strategie des **Machteinsatzes** verzichtet darauf, auch die Interessen des anderen zu berücksichtigen, während bei **Anpassung** die

Mögliche Konfliktlösungen

eigenen Interessen völlig denen der anderen geopfert werden. Von **Vermeidung** über **Kompromiß** bis zur **Zusammenarbeit** sind demgegenüber jene Strategien zu charakterisieren, bei denen das Interessenfeld beider Konfliktparteien in einem ausgewogenen Verhältnis steht. Die Vermeidung allerdings „kann bei unbedeutenden Konflikten oder bei der Beanspruchung durch andere, noch wichtigere Themen sinnvoll sein; in der Regel ist diese Art der Konflikthandhabung jedoch unproduktiv für beide Seiten, weil weder die Interessen befriedigt noch Klärungen erreicht werden, und weil sich ein Konfliktpotential anstaut, das später beim Umschlag in einen offenen Konflikt viel schwieriger angemessen zu bewältigen ist" (SCHOLL 1993, S. 437).

Beide Abbildungen sollten verdeutlichen, daß in bezug auf Konflikte meist distributive **und** integrative Sichtweisen von Bedeutung sind. Die distributive Sicht lenkt den Blick auf Verteilungsfragen und Auffassungen, die in den Verlusten des Gegners die eigenen Gewinne sieht. Angesichts der Vielfalt subjektiver Wahrnehmungen und Bewertungen wird aber stets auch zu fragen sein, in welchem Maße diese Sicht gerechtfertigt erscheint, und ob Lösungsmöglichkeiten übersehen wurden, die für alle Beteiligten Gewinne mit sich brächten. Die integrative Sicht lenkt den Blick demgegenüber auf Fragen einer konstruktiven Zusammenarbeit aller Beteiligten, bei der möglichst keiner als Verlierer zurückbleibt. Sie bietet meist bessere Chancen für die Erarbeitung einer auch auf längere Sicht tragfähigen Lösung.

2.8.1.5 Organisationale Aspekte des Konfliktpotentials

Organisationen bedingen Konflikte

Da Organisationen die formelle Position und die formellen Beziehungen der einzelnen Mitarbeiter wie auch vorgesehener Gruppierungen, Abteilungen und sonstiger Einheiten festlegen und damit Autonomiewünsche einschränken, muß die Organisation selbst stets auch als Konfliktpotential beachtet werden. Bei der eingehenden Diagnose eines bestimmten Konflikts und der Arbeit an einer Konfliktlösung ist es deshalb wichtig, die angesprochenen bzw. sichtbar gewordenen Probleme jeweils auch im Hinblick auf den organisatorischen Gesamtzusammenhang zu betrachten. Friedrich Glasl, ein sowohl in der Konfliktberatung als auch der Ausbildung von Konfliktberatern erfahrener Praktiker, hat die in Abbildung 2.8-5 dargestellte Übersicht vorgeschlagen, um die wichtigsten Aspekte des organisationalen Konfliktpotentials im Auge zu behalten.

Aspekt	Kennzeichnung	Subsystem
Identität	Gesellschaftliche Aufgabe der Organisation, Mission, Sinn und Zweck, Leitbild, Fernziel, Philosophie, Grundwerte, Image nach innen und außen, historisches Selbstverständnis der Organisation	Geistig-kulturelles Subsystem
Policy, Strategie	Langfristige Programme der Organisation, Unternehmenspolitik, Leitsätze, Strategie und längerfristige Konzepte, Pläne	
Struktur	Aufbauprinzipien der Organisation, Führungshierarchie, Linien- und Stabsstellen, zentrale und dezentrale Stellen, formales Layout	Politisch-soziales Subsystem
Menschen, Gruppen, Klima	Wissen und Können der Mitarbeiter, Haltungen und Einstellungen, Beziehungen, Führungsstile, informelle Zusammenhänge und Gruppierungen, Rollen, Macht und Konflikte, Betriebsklima	
Einzelfunktionen, Organe	Aufgaben, Kompetenzen und Verantwortung, Aufgabeninhalte der einzelnen Funktionen, Gremien, Kommissionen, Projektgruppen, Spezialisten, Koordination	
Prozesse, Abläufe	primäre Arbeitsprozesse, sekundäre und tertiäre Prozesse: Informations-, Entscheidungs-, Planungs- und Steuerungsprozesse	Technisch-instrumentelles Subsystem
Physische Mittel	Instrumente, Maschinen, Geräte, Material, Möbel, Transportmittel, Gebäude, Räume, finanzielle Mittel	

Abbildung 2.8-5: Das Konfliktpotential der Organisation (nach GLASL 1992, S. 116)

2.8 Konfliktmanagement

Gerade bei Konflikten innerhalb oder zwischen Projektgruppen oder zwischen Projektgruppen und anderen Formationen eines Unternehmens sollte die Analyse der entstandenen Probleme nicht ohne Rückbezug auf den gesamtorganisatorischen Zusammenhang erfolgen.

So kann es z.B. für das Funktionieren von Projektgruppen von erheblicher Bedeutung sein,

- ob es im Unternehmen bereits längerfristige Erfahrungen mit dieser Organisationsform gibt, oder dabei neue Wege beschritten werden;

- ob die Einführung von Projektorganisation eventuell auf eine strategische Entscheidung eines Unternehmens zurückgeht, unter Umständen gar eine grundsätzliche Neuorientierung in die Wege leiten soll und letzten Endes sogar Identitätsfragen des Unternehmens berührt;

- in welchem Maße seit längerem bestehende und eingespielte Strukturen sich durch die Tätigkeit von Projektgruppen beeinflußt, im positiven oder negativen Sinne beansprucht, oder gar in ihrer bisherigen Form bedroht fühlen;

- in welchem Maße das gesamte Organisationsklima auch die Arbeitsatmosphäre innerhalb von Projektgruppen beeinflußt;

- welche anderen betrieblichen Instanzen unmittelbar von den Arbeitsergebnissen der Projektgruppe(n) abhängig sind;

- welche unter Umständen knappen Ressourcen für die Projektarbeit - und sei es auch nur zeitweise - in Anspruch genommen werden, und wo im Unternehmen diejenigen positioniert sind, die in besonderem Maße auf die gleichen Ressourcen angewiesen sind.

Dies ist nur eine Auswahl möglicher, zum Konfliktpotential beitragender Gesichtspunkte. Die hier wiedergegebene Übersicht kann Ihnen einen Orientierungsrahmen geben und soll Sie dazu anregen, anhand Ihrer eigenen Erfahrungen auf mögliche Konfliktquellen aufmerksam zu werden und bei der Bewältigung auftretender Konflikte Ihren eigenen Beitrag zur Analyse der entstandenen Probleme zu leisten.

2.8.1.6 Psychologische Vielfalt des Konfliktgeschehens

Wenn im folgenden in groben Zügen die psychologische Vielfalt des Konfliktgeschehens skizziert wird, so ist daran zu erinnern, daß Sie in den vorangehenden Unterkapiteln bereits alle wesentlichen Grundlagen kennengelernt haben, deren Berücksichtigung zu einem kompetenten Umgang mit Konflikten beitragen kann. Versuchen Sie deshalb, das bereits Gelernte in Gedanken zu rekapitulieren und dabei in Bezug zur Konfliktthematik aufzufrischen.

Konflikte schaffen zumeist eine über längere Zeit angespannte Atmosphäre und führen dazu, daß Menschen in ihnen auch zu ungewohnt heftigen, ja sogar aggressiven Reaktionen und Gefühlsäußerungen neigen. Es hängt dann ganz wesentlich davon ab, wie andere Personen darauf reagieren, ob jemand in seinem konflikträchtigen Verhalten noch weiter bestärkt wird. Soweit entsprechende Reaktionen nur einzelne „Ausbrüche" sind, trägt es in der Regel zur Entspannung bei, sie als verständlich zu betrachten. Die anderen Beteiligten sollten zwar deutlich machen, wie sie ein solches Verhalten erleben, können aber aufgrund dieser Betrachtungsweise erreichen, daß sie sich selbst nicht „anstecken" lassen, sondern sich weiterhin auf die sachlichen Probleme konzentrieren. Schon die grundsätzliche Bereitschaft, das Bestehen individueller Unterschiede und Eigenarten zu akzeptieren, trägt dazu bei, das in sozialen Strukturen immer gegebene Konfliktpotential zu entschärfen. Unterschiede in der Sichtweise, im Informations- und Wissensstand, in Werthaltungen und in der Motivation müssen nicht notwendig zum Anlaß von Auseinandersetzungen werden, sondern können in vielen Situationen zum gemeinsamen Vorteil genutzt werden.

Gefahr der Emotionalisierung

Gefahr der Personalisierung

Zugleich besteht während der einen Konflikt begleitenden Auseinandersetzungen aber immer die Gefahr, daß individuelle Besonderheiten zum Anlaß genommen werden, bestehende Probleme zu „personalisieren", d.h. einzelne Personen eventuell vorschnell zu den eigentlichen Verursachern zu erklären und zum **Sündenbock** abzustempeln. Dies kann - je nach Situation - z.B. dazu führen, daß solche Personen in der Folge dann keine Möglichkeit mehr sehen, mit oder in einer Projektgruppe weiter zusammenzuarbeiten, sich versetzen lassen oder (auch nur innerlich) kündigen. Oder es kann - wenn z.B. ein Vorgesetzter mit hoher Positionsmacht zum Sündenbock erklärt wurde - geschehen, daß eine Gruppe alle ihre Bemühungen um eine konstruktive Konfliktlösung einstellt und in dumpfer **Resignation** und im Bejammern ihrer ausweglosen Situation erstarrt (vgl. Abschnitt 2.8.2 Krisenbewältigung).

Offensichtlich ist aber auch, daß Konflikte zu einer verschärften wechselseitigen Wahrnehmung der individuellen Besonderheiten aller Beteiligten führen. Deshalb dient es oft geradezu einem konstruktiven Umgang mit dem Konflikt, wenn personenbezogene Sichtweisen (Wie sehe ich dich? Wie siehst du mich? Was stört dich? usw.) offen ausgesprochen und auf ihre tatsächliche Bedeutung für erkennbar gewordene Probleme überprüft werden.

Weiterhin kommt es im Laufe konfliktbezogener Auseinandersetzungen nicht selten zu Angst und Bedrohungsgefühlen sowie zu Frustrationserlebnissen aufgrund befürchteter Verluste (z.B. Veränderungen des eigenen Aufgabenbereichs, Verringerung der Einflußmöglichkeiten u.a.m.). Auch eine zunehmend von Mißtrauen geprägte Gesamtatmosphäre kann dadurch noch verstärkt werden. In manchen Fällen, bei Macht- und Verteilungskonflikten, werden Drohungen offen ausgesprochen und dienen einer gezielten Einschüchterung des Gegners, z.B. um seine Kompromißbereitschaft zu erhöhen. In anderen Fällen kann es aber auch passieren, daß einzelne Äußerungen Beteiligter von anderen selbst dann als bedrohlich interpretiert werden, wenn sie so gar nicht gemeint waren. Daher gehört zur konstruktiven Konfliktbewältigung auch eine offene Kommunikation über derartige Gefühle. Diese kann u.a. auch darin bestehen, daß offen ausgesprochene Drohungen von denjenigen Beteiligten, die sich davon weniger betroffen fühlen, bezüglich ihrer Sachdienlichkeit in Frage gestellt werden. Es beinhaltet aber auch, daß alle Beteiligten sich darum bemühen sollten, eine erhöhte Sensibilität für Symptome zu entwickeln, die auf den „innerlichen Rückzug " einzelner (aufgrund unausgesprochener Befürchtungen) hinweisen.

Gefahr der Desorganisation

Im Zuge von Konflikten kommt es oft zu einer beträchtlichen (vorübergehenden) Desorganisation, Labilisierung und Schwächung bisher bewährter Strukturen. Dies bezieht sich sowohl auf personale (psychische) als auch interpersonale Strukturen (z.B. Interaktion der Gruppenmitglieder). Infolge dieser Desorganisation steigt bei den Beteiligten die Wahrscheinlichkeit, daß sie weniger differenziert als sonst üblich reagieren und auf einfachere („primitivere") Muster ihrer Verhaltensorganisation zurückgreifen. Daraus ergibt sich, daß in Konflikten vermehrt mit Wahrnehmungsverzerrungen, Vereinfachungen, Stereotypisierungen, komplexitäts- und dissonanzreduzierenden Ursachenzuschreibungen u.a.m. zu rechnen ist (vgl. Kapitel 2.1). Deshalb ist es wichtig, sich bei der Analyse der aufgetretenen Probleme und der Suche nach Lösungen ausreichend Zeit zu nehmen, geduldig nachzufragen und eventuell einer vorschnellen, der Komplexität des Konflikts nicht gerecht werdenden Einigung Widerstand entgegenzusetzen. Die Tragfähigkeit einer Konfliktlösung hängt nicht von der Schnelligkeit ab, mit der sie gefunden wurde, sondern von der Differenziertheit der ihr vorangehenden analytischen (diagnostischen) Bemühungen.

Die angesprochene (vorübergehende) Desorganisation bringt es auch mit sich, daß durch den Konflikt bisher bestehende Positionen, Rollenerwartungen und -zuweisungen in Frage gestellt sein können. Einzelne Beteiligte nutzen den Konflikt u.U. primär dazu, sich selbst zu profilieren und eine neue Position zu erreichen. In anderen Fällen werden Stellvertreter vorgeschickt, die nicht die eigene Position vertreten, sondern sich zum Sprecher anderer - im Hintergrund bleibender Beteiligter - machen lassen. Dies kann beim Versuch zu einer auf Offenheit und Vertrauen gegründeten konstruktiven Konfliktregelung beträchtliche Schwierigkeiten bereiten.

2.8.1.7 Prozeßmodell einer kooperativen Konfliktregelung

Das im folgenden dargestellte Prozeßmodell einer kooperativen Konfliktregelung (vgl. Abbildung 2.8-6) geht von der Annahme aus, daß sich viele Konflikte einer Lösung zuführen lassen, wenn sich alle Beteiligten bereit finden, in gut vorbereiteten und strukturierten Gesprächsrunden oder Konferenzen eine Analyse des Konfliktes vorzunehmen und darauf aufbauend Lösungsvorschläge zu erarbeiten.

Das Modell bietet einen allgemeinen und formalen Orientierungsrahmen für die Strukturierung und die Teilschritte des Lösungsprozesses. Es darf aber nicht als Patentrezept mißverstanden werden, dessen Abarbeiten ohne weiteres zum Erfolg führt. Erfolgreiches Konfliktmanagement setzt große Erfahrungen und soziale Kompetenz voraus, die sich meist nur in längerer Praxis erwerben lassen.

Modell zur Konfliktlösung

Dies gilt insbesondere für den **Moderator** (oder die Moderatoren) des Prozesses. Das Modell macht keine Annahmen über den Personenkreis, aus dem der Moderator kommen könnte. Der Leiter z.B. einer Projektgruppe, **innerhalb** derer ein Konflikt ausgebrochen ist, wird sich zu fragen haben, inwieweit er selbst zu sehr Partei ist, als daß es ihm gelingen könnte, eigene Interessen zurückzustellen, um die Rolle des Moderators zu übernehmen. Erwarten alle Gruppenmitglieder von ihm, daß er diese Funktion übernimmt, und bringen sie ihm ausreichend Vertrauen entgegen, sollte er sicherlich die Aufgabe selbst übernehmen. Bei größeren Konflikten (etwa zwischen mehreren Projektgruppen oder gar noch unter Einbezug von Fachexperten aus Stabsabteilungen, die die Projektgruppen zeitweise unterstützen sollen) kann es dagegen meist von Nutzen sein, einen unbeteiligten Dritten heranzuziehen. Er kann durchaus aus dem Unternehmen selbst kommen. Wichtig ist nur, daß ihn alle Parteien akzeptieren und als „ehrlichen Makler" erleben.

Verallgemeinernd meint Glasl: „Ob die Konfliktparteien selbständig oder mit Hilfe einer Dritten Partei am Konflikt arbeiten, wird von ihren Grundauffassungen bestimmt. Damit meinen wir:

1. Wie die Parteien ihre **Gesamtsituation insgesamt beurteilen**, d.h. finden sie die Konfrontation unvermeidbar? Sehen sie Möglichkeiten für eine Übereinstimmung?

2. Wie die Parteien im allgemeinen und **grundsätzlich Konflikte bewerten**, d.h. haben für sie Konflikte eine positive oder negative Funktion?

3. Was sie sich generell als Ergebnis der konflikthaften Auseinandersetzung erhoffen, d.h. wie sie im konkreten Fall **Kosten und Nutzen** der Auseinandersetzung für sich 'kalkulieren';

4. Welche Einstellung die Parteien zu **bisherigen Versuchen einer Konfliktlösung** (...) und zu den in der Organisation vorhandenen **Konfliktregelungsinstitutionen** oder -verfahren haben;

5. Ob die **Einstellungen** der Parteien (1 bis 4) auf allen Seiten gleich, d.h. **symmetrisch**, oder ungleich, d.h. **assymetrisch** sind. Eine Seite leugnet vielleicht grundsätzlich das Bestehen eines Konflikts und verhält sich dementsprechend, während die andere Seite grundsätzlich einen Konflikt provoziert, um Veränderungen herbeizuführen." (GLASL 1992, S. 142)

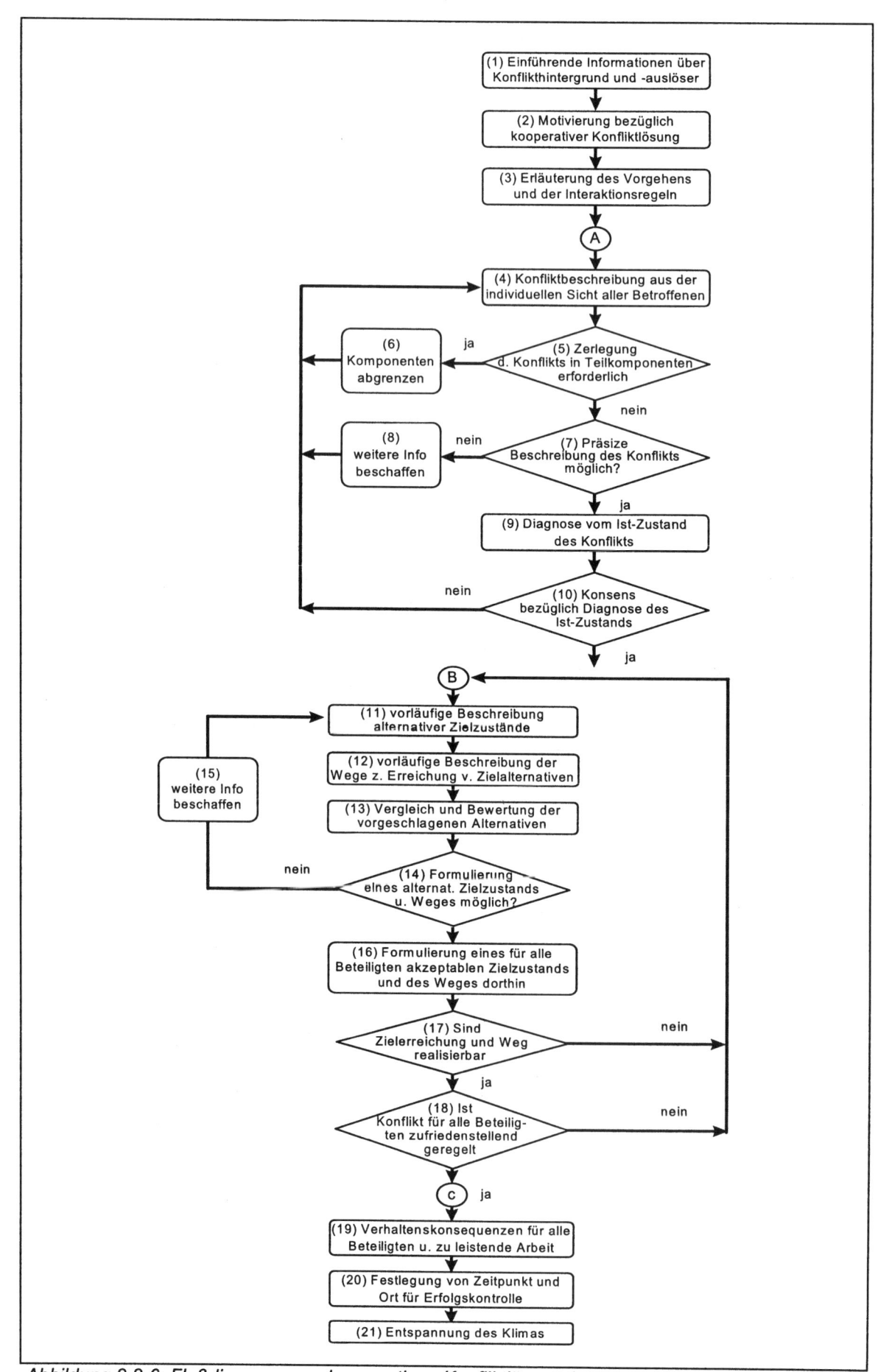

Abbildung 2.8-6: Flußdiagramm zur kooperativen Konfliktlösung (nach FLEISCHER 1990, S. 144f.)

(1) Einführende Informationen über Konflikthintergrund und -auslöser
(2) Motivierung bezüglich kooperativer Konfliktlösung
(3) Erläuterung des Vorgehens und der Interaktionsregeln
(A)
(4) Konfliktbeschreibung aus der individuellen Sicht aller Betroffenen
(5) Zerlegung d. Konflikts in Teilkomponenten erforderlich — ja → (6) Komponenten abgrenzen
nein
(7) Präzise Beschreibung des Konflikts möglich? — nein → (8) weitere Info beschaffen
ja
(9) Diagnose vom Ist-Zustand des Konflikts
(10) Konsens bezüglich Diagnose des Ist-Zustands — nein
ja
(B)
(11) vorläufige Beschreibung alternativer Zielzustände
(12) vorläufige Beschreibung der Wege z. Erreichung v. Zielalternativen
(13) Vergleich und Bewertung der vorgeschlagenen Alternativen
(14) Formulierung eines alternat. Zielzustands u. Weges möglich? — nein → (15) weitere Info beschaffen
ja
(16) Formulierung eines für alle Beteiligten akzeptablen Zielzustands und des Weges dorthin
(17) Sind Zielerreichung und Weg realisierbar — nein
ja
(18) Ist Konflikt für alle Beteiligten zufriedenstellend geregelt — nein
ja
(C)
(19) Verhaltenskonsequenzen für alle Beteiligten u. zu leistende Arbeit
(20) Festlegung von Zeitpunkt und Ort für Erfolgskontrolle
(21) Entspannung des Klimas

2.8 Konfliktmanagement

Das in Abbildung 2.8-6 dargestellte Prozeßmodell erfordert in jedem Fall einen Moderator und untergliedert sich in vier Hauptphasen:

    Phase I: Einleitung (Schritte 1-3)

    Phase II: Diagnose: Erarbeitung einer Beschreibung vom Ist-Zustand des Konflikts (Schritte 4-10)

    Phase III: Entwicklung einer Lösung: Erarbeitung eines von den Konfliktparteien akzeptierten Zielzustandes und des Weges dahin (Schritte 11-18)

    Phase IV: Erfolgssicherung (Schritte 19-21)

Phase I: Einleitung

Es versteht sich von selbst, daß sich der Moderator bereits in Vorgesprächen mit den Parteien ein hinreichendes Bild von der bisherigen Geschichte des Konflikts und seinen auslösenden Momenten gemacht haben sollte. Es müssen ein geeigneter Raum - eventuell möglichst außerhalb des engeren Territoriums der Konfliktparteien - und geeignete Materialien zur Sammlung und Darstellung der zusammenzutragenden Informationen (Flip-Charts; Karten für Metaplantechnik u.ä.) zur Verfügung stehen. Die Sitzordnung sollte frei gewählt werden können, so daß offen bleibt, ob die Konfliktparteien sich „blockweise" postieren.

(1) Der Moderator informiert alle Beteiligten über Inhalt und auslösende Momente des Konflikts, wobei er nur die wichtigsten Fakten einbringt und grundsätzlich auf persönliche Stellungnahmen und Werturteile verzichtet. Dies sichert ihm Glaubwürdigkeit und verhindert, daß schon seine Darstellung bei einzelnen auf Ablehnung stößt und Widersprüche provoziert.

(2) Durch Betonung des gemeinsamen Anliegens, den Konflikt einer Lösung zuzuführen und zu einem entspannten Arbeitsklima zurückzufinden, orientiert und motiviert der Moderator alle Beteiligten auf eine kooperativ zu erledigende Aufgabe hin. Er sollte auch klar machen, daß ihm daran gelegen ist, eine faire und von allen akzeptierte Lösung zu finden. *Betonung des gemeinsamen Anliegens*

(3) Einen wichtigen Bestandteil der Einleitung bildet schließlich die Erläuterung von Spiel- oder Interaktionsregeln, auf deren Einhaltung im Umgang miteinander sich die Teilnehmer verpflichten, weil nur so eine konstruktive Form der Kommunikation und Kooperation ermöglicht wird (vgl. Abschnitt 2.8.2.2, sowie im folgenden die Abschnitte „Regeln der Themenzentrierten Interaktion" 2.2.1.8 und „Wichtige Regeln für konstruktives Streiten" Abschnitt 2.8.2.4). Es ist von Nutzen, wenn die Spielregeln in knapper Form für alle gut sichtbar auf Flip-Charts oder Tafeln zusammengefaßt sind.

Danach werden kurz die weiteren Einzelschritte der Konfliktbearbeitung vorgestellt, wie sie dem Ablauf von Abbildung 2.8-6 in seinen Hauptphasen entsprechen.

Phase II: Diagnose des Ist-Zustands, Konsens über dessen Beschreibung

Diese Phase zwischen den Knoten A und B des Flußdiagramms ist von außerordentlicher Bedeutung und sollte auf keinen Fall unter Zeitdruck (oder im Hinblick auf in ihr u. U. schon erwähnte Lösungsvorschläge) verkürzt werden. Der Moderator sollte durch seine Gesprächsführung sicherstellen, daß nicht nur alle Parteien - z.B. vertreten durch besonders aktive „Sprecher" -, sondern möglichst sämtliche Teilnehmer, auch die zurückhaltenderen, zu Wort kommen.

Sammlung von verschiedenen Sichtweisen

(4) Zunächst geht es um eine möglichst vollständige Sammlung der verschiedenen Sichtweisen, Standpunkte, Absichten und Wertungen in aller ihrer Widersprüchlichkeit und persönlichen Färbung. Sie werden zunächst noch weitgehend ungeordnet auf Flip-Charts oder vorzugsweise Karten festgehalten. Die Diskussion beschränkt sich möglichst auf Verständnisfragen. Sofern bereits Lösungsvorschläge angesprochen werden, sind sie auf einem eigenen Flip-Chart festzuhalten, aber aus einer vertiefenden Diskussion herauszuhalten.

(5) Nunmehr ist festzustellen, inwieweit es sich empfiehlt, die Konfliktbeschreibung in Einzelkomponenten zu zerlegen und diese der Reihe nach zu diskutieren. Dabei hilft es, die in Schritt (4) gesammelten Sichtweisen nach geeigneten Ordnungsgesichtspunkten zu gruppieren (z.B. nach ursachen-, ziel-, personen- oder umfeld-/ sachorientiert). Je nach Komplexität (6) kann es erforderlich sein, daß die Aufgliederung in Teilaspekte zunächst in Kleingruppen erarbeitet und dann im Plenum dargestellt wird.

Die Diskussion einzelner Teilkomponenten - im unter Umständen mehrfachen Durchlaufen der Schritte (4) bis (8) - erfordert von den Teilnehmern Disziplin und eine möglichst weitgehende Beschränkung auf den jeweils zur Diskussion stehenden Einzelaspekt; der Moderator muß hier behutsam steuern.

Beschreibung des Ist-Zustands

(9) Zusammenfassend ist danach im Plenum festzustellen, ob es gelingt, den Ist-Zustand des Konflikts mit allen wesentlichen Einzelkomponenten klar zu formulieren und (10) hierüber Konsens unter allen Beteiligten festzustellen. Werden an dieser Stelle immer noch abweichende Auffassungen vertreten, so sollten deren Gründe weiter geklärt werden. Ansonsten fühlen sich die Vertreter dieser Auffassungen eventuell übergangen, ziehen sich zurück, bilden Cliquen u.ä., so daß der Ausbruch eines künftigen weiteren Konflikts schon vorprogrammiert erscheint.

Phase III: Entwicklung einer Lösung und des Weges dorthin

Zielvorstellung entwickeln

Diese Phase erstreckt sich zwischen den Knoten B und C des Flußdiagramms. In ihr geht es - in analoger Weise - nunmehr darum, zunächst (11) möglichst konkrete Beschreibungen alternativer Zielzustände zu sammeln und danach (12) ebenso klar aufzuzeigen, auf welchem Wege die vorgeschlagenen Ziele erreicht werden können. Dies sorgt dafür, daß völlig illusionäre bzw. unrealistische Zielvorstellungen die Diskussion nicht unnötig ausweiten. Durch Zusammenfassung von Zwischenergebnissen über die bereits gesammelten Standpunkte und Vorschläge sollte der Moderator immer wieder versuchen, den schon erreichten Stand zu verdeutlichen und die Diskussion auf noch offene Fragen zu lenken (Gliederungsgesichtspunkte z.B. nach Absichten/Zielen; Umwelt-, Sach-, Personenorientierung etc.).

In den Schritten (13) bis (18) wird nunmehr nach einer Alternative gesucht, die tatsächlich umsetzbar ist und von allen Beteiligten unterstützt wird. Bei den dabei erforderlichen Bewertungen empfiehlt es sich, jeweils nach positiven und negativen, kurz- und längerfristigen Konsequenzen zu fragen und diese gegeneinander abzuwägen.

Wege entwickeln

Phase III ist abgeschlossen, wenn es gelingt, eine sowohl das Ziel als auch die Wege dorthin beschreibende Lösungsalternative zu finden, die bei allen Beteiligten Zustimmung findet. Gelingt dies - auch bei u.U. mehrfachem Durchlaufen der Schritte (11) bis (18) - nicht, so sollte (insbesondere durch den Moderator) versucht werden, das Aufkommen und die Verbreitung einer resignativen Stimmung zu verhindern: Die bei dieser Form der kooperativen Suche nach einer Konfliktlösung entwickelte und erprobte Art des Umgangs miteinander kann selbst schon als ein Fortschritt betrachtet werden und die weitere Zusammenarbeit für die Zukunft wesentlich erleichtern.

Phase IV: Erfolgssicherung

In dieser abschließenden Phase ist klarzustellen, daß das Erarbeiten einer von allen unterstützten Lösung nicht Selbstzweck war, sondern (19) Konsequenzen hat, die sich als Anforderungen an das weitere Verhalten der Beteiligten und an die von ihnen zu leistende Arbeit formulieren lassen. Die Teilnehmer fühlen sich an diese Konsequenzen gebunden und sind damit einverstanden, (20) deren Erfolg auch zu kontrollieren. Dies geschieht am besten, indem Ort und Zeitpunkt eines Treffens zur Erfolgskontrolle vereinbart werden. Da jeder Konflikt - wie bereits im Vorangehenden erläutert - bei einzelnen Beteiligten beträchtliche emotionale Energien freisetzen und Verunsicherungen mit sich bringen kann, ist es (21) wichtig, eine abschließende gemeinsame Gelegenheit zur Entspannung des Klimas zu schaffen. Sie könnte in einem Essen oder einer Feier bestehen. Der Moderator kann hierbei in Einzelgesprächen die Gelegenheit suchen, mit Personen, die sich besonders betroffen zeigten, über das zu sprechen, was sie nunmehr noch beschäftigt.

Erfolg kontrollieren

2.8.1.8 Regeln der Themenzentrierten Interaktion

Einige wichtige Regeln für das effiziente Arbeiten in Gruppen wurden von Cohn (COHN 1975) im Rahmen ihres Konzepts der sogenannten „Themenzentrierten Interaktion" erarbeitet und erprobt, und inzwischen von verschiedenen Autoren übernommen (vgl. VOPEL 1976; FLEISCHER 1990). Diese Regeln sollen Gruppen in ihrer Fähigkeit zur Selbstregulation unterstützen, aber auch die soziale Lernfähigkeit jedes einzelnen verbessern. Doch auch bei Bemühungen, gemeinsam Konflikte zu erörtern, ist ihre Einhaltung von Nutzen. Sie dienen hier als Beispiel für Regeln, wie sie bei der vorangehend dargestellten Art einer kooperativen Konfliktregelung einleitend erläutert und auf Flip-Charts gezeigt werden könnten.

Regel 1: Jeder ist in erster Linie für sich selbst verantwortlich.

Für die Teilnehmer einer Gruppe darf die Autonomie des einzelnen grundsätzlich nicht in Frage stehen. Jeder muß selbst entscheiden, wie und wann er sich einbezieht oder vorübergehend zurücknimmt, in welcher Art er sich exponiert, wo er seine Grenzen sieht und signalisiert. Jeder greift das auf, was er für sich selbst als nützlich sieht. Jeder läßt sich durch die anderen soweit beeinflussen, wie er selbst dies für vertretbar hält.

Regel 2: Störungen persönlicher und zwischenmenschlicher Art haben Vorrang vor der Sache.

Die Arbeits- bzw. Ergebnisorientierung einer Gruppe bringt es mit sich, daß diese Regel leicht außer acht gerät, obwohl sie für den Erhalt der Arbeitsfähigkeit der Gruppe von grundlegender Bedeutung ist. Wenn einzelne Gruppenmitglieder keinen Zugang finden, sich heraus halten oder gewissermaßen „in die innere Emigration gehen", wenn sie sich ärgern oder langweilen, mit andern rivalisieren oder diese sabotieren, oder wenn sie die Gruppe in erster Linie als Möglichkeit zur Selbstdarstellung verstehen - so sind all dies (potentielle) Störgrößen, die die Leistungsfähigkeit der Gruppe kurz- oder langfristig einschränken können. Nur auf der Basis tragfähiger Beziehungen zwischen allen Gruppenmitgliedern ist es leicht, in der Sache weiter voranzukommen. Deshalb ist es wichtig, als Störung empfundene Verhaltensweisen möglichst gleich anzusprechen und eine baldige Klärung oder Lösung zu erreichen.

Regel 3: Jeder ist mit seinen Gefühlen und Gedanken autonom.

Es läßt sich von anderen nicht genau sagen, was in jemandem vorgeht. Zu seinem Inneren hat jeder Mensch nur selbst wirklich Zugang und weiß darüber Bescheid. Dies muß wechselseitig respektiert werden. Es bedeutet, andere nicht einfach so zu sehen, wie man es selbst gern hätte oder wie es einem gerade paßt.

Regel 4: Es kann immer nur einer sprechen.

Andere haben ihn zu Ende sprechen zu lassen, auch wenn es ihnen schwerfällt.

Regel 5: Kontakt kommt vor Kooperation.

Bevor man mit anderen - auch in einer Gruppe - zusammenarbeiten kann, muß man erst einmal Kontakt mit ihnen aufgenommen haben und dies auch wollen.

Regel 6: Es ist wichtig, „ich" anstelle „man" oder „wir" zu sagen.

Die Autonomie der eigenen Gedanken und Gefühle sollte zur Folge haben, daß jemand diese auch als seine eigenen deutlich macht, und „ich" sagt. Er zeigt dadurch seinen Standpunkt und seine Bedürfnisse und übernimmt die Verantwortung für das, was er sagt. Wer andauernd „man sollte...", „niemand möchte...", „wir wissen doch..." sagt, versteckt sich hinter anderen, und es stellt sich die Frage, für wen er eigentlich spricht.

Regel 7: Es ist wichtig, andere direkt anzusprechen, anstatt über sie (in ihrer An- oder Abwesenheit) zu reden.

Wo direkter Kontakt möglich ist, gibt es keinen Grund für Umwege. Dadurch werden Mißverständnisse vermieden oder können sofort ausgeräumt werden. Gerüchte über andere zu verbreiten, führt zu Verwirrung, Unsicherheit und Mißtrauen.

Regel 8: Es geht darum, die eigene Meinung offen darzulegen und sich nicht hinter Fragen zu verstecken. Wer Fragen stellt, soll auch sein Motiv für die Frage nennen.

Unbestreitbar können Informationsfragen nötig sein, um etwas zu verstehen. Fragen aber, die kein Verlangen nach weiterführender Information erkennen lassen, wirken meist suggestiv oder manipulativ und können den Eindruck verdeckter Kritik hervorrufen.

Regel 9: Es ist wichtig, Rückmeldungen zu geben und selbst Rückmeldungen anzunehmen.

Jeder Mensch lernt im wesentlichen aus Rückmeldungen. Er erfährt, welche Wirkung er mit seinem Verhalten auf andere hat, und er gibt anderen durch Rückmeldungen die Möglichkeit zu solchen Lernprozessen. Rückmeldungen sollten möglichst konkret ausdrücken, welche Gefühle das Verhalten anderer bei einem selbst auslöst; Interpretationen, Bewertungen, Spekulationen oder Beschuldigungen sind wenig hilfreich.

Rückmeldungen zu geben oder anzunehmen kann schwierig sein. Es ist gut, das Einverständnis des anderen einzuholen, bevor man eine Rückmeldung gibt. Und es ist nützlich, auf empfangene Rückmeldungen nicht gleich mit Abwehr oder Verteidigung zu reagieren, sondern ruhig zuzuhören und Mißverständliches durch Rückfragen abzuklären. Erst danach sollte auch über den Inhalt der Mitteilung gesprochen werden.

2.8.2 Umgang mit Krisen

Konflikte, in welcher Form sie auch auftreten, zeigen ein Regelungsdefizit und damit einen Klärungsbedarf an, vorhandene Handlungsweisen zu überprüfen und nötigenfalls zu verändern. Dabei soll es erst einmal keine Rolle spielen, woher der Auslöser kommt, ob er z.B. innerhalb einer Projektgruppe entstanden ist oder von außen an sie heran getragen wurde. Konflikte „drängen" jedenfalls über kurz oder lang zur Austragung. Als „**Krisen**" sollen demgegenüber jene durch eine allgemeine Lähmung gekennzeichneten Erscheinungsformen des Konflikts bezeichnet werden, bei denen die Beteiligten fortwährend auf dem Rückzug sind und sich in einer Situation zunehmender Ausweglosigkeit sehen. Es ist dadurch außerordentlich schwer, überhaupt an sie heranzukommen und durch geeignete Interventionsformen einen „Ausweg aus der Krise" zu finden.

Zwei Formen dieser Krise sollen im folgenden kurz in ihrer Symptomatik dargestellt werden. In beiden Fällen handelt es sich um Erscheinungsformen sogenannter „negativer Gruppendynamik". Doch ist es im einen Fall die Gruppe selbst, die sich blockiert; im andern Fall ist es ein von außen kommender, „übermächtig" erscheinender Druck, der zur lähmenden Resignation führt.

2.8.2.1 Krisenform 1: Die sich selbst blockierende Gruppe

Im Unterschied zum Konflikt fehlt dieser Form der Krise sozusagen die Gegenpartei. Man könnte es auch anders formulieren: Die „Gegenpartei" bilden in dieser Krise plötzlich aktuell gewordene Vorstellungen, Ideen usw. davon, wie und warum das bisher Vertraute und Funktionierende anders sein sollte. Die Gruppe oder das Team zeigt aus Gründen, die keiner glaubt wirklich benennen zu können, erhebliche Zweifel bezüglich bestimmter Aspekte ihres bisher gut funktionierenden Zusammenwirkens. Sie steht eigentlich vor der Aufgabe, sich in diesem Sinne „neu zu definieren". Das altbewährte Zusammenspiel funktioniert nicht mehr - es müßte sich etwas verändern.

Nun kann es aber geschehen, daß sich trotz des im Erleben aller Beteiligten vorhandenen massiven *Resignation* Drucks, etwas zu verändern, innerhalb der Gruppe kein Konfliktpotential aufzubauen scheint, ja daß der Druck so groß wird, daß sich Resignation breit macht. Diese Form der Krise ist allgemein dadurch gekennzeichnet, daß einerseits eine latente Konfliktsituation vorliegt, sich aber andererseits die Beteiligten scheuen, eine Konfliktbewältigung einzuleiten, weshalb sie entweder ihr altes Verhalten fortführen oder in Panikreaktionen verfallen.

Beide Reaktionen sind psychologisch erklärbar: Beim Weitermachen wie bisher wird zur allgemeinen Entlastung der Veränderungsdruck geleugnet und - wo das nicht gelingt - die Hoffnung verfolgt, es möge wie durch ein Wunder doch noch alles gutgehen. Bei Panikreaktionen verfällt die Gruppe zwar in hektische Aktivität, doch ist für einen unvoreingenommenen Beobachter nur schwer erkennbar, in welchem Zusammenhang die Aktionen mit dem Problem oder dem Projektziel stehen, weil es sich eher um Übersprungshandlungen handelt. Sogenannte Übersprungshandlungen sind dadurch gekennzeichnet, daß sie durch einen allgemeinen Aktivitätsdrang ausgelöst werden und die entsprechenden Spannungsgefühle abbauen helfen, aber nicht zielgerichtet sind.

Beide Verhaltensweisen bringen die Betroffenen der Lösung des grundlegenden Problems nicht näher und müssen deshalb überwunden werden. Sie entstehen, weil sich die Gruppe stillschweigend oder explizit darauf verständigt hat, daß es keine Lösung für ihr Problem geben kann, die nicht den Gruppenzusammenhalt gefährdet, und weil dieser ihr - aus welchen Gründen auch immer - von größter Bedeutung erscheint.

Aus dem Gesagten folgt zweierlei: Einerseits ist es gerade die Gruppenkohäsion in der bestehenden Form, die den Blick auf das Problem und seine Lösung verstellt, weshalb besonders harmonische Teams mit hohem Zusammenhalt, die eventuell über längere Zeit beispielhaft zusammengearbeitet haben, anfällig für solch verschobene Sichtweisen sind. Anderseits wird jeder Versuch einer Lösung gleichzeitig als Angriff auf das Team gewertet und daher abgewehrt, weil ohne Umstrukturierung (zumindest der durch Konformitätsdruck aufrechterhaltenen Sichtweise) keine realistische Problemsicht zu erreichen ist. In solchen Situationen sind deshalb häufig Anstöße von aussen nützlich, eventuell sogar nötig.

Je länger das Team in einer solchen Situation verharrt, in der niemand einen Ausweg sieht, ohne den Gruppenkonsens zu gefährden, desto größer werden die unausgesprochenen Ängste. Das Team kann geradezu eine negative Dynamik darin entwickeln, das eigentliche Problem zu leugnen oder sich in solche Aktivitäten zu flüchten, die die Situation nur verschlimmern und eine Lösung aus eigener Kraft immer unwahrscheinlicher machen. Es ist darum besonders wichtig, diese Krisensituationen möglichst frühzeitig zu erkennen und zu versuchen, sie aufzubrechen, bevor sie zum alle lähmenden Dauerzustand werden.

2.8.2.2 Krisenform 2: Die von außen blockierte Gruppe

„Kalter Konflikt"

Die zweite Form der Krise wird von Glasl als „kalter Konflikt " (GLASL 1992, 73ff.) bezeichnet und in seinen Erscheinungsformen sehr anschaulich und eindrücklich geschildert. „Anstelle des Feuers der Begeisterung begegnet man bei den Konfliktparteien tiefen Enttäuschungen, einer weitgehenden Desillusionierung und Frustration. Es gibt eigentlich nichts, wofür sie sich erwärmen oder begeistern können."

Auslösendes Moment dieser Krise sind ausgesprochen autoritäre, auf Macht gegründete Eingriffe übergeordneter Hierarchieebenen einer Organisation, die darauf ausgerichtet sind, einen in Ansätzen sichtbar gewordenen - oder auch nur vermuteten bzw. für möglich gehaltenen Konflikt - von Anfang an zu „deckeln" und jede Form seiner Austragung zu unterbinden.

Der Leiter und Koordinator einer in drei kleineren Teams arbeitenden größeren Projektgruppe, die bisher gut funktionierte, stellt fest, daß sich die bisherigen Teams ohne sein Wissen umgruppiert haben. Sie finden sich, wenn er bei ihnen vorbeischaut, oft an anderen als ihren vorgesehenen Plätzen, unterbrechen dann ihr Gespräch und suchen rasch wieder ihren angestammten Platz auf. Im Gespräch mit allen hierüber stellt er fest, daß sich aufgrund der bisherigen Kooperation „informelle" neue Teams gebildet haben, die sowohl aus persönlichen als auch aus sachbezogenen Gründen gerne miteinander kooperieren und inzwischen auch Formen entwickelt haben, den erforderlichen Informationsaustausch zwischen den Teams zu organisieren. Sie glauben allerdings, nach außen weiterhin den Schein aufrechterhalten zu müssen, alles sei beim alten geblieben. Die dafür notwendigen „Heimlichkeiten" wirken sich aber nunmehr eher störend auf die Arbeit aus, führen zu Unterbrechungen begonnener Gespräch usw. ... Der Koordinator sieht eigentlich keinen Grund, die neue Struktur nicht auch offiziell „absegnen" zu lassen, und bespricht die dafür notwendigen Schritte mit seinem Vorgesetzten. Dieser „weiß nicht so recht" und trägt die Angelegenheit noch eine Hierarchiestufe weiter nach oben. Von dort wird nun sofort blockiert. Es kommen Argumente wie „Wenn das alle so machten! Wo kann das hinführen! ..." u.ä., und der Koordinator wird gezwungen, seinerseits durch strenge Überwachung sicherzustellen, daß alle ab sofort wieder in ihre ursprünglich festgelegten Teamstrukturen zurückkehren und an den dafür vorgeschriebenen Arbeitsplätzen zu sein haben. Jegliche Diskussion darüber sei zu unterbinden.

Der infolge dieser Entscheidung in die Wege geleitete „kalte Konflikt" führt über Zwischenstationen zum Abbruch des Projekts. Glasl beschreibt beispielhaft wesentliche Stationen eines solchen Verlaufs: „Hier verlöscht das Selbstwertgefühl mit der Zeit völlig. Jede Person (...) schließt sich in sich selbst ein, wobei sich anstelle eines deutlichen Identitätserlebens ein 'Hohlraum' auszubreiten scheint. Die ganze Bewegungstendenz (...) ist die der Schwere, des Sich-Eingrabens und Erstarrens. (...) Durch die Betonung der unpersönlichen Momente verbreitet sich in der Organisation sozialer Fatalismus (...) Durch die Ausweglosigkeit und mehr oder weniger totale Chancenlosigkeit, die unangenehme Situation zu beeinflussen, treiben die einzelnen Personen verschiedenen psychosomatischen Krankheiten zu. (...) Es kommt zum Erliegen der direkten Kommunikation zwischen den Parteien schlechthin. (...) An ihre Stelle treten indirekte, stark formalisierte Kontaktmöglichkeiten: Zumeist auf schriftlichem Weg. Eine Entscheidungsvorlage wandert von einem Schreibtisch zum andern (...) Damit nehmen die formalisierten Prozeduren der Verhaltensregulierung immer mehr überhand. Die Organisation neigt dazu, zu versteinern, zu erstarren und unter einem Wust von solchen Ausweichprozeduren zu ersticken. (...) Nach und nach bildet sich zwischen den Parteien ein 'soziales Niemandsland' (...)" (GLASL 1992, 74f.).

2.8.2.3 Ansatzpunkte für eine Krisenbewältigung

Wie erkennt man derartige Krisensituationen? Sollten gut funktionierende Teams vorbeugend auseinandergerissen werden, nur um dem Entstehen einer Krise zuvorzukommen? Das wäre sicherlich übertrieben. Aber es gibt bestimmte Anzeichen, die - wenn sie kombiniert und gehäuft auftreten - nicht auf die leichte Schulter genommen werden sollten:

- Festhalten an starren Hierarchien und kontraproduktiver Rollenverteilung in der Gruppe;

- Tabuthemen, die in der Gruppe nicht angesprochen werden dürfen, obwohl Gruppenmitglieder in Einzelgesprächen durchaus beklagen, unter ihnen zu leiden;

- das Vermeiden direkter Auseinandersetzungen durch exzessive bürokratische Regelungen für potentielle Reibungspunkte;

- Verwechslung von Feuermelder und Brandstifter, d.h. derjenige, der als erster das allgemeine Unbehagen anspricht, wird zum Schweigen gebracht, anstelle des Versuchs einer Problemanalyse und -lösung (eine Verhaltensweise, die schon die alten Griechen kannten, wenn sie den Überbringer schlechter Nachrichten bestraften).

Da bei **Krisenform 1** die Angst vor dem Auseinanderbrechen der bisher gut funktionierenden Gruppe Schritte zu einer Problemlösung blockiert, d.h. Sachproblem und Beziehungsproblem (vgl. Kapitel 2.2) in einer negativen Dynamik verknüpft sind, muß auch auf beiden Ebenen auf eine Veränderung hingearbeitet werden. Damit die Gruppe sich zu einer realistischen Situationsbetrachtung durchringen kann (Sachebene), muß erst das Vertrauen in ihre Fähigkeit zur Konfliktlösung gestärkt werden (Beziehungsebene). Das kann z.B. dadurch geschehen, daß ein externer Moderator oder Konfliktberater der Gruppe zu Anfang des Klärungsprozesses ihre lange Geschichte, ihre gemeinsamen Erfolge und bestandenen Krisen in Erinnerung ruft, um so das Zutrauen zu stärken, daß die Gruppe die Kraft hat, auch das anstehende Problem zu lösen. *Vertrauen in Fähigkeit zur Konfliktlösung stärken*

Dem externen Konfliktberater, der nicht notwendigerweise von außerhalb der Organisation, wohl aber von außerhalb der Gruppe kommen muß, fällt auch die Aufgabe zu, das aktuelle Problem in seiner Schwere in die Reihe derer einzuordnen, die die Gruppe bereits gelöst hat, da ihr offensichtlich die Fähigkeit abhanden gekommen ist, die Proportionen realistisch zu beurteilen.

Weil unausgesprochene Ängste immer die größten sind, geht häufig schon von der Benennung gefürchteter Lösungsvarianten (z.B. Veränderung des Projektziels, Auflösung des Teams etc.) und der möglichst wertungsfreien Erörterung ihrer Konsequenzen eine entspannende Wirkung aus.
Eine neutrale, nicht eine beschönigende Darstellung ist in so einem Fall erforderlich, will der Moderator den Realitätsverlust nicht noch weiter bestärken. Anschließend muß die Gruppe an die Identifikation der ihr verbleibenden Handlungsfelder herangeführt werden, um zu entscheiden, welche der möglichen Lösungen sie am ehesten akzeptieren kann. Sollte sich die Gruppe nach dem Durchlaufen des Klärungsprozesses entschließen, für ihren Fortbestand zu kämpfen, statt eine notwendige Umstrukturierung zu akzeptieren, so ist auch diese scheinbar unvernünftige Trotzreaktion der vorherigen resignativen Problemleugnung vorzuziehen, da das Team in der Auseinanderset-

zung zumindest die Chance hatte, seine Problemsicht mit der anderer zu vergleichen und so allmählich zu einer realistischeren Einschätzung seiner Handlungsmöglichkeiten zu gelangen.

Gründe für Befürchtungen herausfinden

Krisenform 2 ist eigentlich nur zu bewältigen, wenn sie von Anfang an - und mit Mitteln der „Gegenmacht" - an ihrem Ausbruch gehindert wird. Im beschriebenen Beispiel könte der Projektgruppenleiter z.B. überlegen, ob sich in der Organisation andere, weniger autoritär-schematisch denkende Führungskräfte als Verbündete für die von ihm bevorzugte Form der Regelung finden lassen. Und er wird versuchen müssen, im „konstruktiven Streit" den Hintergrund der Befürchtungen herauszufinden, die zu einer pauschalen Ablehnung jeglicher Veränderung geführt haben. Der folgende Abschnitt nennt einige praktische Regeln für diese Form des Streitens.

2.8.2.4 Wichtige Regeln für konstruktives Streiten

Damit Konflikte genutzt werden können, um den ihnen zugrunde liegenden Regelungsbedarf zu identifizieren und schließlich zu einer Lösung zu kommen, müssen die Beteiligten bestimmte praktische Spielregeln produktiven und fairen Streitens beachten (vgl. NAUMANN 1995):

1. Die gemeinsame Suche nach dem Ziel der Auseinandersetzung muß so früh wie möglich einsetzen, also gleich wenn den Konfliktparteien bewußt wird, daß sie streiten. Reibereien, von denen nachträglich niemand so recht zu sagen weiß, worum es eigentlich ging, sind kräftezehrend und unfruchtbar.

2. Jede Auseinandersetzung muß einen Anfang, aber auch ein allgemein akzeptiertes Ende haben. Sobald Konflikte sich im Kreis drehen oder immer wieder aufflammen, ist das ein untrügliches Anzeichen für eine unbefriedigende Lösung. Hier kann es helfen, sich gemeinsam quasi von einer erhöhten Warte aus zu fragen, ob man schon zum eigentlichen Grund des Streits vorgedrungen ist.

3. Faire Streiter äußern klare Erwartungen oder auch Forderungen und verstecken sich nicht hinter unpersönlichen Appellen ans Projektteam im allgemeinen. So werden Sach- und Beziehungsebene nicht vermischt, und der Angesprochene kann sich z.B. gegen unrealistische Forderungen offen zur Wehr setzen.

4. In einem Team mit gut entwickelter Streitkultur werden frühzeitige Warnsignale beachtet. Scheinbar grundloses, aber immer wiederkehrendes Aufflackern gereizter Stimmung sollte in einem ruhigen Augenblick zum Anlaß genommen werden, nach den wahren Ursachen zu forschen. So können Konflikte bereits im Vorfeld entschärft und einer konstruktiven Lösung zugeführt werden.

5. Auseinandersetzungen dürfen nicht verschleppt werden. Wo immer möglich, sollten die Konflikte dann ausgetragen werden, wenn sie auftreten, denn nur so kann die mobilisierte Energie auch für die Suche nach einer Lösung nutzbar gemacht werden. Will sich ein Team nicht unmittelbar streiten kann, z.B. weil Außenstehende anwesend sind, dann sollte eine Verschiebung auf den nächst möglichen Zeitpunkt vereinbart werden, der dann aber auch unbedingt eingehalten werden muß. Immer wieder aufgeschobene Auseinandersetzungen führen entweder zu einer schwer auflösbaren Verhärtung der Gegensätze oder zur Resignation. Beides sind unproduktive Verhaltensweisen, die sich ein Projektteam nicht unnötigerweise leisten sollte.

6. Faire Streiter formulieren möglichst präzise, was genau sie stört. Statt z.B. einen jüngeren Kollegen pauschal unverschämt zu nennen, sollte sich der Verärgerte dazu durchringen, zu sagen: „Ich empfinde es als unhöflich, wenn der Betreffende zu einer Besprechung unrasiert und in Jeans erscheint". Der Angesprochene kann dann erklären, daß ein Drei-Tage-Bart modisch und Jeans in vielen Entwicklungsabteilungen ohne Kundenkontakt durchaus als Arbeitskleidung

gelten, er also niemand verärgern wollte. Die pauschale Unterstellung der Unverschämtheit läßt sich dagegen nicht so leicht durch Argumente ausräumen.

7. Ziel eines produktiven Streits ist eine Einigung und nicht der Sieg bzw. die Niederlage einer Partei, deshalb treibt kein Streiter, der an einer konstruktiven Lösung interessiert ist, einen Kontrahenten in die Enge. Wer einen Gegner zwingt, seine Schlappe einzugestehen, provoziert Rachegelüste und riskiert nur, irgendwann ohne weitere Vorwarnung (aber vom Verlierer gut vorbereitet) aus dem Hinterhalt angegriffen zu werden.

8. Emotionale Entgleisungen einer Konfliktpartei werden von allen Beteiligten mit Gelassenheit quittiert und nicht zum Anlaß für eine Verschärfung der Auseinandersetzung auf der Beziehungsebene genommen. Wutanfälle (sei es von Vorgesetzten oder Mitarbeitern) stellen zwar eine unerwünschte Überreaktion, aber ganz sicherlich kein Unglück dar. Wer starke Gefühle zeigt, ist in der Situation zumindest persönlich engagiert und taktiert nicht. Sofern die übrigen Regeln dieser groben Übersicht beachtet werden, kann so ein reinigendes Gewitter auch als Basis für die angestrebte Lösung genutzt werden. Wer allerdings die momentane Entgleisung auf der Beziehungsebene nutzen möchte, um heimlich Punkte zu sammeln, der hat wahrscheinlich Regel 7 nicht beachtet.

9. Eine Einigung ist ein Anlaß zur gemeinsamen Freude, den die ehemaligen Kontrahenten auch feiern können, weil sie durch das gemeinsame Erarbeiten einer tragfähigen Lösung nicht nur dem Projektziel ein Stück näher gekommen sind, sondern auch den Teamzusammenhalt und die Arbeitsatmosphäre verbessert haben.

Zusammenfassung

Dieses Kapitel zeigte, daß jede Organisation zeitweise mit Konflikten zu rechnen hat. Sie sollte der Austragung von Konflikten grundsätzlich offen gegenüberstehen. Konflikte verweisen u.U. auf strukturell schon länger notwendige Veränderungen. Die betreffende Organisation sollte sich mit ihnen konstruktiv auseinandersetzen, um das in ihm enthaltene Lernpotential wirklich zu nutzen.

Symptome als Warnzeichen für sich ankündigende Konflikte in einer Gruppe wurden dargestellt. Zunächst wurden intraindividuelle und interpersonale Konflikte unterschieden. Dabei spielen vor allem Bewertungs-, Beurteilungs-, Entscheidungs-, Herrschafts- und Verteilungsfragen eine Rolle. Darüber hinaus wurden auch charakteristische Arten einer Konfliktverschiebung erläutert.

Konflikte können mehrere Episoden haben und in ihrem Verlauf dann einen zyklischen Charakter annehmen. Das latent vorhandene Konfliktpotential wird den Parteien erst durch den Filter der beteiligten Personen (deren Motive, Affekte und Kognitionen) bewußt und kann auf diese Weise zum offenen (manifesten) Konfliktverhalten führen. Einige in der Organisationsstruktur selbst liegende Quellen des Konfliktpotentials wurden verdeutlicht, und speziell im Hinblick auf Projektgruppen wurde an Beispielen veranschaulicht, inwieweit deren mögliche Konfliktursachen mit ihrer organisatorischen Einbettung zusammenhängen können.

Formale Beschreibungshilfe für Konflikte veranschaulichen mögliche Lösungen in einem gemeinsamen Ereignisraum. Anhand einer analogen Beschreibung wurden typische Konfliktlösungen dargestellt, die sich unter dem Aspekt von Verteilungsproblemen (distributive Komponente) und Kooperationsfragen (integrative Komponente) ergeben.

Die psychologische Vielfalt des Konfliktgeschehens und hilfreiche Techniken wurden skizziert. Ein Prozeßmodell kooperativer Konfliktregelung, wie - unter Betreuung durch einen Moderator - in gut vorbereiteten Gesprächsrunden alle Beteiligten an einer gemeinsamen Diagnose des Konflikts arbeiten, konsensfähige Lösungsvorschläge entwickeln und die Erfolgssicherung vereinbaren.

Als Sonderformen des Konflikts wurden schließlich zwei Arten von Krisen dargestellt, bei denen spezielle Blockierungen und Erscheinungen von negativer Gruppendynamik eine Konfliktaustragung verhindern und die kooperative Konfliktregelung erschweren.

Eine Ergänzung des Kapitels bilden zwei Listen mit praktischen Regeln für die konfliktbezogene Gesprächsführung.

Literaturverzeichnis

ANTONS, K.: Praxis der Gruppendynamik. Göttingen: Hogrefe, 1975

COHN, R.: Von der Psychoanalyse zur themenzentrierten Interaktion. Stuttgart: Klett, 1975

COSER, L.A.: Continuities in the study of social conflict. New York: Free Press, 1967

ESSER, W.M.: Individuelles Konfliktverhalten in Organisationen. Stuttgart: Kohlhammer, 1975

FLEISCHER, T.: Zur Verbesserung der sozialen Kompetenz von Lehrern und Schulleitern. Hohengehren: Schneider, 1990

GAREIS, R. (Hrsg.): Erfolgsfaktor Krise . Konstruktionen, Methoden Fallstudien zum Krisenmanagement. Signum Verlag, Wien 1994

GEBERT, D. & Rosenstiel, L. von: Organisationspsychologie (3.Auflage). Stuttgart: Kohlhammer, 1992

GLASL, F.: Konfliktmanagement (3.Auflage). Bern: Haupt, 1992

NAUMANN, F.: Miteinander streiten. Die Kunst der fairen Auseinandersetzung. Hamburg: Rowohlt, 1995

PONDY, L.R.: Organisationaler Konflikt: Konzeptionen und Modelle. In: Türk, K. (Hrsg.) Organisationstheorie, 235-251. Hamburg 1975

ROSENSTIEL, L. von: Grundlagen der Organisationspsychologie (2.Auflage). Stuttgart: Poeschel, 1987

RÜTTINGER, B.: Konflikt und Konfliktlösen. Goch: BRATT-Institut für Neues Lernen, 1980

SCHOLL, W.: Grundkonzepte der Organisation. In: Schuler, H. (Hrsg.) Lehrbuch Organisationspsychologie, 409-444. Bern: Huber, 1993

THOMAS, K.W.: Conflict and conflict management. In: Dunnette, M.D. (Hrsg.) Handbook of industrial and organizational psychology, 889-935. Chicago: Rand McNally, 1976

VOPEL, K.W.: Handbuch für Gruppenleiter. Zur Theorie und Praxis der Interaktionsspiele. Hamburg: OSKO-Press, 1976

Autorenportrait

Dipl.-Psych. Marion Wittstock

Studierte Psychologie an der Universität Hamburg. Arbeitete als wiss. Projektmitarbeiterin an der TU Berlin, wissenschaftliche Mitarbeiterin am Arbeitswissenschaftlichen Forschungsinstitut GmbH Berlin und in Software-Entwicklungsprojekten bei der Nixdorf-Software-Engineering GmbH. Daneben Lehraufträge an den Universitäten Kiel, Hamburg, Leipzig und den Fachhochschulen Kiel und Hochschule der Künste Berlin. Arbeitet inzwischen freiberuflich mit den Schwerpunkten Arbeits- und Organisationspsychologie und Software-Ergonomie.

Dr. phil. Dipl.-Psych. Johannes K. Triebe

Studierte Psychologie an der Technischen Universität Berlin. War wissenschaftlicher Mitarbeiter am Lehrstuhl für Arbeits- und Organisationspsychologie der ETH Zürich und Assistent an der TU Berlin, dann wissenschaftlicher Mitarbeiter am Arbeitswissenschaftlichen Forschungsinstitut GmbH Berlin. Daneben Lehraufträge an der Universität Bern und der TU Berlin. Arbeitet inzwischen freiberuflich mit den Schwerpunkten Arbeits- und Organisationspsychologie und Software-Ergonomie.

Abbildungsverzeichnis

Abbildung 2.8-1: Grundstruktur einer Konfliktepisode (nach PONDY 1975, S. 306) 446

Abbildung 2.8-2: Zyklischer Konfliktepisodenverlauf (nach ESSER 1975, S. 27) 447

Abbildung 2.8-3: Darstellung von Lösungsalternativen (nach SCHOLL 1993, S. 435) 448

Abbildung 2.8-4: Typen von Konfliktlösungen (nach THOMAS 1976; SCHOLL 1993, S. 436) 449

Abbildung 2.8-5: Das Konfliktpotential der Organisation (nach GLASL 1992, S. 116) 450

Abbildung 2.8-6: Flußdiagramm zur kooperativen Konfliktlösung (nach FLEISCHER 1990, S. 144f.) 454

Lernzielbeschreibung

Das Ziel dieses Kapitels besteht darin, daß der Leser lernt

- Konflikte zu identifizieren und zu analysieren,
- mit bestimmten Konflikten umzugehen und

grundlegende Regeln im Umgang mit Konflikten anzuwenden.

2.9 Spezielle Kommunikationssituationen

von

Erika Grimm

Relevanznachweis

Ob im Alltag, in der Arbeitswelt oder in den zwischenmenschlichen Beziehungen, das Bindeglied aller Beziehungen ist die Kommunikation. Um sich mit anderen z.B. über zu erreichende Ziele, Aufgaben, Ergebnisse, Wünsche, Erwartungen zu verständigen, muß man kommunizieren. Häufig steht man in Arbeitssituationen vor der Anforderung, in begrenzter Zeit Ergebnisse zu präsentieren, dabei unterschiedlichen Erwartungen gerecht zu werden und nicht zuletzt, andere zu begeistern, sie „mitzureißen". Spätestens dann steht man vor der Frage, wie kommuniziere ich „richtig", wie übermittle ich meine „Message", um andere auch wirklich zu erreichen und welche Techniken und Methoden stehen dafür zur Verfügung.

Zu den dominanten Formen, die bisher das Mitteilungsgeschehen auf Fachkonferenzen, Arbeitsbesprechungen, Versammlungen usw. prägten, zählen Vortrag mit oft anschließender Diskussion. Seit etwa zehn Jahren hat sich das Spektrum beträchtlich erweitert. Zu den gebräuchlichsten Methoden gehören die Moderations-, Präsentations- und Kreativitätstechniken. Mit dem Einsatz dieser Methoden können vor allem zwei Ziele erreicht werden: Erstens eigene Ideen und Lösungen strukturiert und erwartungsgerecht zu übermitteln. Zweitens sollen sie dazu beitragen, die Einseitigkeit und den Expertenstatus der Vortragenden aufzuheben und aus Zuhörern aktive Gesprächspartner machen.

In diesem Kapitel werden spezifische Kommunikationsmethoden und Techniken beschrieben, wie sie im Projektmanagement Anwendung finden.

Inhaltsverzeichnis

2.9.1 Moderation von Besprechungen	469
2.9.2 Moderation und Strukturierung einer Projektgruppensitzung	470
2.9.3 Moderation eines Workshops	476
2.9.4 Verhandlungsführung	478
2.9.5 Präsentation im Projekt	479
2.9.6 Organisation und Moderation eines Brainstormings	484

2.9.1 Moderation von Besprechungen

In jeder Organisation gibt es eine Vielzahl von Anlässen, sich zu Besprechungen zusammenzusetzen (daher der Name Sitzungen). Solche Anlässe sind z.B. Dispositionsbesprechungen, Pflichtenheftabstimmungen, Stategiediskussionen, Mitarbeiterbesprechungen, Tagesplanungen usw. Besprechungen sind eine teure Art der Kommunikation, weil viele Menschen (häufig hochdotierte) über eine längere Zeit zusammenkommen. Besprechungen sollten deshalb nur einberufen werden, wenn das angestrebte Ergebnis sich nicht anders erreichen läßt. Sehr wichtig ist es, zu erkennen, was der Zweck der Besprechung ist, z.B. periodische Review-Berichte, Krisenmanagement, Entscheidungen herbeizuführen, Diskussionen zu moderieren usw. Zuerst sollten Sie sich deshalb darüber klar werden, warum eine Besprechung einberufen werden soll. Was soll mit der Besprechung erreicht werden?

Zweck von Besprechungen erkennen!

Aus diesem Grunde sollten Besprechungen moderiert werden. Einige praktische Hinweise für eine gute Moderation von Besprechungen liefert die folgende Übersicht:

- Die Einführung ist wichtig und muß sorgfältig geplant werden. Die Beteiligten müssen sich über das Ziel des Gruppengesprächs im klaren sein. Sie müssen wissen, warum sie hier sind, was erreicht werden soll, wie gearbeitet wird, was mit den Resultaten geschieht, wie es anschließend weitergeht usw. Die Zielsetzung einer Besprechung sollte sich an folgenden Kriterien orientieren:

    Ziele sollten eindeutig, meßbar, überprüfbar sein

    - Das Ziel muß klar und eindeutig formuliert sein, ggf. durch Gruppe modifizierbar.
    - Das Ziel muß als Ergebniserwartung formuliert sein, nach dem gehandelt werden kann.
    - Die Zielerreichung muß am Ende der Besprechung überprüfbar sein.

- Vertrauen schaffen ist wichtig. Beteiligte müssen die Möglichkeit haben, ihre Meinung frei zu äußern. Oft muß zuerst auch die Gelegenheit bestehen, Frustrationen zu äußern und „Dampf abzulassen", bevor ein nächster Schritt möglich ist.

- Zur gekonnten Moderation gehört es, die eigene Meinung und Einschätzung zurückzuhalten und auf Interpretationen der Äußerungen von Gruppenmitgliedern zu verzichten. **Wichtig ist das Zuhören, das Verstehen und das gezielte Nachfragen**, um möglicherweise unklare Äußerungen von Gruppenmitgliedern zu präzisieren und zu klären.

    Eigene Meinung zurückhalten!

- Es ist nicht immer das Ziel, Konsens in der Gruppe zu suchen. Es dürfen durchaus gegensätzliche Meinungen und Aussagen bestehen. Wichtig ist es jedoch, der Gruppe zu helfen, zwischen Fakten und subjektiven Bewertungen zu unterscheiden. Bestehen Sie auf einer diesbezüglichen Klärung.

- Flip-Chart-Protokolle sind vor allem dann hilfreich und aussagefähig, wenn möglichst wörtliche Zitate, Begriffe, „Bilder" usw. notiert bzw. skizziert werden.

- Die Praxis der Moderation zeigt immer wieder, daß eine Kommunikation in großen Gruppen nur schwerfällig zustande kommt. Es erfordert allein schon viel Zeit, wenn alle zu Wort kommen wollen. Deshalb ist es sinnvoll, große Gruppen zeitweilig in kleinere Gruppen aufzuteilen. Eine Kleingruppe sollte dabei idealerweise nicht mehr als sechs, sieben Mitglieder umfassen. Ein Wechsel zwischen Klein- und Großgruppe hat zudem den Vorteil, daß alle Mitglieder sich einbringen können und nicht nur die Vielredner.

Protokollieren! Überhaupt ist das Protokollieren sehr wichtig „Was man schreibt, das bleibt". Es sollte deshalb jeweils ein Protokollant gesucht werden, der die wichtigsten Ergebnisse sichtbar aufschreibt, aber nicht zensiert.

Die Organisation der Besprechung sollte gut vorbereitet sein. Dazu gehört:

- Programm und mögliche Arbeitsmaterialien bereitstellen
  (evtl. vorher an die Teilnehmer verschicken).
- Ort, Zeit und Dauer sollen allen Beteiligten bekannt sein.
- Räumlichkeiten und Hilfsmittel (Flip-Chart, Papier, Wandtafeln usw.) müssen Besprechungsziel und Teilnehmerzahl angepaßt sein.
- Für ausreichend Erfrischungsgetränke sorgen.

Die besondere Anforderung an die Moderation einer Besprechung besteht darin, das vielschichtige Erfahrungspotential der Gruppe sichtbar zu machen, die Aktivität der Mitglieder anzuregen, ihr Interesse zu wecken und wachzuhalten. Synergien der Projektgruppe entstehen nicht im Selbstlauf. Der Moderator muß es verstehen, die verschiedenen Sichtweisen/Perspektiven, Qualifikationen und Erfahrungen der Projektmitglieder auf das zu lösende Problem immer wieder zusammenzuführen und in den Diskussionsprozeß einfließen zu lassen.

Zur Durchführung der Moderation sind einige Diskussionstechniken hilfreich:

- **30 Sekunden-Regel**: Kein Teilnehmer sollte länger als etwa 30 Sekunden ununterbrochen reden. Damit werden langatmige und abschweifende Monologe verhindert. Der Moderator muß strikt auf die Einhaltung der Regel achten.

- **Visualisierung der Aussagen**: Bestimmte Aussagen der Teilnehmer werden vom Moderator (oder einem Vertreter, den er darum bitten kann) an einem Flip-Chart oder Tafel aufgeschrieben oder besser sogar als Bild aufgezeichnet. Der Zweck dieser Maßnahme besteht darin, daß Aussagen nicht verloren gehen, daß sie allen ständig präsent sind und untereinander in Beziehung gesetzt werden können und das Bilder sich besser einprägen.

- **Blitzlicht**: Am Ende einer Sitzung ist es sinnvoll, die Teilnehmer die Sitzung einschätzen zu lassen. Sie sollen die Ergebnisse mit ihren Erwartungen vergleichen und eine Rückmeldung (Feedback) darüber geben, wie sie die Sitzung empfunden haben (Zufriedenheit).

2.9.2 Moderation und Strukturierung einer Projektgruppensitzung

Der typische Ablauf einer Projektgruppensitzung im Arbeitsalltag beginnt meist damit, daß der Sitzungsleiter eine wohl strukturierte Tagesordnung den Teilnehmern zur Kenntnis gibt. Diese beinhaltet eine lange Liste abzuarbeitender Probleme, Lösungsvarianten sind häufig schon angedacht, die zeitlichen Rahmenbedingungen sind dagegen sehr begrenzt, um eigene Vorschläge, Einschätzungen oder Probleme einzubringen und sich mit anderen darüber auszutauschen. Der Diskussionsverlauf nimmt unter solchen Bedingungen eher chaotische Formen an, alle wollen (häufig zur gleichen Zeit) mitreden, man versucht sich als Diskussionsredner durchzusetzen.

Es ist deshalb nicht verwunderlich, wenn nach stundenlangen Debatten bei vielen Teilnehmern ein Gefühl der Unzufriedenheit mit dem „Besprechungsergebnis" bleibt.

Was kann man also tun, um eine Projektgruppensitzung so vorzubereiten und durchzuführen, daß ein offenes Diskussionsklima entsteht, Synergien genutzt und die Leistungsfähigkeit aller Betei-

2.9 Spezielle Kommunikationssituationen

ligten hergestellt werden kann. Zunächst kommt es ganz auf die Haltung an, die man dabei einnehmen will. Es ist schon ein Unterschied, ob man eine Sitzung „leiten" oder **„moderieren"** will. Eine gute Moderation zeichnet sich dadurch aus, daß der Meinungs- und Willensprozeß der Gruppe unterstützt und erleichtert wird, eigene Meinungen, Ziele und Wertungen dagegen zurückgehalten werden. Abbildung 2.9-1 zeigt eine Auswahl von **„Regeln"**, die ein solches Verhalten beschreiben (KLEBERT 1985).

Fragen statt Sagen!

Fragen setzt Kommunikation in Gang, sagen (Antworten parat haben, immer das "Richtige" wissen) engt die Kommunikation ein.

Moderation gruppenspezifisch, flexibel und situativ einsetzen!

Die Erwartungen der Teilnehmer an Arbeitsbesprechungen, Vorwissen und Berufserfahrungen sind unterschiedlich ausgeprägt, die Teilnehmer dort abholen, wo sie stehen, fördert den Kommunikationsprozeß.

Der Moderator "steuert", die Gruppe gibt den Kurs an!

Vertrauen haben in das Wissen und die Fähigkeit der Teilnehmer, jede Meinung gelten lassen und in den Diskussionsprozeß einbeziehen.

Nonverbale Signale beachten!

Die Körpersprache "verrät" die Gefühle, das Wohlbefinden der anderen Menschen. Es müssen Gelegenheiten vorhanden sein, um diese Stimmungen zum Ausdruck bringen zu können.

Abbildung 2.9-1: Allgemeine Moderationsregeln

In die Vorbereitung einer Projektgruppensitzung sollten auch die Teilnehmer frühzeitig einbezogen werden. Für den Moderator bietet dieses Vorgehen den Vorteil, sich vorab mit Problemen und Themen der Teilnehmer zu beschäftigen. Die Teilnehmer erhalten vorab einen Eindruck, welche Schwerpunkte beredet werden sollen und können sich dadurch aktiv auf die Besprechung einstimmen. Dies ist allein mit dem Einladungsschreiben kaum zu erreichen.

Es gibt mehrere Möglichkeiten, die Teilnehmer anzusprechen, damit steigt aber der Vorbereitungsaufwand.

1. Vorbereitungsworkshop

Man führt einen ein- bis zweistündigen Vorbereitungsworkshop durch, um die Fragen, Probleme und Erwartungen der Teilnehmer aufzunehmen. Dazu eignet sich die Anwendung der **Metaplan-Kartentechnik** (KLEBERT 1985). Wenn in einer Sitzung mehr als fünf Beteiligte gemeinsam diskutieren wollen, ist es meist sehr schwierig, alle gleichberechtigt und aktiv einzubeziehen. Durch die Kartenabfrage erleben die Teilnehmer, daß andere ähnliche Fragen und Probleme haben. Durch dieses Vorgehen wird der Grad der Offenheit und Vertrautheit in der Projektgruppe erheblich gesteigert. Der Moderator stellt eine Frage und schreibt diese mit großen Buchstaben an die Pinnwand (Metaplan-Wand). Z.B. „Worüber sollten wir auf der Sitzung sprechen?" Alle Anwesenden schreiben ihre Antwort ebenfalls groß und deutlich (lesbar) auf eine Karte (für jede Aussage nur eine Karte benutzen). Gemeinsam werden die Karten nach inhaltlichen Gesichtspunkten sortiert,

Technik der Kartenabfrage nutzen!

hinterfragt (was der Inhalt bedeutet) und mit einer Überschrift versehen. Es ist für die Identifikation und Motivation der Teilnehmer sehr wichtig, daß die Zuordnung der Einzelkarten zu den Überschriften nicht durch den Moderator bestimmt wird, sondern Ergebnis der Gruppendiskussion sind.

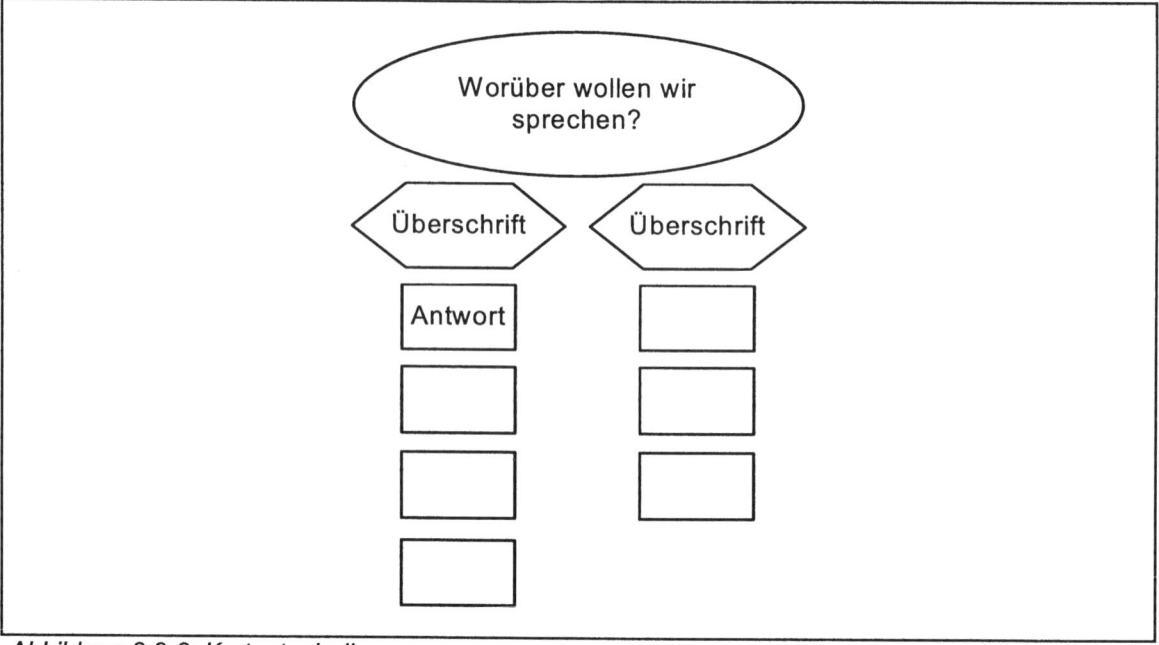

Abbildung 2.9-2: Kartentechnik

Im Ergebnis des Vorbereitungsworkshops entsteht eine strukturierte Themen- oder **Problemliste**, die als Ausgangspunkt für die eigentliche Arbeitsbesprechung dient.

2. Fragebogen

Eine andere gute Möglichkeit besteht auch darin, vorher einen kurzen **Fragebogen** zu entwickeln, um Themenwünsche und Problemschwerpunkte der Teilnehmer aufzunehmen. Wenn es gelingt, die Ziele dieser Aktion den Teilnehmern transparent zu machen, werden sie bereit sein, an der Befragung teilzunehmen. Auch bei diesem Vorgehen kann man verschiedene Varianten einsetzen. Man gibt Themen vor und läßt diese nach Schwerpunkten gewichten. Es ist aber auch möglich, daß die Teilnehmer in Stichworten Themenwünsche notieren.

Fragebogen zur Vorbereitung

1. Welche Themen sollen besprochen werden (Zutreffendes bitte ankreuzen):
- Qualitätssteigerung
- Termintreue
- Kostensenkung
...

2. Nennen Sie bitte wichtige Themen aus ihrem Arbeitsbereich
....
....

Abbildung 2.9-3: Entwicklung eines Fragebogens

2.9 Spezielle Kommunikationssituationen

Die eingegangenen Fragebögen werden durch den Moderator (oder Teilnehmern der Arbeitsbesprechung) ausgewertet und die Ergebnisse können die Grundlage für die inhaltliche Struktur der Arbeitsbesprechung bilden.

Wenn die vorgeschlagenen Möglichkeiten der gemeinsamen Vorbereitung der Projektgruppensitzung zu aufwendig sind, dann sollte das Einladungsschreiben etwas ausführlicher gehalten sein. Ziele, Themenschwerpunkte und Erwartungen sollten erkennen lassen, daß eine kooperative Form der Zusammenarbeit bevorsteht. Neben den inhaltlichen Vorbereitungen ist natürlich eine Reihe organisatorischer Aufgaben zu bewältigen. Der Tagungsraum (Stuhlordnung z.B. kreisförmig anordnen), die Bereitstellung und Funktionstüchtigkeit der technischen Mittel (Metaplan-Wand, Moderationskoffer, Flip-Chart, Tageslichtprojektor) Tagungsgetränke und Arbeitsmaterialien spielen für eine erfolgreiche Arbeitsbesprechung eine erhebliche Rolle.

Gründliche organisatorische Vorbereitung

Eine gute Vorbereitung sichert schon den halben Erfolg der Arbeitsbesprechung. Für die inhaltliche Gestaltung und Strukturierung der Sitzung sollten folgende **Moderationsregeln** (SELL 1993) beherzigt werden:

- gemeinsames Verständnis über die Aufgabenstellung herstellen

- Vorgehensweise mit der Arbeitsgruppe besprechen und festlegen

- nach Diskussionsphasen Zwischenergebnisse visualisieren und zusammenfasen

- Mißverständnisse und Störungen erkennen und (z.B. durch Rückfragen) ausräumen

---

Abbildung 2.9-4: Moderationsregeln für eine Projektgruppensitzung

Eine moderierte Arbeitsbesprechung ist in mehreren Phasen untergliedert:

1. Begrüßung

2. Anwärmen

3. Problemorientierung

4. Problemdiskussion

5. Handlungsorientierung

6. Abschluß

Ein **idealtypischer Ablauf** kann in Abbildung 2.9-5 beschrieben werden.

Arbeitsschritte	Arbeitsweise	Zeit	Methoden
1. Begrüßung	- Ziele der Veranstaltung - Vorstellung aller Teilnehmer - Rahmenbedingungen (Pausenplan) klären	5 min.	Visualisierung am Flipchart
2. Anwärmen	- Erwartungen und Ziele - Problembezug herstellen	10 min	Ein-Punkt-Fragen Zuruf-Fragen
3. Problemorientierung	- Problemliste erarbeiten und bewerten	30 min	Kartentechnik
4. Problemdiskussion	- Arbeit in Klein- oder Untergruppen	45 min	Flipchart
5. Handlungsorientierung	- Ergebnisse bewerten - Tätigkeitskatalog erstellen - Folgeaktivitäten planen	15 min	Kartentechnik
6. Abschluß	- Unbeantwortete Fragen - Abschlußbewertung	15 min	Flipchart Ein-Punkt-Frage

Abbildung 2.9-5: Problembearbeitungsprozeß (KLEBERT 1985)

Mit der Begrüßung und Vorstellung der Teilnehmer (wenn diese sich nicht aus Arbeitszusammenhängen kennen), stellt man auch die gewünschte Arbeitsatmosphäre her. Moderator und Teilnehmer sollen sich deshalb möglichst früh über ihre Erwartungen und Ziele verständigen. Wenn vorab eine „Tagesordnung" vereinbart wurde, sollten die Themen und der Zeitplan am Flip-Chart für alle visualisiert werden.

Aufmerksamkeit und Gedächtnisleistung erhöhen

Visualisierung (KLEBERT 1985) steigert die Aufmerksamkeit, Konzentration und Merkfähigkeit und spricht alle Wahrnehmungskanäle des Menschen an. Werden Informationen durch Hören und Sehen aufgenommen, wird eine Behaltenswahrscheinlichkeit von mehr als 50% erreicht.

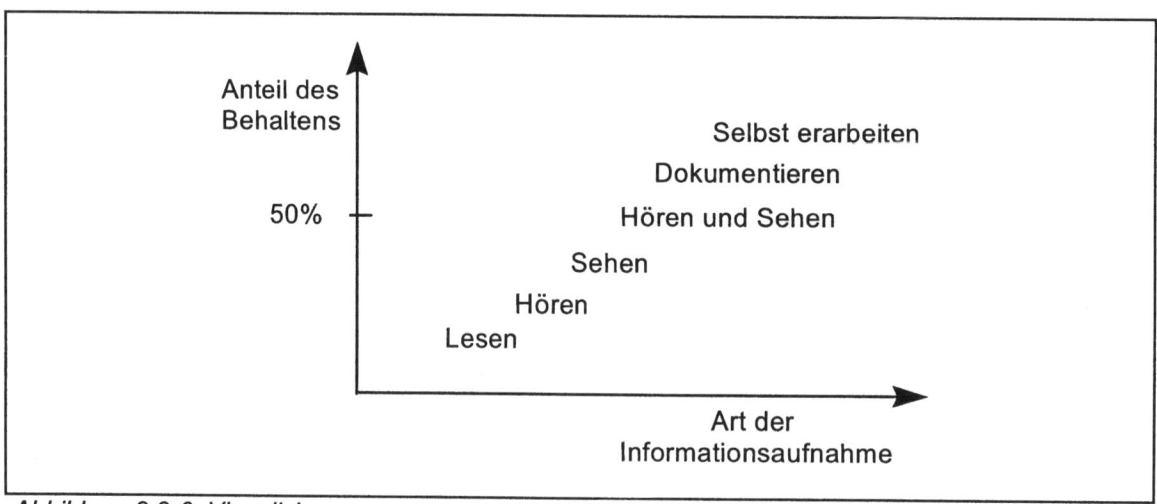

Abbildung 2.9-6: Visualisierung

Als Einstiegsfragen, die eben auch ein offenes Klima ermöglichen sollen, eignen sich **Ein-Punkt- und Zuruf-Fragen**.

Beispiel für eine Ein-Punkt-Frage: Was erwarten Sie von der Arbeitsbesprechung?
Größeres Verständnis, bessere Übersicht, erweiterten Handlungsspielraum, persönlichen Nutzen, ...

2.9 Spezielle Kommunikationssituationen

Die Frage wird an den Flip-Chart oder an die mit Packpapier befestigte Moderationstafel geschrieben. Die Teilnehmer erhalten Bewertungspunkte und kleben die Punkte in das für sie zutreffende Antwortfeld.

Beispiel einer Zuruf-Frage: Welche Ergebnisse können aus Ihrer Sicht erwartet werden?

Die Frage wird an das Flip-Chart geschrieben, die Teilnehmer „rufen" dem Moderator die Antworten zu. Alle Antworten werden notiert. Für das Notieren kann auch ein Mitglied der Arbeitsgruppe herangezogen werden.

Für die ersten zwei Arbeitsschritte sollte nicht mehr als 20 Minuten Zeitumfang geplant werden. Die dritte und vierte Phase umfaßt die **Problembearbeitung** und nimmt den größten Zeitumfang ein. Im ersten Teil wird mit der Kartentechnik eine Problemliste erarbeitet. (Das Vorgehen ist in der Vorbereitungsphase dargestellt worden.) Sinn und Zweck der Kartentechnik muß den Teilnehmern erläutert werden, besonders ungeübte Teilnehmer äußern anfangs Bedenken zum Vorgehen. Wenn die strukturierte Problemliste vorliegt, ist es notwendig, die bisherigen Arbeitsergebnisse zusammenzufassen. Alle Teilnehmer erhalten die Möglichkeit, Anmerkungen, Zustimmungen oder Befürchtungen zu äußern. Anschließend kann die Arbeit in Klein- oder Untergruppen fortgesetzt werden.

Den aufgelisteten Themen werden **Kleingruppen** zugeordnet. Das Ziel besteht darin, Lösungsvorschläge intensiv zu diskutieren und die Ergebnisse (in visualisierter Form) der gesamten Arbeitsgruppe vorzustellen. Die Kleingruppe sollte aus drei bis fünf Mitgliedern bestehen. In den letzten Bearbeitungsphasen werden die Gruppenergebnisse vorgestellt und ein **Tätigkeitskatalog** erarbeitet. **Dabei ist es wichtig, nur die Ergebnisse aufzunehmen, die auch tatsächlich bewältigt werden können.**

In Kleingruppen arbeiten

Tätigkeitskatalog			
Was	wer	mit wem	bis wann
1			
2			
3			

Abbildung 2.9-7: Tätigkeitskatalog

In der Regel gelingt es kaum, in einer Projektgruppensitzung alle Probleme abzuarbeiten. Aus diesem Grund sollten Festlegungen getroffen werden, wie weiter zu verfahren ist. Die gebräuchlichste Form der Planung von Folgeaktivitäten besteht wohl darin, Probleme zu vertagen. Es gibt aber auch andere Möglichkeiten, Probleme und angedachte Lösungsvorschläge weiter zu bearbeiten, z.B. durch die Bildung zeitlich befristeter Projektgruppen. Der Ausklang der Veranstaltung sollte mit einem abschließenden „**Blitzlicht**" enden. Dafür eignet sich eine Frage nach der Zufriedenheit der Teilnehmer oder nach dem Erfüllungsstand der zu Beginn der Sitzung geäußerten Erwartungen. Das Befinden der Teilnehmer am Ende einer solchen Veranstaltung bestimmt zu einem guten Teil die Motivation der nächsten Arbeitsbesprechungen. Als Moderator gewinnt man aus dem Blitzlicht eine Reihe lehrreicher Erfahrungen.

Fortsetzung der Problembearbeitung vereinbaren

Projektstart und Projektabschluß besonders vorbereiten

Eine besondere Form der Moderation von Projektgruppensitzungen bezieht sich auf den Projektstart und auf das Projektende. Der Projektstart ist für den Erfolg eines Projektes von entscheidender Bedeutung. Fehler, die hier gemacht werden, können nur schwer korrigiert werden. Dem Projektstart muß deshalb besondere Aufmerksamkeit geschenkt werden. Bevor die Projektgruppe ihre Arbeit aufnehmen kann, sollte ein erstes Treffen (start-up-meeting) stattfinden, um das gegenseitige Kennenlernen zu erleichtern sowie „Regeln" der Zusammenarbeit gemeinsam zu erarbeiten. Die gegenseitige Vorstellung kann ganz zwanglos gehalten sein. Neben den individuellen Angaben (Name, Funktion usw.) können z.B. auch Hobbys, andere Interessen und „Spitznamen" genannt werden. Diese andere Art der Vorstellung schafft erstes Vertrauen und ein offenes Klima (und läßt manche Hierarchieebene oder den Expertenstatus schneller vergessen). Es empfiehlt sich, sehr früh gemeinsame Regeln der Sitzungen zu vereinbaren, also sich darüber zu verständigen, ob z.B. Entscheidungen nur im Konsens zu treffen sind, die Mitglieder formlos miteinander umgehen, nach jeder Projektgruppensitzung ein Protokoll anzufertigen ist usw. (KÖNIG 1996). Diese Regeln werden gemeinsam erarbeitet. Beim ersten Mal erarbeiten die Projektgruppenmitglieder außerdem ihre Erwartungen und Ziele. Für den ersten Verständigungsprozeß benötigt die Gruppe einen größeren Zeitumfang, eine gemeinsame Sprache muß gefunden werden. Häufig werden nämlich gleiche Begriffe verwendet, die aber individuell unterschiedlich interpretiert bzw. gedeutet werden.

Ist die Arbeit der Projektgruppe beendet, treffen sich die Mitglieder ein letztes Mal, um die gesammelten Erfahrungen aufzuarbeiten und auszuwerten. Besonders, wenn das Projekt nicht so erfolgreich endet oder konfliktreich verlief, ist ein Abschlußpunkt unbedingt zu setzen. Folgende Fragen sollten beim Projektende behandelt werden:

- Was ist gut /schlecht gelaufen?
- Welche positiven/kritischen Ereignisse sind aus der Projektgruppenarbeit hervorzuheben?
- Wer oder was waren z.B. „Zeiträuber"?
- Was würden wir beim nächsten Mal anders machen?
- Worin besteht der Neuheitswert unserer Arbeit?
- Welche Arbeitsweisen haben sich bewährt?
- Was können wir anderen Gruppen vermitteln.

2.9.3 Moderation eines Workshops

Workshops brauchen eine besondere Arbeitsatmosphäre

Workshops sind eine besondere Form von Besprechungen. Sie dienen dazu, sich intensiver mit einer Thematik auseinanderzusetzen und nach Lösungen zu suchen. Deshalb sollten Workshops auch nicht mehr als 12 Personen umfassen. Die Räumlichkeiten sollten groß genug sein, damit genügend Platz für Kleingruppenarbeit vorhanden ist. Um den Ablauf der Workshops nicht zu stören, empfiehlt es sich, sie außerhalb des Arbeitsplatzes stattfinden zu lassen. Die Teilnehmer gewinnen dadurch Abstand von „Tagesgeschäft" und der Störungsanteil durch Telefonanrufe usw. ist geringer.

Standortbestimmung

Der Ablauf des Workshops besteht aus zwei Arbeitsphasen. Der erste Tag (oder dafür vorgesehene Zeitraum) beginnt mit dem **Teamdiagnose-Workshop**. Teamdiagnose umschließt dabei eine Art Standortbestimmung des Teams. Die entsprechende Fragen zur Teamdiagnose lauten:

- Zu welchem Zweck sind wir zusammengekommen?
- Was sind unsere gemeinsamen Ziele?
- Wo stehen wir?

Nach einer angemessenen Unterbrechung (z.B. Nachtruhe) kann die Arbeit mit dem **Teamentwicklungs-Workshop** fortgesetzt werden. Die entsprechenden Frage dazu lauten:

2.9 Spezielle Kommunikationssituationen

- Wo wollen wir hin?
- Was müssen wir tun, um die Probleme zu lösen und die Ziele zu erreichen?
- Was muß im einzelnen wie gemacht werden, um die Ziele zu erreichen?

Für die zweite Phase ist ein größerer Zeitraum vorgesehen. Zuerst werden die Visionen der Beteiligten sichtbar gemacht. Nach einer längeren Pause widmet man sich den realistischen Maßnahmen und Lösungswegen. Ziel dieses mehrstufigen Workshop-Vorgehens ist es, die Organisationsmitglieder von einem Ist-Zustand in einen von ihnen erstrebten Soll-Zustand zu versetzen (FRENCH 1977).

Visionen sichtbar machen

Gruppenentwicklung in Projektgruppen

Teamdiagnose	**Teamentwicklung**
Standortbestimmung	Zielbestimmung
Beschreibung des Ist-Zustandes	Beschreibung des Soll-Zustandes

Erarbeitung eines Tätigkeitskataloges

Abbildung 2.9-8: Gruppenentwicklung in Projektgruppen

Der Diagnose-Workshop dient der Beschreibung des Ist-Zustands. Bevor die eigentliche Arbeit beginnt, betont der Moderator die Notwendigkeit einer offenen und ehrlichen Diskussion, in der jeder seine Ängste und Probleme aussprechen kann und stimmt die Teilnehmer auf ein produktives „Miteinander" ein. Aus der vorab charakterisierten Krisensituation leitet der Moderator die Fragestellung (Visualisierung an der Moderationstafel) ab, z.B.: Wie schätzen wir unsere Arbeitsbeziehungen ein? Können/Wollen wir noch zusammen arbeiten? Welche Dinge machen wir falsch? Welche Probleme machen uns am meisten zu schaffen? Das methodische Vorgehen ist an der Kartentechnik orientiert (vgl. Moderation einer Arbeitssitzung). Im Diskussionsprozeß werden Schwächen, Probleme und Ängste identifiziert, die bisher jeder für sich allein verspürte und die jetzt transparent und öffentlich gemacht werden. Nach einer kurzen Zusammenfassung durch den Moderator sollte die Arbeit im Workshop beendet werden.

Ängste und Probleme aussprechen lassen

Der Teamentwicklungs-Workshop beginnt mit einer Fragestellung (Visualisierung an der Moderationstafel), die den Soll-Zustand zum Ausdruck bringt, z.B.: Welche Visionen haben wir? Wie soll unsere Zusammenarbeit zukünftig aussehen? Welche Ziele wollen wir erreichen? Unter Anwendung der Kartentechnik äußern die Teilnehmer ihre Vorstellungen (Visionen) und Erwartungen. Alle Karten werden hinterfragt, strukturiert und einer Überschrift zugeordnet. Nachdem die Stärken und Ziele der Organisationsmitglieder bewußt in den Vordergrund gestellt sind, soll ein Zwischen-Fazit des Moderators erfolgen. Die zweite Phase des Teamentwicklungs-Workshops ist auf konkrete Lösungsstrategien, Vorschläge und Maßnahmen gerichtet. Fragestellungen (Visualisierung an der Moderationstafel) sind z.B.: Was müssen wir in der Zusammenarbeit ändern? Welche Probleme müssen wir sofort lösen? Was müssen wir tun, um unsere (langfristigen) Strategien zu verwirklichen? Ist die Sammlung der Themenliste (Kartentechnik) abgeschlossen, werden Prioritäten gesetzt (Bewertung mit Selbstklebepunkten) und ein Maßnahmenkatalog (am Flip-Chart dokumentieren) erstellt (vgl. auch **Tätigkeitskatalog**).

Ein abschließendes **Blitzlicht** und ein angenehmer Ausklang des Workshops (gemeinsames Essen) beleben das „neu" gefundene oder entstandene Arbeitsklima, bevor Moderator und Organisationsmitglieder in den Arbeitsalltag zurückkehren.

2.9.4 Verhandlungsführung

Verhandeln heißt Menschen überzeugen

Verhandlungen finden immer dann statt, wenn zwei oder mehr Personen eine Aufgabe lösen wollen und unterschiedliche Vorstellungen darüber haben. Verhandlungen sind also einerseits etwas sehr Alltägliches, andererseits sind sie eine besondere Situation und Form der Kommunikation. Schließlich soll jemand von seiner Position abgebracht werden, um sich einer anderen (möglichst der eigenen) Position anzuschließen. Die Alltagserfahrungen zeigen, daß solche Prozesse auch konfliktreich verlaufen, Störungen hervorrufen und zwischenmenschliche Beziehungen belasten (vgl. Kapitel 2.8).

Verhandlungen führen, ohne Konflikte zu provozieren, erfordert ein „synthetisches" Verhalten der Akteure. Angriff ist nicht die beste Verteidigung, sondern nach Gemeinsamkeiten der geäußerten Positionen suchen, ist Grundsatz der Verhandlungsführung. Typische Verhandlungssituationen entstehen im Arbeitsalltag, wenn unterschiedliche Erwartungen, Begriffsbestimmungen, Interessen und Bedürfnisse sowie Positionen zum Tragen kommen. Die Perspektive wechseln (bei unterschiedlichen Erwartungen), sich in die Position des anderen versetzen (z.B. bei Interessengegensätzen), diese zu kommunizieren und den kleinsten gemeinsamen Nenner suchen, um dann gemeinsam eine „neue" Sicht einzunehmen, sind weitere Verhandlungselemente.

Allgemeine Regeln sind in Abbildung 2.9-9 dargestellt:

> "Nie beleidigen.
>
> Nie in die Irre führen.
>
> Nie den anderen beschuldigen.
>
> Den Vorschlag des Verhandlungspartners als eine der möglichen Alternativen ansehen.
>
> Rapport herstellen, den anderen auf die gleiche Wellenlänge bringen.
>
> Bitten Sie um eine Pause zum Nachdenken, wenn Sie über einen neuen Vorschlag erst einmal nachdenken müssen
>
> Sich selbst und den anderen gut beobachten, auf Körpersignale achten."

Abbildung 2.9-9: Verhandlungsregeln (nach CZICHOS 1993, S. 234)

Um Verhandlungen optimal führen zu können und ein ausgewogenes Verhandlungsergebnis zu erzielen, gibt es eine Reihe von Grundsätzen, die in den verschiedenen Phasen der Verhandlungsführung einfließen sollten.

2.9 Spezielle Kommunikationssituationen

Phasen der Verhandlungsführung (Fragestellungen)	Verhandlungsgrundsätze
1. Vorbereitung Über welche Themen soll verhandelt werden? Sind Vorverhandlungen notwendig/sinnvoll? Verfügt man über Verhandlungserfahrungen?	Sammlung und Aufbereitung der relevanten Daten zum Verhandlungsgegenstand Analyse der Streitpunkte Bestimmung des Verhandlungsspielraums
2. Ablauf Was soll mit der Verhandlung grundsätzlich erreicht werden? Welche Kompromisse und welche Alternativen sind möglich?	Aufstellen einer arbeitsfähigen Tagesordnung Formulierung der gegenseitigen Ansprüche Anwendung alternativer Arbeitsweisen und Vorschläge Vermeidung von Tricks
3. Verhandlungsabschluß Welche Vereinbarungen müssen zusätzlich getroffen werden?	Klare schriftliche Protokollierung der Übereinkunft (Schnelle) Information der Betroffenen (Auftraggeber, Vorgesetzte...)

Abbildung 2.9-10: Verhandlungsgrundsätze

2.9.5 Präsentation im Projekt

Arbeitsergebnisse, Ideen oder Vorschläge zu präsentieren gehört zu jeder Projektarbeit. Gerade bei Präsentationen sollten Absicht und Wirkung der Kommunikation genauestens überlegt sein. Bei der Präsentation geht es darum, mit Hilfe wirkungsvoller und sprachlicher und bildhafter Mittel einen bestimmten Inhalt für eine bestimmte Zielgruppe so darzustellen, daß ein gesetztes Ziel erreicht wird. Mit einer mißlungenen Präsentation kann eine gute Projektarbeit zunichte gemacht werden.

Präsentation sorgfältig vorbereiten

Ausgangspunkt für jeden Redner / Präsentierenden sollte die Erinnerung an die eigene erlebte „Leidensrolle" als Zuhörer sein. Wie häufig erlebt man langweilige Folien-Präsentationen, eine Folie ist noch nicht gelesen, schon folgt die nächste. Und dann ist auch noch die Schrift zu klein. Der präsentierte Fachwortschatz ist beeindruckend, man weiß allerdings nicht genau, worum es eigentlich geht. Und wie sieht es erst mit dem Erinnerungsvermögen nach einem Vortrag aus? Experimente zeigen, daß bereits eine Stunde nach einem Vortrag mehr als die Hälfte aller Informationen nicht mehr bewußt gespeichert sind.

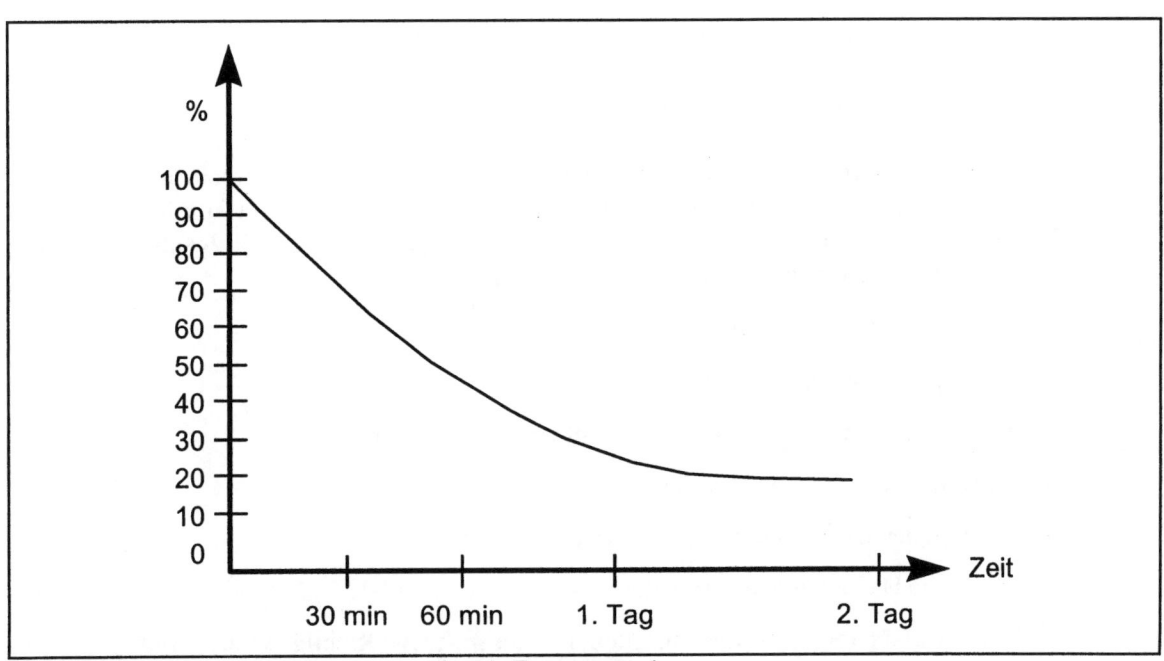

Abbildung 2.9-11: Vergessenskurve (nach EBBINGHAUS)

Durch Präsentationstechniken, die mehrere Wahrnehmungskanäle (Sehen und Hören, Mitarbeiten, **Visualisierung**) ansprechen, kann man diesen Anteil beträchtlich erhöhen (siehe Kapitel 2.2). Die Behaltenswahrscheinlichkeit nimmt mit dem Eigenanteil am Erarbeiten von Informationen zu. Aus diesem Grund sollte die Präsentation so aufgebaut sein, daß die Zuhörer zwischen den einzelnen Präsentationsphasen aktiviert und zum „Mitmachen" angeregt werden. Verschiedene Möglichkeiten kann man dazu nutzen:

- an Bekanntes anschließen (Wie Sie alle wissen...);
- Zwischenfragen zu einem noch nicht präsentierten Ergebnis stellen
  (Was glauben Sie, wie die Entscheidung ausgefallen ist? Können Sie sich vorstellen, wie wir das gemacht haben?);
- nach Ideen der Zuhörer fragen
  (Haben Sie noch (bessere) Ideen zu dieser Sache? - Kartentechnik einsetzen).

Eine erfolgreiche Präsentation lebt nicht von den Fachinhalten allein, es kommt auch auf eine gute Dramaturgie und Zeiteinteilung an.

Für die inhaltliche Vorbereitung sind folgende Fragestellungen hilfreich:

- Was soll dargestellt werden?
- Wie ist der Stoff aufzubereiten, im Umfang abzugrenzen und in sinnvolle Abschnitte zu zerlegen?

Sich auf die Zielgruppe einstellen

Je nach Anlaß kann der Inhalt einer Präsentation aus Vorschlägen, Alternativen, Schilderungen von Problemen oder ausgearbeiteten Vorgehensweisen bestehen. Es ist immer zu fragen:

- Was ist aus der Sicht der Zielgruppe wichtig bzw. unwichtig?
- Wie umfangreich und wie detailliert muß der Stoff präsentiert werden?

Um die Stofffülle hinsichtlich der Wichtigkeit zu ordnen, kann die Präsentation enthalten:

1. Elementaraussagen, auf die nicht verzichtet werden kann.
2. Wichtige Themen, die das Thema abrunden.
3. Interessante Aussagen, die das Thema „würzen".
4. Hintergrundmaterial für die Diskussion.

Die Wirksamkeit der Information nimmt mit der Kürze zu!

Vergessen Sie nie, daß der Inhalt, den Sie aufsetzen, Sprachtext ist. Dementsprechend muß er formuliert werden. Verfallen Sie auch nicht in den Fehler, die knappe Vortragszeit mit Informationen zu überfrachten. Informationen müssen einfach und knapp dargestellt werden. Folgende Regeln für den inhaltlichen Aufbau einer Präsentation sind zu beachten:

- Vortragsthemen festlegen.
- Stoff auswählen, ordnen und gliedern.
- Auf das Wesentliche beschränken - Mut zur Lücke haben.
- Schwerpunkte und Fakten auflisten.
- Roten Faden der Präsentation sichtbar machen.
- Einseitige Darstellungen vermeiden.
- Hintergrundmaterial zusammenstellen, um die sachliche Richtigkeit der Argumente durch Fakten belegen zu können.

2.9 Spezielle Kommunikationssituationen

Vorbereitung der Präsentation

Ist ein passender Einstieg gefunden, sollte man sich die Frage stellen, wer angesprochen werden soll bzw. welche **Zielgruppe** mit der Präsentation erreicht werden soll. Teilnehmer an Präsentationen verfügen meist über sehr unterschiedliches Fachwissen und Erfahrungen, um deren Erwartungen möglichst gerecht zu werden ist es ratsam, vorher zu erkunden, wer an der Präsentation teilnimmt. Als nächster Schritt erfolgt die **Bestimmung der Vortragsziele**.

Regeln unterstützen die inhaltliche Vorbereitung der Präsentation

```
- Einstieg persönlicher Art! (Geschichte oder Anekdote erzählen.)
- Aufmerksamkeit auf sich ziehen, Besonderes oder Unerwartetes tun!
  (Es soll Moderatoren geben, die auf den Tisch springen.)
  Oder: Einfach gar nichts sagen. (Czichos, 1993).
- Interesse wecken und die Zuhörer mit Namen ansprechen!
- Blickkontakt zu den Teilnehmern herstellen!
  (In die Runde schauen, nicht auf einzelne fixieren.)
```
Abbildung 2.9-12: Präsentations-Regeln

Die Ziele sollten eindeutig formuliert sein und von allen Mitgliedern einer Projektgruppe getragen werden. Je nach Anlaß der Präsentation soll:

- Wissen,
- Verständnis oder
- Verhalten der Zielgruppe

zielgerichtet beeinflußt werden. Das bedeutet, daß die folgende Fragestellungen unerläßlich sind:

- was sollen die Teilnehmer wissen?
- wofür sollen sie nach der Präsentation Verständnis aufbringen?
- welches Verhalten wird von ihnen erwartet oder welche Zustimmung soll erreicht werden?

Aus diesem Grund ist es notwendig, vorher eine klare Zielpräzisierung ggf. auch Zielprioritätenliste vorzunehmen und die Präsentationsziele (Was sollen die Teilnehmer im Anschluß an einer Präsentation wissen?) für sich zu formulieren. Danach erfolgt die Strukturierung des Stoffes, mit dem die Ziele erreicht werden sollen und es muß überlegt werden, mit welchen Methoden die Inhalte übermittelt werden. Es ist auch immer gut, dabei Pufferzeiten einzuplanen (falls eine Zwischenfrage gestellt wird, technische Verzögerungen eintreten...). Der Abschluß einer Präsentation kann auch durch offen gebliebene Fragen und Probleme beendet werden (durch Formulierung von Arbeitshypothesen, es muß nicht alles „feststehen").

Reservezeiten einplanen

Der Aufbau einer Präsentation läßt sich nach drei Gesichtspunkten strukturieren (ADRIANI 1995).

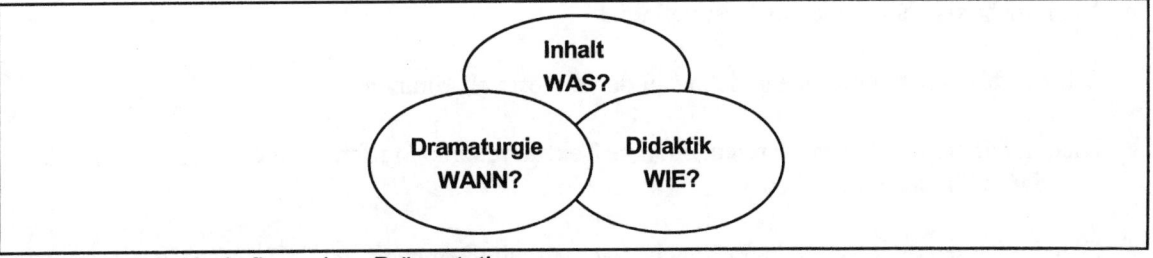

Abbildung 2.9-13: Aufbau einer Präsentation

Nach der Begrüßung der Teilnehmer, der Bekanntgabe des Themas und der beabsichtigten Zielstellungen (Vorgehen am Flip-Chart **visualisieren**, um darauf Bezug nehmen zu können) erfolgt die Darbietung der Inhalte. Neben einer gut nachvollziehbaren Inhaltsstruktur kommt es darauf an, durch Einfachheit (geläufige Worte, kurze Sätze...) und Prägnanz (Ergebnisse auf den Punkt bringen) den Aussagewert der Inhalte, Ergebnisse usw. zu erhöhen. Es bietet sich bei der Darstellung von Problemen an, diese durch Beispiele zu illustrieren.

Auf das Wesentliche konzentrieren

Wichtig ist es auch, nicht alle erdenklichen Ergebnisse zu präsentieren, sondern sich dabei auf wesentliche und hervorstechende Aussagen zu konzentrieren. Der Vortragscharakter der Präsentation muß nicht eingehalten werden, die Zuhörer wollen „beschäftigt" sein. Mit einer (kurzen) Zusammenfassung, die auch Hypothesen und nicht gelöste Probleme beinhalten kann, läßt sich die Präsentation beenden.

Geeignete technische Hilfsmittel (Folien, Video, Plakate, Poster usw.) können die inhaltliche Darbietung unterstützen, aber auf einen dosierten Einsatz kommt es an (aus der Präsentation soll keine Medienschlacht werden!). Beim Einsatz von Folientechnik muß darauf geachtet werden, daß nicht zu viele Informationen auf einer Folie stehen, Übersicht und Lesbarkeit gewährleistet bleiben und Grafiken leicht zu interpretieren sind.

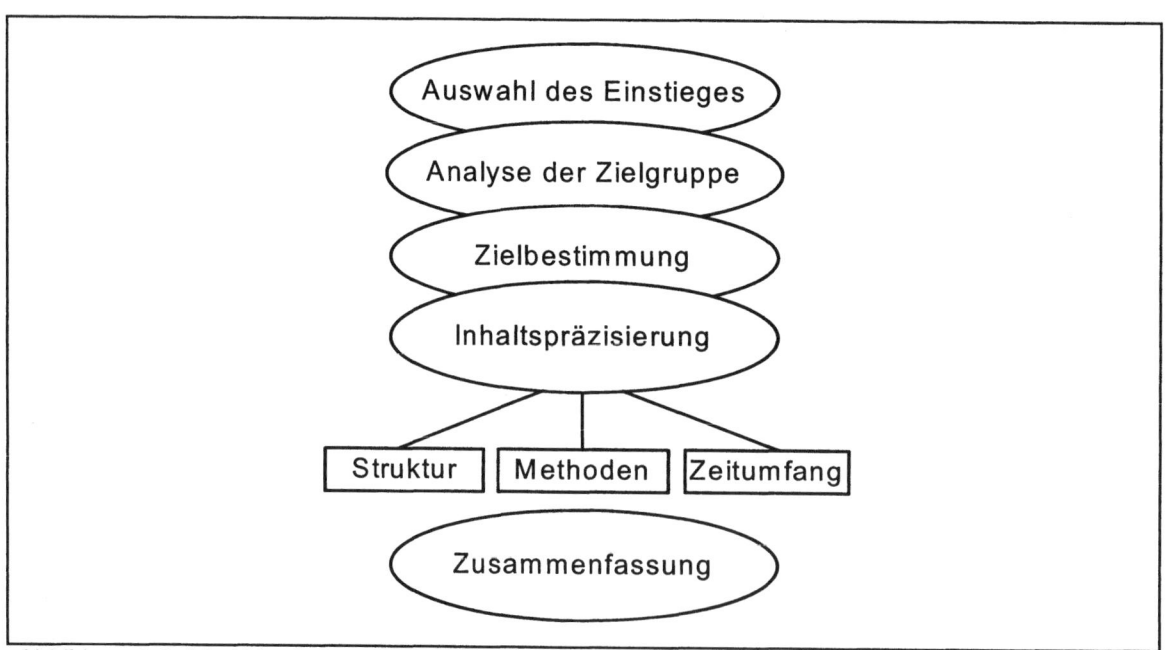

Abbildung 2.9-14: Ablauf einer Präsentation

Folien müssen gut lesbar sein!

Folgende Regeln sind für das Verfassen von Folien zu beachten:

- Texte nie ausschließlich in Großbuchstaben schreiben.

- Möglichkeiten der Hervorhebung nutzen: Farben, Unterstreichungen, Einrahmungen, Unterlegung mit Farben und Raster, Wechsel zwischen Klein- und Großschreibung.

- Nicht mehr als zehn Zeilen pro Darstellung.

- Schriftgröße auf Raumgröße und Anzahl der Zuhörer abstimmen.

- Nicht mehr als vier Farben verwenden: eine Textfarbe, eine Malfarbe, eine Überschriftenfarbe, eine Farbe für Besonderheiten.

- Gleiche Farben oder Symbole für gleiche Sachverhalte benutzen.

2.9 Spezielle Kommunikationssituationen

- Nie mehr als zwei Aussagen pro Darstellung treffen.
- Bildhafte Darstellungen (Grafiken) verwenden.
- Text und Grafik gut mischen.
- Aufwendige Aussagen pro Bild konzentrieren
- Vergleiche nebeneinander anordnen.
- Wichtige Aussagen ins Zentrum plazieren.
- Fläche gut ausnutzen.
- Einfache Darstellungsweise anstreben.

Bei der Gestaltung von Folien gilt es folgende Grundsätze und Regeln zu beachten, um die Inhalte einer Präsentation lesbar und überschaubar darzustellen.

Formate	• Querformate bieten sich an, wenn viele Grafiken verwendet werden.
	• Hochformate empfehlen sich bei weniger Grafiken und bei Textzeilen.
Schriftgrößen	• Titel und Hauptüberschriften: 48 Punkt
	• Überschriften niederer Gliederungsebenen: 36 Punkt
	• Haupttext: 24 Punkt
	• untergeordnete Texte: 18 Punkt/ 16 Punkt
	• Fußnoten: 14 Punkt/ 12 Punkt/ 10 Punkt
Anzahl der Zeilen	• wenn möglich, nicht mehr als 10 Zeilen auf einer Folie
Schriftarten	• Auf einer Folie sollten nicht mehr als zwei verschiedene Schrifttypen verwendet werden.
	• Große Schriftgrade: Univers oder VAG Rounded
	• Längere Fließtexte: Garamond oder Times
	• Der Einsatz verschiedener Hervorhebungen (fett, kursiv, unterstrichen sowie deren Kombination) auf einer Folie ist nicht ratsam.
Farbgebung	• Die Farbgebung sollte harmonisch sein und nicht zu dunkle Farbtöne enthalten, da sonst die Lesbarkeit der Texte nicht mehr gewährleistet ist.
Inhaltliche Gestaltung	• Folien sollten nicht als Romanvorlage gestaltet sein, sondern höchstens vier Hauptschwerpunkte bzw. Aspekte beinhalten.

Abbildung 2.9-15: Grundsätze zur Foliengestaltung

Bei den Unterlagen gilt das Prinzip „Qualität vor Quantität". Halten Sie die Unterlagen schon vor Beginn der Präsentation bereit; und weisen Sie die Teilnehmer darauf hin, daß nach Abschluß eine komplette Dokumentation zur Verfügung gestellt wird.

„Qualität vor Quantität"

Ein letztes Wort: Proben Sie die gesamte Präsentation.

2.9.6 Organisation und Moderation eines Brainstormings

Mit Brainstorming werden Ideen entwickelt

Spezielle Besprechungen zielen darauf, gemeinsam Ideen, z.B. zur Lösung von Problemen, zu finden und zu generieren. Eine Methode, die sich zur Ideenentwicklung besonders eignet, ist das Brainstorming. Das Brainstorming gehört zu den Kreativitätstechniken (siehe Kapitel 3.9). Seit gut vierzig Jahren wird es angewandt und weiterentwickelt. Brainstorming gilt als eine der bekanntesten psychologischen Problemlösetechniken für Gruppen. Sie wird häufig mit der aus Japan stammenden Methode „KAIZEN" („der Weg zum Guten") verglichen, die nicht nur auf die Förderung der Besten gerichtet ist, sondern auch breite Mitarbeitergruppen aller Hierarchieebenen in Entscheidungsfindungsprozesse einbezieht. Die Anwendungsgebiete für ein Brainstorming sind vielfältig, z.B. wird es als Vorstufe von Problemlösungsprozessen (siehe Kapitel 3.10) eingesetzt. Diese Technik ist immer dann gefragt, wenn möglichst viele Ideen zur Lösung eines konkreten Problems, zur Veränderung einer Situation oder zur Einführung neuer Strukturen, Methoden und Arbeitsweisen gefragt sind. Um diese Technik erfolgreich einzusetzen, sind bestimmte **Brainstorming-Regeln** anzuwenden (Abbildung 2.9-16).

- Das Problem muß genau definiert werden.
- Jede Idee muß notiert werden.
- Jede Art von Kritik an anderen und eigenen Vorschlägen ist verboten.
- Menge geht vor Qualität, so viele Ideen wie möglich produzieren, unabhängig, wie gut diese sind.
- Unsinnige oder verrückt erscheinende Ideen ohne Hemmungen aussprechen.
- Ideen anderer aufgreifen, verändern, mit anderen Einfällen kombinieren.

Abbildung 2.9-16: Brainstorming-Regeln

Regeln einhalten!

Für die Organisation eines Brainstorming benötigt man einen Flip-Chart, eine Metaplan-Wand und einen Moderationskoffer. Die inhaltliche Vorbereitung konzentriert sich auf das zu lösende Problem, auf eine möglichst präzise Problemdefinition. Der Kreis der Teilnehmer kann fünf bis zwölf Personen umfassen, je heterogener der Kreis zusammengesetzt ist, je perspektivenreicher ist die Lösung. Die Brainstorming-Regeln werden vom Moderator vorgetragen und erläutert. Das Notieren der Regeln an dem Flip-Chart ist dabei notwendig. Während der Diskussionsphase achtet der Moderator auch darauf, daß die Regeln eingehalten werden.

Die bevorzugte Form des Brainstorming ist die Kartentechnik. Alle Beteiligten arbeiten an der Problemformulierung mit, wenn das Problem definiert ist, beginnt der Prozeß des Kartenschreibens (siehe Kapitel 3.9). Auch während und nach der Strukturierung der Karten sind weitere **Ideensammlungen** erlaubt. Ein wesentlicher Vorteil der Technik basiert auf dem Aufgreifen und der Fortführung „fremder" Ideen.

Um diesen Prozeß zu unterstützen, können vom Moderator weitere Fragestellungen eingebracht werden.

2.9 Spezielle Kommunikationssituationen

Was läßt sich ändern?	Bedeutung, Wirkung, Farbe, Aussehen, Bewegung, Material, Technologie...
Was läßt sich kombinieren?	Was läßt sich etwas kombinieren, mischen, verteilen, sortieren...
Was läßt sich vermehren?	verstärken, vergrößern, verlängern, aufteilen, konzentrieren, verkleinern, abschwächen...
Was läßt sich anpassen?	wem kann man nacheifern, was läßt sich nachmachen...

Abbildung 2.9-17: Fragen zur Aktivierung der Kreativität (CZICHOS 1993)

Ist der Prozeß der Ideensammlung beendet, werden die hinzugekommenen Karten diskutiert und der Struktur zugeordnet. Erst wenn aus dem Team keine weiteren Anregungen und Ideen geäußert werden, beginnt die Bewertung der Ideen. Alle Beteiligten erhalten dazu Bewertungs- oder Selbstklebepunkte, **etwa halb so viele, wie Ideen/Themen zur Auswahl stehen.** Die Ideen mit der höchsten Punktzahl werden von dem Moderator oder einem Teammitglied an den Flip-Chart geschrieben. Die erarbeitete Ideenliste bildet die Grundlage für das weitere Vorgehen (z.B. Projektgruppe wird gebildet, um die Ideen umzusetzen). *Ideenbewertung*

Um Ideen bewerten zu können, muß sich die Gruppe vorher auf Bewertungskriterien einigen. Diese können die Wichtigkeit, Kreativität oder Einfachheit der Ideen hervorheben. Auch hierbei gilt der Grundsatz, daß Moderator und Team gemeinsam Kriterien für die Bewertung von Ideen entwickeln. Die einzelnen Arbeitsschritte eines Brainstormings sind in der folgenden Übersicht dargestellt.

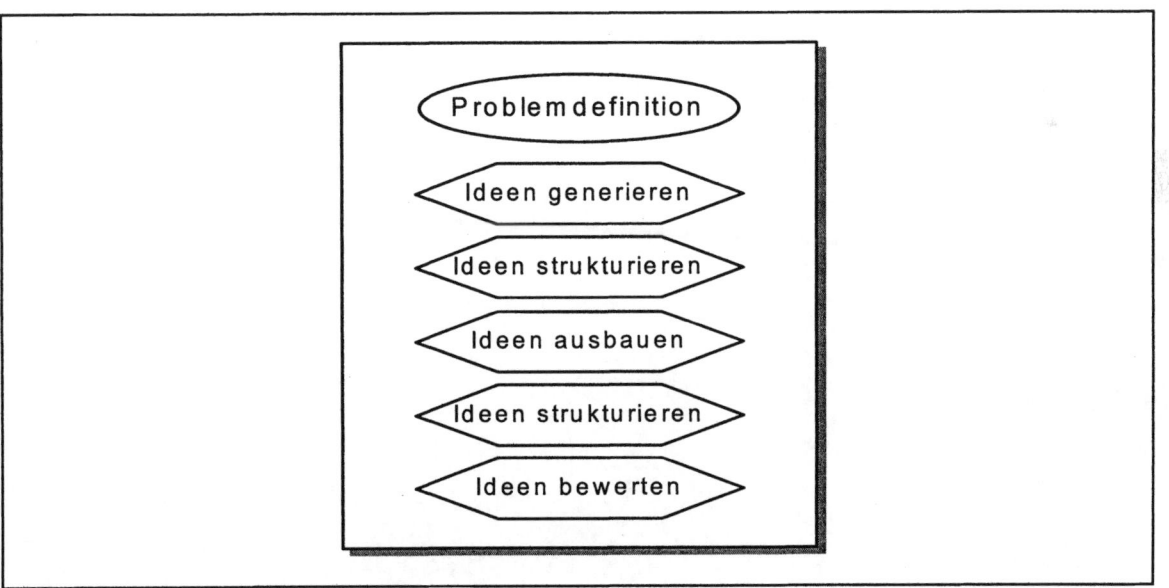

- Problemdefinition
- Ideen generieren
- Ideen strukturieren
- Ideen ausbauen
- Ideen strukturieren
- Ideen bewerten

Abbildung 2.9-18: Ideal-typischer Ablauf des Brainstorming

Zusammenfassung

Die vorgestellten Methoden und Techniken sind als Handwerkzeug anzusehen, die auf die Verbesserung der betrieblichen Kommunikation sowie die bessere Beherrschbarkeit spezieller Kommunikationssituationen gerichtet sind. Solche sind: Besprechungen, Projektgruppensitzungen, Brainstorming-Runden, Workshops, Verhandlungen und Präsentationen im Projekt. Der derzeit zu beobachtende Wandel von Arbeitsorganisationen z.B. durch neue Formen der Zusammenarbeit (Gruppenarbeit), Abbau von Hierarchieebenen, wechselnde Arbeitsanforderungen, flexible Arbeitsteams und Arbeitszeiten, um nur einige Charakteristika zu nennen, erfordert auch eine Veränderung der bestehenden Kommunikationskultur. Mitarbeiter aller Ebenen und Struktureinheiten in betriebliche Entscheidungsprozesse einbeziehen, sich darüber verständigen, wie effektivere Arbeitsweisen, Qualitätsverbesserungen usw. erreicht werden können, ist mit hierarchisch orientierten Kommunikationsmustern und Methoden der Gesprächsführung nicht zu bewältigen. Die Anwendung von Moderations-, Präsentations- und Kreativitätstechniken kann einen „offenen" Kommunikationsprozeß zwischen den verschiedenen Mitarbeitergruppen produktiv unterstützen.

Literaturverzeichnis

ADRIANI, B.; Schwalb, U.; Wetz, R. (1995). Hurra, ein Problem! Wiesbaden: Gabler

BAMBECK, J.J. & Wolters, A. (1991). Brainpower. Erstaunliche Möglichkeiten bewußte und unbewußte Mentalkräfte zu nutzen. München: Wirtschaftsverlag Langen Müller/Herbig

CZICHOS, R. (1993). Change-Management: Konzepte, Prozesse, Werkzeuge für Manager, Verkäufer, Berater und Trainer, München, Basel: E. Reinhardt

FRENCH, W.L.; Bell, C.H. (1977) Organisationsentwicklung. Sozialwissenschaftliche Strategien zur Organisationsveränderung.Verlag Paul Haupt, Bern, Stuttgart, Wien

GALLUPE, R.B. & Cooper, W.H. (1994). Brainstorming elektronisch - jeder für sich allein und doch alle miteinander. Harvard Business manager, 16. Jahrgang, II. Quartal, 75-84

GLASL, Friedrich, Konfliktmanagement. Diagnose und Behandlung von Konflikten in Organisationen. Haupt, Bern und Stuttgart: 1980

KLEBERT, Karin; Schrader, Einhard; Straub, Walter (1985). Moderationsmethode: Gestaltung der Meinungs- und Willensbildung in Gruppen, die miteinander lernen und leben, arbeiten und spielen. Windmühle GmbH, Verlag und Vertrieb von Medien, Hamburg

KÖNIG, E. (1996): Systemische Organisationsberatung. Weinheim: Deutsche Studienverlag, 4. überarb. Aufl. 1996

OSBORN, A.F. (19953). Applied imagination. New York: Scribner

SELL, R. (1993). Beteiligungsqualifizierung, Grundseminar. Mensch, Arbeit und Technik. Sell & Partner GmbH

WÜRTELE (Hrsg.), G. (1996). Management-Checklisten. Organisations- und Managementhilfen für die tägliche Betriebspraxis - von Praktikern für Praktiker, 33. Ergänzungslieferung. Verlagsgruppe Deutscher Wirtschaftsdienst

Autorenportrait

Dipl.-Soz. Erika Grimm

Erika Grimm hat nach einer Ausbildung als Krankenschwester die Hochschulreife erworben und ein Studium der Soziologie an der Berliner Humboldt-Universität absolviert. Nach dem Studium arbeitete sie zwei Jahre in einem sozialwissenschaftlichen Forschungsbereich des Instituts für Wirtschaftsführung bei der Deutschen Post AG. Seit 1992 ist sie als Projektleiterin bei der a&o research GmbH in Berlin tätig.

Abbildungsverzeichnis

Abbildung 2.9-1: Allgemeine Moderationsregeln 471

Abbildung 2.9-2: Kartentechnik 472

Abbildung 2.9-3: Entwicklung eines Fragebogens 472

Abbildung 2.9-4: Moderationsregeln für eine Projektgruppensitzung 473

Abbildung 2.9-5: Problembearbeitungsprozeß (KLEBERT 1985) 474

Abbildung 2.9-6: Visualisierung 474

Abbildung 2.9-7: Tätigkeitskatalog 475

Abbildung 2.9-8: Gruppenentwicklung in Projektgruppen 477

Abbildung 2.9-9: Verhandlungsregeln (nach CZICHOS 1993, S. 234) 478

Abbildung 2.9-10: Verhandlungsgrundsätze 479

Abbildung 2.9-11: Vergessenskurve (nach EBBINGHAUS) 479

Abbildung 2.9-12: Präsentations-Regeln 481

Abbildung 2.9-13: Aufbau einer Präsentation 481

Abbildung 2.9-14: Ablauf einer Präsentation 482

Abbildung 2.9-15: Grundsätze zur Foliengestaltung 483

Abbildung 2.9-16: Brainstorming-Regeln 484

Abbildung 2.9-17: Fragen zur Aktivierung der Kreativität (CZICHOS 1993) 485

Abbildung 2.9-18: Ideal-typischer Ablauf des Brainstorming 485

Lernzielbeschreibung

Während es im Kapitel über Kommunikation (vgl. Kapitel 2.2) vor allem um die Aneignung von Wissen geht, wird in diesem Kapitel in erster Linie das „Können" in den Vordergrund gestellt. Der Leser soll für die Bewältigung verschiedener Kommunikationssituationen mit speziellen Techniken und Instrumenten vertraut gemacht werden. Ziel ist es, die Methodenphilosophie kennenzulernen, um die Techniken und Instrumente inhaltsrelevant anwenden zu können.

Gesamtstichwortverzeichnis

A

ABC-Analyse	856
Ablaufelemente	527
Ablaufkonflikte	1167
Ablaufoptimierung	522
Ablauforganisation	610, 885
Ablaufplan	522, 1167
Abnahme	257, 976
Abrechnung	1041
Abweichungsanalyse	735, 754, 756
Abweichungsursachen	755
Aggression (Lernende Organisation)	384
Akkommodation	280
Aktueller Ist-Zustand	563
Akzeptanzbedingung, Gruppendynamik	351
algorithmische Methoden	579
ALPEN-Methode	402
Analyse technischer Störungen	847
analytische Techniken	860
Änderungen	1007, 1020
Änderungsantrag	1019
Änderungsklausel	990
Änderungskonferenz	1021
Änderungsmanagement	1012, 1017, 1018, 1038
Änderungsprotokolle	990
Änderungsprozeß	1020
Änderungsstelle	1019
Änderungsverfahren	1018
Anfang-Anfang-Beziehung	536
Anfang-Ende-Beziehung	536
Anfangsfolge	536
Angebotskalkulation	699
Angebotskonzept	985
Angebotsphase	985
Angst (Konfliktmanagement)	452
Anordnungsbeziehung	527, 1167
Anpassung (Konfliktmanagement)	449
Anreiz	1233
Anschlußmotivation	327
Ansehen	1239
Antipathiewiderstand	435
Appell (Kommunikation)	300
Arbeitsanreicherung (Motivation)	329
Arbeitsaufwand	695
Arbeitsbedingungen	1215
Arbeitsergebnisse	698
Arbeitsfortschritt	745
Arbeitsinhalte (Motivation)	333
Arbeitsmenge	695
Arbeitspaket	495, 508, 524
Arbeitspaketbeschreibung	558
Arbeitspaketverantwortlicher	738
Arbeitsplatzsoftware	1163, 1164
Arbeitsplatzwechsel (Motivation)	329
Arbeitsrecht	1242
Arbeitssystematik	994
Arbeitsteilung	7, 8, 9, 19
Arbeitsumgebung (Motivation)	333
Arbeitswert	696, 764
Arbeitszeitrecht	1243
Archiv	1047
ARGE	800
Attribute Listing	827
Audit	257
Auditablauf	942
Auditierung	932
Aufbau eines Statusberichtes	1141
Aufbauorganisation	610, 885
Aufforderung zur Angebotsabgabe	967
Aufgaben der integrierten Projektsteuerung	735
Aufgabenorientierung (Motivation)	326, 328
Aufgabenstrukturierung	579
Aufgabensynthese	889
Auflösung von Projektgruppen	1197
Auftraggeber	728, 749, 757, 754
Aufwand-Nutzen-Analyse	1112
Aufwandsganglinie	1168
Aufwandskontrolle	593
Aufwandsreduzierung	770
Aufwandsschätzmethoden	579
Aufwandssummenlinie	1168
Aufwandstrendanalyse	596
Ausgaben	654, 663
Auslastungsdiagramm	597
Außenkonsortium	980
Außerdienststellung	226
Austausch von Informationen	1128
Auswahlkriterien	1172
autonome Projektgruppen	899
Autoritärer Führungsstil	422
Axiome zur Kommunikation (WATZLAWICK)	299

B

Balkendiagramm	541, 547
Balkenplan	749, 1167
Basisplan	1169
BAUM-Struktur	1111
Baupreisindex	620
Baustellen-Tagesbericht	989
Bauverträge	978
Bearbeitungsaufwand	575
Bedarfsbegrenzung	600
Bedarfsglättung	600
Bedeutung des Projektmanagements im Unternehmen	37
Bedürfnispyramide	331
Befragungstechniken	853
Belohnungssysteme (Konfliktmanagement)	446
Benchmarking	947
Berichte	729
Berichtsarten	1136
Berichtsperioden	706
Berichtsplan	1136

Berichtswesen	790
Berichtszeitpunkt	1169
Betriebssystem	1162
Betroffenheitsanalyse	68
Beurteilung des Projektleiters	1229
Beweismittel	985
Bewertung	609, 612, 613
Bewertung von Projekten	1203
Bewertungsgrundlagen	995
Beziehung	90
Beziehungsaspekt (Kommunikation)	300
Beziehungsebenen	92
Beziehungsproblem	461
Bezugskonfiguration	1012, 1013, 1016, 1027
Bezugspunkte für Änderungsprozesse	1009
Blackbox-Methode	858
Blitzlicht	470
Body of Knowledge	259, 1237
Bottom-Up-Generierung	626
bottom-up-Verfahren	160
Brainstorming	166, 814
Brainstorming-Regeln	484
Brainwriting	167, 819
Break-even-Point	1069
Briefe (Kommunikation)	306
Briefing	833
Bringschuld	1051
Budget	612
Budgetierung	1072

C

CBT Computer Based Training	1162
Certificated Project Manager	943, 1230
Change Agents	367, 381
Change Agents (Führung)	418
Checklisten zum Projektstart	1065
Claim Management	1026
Claim Management	984, 991
Coaching	138
COCOMO	621
Contract Management	1002
control	12
Controlling	205, 883
Critical Path Method	530

D

Darstellungsform "Balkendiagramm	565
Darstellungsform "Netzplan	565
Darstellungsform "Zeit-Wege-Diagramm"	566
Darstellungstechniken	865
Data-Warehouse	1161, 1162
Daten	1037, 1125, 1130
Datenaustausch	1163
Datenbanksystem	737
Dauer	541
Deckungsbeitragsrechnung	618
Delegieren	421
Delphi-Methode	825, 854
Demotivationsgespräche	334
Denotation	299
Desorganisation (Konfliktmanagement)	452
Deutsches Institut für Normung e. V. - DIN	251
Diagnose kritischer Projekte	1202
Dienstvertrag	967
DIN 69900	153
DIN 69901	153
DIN 69905	153, 1055
DIN ISO 9000 ff	910
Diskriminierungen	284
Dissidenz	375
Distanz (Kommunikation)	302
divisionale Organisation	892
Dokumentation	1037
Dokumentationsmanagement	1022, 1026, 1037
Dokumentationsmittel	985
Dokumentationsstelle	1053
Dokumente	1037
Drohungen (Konfliktmanagement)	452

E

Earned Value	696
Earned-Value-Analyse	763, 1169
economic man	321
EDV-Einsatz im Projektmanagement	1176
Eigen- und Fremdclaims	992
Eigenschaften, persönlichkeitsbezogene	1225
Einflußprojektorganisation	900
Einfühlungsvermögen	270
Einführungskonzept	137
Einliniensystem	891
Einnahmen	669
Einsatzbedarf	1220
Einsatzmittel	256, 576, 695, 783, 789
Einsatzmittelart	696
Einsatzmittelmanagement	575
Einsatzmittelpläne	1221
Einsatzmittelplanung	599
Eintrittswahrscheinlichkeit	1101
Eintrittszeitpunkt	527
Einzelkostennachweise	744
Email	306
emotionale Tönungen (Kommunikation)	299
Emotionalisierung (Konfliktmanagement)	451
Ende-Anfang-Beziehung	536
Ende-Ende-Beziehung	536
Endfolge	536
Entlohnungssysteme	324
Entscheidung	419, 909, 1019
Entscheidungsknoten	532
Entscheidungsnetzplantechnik	532
Entscheidungsspielraum	419
Entscheidungstabelle	868
Entscheidungsvorgänge	532
Enttäuschungen als Demotivatoren	334
Entwicklungsprojekte	221, 223

Ereignis	527, 554
Ereignisknoten-Netzplan	529
Ereignisorientierter Ablaufplan	529
Erfahrungsdatenbank	581
Erfahrungsgewinn (Lernende Organisation)	371
Erfolgsfaktoren	188
Ergebnis	693
Ergebnisziele	157, 158
Ermittlung der Ist-Daten	752
Erwartungsdruck	1210
Erwartungshaltung	283
EU-Öko-Audit-Verordnung	910
EVA-Prinzip	1161
Expertenbefragung	582
exponentielle Glättung	859

F

Fachausschuß	898
Fachpromotor	381
Fähigkeiten	1216, 1233
Faktorenanalyse	174
Feedback	12, 124, 308
Feinnetzplan	562
Fertigmeldung	636, 707
Fertigstellungsgrad	610, 638, 639, 735, 745, 746, 747, 757, 763, 1169
Fertigstellungsgrad-Ermittlung	745
Fertigstellungswert	694, 695, 746, 761, 763
Fertigstellungswertanalyse	746, 764
Fester Anfangstermin	555
Fester Endtermin	555
FGR-Meßtechniken	703
Finanzierung	671
fixe Kosten	618
Foliengestaltung	484
Formularverträge/AGBG	968
Fortschrittsgrad	694
Fortschrittsgrad-Hochrechnung	712
Fortschrittskontrolle	728
Fortschrittsmessung	703
Fragebogen	472, 851
Freie Pufferzeit	547
Freigabe	730
Frühwarnindikator	762
Frühwarnsystem	201, 206
Frustration	460
Führung	7, 30, 31, 417
Führung durch die Gruppe selbst	423
Führungsfehler	427
Führungsfunktionen	7, 9, 11, 12, 13, 21, 883
Führungskräfte, Anforderungen an	418
Führungskräfteentwicklung	1234
Führungspraxis	423
Führungsstile	422, 1229
Führungstechniken	419
Function Point	621

Function Point-Verfahren	797
funktionale Organisation	893
Funktionale Software	1164
Funktionendiagramm	895
Funktionsanalyse	813

G

Galeriemethode	815
Garantien	673
Gebärden (Kommunikation)	302
Gedächtnistraining	407
Gehaltsfindung	1228
Gemischtorientierter Ablaufplan	531
Generalunternehmer	978
Generalunternehmerschaft	800
Gesamte Pufferzeit	546
Gesamt-Fertigstellungswert	714
Gesamt-Fortschrittsgraden	712
Gesamtkosten	753, 714
Gesamtnetzplan	560, 739
Gesamtprojekt	775, 795
Geschäftsprozeßorganisation	889
gesetzliche Vertreter	966
Gesten (Kommunikation)	302
Gewährleistung	979
Gliederungsprinzipien	501, 560
Graphentheorie	527
Grenznutzen	172
Groupthink	353
Groupware	161, 1174
Gruppe, Charakteristik / Merkmale	341
Gruppenbildung	341
Gruppendynamik	345
Gruppenverhalten	350
Gruppenziele	157, 177
Gruppenzusammensetzung	342

H

Haftungsausschlüsse	978
Handbuch	910, 1019, 1041
Handlungsspielraum	507
Handlungsspielraum (Konfliktmanagement)	447
Harzburger Modell	18
Hierarchie	10, 891
historische Entwicklung von Projektmanagement	35
HOAI	228, 261
Holschuld	1051
House of Quality	949
Human Relations	321
Hygienefaktoren (Motivation)	333

I

Ideensammlungen	484
Identifikation von Stakeholdern	67
Individuelles Lernen	371

informale Organisation	885
Information und Kommunikation	298
Informationen	1037, 1048
Informationgewinnung	853
Informationsbedarf	1125, 1127, 1131, 1135
Informationsbedarfsmatrix	1171
Informationsempfänger	1171
Informationsfluß	1131
Informationsträger	1037, 1172
Informationsversorgung	1176
Informelle Rollen	356
Inhalt der Unterlage	1042
Inhaltskennzeichen	1043
Innenkonsortium	980
Innere Kündigung	334
Innovation	121, 809
Innovationsfähigkeit	122
Integration	33
Integration, soziale	109
Integrierte Projektsteuerung	725, 1169
Interaktions-Kultur	448
Interessen (Konfliktmanagement)	448
Interindividuell	353
internes Projekt	135, 613
Interpretationsbedürftigkeit von Information	298
Interpretationsleistungen (Kommunikation)	300
Interview	854
Intraindividuell	353
Intranet	1161, 1162, 1165
Intuitive Techniken	814, 860
intuitives Schlußfolgern	281
Investition	653
Investitionsprojekte	220, 222
Invitation to Tender	967
ISO 9000-Landschaft	929
Ist-Aufnahme	693, 735
Istaufwandsstunden	1169
Ist-Daten	634, 735
Ist-Fortschrittsgrad	694
Ist-Kosten	635, 743
Ist-Kosten und Projektfortschritt	638
Ist-Termine	1169
Ist-Zustandes	739

J

Job Enlargement	329
Job Enrichment	329, 1224
Job Rotation	329
Johari - Fenster	343
Juristische Stellungnahme	995

K

Kalendrierung	552
Kalkulationsschema	582
Kann-Ziele	162
Kapazitätsabgleich	591
Kapazitätsengpässe	576
Kapazitätsoptimierung	576
Kapazitätsvergrößerung	769
Kapitalwert	663
Karriereweg	1232
Kartenabfrage	821
Kartentechnik	472, 559
Kennzahlenmethode	581
Kennzahlensysteme	1198
Kennzeichnung	1015, 1043
Kick-off-Meeting	783, 1078
Killerphrasen	810
klassifizierende Unterlagenkennzeichnung	1043
Klima im Projektteam	1204
Koaktionseffekt, Gruppendynamik	348
Koalitionen	383
kognitive Dissonanz	285
Kollegialer Führungsstil	423
kollektiver Denkstil	350
Kommunikation	8, 13, 14, 17, 20, 297
Kommunikationsfähigkeit	1226
Kommunikationsmittel	757
Kommunikationsprobleme	308
Kompetenz	18, 20, 269
Komplexität	495
Kompromiß (Lernende Organisation)	384
Konfiguration Begriff	1010
Konfigurationsauditierung	1011, 1023
Konfigurationsdokumente	1010, 1022
Konfigurationsmanagement	258, 999, 1010, 1013
Begriff	1010
Konfigurationsüberwachung	1011, 1017
Konflikt	443
Konfliktarten	444
Konfliktdiagnose	445, 455
Konfliktlösung	448
Konfliktmanagement	443
Konfliktpotential	446
Konformität und soziale Beeinflussung	286
Konformitätsdruck	271, 281, 349
Konformitätserklärung	257
Kongruenzprinzip	889, 890
Konsensfindung, Fähigkeit zur	271
Konsortialführer	980
Konsortialvertrag	980
Konsortium	800, 978
Kontinuierlicher Verbesserungsprozeß	933
Konvergenz, Gruppendynamik	349
Konzeptanalyse	909
Konzeptfindung	225
Kooperationseffekt	349
Kooperationsfähigkeit (Lernende Organisation)	369
Kooperativer Führungsstil	423
Koordination	42
Körperhaltungen (Kommunikation)	302, 303
Körpersprache	302
Korrekturmaßnahmen	757

Kosten	256, 575, 609, 610, 611 614, 618, 657, 660, 693	Liste offener Punkte	1196
		Lorenzkurve	856
Kosten des Projektmanagements	49		
Kostenarten	611, 744, 753	**M**	
Kostenentwicklungsindex	761		
Kostenerfassungsbeleg	737	Macht	328
Kostenfortschrittsermittlung	743	Macht (Konfliktmanagement)	460
Kostenganglinie	627, 629, 1169	Machteinsatz (Konfliktmanagement)	449
Kostenkontrolle	635, 705	Machtpromotor	381
Kostenmanagement	609, 627	Machtverteilung (Konfliktmanagement)	446
Kosten-Nutzen-Vergleich - Daten	613	Magisches Dreieck	153, 693, 726, 741, 1075
Kosten-Nutzen-Vergleich - Projektergebnis	616	Management als Funktion	7, 8
Kostenplan	610	Management als Institution	8
Kostenrahmen	705	Management by-Ansätze	420
Kostenschätzung	619	Managementhandbuch	910
Kostenstellen	744, 753	Manager	5, 8, 9, 10, 19
Kostensteuerung	705	Manager, Anforderungen an	19
Kostensummenlinie	492, 629, 1169	Mängel der Projektabwicklung	1093
Kostenträger	743	Markt- und Produktanalysen	658
Kosten-Trendanalyse	761	Marktstudie	1164
Kostenüberschreitung	716, 766	Matrix-Projektorganisation	894, 900
Kreativität, Definition	809	Maximale Zeitabstände	536
Kreativitätstechniken	405, 809	Mehrdeutigkeit der Information	298
Kreativitätstraining	809	mehrdimensionale Projektstrukturierung	504
Krise	459	Mehrliniensystem	892
Krisenbewältigung	461	Mehrprojektmanagement	632, 781
Kritik (Kommunikation)	308	Mehrprojektplanung	575, 591
Kybernetik	12, 89	Meilensteinberichte	757
		Meilensteine	236, 527, 781, 1077
		Meilenstein-Netzpläne	564
L		Meilensteinplan	633, 750
		Meilenstein-Technik	703
Laissez-faire-Stil	423	Meilenstein-Trendanalyse	237, 564, 737, 757
Lastenheft	985, 1070	Mengengerüste	697
Laufbahnmuster	1235	Mengenmehrung	710
Laufbahnplanung	1222, 1233	Mengenminderungen	711
Lebenszyklus	257, 656	Mengen-Proportionalität	704
Lebenszyklus-Kosten	617	Menschenbilder	321
Leistung	256, 693	Merkmale des Organisationsbegriffs	883
Leistungsbegriff	693	Merktechniken	408
Leistungsbeschreibungen	697	Metaplan-Kartentechnik	471
Leistungsbewertung	693, 728, 1166	Methode 635	167, 819
Leistungseinheit	695	Metra-Potential-Methode (MPM)	531
Leistungserbringung	710	Mind Mapping	406, 830
Leistungsfortschritt	745	Mißtrauen (Konfliktmanagement)	452
Leistungspositionen	699	Mitarbeitergespräche	428
Leistungsstörungen	965	Mitlaufende Kalkulation	628
Leistungsverzeichnis	168, 698	Mitteilungsebenen, TALK	305
Leitung	894	Mobbing	362, 384
Leitungssystem	881	Modellbildung	89
Lenkungsausschuß	738, 784, 898	Moderation	469, 1079
Lernen	370, 1231	Moderation einer Projektgruppensitzung	470
Lernende Organisation	369, 380	Moderationsregeln	471
Lernergebnisse	371	Moderator (Konfliktmanagement)	453
Lernfähigkeit einer Organisation	369	Morphologischer Kasten	828
Lerntypen	374	Motivation	319, 1231
Lernziel	380	Motivationsförderung	328
lesen, schnelles effizientes	407	Motivationsstrategien	320
Life Cycle Costs	617	Multidimensionale Skalierung - MDS	173
Liniensystem	891		

Multifaktoren-Analyse	1109
Muß-Ziele	162

N

Nachforderungsmanagement	991, 994
Nachkalkulation	1198
Nachricht	297
Nachtrag	991
Nachwuchskräfteentwicklung	1234
Netzplan	527, 1167
Netzplantechnik	251, 252, 254, 255, 527
Netzplantechnik-Software	1165, 1188
Netzplanverdichtung	562
Netzplanverfahren	527, 528
Netzplanverfeinerung	562
Nonverbale Kommunikation	301
Normalfolge	536
Normenausschuß	251, 252
Notfallplan	1116
Nutzen	612, 613, 659
Nutzen des Projektmanagements	46
Nutzen durch PM	137
Nutzungsdauern	660
Nutzwertanalyse	169, 618, 869, 905

O

Obligo	637, 744
Offenheit (Kommunikation)	301
operational	9, 15, 16
operationale Ziele	155
Optimierungstechnik	866
ordnend-bewahrender Typ	425
Organisationales Lernen	371, 798, 886
Organisationsanalyse	907
Organisationsbegriff	883
Organisationsentwicklung	886
Organisationshandbuch	916
Organisationsmodelle	10, 892
Organisationsprozeß	903
Organisationsziele	908
Organisieren	11, 13, 15, 18
Orientierung zum Partner (Kommunikation)	302
Orientierungswandel (Lernende Organisation)	371
Osborn-Checkliste	834

P

Panelbefragung	854
Pareto-Prinzip	856
Partizipation	419
Pay for Knowledge	324
Personal	578
Personalarbeit im Projekt	1242
Personalauswahl	1216
Personalbeschaffung, interne, externe	1220
Personalbeurteilung	1216, 1227
Personalentwicklung	1216, 1231
Personalkosten	626, 744, 753
Personalwirtschaft	1240
Persönlicher Arbeitskalender	552
Persönlichkeitsentwicklung	329
Perspektivenwechsel	288
Pflichtenheft	986, 1071
Phasen-Abnahmebericht	1146
Phasenabschluß	242
Phasenmodell für	
Forschungs- und Entwicklungsprojekte	223
Investitionsprojekte	222
Organisationsprojekte	227
Phasenmodelle	42, 221
Plandaten	1169
Plan-Do-Check-Act-Zyklus	933
Plan-Fortschrittsgrad	694
Plangut	1037
Plan-Ist-Vergleich	595, 747, 748, 749
Plankosten	637, 710
Planungsaufwand	620
Planungstechniken	610
PM-Audit	941
PMBOK	259, 1237
PM-Funktionen	736
PM-Handbuch	798
PM-Regelkreis	729
Pönalen	977
Portfolio von Projekten	610, 622, 789, 794
Präsentationen	479, 1171
Präsentations-Regeln	481
Preisgleitung	756
Preisschwankungen	641
Preisveränderungen	639
Presales	1094
Primärdaten	1048
Pro- und Contra-Analyse	822
Problemanalyse	225, 813, 823
Problemarten	841
Problemkategorien	811
Problemlösen	841
Problemlösungbaum	830
Problemtypen	842
Produktdokumentation	1014
Produktinnovation	124
Produktivitätserhöhung	771
Prognosen	726, 825, 860
Prognosetechnik	859
Program Evaluation and Review Technique (PERT)	529
Projekt (DIN 69 901)	27
Projekt und Unternehmen	80
Projektabbruch	769, 791
Projektabschluß	729
Projektabschlußbericht	729, 736, 1147, 1193
Projektabwicklung	81, 257, 727, 1065
Projektakte	938, 944
Projektantrag	789

Projektauftrag	134	Projekt-Prioritäten	783
Projektausschuß	898	Projekt-Programme	796
Projektauswahl	664, 788, 1062	Projektqualität	928, 938, 945
Projektberichte	1140	Projektrechnungswesen	638, 1174
Projektberichtswesen	1127, 1171	Projektreview	732, 738, 945
Projektbesprechungen	737	Projektrisiken	1090
Projektbeteiligte	134, 193, 898, 1218	Projektsituationsbericht	736
Projektbewertung	658	Projektstandards	1163
Projektcontrolling	188, 633, 734, 1052	Projektstart	1061, 1067
Projektdatenbank	735	Projektstart-Workshop	1078
Projektdokumentationsstelle	1053	Projektstatus	693, 738
Projektendereignisse	1194	Projektstatusbericht	580, 695, 1141
Projekt-Entscheidungssitzungen	1097	Projektstatusberichterstattung	695
Projekterfahrung	82, 785, 797	Projektsteuerer	707
Projekterfolgskriterien	192	Projektsteuerung	230, 261, 492, 725, 729
Projektergebnisse	109, 728, 745		732, 757, 768, 1050, 1169
Projektevaluierung	1194	Projekt-Steuerungs- und Informations-	
Projektfehlschläge	1009	Standardverfahrens (PROSIS)	262
Projektfortschritt	176, 694, 726, 790	Projektstrukturplan	255, 495, 496, 497
Projektfortschrittskontrolle	693, 697		501, 524, 1166, 1220
Projektfreigabe	782	Projektteam	103, 106, 898, 1074
Projektführungspersonal	1218	Projektteam-Bildung	783
Projektgliederung	255, 697, 1166	Projektübergabe	1194
Projektgliederungselemente	699	Projektüberwachung	735
Projektgruppe	13, 367, 894	Projektüberwachungs-Zyklus	731
Projekt-Handbuch	939, 1045	Projektumfeld	65
Projekt-Hotline	77	Projektumfeldanalyse	43, 66, 1195
Projekt-Identität	75	Projektverfolgung	697
Projektingenieur	1236	Projektwirtschaft	259
Projektkalender	552	Projektziel	153
Projektkategorie	697	Projektzielsystem, Akzeptanz des	109
Projektkoordinator	1219, 1227	Promotor	381, 782, 1242
Projektkostenabrechnungssystem	621	Protokoll	1135
Projektkostendatenbanken	1198	Prozeßanalyse	894
Projektkostenträger - Definition	611	Prozeßorientierung	125
Projektkrisen	206	Prüfvorschriften	1010
Projektlaufbahn	1234	Psychische Rationalisierung	431
Projektlebenszyklus	221, 656	psychologische Aspekte	1118
Projektleiter	898, 1216		
Projektleiternachwuchs	1236		
Projektmanagement	5, 18, 19, 20, 30, 252, 255	**Q**	
Projektmanagementeinführung	135	QM-Elemente	924
Projektmanagement-Handbuch	141, 910	QM-Handbuch	935
Projektmanagement-Vertrag	968	QM-Methoden	947
Projektmanager-Ausbildung	787	Qualifizierungsmaßnahmen	1233
Projektmanager-Auswahl	782	Qualität im Projekt	944
Projektmarketing	75, 789	Qualitätsmanagement	923, 1027
Projektmatrix	525	Qualitätsmanagementsystem	910
Projektmerkmale	27		
Projekt-Nutzen	613		
Projektordner	939	**R**	
Projektorganisation	10, 901, 1073	Rahmenterminplan	562
projektorientiertes Unternehmen	37	Rationalitätsprinzip (Konfliktmanagement)	446
Projektorientierung	127	Realisierungsphase	226
Projektpersonal, Auswahl	1216, 1222	Rechtsbeziehungen	966, 979
Projektphase	734	Rechtsfolgen	970
Projektphasen	219, 985	Referenz	1055
Projektplanung	610, 624, 728, 802, 1075	Regelkreis	12, 94, 95
Projekt-Portfolio	795	Regelkreismodell	12, 14, 18

Registratur	1047
Regressionsanalyse	862
Reine Projektorganisation	894, 902
Ressourcen	783
Ressourcen, eigene Umgang mit (Führung)	428
Ressourcen, immaterielle (Selbstmanagement)	393
Ressourcen, natürliche (Selbstmanagement)	393
Ressourcendetailansicht	1169
Restriktion (Lernende Organisation)	384
Retrograde Rechnung	544
Return on Investment	665
Review	925, 944, 1196
Reviewbericht	738
revolvierende Planung	221
Risiko	1089
Risikoanalyse	43, 1096
Risikoausschluß	1103
Risikobewertung	1105, 1113
Risiko-Checkliste	1097
Risikodokumentation	1096
Risikoidentifikation	1097
Risikokatalog	1097
Risikoklassifizierung	1115
Risikomanagement	729, 1000
Risikomanagement-Systeme	1089
Risikopfad	
Risikopotential	1090
Risikovorsorge	1111
Rollen in Gruppen	354
Rollenbildung	418
Routineprojekte	41
Rückkopplung	94
Rückmeldeliste	736
Rückmeldungen	697
Rückwärtsrechnung	542, 544, 550
Rückzahldauer	671

S

Sachmittel	577
Sättigungsmethode	862
Scenario-Writing	860
Schadensersatz	971
Schätzklausur	582, 619
Schätzmethoden	610
Schätzung	201, 710
Schätzwert der Gesamtkosten	761
Schema (Wahrnehmung)	277, 281, 283
Schichtkalender	552
Schnittstellen	728, 1166
Schriftgut	1037
Schriftgutkennzeichen	1044
Schriftverkehr	1038, 1044
Schutzrechte	1243
Schwächen- und Stärkenanalyse	908
Sekundärdaten	1048
Sekundär-Proportionalität	703, 710
Selbstbestimmtheit	395
Selbstdisziplin	428
Selbstmanagement	395
Selbstmotivierung	404
Selbstorganisationsprozess	507
Selbstqualifizierung	404
Selbstregulation (Lernende Organisation)	369
selbsterfüllende Prophezeiung	282
Sicherung des Leitungspotentials	1240
Signale (Kommunikation)	302
Sinnesleistungen	275
Situationsanalyse	847, 888, 1180
Situationsbericht	1140
social man	321
Sofortbericht	1145
Software Engineering	38
Software-Konfigurationsmanagement	1028
Softwaremarkt	1164
Soll-Ist-Vergleich	564, 714
Sollvorgabe für Termine	563
soziale Kompetenz	269, 281, 1225, 1234
Sozialinnovation	124
Sozialpartner	1242
Sozialpromotor	381
Spartenorganisation	892
Spezifikationen	1014
Sprungfolge	536
Stab	892
Stab-Linien-System	892
Stabs-Projektorganisation	900
Stabsstelle	1219
Stakeholder	64, 103, 189
Stakeholderanalyse	43
Stammorganisation	891, 897, 899, 914
Standardnetzpläne	561
Standardphasen	228
Standardphasenmodelle	241
Standardstrukturen	620
Stärken und Schwächen (Selbstmanagement)	396
Startereignis	534
Startvorgang	534
Status in Gruppen	357
Statusbericht	736
Statusberichterstattung	1022
Statusermittlung	741
Stellenbeschreibung	1213, 1223
Stellenbesetzungsplan	1220
Stellenbildung	889, 890, 894
Stellentypen	886
Stereotype	283, 358
Steuerung	12, 610
Steuerungsmaßnahmen	727, 728, 731, 735, 754, 756, 766, 1169
Steuerungsprozess	729, 768
Stichtagsauswertung	717
Stichtagssituation	716
Streiten, konstruktives (Regeln)	462
Struktur	497

strukturierte Bewertung	867
Stundenaufschreibung	736, 742
Subsystem	103
Sündenbock	424, 433, 452
Superteams	168
Synektik	822
Synergie	809
System	89
Systemdefinition	225
Systemdenken	98
Systemeinführung	905
Systementwicklung	225
Systems Engineering	851
Systemsichtweisen, unterschiedliche	98
Szenario-Writing	832

T

Tarifvertragsparteien	1242
Tarifvertragsrecht	1243
Tätigkeiten	1223
Tätigkeits- und Zeitanalyse	400
Tätigkeitsverfolgung	990
Taylorismus	321
Teachware	1162
Team	894
Teamdiagnose-Workshop	476
Teamgeist (Lernende Organisation)	369
Teamorientierte Datengewinnung	736
Technische Überprüfung	1017, 1023
Teilaufgabe	497, 501
Teilkostenrechnung	618
Teilmengen	702
Teilnetze	560
Teilnetztechnik	560
Teilprojekt	497, 898
Teilprojektleiter	735, 1236
Teilvorgang	700
Teilzahlungen	1035
Terminberechnung	541
Termincontrolling	523
Terminfortschrittsermittlung	740, 757
Terminsteuerung	769
Themenzentrierte Interaktion, Regeln der	457
Thesenmarkt Tendenzen PM-Software	1164
Top-Down-Generierung	626
top-down-Verfahren	159
Total Quality Management	43, 1203
TQM-Philosophie	931
Trade-Off-Vergleiche	174
Trainingskonzepte	1225
Transparenz (Kommunikation)	301
Trendanalyse	757, 761
Trend-Extrapolation	860
Typen (menschliche Persönlichkeit)	424

U

Übereinstimmung (Gruppen)	349
Überqualifikation	1224
Überwachung	693, 730
Überwachungszyklus	731
Umfeldanalysen	97
Umfrage	860
Umweltschutzmanagementsystem	910
Unterauftragnehmer	728, 978
Unterlagen	1037, 1042, 1050
Unterlagenartenschlüssel	1044
Unterlagenbedarfs-Matrix	1051
Unterlagenverzeichnis	1045
Unternehmensphilosophie	126
Unternehmensziele	156
Unterqualifikation	1224
Ursachen-Wirkungsdiagramm	952, 947

V

variable Kosten	618, 753
Veränderungsbedarfs, Analyse	376
Verantwortung (Lernende Organisation)	369
Verbale Kommunikation	304
Verbesserung, kontinuierliche	786
Verbesserungsprozeß	1183
Verbesserungsvorschläge	379
Vergleich Ist-Kosten Plan-Kosten	637
Vergleichsmethoden	580
Verhandlungsführung	478
Verhandlungsregeln	478
Verhandlungstaktik	1104
vernetzte Programmsysteme	1161
vernetztes Denken	884
Verteilungskonflikt	434
Vertragsabschluß	966, 985
Vertragsanalyse	986
Vertragsänderungen	990
Vertragsbeziehung	978
Vertragsdatei	988
Vertragserfüllung	985
Vertragsfreiheit	967
Vertragsmanagement	984, 1026
Vertragsparteien	966
Vertragsstrafen	977
Vertragsverhandlungen	986
Vertrauen (Lernende Organisation)	369
Videokonferenzen	1165
vier Ohren der Kommunikation	305
Vision, (Lernende Organisation)	369
Visualisierung	474
VOB/B	978
Vollkostenrechnung	618
Vorgang	527
Vorgänger	534
Vorgangsbezeichnung	534
Vorgangsdauer	534
Vorgangsknoten-Netzplan	531
Vorgangskosten je Periode	629
Vorgangsliste	559
Vorgangsnummer	534

vorgangsorientierter Ablaufplan	530, 531
Vorgangspfeil-Netzplan	530
Vorgehensmodell	262, 902
Vorgehensziele	157, 158, 166
Vorleistungen	707
Vorschlagswesen, betriebliches	788
Vorwärtsrechnung	542, 548

W

Wachstumsmotive	332
Wahrnehmung und Problemlösen	280
Wahrnehmung, soziale	275
Wahrnehmungsfähigkeit	286
Wahrscheinlichkeit	1091
Weisungsbeziehungen	891
Weiterbildung	1162
Werkvertrag	968
Wettbewerbsorientierung (Konfliktmanagement)	447
Wir-Gefühl	1197
Wirklichkeitstreue	89
Wirkung nonverbalen Verhaltens	301
Wirkungsnetz	862
Wirtschaftlichkeit	653, 662, 1068, 1178
Wirtschaftlichkeitsberechnung	1180
Wirtschaftsingenieur	1238
Wissensbasis	369
Wissensmanagement	206, 798
Wissensvermittlung	1162
Workflow	1173
Wunsch-Ziele	162

Z

Zahlungen	673
Zehn Gebote für Führungskräfte	426
Zeitabstand	536
Zeitlicher Kostenverlauf	628
Zeitmanagement (Selbstmanagement)	399
Zeit-Proportionalität	711
Zertifizierung	1230, 1231
von Personen	943
von Projekten	944
von Unternehmen	942
Ziele, eigene (Selbstmanagement)	395
Zielerreichung	187, 694
Zielformulierung	862
Zielhierarchie	159, 160, 169, 171, 173
Zielidentität	161
Zielkatalog	1179
Zielkonflikt	191
Zielkonkurrenz	163
Zielkriterien	1178
Zielsystem	1178
Zielvereinbarung	175, 177, 420
Zielvorgang	534
Zugriffsrechte	1172
Zulieferer	103
Zuruf-Frage	475
Zusammenarbeit (Konfliktlösungsstrategie)	450
Zusammengehörigkeitsgefühl	346
Zwei-Faktoren-Theorie der Motivation	333